NIETZSCHES WERKE

FRIEDRICH NIETZSCHE

WERKE IN VIER BÄNDEN

Band I

VERLAG DAS BERGLAND-BUCH

Herausgegeben und eingeleitet von
Dr. Gerhard Stenzel

Bildnachweis:
Österreichische Nationalbibliothek 2, 4–8, 10, 15, 16, 18, 20–28;
Verlag C. H. Beck, München 1;
Wagner-Archiv, Bayreuth 11–14, 17, 19;
Privat 3, 9

ISBN 3-7023-0172-0

Kassetten- und Umschlagentwurf: Bagnall Studios, München
Herstellung: Ebner Ulm

INHALT

LEBEN UND WERK

SELBSTDARSTELLUNGEN

LEBEN UND WERK

ZUR GEGENWARTSBEDEUTUNG NIETZSCHES

Ein Faktum, ein Werk ist für jede neue Art von Mensch von neuer Beredsamkeit.

Sobald ihr gegen mich empfindet, versteht ihr meinen Zustand und folglich meine Argumente nicht! Ihr müßt das Opfer derselben Leidenschaft sein!

Nietzsches Denken gibt keine Lösungen, bietet kein formulierbares Ergebnis, es ist vielmehr eine Engstelle in unserem geistigen Leben, die nicht jeder, wohl aber der Geistige, auf den es ankommt, passieren muß, nicht um zu kritisieren oder zu widerlegen, sondern um sie zu überwinden. Es gibt keinen Umweg um dieses Denken. Nietzsches Schriften enthalten am gültigsten, was dem Deutschen, dem Europäer zur Lösung aufgegeben ist, worin er Erlösung sucht. Die Gesamterscheinung Nietzsche bietet sich wie ein expressionistisches Bild des abendländischen Geistigen von heute dar.

Nietzsche ist im deutschen Denken kein extraordinäres Ereignis, er lebt eine Nachfolge der Klassik, er faßt die echten Themen des humanistischen Dichtertums neu, und zwar als Lebensproblem, d. h. Nietzsche nimmt die Bilder der Dichter wörtlich und sieht von ihnen die Zukunft Europas abhängig. Keiner aus der Generation zwischen 1860 und 1890 hat Goethe politisch ernst genommen. Nietzsche aber sieht ihn neben Napoleon als das entscheidende Ereignis des modernen Europa, den einzigen, der eine europäische Kultur imaginiert, „die die volle Erbschaft der schon erreichten Humanität macht". Das, nichts anderes, ist auch Nietzsches Programm. Der Werther-Goethe, der an der bürokratischen Enge der neuen Zeit zugrunde geht, der Faust-Goethe, der Europa über große Kriege und Scheiterhaufen und im Wilhelm Meister im Maschinen-Unwesen versinken sieht, gelten ihm soviel wie die epikureische Würde des Weisen, die Trunkenheit Hatems im West-östlichen Diwan. Der Heide, der Verehrer Napoleons, der Deutsche, der die Befreiungskriege verachtet, spricht ihm aus dem Herzen. Goethe gehört ihm mit Friedrich II. von Hohenstaufen zu den ersten wahrhaften Europäern.

So heftig sich Nietzsche gegen den Schönheits- und Moralbegriff, gegen die Philosophie Schillers wendet, er ist von dessen Sprache, von der Polarität des „Sentimentalischen und Naiven", vom Worte „edel" abhängig, Karl Moor und Marquis Posa sind wirkende Gestalten für sein Konzept vom „starken Menschen", die Dramen Schillers bleiben ihm Lebensvorgänge, die sich in jedem Jahrhundert wiederholen. Verschiedentlich hat sich der Unzeitgemäße, besonders in aestheticis, auf Grillparzer berufen, er kommt ihm auch sonst überraschend nahe: der aus der Gesellschaft verstoßene Jaromir der Ahnfrau, sein Gang in den Irrsinn und sein Tod, Libussas Weisheit und Prophezeiung, das siebenmalige: „Allein" Kaiser Rudolfs im Bruderzwist, das Ecce homo Grillparzers in der Jüdin von Toledo und im Armen Spielmann, das ist Nietzsches Seelenstimmung. Mit Hölderlin identifiziert sich der Pfortaer Alumne, der Baseler Hochschullehrer entwirft einen Empedokles, und auf Hölderlins Wegen kommt er in sein neues Griechenland. Mit Kleist, dessen Prinzen von Homburg, dessen Fragestellung nach einer tragischen deutschen Kultur, dessen Lebensschicksal ist Nietzsche seelisch vielleicht am nächsten verwandt.

Nietzsche erkennt den bedrohlichen Wahrheitsgehalt dieser Zeugnisse. Im Bemühen, die Tragik und die Gefährdung des zeitlichen Europäers zu beweisen, wird *Nietzsche der Historiker der Krankheitsgeschichte der europäischen Seele,* der mundanen Neurose der neueren Menschheit. Er beschreibt Formen und Ablauf der künftigen Katastrophe: den europäischen Nihilismus, den „Rassenwahn" und „Nationalitäten-Irrsinn" mit Kriegen über zwei Jahrhunderte, den „Betrieb" in Bildung, Politik, Humanität und Christlichkeit, den verstaatlichten Menschen, den Dekadent und die Schauspieler-Kultur. Er beschreibt nur, was auf andere Art Van Gogh im Westen, Kierkegaard und Strindberg im Norden, Dostojewskij im Osten ähnlich in Farbe, Bild und Wort zu bringen suchten. Der Niedergang der alten Werte, die Ausweglosigkeit im Neuen ist Nietzsches „innerste Not", ein Teil seines körperlichen Leidens. Seine Krankheit gleicht schließlich der Krankheit des Erdteils: Zerfall eines geistigen Ganzen, Zerfall der Persönlichkeit. „Ich habe meine Schriften mit meinem ganzen Leib und Leben geschrieben: ich weiß nicht, was rein geistige Probleme sind."

Nietzsche, der geborene Nationalist und Christ, empört sich gegen sein Volk und dessen Religion, als er erlebt, wie inmitten des sich auflösenden Kontinents mit großem Effekt und dem Optimistenglauben des Wilhelminischen Deutschen ein Reich gegründet wird, mit Hilfe dessen man glaubt, die drohende Katastrophe überstehen zu können, das die europäische Kleinstaaterei, die Kulturlüge, die Stilbarbarei und im „Kulturkampf" den konfessionellen Hader noch einmal großzüchtet. Nietzsche sieht auf dem Kontinent nur noch Rußland als einzige Macht, „die Dauer im Leibe hat", und Wagners Kunst wird ihm bald Inferno-Musik. Auf der Suche nach einem Ausweg aus der konkreten Situation empört sich Nietzsche gegen die alten Werte überhaupt. Als Kenner der griechischen Antike vor und nach Sokrates und den Sophisten schließt er: „Der Nihilismus ist die zu Ende gedachte Logik unserer großen Werte und Ideale."

Nietzsches Hypothese vom Willen zur Macht beunruhigt uns. Wir müssen sie aber über den zweiten Teil des Zarathustra als Selbstüberwindung verstehen: der geistige Mensch soll sich mit Hilfe eines Willens zur Macht über sich selbst Form geben. Wir verstehen den Gedankengang aber dann auch über Nietzsches Worte — „Ich will das höchste Mißtrauen gegen mich erwecken", „Ich bin Dynamit" — als Notwehraktion, *es ist der Versuch einer Gegenbewegung gegen den absoluten Nihilismus.*

Um die Blicke der nur mißverstehenden Zeitgenossen und der Künftigen auf die Lebensgefahr des Kultur-Europäers und auf seine Warnrufe zu lenken, um dem unlösbaren Zwiespalt in sich die Lösung zu geben, aber auch um die Mission eines „Frohen Botschafters" zu erfüllen, beschloß Nietzsche, sich als „Dynamit" in die Luft zu sprengen. Darin sah er die einzig mögliche und die einzig notwendige Tat des geistigen Mannes in der europäischen Krise: sich der Erkenntnisleidenschaft, dem Wahrheitstrieb zum Opfer zu bringen. Auf dieses Opfer steuert Nietzsches Leben und Werk in allen Phasen zu. Als „freier" Geist" suchte er von den alten Werten Abstand zu gewinnen. Sie sind erst aus der Entfernung zu überblicken und zu beurteilen. Er verbietet sich und den Gleichgesinnten deswegen die Teilnahme am weltlichen und christlichen „Reich", am Nationalstaatlichen wie Kirchenchristlichen, am parlamentarischen Demokratismus und Antisemitismus, er macht sich durch diese Verbote zum „guten Europäer" der Zukunft, aber auch zum europäischen Atheisten und Nihilisten aus Prinzip. Über die griechische Antike holt er sich das Bild vom wahren Menschen, von der wirklichen „Menschlichkeit", die ja zu allen Zeiten und bei allen Menschen gleich sein muß. Im Zarathustra zeichnet er sich dann das Bild an die Wand, nach dem er als Denker für einen europäischen Universalstaat, für eine Weltregierung, die er kommen sieht, Gesetze zu bilden hat. Diese Gesetze entwirft er in seinen letzten Lebensjahren im Zeichen des Willens zur Macht. Für sich als Weisen erkennt er das amor fati als Gesetz, dem politischen Europäer, dem geistigen Menschen rät er zum Willen zur Macht als dem Mittel, das ihm über das furchtbare Interregnum der Werte hinweghilft. Er proklamiert den Willen zur Macht als „eine Bewegung, welche in irgendeiner Zukunft jenen vollkommenen Nihilismus ablösen wird, welche ihn aber voraussetzt, logisch und psychologisch, welche schlechterdings nur auf ihn und aus ihm kommen kann".

Man muß sich, um Nietzsches Werk in die Tiefe hinein zu verstehen, das Bild des „Löwendenkers“, das Krankenbild, wie es die Schwester in Umlauf gesetzt hat, verbieten. *Nietzsche ist das Beispiel des modernen Menschen, der kein Ganzes mehr leben kann.* Gerade aus der Wille-zur-Macht-Hypothese erkennen wir die Mittel- und Zwischenstellung Nietzsches in allen Dingen und verstehen von hier erst die „Widersprüche“ in seinem Denken. Er ist nach eigenem Eingeständnis ein Dekadent und sein Gegenteil. Wenn Nietzsche den „Unbekannten Gott“ sucht, dann ist das auch der Versuch, den Lebens-Rhythmus für sich zu entdecken, der seinem „Seelen-Gesamthaushalt“ entspricht, d. h. in sich das „Rendezvous“ von Personen, den Denker und den Künstler, den Dialektiker und den Schauspieler, den Musiker und den Dichter in Übereinstimmung zu bringen.

Nietzsche sieht sich als Deutscher und als Pole, als östliche Seele und westliches Ich. Er verehrt Voltaire so leidenschaftlich wie Dostojewskij. Wie er aus Stendhal letzte psychologische, so liest er aus Boscovich letzte physikalische Wahrheiten. Nietzsches Stil gibt das lebendigste Bild seiner Mittelstellung. Er musiziert mit der Sprache Luthers und Goethes auf Französisch und Italienisch, er exzediert mit ihr expressionistisch und in östlichen Visionen. Er macht sie sich für geheimste Regungen und Wünsche als dialektisches Werkzeug gefügig, ist mit ihr so gut Gedankenmusiker wie Bild-Logiker, Artist und Genie zugleich.

Nietzsche gibt sich als Atheist und Gottsucher. Er psychologisiert ein Gottbild, bis er es zerstört hat, er sucht den Unbekannten Gott, bis er ihn in tausend versteckten Bildern als Ganzes wiederentdeckt. *Nietzsche ist* nach Jakob Böhme, dem philosophus teutonicus des 17., *der Gottsucher*, der philosophus europaeus *des 19. Jahrhunderts.* Wie groß der Einfluß der Bibel auf Nietzsche war, ist nicht abzuschätzen. Er liest und studiert sie in allen Epochen seiner Entwicklung, er schätzt das alte Testament als das Buch der Bücher, vom Ton des Neuen kann er sich nicht befreien, und um die Gestalt Christi ringt er sein Leben lang, bis er sie in den letzten Jahren deuten und fast als Selbstdarstellung beschreiben kann. So stellt sein Werk einen bestimmten Punkt an der Wende des neuzeitlichen Gotterfassens dar. Nietzsche formuliert in uns keinen neuen Gedanken für das Göttliche, aber er kräftig einen Instinkt dafür.

Nietzsches Philosophie kann nicht überzeugen, sondern nur bestätigen. Es müßte verboten werden können, Nietzsche zu lesen, ohne ein Kenner und Verehrer Goethes zu sein. Tat und Werk Nietzsches müßten dem entscheidenden Deutschen Willen und Einsicht dazu stärken, das europäische Erbe bedingungslos anzutreten und es gegen die Welt hin gewendet für sich zu erweitern.

DAS LEBEN

Nietzsches Leben ist etwas Donquichotterie und etwas Faustiade. In seiner Tragik reicht es aber weit über das des Ritters von der traurigen und der kühnen Gestalt, es hat einen tragischen Zug vom Ritter zwischen Tod und Teufel an sich. Wie Don Quichote, wie Goethes Faust reitet Nietzsche die Grenzpfähle des alten Europa und der eigenen Machtbezirke ab. Doch während die beiden Alt-Europäer vor dem Neuen, das sich jenseits der Grenzpfähle zeigt, kapitulieren oder sich ein Residuum wie Pansas Insel und Lynkeus' Turm schaffen, wagt Nietzsche den Sprung über die Pfähle hinaus. Der deutsche und der spanische Abenteurer sind Raubritter ihrer Augen: sie sind jeweils darauf aus, sich von dem, was sie sehen und an sich erfahren haben, ein festes geistiges Bild zu machen. Nietzsche aber entdeckt die Welt vom Gehör aus, er spürt die Dinge und Menschen, er hört sie, er sieht sie nicht. Was Grillparzer von sich schrieb, er könne in der Erregung auch mit den Schläfen hören, sein Nervensystem liege wie bloß, den elektrischen Schlägen der Außenwelt schutzlos preisgegeben, gilt auch für Nietzsche. Dinge, Menschen, Zustände und Vorgänge wirkten wie durch Schallwellen auf ihn, versetzten ihn in Vibration. Nietzsche ist immer Bewegung und Rhythmus, er will als Bewegung erfaßt werden und Bewegung mitteilen.

Wer also mit Nietzsche ausziehen und die Grenzen Alt-Europas für sich abstecken will, im Begriff, ein Neues jenseits der Wachttürme zu suchen, hat gleichsam nur die Sprünge von Nietzsches Rosinante mitzumachen. Er hat Bewegung und Gegenbewegung des großen Denkers bei sich selber zu vollziehen, er darf sich nicht scheuen, dabei auch „ergriffen" zu werden. Den Sprung über die Wachttürme hinaus zu tun, steht allerdings nicht in seiner Macht. Doch wächst ihm vielleicht Mut, vielleicht auch Kraft dazu. In jedem Falle muß er sich aber mit Nietzsche von einer Gesellschafts-Existenz zum modernen Heimatlosen-Dasein hinbewegen.

I.

Der Knabe ist ein sensibles, überbegabtes Kind. Alle täuschen sich in dem stämmigen blonden Fritz mit dem pausbäckigen Gesicht und den tiefsinnigen Augen. Sie halten ihn für sehr fromm. Daß Begabung etwas mit Melancholie, mit quälenden, bisweilen auch scheußlichen Vorstellungen zu tun hat, ahnen die guten Tanten und die Mutter nicht. Dem Halbwaisen, dem Zögling des Internats sagen weder die Verwandten noch die Lehrer, ob er ein moralich minderwertiger Mensch oder ein Genie sei. Er selbst weiß nicht, ob die bedrängenden Gefühle, Gedanken, Stimmungen in ihm vom Teufel oder von einem unbekannten Gott herstammen. Mit dem „lieben" Gott der Mutter, der Tanten und Lehrer scheinen sie jedoch nichts zu tun zu haben.

DER HEIMATLOSE

Erstaunlich, wie der Knabe schon ganz das Bild des alten Nietzsche vorwegnimmt. Als Schüler des Naumburger Domgymnasiums konnte er des frühen Augenleidens und Kopfschmerzen wegen öfter die Schule nicht besuchen. In der Selbstbiographie, die er mit vierzehn Jahren schreibt, zeichnet er sich dann: „Ich ging da alle Vormittage über den Spessart und ersann dabei mancherlei, das aber selten zur Ausführung kam." Das ist schon der fugitivus errans, der unermüdliche Spaziergänger von Sorrent, in Genua und Sils-Maria, an der Riviera, in Rapallo und Santa Margherita. „Von Kindheit an", heißt es in dieser Autobiographie weiter, „suchte ich die Einsamkeit und fand mich da am wohlsten, wo ich mich ungestört mir selbst überlassen konnte. Und dies war gewöhnlich im freien Tempel der Natur." Man darf solche Geständnisse bei Nietzsche nicht literarisch nehmen, sie kommen aus einer Grundstimmung. Nietzsche verlor, als er fünf Jahre alt geworden war, seinen Vater. Das Leichenbegängnis, die letzte Nacht im Vaterhause Röcken sind die ersten entscheidenden Eindrücke für den Knaben. Er hört sie sein ganzes Leben in sich nachklingen, der Dichter des Zarathustra zeichnet ganz nach ihnen: dröhnende Glocken, „brausende" Orgel, die „düster rauschende Melodie" des Grabliedes, die „dumpf hallenden" Worte des Pfarrers und das hilflose Weinen und Schluchzen vieler Leute. Die letzte Nacht im Pfarrhause konnte der Knabe nicht schlafen, er schlich im Dunkeln zu den bepackten Wagen im Hofe, der Hund heulte, und drohend stand der Mond am Himmel. Das überreizte Kind träumte den Tod seines kleinen Bruders voraus. Eine pathetische Stelle der Selbstbiographie ist also nicht verwunderlich, in der es heißt: „Wie oft fragte ich, wenn das alte, alte Leichenhaus geöffnet wurde, nach Bahren, schwarzen Flören, nach alten Grabschriften und Denkmälern." Ebenso verständlich ist, daß sich Nietzsche einen Heimatlosen von Anbeginn nennt und sich immer als einen sah, der auszog, das Fürchten zu lernen — vor der Einsamkeit, die ihn immer umgab.

Allen, die ausziehen, das Fürchten zu lernen, ist das Mißvergnügen an sich das ärgerlichste Hindernis. Sie sehen sich gern nur in ihrem Vorwärts als Nachkommen bedeutender Ahnen, den eigentlichen Grund ihres Ungenügens am Ich verbergen sie vor sich, das, glauben sie, ändere sich mit der Zeit und sei eigene Schwäche. Nietzsches Ahnen waren eine lange Reihe protestantischer Geistlicher, Pfarrer und Superintendenten, sein Großvater war Doktor der Theologie und hatte geistliche Schriften verfaßt. Andere Vorfahren nannten sich Rechtskonsulenten, Kammer-Prokuratoren und -Sekretäre, Akzisen-Inspektoren, Amtsschlösser und Bürgermeister, auch Erb-, Lehn- und Gerichtsherrn auf Rittergut Wehlitz. Eine ebenso lange Reihe waren einfache Handwerker, Bürger, ein Mundkoch und ein Pferdebauer sind auch aufgewiesen. Diese Ahnenschar übersprang der junge Nietzsche mit einem mächtigen Satz und hielt sich für einen Abkommen polnischer Adeliger. Von der Großmutter väterlicherseits — sie war in erster Ehe mit einem Weimarischen Hofadvokaten verheiratet, hatte Goethe und Napoleon gesehen, mit Kotzebue gesprochen, und Nietzsche hätte deswegen seine Urgroßmutter gern als das „Mutgen" in des jungen Goethe Tagebüchern wiedererkannt — von der ehrwürdigen Matrone Erdmuthe Dorothea erfuhren Lisbeth und Fritz, daß sie, möglicherweise, von jenen Grafen Nietzky abstammten, die unter Leszczynski nach Sachsen emigrieren mußten und von denen dann jener Urgroßvater zu erklären sei, der mit 90 Jahren noch besten Galopp ritt. Es galt damals einiges, wenn jemand sich der Verwandtschaft mit Offizieren des tapferen Polenvolkes rühmen konnte, die unter Leszczynski, Poniatowski und Czartoryski gefochten hatten.

Noch der vierzigjährige Nietzsche ließ sich von einem Geschäftstüchtigen dokumentarisch belegen, daß er der famille seigneuriale de Nietzky entstamme. Das gab ihm als Naumburger Pastorensohn Selbstbewußtsein vor den Söhnen der Geheimräte, Appellations- und Senatspräsidenten, der Land- und Bauräte, das gab dem Propheten später den Mut, für sich und für die seiner Gesinnung zu verkünden: „Wir stammen von Fürsten und Priestern ab. Wir sind Emigranten." „Sie müssen sich eine Bedeutung geben, ein Ziel setzen, um sich nicht schlecht zu befinden." Der Aphorismus „Wir Heimatlosen" im fünften Buch der „Fröhlichen Wissenschaft", das Europa-Bekenntnis des „Frohen Botschafters", ist auch von hier aus zu verstehen.

Nietzsche hätte sich solche Bedeutung gar nicht geben brauchen. Neuere Nachforschungen haben ergeben, daß er über die Mutter in Ahnengemeinschaft mit den Pufendorfs steht, von denen Samuel von Pufendorf, Historiker, Natur- und Völkerrechtslehrer, der berühmteste war. Von Nietzsches Vater her ist ein Martin Schlegel im achten Glied Urahn der Nietzsches und der Gelehrtenfamilie Schlegel. Es existiert heute aber auch eine Ahnentafel, die den Bürgermeister Caspar Spörl in Saalburg, im 16. Jahrhundert, zum Stammvater Richard Wagners und Friedrich Nietzsches macht. Von diesen wirklichen Ahnen wußte Nietzsche nichts, er hätte sie vielleicht auch verleugnet. Der galoppierende Urgroßvater als Urahn war ihm zuzeiten mehr wert als alle die Gelehrten und Frommen zusammen.

Wenn dem Knaben eine Legende zu Hilfe kam. die Ahnen als Ballast über Bord zu werfen, die elterliche Art war schwerer zu überwinden.

Sie blieb ein lebenslanges Leiden. Zuerst der Stil des Vaters, des Pastors Ludwig Nietzsche auf der Pfarre Röcken bei Lützen und Leipzig. Er war ein eleganter junger Mann und mit noch nicht dreißig Jahren Erzieher der Prinzessinnen von Altenburg. Er trug nur supermoderne, schwarzglänzende Tuchkleider wie bei Hofe. Sein Sohn sieht ihn — nach Erzählungen der Verwandten wahrscheinlich — als hohe schmächtige Gestalt mit feinen Gesichtszügen, zart, liebenswürdig und morbid, eher eine gütige Erinnerung an das Leben als das Leben selbst. Wir erfahren heute kritischer von ihm durch die Worte, mit denen der einundreißigjährige Vater seinen Erstgeborenen über dem Taufbecken entgegennahm: „O seliger Augenblick, o köstliche Feier, o unaussprechliches Werk, sei mir gesegnet im Namen des Herrn! Mit dem tiefbewegten Herzen spreche ich es aus: so bringt mir denn dies, mein liebes Kind, daß ich es dem Herrn weihe. Mein Sohn Friedrich Wilhelm, so sollst du genennet werden auf Erden, zur Erinnerung an meinen köstlichen Wohltäter, an dessen Geburtstag du geboren wurdest." So viel pastorale Würde mag auch im Jahre 1844 nicht alltäglich gewesen sein. Noch ein zweites Begebnis charakterisiert den Vater. Als die Röckener, Michlitzer und Bothfelder Gläubigen ihrem neuvermählten Pastor Geschenke darbieten kamen und sich vor der Haustüre versammelt hatten, wollte Pfarrer Nietzsche auch seine Frau an der machtvollen Sympathie-Kundgebung seiner Untertanen teilnehmen lassen und nur neben ihr in der Haustür erscheinen. Der unpraktische und jetzt übermütige Herr konnte aber den Türflügel, der zu diesem Zwecke geöffnet werden mußte, nicht anders als durch einen Parforce-Tritt mit dem Fuße aufstoßen. So kam es, daß er die ganze Türfüllung ausbrach.

In alle Nietzsche-Biographien wurde übernommen, daß Ludwig Nietzsche im August 1848 an einem Abend eben bei dieser Haustür stürzte und ein Jahr später an den Folgen des Sturzes im Alter von 36 Jahren verstarb, nachdem er während des langen Krankenlagers noch erblindet war. Man rief den berühmten Oppolzer. Er stellte Gehirnerweichung fest. In der Autobiographie des vierzehnjährigen Nietzsche ist vermerkt, daß der Vater „gemütskrank" geworden war. Diese Stelle strich seine Schwester Lisbeth als Herausgeberin der Biographie. Die Sätze aus den Aufzeichnungen, in denen der Knabe schildert, wie ihn beim Anblick der Irrenanstalt von Eisleben und Halle das Grauen packte, blieben jedoch stehen. „Lange Zeit verweilte unser Auge auf der Irrenanstalt, an die sich so leicht eine traurige Gedankenkette knüpft", heißt es da. Auch der Student Nietzsche besuchte ohne Grund die Leipziger Irrenanstalt, und der spätere Briefschreiber unterließ es nicht, seine Krankheitszustände mit dem väterlichen Ende in Verbindung zu bringen. Doch galt Nietzsches ganze Verehrung diesem Vater, den er so früh verloren hatte. Er rechnete ihn zu den Engeln, er machte ihn zum Heiligen seiner eigentlichen, der verlorenen

Heimat, und von ihm her leitete er sein Ingenium, eine innerste Leidenschaft ab, die ihm die Welt hoher und zarter Dinge erschloß. Vom Vater her, der ein ausgezeichneter Klavierspieler war, fand sich Nietzsche zum Musiker bestimmt.

Äußerlich sah Friedrich Nietzsche seiner Mutter ähnlich. Die tiefen Augenhöhlen, die gedrungene Gestalt waren am augenfälligsten. Franziska Oehler war ein Landkind. Pfarrer Oehler stammte von Handwerkern, hatte jedoch die reiche Tochter des Herrn vom Rittergut Wehlitz geheiratet. Trotzdem blieb die Pfarre Pobles mit den elf Kindern und sechsunddreißig Bienenstöcken ländlich. Der Pfarrer ging lieber mit dem Reitknecht auf die Pirsch, als daß er viel zu Hause saß. Ein Vokabel „Nerven“ kannten die in Pobles überhaupt nicht. während die Nietzscheschen fortwährend mit ihnen zu tun hatten, und Rosalia, Ludwigs Schwester, gerade der Nerven wegen in dauernder ärztlicher Behandlung stand. Oehlersch Fränzchen war das sechste Kind, eine Naive mit dunklen, kullernden Augen, die gut rechnen konnte, sonst wenig von abstrakten Bildungsdingen hielt, im übrigen gern sang und — wie man's hieß — „sportlich“ war. Als nach sechsjähriger Ehe das Unglück über sie kam und die Dreiundzwanzigjährige mit drei Kindern Witwe wurde, stellte sie sich mutig. Sie gibt das Bild einer großen Mutter, so sehr sie dem Sohn das ganze Leben auch Hindernis, Ärger, fast zum Fluch wurde. Wir sehen anfangs die hilflos Weinende, wie sie der Vierzehnjährige sieht, dann ist sie eine handfeste. natürlich begabte Erzieherin, die Sinn für die Realitäten, für das Praktische weckt, die aber auch die Energie aufbringt und Klavierspielen lernt, um mit den Kindern zu musizieren. Später allerdings, Sohn und Tochter waren in der Welt, sie liebte nur noch Naumburger Tratsch und Zimmerluft, wird diese Frau bigott. Ein fanatisch-pietistischer Zug an ihr, eine unverbesserliche eitle Geschwätzigkeit, eigensinnige Rechthaberei, einsichtslose Winkelkriecherei machen sie unverträglich. Wie aber die über sechzigjährige Pastorin den irren Sohn zu sich nimmt, wie unglaublich tapfer, nur Fürsorge und Hingabe, sie ihn pflegt, ihn und sein Werk verteidigt und sich buchstäblich opfert, obwohl sie nicht ahnt, was dieser Sohn für die Welt bedeutet, keine Zeile seines Werkes versteht, das ist eine mütterliche Tat. Im Trubel, den dann die geschäftstüchtige Tochter entstehen ließ, ist sie nicht beachtet worden. Das ist jedoch kein Grund, aus Franziska Oehler jetzt eine Frau Aja zu machen.

Nach dem Tode des Pastors war die Witwe mit den Kindern nach Naumburg gezogen. Es war ein Haushalt mit fünf Frauen: die gebildete, vielgereiste Großmutter Erdmuthe Dorothea, die reizbare, nervöse Tante Rosalia mit ihrem emanzipierten Getue — sie las Zeitungen und religiös-philosophisch-wissenschaftliche Traktate und Bücher —, dazu die gute Tante Auguste und außer Mutter und Schwester das Hausfaktotum, die Minne. Wie das bei fünf Frauen ohne Mann nicht anders zu erwarten war, der einzige Junge, das Fritzchen, der so gut Gedichte und Bibelstellen aufsagte und bald auch Verse machte, war ihnen ein Wunderkind und schien Luthern ganz ähnlich. Auch der melancholische Ernst dieses Jungen war für die Frauen zu drollig und nur das Zubehör eines Musterknaben. Von der Schwester sind eine Reihe Szenen berichtet, nach denen der Knabe Nietzsche nichts mehr übte, als sich vor seinen zudringlichen Bewunderern zu verstellen. Er hatte frühe Geheimnisse gegen jeden, und trotz allem: du sollst, du darfst nicht, machte er heimlich doch, was er wollte. Bald stellte er sich auch Aufgaben, die sein Selbst erziehen, seine Beherrschung steigern sollten. Da die Schulgesetze vorschrieben, daß man nach dem Verlassen der Schule ruhig und ohne zu laufen nach Hause gehen sollte, ging er im Platzregen, die Kappe unter dem Arm, langsam durch die Gassen. Bei einer Missionssammlung erklärte er, daß Gott die liebsten Spielsachen von ihm fordere und er daher seine Klaviere hätte opfern müssen. Wenn die Schwester ihn einen Lügner nannte, fuhr er sie an: Ein Graf Nietzky lügt nicht. Diese Schwester machte er sich bald ergeben, er nannte sie sein Lama, das ist nach Schoedlers Naturbuch ein Tier, bestimmt, die größten Lasten zu tragen, doch speit es dem Gegner auch Speichel und halbverdautes Futter ins Gesicht. Eine der ersten Lehren, die der heimliche Grafensohn und künftige Prediger und Sittenlehrer — es war ausgemacht, daß Fritz Theologe werden mußte — seiner Schwester preisgab, war: Wer sich selbst beherrschen lernt, beherrscht auch andere. Deshalb vielleicht auch mußte das Lama öfters in größerem Abstand hinter ihm hergehen, damit niemand erkannte, daß es sich um die Schwester handle. Auch die Verwandten, die Mutter zu täuschen gelang leicht. Schwieriger war es, gegen die älteren, stärkeren und auch wendigeren Knaben der Naumburger Topfmarktschule aufzukommen. Daß man mit einem Blick, mit Haltung und schweigendem Stolz die plumpen Kraftprotzer in Bann schlagen konnte, verlangte ein unerhörtes Maß an Beherrschung und Haltung. „Ach, er sieht einen so an, da bleibt einem das Wort im Munde stecken“, soll sich ein Mitschüler über diesen eigenartigen Kameraden geäußert haben, den alle gern seiner feierlichen Art wegen neckten.

Freunde konnte sich dieser Fritz Nietzsche nur schwer erwerben, und als er sie in den Söhnen zweier angesehener Naumburger Juristen später wirklich fand, war das das größte Ereignis seines bisherigen Lebens. Er kam als Gebender, als Befehlender, aber er nahm von ihnen, was ihm vor allem fehlte: den entscheidenden Teil seines Selbstbewußtseins. Ohne Freunde erschien ihm ab dieser Zeit das Leben unerträglich. Sie waren die einzige Stütze des Heimatlosen. Er schrieb: „Ja, es ist etwas Hohes, Edles, wahre Freunde zu haben, und unser Leben ist von Gott bedeutend verschönt worden, daß er uns Mitgefährten gab, die mit uns dem Ziele zustreben.“

DER FRÜHBEGABTE

Im Pinderschen Hause hatte der Knabe die Novelle ohne Titel von Goethe gehört. Wie ein flötenspielendes, ein musizierendes Kind einen Löwen bändigt, das war der erste große literarische Eindruck. Ohne Musik gefiel Fritz nichts, bemerkte er auch nichts. Er war kurzsichtig, er nahm die Welt unplastisch. Er sah weder Naumburg, die Stadt, noch ihren berühmten Dom, und nur der gewissenhafte Tagebuchschreiber berichtet von ihnen belanglose Einzelheiten. Eine historische Darstellung reizte nicht, der Mensch in der Bewegung blieb ihm fern, eine Figur zu zeichnen gelang nicht recht, ein Gesicht nur im rohen Umriß. Landschaftsbilder aber machten ihn ruhig und erwartungsvoll. Er hörte sie. So spielte ja auch der junge Grillparzer alte Stiche „vom Blatt".

Um so deutlicher hatte sich Fritzchen Nietzsche den Sang der 48er-Revolutionäre, das Jubeln, Knallen und Freudenböllern der Winzer im Spessart gemerkt, Militär- und Kirchenmusik. Als er mit neun Jahren das Hallelujah aus dem Chor des Händelschen Messias das erstemal hörte, setzte er sich an das Pianoforte, versuchte ähnliche Akkorde und gewöhnte sich, unter phantastischer Begleitung biblische Texte abzusingen. Erregt zeichnete er sich besonders klingende Akkorde auf. So entstanden die ersten Kompositionen, die er nun jede Weihnacht an die Angehörigen verschenkte: Motetten, Sonaten, Phantasien, Hirtenchöre, Vertonungen. Schon der Zwölfjährige hatte eine „rasende vierhändige Ouverture" komponiert und sich auch den Mondschein auf der Pusta in Töne gesetzt. Besonders liebte es Nietzsche — noch der alte Nietzsche —, während eines Gewitters Akkorde in den rollenden Donner zu hämmern und feierlich, wild und beschwörend dazu zu singen.

Der Vierzehnjährige schrieb sein Lob auf die Musik: Gott hat sie dem Menschen gegeben, sie ist Erschütterung und lenkt nach oben, ohne sie gibt es den Menschen nicht. Haydn, Schubert, Mendelssohn, Beethoven, Bach waren Schutzheilige, Liszt, Berlioz und die ganzen Zukünftler, die entarteten Kirchenmusiker mußten verurteilt werden.

Musik war für Fritz Nietzsche ein historisches Ereignis, das einen rechten Mann verlangte. So hielt er nur seinen ersten Bruder in arte musica, den temperamentvollen Gustav Krug, für würdig, mit ihm die Belagerung von Sebastopol zu spielen. Seit dem Ausbruch des russischtürkischen Krieges, in den sich 1854 die Westmächte eingemischt hatten, waren beide fanatische Russenfreunde. Sie bauten die Festung Sebastopol nach alten Plänen, verteidigten und belagerten mit brennenden Pechkugeln, ließen Armeen und Geschwader angreifen und freuten sich am Gezisch und Geknatter der meterhohen Flammen, wenn die Munitionslager und die Papierflotte in Brand geschossen waren. Nietzsche entwarf eine Schrift über das Festungswesen, legte sich ein Militärwörterbuch, Verzeichnisse der Generale, Schlachten, Siege an, entwarf Kriegsgesetze und Gefechtsberichte. Ein Orakelarium, Dutzende von Spielregeln, die er mühelos erfand, gaben alle Arten von Abwechslung bei diesen wilden Spielen. Als die Nachricht vom Fall der Festung nach Naumburg kam, aß er den Tag nichts und wollte immer gewußt haben, daß man den Malakow-Turm hätte besser verteidigen müssen.

Um nichts war der Knabe besorgter als darum, diese musikalisch-heroische Leidenschaft festzuhalten, sie für sich aufzuzeichnen. Das Tönen reproduzierte er als Komposition, das Kriegerische in Spielregeln, Gesetzen, Verzeichnissen, Darstellungen. Die chronologische Abfolge der Ereignisse war das wichtigste. Sein Tagebuch begann er, um sich später an seine Umgebung zu erinnern, vor allem aber sein Emporsteigen von Stufe zu Stufe beobachten zu können. Das Leben als ein Spiegel, indem sich jeder am besten erkennt. Nichts Schöneres, als einmal ein kleines Buch zu lesen, das er selbst geschrieben hatte. Keine Note und Zeile seiner Produktionen, kein Gefühl sollte unregistriert bleiben. Nietzsche besaß mit vierzehn Jahren ein bestechendes Vermögen, zu detaillieren und zu unterscheiden, haargenau charakterisierte er seine Freunde.

Die frühen „Dichtungen" Nietzsches sind rhythmisierte Phantasien: „Weiter, immer weiter / habe feine Kleider / O du schöne Leiter / welch Gespenst ich dort erblicke / mit dem Kopfe tut er nicke / an dem Schwanze hängen Mäuse / Katze, Kinder und auch Sträuse ..." Meeressturm, Überfall, Gewitter werden tonmalerisch nachempfunden, das Pathos des Einsamen wird zum erstenmal in einer „Vergänglichkeit des Glücks" angeschlagen. Der Vierzehnjährige kann auf fast ein halbes Hundert Gedichte hinweisen und verzeichnet, daß er zuerst grauenvolle Erlebnisse besungen, dann zärtlich geworden und mit vierzehn Jahren nun „lieblich und kraftvoll" dichte. Diese letzte Periode „begann am 2. Februar 1858, an meiner lieben Mutter Geburtstag", stellte er gewissenhaft fest. Auch umfangreiche dramatische Pläne liegen zu dieser Zeit vor, ein Trauerspiel Orcadal, ein Schauspiel von den Göttern im Olymp sind fertig und in Pinders Haus inszeniert worden. Doch gibt es auch Gesänge über die Messenischen Kriege, Andromeda, Leonidas und Telakeus. Da die Reimdichtung ihm zu langsam ging, zog er freie, reimlose Verskunst vor. Fritz Nietzsches Prosa ist gewandt, klar, lebendig: Wollen einmal zum netten Jakobstor hineingehen ... beginnt er seine Beschreibung Naumburgs.

Gustav Krug, der Freund des Musikers, bekam den echteren Nietzsche zu sehen. Wilhelm Pinder gegenüber, dem Freund des Dichters, gab sich Nietzsche gern pathetisch, feierlich und belehrend. Beide Freunde verhielt er zu schärfster Selbstkritik, wie er auch sich mit Selbstvorwürfen aller Art marterte. Er kasteite sich und schlief durch Wochen nur auf Stunden, als er in der Schule nicht recht entsprach. Phrasen waren Hauptfeinde der drei Künstlernaturen. Der Vierzehnjährige urteilte: „Der häufige Gebrauch von Phrasen zeugt von einem Kopf, der nicht fähig ist, selbst etwas zu schaffen.“ Der Stil durfte nachlässig, die Idee mußte dafür um so klarer sein. Er prophezeite das Übel der neueren Poesie: „Man wird in den eigentümlichsten Bildern reden, man wird wirre Gedanken mit dunklen, aber erhaben klingenden Beweisen belegen, man wird kurzum im Stil des Faust (zweiter Teil) schreiben, nur daß eben die Gedanken dieses Stückes fehlen. Dixi!!“

Zu den Stilsorgen kamen denkerische. Nach dem Bericht aus Ecce homo hatte der Zwölfjährige Gott in seinem Glanze gesehen, sich aber die Dreifaltigkeit als Gott-Vater, Gott-Sohn und Gott-Teufel konzipiert. Wären nun nicht die beiden Freunde gewesen, Krug für Musik und Krieg, Pinder für den Dichter und den Denker, Nietzsche hätte schon als Kind seine heimatlose Einsamkeit nicht ertragen.

DIE ERZIEHUNGSANSTALT

Dem begabten Kind fehlte der Vater. Was wäre aus ihm geworden, wenn dieser empfindliche komplizierte Charakter in den entscheidenden Jahren, als die Pubertätsfieber über ihn herfielen, nicht sich selbst und den Frauen überlassen gewesen wäre! Die Erziehungsanstalt Schul-Pforta war keine ideale Lösung. Von Natur war in dem düsteren, naßkalten Gemäuer wenig zu spüren. Geistig wurden die Kinder überfüttert, künstlerisch vernachlässigt, für das praktische Leben blieben sie unbelehrt. Doch Nietzsche war in eine Zucht genommen. Als er in seine kritischen Jahre kam und sich nicht bezwingen konnte, zwang ihn das Schulsystem. Pforta erzog aber auch den kultischen Nietzsche, der daran dachte, mit Männergemeinschaften und Klöstern die Welt zu reformieren.

Im Frühjahr 1858 wurde der Witwe Nietzsche für ihren Sohn eine Freistelle an der Landesschule Pforta angeboten. Schulpforta, zwei Stunden von Naumburg, saaleaufwärts gegen die Landesgrenze zu gelegen, war seit 300 Jahren die vielgenannte Schule protestantischer Zucht, in der Klopstock, Fichte und Ranke erzogen worden waren. Die Mutter ließ Fritz das letzte Wort. Nach einigem Zögern entschied er sich. Nur daß er die Freunde lassen mußte, tat ihm leid, dem Frauenhaushalt entkam er gern, doch graute ihm vor einem uniformen Dasein, die mönchische Gemeinschaft indes lockte. Von früh fünf bis abends neun, bei acht Stunden Unterricht, einer gemeinsamen Übungs- und zwei verpflichtenden Repetierstunden und zwei Stunden abendlicher Freizeit im Klostergarten, war das Leben in Pforta auf

Minuten pünktlich eingerichtet. Die Woche hatte einen unterrichtsfreien Tag, aber auch an ihm entrann keiner der 200 Schüler den Stuben-, Tisch- und Klassengemeinschaften, den Famuli und Inspektoren, den Lehrern und dem Tutor, dem Erzieher. Im coetus, in der Schülergemeinde, hatte jeder Zögling Sitz und Stimme, es gab Generalvisitationen, Synoden und Dienst während der Hebdomadur, der Wochenaufsicht. Vergehen zogen Absetzung von der Ordnung nach sich, ein Prello, Verlassen der Anstalt über die Mauer, hatte Relegation zur Folge. Untereinander siezten sich die Zöglinge, doch waren sie öfters bei den Lehrern zu Tisch geladen. Sport gehörte zum Unterricht. Es gab Schauturnen und Bergfeste, Schwimm- und Sängerfahrten. War ein Sommertag zu heiß für den Unterricht, ging der ganze coetus mit den Lehrern baden. Pforta war eine moderne Schule im heutigen Sinn, doch mit mittelalterlich-humanistischer Tradition. Portenser zu sein war eine Auszeichnung. Eine Anzahl Lehrer hatte Namen in der wissenschaftlichen Welt, so der Plato-Übersetzer Steinhardt. Sie nahmen die Schüler in eine strenge philologische Zucht. Mannigfache Privatlektüre griechischer und römischer Schriftsteller gehörte zum guten Ton. Ein Primaner Schulpfortas mußte in der Lage sein, kritische Kommentare zu sophokleischen oder äschyleischen Chorgesängen abzufassen und frei über Stegreifthemen lateinisch zu disputieren. Auch Hebräisch wurde betrieben. Den Reiz dieser Anstalt bildete das selbstverständliche Beieinander von militärisch-mönchischer und geistiger Disziplin. Man schrieb eine lateinische Abhandlung als Diensthabender während einer Nachtwache und begoß sie des Morgens mit einem steifen Grog. Man war einer strengen Anstaltsregel unterworfen, die Sühne für das kleinste Vergehen verlangte, und doch trieb der coetus die wildesten Spiele — beim Verbrennen des Examenmannes und bei Bergfesten etwa —, und die Anstaltsgewaltigen sahen lächelnd weg. Starb einer von den kleinen Mönchen und Kadetten, dann stand der ganze coetus mit den Lehrern straff gegliedert den Kreuzgang entlang, und die Gewölbe klangen wider vom mächtigen: Ecce quomodo moritur iustus . . .

Nietzsche hatte sich in das Schicksal eines Heimatlosen mit Versen gefunden, als er in einer nebeligen Frühe Naumburg in Richtung Pforta verlassen hatte: „Flüchtige Rosse tragen / mich ohne Furcht und Zagen / durch die weite Fern. / Und wer mich sieht, der kennt mich / und wer mich kennt, der nennt mich / den heimatlosen Herrn." Doch waren die Gedichte des ersten Pfortaer Herbstes ganz Hoffnung, Heimweh, Sehnsucht, Kampf, Friede, Klage. Er versuchte, das Freiheitsverlangen in einem Prometheus und in einer Verschwörung des Philotas zu überwinden, er begann eine Novelle der Heimatlosen: Capri und Helgoland: „Wir sind Pilgrime auf dieser Welt — wir sind Weltbürger." Da das Wort Spießer in Pforta ein Schimpfwort war, mußten in einem Kapitel auch die Naumburger „Gemiedlichgeid mit Guchn und Gaffe", Damenkränzchen und Strickstrumpf und die Wetter-Teure-Zeiten-Gespräche schlecht wegkommen. Das war alles Mut-Machen. Auch der neue Drang nach universeller Bildung, den Humboldt in ihm erregt haben soll, lenkte ihn etwas von der heimwehkranken Naturseligkeit und heimatlosen Weltschmerzlichkeit ab. Nietzsche suchte sich an der Strenge und Gedrängtheit Sallusts den Stil, an der Übermenschlichkeit des Karl Moor sein Pathos und in enzyklopädischen Studien sein Gedächtnis zu bilden. Genau registrierte er, was er übte und zu wissen glaubte, worin er sich ausgebildet sah und was er beherrschte. Er bemühte sich mit gleichem Eifer ein guter Schwimmer und Turner wie ein guter Mathematiker und Philologe zu werden. Doch war dieser junge Nietzsche schon ganz dem Jahreszeitenwechsel unterworfen, mit dem die musikalischen Stimmungen und die Krankheiten kamen und gingen. Der Frühling brachte jubelnde Mailieder und phantastische Ferienpläne. „Meine Seele muß in ewigem Frühling stehen." Schon im Feber lebte er nur mehr „ganz im Gefühle des nahen Frühlings." Die Sommerferien brachten Genialen-Produktion, trübes Wetter trübe Gedanken, der Herbst oft nur noch Sonnenuntergänge: „Letzte Rose! Weinend seh ich dich erblühen und vergehn, mit dir leb ich und vergeh ich..." Doch stimmte die klare Herbstluft, in der man fernste Fernen und den höchsten Himmel sieht, auch unendlich: „Ich betrachtete immer im Geiste das unermeßliche All; wie wunderschön und erhaben ist die Erde... Es gibt im Menschenleben Augenblicke, wo wir vergessen, daß wir einen Punkt im unermeßlichen Weltall nur bewohnen." Solche Gedanken ergaben Gedichte: „Dem edlen Geist ist diese Welt zu klein... Und flüchtet sich in selge Höhn / Wo Sterne neben ihm um Sonnen wandeln / Und sieht im Weltall den Unendlichen / den Alldurchschauer walten." Höhenflügen folgte wieder irdische Klage.

„Ohne Heimat" ist das stärkste Gedicht dieser ersten Pförtnerjahre, während derer auch Großvater Oehler in Pobles starb. Nun gab es keinen Ort mehr, der Nietzsche noch an die alte Heimat erinnerte. Und doch lief dieser heimatlose Knabe am ersten Ferientag, kaum waren um vier Uhr früh die Schlafsaaltüren geöffnet worden, mit seinem Bündel unter dem Arm über Almrich dem noch nächtlichen Naumburg zu — von der Schweinsbrücke brauchte er dann oft nur mehr eine Viertelstunde — und pochte an der Mutter Fensterladen im Haus am Weingarten 18. Glückselig feierte er da sein liebstes Fest, Weihnachten, verbrachte er hier seine Ferien. Nach Ausflügen in den Böhmerwald, nach Thüringen und Bayern gab es Naumburg! „Oh, glücklich, wer in dieses Lebens Sturm ein Haus weiß...", heißt es dann vor dem Refrain: „... und diese Heimat hast du verloren."

Statt daß ihn Pforta von seinem raschen Gefühlswechsel befreit hätte, trieb es ihn zum Kult aller Gefühle. Die kühle, unpersönliche Behandlung fern der Naumburger Freunde ertrug er nicht. In den

Genialenkreis der älteren Pförtner konnte er nicht eindringen, obwohl er Proben seines Mutes gezeigt hatte. So brannte er sich, um zu beweisen, daß die Tat des Scävola nicht so ehrfurchtgebietend sei, zum Entsetzen der Umstehenden eines Tages Zündhölzer auf der flachen Hand ab und sah gleichmütig zu, wie die Haut rauchte. Doch hatte Nietzsche bis zur Untersekunda nur mit dem strebsamen und überfleißigen Pfarrerssohn Deussen aus Oberdreis Bruderschaft geschnupft. Mit ihm rezitierte er auf Spaziergängen. Für seine musikalischen und literarischen Themen brauchte er jedoch die Naumburger Freunde. Er gründete deswegen, um sie nicht zu verlieren, mit ihnen den Verein Germania.

An einem heißen Julitag des Jahres 1860 saß er mit den zwei Getreuen auf dem Wartturm der Ruine Schönburg, hoch über der Saale — man sieht von ihm weit ins Land bis Weißenfels hin — und beriet mit ihnen die Statuten des Vereins. Jedes Mitglied hatte monatlich eine Dichtung, Abhandlung, Komposition oder einen architektonischen Entwurf zu liefern, mindestens sechs Arbeiten im Jahr, bei zweien hatte der Künstler auf Zeitprobleme einzugehen. In einem Vortrag sollte jeder jeweils Rechenschaft über sein Erworbenes geben. Schärfste wechselseitige Kritik, objektiver sachlicher Ton, Kampf allen herkömmlichen Phrasen waren bei Pflege eines höflichen, formellen Geschäftsstiles zur Pflicht gemacht. Die drei drückten einander die Hände, besiegelten den Bund mit einer Flasche Rotwein, ohne dabei zu vergessen, den Dämonen der Tiefe zu opfern und murmelten feierlich den Wahlspruch: Semper nostra manet amicitia. Vivat Germania!

Von nun an scherte es ihn deswegen nicht mehr allzuviel, daß er zum Genialenkreis keinen Zugang hatte, auf Reck und Barren trotz aller Bemühungen doch nur eine etwas klägliche Figur machte, in Mathematik und Zeichnen nicht zu den Talentiertesten zählte. Entscheidend für den jungen Nietzsche war jetzt, daß er sich seine Stimmungen dichterisch, philosophisch und musikalisch konkretisieren mußte, daß er seine Lese- und Lernfrüchte zu kleinen eigenen Werken verwerten konnte.

Die Germania hielt sich die Zeitschrift für Musik, die einzige prowagnerianische, die es gab. Als Nietzsche mit Krug das erstemal den eben erschienenen Klavierauszug des Tristan gespielt hatte, überkam ihn unsagbarer Mut, Ähnliches zu wagen. Er komponierte eine Ermannerich-Symphonie, in der der Wechsel der Stimmungen gräßliche Übergänge von ges-dur nach g, cis, e, a, und nach d-moll waren. Den Sprung aus Des-dur in f, as, ces, d, mit a im Baßtremolo, hielt Nietzsche für das Entsetzlichste am ganzen. „So liegt das ganze Bruchstück denn vor mir, abschreckend durch seine Wildheit und Farbe, wartend auf die Lösung, auf Befreiung von der drückenden Schwüle, die auf dem Schlusse liegt.“ Das war Vorgewitterstimmung. Er rezitierte damals auch Byrons Manfred und Hölderlins Hyperion und Empedokles und sah sich durch die Dichtungen im Bilde getroffen, die Sprache genoß er wie Musik. Die Germania hörte einen flammenden Vortrag über den Feuergeist Byrons, und in einem ausführlichen Brief verteidigte er Hölderlin gegen einen Lehrer, der geraten hatte, sich an einen klareren, deutscheren Dichter zu halten.

In philosophischen Abhandlungen formulierte der Portenser für die Germania, daß nur das Genie der Träger des echten Gotteskeimes sei, daß die Religionen, ursprünglich Kennzeichen der schöpferischen Begabung eines Volkes, nun hinfällig geworden wären, weil sie in ihrem Spätzustand das Diesseits entgotten, indem sie einen jenseitigen Gott erfinden, ein Abstraktum an Gott. „Könnten abstrakte Begriffe die Schöpfer alles Seins sein?" Und so muß eine sich immer weiter entwickelnde Religion immer einmal auf einen Standpunkt führen, wo das Verlangen nach einer reineren, natürlicheren Lehre offenbar wird, heißt es im Vortrag „Über die Kindheit der Völker". In einem nächsten, „Fatum und Geschichte", preist Nietzsche das tyrannische Schicksal als jene Kraft, die den Menschen in lebendiger Verbindung mit der Gesamtschöpfung hält und ihn zu einer freien Gegenkraftentwicklung nötigt. Diese freie Gegenkraftentwicklung ist im Genie am kräftigsten. Daß das Genie von höheren Gesetzen in größerem Maße abhängig ist als der gewöhnliche Mensch, von diesen Gesetzen so abhängig ist, daß sein Handeln oft dem allgemeinen Codex der Moral und des Rechts widersprechen muß, legt er in dem Vortrag über Napoleon III. dar. Anscheinend aber erfuhr er die Wirkung solcher Gesetze bald auch an sich selbst. Wie mit einem Schlage sah sich der Sekundaner Nietzsche in einem erregenden Konflikt mit allem, was von ihm als guter Sohn, Portenser und Christ verlangt wurde.

Fritz hatte Ostern 1862 Lisbeth, das „Lama", in Dresden besucht, sich mit ihr wieder „ausgesprochen", die immer Exaltierte und Enchantierte mit ihren vielen Ach und Oh zurechtgewiesen und sich als den Genialen und Überlegenen gegeben. Wie es aber um seine Überlegenheit aussah, beweist das Euphorionfragment, das uns vom Juli dieses Jahres erhalten ist. Es beginnt: „Meine Seele durchwogt eine Flut von weichen, beruhigenden Harmonien — ich weiß nicht, was mich so wehmütig stimmt, ich möchte weinen und dann sterben ... Das Frührot spielt in bunten Farben am Himmel, ein sehr abgebrauchtes Feuerwerk, das mich langweilt. Meine Augen funkeln ganz anders, ich fürchte, daß sie Löcher in den Himmel brennen. Ich fühle es, daß ich mich völlig entpuppt habe, ich kenne mich durch und durch und möchte nur den Kopf meines Doppelgängers finden, um sein Gehirn zu sezieren ..." So gestimmt, über sein unmoralisches Ich erregt, malt der Gymnasiast sich aus, wie er allmählich am Strick, der Fatum heißt, gezogen, verfault und ein Schinder auf seinem Grab die Notdurft verrichtet, dort dann ein Vergißmeinnicht blüht, das später Verliebte betrachten. Nun er sich die Vorübereilenden als übertünchte Gräber vorgestellt hat, läßt er das aufschlußreiche Jugenddokument etwa enden: „Mir gegenüber wohnt eine Nonne, die ich mitunter besuche, um mich an ihrer Sittsamkeit zu erfreuen. Sie ist mir sehr genau bekannt, von Kopf bis zur Zehe, genauer als ich mir selber. Früher war sie Nonne, dünn und schmächtig — ich war Arzt... Mit ihr wohnt ihr Bruder zusammen in zeitlicher Ehe... den habe ich mager gemacht — wie eine Leiche. Er wird in diesen Tagen sterben — was mir angenehm — denn ich werde ihn sezieren. Zuvor aber will ich meine Lebensgeschichte niederschreiben, denn abgesehen davon, daß sie interessant ist, ist sie auch lehrreich, junge Menschen bald alt zu machen... darin bin ich nämlich Meister. Wer sie lesen soll? Meine Doppelgänger, deren noch viel in diesem Jammertal wandeln. — Hier lehnte sich Euphorion ein wenig zurück und stöhnte, denn er litt an der Rückenmarksdarre..."

Schon der Begleitbrief zu diesem Fragment, den er Granier schrieb, mit dem zusammen er Shakespeare und Byron gelesen hatte, zeigt, in welcher verzweifelten Situation sich dieser Nietzsche befand, der da in seinem Ich eine Grenzenlosigkeit entdeckt hatte, eine Aussageleidenschaft, die über jedes Maß reichte. Und in Gedichten zittert die furchtbare Erregung nach: „Der Mensch ist nicht der Gottheit / würd'ges Ebenbild... von Tag zu Tag vertrakter... Nach meinem Urcharakter / gestalt ich mir auch Gott." Anderswo steht: „Ich fühl ein Grauen vor der Sünde / Nachtgründe / und mag nicht rückwärts schauen..."

Solche Aufregung machte Nietzsche krank. Der Anstaltsarzt mußte diesen sonderbaren Zögling, der regelmäßig Frühjahr und Herbst an „Kongestionen nach dem Kopf" litt, an Zuständen, die von den Augen oder vom Magen herkommen mochten und meist von Rheumatismus begleitet waren, diesmal zu einer Kur nach Hause entlassen. Und Nietzsche ging zur Mutter mit dem festen Entschluß, ein ganz stilles Leben „ohne alle Musik und sonstige Aufregung" zu führen. Er versuchte sich über seine Zustände durch Musik, in einer Abhandlung über deren Wesen, klar zu werden. Er untersuchte die akustischen Reize, die Korrespondenz der Klänge in ihrer Wirkung auf das Gemüt, stellte den inkommensurablen Eindruck der Musik bei sich fest, der ohne jeden Bezug auf etwas wie Schönheit absolut genommen werden mußte. Ein Dämonisches war in ihr, für ihn weder Gefühl noch Erkennen, sondern ein „dumpfes Ahnen des Göttlichen. Durch Bewegung entsteht dies Gefühl, wo aus der Form plötzlich der Himmelsfunke herausschlägt; symbolisch ist es Bewegung des Kosmos, Rhythmus in den mannigfaltigen Bewegungen". „Spüren Sie nicht, daß Sie in ein anderes Reich hinübersehen, das dem Menschen für gewöhnlich verhüllt ist?" fragt er den jungen Buddensieg, als er ihm die Wirkung der Musik auseinandersetzt, und mit Stöckert disputiert er nächtelang über den moralischen Einfluß der Kunst. Deussen, bald auch der junge Freiherr von Gersdorff hören ihn wie im Rausch am Klavier phantasieren. Andere sehen ihn in einer Ecke des Studiersaales sitzen, über sein Schreibbrett gebeugt, die langen Haare fallen ihm vorüber, während er Seite um Seite mit dicken Notenköpfen bemalt. Die „Unteren" sahen ihren „Oberen", den Primaner Nietzsche — unheimlich berührt — an, obwohl diese dunklen, tiefliegenden Augen nur zu sagen schienen: Hab keine Angst, Ich tu dir nichts. Manche, besonders die Freunde, glaubten, da ginge einer mit Weltumsturzplänen schwanger. Nietzsche selbst hatte sich, als er die dämonische Kriemhild des Nibelungenliedes charakterisierte, klargemacht, daß sich nur volle, tiefe Naturen einer furchtbaren Leidenschaft so hingeben können, daß sie aus dem Menschlichen heraustreten. Er zweifelte, daß er eine solche Natur war, doch mußte er am Dämonischen der Musik aus unerklärlichen Gründen gezwungen teilnehmen: „Mein Herz, das warfen sie in das All / da ist es versunken, ein Flugstern hell / da haschten's die Toten im Sturme geschwind / und fanden's zerbrochen vom schweren Fall."

Bekennerwütig und erlösungsdürstig schreibt deshalb der gequälte junge Mensch, der immer wieder vergeblich versucht hatte, mit seiner These, das Christentum sei eine bloße Herzenssache und keine Verpflichtung, Ernst zu machen, in sein Tagebuch: „Nichts verkehrter als alle Reue über Vergangenes, nehme man es, wie es ist. Ziehe man sich Lehren daraus, aber lebe man ruhig weiter, betrachte man sich als ein Phänomen, dessen einzelne Züge ein Ganzes bilden ... wenn eine unmoralische Handlung notwendig ist, so ist sie moralisch für uns." Doch konnte er sich nicht beruhigen, bis es zum öffentlichen Ärgernis kam.

Von einer inneren Not befreit man sich gegebenenfalls zuerst mit Worten, starken Formulierungen. So schrieb der Sekundaner Nietzsche als Klasseninspektor in das Kontrollbuch: „Im Auditorium brennen die Lampen so düster, daß die Schüler versucht sind, ihr eigc es Licht leuchten zu lassen." Das und ein zweiter ähnlich pointierter Satz brachten ihm wegen Witzeleien Karzer und Dispension. Nicht genug, als er am Kösener Bahnhof in einem Zuge vier Seidel Bier getrunken hatte, konnte er sich vor einer des Weges kommenden Lehrperson nicht mehr geradehalten, wurde deshalb als Primus abgesetzt und erhielt Ausgangsspetre. Nietzsche sah sich schon wie der alte Ortlepp im Straßengraben enden. Sein Gedicht: Vor dem Kruzifix, in dem ein Betrunkener dem christlichen Erlöser eine Schnapsflasche ins Gesicht schleudert, zeigt ein verwegenes Bild, aber es enthält auch den Schrei des Reuigen: Ich reiße dich mit mir herab / reiß mich empor zu dir vom Grab / vom ew'gen Grab.

Wollte dieser Geniale mit Erfolg absolvieren — der Primaner hatte an die 40 Kompositionen, 200 Gedichte und 80 scharfsinnige und philologisch einwandfreie Abhandlungen verfaßt — mußte er sich bezähmen. Der einzig mögliche Weg war: sich der philologischen Leidenschaft, der objektiven Wissenschaft zu widmen, alle künstlerischen und halbkünstlerischen Bestrebungen aufzugeben — die Lektüre des verderblichen Emerson, auch die Pascals —, sich von der Germania zu distanzieren, die schließlich nur mehr er pünktlich beliefert hatte und die trotz Amnestiegesetz „versumpft und verdumpft" war, endlich sich auch jeder Musikausübung zu enthalten, denn sie war die Quelle aller Erregungen. Nietzsches philologische Arbeiten — die über die Ermanerichsage hatte Aufsehen erregt — waren die besten der Anstalt. Nietzsche galt als einer der Belesensten, Corssen nannte ihn den besten Lateiner, den Pforta besessen habe, und Steinhardt mußte Nietzsches verwegene Konjekturen in langer lateinischer Rede widerlegen, doch der Mathematiker Buchbinder weigerte sich eine Zeitlang, ihm eine befriedigende Abschlußnote zu geben.

Mit großem Eifer hatte sich der Primaner nach seiner Abhandlung über das Primum Oedipus regis carmen choricum vergeblich um eine Untersuchung über den Megarer Theognis als Valediktionsarbeit bemüht. Die Persönlichkeit des aristokratischen Moralisten, der mit seiner Lehre von Gut und Böse nicht nur als Plebsverächter, sondern auch als Tröster bei Nietzsche Anklang fand, brachte ihn, der sich jetzt die strengste philologische Sezierarbeit vorgenommen hatte, bald wieder auf Vermutungen und Phantasien und damit in das Unmaß aller Stimmungen, die er bei sich kannte: „Ich starre lang auf das vor mir liegende Papier... ärgerlich über die wirre Menge von Stoffen, Ereignissen und Gedanken, die alle niedergeschrieben zu werden verlangen... Ich habe an diesem Tag viel Consolations von Liszt gespielt und ich fühle, wie die Töne in mich eingedrungen sind und in mir vergeistigt wiederklingen... ich habe kürzlich eine schmerzliche Erfahrung gemacht, nun merke ich, wie das Gefühl und jene Töne sich miteinander verschmolzen haben und glaube, daß die Musik mir nicht gefallen haben würde, wenn ich nicht diese Erfahrung gemacht." Nietzsche versuchte in Tönen, er versuchte in Worten das Unbezeichenbare in sich zu bezeichnen. Er hörte eine „hinreißende Melodie", zu der er keine Worte fand, und Worte formten sich, zu denen die Melodie fehlte. Alles mußte doch aus einer Seele stammen, weshalb stimmte nichts zusammen? „Ist mir's doch oft, wenn ich meine eigenen Gedanken und Gefühle belausche und stumm auf mich achte, als ob ich das Summen und Brausen der wilden Parteien hörte, als ob ein Rauschen durch die Luft ginge, wie wenn ein Gedanke oder ein Adler zur Sonne fliegt." Gethsemane und Golgatha nannte er das Gedicht, dem er in dieser Zeit in drei Fassungen liebevolle Sorgfalt zuwendete — bis er dann mit einem Male von einem Montag bis zu einem Donnerstag die 17 lateinischen Kapitel De Theognide Megarensi fehlerfrei und mit ungeheurem Elan niederschrieb. Er beschloß die Arbeit mit den Sätzen: „So entwächst der Mensch allem, was ihn einst umschlang; er braucht nicht die Fessel zu sprengen. Sondern unvermutet, wenn ein Gott es gebeut, fallen sie ab; und wo ist der Ring, der ihn endlich noch umfaßt? Ist es die Welt? Ist es Gott?"

In einem Lebensbericht, den alle Zöglinge Schulpfortas zum Abschied von Pforta verfaßten, nahm sich Nietzsche vor, in seinem Leben unverbrüchlich daran festzuhalten, seine Neigung zu dem verflachenden Vielwissen zu bekämpfen, dagegen den Hang, das einzelne auf seine tiefsten und weitesten Gründe zurückzuführen, noch zu fördern. Das hieß, in sein Deutsch übertragen, sich vor dem musikalischen Verströmen zu bewahren und sich, wie nun feststand, der Theologie und Philologie als objektiven Wissenschaften zu widmen, das hieß weiter, sich vor dem Heimatlosen, dem Grenzenlosen in sich zu bewahren, aber es zu erforschen, das unbekannte Gefühl in sich als Gestalt zu entdecken, ihm Gestalt zu geben. Der zwanzigjährige Nietzsche schrieb das Gedicht vom unbekannten Gott in sein Tagebuch:

Noch einmal, eh ich weiterziehe
und meine Blicke vorwärts sende,
heb ich vereinsamt meine Hände
zu dir empor, zu dem ich fliehe.

Ich will dich kennen, Unbekannter,
du tief in meine Seele Greifender,
mein Leben wie ein Sturm Durchschweifender,
du Unfaßbarer, mir Verwandter!
Ich will dich kennen, selbst dir dienen.

II.

Der unbekannte Gott sollte Nietzsche gefährlich werden, bevor er ihn in seiner ersten Gestalt bei sich feststellen konnte. Der Pfortastudent mußte sich zum Burschenschafter und Bismarckianer, zum Schopenhauerianer und preußischen Rekruten, zum Konfessionengegner und Antisemiten, zum Gymnasiallehrer und Gelehrten verwandeln, aber auch dem Modegenie Richard Wagner begegnen, bevor er, was in ihm bisher nur verworren und ungestüm nach Formung drängte, bildlich und begrifflich bezeichnen konnte. In diesem zweiten Lebensabschnitt tauschte Nietzsche das uniforme Dasein in Schulpforta mit den Uniformen der Gesellschaft und des Staates, mit der Wichs des Farbenstudenten, mit Frack und Zylinder des Professors und dem Rock des Königs. Erst als Nietzsche die Realität von so vielerlei Gestalten seines Ich erfahren hatte, konnte er der einen unbekannten in sich Gestalt geben.

DIE GEFÄHRLICHE GOTTHEIT

Ein moderner Betrachter dieses Lebens kann sich nicht so leicht ausmalen, was auf den zwanzigjährigen jungen Mann alles einstürmte, als er nach sechs Jahren mönchischer Erziehung den Internatsmauern entronnen, als studiosus liberalium artium mit einem Male tun und lassen konnte, was er mochte.

Zwar hatte er sich damit abfinden müssen, der Mutter zuliebe in Bonn Theologie zu inskribieren, doch dachte er, nur philologisch Evangelienkritik zu betreiben und Kirchengeschichte zu hören, im übrigen sich aber gänzlich dem Studium der Alten zu widmen. Zunächst genoß er die Freiheit. Zu allererst am Klavier. Dann, ganz unstilgemäß für ihn, versuchte er während einer Rheinreise wie Deussen und dessen Vetter an den Mädchen von Königswinter Gefallen zu finden. Um nicht zurückzustehen, machte er mit ihnen Fensterpromenaden und schmachtete Liebesseufzer und Lieder zu den Schönen empor. In Oberdreiß sehen wir ihn mit Pensionatsmädchen bei Gesellschaftsspielen, und im Mondschein sitzt er unter ihnen auf den Trümmern eines römischen Kastells und singt das Integer vitae. Nietzsche war redlich bemüht, sich so zu freuen wie die andern, doch fand er sich unglücklicher als in Pforta. Der Tyrann in der Brust vergällte ihm alles. Mißvergnügt kontrollierte er sich als tölpisch, unerfahren und ungeschickt. Die wenig hübschen Mädchen ärgerten ihn mehr, als die hübschen ihn freuten. Ein Vergnügen wie einen Eselsritt auf den Drachenfelsen verdarb er sich und studierte genau die Ohren seines Reittieres. In Oberdreiß saß er am liebsten am Klavier und übte zum Geburtstag der Frau Pastorin den vierstimmigen Chor: Lobe den Herrn, o meine Seele. In den Briefen an Mutter und Schwester blieb er der brave Junge, der das Elberfelder und später das Westerwälder Volksleben studierte und an den pietistischen Frauen am Rhein die Vorliebe für frommes Kopfhängen, an den jungen allerdings elegante Mäntelchen mit scharfer Taille bemerkte, „ganz wie bei jener Kösener Polin“, fügte er für die Schwester hinzu.

Für diesen Quälgeist seiner selbst, der sich wohl im höchsten Maße „gebildet“, aber für das normale Leben gänzlich ungeeignet fand, konnte deswegen im ersten Universitätsjahr Bonn nichts wichtiger sein, als sich „in Gesellschaft“ zu üben. Er nahm sich eine Zeitlang sogar vor, sich bis zum Tischkomment alles zu notieren, was ihm auffiele. Der Universitätsbetrieb galt nicht viel. Erstaunt hörte er sich zwar mit Deussen den berühmten Ritschl an, der in Varianten, Koruptelen und Konjekturen nur so schwelgte, auch Jahn und Sybel, mittelalterliche Kunstgeschichte bei Springer und Philosophie bei Schaarschmidt, auch etwas Kirchengeschichte, doch waren die beiden gleich in den ersten Tagen einem ehemaligen Portenser Kraftgenie in die Arme gelaufen, und Nietzsche war Korpsstudent, Frankone, geworden.

Von Vorlesungen war jetzt nur mehr wenig die Rede. Frühschoppen und Konvent bei Lümmel, Dinner bei Jordan, Kaffee bei Kley, nachmittags Fuchskränzchen und anschließend Kneipabend, Fest- und Stiftungskommerse, Gesangvereinskonzerte und Theater, „viele ungewöhnliche Kunstgenüsse" machten jetzt das Leben aus. Der Frankone kam nicht mehr zur Besinnung. In voller Wichs konnte man ihn beim Markttrottoir-Bummel sehen, in „fabelhafter Renommage", weiß-rot-gold zog er hinter Husarenmusik, Jucheirassassa schreiend durch Siegburg, zur Kirmes nach Endenich, auf Spritze nach Rolandseck oder zum Poppelsdorfer Schlößchen. Er hörte auf den Kneipnamen Gluck und galt als Musiksachverständiger. Bei wildbewegten Festmählern mit feurigem Walporzheimer und Spickgans oder während unter fortwährendem Toasten Bowleströme flossen, gaben die Kommilitonen zum besten, was ihnen Gluck einstudiert hatte, oder führten etwa eine Zauberposse von ihm auf: Die Frankonen im Himmel.

Nietzsche wollte in nichts nachstehen. Er gehörte der „Réunion" an, dem Beethoven-Gesangverein und dem Gustav-Adolf-Verein. „Höchst patent mit weißer Weste und Glacées" erschien er im Konzert, als „mitwirkendes Mitglied" mit breiter Schärpe über der Brust. Auch dem „feuerroten Weibsvolk", die Damen trugen rote Handschuhe, versuchte der Korpsstudent jetzt näherzurücken, natürlich bei „fabelhaftem Luxus" und „immer englisch gesprochen". Bisher war ihm das Verliebtsein mißlungen. Die Stunden mit einer hübschen Berlinerin hatten gerade zu einem dürftigen Wohlbehagen gereicht, er spielte mit der Angebeteten Klavier, machte Verse und komponierte, Leidenschaft aber hatte ihn keine ergriffen. Den Schmerz Deussens als abgewiesenem Freier konnte er nur dichterisch mitempfinden, ihn hatten jeweils tiefere, musikalische Leidenschaften gequält. Und auch in der Bonner Gesellschaft, unter den vielen Professorentöchtern, fand sich keine, die den jungen Philologie- und Theologiestudenten über die Konvention hinaus interessiert hätte. Eines Tages war Nietzsche, als er Köln besuchte, zufällig — so berichtete er Deussen — in eines der berüchtigten Häuser geraten. Bestürzt sah er sich von einem Halbdutzend Mädchen umringt, die sehr flittrig bekleidet und sehr zudringlich waren. In seiner höchsten Not wußte der junge Mann nichts anders zu tun, als sich an das Klavier zu setzen, das „einzig seelenhafte Wesen", das er in dieser Umgebung entdeckte, und über die Akkorde, die er nun anschlug, „gewann er das Freie".

Nietzsche war für Gesellschaft nicht geeignet. Die Frankonen fanden ihn eigenbrötlerisch, bald auch etwas mokant. Es konnte geschehen, daß dieser junge Fuchs, wie beim Kirmes-Festessen in Plittersdorf, als das Vergnügen gerade sich zum Höhepunkt hin bewegte und ein Finale bester Art bevorstand, durch die Tür verschwand und nicht mehr gesehen wurde. Nietzsche war einem „brüllenden Abgrund" entronnen. „Plötzlich erquickende, atemlose Naturstille. Die Schatten lagen schon etwas breiter, die Sonne glühte unbeweglich, aber schon niedergesenkt, und von den grünlichen glitzernden Wellen des Rheins her wehte ein leichter Hauch." Bald flammten auf den Hängen des Siebengebirges die Weinlesefeuer, und Nietzsche ging an dem schönen Herbstabend den Strom entlang der Stadt zu. Tags darauf konnte man ihn unter feierlicher Assistenz der Quartierwirtin und deren Nichte einen Kranz auf Schumanns Grab legen und vor den Gräbern Schlegels und Arndts stehen sehen. An einem nächsten Abend war Deussen bei ihm, sie tranken miteinander Tee und lasen Griechendramen, und ein andermal studierte er in den Schriften des Theognis, vor den Fenstern sangen die Kinder ihr Lied vom „Märten, der Äpfel und Nüsse bringt...". Das waren die schönsten Stunden des anderen Nietzsche, des glücklich-unglücklichen Einzelgängers, der sich vergeblich bemühte, ein flotter Student zu werden. Wie vergeblich, bewies auch die Art, auf die er seine Mensur, die ja nun auch einmal sein mußte, überstand.

Als ihm eines Abends nach einem Kneipabend einer der „Alemannen" in die Quere lief und mit ihm in ein angeregtes Gespräch über Literatur und Kunst gekommen war, ging der Frankone den verblüfften Waffenbruder unvermittelt an: er gefalle ihm gut, ob er nicht Lust habe, ohne viel Präliminarien mit ihm zu „hängen"? Freund Deussen sah nicht ohne Bangen dem Tag entgegen, an dem der kurzsichtige, etwas korpulente und durchaus nicht geschickte Fritz sich mit dem in dieser Hinsicht viel vertrauenerweckenderen „Rivalen" schlagen sollte. In einer Scheune außerhalb der Stadt entschieden sich Kampf und Schicksal wie vorausgesehen gegen den Frankonen. Er blutete nach einer Tiefquart über dem Nasenrücken und wurde abgeführt.

Die Verbindung kostete Geld und Zeit. Der Monatswechsel von 40 Talern, Deussen mußte mit 20 auskommen, reichte nicht entfernt aus, um Nietzsches Ansprüche zu decken. Er war in fortwährender Geldverlegenheit und es gab Spannungen mit Zuhause. Mit diesem Zuhause klappte es auch sonst nicht. Nietzsche hatte mit Deussen David Friedrich Straußens Leben Jesu gelesen und mit ihm lange über die religiöse Frage gestritten. Nicht daß er die Gestalt Jesu leugnete, er erhitzte sich gegen das neuere Christentum, die christliche Priesterschaft, die sich in alle Verhältnisse, in Staat und Kunst drängte. Ihm war der Glaube entscheidender als alles Objektive hinter dem Glauben, und das Kirchenwesen konnte doch mit der Seligkeit eines Frommen nichts zu tun haben. Die katholischen Verhältnisse in Bonn erbosten ihn, er glossierte den Fronleichnamszug, wie alles sehr geputzt und eitel und krampfhaft fromm tuend da an ihm vorüberzog, die „krächzenden alten Weiber mit Weihrauch, Kerzen, Girlanden und anderem Pomp". Aber auch die protestantische Luft sagte ihm nicht mehr zu. Ostern 1865 weigerte sich dieser Sohn, der da kräftig, dunkelblonden Haares, sonngebräunt und breitschultrig, sehr waffenstudentisch in die Ferien kam und doch Theologe werden sollte, mit der Mutter zum Abendmahl zu gehen. Es gab tränenreiche Auftritte. Rosalie mußte trösten, sie kannte sich im Leben bedeutender Menschen aus, und schließlich gab sich auch die Mutter zufrieden: „Fritz ist ein guter Junge, ein tiefer Mensch — und Gott sieht das Herz an!" Nur die Schwester war böse, daß der Bruder den unglückseligen Strauß mit in die Ferien gebracht hatte und mit Onkel Edmund lange Streitgespräche führte. Mit „pastoraler Herzlichkeit und lamaartiger Naivität" versuchte sie den Abtrünnigen zu bekehren — was denn das ewige Wahrheitssuchen nutze, wo es doch keine Wahrheit gäbe, und schließlich sei er doch eine Idealpersönlichkeit und solle das Glück und den Frieden nicht stören! Nietzsche verwies die Schwärmerische: es sei ein haarsträubender Irrtum, ihn unter die Heiligen zu versetzen, er sei gar nicht der, den sie sich in Naumburg vorstellten, seine Briefe seien nur Produkte gehobener Stimmungen, in Wahrheit sei er so eigensinnig, launisch und verstockt, wie sie ihn manchmal in den Ferien zu sehen bekämen. Im übrigen verbäte er sich moralisierende Töne, und was die Wahrheit und das Glück beträfe, fügte er, von Emerson belehrt, hinzu: „Suchen wir denn bei unserem Forschen Ruhe, Frieden, Glück? Nein, nur die Wahrheit, und wäre sie höchst abschreckend und häßlich." Wer die Seelenruhe wolle, möge glauben, wer sich aber wie er der Wahrheit verschrieben hätte, möge forschen und auf der stürmischen See bleiben.

Im zweiten Semester studierte Nietzsche nicht mehr Theologie, immerhin blieb er Schriftführer des Gustav-Adolf-Vereines. Er versuchte sich philologisch mit dem Simonideischen Klagelied und gesellschaftlich als Sänger des Beethoven-Gesangvereins. Beim Kölner Musikfest stand er mit rot-weißer Schärper über der Brust unter 113 Tenören, 173 Bässen, 182 Sopranen und 154 Altstimmen auf dem Podium des Gürzenich. Da-capo-Geheul, hundert Damen schleuderten den Sängern ihre Bouquets ins Gesicht, und Festtrubel drei Tage lang. Nietzsche war ein rechter Nachtvogel. Der Hausknecht störte ihn nach einer Stunde Schlaf wieder von der Hotelbank auf. Auch beim Königsbesuch in Köln zur Feier der Vereinigung der Rheinlande mit Preußen sah man ihn in diesem Sommer. Doch glossierte er jetzt mehr, als er sich vergnügte: den König, der wie ein Opernstar unter dem „brausenden" Jubel der Bevölkerung und den Klängen des Düppeler-Marsches den Rhein auf und abfuhr und die alten Herren Generale in den schönen Uniformen, wie sie sich nach dem großen Düppelgefecht eines Dinners „siegestrunken" an den Händen durch die Straßen führten. Auch die Burschenschaft kam jetzt nicht gut weg.

Während er der so leicht enthusiastischen Schwester, dem langumtroddelten Lama, noch vorschwärmte, wie schön jetzt alles in der Burschenschaft wäre, da sie neue rote Stürmer mit goldener Litze und ein schwarzes Sturmband trügen, hatte er schon längst mit dem Burschenschaftsabenteuer abgerechnet. Wenn er die Kommilitionen Heissassassa schreien hörte und sah, stellte er mit Juvenal nur mehr fest, wie schwer es manchmal sei, keine Satire zu schreiben. In einem Septemberbrief an Freund Mushacke ließ er kein gutes Haar mehr an diesen Frankonen, denen er zu seinem Mißvergnügen länger angehört hatte, als es sein Vorsatz gewesen war. Die Kritik an der Burschenschaft wurde zu einer Kritik an der deutschen Jugend. Bei geringer politischer Urteilsfähigkeit sah er in ihren Reihen nur wenig Köpfe, um so mehr Äußerlichkeit, Formalismus und gedankenloses Treiben. Er dachte an den tölpischen Unterricht des Fuchsmajors, der ihn mit Paragraphen und Trivialitäten belästigt hatte. Das Philistertum, der Biermaterialismus und das täppisch-begeisterungslos Alltägliche dieser Jugend, das Aburteilen en masse, das Renommieren und trunkene Treiben waren ihm widerlich. Auch hatte er sich einen festumrissenen Vaterlandsbegriff von Pforta mitgebracht. „Denn nicht so und so viel Quadratmeilen Landes sind Vaterland; im Geiste des Menschen ruht es, groß oder klein; denn es ist eine geistige Macht." Und weiter: „Die eigene Zukunft und die Zukunft des Vaterlands sind eins." Wo war hier etwas von dem Vaterland zu spüren, das er meinte, von dessen Geist und der deutschen Jugend, die es leben sollten? Als er versucht hatte, in der Frankonia eine Debatte über politisch-wissenschaftliche Themen anzuschlagen, hatten sie ihm mitleidig auf die Schulter geklopft und gemeint, die Frankonia sei kein Seminar. Das Burschenschaftstreiben schien Nietzsche jetzt wie ein Verrat am geistigen Vaterland. Er hielt es überhaupt für einen grundsäztlichen faux pas, jemals in einer Burschenschaft gewesen zu sein. Preußisches Renommistentum und schwarz-rot-goldene Politik konnten in dem Augenblick, da das Reich im Norden ein riskantes Unternehmen gestartet hatte und sich die Auseinandersetzung im Süden und Westen schon abzeichnete, keine Art sein, sich als Deutscher zu bekennen. Obwohl ihn die Verbindung in Ehren und mit Band entließ, gedachte er dem Konvent das Band mit einer sorgfältig überlegten Austrittsbegründung zurückzustellen.

Mit der Kritik an den Konfessionen und der Burschenschaft kritisierte Nietzsche auch sich selbst. Er hatte sich in diesem besinnungslosen Jahr einer platten Gesellschaft ausgeliefert gesehen, in der er nichts bestimmen konnte, in der er bestimmt wurde. Der flotte Student war mißlungen, der Theologe, der Philologe, er hatte nichts geleistet, er war unglücklicher als zuvor.

Nietzsches seelischen Barometerstand in diesem Jahr zeigt die Vertonung seines Pförtner Gedichtes vom Fischermädchen. Es war eine Komposition „im höchsten Zukunftsstil, mit einem natürlichen Aufschrei und dergleichen Ingredienzen einer stillen Narrheit." Die Meditationen über Manfred, die er gegen Schumanns Manfred-Musik begonnen hatte, erregten ihn zu sehr, er hatte sich das Komponieren verbieten müssen. In einem fürchterlichen Silvestertraum hatte ihm eine Stimme zugeschrien: „Ihr Narren der Zeit... reifer werden!" Und das war der Gewinn dieses Jahres: die Einsicht, daß er sich nicht ohne Kontrolle lassen durfte. In Leipzig, wohin zu gehen er sich nun entschlossen hatte — Gersdorff wollte dort studieren und Ritschl plante dahin zu übersiedeln —, mußte er sich der objektiven Leidenschaft um so mehr widmen. Er hatte fest Pläne.

Von einem Rheindampfer sah Nietzsche die Lichter Bonns entschwinden. Er entfloh einer „schreienden Einöde, einer Höhle", einer Hölle. Umgangsformen beherrschte er jetzt wie Theater-Requisiten, nun mußte er sich im Hintergründigen für ein Ausnahme-Leben vorbereiten. Das wußte er, als Durchschnittsexistenz würde er überall scheitern. Er fühlte sich elend. Rheuma und Kopfschmerzen plagten ihn. Am Bonner Ufer blieb Deussen zurück, froh, diesen schulmeisternden Freund los zu sein. Wohl war ihm Nietzsche in allem Ansporn, war er einer, zu dem er aufsah, doch zu oft hatte ihn der Herrische zur Verzweiflung gebracht. Der aber die Flucht ergriff, hielt nicht viel von dem Freund, der sich in allem von ihm schurigeln ließ.

SCHOPENHAUER, WISSENSCHAFT UND „MAVORS"

Nietzsche verlangte nun nach guten Vorzeichen, die ihm bestätigen sollten, daß er auf dem richtigen Wege war. Vorerst blieben sie aus. Mushacke nahm ihn nach Berlin mit. Die Stadt lag in den ersten Herbstnebeln, die Linden waren entblättert, und die Schimpfereien des alten Oberlehrers Mushacke auf das jüdische Berlin stimmten ihn nicht froher. In Leipzig ergrimmten die schwarz-rot-goldenen Jünglinge in Reissers Restaurant, die knirpsartigen Sachsen, der Messelärm mit den vielen „Juden und Judengenossen", die Dünste der Garküchen und das Kindergeschrei. Es dauerte lange, bis Nietzsche ein stilles Zimmer in einem Hinterhof beim alten Rohn gefunden hatte. Als einen der ersten Briefe schrieb er hier den Absagebrief an die Frankonen.

Auf dem Boden der Alma mater wendete sich für ihn rasch das Blatt. Schon daß Goethe vor 100 Jahren, am selben Tag, am 19. Oktober, als Student das erstemal die Leipziger Universität betreten hatte, nahm er als Omen. Zur Antrittsrede des berühmten Ritschl hatten sich die Honoratioren der Stadt eingefunden. Ritschl, dem Nietzsche sich schon in Bonn flüchtig bekannt gemacht hatte, winkte ihm zu: „Ei, da ist ja auch Herr Nietzsche!" Auch sonst gefiel ihm die Stadt, er versprach sich neue Bekanntschaften und mit Gersdorff zusammen ein tüchtiges Studentenleben.

Als er da eines Tages, nicht lange nach dem ersten Universitätsbesuch im Antiquariat des alten Rohn stöberte, fand er Schopenhauers Welt als Wille und Vorstellung. Am selben Tag noch glaubte er, das Buch seines Lebens entdeckt zu haben. Nicht die Ideenfülle faszinierte ihn. Daß hier die eigene Empfindung von der Welt als einem blinden Ungefähr, das sinnlos zeugte und zerstörte, ausgesprochen war, erregte ihn. Mensch wie Tier, belebte und unbelebte Natur waren von einem Unbekannten Gott, dem „Welt-Willen", einem Elementaren durchdrungen und ihm ausgeliefert. Nicht der Intellekt konnte erkennen, was dieser Welt-Wille war, noch viel weniger war der Verstand ein Mittel, sich aus dieser Willensverstrickung zu lösen. Nur zweierlei Überwinder, Erkennende des unbekannten Gottes, gab es: den Künstler und den Heiligen, den Asketen. Hatte Nietzsche das jemals anders gefühlt? Hier war es, nur ausgesprochen, philosophisch begründet, bewiesen. Aber noch mehr: Schopenhauer erkannte die Musik als den reinsten Ausdruck des Welt-Willens, des Unbekannten Gottes. Damit war der Künstler, der Musiker in Nietzsche gerechtfertigt, bestätigt. Wir werden an Worte des jungen Grillparzer erinnert, der sich im Goetheschen Tasso gezeichnet sah, wenn der junge Nietzsche nach der Lektüre Schopenhauers schreibt: „Hier war jede Zeile, die Entsagung, Verneinung, Resignation schrie, hier sah ich einen Spiegel, in dem ich Welt, Leben und eigen Gemüt in entsetzlicher Großartigkeit erblickte. Hier sah mich das volle interessenlose Sonnenauge der Kunst an, hier sah ich Krankheit und Heilung, Verbannung und Zufluchtsort, Hölle und Himmel. Das Bedürfnis nach Selbsterkennung, ja Selbstzernagung packte mich gewaltsam."

Was galten diesem Nietzsche nun die braven Theorien aller Philosophen von Descartes über Kant zu Hegel? Ungültig waren sie für ihn. Wissens-, Denksysteme konnten nie dem Leben auf die Spur kommen. Es war kein Ziel, mitzubauen am Gehirnphänomen Welt, sondern hier zeigte alles wie mit Fingern darauf: Werde der Arzt deiner selbst, dann kannst du auch ein Arzt der Welt werden. Als Künstler in der Lebensbewährung, in einem heroischen Lebenslauf eine Wahrheit gebären: vitam impendere vero, so hieß jetzt der Wahlspruch, das Leben in den Dienst der Wahrheit stellen — aber durch ein großes Leben.

Voller Selbstkritik verordnete sich Nietzsche, der sich in so vielen Lagen nicht bewährt hatte und als Künstler so leicht schwärmerisch entgleiste, nun die Philologie als ein Gegenmittel. Logische Kälte, kühle Besonnenheit, objektives Forschen waren die beste Vorschule, sich selbst zu erziehen. Nicht Wissenwollen, nicht eine vorherrschende Liebe zum Altertum, der „Stachel des Lebens" selbst trieb ihn zur Philologie. Denn Wissenschaft konnte ja nie zum Ziele führen: „Wenn das Leben nichts Höheres hat als das Streben mit der gewissen Aussicht auf nicht völlige Befriedigung, so kann diese Nichtbefriedigung nicht das Ziel des Lebens sein." So hieß es jetzt im Buch der Betrachtungen des jungen Künstlers, der ein Wissenschaftler werden wollte.

Ritschl stand im Rufe eines erfindungsreichen philologischen Arbeitgebers. Studenten aller Fakultäten besuchten sein Seminar. Die klassische Philologie war ein Probierstein, an dem man damals nach kritischer Methode wissenschaftlich arbeiten lernte. Das Vorhandene, die gegebene Materie von einem Hinzuerdachten zu trennen, den Tatbestand von der Interpretation zu scheiden, logische Strenge in der Folgerung, gewissenhafte, textkritische Laboratoriumsarbeit, für die jeder Buchstabe, jedes Wort und jeder Satz gleich wichtig waren, das lernte man bei Ritschl gründlich. Seine „Methode" bestand darin, daß er solche i-Punktarbeit mit Phantasie in der Themenstellung und im Finden von Hilfsmethoden verbinden konnte und daß er jedem Studenten das gemäße Thema zuteilte.

Ritschl hatte einige Studenten dazu ermuntert, einen philologischen Verein zu gründen. Dort hielt Nietzsche Januar 1867 bei Löwe in der Nikolaistraße den zweiten Vortrag über die letzte Redaktion der Theogniden. Ritschl beurteilte die Abhandlung, die ihm Nietzsche geschickt hatte, ganz gegen seine Gewohnheit außerhalb der Reihe und bestellte den Urheber zu sich: Zu welchem Zwecke er die Arbeit unternommen habe? — Der Vortrag wäre Zweck gewesen. — Wie alt und in welchem Semester er wäre? — Einundzwanzig und im dritten. — Eine solche Arbeit habe er, Ritschl, noch nicht unter die Augen bekommen. Das sei Methode, das sei gebaut und reifste Kombinationskunst. Er wünsche, daß die Schrift schleunigst druckreif würde. Man könne auch an eine Neuausgabe der Theognidischen Schriften denken. Er wolle ihm in jeder Weise behilflich sein und ihm neue Handschriften zugänglich machen. Auch den Zutritt zu den Bibliotheken wolle er ihm erleichtern.

Das war das Debut des Wissenschaftlers. Bald Präsident des philologischen Vereins, unter dessen Mitgliedern er strenge Auslese hielt und dessen Arbeitsgebiet er zu vergrößeren suchte, gehörte Nietzsche zu den Köpfen der Leipziger Studentenschaft. Bis Herbst 1867, während der vier Semester, verfaßte er ein Dutzend umfangreicher philologischer Arbeiten oder begann sie. Die über Theognis, über die Quellen der Suidas und Laertius Diogenes veröffentlichte das Rheinische Museum, das bis dahin noch nie die Arbeiten eines Studenten angenommen hatte.

Nietzsche war mit großem Eifer Philologe. Er studierte die Randwissenschaften und bezog sich in den Abhandlungen auf sie. Ritschl bewunderte an ihm, daß er wissenschaftlich so spannend wie ein französischer Romancier schreiben konnte, ohne sich nur in einem Gedanken von der kritischen Linie und der Beweisbarkeit zu entfernen. Vorsichtig, mit ausgesuchter Methodik legte er jeweils das erarbeitete Material dar, zeichnete den Grundriß des Gebäudes und zog in aller Umsicht, indem er bedächtig Grund und Gegengrund abwog, seine Schlüsse. Zu den Arbeiten schrieb er präzise Einleitungen, von denen die zu Demokrit und das deutsche Vorwort zur Laertiusarbeit zu den besten gehören. Einen neuen Gesichtspunkt zu finden war ihm das liebste, das unangenehmste blieb die Ausarbeitung. Immer wieder, so bekannte er Deussen, wehre sich auch sein Gehirnmagen gegen die Überfütterung mit abstrakten Erkenntnissen, Daten und Fakten. Der Wissenschaftler wollte sich vom wissenschaftlichen Ballast freihalten, er suchte in der methodischen Arbeit seinen Gewinn, es ging ihm um Gesamtbilder bedeutender Geister, um historische Zusammenhänge, die er einmal der Mitwelt als erstaunlich Verwandtes vor Augen führen wollte.

Der Schopenhauerianer konnte sehr leicht enthusiastisch werden. So versuchte er Mutter und Schwester für sein neues Ideal zu begeistern. Besonders in christlichen Dingen. Es war jetzt klar: Christentum als historisches Ereignis — nein! Christentum als Erlösungsreligion — ja! „Dazu, daß der Mensch seine irdische Bestimmung erfüllt, ist nicht nötig die Anerkennung eines Gottes oder Faktums, das historisch unsicher ist." Nicht gute-schöne Welt und in ihr friedlich mit eingebildeten Tugenden dahinleben, sondern eine wilde, durchaus feindliche Welt, und die in der Nachfolge aller wahrhaft Heiligen überwinden. Tatchrist sein und es sich nicht gut gehen lassen, wenn es in der Welt schlimm zuging!

Damit kam der Sohn in Naumburg schlecht an. Die Mutter machte nach solchen überspannten Ansichten nicht wie gewöhnlich ihr „Briefschwätzchen" von sechs und mehr Seiten — in ihren Briefen waren für gewöhnlich auch die Ränder ausgenützt und am Titelkopf standen die letzten Anweisungen verkehrt geschrieben, — sondern sie gab diesmal handfeste Ermahnungen, das Leben als eine Gabe Gottes zu betrachten und so würdig und christlich, „als es uns armen Menschen möglich ist", auszukaufen. Im übrigen müsse er nur alles tun, um ein braver Mensch zu werden und seine einzige Lebensaufgabe sei es, ihr, vielleicht auch der lieben Schwester einmal eine Stütze zu sein.

Schopenhauer als der Philosoph einer „wiedererweckten Klassizität, eines germanischen Hellenentums", wurde auch Mittelpunkt der wichtigsten Gespräche mit den Freunden. Nietzsche kam vierzehntäglich mit Gersdorff und Mushacke zusammen, um sich schopenhauerisch, und wöchentlich einmal mit Gersdorff, um sich griechisch zu orientieren. Schopenhauer führte ihn auch mit d e m Freunde zusammen, der ihm durch Jahre Erfüllung alles Freundverlangens werden sollte, mit Erwin Rohde. Nietzsche war ihm zuerst als einem sehr gescheiten, aber trotzigen und eigensinnigen Kopf begegnet. Bald aber konferierte er über den „allerchristlichsten Philosophen" am besten mit dem schmächtigen dunklen Hamburger. Sie galten einen Sommer lang nur mehr als die Dioskuren. Man sah sie nie ohne einander. Auf Spazierwegen im Rosenthal, in den Bibliotheken, im Theater, wo sie beide ihrem „Eulchen", der Naiven vom Stadttheater, den Hof machten, auf dem Pistolenstand, auf der Reitbahn und in der Pleisse badend. Sonngebräunt, übermütig wie zwei junge Götter, kamen sie im Reitgewand in die philologischen Übungen. Es schien, als ob der Geist eines künftigen Deutschland und eine neue Gesundheit in die düsteren Studierräume eingezogen wären. Nächte hindurch phantasierte Nietzsche seinem nur passiv musikalischen Freund auf dem Klaviere vor und ließ in Gesprächen Bilder vor ihm entstehen, die der sich nie erträumt hätte. Zum Zeichen, daß sie Freunde im Sinne Schopenhauers waren, gründeten sie sich an der Pleisse ihr „Nirwanaplätzchen" mit dem Wahlspruch: „Werde, der du bist."

Nietzsche war es, der hier gab. Rohdes glatte Züge neben Nietzsches mächtiger Stirn und tiefem Auge sprechen deutlich. Nur in der Atmosphäre des Freundes kam Rohde über sein philologisches Maß. Rohde bewunderte an Nietzsche den exakten Philologen und den dämonischen Musiker. Er stimmte nicht in allem zu, aber sobald sich das Gespräch in die Tiefe bewegte, bezauberte ihn der Geniale. Er konnte dem Musiktheoretiker nicht folgen, aber sobald Nietzsche am Klavier saß, lauschte er atemlos und kam sich klein vor. Leipzig pries er als sein „geistiges Damaskus", die Freundschaft mit Nietzsche schien ihm unverdient. Die unvergänglichen Zeugnisse der neunjährigen großen Freundschaft zweier geistiger Menschen sind ihre Briefe.

Auch in seinem Stil sah sich Nietzsche über Schopenhauer gewandelt. Nach Sallust hatte er sich schon in Pforta um Prägnanz bemüht und dann viel Lichtenberg und Lessing gelesen. Nun, nach Schopenhauer, instrumentierte und rhythmisierte er die Sätze neu. Die philologische Arbeit drohte den Ausdruck hölzern zu machen. Er aber wollte sich gerade im Stil von allen Gelehrten unterscheiden. Wie eine Klaviatur wollte er die Sprache jetzt handhaben können, immer „logisch und schön", nie sollte jemand die denkerische Schnürbrust, das logische Gerippe durchspüren, selbst bei der trockensten Abhandlung nicht.
Auch sonst bemühte sich der Künstler, den Wissenschaftler zu vergessen. Er hatte Angst vor den hundert Büchern um sich, die wie mit Zangen nach dem Nerv des selbständigen Denkens griffen und es ausglühten, sobald er nachgab. Ihn verlangte deswegen bald nach „Kontrasten". Er nahm sich vor, ein Jahr nach Paris zu gehen und sich dort gegen den deutschen Zopf zu rüsten. Soldat wollte er werden. Gersdorff war es schon. Der Bundestag hatte gegen Preußens Willen mobilisiert, die böhmische Aktion war in Gang gekommen, der König aus Leipzig geflohen, und im Juni schon vergnügten sich in der Pleissenburg preußische Besatzungssoldaten mit Leipziger

Schönen. Im Café Kintschy, Nietzsches Stammcafé — man rauchte da nicht, es gab keine „Judenfratzen und Schmelzbutter", keine sächsischen Kannegießer — war preußisches Heerlager. Nietzsche, enragierter Preuße, hielt es zwar für ein starkes Stück, daß Bismarck mit Brachialgewalt den deutschen Einheitsstaat gründen wollte, er verdächtigte ihn, daß er die moralischen Kräfte eines Volkes zu niedrig anschlug. Er war diesem allerdings begabten und tatkräftigen Minister aber vor allem seiner politischen unmoralischen Vergangenheit wegen nicht besonders freundlich gesinnt. Aber, so argumentierte er, wenn ein Haus brennt, fragt man nicht zuerst, wer den Brand verschuldet hat, sondern löscht. Deutschland brannte! Die Auseinandersetzung mit Frankreich — in diesem Falle dem fluchwürdigen Tiger Frankreich — stand bevor, gefährlich mischte sich das Ausland in alle deutschen Aktionen. Wer wollte sich da nicht zu der Sache des einen Deutschland bekennen und lieber Herrn Beust, den Konservativen, der Kreuzzeitung, den mittelstaatlichen Fürsten oder als Protestant gar dem deutschfremden katholischen Österreich zulaufen? Wenn Nietzsche jetzt die sächsischen Herren der verschiedenen Parteien sah, wie sie, seit am Hotel de Prusse die schwarz-weiße Flagge hochgezogen war, lammfromm Ergebenheit, ja sogar begeisterte Zustimmung wedelten und vor Ehrfurcht wie Boviste platzten — es gab in ganz Leipzig keine Konservativen, keinen grün-weißen Patriotismus mehr, nur noch ergebene Preußenfreunde —, war er stolz, zumindest nicht Sachse sein zu müssen. „Es wird unseren nationalen Bestrebungen nicht erspart bleiben, europäische Zustände umzuwälzen, jedenfalls ihre Umwälzung zu versuchen", meinte er in einem Brief an Gersdorff. Solange nämlich Paris das Kultur- und Machtzentrum wäre, würde sich in dem gegenwärtigen schwachen Europa nichts ändern. Mißlänge eine Neugestaltung Europas durch Deutschland, dann, heißt es in dem Julibrief dieses Jahres an Gersdorff weiter, „haben wir beide hoffentlich die Ehre, von einer französischen Kugel getroffen, auf dem Kampfplatz zu fallen."

Nietzsche war stolz, daß Deutschland eine solche Armee, solche Menschen besaß und ein so großes Programm tatkräftig zu verwirklichen begann. Ihn schmerzte, daß er, seiner Kurzsichtigkeit wegen, nicht Soldat werden konnte. Er ließ sich von Verwundeten erzählen, von Gersdorff berichten. Minutenlang versuchte er sich aus Leipzig wegzudenken, überhaupt das Zeitbewußtsein samt allen subjektiven Sympathien für Preußen zu vergessen, dann hatte er nichts als das Schauspiel einer großen Haupt- und Staatsaktion vor sich, „aus solchem Stoff, wie nun einmal die Geschichte gemacht ist, beileibe nicht moralisch, aber für den Beschauer ziemlich schön und erbaulich".

Das Schauspiel, das Nietzsche dann vom Herbst 1866 bis Frühjahr 1867 erlebte, war zwar nicht schön und erbaulich, aber es war ein Schauspiel. Die preußische Besatzung war abgezogen. Die ehemals, beim

Einzug der Preußen, preußisch geworden waren, jubelten nun, beim Einzug der Bundestruppen wieder sächsisch und sangen Hymnen auf König Johann, den muntern Seifensieder, wie ihn Nietzsche nannte. Schon hatte die Landeskommission wieder Treitschkes Schriften verboten, der Feind stand wieder in Preußen, man war immer gut sächsisch gewesen. Wahlen wurden ausgeschrieben. „Wo man ging und stand Programm, Pamphlet, Ermahnung. Zettel ins Haus. Moralische, unmoralische Mittel, Stempel, Dienstmänner, Verleumdungen, riesige Maueranschläge, Fahnen mit den betreffenden Namen, alles in Bewegung." Angesichts der Niedrigkeit der Vielen bewunderte Nietzsche jetzt die Größe des Einen — Bismarcks. Er vergaß, was „beileibe nicht moralisch" an ihm schien und schlürfte seine Reden „wie feurigen Wein". Er war glücklich, mit der Regierung einmal einer Meinung zu sein.

Wärend der kritischen Tage war Nietzsche täglich im Konzert oder im Theater gewesen, besonders bei Aufführungen, in denen die gefeierte Hedwig Raabe auftrat, der er Lieder widmete und in einem Brief huldigte. Doch entließ er sich in aller Hochstimmung als Philologe nicht. Er hielt den Suidas-Vortrag, schrieb die Theognis-Arbeit ins reine und grübelte über die Büchertitel bei den Alten und die Quellen des Laertius Diogenes. Daß er nicht Soldat werden konnte, bedauerte er immer wieder.

Als Nietzsche schon gar nicht mehr daran dachte, als er — nun knapp vor dem Ende der Studien — gar nicht mehr wollte, mußte er des Königs Rock anziehen. Im Sommer-Semester 1867, in den Monaten „Götterluft" mit dem Freunde, ward die Universitätspreisarbeit über Laertius beendet, und auf einer Wanderung im Bayrischen Wald hatten sie zusammen Abschied von der Studentenzeit gefeiert. Rohde übersiedelte nach Kiel und Nietzsche nach Naumburg.

„Grüßt alle die Bekannten
Mit einem Gruß von mir
Und sagt den alten Tanten,
Ich käm einmal abhanden
Als preußischer Grenadier",

hatte der Student im Herbst 1866 an die Mutter geschrieben. Jetzt, ein Jahr später, als die Brillenträger Nr. 8 der Ausfälle durch Cholera und im Kriege wegen für diensttauglich erklärt wurden, war er zwar nicht Grenadier geworden — das Berliner Gardegrenadier-Regiment, bei dem es sich so leicht diente, war überfüllt —, sondern Kanonier. Die zweite reitende Batterie des Feldartillerie-Regimentes Nr. 4 in Naumburg bekam einen Rekruten, der es sich sauer werden ließ, preußischer Soldat zu sein.

Jeden morgen fünf Uhr, es war noch stockdunkel, regnerisch meist, Herbstnebel lag in den Gassen, der Wind pfiff ihm durch die zerschlissene Rekrutenmontur, stapfte Nietzsche vom Weingartenhaus zur Kaserne und pfiff sich Mut zu. Bei zagem Lampenlicht im Pferdestall, schon den Unteroffizier und halb noch Schopenhauer im Sinn, nahm er den Striegel aus dem dreckigen Lederranzen, mistete und bürstete, bis er beim Fußexerzieren Honneurs, beim Gespannexerzieren „mit vollem Zeuge" und in der Reitbahn satteln und auf bloßer Decke traben gelernt hatte. Später bekam der Freiwillige Nietzsche seinen Putzkameraden. Doch hielten ihn Veterinär- und Waffenkunde, der Unterricht für das Landwehr-Offiziersexamen noch gehörig in Atem, und die Ausbilder ermunterten die übrigen Rekruten: Vorwärts, der Freiwillige Nietzsche hat's auch schon begriffen!

Vor Freunden und Verwandten betonte der Kanonier, daß ihm dieser Dienst nie einen Augenblick Erniedrigung war. Nietzsche unterwarf sich gern der körperlichen Zucht, sie war ihm willkommen. Es war, gemessen an der „wissenschaftlichen Müßiggängerei", ein hartes Leben, das er sich lobte. Er war eitel genug, Rohde zu schreiben, daß er unter seinen dreißig Schicksalsgenossen der beste Reiter sei, daß sein guter Sitz gelobt werde und ihm das jetzt mehr sei als das Lob, das er als Philologe empfangen hatte. Inzwischen war nämlich seine Universitätsarbeit als die beste prämiiert worden. Dieser ganzen Philologie täte ein militärischer Drill einmal gut, schrieb er. Militär wäre, als Zwischengericht genossen, ungemein heilsam, das beste Mittel gegen die lähmende Skepsis und die engbrüstige Gelehrsamkeit. Der fortwährende Appell an die Energie eines Menschen, der Zwang, das Nebensächliche des Lebens ernster als die scheinbaren Hauptsachen zu nehmen, der Verzicht auf die Vorteile des zivilen Ranges und gesellschaftliche Ausreden waren Mittel der Selbsterziehung, die nirgends besser als bei „Soldaten" gelernt werden konnten. Die stillen Seufzer aber, die der gerade mit Demokritproblemen beschäftigte Philologiestudent zu seinem philosophischen Schutzheiligen schickte, sein „Schopenhauer hilf!" wurde manchmal auch in Briefen laut: „Ach, lieber Freund", schreibt er an Rohde, „was ist so ein reitender und fahrender Artillerist für ein Unglückstier, wenn er literarische Triebe hat! Unser alter Kriegsgott hatte eben die jungen Weiber, nicht alte verschrumpelte Musen gern. Ein Kanonier, der über demokritische Probleme oft genug in der Kasernenstube nachdenkt, auf einem schmutzigen Schemel kauernd, indem ihm die Stiefel gewichst werden, ist nun einmal ein Paradoxon, auf das die Götter mit Hohn blicken."
Eines Tages, im Frühjahr, mißglückte Nietzsche der Sprung aufs Pferd, er verletzte sich am Vorderzwiesel des Sattels den Brustknochen. Während die Einheit auf Übung zog, lag er krank, die Wunde eiterte und wollte nicht heilen, er wurde nach Wittekind zur Kur geschickt und dann, ohne noch einmal Dienst gemacht zu haben, als Gefreiter entlassen mit der Aussicht, unter bestimmten Bedingungen auch einmal das Landwehroffiziersexamen machen zu können.

Das Krankenlager wurde eine Zeit der Besinnung. „Völker leiten heißt Triebe in Schwung bringen." — „Den großen Gedanken produziert nur der einzelne." — „Es ist ein schrecklicher Gedanke, eine Unzahl mittelmäßiger Köpfe mit wirklich einflußreichen Dingen beschäftigt zu wissen." — „Es gilt Bedürfnis durch Bedürfnis auszurotten. — Aber es gibt Bedürfnisse, die erst gepflegt werden...

Keiner der Universitätsköpfe, keiner der Gelehrten, keiner der Historiker durchschaute, was sich in der Welt abspielte. Sie sprachen alle von heiligen Gesetzen, von einer Geschichte, die nach ethischen Grundsätzen ablief, von Fortschritt und Würde der Arbeit, alle sahen die Welt, wie sie sie dachten. Langes Geschichte des Materialismus aber bestätigte dem Grübler auf dem Krankenlager über Schopenhauer hinaus, daß 1. die Sinnenwelt ein Produkt unserer Organisation ist, 2. die sichtbaren Organe gleich allen anderen Teilen der Erscheinungswelt nur Bilder eines unbekannten Gegenstandes sind und 3. die wirkliche Organisation uns ebenso unbekannt bleibt wie die wirklichen Außendinge. Nicht Philosophien führten zum Wesen der Dinge. Philosophien waren Begriffsdichtereien, allein ein naturwissenschaftliches Studium konnte klären, was dem Denker Unruhe machte.

Er brauchte in Kants Kritik der Urteilskraft nicht viel lesen, um festzustellen, daß er die Nötigung, die Kant bei seinem Leser voraussetzte, gar nicht in sich fühlte, nämlich einen Naturkörper als prämeditiert vorauszusetzen, d. h. als zweckbegriffen zu denken. Das war eine Art Teleologie zu erklären, die für ihn nicht verbindlich war. Der Begriff des Ganzen lag im Intellekt des Menschen, nie aber in den Dingen. Die Einheiten, die als Organismen bezeichnet werden, sind in Wahrheit Vielheiten. „Individuum" und „Organismus" sind nichts als Abstraktionen, Annahmen, Zweckideen. Jedes der Individuen mußte eine Unendlichkeit lebendiger Individuen in sich haben. Der Organismusbegriff Kants war also nichts als eine Annahme. Der Mensch konnte den Mechanismus erkennen, nie den Organismus, das Lebendige, das Leben, das dunkel bleibt, ohne Zweckursachen einfach wird und ist. An die Endursachen rücken wir mit jeweils anderen Begriffen nicht um ein Jota näher. So wie es Hamann geschrieben hatte, verhielt es sich mit dem Optimismus Kants: seine Einfälle sind blinde Junge, die eine eilfertige Hündin geworfen hat. Man kann vom Ganzen nicht auf die Fragmente schließen, ebensowenig wie vom Unbekannten auf das Bekannte. Nur die Naturwissenschaft konnte Auskunft geben. Nietzsche notierte sich als Lektüre: Moleschott, Virchow, Treviranus, Czolbe, Carus, Helmholtz, Herbart, Joh. Müller u. a. Er nahm sich vor, Chemie zu studieren. Denn nun wurde ihm klar, daß auch die Schopenhauerschen Annahmen falsch waren. Der Schopenhauersche Wille war nichts als „das Ding an sich", das Kantische X. Die Prädikate, die Schopenhauer diesem „Willen" beilegte, waren willkürlich. Wie behutsam Schopenhauer die Frage nach dem Ursprung des

Intellekts aus dem Wege ging! Schopenhauer war genau demselben Irrtum verfallen wie Kant. Das stand für den Kanonier im Genesungszustand im Frühjahr des Jahres 1868 unzweifelhaft fest. Doch wurde Schopenhauer der künstlerischen Welt gerecht, dem Satze des Vauvenargues: les grandes pensées viennent du cœur, dem künstlerischen Erfassen der Welt als dem einzig „objektiven". Auch eine schöne griechische Natur wie Demokrit, dieser Humboldt der Antike, der als Wissenschaftler — in den Grenzen der Alten Welt zwar — doch den dichterischen, den lebendigen Schwung der Anschauung und Darstellung bewahrte, konnte vor ihm bestehen.

Das fehlte allen neueren Gelehrten seines Faches. Sie hatten kein künstlerisches Auge, nahmen alles wie Fabriksarbeiter. Sie sahen das Gesamtbild nicht, starrten sich an einem Ölfleck die Augen krank, brachten ihr Leben am Studium einer Schraube zu. Sie verstanden nichts in ihrer Wissenschaft als Bildungselement zu nehmen. Sie waren Maschinendenker, mit kalten Augen Totes mit Totem beweisend. Worum ging es in den Wissenschaften des Geistes, jetzt, da die Relativität alles Wissens erwiesen war und das Reich der Metaphysik und der absoluten Wahrheit in eine Reihe mit dichterischen und religiösen Phantasmen gerückt war? Zuerst: nicht mehr über dem Buchstaben hocken, nicht mehr wiederkäuen, nicht mehr kalte historische Tatsachen ans Licht zerren, sondern eifrig Gegenwärtiges mit Vergangenem vergleichen. Nur seine Stellung zur Gegenwart interessierte jetzt am Vergangenen. Dann: Skepsis, Mißtrauen gegen die Ergebnisse des Geistes hegen. — Sittlich erscheint jetzt der Zweifel, wie es früher der Glaube war. — Und weiter: ein energisches Fragen, nicht mehr weibisch, indem man sich stumm dem logischen Urteil unterwirft, sondern nach der kühnen und unerschrockenen männlichen Art, die vor nichts zurückschreckt. — Durch die Skepsis untergraben wir die Tradition, durch die Konsequenzen der Skepsis treiben wir die versteckte Wahrheit aus ihrer Höhle und finden vielleicht, daß die Tradition recht hatte, obwohl sie auf tönernen Füßen stand. — Auch diese letzte Skepsis erlaubte sich Nietzsche, nur: wie gelähmt im augen- und ohrenlosen Wissenschaftsbetrieb der Zeit weiter verharren, das verbot er sich. Er wehrte sich dagegen, einer dieser Stubenhocker, dieser moralisch verschrobenen Gespenster zu werden, die ein Leben gegen die Natur führten, die ihren Geist mit unsinniger Zufuhr überfütterten und ihre seelische Entwicklung auf Kosten des Gedächtnisses und des Urteils vernachlässigten. Er dachte an alle diese Leipziger Gestalten wie Dindorf und Tischendorf. Er wollte als Erzieher einmal dafür sorgen, daß die jungen Wissenschaftler mit der nötigen Skepsis, frei von Pedanterie und Überschätzung ihres Fachs, wahre Förderer humanistischer Studien würden. Soyons de notre siècle! schrieb er an Rohde. In einem Jahr Paris, an der Hochschule des Daseins, wollte er sich erwerben, was ihm zu einem deutschen Erzieher der kommenden

Generation noch zu fehlen schien, und sonst: im Sinne der Alten leben, eines Sophokles etwa, der so elegant tanzen und Ball zu schlagen verstand, wie er Sprache und Geist beherrschte. In welche Enge und fürchterliche Disharmonie war die europäische Zivilisation gekommen! Wo lag da der Bruch? Nietzsche wollte eine Geschichte der gelehrten Krankheitsformen schreiben, eine Geschichte der Triebe neben eine Geschichte der Ideen stellen. Er wollte eine Arbeit gegen die Überschätzung der Historie verfassen, er begann mit Entwürfen zu einer Geschichte der literarhistorischen Studien, Gedanken über den Organismusbegriff bei Kant konnten für eine Doktorarbeit verwendet werden. Eine Enzyklopädie der Philologie sollte die philologischen Bemühungen krönen, die Untersuchungen über Demokrit und Trasyll mußten fortgesetzt werden. An einer Abhandlung über Väternamen übte er sich in abstrakter Methode wie schon beim Versuch eines Systems der Interpolationsarten in den Texten der Tragiker. Im übrigen aber wollte er die Freimaurerei, die er da begonnen hatte, unter seinen Freunden verbreiten und die stille Ketzergemeinde ohne Abzeichen, Bekenntnisformeln und Mysterien begründen.

RICHARD WAGNER / DIE BERUFUNG

Ein musikalisches Ereignis, der Tristan, und ein denkerisches Erlebnis, die Schopenhauerische Philosophie, waren notwendig gewesen, um Einsichten ins Bild zu bringen. Doch mußten „heroische" Zwischenfälle wie die in Leipzig und wie das Freiwilligenjahr das Ergebnis erst reif und ein Krankenlager es sagbar machen. Der gleiche Vorgang von der Musik zum Krankenlager wiederholt sich nun in rascher Aufeinanderfolge innerhalb von drei Jahren bis 1871 noch einmal. Nietzsche begegnet in Richard Wagner dem musikalischen Ereignis persönlich, der Gelehrte und Philosoph entdeckt das Wesen der griechischen Seele, und sobald er als Sanitätssoldat auf den Schlachtfeldern des Westens sein heroisches Zwischenspiel absolviert hat, gibt ihm ein Krankenurlaub die Zeit zur Besinnung und Formulierung. Nietzsche nähert sich der endgültigen Gestalt seines Unbekannten Gottes. Künstler und Denker in ihm kommen zu einem gemeinsamen Ergebnis.

Mit welchem Hochmut der Vierundzwanzigjährige, der nun als gedienter Soldat nach Leipzig zurückkam, um zu Ende zu studieren, auf das „wimmelnde Philologengezücht" herabsah, auf das „Maulwurfstreiben" mit den „vollen Hängebacken und blinden Augen", ist leicht vorzustellen. Er fühlte sich jetzt als Privatgelehrter und Kulturkritiker, wohnte vornehm in der Lessingstraße bei Redakteur Biedermann, hütete sich davor, in die studentische Unruhe, in Restaurations- und Theaterfieber zurückzufallen. Gerade daß er sich vom philologischen Verein bitten ließ, einen Vortrag über die Varronischen Satiren zu halten. Von der Politik hielt er sich peinlich fern und behauptete nun, in diesen Dingen eine Stachelschweinnatur zu besitzen.

Nietzsche hatte Frau Ritschl, nun seine „intime Freundin", mit der er auch öfters im Theater saß, einmal Wagnermelodien, auch das Meisterlied vorgespielt. Richard Wagner, der inkognito in Leipzig war, erfuhr davon über seine Schwester, Frau Brockhaus, und bald stand Nietzsche vor dem berühmten Freund des Königs, vielumstrittenen Opernkomponisten und Schriftsteller. Er glaubte, dem Genie, wie es Schopenhauer meinte, persönlich begegnet zu sein. Lebendig, selbstverständlich, großartig und vielerfahren war ihm Wagner erschienen. Mit einem Satz hatten sie sich über Schopenhauer und die philosophischen Dienstmänner von Prag verständigt. Wagner sah die Zukunft der deutschen Kultur, und er war sicherlich ein Mann, der sie bestimmen konnte. Alles an ihm war Lebenspraxis, nichts bloße Theorie. Seine Musik war der Ausdruck seines Wesens: leidenschaftlich, tief und doch überschauend. Nietzsche war ihr seit dem Tristan trotz vieler Einwände verfallen. Jetzt kannte er den Mann, der eine weltumstürzende Ästhetik begründet hatte, und kannte von nun ab auch nur mehr Superlative für diese Musik: Schopenhauersches Tonmeer, — jubelnde Intuition, ja, ein staunendes Sichselbstfinden war sie ihm.

Weihnachten 1868 in Naumburg waren die glücklichsten Weihnachten seines Lebens. Rohde schrieb in einem Brief: ... der Du mir das selige Land reinster Freundschaft erschlossen hast... er jubiliere mit ihm über den neuerkannten Göttersohn Richard Wagner. Nietzsche beantwortete gerade diesen Brief, da rief ihn Ritschl nach Leipzig und teilte ihm mit, daß er, der vierundzwanzigjährige Student, als außerordentlicher Professor der Philologie für die Baseler Lehrkanzel vorgesehen sei. Ritschl hatte Nietzsche auf Anfrage des Baseler Erziehungsrates dem Ratsherrn Vischer vorgeschlagen und geschrieben, daß ihm, so alt er nun sei und so viele junge Kräfte er während seiner vierzigjährigen Tätigkeit schon habe heranwachsen sehen, noch keiner begegnet sei, der so früh und so jung so reif gewesen wäre. Er, Ritschl, gebe seine ganze philologische und akademische Reputation zum Pfande, daß Basel sich hier einen erwerbe, der dereinst im vordersten Rang der Philologie stehen würde. „Er wird eben alles können, was er will." Die Baseler beriefen darauf vor einer Reihe anderer Bewerber Nietzsche, der weder das Doktorat sich erworben hatte, geschweige habilitiert war, zum Extraordinarius der klassischen Philologie. Das war Mitte Feber entschieden. Ende März wurde Nietzsche ob scriptorum ab eo editorum praestantiam philosophiae doctor et bonarum artium magister creatus. Die Veröffentlichungen im Rheinischen Museum waren ihm anerkannt worden. Am 12. April fuhr der neuernannte Doktor und Professor, der vor vier Jahren noch Primaner gewesen war, nach Basel.

Die erste Nachricht von der Berufung hatte Nietzsche wie verrückt gemacht. Er war den ganzen Nachmittag umhergerannt und hatte Tannhäuser-Melodien gepfiffen. Dann, nach den ersten überstürzenden Freudenausbrüchen, waren die Skrupel gekommen. Er wollte kein Philologe sein! Nichts trieb ihn dazu, weder die Liebe zum Altertum noch Klugheit noch Egoismus. Eitelkeit, ja, das gestand er sich. Jetzt, gerade jetzt, wo er Chemie studieren, wo er mit Rohde ein Wanderleben in Frankreich, ein schönes Pariser Jahr genießen wollte, jetzt, wo er Wagner begegnet war und sich als Künstler schon weit weg von aller Universitätsphilologie bewegte, mußte er Gelehrter, Professor, Fachmensch werden — Herdenmensch —, „davor behüte mich Zeus und alle Musen!"

Inmitten des gesellschaftlichen Treibens, das sich nun um den neuernannten Professor, von dessen Karriere die Zeitungen berichteten, bildete, hüllte sich Nietzsche in eine „aschgraue Wolke der Einsamkeit" und feierte vor dem Berufsaschermittwoch ein schmerzlich zerquältes Carnevale. Die Fahrt nach Basel unterbrach er und nahm zum Abschied von Deutschland am 13. April 1869 an der „größten künstlerischen Schwelgerei", an einer Meistersinger-Aufführung in Karlsruhe teil.

Die Universität des Aenaeas Piccolomini am Rheinsprung war kein großes Gebäude, doch Basel war eine Gelehrtenstadt von Weltruf. Nietzsche kam in eine Stadt, in der ein Gelehrter etwas galt, die noch Aufhebens davon machte, wenn auch ein noch so junger Professor an ihre Hochschule berufen wurde. Das geistige Basel schien der rechte Ort für Nietzsche. Hier lehrte Jakob Burckhardt, berühmter Verfasser der Geschichte Konstantins, der Kultur der Renaissance und des Cicerone. Hier lebte auch der Geldmagnat und Verächter der Plebs, Johann Jakob Bachofen, Begründer der vergleichenden Rechtswissenschaft und Erforscher des historischen Matriarchats, und als Nietzsche in Basel einzog, verbrachte Böcklin gerade sein letztes Jahr in seiner Vaterstadt. Aber auch zwei junge Menschen hatten sich in Basel ähnlich geistig verbunden wie Nietzsche und Rohde in Leipzig. Auch sie hatten miteinander das sommerliche Land durchstreift und im Zeichen Schopenhauers, im Namen unchristlicher Götter Freundschaft geschlossen: der Liestaler Karl Spitteler und der Österreicher Josef Viktor Widmann. Als Nietzsche nach Basel kam, war Widmanns Buddha im Druck, und Spitteler hatte den Prometheus, *seinen* Übermenschen, bei sich konzipiert. Doch nicht Basel, seine Gelehrten und Künstler wurden für Nietzsche entscheidend, sondern Triebschen bei Luzern, wo im Fideikommißhaus am See Richard Wagner und Cosima von Bülow lebten.

Der Baseler Lehrauftrag war nicht einfach. Als Extraordinarius las Nietzsche jeden Morgen um sieben vor acht Hörern — mehr Philologiestudenten gab es nicht — im ersten Sommersemester über griechische Lyrik und die Coephoren des Äschylus. Gleichzeitig mußte er, wie auch Burckhardt, die Prima des Pädagogiums versorgen. Er war also auch Gymnasiallehrer.

Schon die Erscheinung des Vierundzwanzigjährigen, seine Eigenarten, machten einiges Aufsehen. Nietzsche ging sorgfältig gekleidet. In Gesellschaft und bei seinen Antrittsbesuchen erschien er in einem Frack, wie man ihn in Basel nicht kannte, mit einem grauen Zylinder, wie ihn nur noch ein alter badischer Staatsrat trug. Für gewöhnlich sahen ihn die Schüler in hellen Pantalons und kurzem Jakett, mit zierlich geknüpfter Krawatte. Er war mittelgroß, gedrungen und doch von zart wirkender Gestalt. Ein auffallend dichter großer Schnurrbart, den er auf Mongolenart pflegte, tiefliegende Augen unter dichten Brauen und hinter blitzenden Muschelbrillen gaben dem Gesicht etwas abweisend Drohendes. Doch schien das nur wie Maske, Nietzsche war vollendet zuvorkommend, höflich, nie verletzte ein Wort, nie ein Blick von ihm. Er gab sich gemessen, leicht feierlich, aber man kannte ihn auch als gänzlich Ungezwungenen, scherzhaft und launig. Was an ihm fesselte, war die Stimme. Erst wer sie gehört hatte, glaubte zu verstehen, was er geschrieben. Es war eine gänzlich ungekünstelte, ruhige, klare, nie aufgeregte Stimme, nie unbestimmt und eher leise als laut. Doch übertönte sie im Hörsaal mühelos das Rauschen des Rheins, der unter den Fenstern vorüberfloß.

Nietzsche war ein vorbildlicher Lehrer. Nie zornig, nie ungerecht, auch dem letzten Schüler ein ratender Freund. Er strafte und lobte nicht, er beschämte nur. Log ihn ein Schüler an, fragte er: Darf ich wohl Ihren Angaben unbedingt Glauben schenken? und er sah den Übeltäter in steinerner Ruhe vernichtend an. Ein andermal: Haben Sie die Stelle gelesen? — Zögernd der Unvorbereitete: Ja. — Gut, dann beschreiben Sie uns den Schild des Achill. — Genau so lang die Beschreibung gedauert hätte, wartete der Professor das immer peinlichere Stillschweigen ab und sagte dann: So, nun hat uns N. N. den Schild des Achill beschrieben, fahren wir fort. — Die Schüler hatten für diesen Lehrer keinen Spitznamen. Er setzte bei ihnen mehr voraus, als wofür sie sich reif hielten. Grammatik- und Vokabelkenntnisse waren für ihn selbstverständlich. Die Faulsten bemühten sich, bei ihm fleißig zu werden.

Seine Antrittsrede hielt Nietzsche vor dicht besetzter Aula über Homer und die klassische Philologie. Es war eine Verteidigungsrede des Künstlers. Die Philologie war nur Götterbotin. Von einer großen Philosophie umschlossen, wäre sie eine Aufgabe, ein Teil jener Kraft, die ein Künftiges mitzuschaffen habe. Jakob Burckhardt, der unter den Zuhörern war, erkannte sofort den Künstler im Wissenschaftler, und sie kamen ins Gespräch. Nietzsche fand in ihm einen geistvollen Sonderling, mit dem ihn merkwürdig viel verband, von dem ihn aber ebensoviel fernhielt. Die übrigen Kollegen, die Nietzsche gern von der

Gesellschaft gehabt hätten, hielt sich der neue Philologe wie etwas verächtlich vom Leibe.

Schon zu Pfingsten, noch vor der Antrittsvorlesung, war Nietzsche nach Triebschen gefahren. Am Pfingstmontag war ihm der Meister erfreut, mit lebhafter Geste entgegengeeilt. Wagner trug sein niederländisches Malerkostüm à la Rembrandt, schwarzen Samtrock und Kniehosen, Seidenstrümpfe in Schnallenschuhen und zu dem Barett eine prächtige hellblaue Krawatte. Er wohnte wie ein Fürst. Bis in die engsten Winkel war das Haus mit Kunsthandwerk aller Stile und Qualitäten vollgepfropft. Nach dem ersten Besuch hatte Wagner den jungen Professor nach Luzern zur Bahn gebracht. Der zweite Besuch fiel auf den Tag, an dem Cosima, rechtmäßig noch eine Frau von Bülow, Wagner den Siegfried gebar. Nietzsche kam in diesem Jahr 1869 noch neunmal nach Triebschen und verbrachte hier auch die ersten Schweizer Weihnachten. Die geistreiche Cosima, Tochter Franz Liszts und der Gräfin d'Agoult, erschien ihm wie eine mythische Fürstin. Ihre stolze, hohe Erscheinung, das scharf profilierte unfrauliche Gesicht und dieses Schicksal — sie war die einzige Frau großen Stiles, der Nietzsche in seinem Leben begegnete. Er bewunderte, romantisierte auf die Art jener Geistigen, die einen verehrten Menschen gern in die Gestalt Heiliger und mythischer Vorstellungen wachsen lassen. Nietzsche schätzte, liebte vielleicht auch Cosima darüber hinaus als ein junger Mann, dem es bisher nicht gelungen war, sich richtig zu verlieben. Erst als er seinen Lebensweg von Wagner abbiegen sah, bekam das Verhältnis zu Cosima jene Ariadne-Bedeutung, um die viel gerätselt worden ist. Vorerst war Nietzsche der Baseler Bote, die Kinder nannten ihn den Herrn Fressor Nütsche und wußten, daß man ihn in seiner Denkstube, die ihm eingerichtet worden war, nicht stören durfte.

Triebschen wurde für ein Jahr Nietzsches Italien. Hier fand er jene Atmosphäre — so schrieb er Wagner zum 56. Geburtstag —, „wie sie uns armen Deutschen durch alle politischen Miseren, durch philosophischen Unfug und vordringliches Judentum über Nacht abhanden gekommen war. Ihnen und Schopenhauer verdanke ich es, wenn ich bis jetzt festgehalten habe an dem germanischen Lebensernst, an einer vertieften Betrachtung dieses so rätselvollen und bedenklichen Daseins." An die Freunde schrieb er: „Schopenhauer und Goethe, Äschylus und Pindar leben noch!" Als Rohde und Gersdorff in Triebschen vorgestellt waren, schien ihm ein großer Freundschaftsbund im Entstehen, der für die deutsche Zukunft entscheidend werden konnte. Deussen, der zu seinem Unwillen Theologie studiert hatte und jetzt zu Schopenhauer bekehrt war, wie eine Reihe amici minores sollten die weitere Gemeinde des Auserwählten-Kreises bilden.

Wagner fand sich durch den jungen Philosophen vielfach angeregt. Er war sich mit Cosima einig, daß hier eine tiefmusikalische Natur ihre Karriere als Wissenschaftler zu machen im Begriffe war. Dieser Mensch verehrte und verstand ihn und war auch bereit, mit ihm zu teilen. In ihm und seinen Freunden sah er eine deutsche Jugend, wie er sie sich für sein Bayreuther Unternehmen wünschte. Als Nietzsche ihm in einem Privatdruck die Baseler Antrittsrede verehrt hatte, bemerkte Cosima im Dankschreiben, sie stimme in allem Ästhetischen mit dem Herrn Professor überein, aber es gelte doch auch, den Homeros auf Triebschen zu suchen, der lebe dort wirklich und schaffe nachhaltig! Wagner komponierte damals die „Götterdämmerung".

DIE GEBURT DES TRAGISCHEN

Nietzsche hatte dem Baseler akademischen Verein für den 18. Januar und den 1. Februar 1870 zwei Vorträge über das griechische Musikdrama und über Sokrates und die griechische Tragödie zugesagt. Das Griechentum, so führte er aus, sei für die Gegenwart etwas wie die Heiligen für die Katholiken. Im ursprünglichen Drama des Äschylus habe die Musik geherrscht, die Griechen hätten ihm wie einem Hochamt beigewohnt. Im späteren Drama finde man nicht nur einen bedenklichen Dualismus des Stils, sondern die Dialektik verschlinge alle Musik, ein Sokratismus, der auch die Gegenwart durchdringt, habe hier Oberhand gewonnen. Sokratismus war ihm der optimistische Glaube, mit allem fertig zu sein, dialektisch fertig zu werden. Alles wäre heute „fertig", die Kunst, Ästhetik und Ethik. Die Presse herrsche, der Inbegriff des modernen Sokratismus, nicht die Kunst. Es gäbe nur den Staat und kein Vaterland, kein Mitgefühl mehr für die Zukunft einer germanischen Kunst.

Die Vorträge machten Aufsehen, erregten auch Unwillen. Wagner war erschrocken, als er die Manuskripte gelesen hatte und riet, solche gefährliche Behauptungen doch lieber in einem ganzen Buch auszuführen. Von dem, was ihn da überkommen hatte, konnte Nietzsche zu niemandem sprechen. Er näherte sich einer Gesamtanschauung des griechischen Altertums und begann einen Kulturzustand zu durchschauen, der merkwürdige Ähnlichkeit mit dem gegenwärtigen besaß. Davon wußte auch Jakob Burckhardt, doch kam es zu keinem übereinstimmenden Gespräch mit ihm. Burckhardt gab sich kühl und reserviert. Er mochte in Nietzsche vor allem den Wagnerianer nicht und, obwohl ihm Schopenhauers Pessimismus zusagte, nicht diese jüngerhaft bewegte Art an ihm. Wagners Musik war ihm auf weite Strecken nur Katzengeheul. Burckhardt, dem Romanen, war der Teutone Nietzsche zuwider. Auch er erklärte sich gegen den Gelehrtenbetrieb, gegen Fachleute und die Talmi-Kultur der Zeit. Auch er war Antichrist, leugnete den Fortschritt und verachtete die Modernität, doch setzte er den

Trennungsstrich zwischen sich und die verabscheute Gegenwart nicht, indem er gegen sie feierlich in Frack und Zylinder, womöglich als Künstler protestierte — das hatte er in der Jugend einmal versucht —, sondern er saß als „Köbi“ mit den Philistern in der Schenke, er lebte in geschmackloser Dürftigkeit in der Albanvorstadt und trug sein Haar als Bürste kurz geschoren. So hielt der Zweiundfünfzigjährige immer peinlich Abstand und zuspelte etwas wie spöttisch neben dem gravitätischen Sechsundzwanzigjährigen, wenn sie im Kreuzgang des Münsters konferierten. Nietzsche blieb allein und sah sich in Basel bald einen Narren auf eigene Hand werden. Schon graute ihm vor dieser Philologen-Existenz, die ihn tausend Meilen von dem Griechentum entfernt hielt, das er sich entdeckt hatte, und fast ebensoweit von den wahren Freunden. „Ich bitte Dich, wie ein Kranker bittet, komm nach Basel“, schrieb er Rohde.

Das Frühjahr 1870 brachte mehrfache Aufregung. Mutter und Schwester waren zu Besuch, das neue Kolleg verlangte umfangreiche Vorarbeiten, Ritschl drängte auf ein Graecum für eine Leipziger Veröffentlichung, ein erkrankter Kollege mußte vertreten werden, und aus Triebschen rief Wagner: Kommen Sie! Helfen Sie mir, die große Renaissance zustande bringen. Nietzsche aber war jetzt dem Griechenproblem auf die Spur gekommen und wollte nur Ruhe und Besinnung. Verzweifelt flüchtete er die Woche dreimal in Bachs Matthäus-Passion und vor das Bild von Dürers Melancholie. Das Idyll von Triebschen paßte jetzt nicht in seine Stimmung. Er suchte einen anderen Klang, einen anderen Rhythmus.

Zwischen die leeren Seiten eines der vielen Hefte schrieb er sich — wahrscheinlich in diesen Wochen melancholischen Rätselns — ein Angsterlebnis: „Was ich fürchte, ist nicht die schreckliche Gestalt hinter meinem Stuhle, sondern ihre Stimme: Auch nicht die Worte, sondern der schauderhaft unartikulierte und unmenschliche Ton jener Gestalt.“ Nietzsche kannte eine Stimme in sich, vom Silvestertraum in Bonn her und auch sonst. Die Begegnung mit dieser unmenschlichen Stimme als Gestalt aber machte, daß er in eine krankhafte Melancholie verfiel. War er nun überarbeitet oder ernstlich erkrankt? Er sah sich als merkwürdiges Doppelwesen wie ein Vexierbild ins Unendliche wachsen. Er war dem anderen Ich begegnet. In diesem Zustand trafen ihn Mythus und Bild des Prometheus und des Dionysos: die Zerstückelung der Persönlichkeit. Der Mensch, zu unsagbaren Leiden in seinem Zwiespalt verurteilt. Doch wem durfte der Philologe und Universitätsprofessor solche Phantastik mitteilen? In seinem Fach ging es um die Erkenntnis, nicht um die Empfindung einer möglicherweise auch noch kranken Künstlernatur.

Erst als der junge Professor, von Schulsorgen befreit, im Juli mit seiner Schwester als Sommergast im Madernatal sich aufhielt, konnte er die Gedanken des Frühjahrs zur Schrift über „Die dionysische Weltanschauung“ zusammenfassen. Die zwiespältige Qual des Menschen, sein Ekel vor dem Weiterleben in der Lust dionysischer Tanzgebärden, in Urlauten und Schreien der Satyre und mittelalterlicher Schementänzer überwunden, das war das innerste Wesen der Natur. Jedem Ton entsprach eine Gebärde. Wie wenig galt hier der Blick! Daß dieses dionysische Naturwesen im Kunstwerk sichtbar werden konnte, lag im Wirken des Traumbildes. Aus dem Taumel steigt das Bild hervor, als Maske, als Schein. Also: Apollo, der Gott des Traumes, schließt in der griechischen Tragödie mit dem Gott Dionysos einen Bund. Das Bild hat die andere Erscheinungsform des Lebens in sich aufgenommen. Ziel dieses Vorgangs ist das Kunstwerk. Und Ziel dieses Kunstwerkes ist: Überwindung des Ekels am Dasein, Überwindung des Zwiespalts im „Herzen der Welt“. „Goethe brachte in allen Lagen den ‚Lebensrausch‘ zu Papier“, heißt es an einer Stelle der Dionysischen Weltanschauung, und an einer anderen: „Frömmigkeit, wundersame Maske eines Lebenstriebes! Hingabe an eine vollendete Traumwelt, der die höchste sittliche Weisheit verliehen wird! Flucht vor der Wahrheit, um sie aus der Ferne, in Wolken gehüllt, anbeten zu können! Versöhnung mit der Wirklichkeit, weil sie rätselhaft ist! Abneigung gegen die Enträtselung, weil wir keine Götter sind! Lustvolles Niederwerfen in den Staub, Glücksruhe im Unglück! Höchste Selbstentäußerung des Menschen in seiner höchsten Äußerung.“

Mitten in dieses für Nietzsche erregende Rätseln, er war nicht nur dem Unbekannten Gott auf die Spur gekommen, sondern dem Problem aller Kunst und Kultur, kam ins Madernetal die Nachricht vom Ausbruch des Deutsch-Französischen Krieges. Die Schweizer erhofften Siegesnachrichten nur von französischer Seite zu hören. Nietzsche aber schrieb als Schweizer Staatsbürger, der er mit der Ernennung zum ordentlichen Professor im Frühjahr geworden war, an den Ratsherrn Vischer nach Basel von einer deutschen Pflicht, die es bei dem „ungeheuren Rufe Deutschlands“ für ihn gäbe. Er bat um Urlaub, um auf Deutschlands Seite als Soldat zu dienen. Der neutrale Staat konnte seinen Bürger jedoch nur für Sanitätsdienste freigeben.

Nach einer medizinisch-chirurgischen Schnellausbildung in Erlangen fuhr Nietzsche Ende August im Auftrage eines evangelischen Hilfsvereins „auf den Bremsen“ eines Proviantzuges nach dem Westen. Mit einem Hamburger Maler marschierte er dann tagelang kreuz und quer durch das Kriegsgebiet, kam über das Wörther Schlachtfeld, am brennenden Straßburg vorbei und erlebte die Belagerung von Metz. Nietzsche war bald von der Unruhe der Front ergriffen. Tagsüber flüchtende Bevölkerung, Verwundetenkolonnen, vormarschierende Regimenter, hier trabende Kavallerie, dort Grenadiere im Laufschritt, dann wie eine „leuchtende Wetterwolke“ die geliebte Artillerie, und in den Spitälern das lautlose Kommen und Gehen, Ärzte, Geistliche, Schwestern und

Pflegepersonal. Nachts lagerte er mit dem Begleiter öfters im Freien, zwischen Bagagewagen oder in den Häusern der nicht gerade freundlich gesinnten Elsässer. Nietzsche sah hier eine Mechanerie, eine Maschine bisher ungeahnten Umfangs im Gang. Sie hatte auch ihn erfaßt. Was war es, das da vorstürmte, zermalmte und niedertrat? Welcher Wahn machte diese Hunderttausende einem Gesamtzweck dienstbar, dessen Sinn sie nicht erkannten? Welcher Wille trieb da besinnungslos in den Tod?

Als Nietzsche in Ars sur Moselle einem Transport Verwundeter, der nach Karlsruhe ging, zugeteilt wurde und sechs Schwerverwundete in dem stickigen Güterwagen zur Pflege bekam, hatten ihn Ereignis und Grübeln erschöpft. Unter Verdacht auf Brechruhr und Rachendiphtherie kam er in das Erlanger Spital und erholte sich kurz in Naumburg. Oktober in Basel war er abgemattet, ein „unaufhörlicher Klageton", der ihm nicht aus dem Ohr ging, erzeugte Bilder, die auch ein intensives Metrikstudium, der Lehrbetrieb und Betrachtungen über die Tragödie und die Freigeister nicht vertrieben. Nietzsche versuchte, dem Wahnmechanismus auf den Grund zu kommen. Ein Individuum einem Gesamtzweck dienstbar gemacht, den es nicht erkennt, das war so bei jedem Tier, beim Menschen aber kam ein vorgeschobener Wahn hinzu, das Denken, die „Idee". — Mensch bedeutet „Denker", da steckt die Verrücktheit. — Als Wahnvorstellungen des Individuums zeichnete er sich auf: Vaterlandsliebe, Konfessionen, Wissenschaft, Willensfreiheit, Frömmigkeit. Sie bildeten dem erwachten Freigeist das Netz von Illusionen, in dem sich die Menschen fingen. Der Freigeist war ihm verpflichtet, diese Illusionen zu erkennen. Wer sie durchschaut, ist der tragische Mensch, dem jetzt nur mehr die Kunst Trost bietet. „Alle Erkenntnis der Wahrheit ist unproduktiv: wir sind die Ritter, die im Walde die Vogelstimmen verstehen, wir folgen ihnen. — Eine neue Bildungssekte als die Richterin und Herrscherin über die verschliffene und ekelhafte Bildung des Tages begründen. Anzuknüpfen an die wirklichen Bildungselemente, an die reine wissenschaftliche Begeisterung, an die strenge militärische Subordination, an das tiefe Gemütsbedürfnis der Frauen, an das noch vorhandene Christentum ..."

Nietzsche hielt es nach dem Kriegserlebnis für Pflicht des geistigen Menschen, des tragischen Menschen, sich zum Lehrer der künftigen Kultur reif zu machen, nach Macht zu streben. „Mir schien es nach dem Kriege, daß Macht Pflicht sei und eine Verschuldung in sich enthalte", schrieb er sich nieder. Anders Jakob Burckhardt. Er hielt ab November 1870 seine Vorträge über historische Größe. Es waren Vorträge gegen den nationalistischen Wahn und gegen 1789. Burckhardt erschienen diese europäischen Teilkrisen nur Vorzeichen einer kommenden riesigen Abrechnung. Das falsche Pathos, der Zug ins Massenhafte bedeutete ihm, mit einem deutlichen Hinweis auf das Bismarckreich, das Ende aller Kultur. Die Zeit war nicht imstande, das Große, Beherrschende hervorzubringen. Nietzsche gefiel der derbe, spöttische, der vorausschauende Skeptiker, der alle Vorträge ohne Manuskript wie ein gewiegter unpathetischer Schauspieler vortrug, ihm gefiel besonders das Anti-Amerikanertum Burckhardts, nur dem einen Satze stimmte er nicht zu: Größe ist, was wir nicht sind. — Auch die Resignation des Alten teilte er nicht. Burckhardt verschwieg ihm zuviel letzte Wahrheiten. Wohl sah auch er in Preußen eine der Gesamtkultur gefährliche Macht, doch wollte er gegen die Art von deutscher Politik zum Kampfe rufen. An die Freunde schrieb er: Philosophen müßten sie jetzt sein, müßten im allgemeinen Rausch einen klaren Kopf behalten, sich von der Universität entfernen, an der ein radikales Wahrheitswesen nicht möglich sei, sich mit allen Hebeln aus der Zeitluft herausheben und um die wenigen Besseren sich umsehen, um mit diesen eine Elite zu bilden. „Wir werden wieder Klöster brauchen. Jetzt, wo die ganze fadenscheinige Kultur einem entsetzlichen Dämon an die Brust stürzt, verlangt die Zeit Kämpfer." Zum Zeichen, daß es ihm ernst war, entwarf er eine Adhortia an alle, die „noch nicht erstickt" waren, und an den deutschen Reichstag. Er versuchte, die Freunde auf Schopenhauer und Wagner zu einigen, welche die allgemeine Richtung angaben, in der marschiert werden sollte. „Unser Kampf steht noch bevor, darum müssen wir leben."

Schon im Frühjahr 1870 hatte Nietzsche als einer der „seligen Knaben" Wagner versichern müssen, daß er, wenn ihn auch bisweilen die philologischen Nebel von Triebschen zu trennen schienen, doch immer von der Musik getrieben werde, die der „Pater seraphicus" dirigiere. In den Kriegsmonaten waren Wagner und Cosima getraut worden, und Weihnachten war der Baseler Bote wieder Gast im Haus am Vierwaldstättersee. Nietzsche kam nicht mehr mit dem uneingeschränkten freien Verehrungsgefühl wie ehemals, er war viel in seiner Denkstube, auch machten ihm Schwächeanfälle, Schlaflosigkeit, eine allgemeine Unruhe Sorgen und Beschwer. Doch es wurden frohe Festtage. Cosima schenkte dem jungen Freund des Hauses eine Montaigne-Ausgabe, Wagner eine Pracht-Ausgabe seines Beethoven und das erste Exemplar vom Klavierauszug des ersten Aktes des „Siegfried". Luzerner Musiker spielten Cosima zum erstenmal das „Triebschener Idyll", das spätere Siegfriedthema. Nietzsche verehrte dem Triebschener Musenhof seine Arbeit über „Die dionysische Weltanschauung".

Das neue Jahr 1871 begann mit Krankheit. Ein Leiden, dessen Sitz einmal der Kopf, ein andermal der Magen zu sein schien, brachte Abmattung, Schlaflosigkeit und Erregungszustände. Nietzsche erwähnte in einem Schreiben an den Ratsherrn Vischer, daß ihn sein Amt in einen Konflikt brächte, der ihn erschöpfe und körperlich aufreibe, er müsse sich bei diesem Zustand überlegen, ob er überhaupt die Universitätslaufbahn nicht abbrechen müsse, doch erhoffe er sich eine

Lösung, wenn er in der Richtung seines eigentlichen Strebens lehren könne, er bewerbe sich deshalb um den freigewordenen Lehrstuhl für Philosophie. Bald darauf war sein Zustand unerträglich, kategorisch telegraphierte er nach Naumburg, die Universität gab Urlaub, und am 10. Februar 1871 fuhr er, begleitet von der Schwester, im Schlitten über den Gotthard Lugano zu. Ein Mister Brown, der später als Mazzini erkannt wurde, kam während der Fahrt mit ihm ins Gespräch und zitierte Goethe: „... und im Ganzen, Vollen, Schönen resolut zu leben" als seine Maxime. Ab der Stunde galt sie auch für den, der da das erstemal nach dem Süden reiste.

In Lugano, in Gesellschaft von preußischen Offizieren, die den Geburtstag des obersten Kriegsherrn und die Friedenspräliminarien zu Versailles feierten, vergaß Nietzsche die Baseler Gelehrtenenge und kam auf einsamen Spazierwegen zu Stunden voll Besinnung, wie er sie sich wünschte. Er wollte als Philosoph nach Basel zurückkehren. Er fühlte das Ganze einer Anschauung in sich reifen, die Weltgeschichte der letzten Monate war nur Mittel, die neuen Einsichten in Erziehungsfragen, in Ethik und Metaphysik, in Ästhetik und aus dem Philologischen zu einem hübschen runden Ball werden zu lassen, mit dem es sich dann auch als Baseler Professor leichter leben würde. Nietzsche kam in diesen Tagen mit seinem Problem des Dionysischen und Apollinischen zu Ende. An Schopenhauers Geburtstag, am 22. Februar, schrieb er zu der Arbeit, die nun Ursprung und Ziel der Tragödie hieß, das Vorwort. Er appellierte in ihm an die Erkenntniskraft der Deutschen, an ihre Tapferkeit, ihren Zug ins Ungeheure, er appellierte an den tragischen Menschen. — Wozu sollte jene starre Macht mit ihrer durch Jahrhunderte fortdauernden Geburt aus Gewalt, Eroberung und Blutbad dienen, als dem Genius die Bahn zu bereiten? Es gibt keine höhere Kulturtendenz als die Vorbereitung und Erzeugung des Genius. Auch der Staat ist trotz seines barbarischen Ursprungs und seiner herrschsüchtigen Gebärden nur ein Mittel zu diesem Zweck.

Als Nietzsche im April die Arbeit als „Musik und Tragödie" in Triebschen vorlas, zeigte sich Wagner nicht ganz zufrieden mit soviel Philologie. Nicht aus freien Stücken, mit vielfachem Bedenken, entschloß sich deswegen Nietzsche zu einer kategorischen Zusammenfassung des Gesamtproblems und dazu, die Kunst Richard Wagners in mehreren Abschnitten in direkten Zusammenhang mit seinem Griechenproblem zu bringen. Im Herbst desselben Jahres druckte sie nach Verzögerungen Wagners Verleger Fritzsch, und unter „schweren Kontristationen" waren im November des Jahres die Abschnitte 20 bis 25 über Wagners Opernwerk hinzugefügt. Nicht der Philologe, sondern der Künstler, der sich mit dem Größten des Jahrhunderts vereint glaubte, hatte das Schlußwort gesprochen.

Die Einladung, Weihnachten nach Triebschen zu kommen, lehnte

Nietzsche diesmal ab, er müsse sich für Vorträge, die er im Januar zu halten habe, vorbereiten. Am Neujahrstag 1872 nahm er sich das Handexemplar seines ersten Werkes vor. Es hatte jetzt den endgültigen Titel „Geburt der Tragödie aus dem Geiste der Musik" erhalten. Bedächtig schrieb er auf die erste Seite Goethes:

Schaff' das Tagwerk meiner Hände,
Großer Geist, daß ich's vollende.

Die Welt als ästhetisches Phänomen gerechtfertigt, der Künstler gerechtfertigt, das ist der erste Teil der Geburt der Tragödie. Die Welt als Moralität ein Betrug, Kritik der Moderne als unkünstlerischer Zeit, das ist der zweite Teil des Werkes. Die Kühnheit des jungen Schiller ist in dieser Schrift: „Nähert euch dem Gott, den ihr meint!" Nietzsche hatte die Worte der Luciliusbriefe befolgt und selbst jetzt geschrieben: „Glaubt an die Wunder eures Gottes!" Teilnehmen an dem Unbekannten in sich, ihm Gestalt geben und damit dem Leben in sich zum Sieg verhelfen. Die Dionysosvorstellung von der Gesamtentfesselung aller symbolischen, aller Aussagemächte im Menschen bei sich zu fördern, sich zu ermutigen, die Zeitschranken, die Enge zu durchbrechen, „Urkünstler" werden, Anschluß an das Lebendige unter der Oberflächen-Illusion finden, das wäre eine Sinngebung dieser Schrift, wie sie uns heute entspricht. Nietzsche führt zwei entscheidende Momente an: bei solcher Teilhabe am „Dionysischen" wird der Zivilisationsmensch aufgehoben und werden auch die Klüfte zwischen Mensch und Mensch, die Staat und Gesellschaft schaffen, überbrückt, wird die Alltäglichkeit, die Phrase überbrückt, der ganze Prozeß des Veraltens in der Kunst verzögert oder überwunden. Die Entfeßlung der Kräfte, die Nietzsche forderte, ist heute im Gange und bedroht den ganzen Kontinent. Die dionysischen Elemente haben Kunst und Kultur, Staaten und Völker gewandelt, nicht aber jenen Europäer in seinem Innersten, gegen dessen optimistischen Starrsinn und illusionsreiche Weltvorstellung von Schmerzlosigkeit und Maschinen-Paradies die Spitze dieses Erstlingswerkes gerichtet ist.

Als Ursachen des Kulturverfalles sieht Nietzsche das Eindringen des Alltäglichen, der aufgeklärten Masse in die Kunstbereiche an, die „Heiterkeit" des Sklaven, das Amusement des Verantwortungslosen, die staatstragend geworden sind. Das Zeitalter fördert Verantwortungslosigkeit. Verantwortung trägt nur, wer durchschaut. Die übrigen wollen schmerzfrei sein, mit runden Phrasen sich beruhigt sehen. Sokrates wird zum Dämon dieser Zeit der Wissenschaften und Maschinen, Urbild des theoretischen Optimisten, der die Logik zum Gott erhebt, den Lebensgott durch den deus ex machina ersetzt, und dann in der Welt der Maschinen und Schmelztigel nicht wahrhaben will, daß er, um diese Welt in Betrieb zu halten, einen Sklavenstand braucht, einen reduzierten Menschen. In seiner Verlegenheit appelliert der Moderne an die religiösen Bekenntnisse, die nur mehr Gelehrten-Religionen sind, imitiert alle Künste und Kulturen der Welt, nur um sich darüber hinwegzutäuschen, daß er selbst keine Kultur besitzt. In seiner Angst vor dem Schmerz verkündet er ein schmerzloses Dasein, versucht es mit Hilfe der Wissenschaft zu begründen und weiß nicht, daß er täglich Schmerz, Grausamkeit und Qual durch sie vermehrt. Erst an den Grenzen der Wissenschaft erkennt er seinen Wahn und den todbringenden Optimismus der Logik.

Der Kampf der beiden Prinzipien ist ewig. Nietzsche appelliert an die Drachentöterjugend, er verkündet ein tragisches Zeitalter und das Heraufkommen einer Kultur des musiktreibenden Sokrates. Mit Wagner, als dem musikalischen Genius der Zeit, glaubte er 1871, als sich Deutschland mit der Reichsgründung vor dem nahen Ende salvieren zu können meinte, an die Wiedergeburt des tragischen Menschen aus dem Geiste der Musik.

III.

Wer sich erlaubt, ein solches Leben nach literarhistorischen Begriffen zu messen, ist berechtigt zu sagen, daß 1871 mit der Niederschrift der Geburt der Tragödie die „Bildungsjahre" Nietzsches enden. Der Leipziger Student hatte mit Hilfe Schopenhauers seinem Unbekannten Gott Gestalt gegeben, der Baseler Professor hatte ein tragisch-künstlerisches Zeitalter proklamiert.

Nietzsche hat in dieser Zeit auch den Deutschen der fünfziger und sechziger Jahre kennengelernt. Sobald er nicht mehr an ihm teilnimmt, von der Schweiz her, übersieht er ihn. Der Entdecker des Unbekannten Gottes und der zeitliche Deutsche vertragen einander nicht. Künftiger Übermensch und Deutscher im Frack widersprechen einander. Im Kampf gegen diesen Deutschen verliert Nietzsche die Freunde. Er flieht nach dem Süden, als Freigeist stellt er sich jetzt das Programm. Er braucht dazu nur an Gedankengänge aus der Jugendzeit, an seine Germania-Vorträge etwa, anzuknüpfen, er muß nur die erste Gestalt des Unbekannten Gottes, den er sich entdeckt hatte, als Illusion sehen. Er entdeckt dabei das Allzumenschliche und seine Gründe, und alles wird eine „Fröhliche Wissenschaft" jenseits von Schopenhauer und Wagner.

Doch ist Nietzsche im Kampf gegen die Freunde und mit sich krank geworden. Er lebt jetzt im Süden als piccolo santo, als ein kleiner Heiliger, in geschützten Meeresbuchten mit dem Blick über das Wasser, hin nach Außer-Europa.

DER UNZEITGEMÄSSE

Während der zweiten Belagerung von Paris waren bei den Barrikadenkämpfen gegen die Kommune die Verwaltungsgebäude der Stadt in Brand gesteckt worden. Nach Basel kam die Nachricht, daß auch das Louvre vernichtet worden sei, während sich die deutschen Truppen in den Nord- und Südforts neutral verhalten und dem Vernichtungswerk tatenlos zugesehen hätten. Als Nietzsche davon erfuhr, ließ er Arbeit, Kolleg und Pädagogium, rannte erregt durch die Gassen, um den einen zu suchen, mit dem er jetzt beraten wollte, Burckhardt. Auch der hatte die Schreckensnachricht erfahren und wollte sogleich den jungen Kollegen von der Philologie aufsuchen. Er traf ihn gerade vor seiner Wohnung, als Nietzsche nach vergeblichem Suchen aus der Stadt kam. Sie gaben sich wortlos die Hand, stiegen zu Nietzsches Zimmer und saßen einander minutenlang stumm gegenüber, dann kamen beiden die Tränen.

Die Nachricht war falsch gewesen. Doch Nietzsche blieb ihr Schrecken in den Gliedern. Was waren alle diese „Kultur"-Bemühungen, wenn Werte ganzer Jahrhunderte an einem einzigen Tag vernichtet werden, was war seine Professoren-Existenz, sein begeistertes Kultur-Aposteltum wert, wenn es eine Maschinerie gab, die ihn und sein Werk im Nu liquidieren konnte? Er hatte die Maschinerie auf den westlichen Schlachtfeldern erlebt. Eine Maschinerie, die mit den primitivsten Mitteln in Gang gesetzt, in Gang gehalten werden konnte, die aber kein noch so kompliziertes Verfahren zum Stillstand brachte. Von der Wissenschaft auf gefährlich rasche Touren gebracht, hatte sie in diesem Jahre mit dem Zündnadelgewehr das Tempo des Krieges bestimmt. Was würde die Wissenschaft zum nächsten Kriege beisteuern? Nietzsche war sich mit Burckhardt darüber im klaren, daß die Napoleonischen und Blücherschen Blitzkriegmethoden nur Vorspiele waren. Burckhardt nahm das, pessimistisch gestimmt, als historisch gegeben hin, er hatte nur festzustellen und zu warnen. Nietzsche aber grübelte um Schuld und nach Abhilfe. An Gersdorff schrieb er: „... wie wir alle mit aller unserer Vergangenheit schuld sind an solchen zutage tretenden Schrecken." Deutschland und Frankreich, ganz Europa litten für Nietzsche an einem organischen Schaden. Wie konnte er behoben werden? Von den Universitäten, von der Bildung her nicht, das stand für ihn fest. Von den Nationen? In Deutschland hatte sich nach dem Kriege ein ekelhafter Luxus, eine überhebliche Franzosenverachtung, ein nationales Pathos breitgemacht, die von der Schweiz aus besehen beschämend, wie ein pausenloser Mißton sich ausnahmen und anhörten. Auch Frankreichs Eleganz und verderbte civilisation romanique waren nicht geeignet, eine Maschinerie zu stoppen. Nationalpathos, der mechanische Bildungsbetrieb und das objektive Gelehrtenunwesen zeigten sich gleich kulturfeindlich. Wie weit war doch diese Zeit, dieses Deutschland von Goethe weg, der einfach und schlicht ein Deutscher und ein Verehrer Napoleons gewesen war!

Nur einige wenige Männer waren in der Lage, hier Abhilfe zu schaffen. Nietzsche mußte deswegen alle Hoffnung auf die Bayreuther Kultur-Epoche setzen, die Wagner nun initiieren wollte. Allerdings nahmen ihm Wagner und auch Cosima in ihrer Preußenverehrung und mit ihrem Anti-Franzosen- und -Semitentum gefährlich am nationalen Getriebe teil, doch war er ja einstweilen auch noch Preußen-Deutscher und Anti-Semit. Allmählich aber ergriff ihn Unbehagen vor all dem deutschen Anti-Wesen.

Nietzsche hatte verschiedentlich versucht, das Freundschaftsdreieck Gersdorff-Rohde-Nietzsche, das auf Schopenhauer und Wagner geeinigt war, durch Burckhardt zu einer Viererschaft zu erweitern. Im Spätherbst 1871 war mit den beiden Freunden abgemacht, daß sie zu einer bestimmten Stunde, der eine in Kiel, der andere in Berlin, er in Basel, den Dämonen auf das Zukünftige opfern sollten. Nietzsche war in dieser Abendstunde bei Burckhardt. Wahrscheinlich hat dann Burckhardt aus Höflichkeit und in guter Laune mit ihm das Glas Wein gehoben, der Freunde und der Zukunft gedacht und, indem er mit dem feierlich Gestimmten das halbe Glas zum Fenster hinaus auf die Straße goß, gesprochen: *χαίρετε δαίμονες*! Freut euch, Dämonen! Über Vergangenheit und Gegenwart, in Dingen des griechischen Altertums stimmte der Historiker ja in vielen Punkten mit dem Philologen überein, über Freundschaft und Zukunftsglauben, Schopenhauer und Wagner hatte Burckhardt jedoch seine eigenen Ansichten. Es merkte diesem alten Fuchs und Schauspieler aber nicht bald jemand an, wenn er eben anderer Meinung war; auch wenn er satirisch wurde, fiel er nie ins Persönliche, sondern blieb konventionell.

Nach dem Dämonenopfer war Nietzsche „feurig, elastisch und selbstbewußt wie ein junger Löwe“ auf Deussen gestoßen, der ihn, auf der Durchreise, erwartete. Bis zwei Uhr nachts lief er mit dem alten Freund aus Pforta durch die Gassen, doch konnte er den Gymnasiallehrer, der Deussen inzwischen geworden war, nicht dazu bringen, nun ihm zu opfern und seinen Urlaub ihm zuliebe zu überschreiten. „Du bist wie eine Rose / So dick, so fett, so breit ...“, so liebte er es einst, Deussens Nase zu besingen. Jetzt hatte dieser ungeschickte Bauer, den er, schadenfroh, einmal den Naumburger Geheimräten präsentiert hatte, der es nicht einmal verstand, ihm mit einigem Takt zu seiner Berufung zu gratulieren, gegen jede Vermutung in Tübingen Theologie weiterstudiert, war dann reuig umgekehrt, und augenblicklich wollte der Gymnasiallehrer es mit Philosophie versuchen, auch mit Sanskrit! Die „Bildung“! „Wissen“ besitzen! Darum war es ihm zu tun.

April 1872 hatte die Familie Wagner Triebschen verlassen und war nach

Bayreuth übergesiedelt. Nietzsche hatte Cosima wehmütig zwischen Kisten und Koffern Abschiedsphantasien gespielt. Zum 60. Geburtstag des Meisters, am 22. Mai 1872, versammelte sich eine Gemeinde von Wagnerfreunden am Hügel über Bayreuth zur Grundsteinlegung des Festspielhauses. Wagner dirigierte Beethovens IX. Als Nietzsche im Wagen an seiner Seite sitzend nach der Stadt zurückfuhr, ganz die Klänge des Liedes an die Freude im Ohr, und das versorgte Gesicht des Meisters vor sich sah, beschloß er, mit Wagner eine „Allianz“ zu schließen. Er bot sich an, die Baseler Professur für ein Semester niederzulegen und in allen deutschen Städten Vorträge über die künftigen Nibelungenfestspiele zu halten, er entwarf sechs „Bayreuther Horizontbetrachtungen“ als Angriffs- und Verteidigungsreden. Doch mußte sich Nietzsche bald eingestehen, daß er sich seiner Aufgabe als Verbündeter Wagners noch nicht klar war, daß er nicht genügend bieten konnte für das Neue, das hier begonnen wurde.

Im Januar und Februar 1872 hatte er in fünf Vorträgen „Über die Zukunft unserer Bildungsanstalten“ zu den Baselern über das augenblickliche Schulsystem und seine Mängel gesprochen. In einem fingierten Zwiegespräch, das er in seine Bonner Zeit verlegte, forderte er gegen die Massen-Bildung eine aristokratische, zur Erziehung der Führerschaft der Nation. Die Gymnasien, wie sie gegenwärtig bestanden, waren nur Sammelstätten für alle, die es „nach der Sphäre Regierung“ drängte, waren Einrichtungen der Lebensnotdurft. Nietzsche hielt den Staat nicht für fähig und berechtigt, den wahren Menschen zu bilden. Den sechsten Vortrag, der den aufbauenden Teil enthalten sollte, hielt er nicht. Der achtundzwanzigjährige Professor hatte gegen das viele Negative keine Positiva zu bieten. In Dispositionen kam er nicht viel über eine allgemeine Zukunftsrede des Philosophen. Die Erfahrungen von Schulpforta bis Basel genügten noch nicht, die Bayreuther Kultur stand im Grundsätzlichen noch viel zu blaß am Horizont. Doch hatten die Vorträge gefallen.

Das Echo auf das andere Manifest des Vorkämpfers einer neuen Kulturepoche, auf die Geburt der Tragödie jedoch, war nicht ermunternd. Ritschl sah in der Schrift einen Angriff auf die Philologie, er nannte sie in seinem Tagebuch eine geistreiche Schwiemelei. Von dem jungen Ulrich von Wilamowitz-Möllendorf erschien eine Gegenschrift, die das Werk eine Frechheit hieß, wie sie nur Unwissen und Mangel an Wahrheitsliebe zeitigen. Die Leipziger und die Bonner Universität rieten den Studenten ab, nach Basel zu gehen, in Rezensionen stand von einem ins Musikalische übersetzten Darwinismus, einem Developpismus des Urschleims. Auch vom literarischen Lakai Wagners wurde geschrieben. Das hieß Alarm! Nietzsche rief die Freunde auf. Wagner war von der Schrift begeistert, stritt sich mit Cosima um das Buch und brachte sich zwischen Frühstück und Arbeit — er komponierte damals den dritten Akt der Götterdämmerung —

mit ihm in Stimmung. In einem offenen Brief rechtfertigte er seinen Lakaien. Rohde, der inzwischen außerordentlicher Professor in Kiel geworden war, bekam von Nietzsche im Detail vorgeschrieben, was eine Schrift gegen Wilamowitz enthalten könnte, daß sie ein „Sendschreiben" sei und Afterphilologie betitelt sein müßte.

Auch mit dem Theologen Franz Overbeck beriet sich Nietzsche jetzt gern. Er wohnte mit ihm seit 1870 im Hause Schützengraben 45, in der „Baumannshöhle". Overbeck, aus Petersburg gebürtig, sein Vater war ein Deutscher, der sich in England naturalisiert hatte und dann nach Rußland gekommen war, die Mutter eine Französin, sprach so gut englisch und französisch wie russisch und deutsch. Er war einer der „gesprenkelten" Deutschen, ein „guter Europäer", wie sie Nietzsche bald bevorzugte, er war aber auch ein Freund Treitschkes, mit dem er allerdings später brach. Wagner hatte er seit je etwas wie einen pathetischen Phraseur genannt. Die Freundschaft mit diesem liebenswürdigen, hilfreichen Menschen, der, als Forscher eine Erasmusnatur, radikal und unnachsichtig kritisch der zeitgenössischen Theologie in ihrer Christlichkeit auf den Zahn fühlte, war die beständigste. Über die sieben Jahre „Dach- und Abendmahlsgemeinschaft" hielt sie bis zu Nietzsches Tode. Overbeck war der praktische Berater Nietzsches, ein unbedingt treuer Mensch. Der Theologe verstand sich mit dem Philologen, mit dem Philosophen aber, mit dem Dichter und Musiker wußte Overbeck nicht viel anzufangen. Doch erkannte er das Genie und war ein geduldiger Zuhörer. Er ermunterte jetzt den jungen Autor der Geburt der Tragödie zum Gegenangriff und beriet ihn. Auch Burckhardt hatte Nietzsches Schrift gelobt und gemeint, daß er erst jetzt den Athenäus verstünde und manche Anregungen zur griechischen Kulturgeschichte, an der er schrieb, über sie bekommen hätte.

Für Nietzsche stand es bald fest, daß er sich nur als Philologe, mehr noch als Philosoph in das Wagnersche Vorhaben einschalten konnte. Nicht der Künstler hatte in den Dingen, um die es da ging, Übersicht, sondern ausschließlich der in der philologischen Wissenschaft, im Historischen fundierte Philosoph. Nur er konnte auch den notwendigen Abstand bezeichnen, den die neue Kultur-Epoche zu Reichs- und Staatskultur, zur Bildungsmache und zum Kunstbetrieb der Moderne haben mußte. In seinen Bayreuther Horizontbetrachtungen war Nietzsche nicht viel weiter als zu Feststellungen gekommen wie: Es gibt keine deutsche Bildung, weil es noch keinen deutschen Kunststil gibt — und: „Der jetzige Gebildete muß untergehn." „Gebildete", das waren: die Weichlichen, die Historischen, die Gelehrten, die Zeitungsschreiber, die Naturwissenschaftlichen und die Phönizier der Hauptstädte, die Nachahmer aller Bildung. Nietzsche hatte sie alle bezeichnet: Riehl, Schwind, Jahn, Freytag als alte Jungfern, Ranke und Mommsen als blasierte Greise und einen Mann wie Strauß als den Unfrommen im Lande, Hegel und Heine aber als die Unglücksfälle der werdenden deutschen Kultur. Das war zu wenig, nichts gab Klang, alles blieb an der Oberfläche.

Sorgenvoll war der Kulturkritiker dann im September 1872 die Via mala entlanggefahren, hatte vom Kutschbock in Gedanken das herbstliche Land betrachtet und hierauf im Bodenhaus am Splügen ingrimmig über das Verhältnis einer Schopenhauerschen Philosophie zu einer deutschen Kultur gegrübelt. So entrüstet er war, er kam, mit dem feiernden Bismarckreich vor Augen, nicht viel über die besorgte Frage: Ist dies die erhoffte deutsche Kultur? „Jetzt schütteln sich die ‚Gebildeten' unter den bekanntlich so kultivierten Deutschen und die Philister unter den bekanntlich so unkultivierten Deutschen öffentlich die Hände..."

Nietzsche fuhr ein Stück nach Italien hinein, bis nach Bergamo. Dann floh er zurück. Im November plante er zweieinhalb Tage mit den beiden Wagners in Straßburg. Zu den theoretischen Sorgen waren praktische gekommen. In diesem Semester waren die Hörer ausgeblieben. Die Fachgelehrtenwelt boykottierte den jungen Kulturplaner von Bayreuth.

Während der Vorbereitungen zum Kolleg über die Vorsokratiker erwog Nietzsche im Frühjahr neu das Problem der frühen Griechen. Die Schrift von der Philosophie im tragischen Zeitalter der Griechen brachte die Lösung und langgehegte Wünsche in Wort und Begriff. Dem Wissenstrieb, der die Menschen so barbarisiert wie der Wissenshaß, war bei den frühen Griechen dadurch Grenzen gesetzt, daß sie von Natur aus sogleich leben wollten, was sie erkannten, was sie lernten. Die frühen Griechen zeigen das vereinfachte Schema Mensch, man konnte sich an ihnen erfreuen wie an prächtigen Tieren. Die Griechen der vorsokratischen Zeit hatten die schönsten Beispiele von Entdeckern des Lebens unter sich. Rechte Menschen, wie sie die Menschheitsgeschichte selten bot, die man deswegen auch nicht übersehen konnte. So fern auch eine Gestalt wie Heraklit den gegenwärtigen Kulturproblemen war, er hatte das Gesetz alles Werdens, die Lehre vom Spiel in der Notwendigkeit für alle Jahrhunderte und für alle Völker der Erde entdeckt. Die Gegenwart brauchte nichts als Denker, die die Philosophie der Vorsokratiker für die Gegenwart gültig machten. Nicht nur, daß diese Griechen dem Gegenwartsphilosophen die Aufgabe stellten, die frühgriechische Kultur des 6. Jahrhunderts gab auch Antwort auf die Frage nach dem Grunde des Niedergangs der Kultur: dem vorklassischen Griechenland war die Volkskultur mißlungen, alles war bei ihnen athenische Stadtkultur geblieben. Eben diese Stadtkultur hatte die Entfaltung der höchsten Lebenstypen verhindert. „Der größte Verlust, der die Menschheit treffen kann, ist ein Nichtzustandekommen der höchsten Lebenstypen."

In einem Zuge entstand jetzt der erste Teil einer Schrift, die, als Einleitungsschrift für ein großes Griechenbuch geplant, „Über Wahrheit und Lüge im außermoralischen Sinn" überschrieben war. Eine Kultur wie die des frühen Griechenland hatte sich entwickelt, weil der intuitive Mensch dem Nur-Vernünftigen sein Gesetz hatte aufzwingen können. Der intuitive Mensch allein konnte das System von „Wahrheiten", in Wirklichkeit Illusionen, von denen das Volk vergessen hatte, daß es Illusionen waren, durchbrechen und die Herrschaft der Kunst über das Leben begründen. Erst wer erkannt hat, daß die Naturgesetze, auf denen die Wissenschaft fußt, die festen Zeit- und Raumvorstellungen nichts als Annahmen, Antropomorphismen, Metaphern, Hilfsmittel zur Interpretation des Unbekannten sind, gewinnt den außermoralischen Bereich. Nur der Intuitive kann den menschlichen Fundamentaltrieb, die Metapher- und Illusionsbildung, das Gesetz-Bilden aus Lebensnotdurft, überwinden. Aus seinen Intuitionen erntet er außer der Abwehr des Hauptübels — der Verbegrifflichung, Mechanisierung der Welt — eine fortwährend einströmende Aufheiterung, eine Erhellung der Welt.

Die neue außermoralische Welt durchzudenken, im Denken eine neue Dimension zu gewinnen, letzter Philosoph einer letzten Möglichkeit des Denkens zu sein, hier lag eine Aufgabe, die ihn zittern machte, das war eine Ungeheuerlichkeit an Vorstellung!

Er übersah jetzt die bisherige Philosophie, und im Fragment Ödipus ist die Gemütsbewegung dieses Frühjahrs 1873 festgehalten: Den letzten Philosophen nenne ich mich, denn ich bin der letzte Mensch. Niemand redet mit mir als ich selbst, und meine Stimme kommt wie die eines Sterbenden zu mir ... mein Herz sträubt sich zu glauben, daß die Liebe tot sei, es erträgt den Schauder der einsamsten Einsamkeit nicht und zwingt mich zu reden, als ob ich Zwei wäre ... Höre ich dich, meine Stimme? ... Ich höre dich noch, geliebte Stimme! Es stirbt noch einer außer mir, dem letzten Menschen, in diesem Weltall: der letzte Seufzer, dein Seufzer stirbt mit mir ...

Nietzsche hatte mit Rohde verabredet, die Ostertage 1873 in Bayreuth zu verbringen. Er wollte dem Freunde und Wagner die neuen philologischen und philosophischen Einsichten darlegen, war er doch durch sie auf das fundamentalste Problem aller Kultur gestoßen. Er nahm das Manuskript über die Philosophie im tragischen Zeitalter der Griechen mit nach Bayreuth und gedachte daraus vorzulesen. Wagner hatte in diesen Monaten seine Sorgen, es mangelte wie immer an Geld, die Intrigen häuften sich, so fehlte auch das Interesse für weitere Probleme, auch für das der Philosophie der Griechen im tragischen Zeitalter. Nietzsche kam nicht zu seinem Wort.

Verstört schied er am Lichtenfelser Bahnhof von Rohde, der, nur von Wagner schwärmend, die Desperation seines Freundes übersah. Nietzsche machte sich heftige Vorwürfe — sein unglückliches Temperament, er war zu wenig versatil, zu professoral, zu wenig real! Wie kam Wagner über alle Schwierigkeiten so schnell hinweg, wie war er schwerfällig und zu bedächtig! „Mitunter fehlt mir alle Lust fortzuleben. Aber dann wieder sage ich mir: wenn einmal gelebt sein soll, dann jetzt."

„Ich kam von Bayreuth in einer solchen anhaltenden Melancholie zurück, daß ich mich endlich nirgends anderswohin retten konnte als in die heiligste Wut", heißt es jetzt an Gersdorff. Schon Anfang Mai war in dieser Stimmung eine Schrift über David Strauß, der nach dem Leben Jesu mit seinem Buch vom alten und neuen Glauben Aufsehen in Deutschland gemacht hatte, so gut wie fertig. Strauß schien Nietzsche eigentlich zu unbedeutend und schäbig für einen Klingenwechsel, aber er setzte gerade diese große „Mystifikation" in Szene, weil Wagner von Strauß in Straßburg gesprochen hatte. Es ging nicht um Strauß, es ging um das Grundsätzliche. Das erste Stück von den etwa zwanzig geplanten Unzeitgemäßen, das Juli 1873 gedruckt wurde, mußte Strauß sein. Wagner sollte sehen, daß er, Nietzsche, sehr zeitgemäß-unzeitgemäß sein konnte! Er war so gut Tagesschriftsteller wie Wagner, er konnte in solchen Dingen eine so scharfe Feder führen wie Wagner!

Nicht die Kultur hatte 1871 gesiegt, sondern der Bildungsphilister. Wie sah das Glaubensbekenntnis eines Bildungsphilisters aus, wie stellte er sich den Kunsthimmel vor, was bedeutete dieser Optimistenmut, und hatte diese Gelehrten-Religion etwas mit Religion zu tun? Nietzsche wollte nicht Strauß, sondern das „Afterdeutsche" treffen, das sich in dem lieben niederträchtigen Deutschland jetzt breitgemacht hatte. Was war das höchste und letzte Ziel aller Kultur? Einfach und natürlich sein! Der preußische Soldat, das war eine echte Konvention, aus Zwang, Ernst und Disziplin geboren, Goethe, das war ein stilisierter Deutscher, wie es keinen seither mehr gegeben hatte. Beide, der preußische Soldat und Goethe, waren weit entfernt von dem Einfachen und Natürlichen, aber sie waren aus einem Lebensbedürfnis entstanden, sie verkörperten einen Stil! Was aber stellte dieser Bildungsphilister dar? Stilisierte Barbarei, stillose Vielwisserei. Der Philister als Gründer eines neuen Glaubens, das hatte noch gefehlt! Und: „Es liegt vor aller Augen, daß nach dem letzten Kriege der Deutschen und der Franzosen ungefähr jeder Deutsche um einen Grad mehr unehrlich, gunstgierig, habsüchtig, gedankenlos geworden war ..."

Der ersten Unzeitgemäßen schickte er bald eine zweite nach, sie sollte Krankheitsgeschichte der modernen Seele heißen, kam dann aber unter dem umständlichen Titel: Vom Nutzen und Nachteil der Historie für das Leben heraus.

Einzig und nur das Unhistorische, das Überhistorische sind die Heilmittel gegen die lebensfeindliche Historie. Die Schrift spricht den begeisterten Haß des Produktiven gegen die mechanische „Bildung" und gipfelt in dem Satz: „Wer die Kultur eines Volkes erstreben und fördern will ... arbeite mit an der Vernichtung der modernen Gebildetheit zugunsten einer wahren Bildung." Wie sehr das historische Wissen tötet, machte sich Nietzsche durch Worte des alten Goethe anschaulich: „Hätte ich so deutlich wie jetzt gewußt, wieviel Vortreffliches seit Jahrhunderten und Jahrtausenden da ist, ich hätte keine Zeile geschrieben, sondern etwas anderes getan."

Einer, gegen den die zweite Unzeitgemäße, besonders in den stilistisch so schönen Darlegungen über die antiquarische Historie, nicht zum geringsten Teil gerichtet war, Jakob Burckhardt, mußte ein Wort zu ihr sagen: Vor allem ist mein armer Kopf gar nie imstande gewesen, über die letzten Gründe, Ziele und Wünschbarkeiten der geschichtlichen Wissenschaften auch nur von ferne so gut zu reflektieren, wie Sie dies vermögen, schrieb der Verfasser der Weltgeschichtlichen Betrachtungen mit einer gewaltigen Spitze gegen den Philologen, der hier in seinen Gärten weidete, an den „verehrten Herrn Collega".

Solche Antworten, die keiner quälender gegen sich, seine Art und sein Werk auslegte als Nietzsche, gleichgültige, vorsichtige Repliken der Freunde und Angriffe in Zeitungen — die Unzeitgemäßen des jungen Baseler Gelehrten hatten Aufsehen gemacht, obwohl der Verleger Schmeitzner bis Herbst 1874 von der ersten nur 500 und der zweiten gar nur 200 verkauft hatte — brachten neue Melancholie. Nietzsche war für seine Empfindlichkeit im Angriff zu tapfer.

Der Grenzbote hatte die erste Unzeitgemäße als Verunglimpfung der deutschen Kultur angeprangert und die deutschen Universitäten aufgefordert, diesen Protektionsprofessor der Baseler Winkeluniversität in Verschiß zu tun. Treitschke hatte sich erbost, was dieser Nietzsche von Strauß und dem herrlichen Deutschland denn *noch* verlange, Stil sollten sie auch haben!

Zu allem kam das immer spannungsreichere Verhältnis zu Wagner. Nietzsche konnte vor sich nicht mehr verschweigen, daß seine Schriften gegen die Zeitkrankheiten auch Schriften gegen Wagner waren. Als er im Herbst 1873 einen Aufruf für das Bayreuther Unternehmen verfassen sollte, war er schon in ärgster Verlegenheit. Verzweifelt schrieb er an Rohde, ihm bei der Abfassung doch zu helfen. Schließlich ermannte er sich, schrieb an einem Vormittage seinen Mahnruf an die Deutschen, ließ ihn sofort setzen und schickte ihn an Wagner mit den Begleitworten, die S. 23 wiedergibt. In der Novembersitzung des Patronatsvereins wurde der Mahnruf abgewiesen. Nietzsche saß etwas unbehaglich zwischen Cosima und dem ältlichen Fräulein von Meysenbug, mit dem er seit einem Jahr sehr persönlich und auch über Iinedita Goethes korrespondierte, die ihm das Fräulein Kestner, Lottes Tochter, anvertraut hatte.

Bald darauf übersah Nietzsche sein Unbehagen besser. Er schrieb sich was er in den letzten Monaten über Wagner und Bayreuth reflektiert hatte, nieder:

„Wagner ist für einen Deutschen zu unbescheiden; man denke an Luther, unsre Feldherren... Die Gefahr für Wagner ist groß, wenn er Brahms usw. nicht gelten läßt: oder die Juden... Wagner kann die Deutschen nicht überreden, das Theater ernst zu nehmen. Sie bleiben kalt und gemütlich — er ereifert sich, als ob das Heil der Deutschen davon abhinge... Es ist ein Glück, daß Wagner nicht auf einer höheren Stelle, als Edelmann, geboren ist und nicht auf die politische Sphäre verfiel... Wagners Kunst hat etwas wie Flucht aus dieser Welt an sich, sie negiert dieselbe, sie verklärt diese Welt nicht... Nur um seiner Kunst eine Stätte in dieser Welt zu bereiten, sehen wir ihn beschäftigt und aktiv: aber was geht uns ein Tannhäuser, Lohengrin, Tristan, Siegfried an... Wagner steht zur Musik wie ein Schauspieler... Die Musik in den Dienst einer naturalistischen Leidenschaft zwingen, löst sie auf, verwirrt sie... es ist eine theatralische Sprache, die Wagners Kunst redet... Es ist ihm alle Anmut, Zierlichkeit versagt... ein Rhetor, ohne die Kraft zu überzeugen..."

Was hieß das? Wagners Kunst, die Bayreuther Kultur-Epoche waren keine Lösung. Schon längst hatte Nietzsche geahnt, gewußt, nur von sich auszusprechen hatte er nicht gewagt, was jetzt sogar niedergeschrieben war: Wagner gehörte zu Reichsdeutschland, gegen das er seine Unzeitgemäßen schrieb. Wer aber gehörte nicht zu diesem Deutschland? Wer unter den Deutschen war eine Ausnahmeexistenz? Goethe, zweifellos, und auch Schopenhauer. Der Goethesche Mensch und der Schopenhauersche Mensch, die standen über dem zeitlichen Deutschen, der erste in seiner Beschaulichkeit, im großen Stil, der zweite, weil er heroisch war, ein richtiger Zuchtmeister, ein Erzieher der Deutschen.

Nietzsche entschloß sich, als dritte Unzeitgemäße die Schrift über Schopenhauer, den Erzieher, den beiden ersten nachzuschicken. Die Dispositionen zu einer Unzeitgemäßen: Die Stadt, zu einer andern: Der Weg zur Freiheit, verwarf er und machte sich mit Ideen zu einem Prometheus Mut, dessen Gestalt nach der Ödipusstimme ihn nicht mehr ließ. Es war ein Prometheus, der auf die Erlösung durch den Menschen wartet.

Wie Schopenhauer Vereinsamung, Verzweiflung an der Wahrheit und „innere Verhärtung", den Konflikt seiner Natur und den Trieb des Genius, dann den Staat überwand, war nichts als Selbstdarstellung, eigene Not. Einigung auf den Rousseauschen, den Goetheschen Menschen als Voraussetzung — Proklamation des Schopenhauerschen Menschen als eines heroischen Vorbildes, damit gab Nietzsche sich Richtung. Protest gegen die Selbstsucht der Geschäftstüchtigen, gegen den Staat, die nationale Pseudokultur, gegen die Typen der Nur-Erwerbsgierigen, das war der Unzeitgemäße. Es wurde eine Prophetie des

„Über-Tieres", des zerstörenden Genius. Nietzsche erreichte sein bisher größtes Pathos. Schon ist Zarathustra vorformuliert, doch ohne Verkünderstil. Schopenhauers Philosophie war Nietzsche zu dieser Zeit bereits gleichgültig. Zu fast jedem Satz des ehemaligen Sanctus Arthurus hatte er sich geschrieben: „schlecht bewiesen" oder „unbeweisbar" oder „übertrieben".

Schwere Tage und überlästige Nächte hatte die Schrift gekostet. Im Juli in Bergün, im Piz d'Aela, unter dem bleichsüchtigen und nervenschwachen Volk St. Moritzer Kurgäste, war er nicht zu Ende gekommen, erst der September, als schon die Korrekturbogen des zuerst gelieferten Teiles kamen, brachte Erlösung. Das Sinnen und Wühlen hatte ihn krank gemacht. Er konnte nicht produzieren, ohne krank zu werden. Wie leicht produzierte Wagner, wie selbstverständlich Burckhardt, wie kalt Rohde! Rohde hatte während seiner größten Liebesschmerzen mit einer philologischen Präzision das Buch: „Der griechische Roman und seine Vorläufer" geschrieben, daß Nietzsche schauderte: „Das geht ganz eigentlich über meine Fassungskraft ... so etwas könnte ich nicht ... Der philologische Dämon steckt Dir so im Leibe, daß ich mitunter vor seinem Wüten ordentlich schaudere." Wie anders schrieb er! Alles waren Bekenntnisse, er stand nie über den Dingen, er konnte niemandem deutlich machen, was ihn ergriffen hatte. Deswegen schrieb er dem Freund über seine Unzeitgemäßen: „Ich wünsche nie, daß solche Dinge rein literarisch in Betracht genommen werden. Und wenn sie irgendeinen Wert haben, so ist es ihr illiterarer Charakter; Dinge, über welche Rezensionen zu schreiben eine Dummheit ist."

Seit Januar 1874 hatte der Freund Wagners sich in ein Netz von Widersprüchen verwickelt. Alle seine Schriften waren Irreführungen, „Mystifikationen". Irreführungen Wagners, Irreführungen der Freunde. Nietzsche war kein Bayreuther, Nietzsche war kein Deutscher mehr, wie sich ihn die Umwelt vorstellte. In einer Unzeitgemäßen Der Staat wollte er sich das Mißbehagen und geheimste Pläne vom Leibe schreiben: „Der nationale Staat hält nicht mehr fest: einstweilen braucht er Kriege, um Klüfte zu schaffen ... Ist aber durch unbegrenzte Freizügigkeit und Dreisprachigkeit die Menschheit präpariert, dann muß sie hin zum europäischen Universalstaat ... Deshalb müssen Sekten entstehen, in welche die Bildung und das Individuum sich retten, um den Preis, sich nicht mit Politik abzugeben. Hier gibt es keine nationalen Differenzen mehr. Während das allgemeine Niveau der europäischen Kultur immer mehr zurückgeht, kann hier, in der Sekte, die Forderung und das Ziel immer höher gestellt werden.".

Ähnlich, nur etwas scherzhaft und ohne die letzten Gedanken preiszugeben, schrieb Nietzsche an die Freunde: er hätte jetzt über das Nationale weit „hinausgeschwiffen", er wolle keinen „Kulturkampf" — oder wie der verfluchte Ausdruck lautet —, sondern er wolle nur für seine Art seinen Kulturkampf, ein eigenes Theater gründen. Vergebens hoffte er auf Antworten, die ihm gezeigt hätten, daß ihn einer begriff. Besonders um Gersdorff bemühte sich Nietzsche in dieser Zeit, der Herr auf Ostrichen und Ritter des Eisernen Kreuzes war. Dieser Soldat verkörperte ihm das ideale Preußentum, von dem er sich für den künftigen Universalstaat den besten Beitrag erhoffte. Das Soldatische, die ruhig vornehme Art Gersdorffs, Rohdes saubere Gesinnung und Verstehen, Overbecks radikale Gründlichkeit und europäischer Blick, vielleicht auch die scharfsichtig psychologisierende Klarheit des neuen Freundes Dr. Paul Rée, den er seit Mai 1873 kannte, das waren Eigenschaften, die in eine solche Sekte gefaßt werden mußten. Er plante für 1874 deswegen ein großes concilium subalpinum sive Rhaeticum in Flims. Es sollte eine Zelle des künftigen Universalstaates geschaffen werden. Daß es für solche Sekten allerdings nie einen Staat geben würde, darüber war sich Nietzsche im klaren: „Die Sekten werden zu verschiedenen Zeiten verschieden verdächtigt werden, jetzt als Bundesgenossen, aber verkappte, der Ultramontanen oder der Sozialisten, später als die Propheten des Universalstaates, zuletzt, wenn dieser da ist, als Reaktionäre und verkappte Bundesgenossen der alten, nationalen, zugrunde gehenden Staaten: und alles dies mit Unrecht." Allen Staaten, gleichgültig, wie sie sich nennen würden, müsse, so schloß Nietzsche, an der Beseitigung des einzeldenkerischen Individuums gelegen sein. „Wenn erst die Individuen beseitigt sind, dann ist der Gang der Geschichte zu erraten: denn der einzige irrationale Faktor ist beseitigt."

Waren die Freunde reif für solches Wissen? Nietzsche zweifelte. Gersdorff klagte er, daß er sich so früh seines Kampfes bewußt werden müßte. Aber die Freunde sollten sich seinetwegen nur mit einem gewissen Fatalismus wappnen, nicht furchtsam seinetwegen sein, im übrigen brauche er sie: „Mit meinem Selbstgefühl steht es schwach und erbärmlich, und I h r müßt mir immer wieder mich mir selber gewährleisten. — In mir gärt jetzt sehr vieles und mitunter sehr Extremes und Gewagtes." Malwida von Meysenbug schrieb er in sohnhaftem Vertrauen, er wolle nicht ruhn, bis er all die vielen inneren Erfahrungen aus sich heraus einmal ans Licht gezwungen habe, daß ihm alles Feindselige zum Schluß doch zum Nutzen und Glück würde, „und ich begehre nichts mehr, als über das ganze höchst verwickelte System von Antagonismen, aus dem die ‚moderne Welt' besteht, aufgeklärt zu werden ... ich will einmal erproben, bis zu welchem Grade unsere auf Gedankenfreiheit stolzen Mitmenschen freie Gedanken vertragen." Auf Erlösung hofft er erst, wenn die Tonleiter seiner Feindseligkeiten in etwa 13 Unzeitgemäßen abgesungen sein würde, wenn er sich alles Negative, Polemische, Hassende von der Seele geschrieben habe. Dann würde auch das rohrdommelhafte Klagen ein Ende haben, dann könnte er schönere Weisen singen.

DER ABFALL / DAS ALLZUMENSCHLICHE

Als im Juni 1874 Wagner dringlich fragte: Warum kommen Sie nicht?, als ihn auch Gersdorff freundschaftlich drohend nach Bayreuth locken wollte, war Nietzsche, der sich bisher mit Verpflichtungen und seiner gebrechlichen Gesundheit entschuldigt hatte, nun doch deprimiert und kränkelnd nach Bayreuth gefahren. Es kam zu einer Szene, die eine kleine Vorgeschichte hat.

Im Sommer dieses Jahres war in Basel große Aufregung. Zum 50jährigen Bestandesfest des Baseler Gesangvereins dirigierte Brahms die Johannes-Passion von Bach und sein Triumphlied. Nietzsche, mitten in Versuchen „umzuhören", d. h. auf der Suche nach einem Gegenerlebnis zu Wagners Musik, machte sich Brahms zu einer ästhetischen Gewissensprobe. Er spielte wiederholt sein Triumphlied und ließ sich von der Andacht nach Bachscher Musik, nach der nicht applaudiert wurde, gefangennehmen.

So kam Nietzsche mit Brahmsschen Klängen im Ohr nach Bayreuth. Schon die Nähe Bayreuths regte ihn auf. Er schickte einen Zettel nach Wahnfried, der meldete, er, Nietzsche, liege krank im Gasthof Sonne. Wagner holte ihn zu sich, und es wurde ein heiterer Abend. Nächsten Tag aber wies Nietzsche auf den Klavierauszug Brahms, den er mitgebracht hatte, mit den Worten: „Sehen Sie — das ist absolute Musik — Brahms." Es fielen Worte wie: „Musik, auf das Wort Gerechtigkeit gemacht", und zu Wagners Entsetzen spielte Nietzsche mit dem anwesenden Hans Richter den Klavierauszug vor. Wagner riß die Geduld: „Nu hörn Se aber emal auf mit Ihrer absoluten Musik!" Und Cosima urteilte: das wäre Händel, Mendelssohn und Schumann, in Leder gewickelt. Nietzsche aber war erregt: „Ich befinde mich in einer unsagbaren inneren Unruhe als Vertreter des Wagnerschen Musikdramas und zugleich der absoluten Musik", sagte er dem Sänger Wallnöfer. Als Rohde September dieses Jahres nach Basel kam fand er einen überreizten, kranken Nietzsche. Gersdorffs Besuch erst beruhigte ihn.

Um sich letzte Rechenschaft zu geben, saß Nietzsche in den Weihnachtsferien in Naumburg über sich als Musiker zu Gericht. Er kodifizierte mit Hilfe des einarmigen Türmers seine sämtlichen Kompositionen und feierte das musikalische Opferfest seiner Jugend noch einmal nach. Hans von Bülow hatte seine Manfred-Meditationen unerquicklich und unmusikalisch, ein Verbrechen in der moralischen Welt genannt. Da er sie wieder spielte, erkannte er neu das Wesen seiner Natur. Als Schöpfer in sich erlebte er seinen Vater noch einmal, den Intellekt mochte er von der Mutter her haben. Nietzsche wollte nur Gewißheit. Er brauchte sie für den entscheidenden Schritt, der zu tun war, dessen Aura ihn schon durchschütterte. Er war ein Musiker und konnte bestehen. Zum feierlichen Abschluß der zehn nur musikalischen

Tage Naumburg komponierte er einen Hymnus an die Freundschaft: Vorspiel der Freunde zum Tempel der Freundschaft / Hymnus erste Strophe / Zwischenspiel — wie in traurig-glücklicher Erinnerung / Hymnus zweite Strophe / Zwischenspiel — wie eine Wahrsagung über die Zukunft. Ein Blick in weiteste Ferne / Im Abziehen: Gesang der Freunde, dritte Strophe und Schluß. Allein die liebe verehrte Freundin Malwida von Meysenbug erfuhr, was Nietzsche dieses Neujahr erlebt hatte: „Ich sah gestern als am ersten Tage des Jahres mit wirklichem Zittern in die Zukunft. Es ist schrecklich und gefährlich zu leben — ich beneide jeden, der auf eine rechtschaffene Weise tot ist. Im übrigen bin ich entschlossen alt zu werden... aber nicht aus Vergnügen am Leben will ich alt werden."

Auch der Philologe gab sich Rechenschaft, noch einmal von den Griechen her. Eine Unzeitgemäße: Wir Philologen, entstand. Nietzsche holte sich von seinen Griechen die Bestätigung, sie allein gaben das Maß des Menschlichen und die Ideale der Zukunft: „Ich träume eine Genossenschaft von Menschen, welche unbedingt sind und ‚Vernichter' heißen wollen... Wir wollen nicht vorzeitig bauen, wir wissen nicht, ob wir je bauen können, und ob es nicht das beste ist, nicht zu bauen... Pessimisten, Resignisten — zu denen wollen wir nicht gehören."

Den Einsichten des Wissenschaftlers konnte der Mensch nicht folgen. Nietzsche litt an Bayreuth, an der Musik Wagners wie an einer offenen Wunde. Er schrieb seit dem Feber gleichzeitig mit den Anmerkungen zu der Schrift: Wir Philologen, an seiner vierten Unzeitgemäßen: Richard Wagner in Bayreuth. Mit den Generalproben für die Festspielhauseröffnung im Sommer 1875 rückte die Zeit des Bekenntnisses immer näher. Er fühlte es wie einen Krampf in sich, er verlor sein Temperament, er lebte gegen sein innerstes Gefühl. April wurde es ihm in Basel unerträglich, er fuhr nach Bern, wohnte auf dem Schänzli und lief im Tag an die acht Stunden über Berge und durch Wälder. Juli und August mietete er sich im badischen Schwarzwald, in Steinabad ein. Bei Sonne und Regen sahen ihn die Badegäste die Forste des Herzogtums durchstreifen. Er dirigierte vor sich hin, was er an Musik auswendig wußte, studierte Handelsbetriebslehre, Nationalökonomie und die Entwicklung des Welthandels. Ein ruhiges Bergsteigerleben im Erkenntnisbereich nahm er sich jetzt vor, nicht diese Hast des Erkennenwollens, sondern einen entschiedenen Gang von Stufe zu Stufe. „Und dem Schicksal nicht merken lassen, was man will. Fünf Minuten später ist es dann von selber gutwillig, ein Anerbieten zu machen."

Der Herbst brachte hundert Pläne, nur die Wagnerschrift wollte nicht gelingen. Stundenlang saß der Patient vor Dürers Ritter zwischen Tod und Teufel, berauschte sich an der „schauerlichen Schönheit" eines Hymnus auf die Einsamkeit, den er bald nach dem auf die

Freundschaft begonnen hatte, betäubte sich im Anblick des „unterschwürigen Charakters“ des Lebens. Er war ernstlich krank geworden, zu den Kopfzuständen kamen stundenlange Gallenanfälle. Weihnachten brach er zusammen. Er glaubte, sein Ende sei gekommen. „... daß ich an einem ernsthaften Gehirnleiden mich zu quälen habe, und daß Magen und Augen nur durch diese Zentralwirkung leiden. Mein Vater starb mit 36 Jahren an Gehirnentzündung, es ist möglich, daß es bei mir noch schneller geht.“ Die Ärzte waren ratlos. Immermann in Basel kurierte auf Magengeschwür und verordnete Höllenstein-Auflösungen, Doktor Wiel in Steinabad stellte chronischen Magenkatarrh und Magenerweiterung fest. Bald aber sah Nietzsche ein, daß es sich um ein nervöses Leiden, möglicherweise um Gehirnaffektionen aus Veranlagung handle, und er kurierte sich zum Schrecken aller nun selbst. Auf seinem Ofen in Basel mehrte sich die Zahl der Medikamentenflaschen. „Unsereins leidet nie rein körperlich.“ „Ich weiß nie, wo ich eigentlich mehr krank bin... ob als Maschine oder Maschinist.“

Nietzsche schrieb seinen Zustand auch dem Junggesellendasein zu. Er bewog die Schwester, in Basel mit ihm einen gemeinsamen Haushalt aufzumachen. Sie mieteten eine Sechszimmerwohnung, ließen Naumburger Möbel und Gerät kommen, und das Lama, ganz von der „Nietzscheschen Art“, wie sie der Baseler Einsiedler jetzt mochte, las ihm in den Wintermonaten an die 16 Romane Walter Scotts vor.

Erst das Frühjahr in Veytaux am Genfer See, wohin er in Begleitung Gersdorffs gefahren war, und wo er dann, allein geblieben, Malwidas Memoiren einer Idealistin sich vornahm, brachte Einsicht, Bereitschaft und Entschluß. Nietzsche machte das Buch des bald 60jährigen Fräuleins von Meysenbug zum Richter über sich. „Eines der höchsten Motive, welche ich durch Sie erst geahnt habe, ist das der Mutterliebe ohne das physische Band von Mutter und Kind, es ist eine der herrlichsten Offenbarungen der Caritas.“ Nietzsche hatte in den Memoiren eine Frau und ihre Tat erblickt, ein So-und-nicht-anders-Sein, das ihn frappierte. Hier war der Ausdruck einer echten Persönlichkeit. Ihm selbst aber fehlte dieses Wesentliche: die natürliche Liebe, die natürliche Verbindung mit dieser Art des Weiblichen. Es war ein kardinaler Mangel, ein betrübliches Etwas in seinem Leben, das ihn seit Schulpforta vom Weiblichen ferngehalten hatte. Er war von zu Hause nicht losgekommen, er war die Mutter, besonders die Schwester zu sehr gewohnt. War er vor dieser Idealistin nicht ein zaudernder Stümper, der in Selbstanklage und Befangenheit sich verzögerte, sich Mut und Wirkung zerstörte? Diese „herrliche Freundin“ hatte ihm mit dem Buch den Rat gegeben, dem Grillenhaften in sich nicht nachzugeben, dem Hang, gegen sich ungerecht zu sein, sondern das „gute Gewissen“ in sich wirken zu lassen, sich selbst zu befreien, indem man sich am Gegebenen auslebte und das einzige versuchte, was die Menschen aller Art anerkennen: die hochsinnige Tat. Nietzsche war sich als Verfasser der Straußiade den Entschluß schuldig, sich treu zu bleiben, noch mehr, er mußte eine Wendung in sich vollziehen: weg aus der Schopenhauerschen Unentrinnbarkeit, der melancholischen Lethargie, in die er, über dem „Willen" brütend, sich hatte reißen lassen. Weg von der phantastischen, verschwommenen Künstlergesinnung ohne den mutigen klaren Entschluß! Er nahm sich deshalb vor, ein Jahr in der Idealistinnen-Atmosphäre dieser Retterin Malwida, im Süden zu leben, ihre Erfahrung zu gewinnen und mit ihr zu beraten.

Der neue Lebensmut des Sonntags am Genfer See brachte auch einen zweiten Entschluß. Nietzsche begegnete da einer Rigaerin. Während des Gespräches war er dem weiblichen Charme erlegen und hatte ein tiefes Verständnis des zarten Fräuleins Trampedach für sein Wesen gefunden. Sie schrieb ihm an einem Abend das Gedicht „Excelsior" von Longfellow ab, von dem die Rede gewesen war. Am selben Abend schrieb auch Nietzsche ihr in der Art aller Unerfahrenen und doch so Erfahrenen und ohne der lieben Verständnisvollen ähnliche Absichten gesprächsweise auch nur angedeutet zu haben: Mein Fräulein! Sie schreiben heute abend etwas für mich, ich will auch etwas für Sie schreiben. Nehmen Sie allen Mut ihres Herzens zusammen, um vor der Frage nicht zu erschrecken, die ich hiemit an Sie richte: Wollen Sie meine Frau werden? ... Der so unbedingt Entbrannte bestimmte den Generalmusikdirektor des Genfer Orchesters, Hugo von Senger, mit dem er ebenso unvermittelt, wie er hier nach einem Gespräch eine Ehe eingehen wollte, eine Männerfreundschaft geschlossen hatte, zu seinem Brautwerber. Mit dem Erfolg, daß die Umworbene wenig später dem Brautwerber die Hand fürs Leben gab.

So blieb Nietzsche einstweilen in dem Zustand, den er Frau Baumgartner-Köchlin, der enragierten Elsässerin, Mutter eines Schülers, die für ihn die Schopenhauer-Unzeitgemäße übersetzt hatte, schilderte: „Sie müssen nicht glauben, daß ich je in meinem Leben durch Liebe verwöhnt worden sei ... Etwas Resigniertes trage ich von der frühesten Kindheit in dieser Beziehung mit mir herum."

Das Frühjahr am Genfer See hatte Nietzsche keine Frau beschieden, dafür aber Kraft, die Schrift „Wagner in Bayreuth" zu vollenden. Ein Musikstudent aus Leipzig, Heinrich Köselitz, der später von Nietzsche so genannte Peter Gast, war nach Basel gekommen, um den Freund Richard Wagners und Verfasser der Geburt der Tragödie wie der Straußiade kennenzulernen. Köselitz hatte Nietzsche schon im Januar 1876 geraten, die Wagnerschrift fortzusetzen. Als Nietzsche nun im Juni in Badenweiler sich über das große Kapitel seines Lebens Rechenschaft gegeben hatte, kopierte der Student die Schrift, und Schmeitzner konnte sie als „eine Art Bayreuther Festpredigt" in

Satz geben. Es war geschehen, ausgesagt, dargestellt. „Zur Schrift selber kein Wort, höchstens ein Aufatmen.“

Richard Wagner in Bayreuth war eine Erweiterung der Grundgedanken, die Nietzsche Januar 1874 über Wagner niedergelegt hatte. Er feierte Wagners Beispiel, der als einziger Großer des endenden Jahrhunderts die Kunst darstellt und verteidigt. Wagners Musik, wenige hundert Takte ausgenommen, war ihm schon fern. Das psychologische Detail an Wagner interessierte, es war hier an den entscheidenden Stellen abgeschwächt, doch im Wesentlichen nicht verfälscht. Zwischen den Zeilen steht, was Nietzsche gegen Wagner einzuwenden hatte: daß er weder Musiker noch Dramatiker noch Poet, sondern Schauspieler sei, daß er zum extremen Ausdruck dränge; ihm Bescheidung, Gestalt und Stimme fehlen, um groß zu sein; daß alle seine Ideen zur Manie werden, die wütende Wiederholung des Themas wie der Judenhaß. Daß ihm die deutsche Anmut fehle, daß er unklar, unantik verschwommen sei. Es galt bei dieser Schrift, was Nietzsche sich später notierte: „Es ist schwer, Wagner anzugreifen und nicht recht zu behalten, seine Kunstart, Leben, Charakter, seine Meinungen, seine Neigungen und Abneigungen, alles hat wunde Stellen. Aber als Ganzes ist die Erscheinung jedem Angriff gewachsen.“ Wagner blieb für Nietzsche immer der ungeheure Versuch in einer Zeit, die so ungebunden, so atemlos, so unfromm, so habsüchtig, so formlos und unsicher in den Fundamenten dastand, sich als Künstler zu behaupten, ja als Künstler zu dominieren.

Nietzsche hatte sich vom Herzen geschrieben, was ihn bedrückte. Schwieriger war der Begleitbrief an Wagner und Cosima. In dem halben Dutzend Entwürfen liegt die ganze Qual des jahrelangen Leidens an Wagner. „... seitdem leben Sie in mir und wirken unaufhörlich als ein ganz neuer Tropfen Blutes, den ich früher gewiß nicht in mir hatte. Dieses Element, das aus Ihnen seinen Ursprung hat, treibt, beschämt, ermutigt, stachelt mich und hat mir keine Ruhe mehr gelassen ... daß diese Unruhe mich gerade zum F r e i e r - und zum B e s s e r werden unaufhörlich antreibt ...“ Nietzsche wünscht, daß Wagners Werk alle so wie ihn in Unruhe versetzen soll, daß es ein Besserwerden u n d ein Freiwerden zu sich selbst bewirkt. Das war auf den Kern zu gesprochen.

Noch schwieriger war ein Schreiben an Cosima. Im Brief, den er dann endgültig abschickte, versagte er sich jedes Geständnis und setzte nur voraus, daß beide jetzt mitten im Trubel gar nicht Zeit haben würden, die Festschrift zu lesen. So kamen auch von Wagner nur ein paar Dankeszeilen an ihn: Freund! Ihr Buch ist ungeheuer! Wo haben Sie nur die Erfahrung von mir her? ... Wagner hatte die Schrift wirklich nicht gelesen.

Als Nietzsche im Juli 1876 zur Festspielhauseröffnung nach Bayreuth fuhr, hatte er nicht nur mit Wagner und seiner Musik abgeschlossen, sondern auch mit Deutschland, aber auch mit seinen Freunden aus der Leipziger und Baseler Zeit. Von Wagners Festspielen erwartete er sich nur etwas wie ein erstaunendes Besinnen der Menge, wie er sich im künftigen Deutschland immer etwas von jener bestimmten vornehmen Kraft versprach, wie sie Gersdorff verkörperte. Daß ihn von den Freunden in seiner letzten Problematik keiner verstehen konnte, wußte er, hoffte jedoch, sich ihre Anteilnahme zu erhalten. Doch schien er sich in allem getäuscht zu haben.

Noch bevor er nach Bayreuth ging, löste sich der Baseler Freundeskreis auf. Zu Nietzsches Entsetzen war als erster der Leipziger Freunde Romundt abgefallen, der längere Zeit in Basel wohnte, und mit dem er als schwermütig-zwiespältiger Künstlernatur Gespräche zelebriert hatte. Unvermittelt erklärte der nun eines Tages, er wolle zur katholischen Kirche übertreten, Priester werden. Wenig später teilte Rohde, dessen Liebesschmerzen er schon seit längerem mitverfolgen mußte, seine Verlobung mit: „Mir geht es anders, der Himmel weiß es oder weiß es nicht... Vielleicht habe ich da eine böse Lücke in mir..." hatte er ihm geschrieben und die Verse des Wanderers in der Nacht, dem der Liebesvogel zusingt, dazugesetzt: „Nein, Wandrer, nein! Dich grüß ich nicht / Mit dem Getön! Ich singe, weil die Nacht so schön: / Doch du sollst immer weiter gehn / Und nimmermehr mein Lied verstehn!" Rohde, mit dem er zum Schluß nur mehr das Wagnerleid geteilt, dessen philologische Kälte ihn abgestoßen hatte, wäre nicht der schwerste Verlust gewesen, trotz der hochaufschäumenden Freundschaftsjahre seit Leipzig, aber nun schien ihm auch bald Gersdorff entrissen zu werden — von einer kleinen Italienerin, von einer kleinen geputzten Lüge. „Es ist furchtbar, wie die Männer, an ein inferiores Geschöpf gebunden, herunterkommen", hatte er ihm noch geschrieben. Und von sich: „Um keinen Preis eine Konventionsehe... zehntausendmal lieber allein bleiben." Und: „Geheiratet wird nicht, zuletzt hasse ich die Beschränkung und die Einflechtung in die ganze „zivilisierte" Ordnung der Dinge so sehr, daß schwerlich irgendein Weib freisinnig genug ist, um mir zu folgen." Zu guter Letzt hatte ihm auch Overbeck seine Verlobung mit Fräulein Ida Rothpletz angezeigt. Als Nietzsche nun Ende Juli nach Bayreuth ging, war niemand da, dem er sich hätte anvertrauen können. Sie waren alle „gebunden", entweder an ein Mädchen oder an Wagner.

Die Zeit der Bayreuther Generalproben verbrachte Nietzsche in Gesellschaft Malwida von Meysenbugs, die wohl enthusiastische Wagnerianerin, doch auch gütiges Verstehen war. Sein Gesundheitszustand war trostlos. Weder Bäder im Fluß noch Spaziergänge halfen. Eine blonde Elsässerin aus Paris, Frau Louise Ott, verklärte ihm ein paar Tage. Die charmante Frau mit ihrem kleinen Marcel, der sie meist wie ein Schutzengel begleitete, versprach Nietzsches kühnste Träume zu verwirklichen. Als sie abreiste, war der Himmel aber wieder dunkel, und in einem Brief an sie steht: Diese neue Freundschaft ist wie neuer Wein: sehr angenehm, aber ein wenig gefährlich vielleicht.

Das Publikum allein schon machte ihn krank. Die Marienbader Bankiers mit dicken Uhrketten, diamantenbeladene Finanziers und Rentiers, der Snob, das feudale Pack, das ganze „müßiggängerische Gesindel Europas“ schien sich da eingefunden zu haben. Schamloser Unverstand und modische Narrheiten bevölkerten das Theater am heiligen Hügel. In den Lauben und an den Ständen drängten sich Prinzessinnen und Fürstinnen mit dem Volk der Statisten und Choristen um Bierkrüge und Wurstbrote. Dazwischen überall erbarmungswürdige, halb blöde und halb patriotisch sich gebärdende Patronatsweiblein und -männchen. Dickleibige Wagnerianer schlugen mit der Faust auf den Tisch, hielten gesinnungstreue Reden und ließen Wagner hochleben. Eine riesige Kirmes war im Gange! Der König kam. Man spielte den Kaisermarsch. Des Abends Feuerwerk. Stoßend, drängend, singend schob sich eine vergnügte Menge zwischen der Eremitage, die von tausend Windlichtern erglänzte, und Bayreuth hin und wider. Dazu unendlich lange, öde Kunstabende, für die zahlende Clique nur ein Vorwand, sich gelangweilt in Müßiggängerei zu gefallen, sich aufgestachelt durch die schwüle, geheimnisvoll sexuell wirkende Musik betulich zu exaltieren. Und auf der Bühne: „Diese Tiere mit Anwandlungen eines sublimierten Zart- und Tiefsinns haben nichts mit uns zu tun. Was für geschraubte, gekünstelte verdorbene Töne, was für eine falsche Natur hörte man da — einzelne Töne von einer unglaubwürdigen Natürlichkeit wünsche ich nie wieder zu hören.“ Nietzsche glaubte den Untergang der letzten Kunst zu erleben. Anfang August war es so weit, er ertrug es nicht mehr und fuhr nach Klingenbrunn in den Böhmerwald. Wie erlöst lief er die Waldwege ab und freute sich, daß nicht auch die Natur romantisch war, daß er hier von allen idealen Monstren, von Popanz und Illusion befreit war. Das also war der Beginn der Bayreuther Kulturepoche! Nein, das war die Sedanfeier der Kunst! Eine blutige Narretei an den Anfang dessen gesetzt, von dem er sich einst das Wunder einer Kulturerneuerung erhofft hatte. Nur die scharfe Klinge seines Verstandes, das psychologische Messer konnte ihn jetzt vor dem Widerlichen retten, das er da hatte an sich vorbeiziehen lassen müssen. Er war jetzt dem Schopenhauerischen Menschen in ihm das letzte Opfer schuldig.

Die „Pflugschar, ein Werkzeug zur geistigen Befreiung“, sollte heißen, was er sich niederschrieb: Frei werden — Ruhe, Einfachheit und Größe. Ich will den Menschen die Ruhe wiedergeben, ohne welche keine Kultur werden und bestehen kann. Ebenso die Schlichtheit. „Der geniale Zustand eines Menschen ist der, wo er zu einer und derselben Sache zugleich im Zustand der Liebe und der Verspottung sich befindet.“ In fünf Kapiteln: Wege zur geistigen Freiheit, Menschliches

Allzumenschliches, Das leichte Leben, Weib und Kind, Über die Griechen legte er sich den Grundstock für eine umfangreiche Gedankensammlung, die eine entscheidende Unzeitgemäße werden sollte. Jetzt bekannte er sich als Freigeist, als einer, der in Genf François Voltaire gehuldigt hatte, als einer, der nicht mehr in Deutschland zu Hause war, als einer, der sich täglich befreien mußte von dem dumpfen Druck dieses Tieflandes, dieses Bayreuths, als einer, der Wagner-Deutschland bald auf immer verlassen würde, um im Süden vollkommener Freigeist zu werden.

Mit dem Willen, nun mit Kälte zu überstehen, was überstanden werden mußte, kehrte Nietzsche nach Bayreuth zurück. Und er überstand. In Basel aber half jetzt nur die neue Freundschaft überstehen: Dr. Paul Rée. Während der Atropinkur, der er sich des Augenübels wegen unterziehen mußte, erfreute ihn der rücksichtsvolle, hilfsbereite, sehr ergebene, fast unterwürfige junge Mann — er war nur um wenig jünger als er — mit seiner scharfen Psychologisierungskunst. Rée hatte ihm seine soeben erschienenen Psychologischen Beobachtungen als dem „Quellwassererzeuger seines ferneren Schaffens" dankbarst gewidmet. Mit ihm beschloß er auch nach dem Süden zu gehen.

Der leidende Nietzsche, ein lungenkranker Student Brenner und der neue jüdische Freund Paul Rée fuhren nach Sorrent, um dort unter der Patronanz der Idealistin Malwida von Meysenburg so etwas wie ein Kloster für freie Geister zu initiieren. Die Universität hatte ein Jahr Krankenurlaub gegeben.

Während der Nachtfahrt nach Genua unterhielt sich Nietzsche mit der Baronin Bevern und dem Fräulein von Pahlen, der späteren Isabella von Sternberg. Das Gespräch blieb den Damen lebenslang in Erinnerung. „Nicht wahr, mein Fräulein, Sie sind auch Freigeist", mutete der im Gespräch dämonisch wirkende deutsche Professor der einen zu. Die dreitägige Seefahrt nach Neapel überstand Nietzsche besser als die Eisenbahnfahrt. Malwida hatte in Sorrent die Villa Rubinacci gemietet und führte mit einer Dienstmagd die Wirtschaft. Fünf Minuten entfernt, im Hotel Viktoria, wohnte die Familie Wagner.

Den kranken Augen tat das Klima wohl, das Freie, der höhere Himmel und die tieferen Farben. Von den Fenstern der Villa sah man über Orangenhaine hinweg aufs Meer. Am jenseitigen Ufer der Bucht lag vor dem Vesuv Neapel. Oberhalb Sorrent, zwischen Zypressen und wilden Rosen, am Gebirge entlang, fand sich Nietzsche schattige Gedankenwege, im Ort selbst gaben hohe Mauern das gesuchte Dunkel.

An einem der ersten Abende hatte Wagner eingeladen, mit ihm zu spazieren. Der finanzielle Mißerfolg in Bayreuth drückte ihn, doch erzählte er viel von seinem neuen Werk Parsifal. Wagner hatte sich den Geist von Reue und Buße, die große Beruhigung des Abendmahls zum Erlebnis gemacht. Ihn hatte die opernhafte Möglichkeit des kirchlichen Szenars gefesselt. Er sah sich christlich bestimmt. Der Schluß, daß das Kirchendeutschland über den Parsifal einen Kassenerfolg in Bayreuth sichere, lag nahe. „Die Deutschen wollen jetzt nichts von heidnischen Göttern und Helden hören, sie wollen was Christliches sehen."

Nietzsche sprach an diesem Abend nicht mehr. Wenig später meldete Rée der Schwester in einem Brief, daß „ein plötzliches Magenleiden, das er (Nietzsche) sich vor einigen Tagen durch eine Aufregung zugezogen hatte, seine Gesundheit unterbrach."

In Sorrent stand es zuzeiten schlimmer mit ihm als je zuvor. Der Verlust aller alten Freunde — während des siebenmonatigen Aufenthaltes ging weder ein Brief an Rohde noch an Gersdorff, nur Overbeck erhielt knappe Berichte —, der Tod Ritschls, der Tod der Großmutter Oehler, die letzten Enthüllungen Wagners, das traf ihn Schlag auf Schlag.

In der Villa Rubinacci herrschte klösterliche Ordnung. Bald nach sechs war Nietzsche aus dem Bett, vormittags diktierte er Brenner und spazierte dann am Gebirge entlang. Nach dem Essen schlief er, darnach gingen sie zu dritt, abends las einer vor: Burckhardts Griechische Kultur, Herodot, Thukydides, die französischen Moralisten, Kalidasa, Sakuntala. Jeder arbeitete, Brenner schrieb eine Novelle, Rée schloß sein Manuskript über den Ursprung der moralischen Empfindungen ab. Nietzsche aber diktierte dem jungen Studenten Gedanken, die seine Pflugschar-Meditationen erweiterten. Er plante sie als eine Unzeitgemäße: Der Freigeist, herauszugeben, sie sind uns als Sorrentiner Papiere erhalten.

Diese „Sorrentiner Papiere" zeigen den Freigeist an der Arbeit: Im Kapitel von den ersten und letzten Dingen macht er die Grundfeststellung: alles ist intellektuell geworden. Lust, Schmerz, Begehren sind nicht mehr vom Intellekt zu trennen. Die erhabenen Irrtümer, die metaphysischen, machen wohl den Menschen aus — dächte man sich ein Tier mit strengem Wissen, ein Pferd vor der Krippe, gute Bücher lesend, es wäre noch kein Mensch — aber, heißt es, im vierten Hauptstück: „Die Kunst beruht ganz und gar auf der vermenschlichten Natur, auf der mit Irrtümern und Täuschungen umsponnenen und durchwebten Natur... sie erfaßt nicht das Wesen der Dinge... zum Wesen führt der schließende Verstand." Das ist jetzt nur der Philologe, der das Altertum durchschaut, das ist Nietzsche, von Rée angeregt, von Bayreuth angewidert: „Die wissenschaftlichen Methoden entlasten die Welt von dem großen Pathos, sie zeigen, wie grundlos man sich in diese Höhe der Empfindung hineingearbeitet hat." Die Höhe des Gefühls und die Niedrigkeit seines Ursprungs: wir kennen diese Qual in Nietzsche schon aus der Pfortaer Zeit. Der Schüler hatte sich nach Pascal und Emerson getröstet, der Freigeist liest die französischen Moralisten und Voltaires Satz: La vertue, ce n'est rien que l'égoisme. Nietzsche leidet neu an seinem Knabenzwiespalt. Er will in dieser entscheidenden Situation jenen treibenden Menschen in sich neu begreifen, den Menschen aus der Zeit vor der Geburt der Tragödie. Um vieles gereifter, jedoch in derselben Stimmung wie vor 15 Jahren, versucht er, ihn wissenschaftlich zu bändigen. Damals kam ihm das Schulsystem zu Hilfe, jetzt, da es für ihn keine Schule mehr gibt, will er eine solche gründen. Die drei Freunde und Malwida lasen an den Abenden auch Stifters Nachsommer, Nietzsche faszinierte darin die Idee des Musenklosters als einer Bildungsstätte des höheren Menschen. Er diktierte Brenner die elf Gebote des Freigeistes:

Du sollst Völker weder lieben noch hassen.
Du sollst keine Politik treiben.
Du sollst nicht reich und auch kein Bettler sein.
Du sollst den Berühmten und den Einflußreichen aus dem Wege gehn.
Du sollst dein Weib aus einem anderen Volke als dem eigenen nehmen.
Du sollst deine Kinder durch deine Freunde erziehen lassen.
Du sollst dich keiner Zeremonie der Kirche unterwerfen.
Du sollst ein Vergehen nicht bereuen. sondern seinetwegen eine Guttat mehr tun.
Du sollst die Welt gegen dich und dich gegen die Welt gewähren lassen.
Du sollst die Wahrheit denken, aber sie nur den Freunden sagen.
Du sollst, um die Wahrheit sagen zu können, das Exil vorziehen.

Nietzsche sieht die „Verdunkelung Europas" davon abhängig, ob sich fünf oder sechs freie Geister treu bleiben und einsehen, daß Freidenken nicht zum Freihandeln des einzelnen führen darf, sondern nur zum allmählichen regierungsweisen Umgestalten der Institutionen. In acht Punkten gibt er sich ausführlich über das Sozialismus-Problem Klarheit: die Lage des Menschen verbessern, heißt ihn leidensfähiger machen, es muß jedoch um Menschheitsziele, nicht um das Wohlbefinden des einzelnen gehen, die Maschinenarbeit schafft Empörung des gebildeten, verfeinerten Arbeiters, überall entscheidet die Macht, nicht das Menschenrecht, niemand verdient Glück, niemand Unglück, die Änderung der Institutionen vermehrt nicht das Glück auf der Erde, Wohlbehagen gibt es nur innerhalb des Herkommens, der festen Sitte. Das Beste, was ihm der Sozialismus bringt, ist die Erregung. Dadurch wird er zu einer „Kraftquelle des Geistes".

Abschließend steht für den Freigeist fest: „Wir ertragen das Pathetische nur in der Kunst; der lebende Mensch soll schlicht und nicht laut sein." Und Sancho Pansas: Wenn der Mensch sich zu sehr der Traurigkeit überläßt, wird er zum Tier, heißt bei ihm: „es ist zuviel Ernst in der Welt." Warum aber brachte ihn die Fronleichnamsprozession, bei der er so viele Kinder und alte Männer sah, zum Weinen?

Gegen das Frühjahr hin verschlimmerte sich sein Leiden, zwei Anfälle die Woche, er konnte nicht mehr lesen, die Worte verschwammen ihm zu Klumpen. Schrön in Neapel verordnete Einreiben mit Narcein und Gebrauch von Brom, Natrium. Doch Februar 1877 sahen die Freunde, Malwida und Trina, das Dienstmädchen, mit Erstaunen, wie der so kranke und oft düstere Nietzsche inmitten der Masken des neapolitanischen Karnevals geschäftig und neugierig dahin und dorthin steuerte. Im März tranken die drei Klösterlichen an Ort und Stelle Capriwein und trugen sich ins Fremdenbuch ein: Donna Malwida Cosmopolita, Don Paolo, Don Federigo, uomo dell'avvenire.

Ende desselben Monats reisten die beiden Freunde ab, es erschien Baron Reinhardt von Seydlitz, jung, glänzend, begabt, und seine Frau, eine schöne Ungarin. Nietzsche versuchte mit Macht, sich das Ehepaar einzufreundschaften. Auch schmiedete er wieder Heiratspläne, ließ sich von Malwida, die so gern Ehen stiftete, beraten und korrespondierte mit der Schwester über das heikle Thema. Er wollte sich eine Reihe von Mädchen nach der Schweiz einladen. „Natalie Herzen, was meinst du? Aber 30 Jahre ist sie auch, es wäre besser, daß sie zwölf Jahre jünger wäre." Die kleine Köckert in Genf war zu langweilig, der Vater gehörte den „Eingeweiden" an. Im übrigen paßte keine auf Malwidas Rat: „Gut, aber reich." Nur an eine dachte Nietzsche mit wirklicher Empfindung und vielleicht auch Leidenschaft, idealisierter, an Louise Ott. Er sah die schöne blonde Frau vor sich und schrieb ihr: ob sie nicht ein Bild für ihn hätte, ob sie ihm gut geblieben sei, ob sie ihm nicht einen kleinen Roman schreiben wolle? Sie dagegen hatte ihm gebeichtet: „Ihre Augen kann ich aber nicht vergessen: immer ruht Ihr liebvoller tiefer Blick auf mir wie damals... O ja! schicken Sie mir Ihre Werke — ich muß meinen teuren Freund näher kennenlernen!... Erwähnen Sie aber von Ihrem und meinem Briefe dabei nichts. — Alles, was bis jetzt vorgegangen, bleibt unter uns — es ist unser Heiligtum für uns beide allein." Als die Mutter des kleinen Marcel, des Schutzengels von Bayreuth, die Werke dessen kennengelernt hatte, der solchen Eindruck auf sie gemacht hatte, fragte sie ängstlich: „Wissen Sie, daß ich eine Christin bin?... Warum glauben Sie nicht, was Christ versprochen und gesagt?... Glauben Sie an ein ewiges Leben der Seele?"

Der Unchristliche antwortete auf die Gretchenfrage jedoch: „...wenn ich denke, an was für einen Freigeist Sie da geraten sind! An einen Menschen, der nichts mehr wünscht, als täglich irgendeinen beruhigenden Glauben zu verlieren, der in dieser täglich größeren Befreiung des Geistes sein Glück sucht und findet. Vielleicht, daß ich sogar noch mehr Freigeist sein will, als ich es sein kann!"

Die klügste aller Frauen, Ehegattin und Mutter, gab zurück: „Non, mon ami — vous ne connaissez pas la vraie Louise... — celle que vous aimez est une création de votre imagination belle et chaude.

C'est égal — conservez lui votre affection — cela lui fait du bien — et elle a assez de cœur pour vous la rendre largement."

Im August desselben Jahres, ein Jahr nach der Begegnung, schrieb Nietzsche ihr den letzten Brief, schon aus der Schweiz, aus Rosenlauibad: „Man hat mir erzählt, daß Sie — nun, daß Sie erwarten, hoffen, wünschen; mit inniger Teilnahme hörte ich es und wünschte mit Ihnen. Ein neuer guter und schöner Mensch mehr auf der Welt, das ist etwas, das ist viel! ... Neulich sah ich auf einmal plötzlich im Dunkeln Ihre Augen. Warum sieht mich kein Mensch mit solchen Augen an! rief ich ganz erbittert aus. Oh, es ist abscheulich! Wissen Sie, noch niemals hat eine weibliche Stimme auf mich tief gewirkt... Aber ich glaube daran, daß es eine Stimme für mich auf der Welt gibt; ich suche nach ihr. Wo ist sie nur? Leben Sie wohl, alle guten Geister mögen um Sie sein!"

Der Sorrenter Frühling wurde bald unerträglich. Auch das Zusammenleben mit Malwida. Die Grundgütige tadelte zu naiv und viel, besonders seine Frauen-Aphoristik. Auch häuften sich die Krankheitsanfälle, so daß Nietzsche beschloß, die Professur aufzugeben, wovon ihn dann nur Overbeck abhielt. Überstürzt und abenteuerlich reiste der halbblinde Professor deswegen Anfang Mai nach Livorno. Während der Fahrt, von Genua ab, unterhielt ihn eine Ballerina molto simpatica, und er ärgerte sich, daß er ihretwegen nicht beschlossen hatte, etwas in Mailand zu bleiben. Doch jauchzte er bald erlöst, als er das erste Schwyzerdütsch hörte und in Lugano seit langem wieder einmal so gut schlief, wie er sich das immer wünschte.

In Rosenlauibad bei Meiringen, im Berner Oberland, 4000 Fuß über dem Meere, trank Nietzsche den Juni über St. Moritzer Wasser gegen eingewurzelte Neurose. Zwei Stunden bevor die Sonne kam, war er unterwegs, und noch die Abendschatten erfrischten den unermüdlichen Spaziergänger auf dieser prächtigen Höhe. Was er sich in acht Stunden erwandert hatte, brachte er flugs mit vollkommener Sicherheit zu Papier. Lesen durfte er nur eine Stunde des Tages. Dafür phantasierte er um so länger auf dem Klavier. Staunend stand Pedro, der Kaiser von Brasilien, vor dem Fenster und hörte dem deutschen Professor zu. Ganz wie ein Heiliger leben, mit der Gesinnung des alten Epikur, sich von der Moosschicht des täglichen Lehr- und Denkzwanges befreien, das waren jetzt Vorsätze! Die Baseler Professur war deswegen das Hauptunglück seines Lebens geworden, nicht die Krankheit. Die Krankheit war mit der Art und Weise seines Lebens unweigerlich so verbunden wie die Musik. Das wußte Nietzsche jetzt. Und eine Frau? Die Schwester kam, und sie zogen vierzehn Tage an den Zuger See. „Haben Sie das Feuerweibchen gefunden, welches mich von der Säule, an welche ich geschmiedet bin, losmacht?" schrieb er Malwida.

Die Herbsttage und den Beginn des Winters in Basel half Köselitz bei der Abschrift und der Revision der Klingenbrunner und Sorrentiner Aufzeichnungen. Vermehrt um Rosenlauier und Baseler Gedanken, war jetzt ein Aphorismenbuch entstanden, das Nietzsche Menschliches, Allzumenschliches zu nennen beschloß. Ungeheuerlich kam ihm vor, was da entstanden war, was sich da zu einem Ganzen entwickelt hatte seit jenen Augusttagen im Böhmerwald.

Wir haben Nietzsches Mißvergnügen an der philologischen Wissenschaft verstanden. Hätte er sich hier fallen lassen, er wäre Rohde gefolgt. Aber er riß sich ins „Dionysische" empor. Erschreckt erkennt er dann die Folgen eines solchen Entschlusses am Beispiel von Bayreuth und flüchtet ins reine Denken zurück. Das ist zuerst alles Reaktion, das ist aber auch Methode. Nietzsche ist ein unbezähmbarer Aussprecher innerer Zustände. Seine Redlichkeit treibt ihn dazu, sich in eine Gegnerschaft zu denken, dialektisch, oder sich im Lustgefühl aufzustacheln, damit er dann, wenn sich der Instinkt, das Menschliche, Künstlerische gegen die Abstraktion erhebt oder der Denker sich gegen den Schwärmer erklärt, das zu ergreifende Subjekt, Ding oder Mensch, von beiden Seiten, von Verstand und Instinkt her, als Künstler und als Denker in die Mitte bekommt und dem Erkenntnissucher zur Beute fällt, was er im Aphorismus von sich stoßen will. Hier ist Nietzsche ganz modern, autoritätslos, ganz unmodern, ein „verehrendes Tier" zugleich. Denselben Gedanken, dasselbe Gefühl reißt er wie ein Eber und umschmeichelt er wie ein verliebter Kater. Man sagt, da Nietzsche keine Erfahrung von Frau und Ehe gehabt, könne er nicht urteilen. Der Psychologe hatte seine Weisheit nicht aus Erfahrung, sondern er stand zu allem und zu allen meist im Vorstadium oder in der Nachwirkung. Erfüllung hätte ihm jeweils die psychologische Kraft genommen. Nur dadurch, daß er sich zu jedem Dinge und Menschen in dauerndem Spannungsverhältnis befand, mit nichts und niemandem auf lange sich zu verbinden vermochte, erkannte er die Gesetzmäßigkeiten. So ist Nietzsche ganz der moderne, kurzatmige, hastige Mensch, dagegen sucht der Künstler in ihm, der Erforscher des Altertums, der Goetheaner, jeden Augenblick zu überwinden, zu verlangsamen, allem gerecht zu werden, nicht zu mißbrauchen und nicht zu übersteigern.

Chemie der moralischen, ästhetischen Empfindungen, das ist der Grundgedanke des Menschlichen, Allzumenschlichen. Auch die Erkenntnis ist ein Gewordenes, und die schlichteste Form hat einen unnennbaren Reiz. Das kommt von einem Jakob-Böhme-Instinkt, das kommt von Stifter. Doch ist bei Nietzsche alles sofort auch ein Sprachproblem. Die aphoristische Form, die „Sentenzenschleiferei", eine Anmaßung, aber wie Nietzsche über Heraklit wußte, eine große Vorsicht, entsprach nur der Gegenstimmung zu Wagners wütender Themen-Malerei und Wiederholung. Immer knapper, glutvoller, tiefer, schlichter, hieß die Losung bei Nietzsche. Eine Notwehraktion, aber auch eine Lust, den doppelten Sinn alles Lebens, das Pneumatische, Allegorische, Symbolische in die engste Denkkammer einzufangen. Wer schärfer denkt, mag die Bilder der Dichter nicht, das stand schon in Sorrent auf dem Papier. Die Wissenschaft allein zeigt die psychologischen Voraussetzungen, die Geschichte des Werdens. Sie zu erkennen, ist der Mensch des heutigen Geisteszustandes verpflichtet: 1. Befreiung von der Furcht (Erbsünde, Hölle), 2. Überwindung der Metaphysik. 3. Umkehr. Daß Nietzsche schon an dieser Stelle die Umkehr proklamiert, stellt ihn über alle Positivisten. Das wissenschaftliche Stadium sieht er als ein erzieherisches Zwischenstadium, nicht als Lösung. Wie aber wird die unmetaphysische Gesellschaft leben? Gegen jedes Bedenken galt: wenn schon Irrtum, die Metaphysik war Irrtum, dann wenigstens konsequenter Irrtum! Den bot die Wissenschaft. Sich zur Erbarmungslosigkeit, zur Mitleidslosigkeit in den letzten Fragen, vor denen der Mensch der Moderne steht, erziehen, damit er gegen ein neuaufkommendes, mitleidloses Geschlecht gewappnet ist. Der christlichen Krankheit sich entledigen, eine Ökonomie der Güte anstreben, um wieder gesund zu werden und dem Neuen standhalten zu können. Sauberkeit, Ehrlichkeit, gegen das „unreine Denken", das lehrte die Wissenschaft, auch die unsaubere, unkorrekte und hemmungslose Art des Geniekultes, die dieses Jahrhundert bis zum Exzeß trieb, zu überwinden. Das Wort „Genie" hatte er jetzt bis zum Erbrechen satt.

Nicht daß Nietzsche seine Zeit des „unreinen Denkens" hätte missen wollen. Er mißachtet diese Stufe bei niemandem, er achtet das religiöse Stadium, er mißachtet nur das Verharren trotz Erkenntnismöglichkeit. Er verlangt vom modernen Geist die Selbsterziehung, über das Stadium des „reinen Denkens" zur Kunst zu kommen, den Mut, sich selbst zu widerrufen, sich von Stufe zu Stufe zu läutern. „Vom Feuer erlöst, schreiten wir dann, durch den Geist getrieben, von Meinung zu Meinung, durch den Wechsel der Parteien, als edle Verräter aller Dinge, die überhaupt verraten werden können, — und dennoch ohne ein Gefühl von Schuld."

Nietzsche entschloß sich, Menschliches, Allzumenschliches unter einem Pseudonym herauszubringen. Etwa als Bernhard Cron, „soviel man weiß, ein Deutscher aus den russischen Ostseeprovinzen, der in den letzten Jahren auf Reisen unterwegs ist". Nur einer sollte wissen, daß er das Buch geschrieben habe, der nämlich, für den es, gegen den es geschrieben war: Richard Wagner. In einem Brief wollte er ihm seine Not schildern: „Mir ist zumute wie einem Offizier, der eine Schanze gestürmt hat. Zwar verwundet — aber er ist oben und entrollt nun seine Fahne. Mehr Glück, viel mehr als Leid, so furchtbar das Schauspiel ringsherum ist."

Doch ein solcher Mut verpflichtete schließlich, mit offenem Visier zu kämpfen, wenn auch die „Würde der Person" dabei vielleicht zu Schaden kommen sollte. Neujahr 1878 meinte Nietzsche deshalb, seinen vollen Namen unter das Dokument setzen zu müssen. Als ihm am 3. Jänner des neuen Jahres der Briefträger ein Paket von Wagner brachte, den Parsifal, beschloß er es endgültig, denn die Widmung Wagners zum Parsifal lautete:

Herzlichen Gruß und Wunsch
seinem treuen Freunde
Friedrich Nietzsche

Richard Wagner
(Oberkirchenrat: zur
freundlichen Mitteilung
an Professor Overbeck)

Dem Oberkirchenrat konnte er nichts mehr von seiner inneren Not erzählen. Unendlicher Freiheitsjubel überkam ihn jetzt. „Können Sie mir jenes Gefühl — das Unvergleichbare — nachfühlen?" so schrieb er dem Baron Seydlitz, mit dem er sich im Gefühl des vorwärtsstürmenden Offiziers nun am nächsten verbunden glaubte, „zum ersten Male öffentlich sein Ideal und sein Ziel bekannt zu haben, das keiner sonst hat, das fast niemand verstehen kann und dem nun ein armes Menschenleben genügen soll — so werden Sie mir auch nachfühlen, warum ich in diesem Jahre, sobald mein Beruf mich freigibt, Einsicht brauche. Keinen Freund — niemanden will ich dann, es ist so nötig."
Die Widmung an Wagner, die er dann März 1878 unter das Menschlich-Allzumenschliche setzte, enthielt nichts mehr von Bedenken, Leid und Bitternis, sondern hieß im Wagnerschen Stil:

Dem Meister und der Meisterin
Entbietet Gruß mit frohem Sinn,
Beglückt ob einem neuen Kind,
Von Basel Friedrich Freigesinnt.

Doch eh wir in die Welt es schicken,
Mög Meisters Treuaug segnend blicken,
Und daß ihm folge fürderhin
Die kluge Gunst der Meisterin.

Nietzsche schrieb den Aphorismus über die Sternenfreundschaft nach den Worten, die aus diesen Tagen stammen: „Freunde! Nichts verbindet uns, aber wir haben Freude aneinander bis zu dem Grade, daß der eine des andern Richtung fördert, selbst wenn sie schnurstracks der seinen entgegenläuft." Um allen Angriffen Parade zu geben, ließ er auf die Rückseite des Titelblattes setzen: „Dieses monologische Buch, welches in Sorrent während eines Winteraufenthaltes entstand, würde jetzt der Öffentlichkeit nicht übergeben werden, wenn nicht die Nähe des 30. Mai 1878 den Wunsch allzu lebhaft erregt hätte, einem der größten Befreier des Geistes zur rechten Stunde eine persönliche Huldigung darzubringen." Voltaire war gemeint. Anonym erhielt Nietzsche aus Paris die Büste Voltaires mit einem Kärtchen: L'âme de Voltaire fait ses compliments à Frédéric Nietzsche. Louise Ott hatte auf ihre Art verstanden. Ja, so wie Voltaire, über den es nach hundert Jahren nur Partei-Urteile gab, wollte er einst dastehen, denn „gegen die Befreier des Geistes sind die Menschen am unversöhnlichsten im Haß, am ungerechtesten in der Liebe."

Diesen Voltaire führte auch Wagner in einem Aufsatz Publikum und Popularität in den Bayreuther Blättern als einen an, der sich mit seiner Pucelle so in Szene gesetzt habe, wie manche deutschen Professoren, die Aufsehen erregen, indem sie alle Ansichten ihrer Vorgänger für falsch erklären, und das nur, weil sie durch nichts anderes berühmt werden können. Das war eindeutig. Wagner stach auch der Judenfreund Nietzsche. Cosima gesteht, daß sie das Buch gar nicht erst gelesen habe, es aber für schlecht und keck halte und zu allem „kam noch Israel hinzu in Gestalt eines Dr. Rée, sehr glatt, sehr kühl, gleichsam durchaus eingenommen und unterjocht durch Nietzsche, in Wahrheit ihn aber überlistend, im kleinen Verhältnis von Judäa und Germania".

Rohde schrieb, er befinde sich nach der Lektüre des Buches, wie wenn er aus einem Wärmeraum in einen Eiskeller gekommen wäre. Nietzsches Hohnlachen über die einstigen gemeinsamen Ideale klang ihm krank und schneidend. Der Menschlich-Allzumenschliche verteidigte sich vor dem Freunde nur gegen die Ansicht, das Buch stamme von Rée. Auf die philosophia in nuce habe der nicht den geringsten Einfluß gehabt, im übrigen wolle er mit dem Buche nur der Wahrheit dienen, wenn das auch freundschaftsgefährlich wäre. „Wir liebten bisher aneinander eine Wolke", schreibt er im Juni 1878 dem Freunde. Etwas Trost war nur Burckhardts Urteil, es bestätigte, was er sich von dem Buch erhoffte: Erregung der Produktivität und „die Vermehrung der Unabhängigkeit in der Welt".

Nietzsche mußte seine Gesundheitsjagd wieder aufnehmen. März in Baden-Baden, August auf 7000 Fuß Höhe in Grindelwald und dann in Interlaken. „Fort — zu mir." Nur allein sein. In der Hochgebirgsgegend war er alle los, auch den neuesten Verehrer Lipiner, dessen Prometheus er allerdings sehr schätzte, und seinen Kreis. Und doch — wie hätte ihn ein zustimmender Händedruck, ein kräftiger Zuspruch jetzt gelabt! Mitte September kommt an Mutter und Schwester ein Hilferuf: „Ich will zu Euch kommen, es geht mir so schlecht, daß ich mir nicht zu helfen weiß."

In Naumburg erholte er sich etwas. Basel wurde wieder Qual. „Ceterum censeo Basileam esse derelinquendam", im übrigen meine ich, Basel muß verlassen werden, heißt es bald. Doch er schreibt jetzt bis in den bisher schneereichsten Winter an einem „Neuen Umblick, Der Wanderer an seine Freunde" und rekapitulierte für sich und die jetzt schon imaginäre Freundesgemeinde die Geschehnisse der letzten

Jahre. Er lebte wie ein Einsiedler, fast war er ein Greis geworden. Die Schüler erlebten, wie er zusammenhanglos redete, nervös in seinem Manuskript blätterte. Das Augenleiden wurde unerträglich. Krampferscheinungen, die ihn zwangen, das rechte Auge zu schließen. Alle drei Tage starke Anfälle. Jedes gelungene Kolleg, jeder Temperaturwechsel warf ihn nieder.

Mit der steigenden Sonne flieht er nach Genf, mietet sich im Hotel de la Gare ein, zieht ins Hotel Richemont, wechselt vom ersten in den fünften Stock, träumt von Venedig, von wo ihm Gast geschrieben hatte. Ja, dort hausen! In einem ruhigen Zimmer mit weitem Blick über die Lagunen! Nichts sehen, hören, gerade was so zufällig begegnet, aber auf dem Markusplatz sitzen und Militärmusik hören, bei Sonnenschein! Alle Festtage die Messe in San Marco besuchen und in aller Stille die Gärten abwandeln. Größte Stille! Vielleicht warme Bäder bei Barbese, ein paar Bücher — — Noch ist es nicht so weit. Er hat abzurechnen. Die „Meinungen und Sprüche" des rastlosen Jahres Jagd nach Gesundheit werden noch gefaßt und gehen in Druck.

Gerade die Meinungen und Sprüche zeigen, daß Nietzsche Wagners Artikel in den Bayreuther Blättern doch getroffen hatte. Die Hälfte dieser Philosophie ist Abrechnung mit Wagner, die andere Präzisierung seiner Wissenschaftlichkeit. Er verwahrt sich dagegen, 1. daß er dem Wissenschaftler als solchem das Wort spricht; ja, die Wissenschaft bedarf des redlicheren Menschen als die Kunst, aber sie hat ihn noch nicht, 2. daß er die Wissenschaft für fähig hielte, die Weltproblematik zu lösen. Das Herz ist das Trennende, das Fruchtbare, Schöpferische, der Kopf aber ist das Bindende, wenn die Kraft des Herzens versagt.

Man muß viele dieser Sprüche und Meinungen nur aus dem Spiel mit dem Gegensatz verstehen, aus einem „Partout". Schon um zu sehen, welche Wahrheiten der Mensch produziert, wenn er das Gegenteil des Gewohnten denkt, formuliert Nietzsche das Gegenteil. Es gibt in der Weltliteratur keine größeren Eingeständnisse, keine überraschenderen Selbstwiderrufe und Widersprüche als bei Nietzsche. Jedes Wort aber ist aus einer inneren Bewegung gesprochen, aus einer erschütternden Augenblicks-Erfahrung, die dann nicht ins Breite gleitet, sondern im Aphorismus sofort gerinnt, nicht um etwas als endgültig festzulegen, nein, ein späterer Aphorismus widerspricht. Der Leser muß diesen Widerruf suchen. Spruch und Widerspruch, die geheimnisvolle Vielfalt der menschlichen Aussage erzeugen die Bewegung, auf die es ankommt. In der Übersicht erfaßt dann erst der Erkenntnissucher das Mittel an Wahrhaftigkeit, das der Mensch als Leib, Geist und Seele zu produzieren imstande ist. Das übersieht nur, wer als solche Dreiheit „hemmungslos auszusprechen" wagt, imstande ist, auszusprechen. Im 323. Aphorismus — Gut deutsch sein, heißt sich entdeutschen — steht von jener Kühnheit, die sich nur der Deutsche zum Programm machen kann und muß. Denn das ist die Voraussetzung des Programmstellens für eine menschliche Gemeinschaft: man muß auf der gegenüberliegenden Wand gestanden und einem Volk vom Fundament zum First gesehen haben, um ihm Gesetze geben zu können. Im Aphorismus 99 wagt der Wissenschaftler jetzt schon den Dichtern ein Programm zu stellen.

Noch aus Genf ließ Nietzsche durch Overbeck seinen Hörern ankündigen, daß er Samstag den 26. April 1879 seine Vorlesungen im Auditorium III beginnen wolle, eine Woche später bemühten sich vier Ärzte vergebens, ihm nach einer Reihe schwerer Anfälle die Diagnose zu stellen. Doch Schiß-Gemusaeus konstatierte neuerliche Abnahme des Sehvermögens, und Nietzsche richtete an den Präsidenten des Erziehungsrates unter Hinweis auf § 20 des Universitätsgesetzes ein Gesuch um Entlassung aus dem Dienst. Auf Regierungsbeschluß vom 14. Juni wurde dem Gesuch stattgegeben und dem Kranken von Regierungsseite 1000 fr. jährlich als Pension ausgesetzt. Vom Heuslerschen Fonds kamen 1000 dazu, und die Akademische Gesellschaft gab das gleiche. Die Pension der Regierung lief bis Januar 1889, nach dem Tod der Mutter verzichtete dann die Schwester als Erbin und Nachlaßverwalterin auch auf die verbliebenen 2000 fr.

Elisabeth hatte in den ersten Maitagen des Jahres 1879 von Overbeck einen Eilbrief erhalten, dem Bruder doch sofort zu Hilfe zu kommen. Tatkräftig, energisch und umsichtig nahm sie darauf die Angelegenheiten des Bruders in die Hand, löste den Baseler Haushalt auf und brachte den Kranken auf Schloß Bremgarten bei Bern. Bald reiste er allein nach Zürich zu den Schwiegereltern Rothpletz und dann über Thussis nach Wiesen bei Davos. Von elf Tagen waren oft nur drei schmerzfrei, fünf davon lag er zu Bett. Doch wollte er vorläufig auch krank sein, er war darauf bedacht, daß die Version, er sei lebensgefährlich erkrankt, aufrecht erhalten blieb und gab Eigenbulletins heraus, besonders an Overbeck. Der war jetzt der pflichtgetreue Verwalter der Baseler Angelegenheiten, besorgte Geld-, Brief- und Paketpost, gab Nachrichten an gemeinsame Bekannte und vertrat auch sonst die Interessen des Kollegen, vorsichtig abwägend, als kluger Geschäftsmann. Overbeck wurde das unentbehrliche Baseler Faktotum. Als er den Freund in St. Moritz im Sommer besuchte, nahm er das Bild eines hoffnungslos Erkrankten mit nach Basel. Nietzsche hatte nichts dagegen, denn er meinte, in Overbecks Briefen schon Andeutungen zu finden, daß er, würde er gesund, wieder nach Basel zurückkehren müßte.

Die Moritzer Wälder, die Seeluft erfrischten und ergaben „St. Moritzer Gedankengänge“. Von Juli bis August waren sechs kleine Hefte mit Bleistiftnotizen angefüllt. Eine Reihe von Gedankenketten mußte er jedoch bei der Abschrift dann schießen lassen, er konnte sie nicht entziffern. Was er im September zur Abschrift an Gast schickte —

Gast mußte ihm auch die Interpunktion und verdrehte Konjunktive richtigsetzen —, wurde bei Schmeitzner im Herbst dann als Der Wanderer und sein Schatten gedruckt. In ihm ließ er die Stimme, die er seit jener Baseler Zeit hörte, die zu ihm als dem letzten Philosophen gesprochen hatte, nun in einem Werke im gleichnishaften Gespräch laut werden.

Dieser dritte Teil des Allzumenschlichen ist der Gedankenweg dem neuen Europa, der Weltregierung und einem neuen Zeitalter entgegen. Für Nietzsche sind in diesem Buch Wagner, Genieglaube und alle vergangene Hoffnung keine Realität mehr, er hat sich befreit und studiert nur noch in harten Überlegungen, mit sich selbst psychologisch verfahrend, die Wetterzeichen der Kultur. Es ist ein gesprächsweises Abwiegen des Wertes und Unwertes der alten Kultur, wobei es von beiden Seiten, vom Wanderer, Nietzsche diesseits, und dem Schatten, Nietzsche jenseits, zu Überspitzungen kommt. Es ist das Spiel des Genialen mit Ansichten. Ein Aussichtgewinnen des Vielgewanderten, das der schwitzende Reisende, der wie ein Tier den Berg hinaufsteigt, „dumm und schwitzend — man hatte ihm zu sagen vergessen, daß es unterwegs schöne Aussichten gäbe" — nicht kennt. Immer dringlicher wird die Frage nach dem künftigen Europa gestellt, in den Aphorismen, über 200, stehen alle brennenden Fragen der Gegenwart, des Maschinenzeitalters zur Diskussion, wie sie die Aphorismen des ersten Teiles angeschnitten haben.

Im Überblick hatte Nietzsche Freude über den gelungenen Dialog des Wanderers mit dem Schatten. Wer ist der Schatten? Hier war beste Stimmung und eine Masse psychologischer Kleinigkeiten verarbeitet. Auch das Schattenmachen am Schluß des Ganzen, „Kränkung, Bedauern, Abschied, Naturstimmung des Abends durcheinander gemischt", erschienen ihm prächtig gelungen. Es war geglückt, worauf es ihm ankam, „auf ein paar ungeheure moralische Perspektiven, deretwegen man ihn einen Narren schelten sollte".

Als Nietzsche die Kurgäste, das ewige einsame Spazieren und Gedanken-Warten satt hatte, fuhr er über Chur, wo er die Schwester traf, nach Naumburg mit dem Programm: Gedankenlosigkeit. Im Turmzimmer des alten Zwingers am Stadtwall, auf dem Gärtchen angelegt waren, wollte er sich einmieten und träumte vom einfachen Leben des Gärtners mit zehn Obstbäumen und einem Dutzend Gemüsebeeten, zwischen Stachel- und Johannisbeeren, Rosen, Lilien und Nelken. Doch bald sah er ein, daß die Augen zu schwach, das Bücken zu anstrengend waren, er blieb bei der Mutter, versuchte eine Naumburger Tagesordnung sich aufzustellen und das gedankenlose Programm über Gogol, Lermontoff und Poe, auch über die Abenteuer Tom Sawyers, die ihm die Mutter vorlas, zu verwirklichen. Vergebens. Begegnungen, Musik, Briefe erregten, Naumburg, das Milieu der Mutter, vertrug er einfach nicht. Romundt hatte ihn kindisch zum

Glauben ermahnt. „Glauben an was? — Glauben an den Glauben? — Ein Butterbrot ist mir mehr wert als ein solch blasses Ding." Der 35. Geburtstag war mit melancholischem Grübeln vergangen. Media vita — in morte summus, das sagte man so anderthalb Jahrtausende, und Dantes Vision!

Weihnachten folgte dreitägigem Erbrechen eine bedenklich lange Bewußtlosigkeit. Nun war es so weit, das Ende kam. Der erlösende Hirnschlag. Er ordnete hastig mit Mutters Hilfe die Schriften, bestimmte, was vernichtet werden sollte, diktierte ein neues Vorwort. Sein Lebenswerk glaubte er getan zu haben, freilich wie einer, „dem keine Zeit gelassen war". An Malwida schrieb er Mitte Januar 1880 einen letzten Brief: „Was Qual und Entsagung betrifft, so darf sich das Leben meiner letzten Jahre mit dem jedes Asketen irgendeiner Zeit messen; trotzdem habe ich diesen Jahren viel zur Läuterung und Glättung der Seele abgewonnen — und brauche weder Religion noch Kunst dazu. (Sie merken, daß ich darauf stolz bin; in der Tat, die völlige Verlassenheit hat mich erst meine eigenen Hilfsquellen entdecken lassen...) Kein Schmerz hat vermocht und soll vermögen, mich zu einem falschen Zeugnis über das Leben, wie ich es erkenne, zu verführen."

MORGENRÖTE UND FRÖHLICHE WISSENSCHAFT

Der am 13. Februar 1880 Naumburg in Richtung Süden verließ und in Riva seine Spaziergeher-Existenz wieder aufnahm, war nun endgültig: fugitivus, errans — flüchtig, unstet. Er vertrug nur mehr bestimmte Höhenlagen und Orte mit konstantem Barometerstand, am liebsten waren ihm heitere, wolkenlose Himmel und dunkel-schattige Wege, stille Buchten am Meer, geschützte Seewinkel, tiefe Wälder mit guten Steigen, Gebirgsgegenden ohne Wetterstürze. Er suchte eine Ideal-Landschaft, etwa ein Hochland von Oaxaca in Mexiko, von dem er gehört hatte, daß es im Jahr 330 helle Tage hatte. Er wollte nie mehr seßhaft werden. Sein Körper wehrte sich dagegen. Und er ließ jetzt das Körperverlangen sprechen, er hatte gesehen, wie Leibeszustand und schöpferische Stunde zusammenhingen. Nicht der Kopf, der Leib bestimmte sie. Deswegen ein strenges Leben führen: vor allem Diät. Diät der Speise, Diät des Sprechens, Musizierens, Sehens, Diät im Gesellschaftlichen, Diät im Geistigen. Er ließ sich aber nicht treiben. Mit hundert Mitteln suchte er sich gesund zu erhalten, mit kalten Waschungen, pausenlosen Spaziergängen, stundenlangem Entspannen im Dunkeln — vor allem aber auch mit ebensoviel hundert Medikamenten. So überkamen ihn nach tage- und wochenlangen Depressionen und Schmerzensqualen mit einem Male wahre Anfälle von Gesundheit, Mut, Zuversicht. Er fühlte sich dann für Tage überschwenglich gesund. Wir beobachten ab dieser Zeit aber auch euphorische Zustände an ihm, die über das Maß eines gewöhnlichen Glücks- und Wohlbefindens hinausgehen. Nietzsche nahm wahrscheinlich Haschisch, Arzneimittel, die er selbst zusammenbraute und sich dann je nach Körperverlangen in bestimmten Dosen verabreichte. Er beobachtete sich unermüdlich, registrierte jede Schwankung seines Befindens, unterwarf sich, wartete, wehrte ab, steigerte oder versuchte einzudämmen.

Nietzsche belebte jetzt gern wieder die Fabel von der polnischen Herkunft, glücklich berichtet er, wie ihn ein Marienbader Kurgast als Pole anspricht. Er war Emigrant! Allein sein und viel reisen, war jetzt Programm: „Wir modernen Menschen müssen alle viel reisen, je mehr gearbeitet wird. An den Reisenden haben sich alle zu wenden, welche an der Veränderung der allgemeinen Ansichten arbeiten.“ Damit war die äußere Emigration gerechtfertigt. Nietzsche aber mußte auch mit der inneren fertig werden. Nicht allein die räumliche Trennung von Wagner und dessen Welt war das schmerzliche Ereignis, viel mehr der große Sympathieverlust, den er erlitten hatte. „Es ist zwischen uns nie ein böses Wort gesprochen worden, auch in meinen Träumen nicht, aber sehr viele ermutigende und heitere, und mit niemandem habe ich vielleicht soviel zusammen gelacht.“ Das fehlte nun. Was war das Recht-haben-Wollen um den Preis von Liebe! Und doch, welche Qual war es gewesen, sein Wertvollstes nicht mitteilen zu können, um nicht die Sympathie aufzugeben! Was blieb? Naumburg? Hier gab es nur Mißverstehen, geschwätzig-falsche Deutung. Vor der Mutter und auch der Schwester konnte er meist nur unter der trügerischesten Maske bestehn. Rée und Köselitz? Ersatz für eine Freundschaft wie die mit Rohde und Gersdorff boten sie nicht. Rée, der Über-Rücksichtsvolle, der merkwürdig verschlossene, stille, dann aber wieder unglaublich beredsame kluge Mensch, der jedes Gespräch ertrug und immer ein eigenes zu bieten hatte, konnte nicht recht Freund werden. Ein Fremdes blieb zwischen ihnen. So sehr er sich ihn oft in seine Nähe wünschte und wie im Februar in Naumburg nur ungern wieder scheiden sah, soviel suchte er ihn sich auch fernzuhalten. Anders Köselitz. Er war eine musikalische Natur. Nietzsche entdeckte in ihm Züge seines Jugendbildes. Er brauchte ihn jetzt als einen, der ihm das musikalische Gegenerlebnis zu Wagner verkörperte. Gast hatte Goethes Scherz, List und Rache vertont und eine Oper, den Löwen von Venedig, komponiert. In Gasts Musik war etwas Heimliches, wie es Nietzsche jetzt suchte. Nicht mehr das ewige Vom-Turme-Blasen, die Prostitution der Wagner-Musik, sondern ein Spiel alla camera, zart, anmutig, mozartesk. Wenn man genau hinhörte zu Gasts Musiken, man konnte auch etwas vom strengen und einfachen Rhythmus der älteren Musik in ihr spüren. Dann war sie melodiös. Nietzsche pfiff die Liedchen und Motive gern. „Heiterkeit, Anmut, Innigkeit, einen großen Bogen der Empfindung, von der harmlosen Lustigkeit hinauf bis zur unschuldigen Erhabenheit", hörte sich Nietzsche aus Gasts Musik. Nichts mehr von der barbarischen Schwerfüßigkeit, dieser Brunst nach Harmonie, diesem grobschlächtigen Hämmern am Klavier, von dem die Deutschen nicht loskamen, sondern südliche Wärme und Leichte.

Nietzsche verschwendete an Gast sein Liebes- und Sympathiebedürfnis, für das es seit Wagners Tagen niemanden mehr gab. Er übersah das bescheidene Ingenium und den noch bescheideneren Komponisten Heinrich Köselitz und machte den nun berühmt gewordenen Peter Gast aus ihm, ja sogar einen Seelenverwandten, einen Schicksalsgenossen. Gast, kein Aphoristiker wie er, war ihm berufen, die höheren Stilgesetze für die Künstler offenbar zu machen. Gasts Musik war ihm mit seiner Philosophie verwandt, mußte ihn zu einem anderen Menschen machen, ihn „umtönen". Mit Gast litt er, als die Kompositionen in Wien abgelehnt wurden, mit Gast freute er sich über jeden gelungenen neuen Takt. Und doch hielt Nietzsche immer Abstand zu diesem zweiten Teil-Ich, er blieb auf „Sie" mit ihm, er mutete ihm Verrichtungen zu, die ein Hausdiener besser besorgt hätte, und er quälte ihn auch. Früh halb sechs rief er ihn zum Spaziergang, ließ ihn bis in die späten Abendstunden Chopin spielen und rief ihn unvermittelt zum Diktat. Köselitz, ein Temperament, das nur im Mitempfinden gedieh, in den Schatten dieses Mannes gebannt, den er für groß und bedeutend hielt, den er aber auch bedauerte, wie er sich halbblind und krank in der Welt herumschlagen mußte, wünschte Nietzsche zuweilen in die Hölle und sich weit weg von ihm. Bald aber glaubte er endgültig seinem Leben eine schöne Bedeutung zu geben, wenn er diesem Mann diene, dessen Worte die Weltgeschichte bewegen würden. Gast erkannte die Bedeutung Nietzsches, er war ein philosophischer Kopf. Solange Nietzsche lebte, urteilt dieser andere Eckermann scharf, erstaunlich durchschauend, schreibt gewandt und flüssig.

Gast war Wagnerianer. Als er in der Villa Tempe in Riva mit einem von den österreichischen Militärs, die sehr musikalisch waren und Wagnerpartituren mit sich führten, mit einem Grafen Pappenheim, die große Szene der Rheintöchter im dritten Akt der Götterdämmerung spielte und der Abtrünnige die Melodie, die er damals hörte, als er das erstemal in Triebschen anklopfte, hier wieder vernahm, hatte Gast gegen Grundgesetze verstoßen. Nietzsche beschwor ihn, befahl ihm erregt, nie mehr Wagner zu spielen.

Die Angst vor der Schirokkostadt hatte Nietzsche bisher abgehalten, nach Venedig zu gehen, trotzdem ihn schon Briefe und Bilder Gasts und Goethes Lido-Verzückung verlockt hatten: Was ist doch ein Lebendiges für ein herrliches, köstliches Ding... Mitte März 1880 reiste er nun doch. Im Palazzo Berlendis an den Fondamenta nuove fand er ein hohes, saalähnliches Zimmer mit dem Blick auf die Toteninsel, auf San Michele, Murano und Torcello übers Meer hin. Helles Wetter, kein Staub und zwanzig Minuten lang schattigen Spazierweg ohne Unterbrechung, das kalmierte, das stimmte auf Musik, auf Chopin. Impromptu op. 29 — die tanzende Muse, nannten sie es —, Präludium op. 28 Nr. 15 in Des, die Berceuse, Sonate op. 58, das Hauptthema aus dem Es-dur-Rondo op. 16, die Variationen op. 12, die ganze f-moll-Phantasie op. 49 und noch Teile des Allegro des Konzertes op. 46 — alles an einem Nachmittag gespielt, das mußte der Entfesselte büßen. Tags darauf Anfall, Bettruhe, wütende Schmerzen. Aber Venedig heilte schnell, Gast las stundenlang vor: Balzac und George Sand, St. Beuve und Spencer, Baumann, Martensen und Stendhal, auch Stifters Nachsommer und aus Byron — mit Byron kamen wieder alte musikalische Themen auf, die Manfred-Meditationen. Die Sonne, Schatten, Chopin und Manfred, die Moralisten, Denker und Dichter förderten ein Eigenes: Ombra di Venezia, Schatten Venedigs, hieß Nietzsche die Aphorismen, die er Gast jetzt diktierte. Es waren Gedanken über moralische Vorurteile, mit denen er in Riva nicht weitergekommen war. Gegen den Sommer zu hatte er sich auch in eine Anzahl Bücher religiöser Thematik eingelesen. Overbecks Christlichkeit unserer heutigen Theologie, Lüdemanns Paulus- und Engelhardts Justinus-Studien, auch Brahmanenweisheit und Schriften über den Buddhismus lagen auf dem Tisch. Eine neue Hypothese über die christliche Moralität war im Entstehen.

Morgens und abends Spaziergänge am Ufer. Mittags sieht ihn Wanda von Bartels in weißleinenen Hosen, die etwas zu kurz sind, in einem schwarzen Rock — er paßt längst nicht mehr wie der Baseler Frack — durch die Gassen nach der Osteria gehn, bedächtig, mit tastenden Schritten, die Mauern entlang. Die Gäßchen sind so schmal, daß sich die Verkäufer mit dem breiten Joch, auf dem die Körbe hängen, seitlich durchschieben müssen. Um diese Mittagszeit duftet es von gekochten Artischocken und weißem Wein. Fischgeruch überall, von Langusten, die auf dicken Kohlblättern neben römischem Salat und gerupften Hühnchen in den Fenstern liegen. Der deutsche Professor tritt in die Osteria. Er schaut sich zögernd um, grüßt dann seine Tischnachbarn auf venezianisch; braune, tiefliegende Augen, die nur wie von fern hinter den geschliffenen Gläsern hersehen, der riesige Schnurrbart und die dicke Haartolle, die spitzwinkelig in die Stirn gewachsen und am untersten Ende wunderlich rasiert ist, er könnte ein Italiener sein. Der wunderliche Gast bestellt auch venezianisch, sitzt dann stumm und wartet. So merkwürdig lautlos und unauffällig, wie er gekommen ist, geht er wieder, bescheiden grüßend. Doch als ihn die Beobachterin eines Tages anlacht, lacht er mit, und bald ist ein freundliches Gespräch begonnen.

In den Juni-Nächten kühlte das Venediger Pflaster nicht mehr aus. Nietzsche sehnte sich nach dem deutschen Wald, nach dichtem schattigen Blättergewirr. Das Krainische, die Kärntner und Tiroler Berge sagten nicht zu. Ende Juni kam er ins böhmische Marienbad, in eine Eremitage im Walde. Ärgerliche Zwischenfälle. Die Muße fehlte, die Venediger Moralhypothesen zu Ende zu denken. Doch bald hören die Naumburger und Gast von neuem Mut und Zukunftsglauben. Eine merkwürdig grelle Bildfarbe der Sätze fällt auf, sie sind überpointiert, bald schallendes Gelächter, bald grimmige Heiterkeit. Keine Spur von Lethargie. Nietzsche kommt sich bei unermüdlicher Arbeit „unterirdisch" vor, in einem moralischen Bergwerk. Trotz des „österreichischen Wetters" ist jetzt Marienbad so gut wie Venedig. Er ist großen Gedanken auf der Spur. „Es ist gewiß seit Goethe nicht soviel gedacht worden, und auch Goethe wird nicht so prinzipielle Dinge sich haben durch den Kopf gehen lassen, — ich war über mich selber weit hinaus. Einmal, im Walde, fixierte mich ein Herr, der an mir vorüberging, sehr scharf: ich empfand in diesem Augenblick, daß ich den Ausdruck strahlenden Glücks im Gesicht haben müsse und daß ich schon zwei Stunden mit ihm herumlaufe." Jenen aber, der Nietzsche als Pole ansprach, dem er sich als Schweizer zu erkennen gab, läßt er antworten: Es *ist* die polnische Rasse, aber das Herz ist weiß Gott wohin gewendet. —

Ein Monat frühherbstliches Naumburg, und Nietzsche empfindet wieder das Gequälte seiner Existenz. Er war zu nachgiebig, immer Wünschen der Umgebung zugeneigt, der Mutter, der Schwester, allen den Gutmeinenden, Gutwollenden, das übermenschliche Schauen von Aussichten und Aufgaben aber ließ ihn aufbegehren, es verlangte einen anderen Rhythmus, das andere Klima. Er mußte *allein* leben. Er mußte sein eigener Arzt sein. Er mußte Vorbilder und Meister lassen, fliehn, eigenes Vorbild, eigener Meister werden, auf Jahre hinaus sich aus dieser deutschen Atmosphäre verbannen und sich eine eigene gründen.

Grauen vor ihm selbst, Grauen vor dem Naumburger Winter trieb ihn Oktober nach Stresa und bald nach Genua. Die Stadt des Kolumbus, des Mazzini und Paganini bezauberte. Sie wurde sein Winterquartier. Eine Weltfahrerstadt, an der jährlich bei 10.000 Schiffe anlegten, mit Höhenpfaden zwischen alten Festungswerken, die den kühnen Blick übers Meer hin gaben, die Stadt des schönen campo santo, eine unmoderne, aber auch eine unromantische Stadt. Gerade recht für ihn. Inmitten der Weltverbundenheit wollte er sich die unbekannteste Dachstuben-Existenz gründen, leben wie ein Heiliger, aber im Gefühl des Principe Doria und aller Weltenfahrer, die hier begonnen hatten. Die vierte Wohnung in der steilen Palaststraße war geeignet. Sie lief in eine Treppe aus, Gras sproß zwischen den Steinen, es waren 164 Stufen und eine kleine Kammer. Die Wirtin, eine kräftige Genueserin, zeigte ihm geschäftig, wie man sich aus Artischocken und Eiern die richtige Genueser Platte bereitete, sie gab ihm lachend ihre handfesten Weisheiten zum besten. Tutte le donne sono furbe, scherzte sie mit dem deutschen Gelehrten und nannte ihn einen piccolo santo, einen kleinen Heiligen. Und fast war es jetzt ein Heiligenleben: Täglich kalte Waschungen, strengste Diät, um den Körper, der einer lächerlichen Aufsicht bedurfte, zu zwingen; mit der Umhangtasche, in der Bücher, Notizhefte, Brot und Früchte steckten, zog er bis in den späten Nachmittag über die Höhen oder lag stundenlang auf einem Felsenriff wie eine Eidechse zusammengerollt in der noch warmen Dezembersonne. Andern Gutes tun, Liebes sagen, keine Zornreden, wenn die Kinder wieder einmal ohrenbetäubend schrien! Gegen sich aber immer so hart wie die alte Römertugend bleiben und pazienza, die Liebe zum Gegebenen, das amor fati sich erwerben! Und pausenlose Arbeit. Nach furchtbaren Anfällen mit ekligem Schleimerbrechen, nach Tagen, an denen der Körper jeden Dienst versagte und der Sechsunddreißigjährige hilflos in der Dachstube lag oder blaugefroren im Dunkeln hockte, wenn Kerzen fehlten, kamen dann Morgenstunden, wie sie kein anderer Dachstuben- und Palastbewohner der Erde haben konnte. „Kaum ist die Not solcher Tage abgeschüttelt, so läuft meine Narrheit schon wieder ganz unglaublichen Dingen nach.“ Weg jetzt mit allen Wünschbarkeiten, mit den idealistischen Schementänzen, heiligen Lügen, Verbrämungen! Aus dem Schmerz, dem Elend und Ekel, dem Blut, der Niedrigkeit, aus dem Erlittenen lebt das Echte, Große.

Solchem Leben und solcher Qual entsprang Die Morgenröte, wie Nietzsche das neue Buch nach einem glücklichen Einfall Gasts und einem Rigveda-Spruch nannte. Es war ein Werk nach der Manfred-Musik, dem Mut des Dreizehnjährigen, aber mit der Leiderfahrung des piccolo santo.

Das Heiligen-Leben, Romundts Konversion und Janssens Geschichte des deutschen Volkes, die vielfache Lektüre theologischer Schriften und der Moralphilosophen, auch Gespräche mit Rée drängten dazu, das erste Buch der Morgenröte den christlichen Problemen zu widmen. Seit Janssens Buch hatte Nietzsche Luthers „Schimpfteufelei“, die „protestantische Geschichtsverfälschung“ satt, in dem Aphorismus: Aller Geist wird endlich leiblich sichtbar (Morgenr. [60], 29), erkennt er die Gestalt des katholischen Geistlichen, nach einer Charakter-Studie des Paulus, das Wesen der Urkirche. Der Gestalt des Religionsstifters nähert sich der Psychologe jetzt ebenso, jedoch bedächtig. Ein erregendes Für und Wider ist entstanden, dem der Wissenschaftler immer wieder Linie zu geben versucht. Nietzsche geht von allen Seiten die Bastion Christentum in ihm an, verdächtigt, zerstampft, verhöhnt und versucht s i c h, den Verstand, das Gefühl, den Takt. Er peinigt sich mit jeder seiner Fähigkeiten, die ihn das Objekt ergreifen lassen, er macht alle Zweifel aller Jahrhunderte zu eigenen Zweifeln, und fragend beschwört er den Leser, ob er nicht auch bei der Lektüre seines Buches ein fortwährendes Jauchzen höre, wie er es vernahm, als er Rede und Gegenrede des platonischen Dialoges las, ob der Leser nichts von der Erkenntnislust verspürt, die da am Werke ist. Er will sich von den Schlacken reinigen, solange, bis der „freie Geist“ sich rein fühlt. Seinem Kopisten Gast rät er für die Morgenröte: Versuchen Sie ein Ganzes für sich daraus zu machen — nämlich einen leidenschaftlichen Zustand. Wenn S i e das nicht tun, dann tut es niemand.

Mutter und Schwester aber möchte er verbieten, sein Buch zu lesen, und bei den konfessionell Empfindlichen entschuldigt er sich. An Gast aber schreibt er noch vom Christentum als dem besten Stück „idealen Lebens, welches ich wirklich kennengelernt habe: von Kindesbeinen bin ich ihm nachgegangen, in viele Winkel, und ich glaube, ich bin n i e in meinem Herzen gegen dasselbe gemein gewesen. Zuletzt bin ich der Nachkomme ganzer Geschlechter von christlichen Geistlichen — vergeben Sie mir diese Beschränktheit“. — Es war allerdings den Lesern mit der Morgenröte viel zugemutet. Wer sollte diesen wunderlichen Heiligen schon verstehen, der den Kampf gegen die Mitleidsmoral verkündete? Nietzsche kannte nur e i n Mitleiden. Es äußerte sich bei ihm in einer unendlichen Erregung des ganzen Menschen, ja Mitleiden brachte in Lebensgefahr. Der Pastorensohn war vor dem Elend der Welt, das er als Nachkomme so vieler Geistiger und Geistlicher wie Aussatz an sich wirken spürte, hilflos. Mitleid drängte ihn dazu, blindlings sein Leben zu opfern. Mitleid machte einen Teil seiner Krankheit aus, und diese Krankheit wurde ein Teil der Erkenntnis: Mitleid ist die Schwäche des modernen, des späten Europäers. Er verlernt vor Mitleid zu handeln oder er handelt aus Mitleid falsch, er findet das Maß nicht mehr. Das fünfte Buch der Morgenröte ist verschlüsselte Selbstdarstellung.

Die Südwinde des April verjagten ihn aus Genua, aber Genua war nun für alle künftigen Winter notiert. Wohin jetzt? Gersdorff war in Venedig mit Gast beisammen. Der alte Freund hatte das Nerina-Abenteuer überstanden, und Nietzsche hätte ihn gern wieder um sich gesehen. „Fragen Sie meinen alten Kameraden Gersdorff“, schrieb er Gast, „ob er Lust habe, mit mir auf ein bis zwei Jahre nach Tunis zu gehen. Ich will unter Muselmännern eine gute Zeit leben, und zwar dort, wo ihr Glaube jetzt am strengsten ist: so wird sich wohl mein Urteil für alles Europäische schärfen.“ Aber in Tunis entstand bald Krieg, und um das Urteil für alles Europäische zu schärfen, die europäische Schwere und Aussichtslosigkeit aus den Gliedern und Gedanken zu bekommen, genügte ein Ort wie Recoaro bei Vicenza am Südabhang der Tiroler Alpen nicht, wohin sich Nietzsche mit Gast im Mai bestellte. Auch die Scherz-List-Rache-Stimmung, die der Freund dort schuf, half nicht, Nietzsches Selbstmörder-Gedanken zu verscheuchen. Doch schätzte er ab diesem Mai Gasts Musik über alles, sie war Rhythmus, wie er ihn suchte.

Während er zeillos wieder nach Westen fuhr, riet ihm ein biederer Schweizer den Silvaplaner See. In Sils, in der bescheidenen Kammer bei Durich, änderte sich dann auch mit einem Male das Seelenwetter. Er hatte Spinoza gelesen und war erstaunt und entzückt, in diesem abnormen und einsamen Denker eine Art Vorläufer zu entdecken. Auch er leugnete Willensfreiheit und Zwecke, die sittliche Weltordnung, das Unegoistische und Böse. Nietzsche hatte aber auch Hellwalds Kultur- und Erdgeschichte gelesen. „6000 Fuß jenseits von Mensch und Zeit", zwischen See und Gebirge, als er von Silvaplana durch die Pinienwälder aufwärts stieg, kam es wie ein Erkenntnis-Orkan über ihn. „Bei einem mächtig aufgetürmten Block, unweit von Surlei, machte ich halt." Man nimmt an, es war jener Stein auf der Halbinsel Charté im Silser See, der jetzt eine Tafel trägt. „Da kam mir dieser Gedanke ..."

Es war der Gedanke von der „ewigen Wiederkunft". Der Denker Nietzsche schloß: Das Maß der All-Kraft ist ein bestimmtes, nichts „Unendliches". Unendlich ist eine Ausschweifung des Begriffs. „Die Zahl der Lagen, Veränderungen, Kombinationen und Entwicklungen der All-Kraft ist zwar ungeheuer groß und praktisch ‚unermeßlich', aber jedenfalls auch bestimmt und nicht unendlich. Die Z e i t, in der das All seine Kraft übt, ist unendlich, das heißt, die Kraft ist ewig gleich und ewig tätig — bis diesen Augenblick ist schon eine Unendlichkeit abgelaufen, das heißt, alle möglichen Entwicklungen müssen schon dagewesen sein." Zusammengefaßt: „U n e n d l i c h neue Veränderungen und Lagen einer b e s t i m m t e n Kraft ist ein Widerspruch. Also wäre zu schließen: 1. Entweder sie ist erst von einem bestimmten Zeitpunkt an tätig und wird ebenso einmal aufhören, — aber Anfang des Tätigseins ist absurd; wäre sie im Gleichgewicht, so wäre sie es ewig! 2. Oder es gibt n i c h t unendlich neue Veränderungen, sondern ein Kreislauf von bestimmter Zahl derselben spielt sich wieder und wieder ab: die Tätigkeit ist ewig, die Zahl der Produkte und Kraftlagen endlich." Das Leben, alles Gesetzmäßige in Rhythmus, Lauf und Ablauf weist darauf, daß sich alles wiederholt, schon dagewesen ist und immer wiederkommt: das Naturgesetz wie der Traum, der Sternenlauf wie die Menschheitsgeschichte, Jahreszeiten wie der Wechsel der Jahrsiebente, das Wachsen der Pflanzen und Tiere wie Ebbe und Flut. Alles ist Wiederkehr. Doch läuft solche Anschauung einer Offenbarungsreligion zuwider, Gott-Vater spielt hier eine andere Rolle.

Soweit der Philosoph. Nach ihm spricht der Verkünder Nietzsche: „Mensch! Dein ganzes Leben wird wie eine Sanduhr immer wieder umgedreht werden und immer wieder auslaufen, — eine große Minute

Zeit dazwischen, bis alle Bedingungen, aus denen du geworden bist, im Kreislaufe der Welt wieder zusammenkommen. Und dann findest du jeden Schmerz und jede Lust und jeden Freund und jede Hoffnung und jeden Irrtum und jeden Grashalm und jeden Sonnenblick wieder, den ganzen Zusammenhang aller Dinge. Dieser Ring, in dem du ein Korn bist, glänzt immer wieder."

Die Naumburger erfahren, daß er nun ein gefährliches Leben lebe, daß er zu den Maschinen sich zähle, die auf dem Probierstand laufen und unversehens zerspringen können, daß er sich oft wie ein Krikelkrakel vorkomme, einer, den eine unbekannte Macht übers Papier zieht, um eine n e u e Feder zu probieren. Nietzsche hat eine neue Gesundheit erlangt. Sein Aussehen, schreibt er, sei jetzt vortrefflich, seine Muskulatur infolge des beständigen Marschierens wäre wie die eines Soldaten, Magen und Unterleib aber seien in Ordnung, auch das Nervensystem.

Nietzsche studierte neuerlich Robert Mayer und plante, an einer norddeutschen Universität naturwissenschaftliche Vorlesungen zu hören. Voller Hoffnung und Zuversicht zog er den Winter über wieder nach Genua. Der kühne Blick von den Bastionen mußte ihm noch über seine moralproblematischen Klippen weghelfen. „Bei mir ist jetzt die Spitze alles moralischen Nachdenkens in Europa", erfährt die Schwester. In Genua war das richtige Wetter für ihn. Noch im November saß er im Freien, oben in den Weingärten, badete er im Meer, in seiner Grotte, und dieser Herbst brachte zu allem ein musikalisches Ereignis, das vor der großen Konzeption noch ausstand. Im Politeana-Theater hörte er Bizets Carmen und war bezaubert. Wie eine Novelle Merimées, geistreich und stark, hörte sich das an. Ein echt französisches Talent, d i e komische Oper, d i e dramatische Musik, die nicht durch Wagner desorientiert war, eine Leidenschaft, nicht mehr aus metaphysischen Wolkenkuckucksheimen, schwerfällig dahergezerrt, sondern aus einer starken Natur geboren. Wie passioniert, wie sinnlich sie war! Nietzsche geriet in Verzückung und glossierte einen Klavierauszug. Es war die Scherz-List- und Rachestimmung, wie er sie jetzt wünschte:

Ein Forscher ich? Oh, spart dies Wort! —
Ich bin nur schwer — so manche Pfund!
Ich falle, falle immerfort
und endlich auf den Grund!

Es wurde das Jahr 1882 ein Januar, wie er in Genua selten war und wie ihn Nietzsche noch nie erlebt hatte. Schon vormittags lag er auf seinem Felsen im Freien und sonnte sich vergnüglich. Keine Wolke am Himmel, keine Welle im Meer. Glatt und still lag das riesige Wasser, die Pfirsiche blühten, und die Soldaten marschierten im Drillich zur Übung. Gedanken, weit über Europa hinaus, Musik, die er noch nie gehört, Entdeckerfreuden, die er stürmischer nie genossen hatte, überkamen ihn, unbezähmbare Melodien und Verse. Was der Vormittag und die Spaziergänge des Nachmittags brachten, war des Abends kaum aufs Papier zu bändigen. Horaz und Goethe gaben sich ein Stelldichein:

Glattes Eis ein Paradeis,
Für den, der gut zu tanzen weiß.

Doch auch ein Unbekannter, Durchdringender, sonst nie Gekannter sprach. Nietzsche besang ihn als Sanctus Januarius:

Der du mit dem Flammenspeere
Meiner Seele Eis zerteilt...

Die Aphorismen seit Sils-Maria und die des genuesischen Winters sollten ursprünglich zu einem sechsten bis neunten Buch der Morgenröte gefaßt werden, doch dieser Januar hatte sie zu einer Fröhlichen Wissenschaft verwandelt und ein neues, ein viertes Buch gegeben. Die fröhliche Wissenschaft ist nicht zu verstehen, ohne daß sich der Leser vergegenwärtigt, was es für den Freigeist, den Nietzsche des Allzumenschlichen bedeutet, wenn er sich jetzt eingestehen kann: Es gibt etwas, über das absolut nicht mehr gelacht werden darf: ein Etwas, demgegenüber er sich nicht mehr satirisch wie damals zu finden braucht; weiter auch vergegenwärtigt, wie Nietzsche sich jetzt „Edel und gemein" formuliert, feststellt, was das Arterhaltende, was Würde ist, sich neu und besser begrenzt, was Wissenschaft sein kann und unter keinen Umständen ist; wie er jetzt den antiken Stolz neben die kleine europäische Tugendhaftigkeit stellt, wie er die neue Zeit, die Zeit der Korruption als s e i n e Zeit erkennt und wie Napoleon von sich zu sagen wagt: Ich habe das Recht, auf alles, worüber man gegen mich Klage führt, durch ein ewiges „Das-bin-ich" zu antworten; wie er sich weiter am Ende des ersten Buches das neue Selbstbewußtsein, die neue Gesundheit ohne Reue ins rechte Licht rückt, wie er im zweiten seine Künstler-Existenz abseits von Deutschland noch einmal rechtfertigt und dann ein ganzes Buch Spruchweisheiten darüber zum besten gibt. Zu diesen drei Büchern ist das vierte vom Sanctus Januarius Krönung. Man versteht es über die Aphorismen: Der Gedanke an den Tod, Sternenfreundschaft, Vorbereitende Menschen, Excelsior, Unsere Luft, Die Weisheit im Schmerz und über den Wiederkunfts-Aphorismus Vom größten Schwergewicht. „Gefährlich leben", „Wie unter Soldaten", „Liebe lernen", und „im Verborgenen unwissend" leben, das ergibt eine Spannung, wie sie nur noch der Dichter zum Ausgleich bringen kann, der denkende Praktiker müßte an soviel Gegensätzlichkeit scheitern. Deswegen läßt Nietzsche am Ende dieses genuesischen Winters die Tragödie, den Untergang Zarathustras beginnen. Das Bild Zarathustras war vor ihm aufgestiegen, wie er mit dreißig Jahren seine Heimat und den See Urmi verlassen hatte und nun nach zehn Jahren Einsamkeit wieder unter die Menschen gehen will. Dieser Zarathustra spricht zur Morgensonne: Segne den Becher, welcher überfließen will... Zarathustra will wieder Mensch werden... Ich muß gleich dir untergehn. — Nietzsche will zurück, er weiß, daß er dabei scheitern wird, aber er setzt getrost unter dieses vierte Buch die Worte: Also begann Zarathustras Untergang.

Gar nicht so willkommen unterbrach im Februar Rée das genuesische Glück und brachte ihm eine der Schreibmaschinen, die gerade auf den Markt kamen. Den ersten Tag waren sie noch guter Dinge, den zweiten Nietzsche nur mehr, weil er „Stärkemittel" zu Hilfe nahm, der dritte brachte Ohnmacht und Erschöpfung, in der Nacht einen Anfall und dann folgten Lager und Schmerzen. Doch Rée war rücksichtsvoll wie immer und auf jede Art gefällig. Bald waren die Tage wieder heiter, sie lagen miteinander in der Sonne, und Nietzsche las ihm die Lieder des Prinzen Vogelfrei vor, die der Jänner gebracht hatte: Als ich jüngst, mich zu erquicken, / unter dunklen Bäumen saß... Wie mir so im Verse-Machen / Silb um Silb ihr Hopsa sprang... Ja, mein Herr, Sie sind ein Dichter, achselzuckt der Vogel Specht... — oder: So häng ich denn auf krummem Aste / und schaukle meine Müdigkeit...

Um den Freund bald los zu werden und nicht zu verstimmen, wollte er mit ihm nach Monaco. Rée interessierte dort die rollende Kugel, Nietzsche mehr die Menschen. Doch wurde der Plan aufgegeben:

Notdurft ist billig, Glück ist ohne Preis,
drum sitz ich statt auf Gold auf meinem Steiß.

In der Vor-Zarathustra-Stimmung sehnte sich Nietzsche jetzt nur nach einer großen Opferung, zumindest nach einem kleinen Anteil an einer solchen. Er wollte von Europa weg und das Wasser diesmal nicht so bald verlassen. So widerstand er der Sehnsucht nach den ins Meer stechenden Segeln nicht mehr, überredete den Kapitän einer kleinen Brigg und verließ Genua südwärts, Messina zu, dem Rand der Erde, wo nach Homer das Glück wohnen sollte. Dort wollte er sich den inhumanen europäischen Fleiß endgültig abgewöhnen und die Goethische, die Epukureische Heiterkeit bei sich für immer festigen. Am ersten April ging er an Land und gedachte, einen ganzen Sommer hier zu verleben. — Auf Fort Gonzaga, außerhalb von Messina Zustand tiefster Besinnung. Alles getan, um mich fern zu stellen; weder durch Liebe noch durch Haß mehr gebunden. Wie an einer alten Festung, Spuren von Kriegen: auch von Erdbeben. Vergessen.

War ich krank? Bin ich genesen?
Und wer ist mein Arzt gewesen?
Wie vergaß ich alles das!

Jetzt erst glaub ich dich genesen:
denn gesund ist, wer vergaß.

IV.

Der 27jährige hatte den unbekannten Gott in sich als dionysische und apollinische Kraft festgestellt. In der Kunst Wagners glaubte er einen vom Dionysischen her bestimmten, in der Welt verwirklichten Ausdruck des unbekannten Gottes mitzuerleben. Er wird enttäuscht, kehrt zu sich selbst zurück und versucht diese unechte Musik des unbekannten Gottes zu überwinden. Während fünf Jahren denkerischer Vertiefung drängt die Stimme des unbekannten Gottes als Stimme des Ödipus, des Prometheus und des Schattens immer mächtiger nach eigener Gestaltung. In einem Akt der Inspiration erlebt Nietzsche den unbekannten Gott dann als Stimme Zarathustras. Diese Stimme widerspricht dem Denker, dem Psychologen, ihre Exaltationen zerstören das denkende Ich. Er sehnt sich nach diesem Opfer. Um aber zu der letzten ihm vorbestimmten denkerischen Aussage zu kommen, überwindet Nietzsche auch diese Gestalt des inneren Gottes und erforscht in den drei Jahren vor seinem Zusammenbruch noch einmal die Gründe seines Ichs und die Fundamente der europäischen Kultur, jetzt jenseits von Gut und Böse wie früher, nach 1876, jenseits von Wagner und Schopenhauer. Er entwirft ein Riesenbild des künftigen europäischen Gesamtstaates und versucht, Maßstäbe für den Menschen einer einst kommenden Weltregierung zu finden. Doch fehlt ihm zum Abschluß des Werkes der Atem. Er sieht mit der letzten Aussage seine Auflösung nahen und reißt nun Stück für Stück der großen Konzeption in kleine Schriften, die er in beängstigendem Furioso fertigstellt. Die neue Forschungsarbeit über die Vergangenheit der europäischen Kultur und sein Ich bringt ihm seinen unbekannten Gott in der letzten Zweigestalt: als Cäsar und Christus. Jetzt stellt er den Dionysos seiner Tragödienschrift neben den ersten und einzigen Christen Jesus. Und dieses Bild des unbekannten Gottes zwingt Nietzsche nicht mehr und verfällt in geistige Umnachtung.

Die äußeren Geschehnisse der letzten Lebensjahre sind nur von peripherer Bedeutung. Um so entscheidender ist die innere Umkehr Nietzsches, wie sie das Werk schildert. Das grausam-erhabene Bild, das sich hier bietet, verlangt die Feder des Dichters und versagt sich dem kratzenden Kiel der Wissenschaftler und Besserwisser. Der verständige Leser der Werke ahnt, was die Zeit ab 1886 in diesem Leben bedeutet. Nietzsche findet zu seinen kühnsten Formulierungen, zu schärfster Prägung des Gedankens. Er überwindet den Aphorismus. Die Nachlaßschriften ab 1886 überbieten an Formulierungskraft und Bildfülle alles Bisherige, und Nietzsche verfolgt jetzt sein Konzept: Wertung des Lebendigen nach festumrissener und nun auch festgehaltener Methodik, doch zerstückelt er sich im letzten Jahre wieder den Bau vor seiner Vollendung. Die maßlose Selbstüberhebung dieser Zeit ist verständlich, wenn man die Ungeheuerlichkeit der Bilder und Gedanken, in denen er sich jetzt bewegt, bedenkt, wahrscheinlich steigerte er sich auch durch Haschischgenuß. Nietzsche wußte seit frühester Zeit, daß er im Wahnsinn oder durch Gehirnschlag enden würde. Die geistige Umnachtung ist das für ein solches Leben entsprechende Ende. Der Dithyrambiker hat mit ihm das Opfer gebracht, nach dem er sich sehnte.

Es gibt nur zwei Arten von Diagnosen für dieses Ende. Die eine: Nietzsche erlag dem unbekannten Gotte, den er entdeckte. Die andere: schyzophrenieartige Paralyse, erbliche Belastung. Eine luetische Meningitis als Ursache der progressiven Paralyse nachzuweisen glückte nicht. Welche nebensächlichere Feststellung zu diesem Leben gäbe es außer einer solchen Diagnose noch?

LOU

Das irdische Vorspiel des Zarathustra, die Begegnung Friedrich Nietzsches mit der 21jährigen Lou Salomé, Tochter eines zaristischen Generals, Studentin der Kunstwissenschaft und Philosophie, hat viel von sich reden gemacht. Wenn man nach den bisher veröffentlichten Dokumenten und nicht nach den Interpretationen dritter, vierter und fünfter urteilt, haben sich die Geschehnisse zwischen Mai und Oktober 1882, in knappeste Übersicht gebracht, etwa wie folgt abgespielt: Rée erreichte ohne einen Sou in der Tasche nach den Tagen im Spielkasino Malwidas römischen Salon, wo er Lou kennenlernte. Während Mondscheinspaziergängen kam es zwischen beiden zu Einverständnissen, die sie während eines gemeinsamen Studiums an der Wiener Universität erweitern wollten. Damit das Verhältnis jedoch nicht in den Himmel wachse, sie aber nach außen abgeschirmt zusammen wohnen könnten, beschlossen sie, einen Dritten einzubauen. Das war auf Rées Vorschlag Nietzsche.

Nietzsche war auf Rées und Malwidas Briefe hin in Lou Salomé schon verliebt, bevor er sie sah, und ließ sich deswegen auch gerne vom Schirokko aus Messina vertreiben. Eine Jüngerin, eine Russin sogar! Er war auf der Stelle zu einer Probeehe mit ihr bereit und sagte das auch gleich Rée. Daß Nietzsche bald so aufs Ganze ging, hatte sich Rée nicht erwartet, und er begann ein Versteck- und Fälscherspiel, bei dem der Liebhaber ohne Unterbrechung den Freund verriet. In der Peterskirche, im Dunkel, vor einem Beichtstuhl, in dem der Moralist und Atheist Rée des gedämpften Lichtes wegen gerne arbeitete, stellte er Nietzsche vor. „Von welchen Sternen wurden wir einander zugeführt?“ verbeugte sich der Beglückte feierlich vor dem Mädchen. Freudig der zugewendet, die ihm als Schülerin zugeführt wurde und die er bald wirklich liebte, merkte Nietzsche nichts von dem, was sich nun im Hintergrund abspielte. Er vertraute den freundlich aufblickenden Worten Rées, Malwidas Güte und dem hohen Geist des jungen Mädchens.

Um sich Lou gegen alle Eventualitäten zu sichern, klärte Rée sie sofort auf, Nietzsche wolle sie heiraten. Sie beratschlagten. Rée schlug vor: hinausschieben. Lous Adelsrente ginge ja verloren, wenn sie heirate. Das würde der Närrische doch einsehen und vorläufig wenigstens abstehen. Vor Nietzsche selbst brauchte Rée dann allerdings nicht viel mehr zu sagen, als daß er sich seiner reichlich freien Äußerungen bezüglich Probeehe etwas in acht nehmen müsse. Lou war Nietzsche als Freier unangenehm, sie hielt ihn für einen religiösen Schwärmer und für viel zu feierlich. Erst in Orta, wohin die drei nun, immer in Begleitung von Lous Mutter, im Mai fuhren, erkannte sie den Nietzsche, der ihr verheißen worden war. Er stand auf dem Monte sacro neben ihr wie einer, der verborgene Dinge sah, er sprach mit einer leisen, eindringlichen Stimme leidenschaftlich bewegt, von der Qual seines Lebens, der verlorenen getöteten Gottheit, von einem Ungeheuerlichen der Zukunft. Er traf ihr Herz, auch sie glaubte, solchen Schmerz zu kennen. Zwischen den Kapellen des heiligen Franz von Assisi, im Angesicht des Monte Rosa, der gerade untergehenden Sonne, dankte Nietzsche mit Freudentränen der, die ihn verstand, und Lou war erschüttert ob des Glücks, das sie, die kleine Studentin, bei einem solchen Manne auslöste. Als Rée, der nicht besonders bei Fuß war und deswegen inzwischen am Seeufer Lous Mutter für seine Absichten präpariert hatte, die beiden leuchtenden Auges vom Berge kommen sah und bald entzückte Ausbrüche Nietzsches zu hören bekam, lief er zu Lou und machte ihr heftige Vorwürfe. Nietzsche habe ihm gesagt, jetzt gäbe es für ihn keine Hindernisse, er wäre auch schon zu Overbeck nach Basel, um die Heirat zu besprechen, und von ihm, von Rée, wolle er gar Geld für die Heirat. Lou trage die Verantwortung. In Luzern müsse sie mit ihm nun endgültig so sprechen, daß er sich ein für allemal die Heiraterei aus dem Kopfe schlage. Im Löwengarten in Luzern brauchte Lou nicht viel zu sagen, Nietzsche bedauerte ihre unglückliche Liebe zu ihrem ehemaligen Lehrer und ihr schweres Schicksal, von dem sie auf Rat Rées nun gesprochen hatte, aber er war vergnügt wie nie. Unter den wütenden Blicken und bescheidenen Protesten Rées arrangierte er eine heiter-symbolische Aufnahme zu dritt beim Photographen Bonnet. Er spannte sich mit Rée vor einen Karren, dirigierte Lou mit Peitsche und Leitseil in das Gefährt, nicht ohne noch ein neckisches Mäschchen an das Züchtigungswerkzeug gebunden und Rée aufgefordert zu haben, nun auch belustigt dreinzusehen. Der aber bot sich gelangweilt-mißvergnügt dem Photographen, die Hand napoleonisch im Rock, Lou lächelte nachsichtig und belustigt, und Nietzsche sah beseligt in die rechte ferne Ecke.

Um die neue Freundin in Werk und Leben einzuführen, gab er ihr seine Schopenhauerschrift und fuhr mit ihr nach Triebschen. Doch bald mußten sie sich trennen. Rée hatte es zuwege gebracht, daß seine Mutter vor Frau Salomé die Garantie für ihre Tochter übernahm. So fuhr Dr. Paul Rée mit Frl. Salomé auf sein Gut Stibbe in Westpreußen, Frau Salomé kapitulierte und fuhr nach Petersburg, Nietzsche aber blieb wehmütig und schon liebeskrank in Naumburg. Rée sah nun nicht mehr ein, daß die verrückten Wien-Pläne nötig waren, Nietzsche gegenüber blieben sie selbstverständlich aufrecht. In der Hoffnung, Lou im Juli in Berlin zu finden, hatte Nietzsche vergeblich auf dem Anhalter Bahnhof Ausschau gehalten und war durch den Grunewald geirrt. Erst als seine Schwester Elisabeth auf seine Veranlassung in Tautenburg, nahe der Dornburg Goethes, eine Idylle eingerichtet und Lou eingeladen hatte, bei ihr und ihrem Bruder ein paar Wochen zu verbringen, schienen die Stunden von Orta sich wiederholen zu lassen. Doch sie wiederholten sich nicht. Die Lou von Tautenburg war durch Rée genau instruiert. Sie schickte ihrem „Hüsung" die Tagebuchblätter, damit er jeweils im Bilde wäre. Die Aufzeichnungen Lous zeigen das scharfsichtige Mädchen. Sie charakterisiert die beiden Männer stupend richtig, sie beurteilt mitleidlos. Sie läßt es auch auf Zerreißproben ankommen. Nietzsche bekommt ihre Hand, Nietzsche ist auf ihrem Zimmer, Nietzsche spricht durch die Tür, als sie zu Bett liegt. Sie horcht auf Anweisung Nietzsche über Rée aus. Sie genießt ihr Ideal des freien Umgangs mit Männern. Zehn Stunden im Tag sind die beiden lachend und „wie zwei Teufel" diskutierend unterwegs. Nietzsche ist vollendeter Takt, Zartgefühl, Mann und Ritter, aber auch Lehrer und Deuter. Lou entzückt ihn, sie ist ihm „scharfsinnig wie ein Adler und mutig wie ein Löwe". Verzückt liest er ihre Gedichte An das Leben und An den Schmerz. Er will sie vertonen. Doch entsetzt sieht er auch in den närrischen Tagen die Gefühlskälte dieses Mädchens. Er notiert sich hundert Sentenzen über sie und die Weiblein. Die Psychologica Lous enttäuschten ihn deshalb. Scheeläugig und voll Gram über den verliebten Toren war die Schwester den beiden ferngeblieben. Bald aber machte sie dem Bruder die Hölle heiß. Als sie gar von Lou erfuhr, daß ihr Heiliger auch an eine Probeehe gedacht habe, schoß sie wie von Taranteln gestochen empor und begann einen Kampf, der über Jahre dauern sollte, gegen das „giftige Gewürm, welches man um jeden Preis vernichten muß". Sie spannte ein Intrigennetz, in dem sich alle Beteiligten fangen sollten. Selbst Malwida, die Lou so liebte wie ihre Pflegetochter, war bald bereit, Lou mit Gendarmen an die Grenze schaffen zu lassen. Vor den Attacken der Entbrannten floh Nietzsche nach Naumburg zur Mutter. Die aber, von der Tochter vorbereitet, mit welchem demoralisierten Atheistenweib der Sohn sich eingelassen habe, verfluchte ihn als Schande für das Grab des Vaters. Der Gequälte packte sofort die

Koffer und zog nach Leipzig. Und hier begannen ihm die Augen aufzugehen.
Paolo und Lou erscheinen wieder zusammen. Rée hält mit Vertraulichkeiten Lou gegenüber gar nicht mehr sehr zurück. In den Gesprächen kommt etwas wie Haß der beiden gegen den Schwärmer und Halbmystiker auf, der schon ganz Zarathustra und Ewige Wiederkunft ist. Sich vollständig einig, daß mit diesem Hans dem Träumer kein Zusammenleben möglich ist, fahren Lou und Rée nach Berlin, um bald gemeinsam nach Paris zu gehen, dem Rée für seine Studien seit je vor Wien den Vorrang gegeben hatte. Zurück bleibt ein Nietzsche, den Overbeck im November mit keinem Zuspruch, durch keine Aussprache trösten kann und der dann in Genua und Santa Margherita tobt vor Schmerz und Scham. Er leidet an den Erinnerungen wie an einem Wahnsinn. In einem der Briefentwürfe an Lou tadelt er jenen „Katzen-Egoismus, der nichts mehr lieben kann, jenes Lebensgefühl im Nichts, zu dem Sie sich bekennen ... Wenn Sie allem Erbärmlichen in Ihrer Natur die Zügel schießen lassen ..." Und Rée bekommt über sie zu hören: „... oberflächliches, gemütloses Wesen ... ohne Ideale, ohne Ziele, ohne Pflichten."
Ein halbes Jahr später hat die Schwester auch über Freund Rée aufgeklärt: „Ich hätte große Lust", schreibt er dem nun, „Ihnen mit ein paar Kugeln eine Lektion in der praktischen Moral zu geben: und vielleicht erreiche ich im günstigsten Falle, Sie ein für allemal von der Beschäftigung mit Moral abzubringen —: dazu nämlich, mein Herr Rée, gehören reine Hände, aber nicht Schlammfinger."

ZARATHUSTRA

„Himmel, was bin ich einsam", schrieb der einzige Gast des Albergo della Posta in Rapallo an der italienischen Riviera, wohin er sich Anfang Dezember aus Santa Margherita geflüchtet hatte. Sich quälen, mit langsamen Feuern verbrennen lassen müssen, das war sein Schicksal! Eines Tages würde er darüber den Verstand verlieren, er wußte es. Eine größere Dosis Chloralhydrat nur vertrieb die schrecklichen schlaflosen Nächte, und er dämmerte davon auch den nächsten Vormittag noch so hin. Alte Übel, alte Gewohnheiten kamen wieder. Endlose Spaziergänge. Wenn er aus diesem Kot kein Gold machte, war er verloren, auch das wußte Nietzsche jetzt.
Da überfiel ihn am letzten Tag des Januar 1883 urplötzlich die erwartete Stimme Zarathustras. Er stieg da durch zehn Vormittage in südlicher Richtung auf der herrlichen Straße nach Zoagli in die Höhe, über den Pinienwald hinaus, weit das Meer überschauend, und an ebensoviel Nachmittagen ging er die ganze Bucht von Santa Margherita bis hinten nach Porto fino ab. Die Entrückung dieser In-

spiration glich der beim Block von Surlei. Im Ecce homo ist sie beschrieben. Es war eine körperliche Erschütterung, die der Stimme Zarathustras in ihm Atem verschaffte, sie kam nur während rastlosen Wanderns. Der Musiker führte den Dichter an der Hand, und Nietzsche tanzte sich die Reden Zarathustras, bevor er sie niederschrieb.

Der Übermensch Zarathustra ist wohl ein vielverwandelter Mensch Nietzsche. Aber in seinen Worten ist der Gymnasiast, der Bonner Schumann- und der Leipziger Wagnerjünger, der Triebschener Schwärmer noch allzu deutlich hörbar. Zarathustra, halb vergangenes Leid und halb Sehnsucht nach Opfer ist nicht Zukunft und nicht Gegenwart, eher Phantasmagorie. Nietzsche hatte erreicht, was er sich ersehnte: einmal in Worten zu komponieren, und das, ohne daß sich der Psychologe und der Denker vor dem Dichter-Komponisten zu schämen hatten.

Nietzsche wollte nach dem Menschlich-Allzumenschlichen, der Morgenröte und der Fröhlichen Wissenschaft in Gleichnissen reden. Gleichnisse haben Breite, Gewicht, Erde, nur Gleichnisse sind menschenbewegend. Es gibt nur e i n europäisches Buch des klassischen Gleichnisses, das ist die Bibel. Für den Helden der Gleichnisse war Zarathustra als nicht europäische und als vorchristliche Gestalt am geeignetsten. Er konnte von jenem Jesus aussagen, der er geworden wäre, wenn er nicht unter die „Guten und Gerechten“ gegangen, wenn er nicht mit dreißig Jahren ans Kreuz geschlagen worden, wenn er nicht nach vierzig Tagen, sondern nach zehn Jahren aus der Wüste oder von den Bergen gekommen wäre. Zarathustra, Zoroaster, Zerdusht, die Gestalt des iranischen Religionsstifters des zweiten vorchristlichen Jahrtausends, Schöpfer der dualistischen Glaubenslehre, ist für Nietzsche keine willkürliche Wahl. Im Ecce Homo begründet er sie, es ist aber ungewiß, woher Nietzsche die Anregung bekam. Für die Gestalt gab es jedenfalls von Prometheus bis Heraklit und Empedokles eine Unmenge Vorstellungen in Nietzsche.

Gott war tot unter den Menschen. Zarathustra, der tragische Mensch, steigt von den Bergen und läßt seinen Seiltänzer-Menschen laufen. Den bringt sofort ein Possenreißer zum Sturz. Solange nämlich wird der Verkünder des Zarathustra sich unter dem Gelächter und zum Entsetzen des Publikums vom Seile des Menschen zu Tode stürzen, solange der Mensch-Seiltänzer und der Mensch-Zarathustra zwei verschiedene sind. Zarathustra kann nicht unter der Menge stehen und sich selbst auf dem Seil zusehen. Zarathustra kann sich nicht mit dem alten toten Menschen zu Tode schleppen! Das ist als Vorrede zu den 22 Reden Zarathustras nur und ausschließlich Selbstdarstellung. Die Eingangsreden sind Gesundheitslehren des Körpers und des Geistes, die mittleren bilden die Heldenlehre. Getrost faßt in der Rede vom Baum am Berg Nietzsche-Zarathustra den Nietzsche-Wagner-Schopenhauer an der Schulter: Wer in die Höhe will, kommt in die Tiefe, ins Böse. Sich nicht dagegen wehren! Das ist nicht Sache eines Edlen, der Edle kann nie ein „Guter" werden, nur hüten soll er sich und nicht wie etwa Rée ein Höhnender, ein Verächter des Heiligen werden! Die großen Dinge verlangen den Gehorsamen. So sind die folgenden Reden über den Staat Höhepunkte des ersten Teiles, und nach den Worten über das „Ich" und den „Nächsten" drängt der Übermensch die „Jünger" und „Schüler" von sich: Geht fort von mir und wehrt euch gegen Zarathustra! ... schämt euch seiner! Vielleicht betrog er euch ... Man vergilt einem Lehrer schlecht, wenn man immer nur Schüler bleibt.

Als Nietzsche ohne allen Grund am 14. Februar nach Genua fuhr, gegen seine Gewohnheit den „Caffaro" kaufte und in ihm vom Tode Wagners in Venedig las, glaubte er, gerade in dessen Todesstunde den letzten Strich am Zarathustra getan zu haben. Er schrieb Cosima als der „bestverehrten Frau" seines Herzens, doch die antwortete ihm nicht mehr.
Das Frühjahr brachte Qual über Qual. „Was kann ich dafür, daß ich einen Sinn mehr habe ... dieses ganze unheimliche verborgengehaltene Leben, das alle sechs Jahre einen Schritt tut und gar nichts eigentlich weiter will als diesen Schritt ... ich bin es, der aus allen Zufällen sich Grausamkeiten macht." Mit dem Zarathustra war er in einen neuen „Ring" eingetreten, man würde ihn jetzt endgültig unter die Verrückten rechnen.
Als „neueste Form seines Wahnsinns" schrieb er zur Carmenmusik Dionysos-Lieder, in denen er das Furchtbarste furchtbar, aber auch zum Lachen sagte. In Rom entstand zur Musik der Fontäne unter der Loggia der piazza Barberini das Nachtlied: Nacht ist es, / nun reden lauter alle Brunnen ... Rom galt ihm nicht mehr als der antike Kopf Epikurs und des Brutus, höchstens noch drei Landschaften des Claude Lorrain, die er entdeckte, sonst aber war es dem Dichter des Zarathustra der „unanständigste Ort der Erde", wenn er die Gläubigen die heilige Treppe hinaufknien sah. Erst in Sils fühlte er sich wieder chez soi, und h i e r war für ihn jetzt das heilige Land, — die Stelle am Block von Surlei, der Ort des Wiederkunftsgedankens, des Übermenschen. In zehn Sonnentagen kam Zarathustra wieder wie ein Sturm über ihn.

Der zweite Satz der Zarathustra-„Symphonie" enthält Gleichnis-Stellen über den Willen zur Macht und die Ewige Wiederkunft. Er beginnt südlich, das Abenteuer Messina schimmert durch die ersten Takte. Doch bald wütet der Hammer dessen, zu dem die Schönheit des Übermenschen als Schatten gekommen ist. Er will diese Schönheit als Denker aus dem Stein holen und lebendig machen: „Ach, ihr Menschen, im Steine schläft mir ein Bild, das Bild meiner Bilder

...nun wütet mein Hammer grausam gegen sein Gefängnis." — Das Gefängnis ist Deutschland, die Mitleidigen, die Priester, die Tugendhaften, das Gesindel: „Ihr seid zu reinlich für den Schmutz der Worte: Rache, Strafe, Lohn, Vergeltung. — Es gibt ein Leben, an dem kein Gesindel mittrinkt!" — Das Gefängnis ist auch die eigene Jugend auf der Gräberinsel, das vergangene Leben, der Teufel Schwere. „Ungeredet und unerlöst blieb mir die höchste Hoffnung..." In die lyrische Klage dieses Grabliedes hämmert nun Nietzsche die Gedanken des Willens zur Macht. Er nennt diesen Willen hier Selbstüberwindung. „Wo ich Lebendiges fand, da fand ich Willen zur Macht", das heißt: das Lebendige muß durch einen Willen zur Macht über sich selbst gefaßt werden. Die Zeugekraft, das lebendige Überquellen bedarf der Formung. Die Form aber muß dann notgedrungen Herr über alles sein. Das ist ein lapidares Wissen, das ist aber auch ein Mystikergedanke. Nietzsche spricht von diesem „Geheimnis" hier auf die verschämte Art, wie Jakob Böhme in seiner Morgenröte von ihr spricht. Was der barocke Denker und Sprachmystiker sich ebenso auszusprechen wagte, an dessen Realisierung in der alltäglichen Welt er als Weltgesetz glaubte, das ist an dieser Zarathustrastelle für Nietzsche ebenso nur Weltgesetz. Erst der Denker nach dem Zarathustra formuliert den Willen zur Macht als Lehre für den Übermenschen der Zukunft. Nie aber im Sinne mechanistischer Denkungsart und zur Rechtfertigung professioneller Tempelschänder, sondern stets im Sinne dieser Zarathustra-Rede von der Selbstüberwindung: Und wer ein Schöpfer sein muß im Guten und Bösen: wahrlich der muß ein Vernichter erst sein und Werte zerbrechen. Also gehört das höchste Böse zur höchsten Güte: diese aber ist die schöpferische. — Das gesteht sich Nietzsche-Zarathustra vor der Gräberinsel, in dem Augenblick, da er erkennt, daß es in seinem vergangenen Leben am Willen zur Macht fehlte. „Reden wir nur davon", macht sich Nietzsche-Zarathustra Mut, „ob es gleich schlimm ist... alle verschwiegenen Wahrheiten werden giftig."

Bevor Nietzsche in diesem zweiten Teile wagt, den Wiederkunftsgedanken ins Gleichnis zu bringen, will er sich von allen Vorformen und ähnlichen Gestalten seiner Zarathustra-Existenz unterscheiden: von den Erhabenen, Gebildeten, reinen Denkern, den Feierlichen, den Büßern des Geistes und den sogenannten Dichtern. „Mit lässigen Muskeln stehn und mit abgeschirrtem Willen: das ist das schwerste euch allen, ihr Erhabenen!" Als er den Wiederkunftsgedanken dann auszusprechen beginnt, wird er für den Denker Disharmonie: Er will die Zukunft vom Übermenschen abhängig machen und diese kleine Vergangenheit wird sich doch immer wiederholen! Wie reimt sich das? Die Frage des Buckligen bleibt über dem Kapitel Von der Erlösung hängen: Aber warum redet Zarathustra anders zu seinen Schülern als zu sich selber? Zarathustra-Nietzsche muß sich noch mit der „Menschen-klugheit" helfen, der Denkprozeß in ihm ist noch nicht zu Ende: „Verkleidet will ich unter euch sitzen." In der stillsten Stunde gesteht er sich: der Übermensch ist nur ein Versuch, ein Wagnis, ein Vorhaben. Der Mensch wird ihn nie erreichen können, aber er ist ein Weg, den er gehen muß. Es ist ein eigener Weg, ein Weg, den es sonst nicht gibt. „Du mußt noch Kind werden und ohne Scham", gesteht er sich. Mit den Worten: „O Zarathustra, deine Früchte sind reif, aber du bist nicht reif für deine Früchte", geht dieser zweite Zarathustra von den Freunden weg wieder in die Einsamkeit.

Die Schwester hatte nun richtig an die schöne Stunde vom Monte sacro und an die Tage von Tautenburg einen europäischen Klatsch gehängt. Nietzsche fürchtete sich vor Naumburg, er wäre dort tätlich geworden. „Menschen von der Art wie meine Mutter und meine Schwester müssen meine natürlichen Feinde sein." Bald aber zwang ihn das Lama wieder, sich zu versöhnen. Die Selbstmordgedanken blieben. Doch als er die Korrekturbogen des zweiten Zarathustra gelesen hatte, freute er sich seines Sieges über den Geist der Schwere. War ihm einmal der dritte Zarathustra gelungen, wollte er ein Fest feiern und vor Vergnügen dabei sterben. Ob er ihm je gelingen würde? Vielleicht mußte er Jahre auf ihn warten. Nach dem Plan sollte er „düsterer" werden als Schopenhauers und Leopardis Philosophie zusammen.

Genua im Oktober war diesmal unbehaglich. Er versuchte es mit Villafranca. Doch bald wieder Genua, dann endgültig im November Nizza. „Nice", das war lächerlich für den schäbigen kleinen deutschen „Lehrer" aus der Schweiz, aber Nizza hatte 220 Sonnentage und die trockenste Winterluft. Schließlich gab es auch ein italienisches Viertel, man fühlte sich da wie in Genua. Und wirklich, im schönsten Nizza-Januar 1884, erreichte ihn Zarathustras Stimme zum drittenmal. Während er mit erstaunlicher Behendigkeit zum Felsennest Eza hinaufturnte, fiel ihm das ganze Kapitel von den alten und neuen Tafeln zu.

Der Beginn des dritten Teiles ist Mutmachen gegen alle Teufel des Kleinmutes — Zarathustra-Nietzsche erzählt sich vor, was er ist, was er will, „Mut nämlich ist der beste Totschläger" —, das Ende maßlos erregte Heiterkeit, die in Exaltationen endet, wie sie nur dem Entrückten nachgesehen werden können. Der Leser erlebt den Vorgang des Entrücktwerdens von Kapitel zu Kapitel mit.

Von dem Augenblick an, da der „einsame Wanderer" den „Geist der Schwere", der jede Lösung versagt, den Kopf der Schlange, die sich in seiner Kehle festbiß, ausgespien hat, ist er der Verwandelte, der Umleuchtete. Eine Seligkeit wider Willen überkommt ihn, der Einfall regiert, über allem steht der Himmel Zufall, der Himmel Unschuld, der Himmel Ohngefähr, der Himmel Übermut. Dionysos herrscht.

„Bei allem ist eins unmöglich — Vernünftigkeit." Die guten Dinge springen aus Lust, nicht aus Vernunft ins Dasein, und nichts entsteht in der Nähe der Mittelmäßigen, der verkleinernden Tugenden. Die Schmerzen aller Ölbergstunden lieber immer wieder als eine Stunde in den geheizten Stuben der Behaglichkeit, in den Stuben der „bunten Kuh", der Stadt, wo seine Anbeter leben, die Affen Zarathustras! „Oh, Menschenwesen, du wunderliches, du Lärm auf dunklen Gassen..."

Erst dieser entrückte Zarathustra kann die Waage halten und die Weltwerte abwiegen, den Glauben an den Übermenschen erneuern und den Vernichter der alten Werte verkünden. Wollust, Herrschsucht, Selbstsucht, in allen liegt eine Gefahr, ein „niedrig" für den Knecht, zugleich aber eine Aufforderung, ein „höher" für den Herrn, den Menschen seiner selbst, den Künftigen. Dieser Mensch muß die Kunst des Sich-Liebens lernen, Schale zu sein verstehen, dann hat er sein Gut und Böse gewonnen, seinen Weg, den es sonst nicht gibt. Im Triumph reiht Zarathustra-Nietzsche an dieser Stelle noch einmal, was er sich bisher erstritten und errungen hat, auf die Tafeln von den alten und neuen Werten. Er ist der Fürsprecher des Lebens, Fürsprecher des Leidens, Fürsprecher des Kreises, Verkünder der ewigen Wiederkehr, Verkünder des großen Mittags. Er wird an diesem Amt des Verkünders scheitern. „Die Stunde kam, daß der Untergehende sich selber segnete. Also — endet Zarathustras Untergang."

Es folgen die Gesänge des Exaltierten. Haltlos fließen die Bilder, lösen sich Wort und Takt in Rhythmen des nicht mehr Sagbaren auf. Das andere Tanzlied jauchzt der erschauten Ewigkeit zu, im Mitternachtslied kreisen die Worte in großen Variationen um eine neu erfühlte Unendlichkeit. Mit sieben Siegeln verschließt Zarathustra das große Geheimnis, dessen er teilhaftig wurde.

Wenn es nach diesem dritten Zarathustra noch ein Ziel für Nietzsche gab, hieß es: diese Stimme des unbekannten Gottes noch einmal überwinden. Durch den Willen zur Macht über sich selbst sie mit all den inneren Erfahrungen der letzten Jahre in ein philosophisches Werk zwingen und mit ihm sich zum „unabhängigsten Mann in Europa" zu machen, mit ihm „große Politik" initiieren. „Wille zur Macht" sollte dieses Werk heißen. „Für einen Philister ist es freilich Größenwahnsinn." — Doch die Philister verstanden ja auch den Zarathustra nicht. Der immer noch hochverehrte Burckhardt schrieb von „Bänglichkeit", die ihn befallen habe, als er das neue Werk gelesen, Rohde, den Familienpapa, hatte das Kind- und Ehe-Kapitel „berührt", Overbeck meinte: „geschickt und geistreich", Hillebrand und Keller waren ausgewichen. Verstand ihn überhaupt jemand? Ein paar Juden. Der kluge Dr. Paneth, die Miß Zimmern, bald sollte auch Dr. Brandes in Kopenhagen Vorlesungen über seine Philosophie halten. Es waren geistreiche Menschen. Sie hatten alle etwas vom großen Stil der Moralisten, vom gesunden Instinkt konservativer Großfinanziers an sich. Sie wußten, worum es in Europa ging und waren eine geistige Macht. Was war der Wille zur geistigen Macht? Nietzsche brauchte nur auf ihre Fragen zu hören. Im Kosmopolis Nizza begegnete er meist Franzosen, Engländern und Russen, in Sils-Maria nahm sich Exzellenz Mansuroff, dame d'honneur der russischen Kaiserin, seiner an. Was hatte das alte Europa groß gemacht? Was ist vornehm? An solchen Menschen konnte er es ablesen. Und die Deutschen? Außer ein paar adeligen preußischen Offizieren, etwa jenem General in Nizza, entdeckte Nietzsche nirgends unter ihnen europäisches Format. Die Deutschen hatten ihre Sorgen! Zarathustra konnte nicht rechtzeitig erscheinen, weil der Verleger „in Sachen des Antisemitismus" unterwegs war, er konnte bei Teubner nicht rechtzeitig gedruckt werden, weil eine halbe Million Kirchengesangbücher zu liefern waren. Zu allem kam, daß jetzt seine Schwester sich mit dem Lehrer, Volksredner und Antisemitenführer Dr. Förster verlobt hatte. „Du bist zu meinen Antipoden übergegangen..., daß ich diese Verlobung als Beleidigung empfinde...", schrieb er ihr.

Drei Tage Hoffnung war der junge Dozent Stein, der ihn im Sommer 1884, nachdem er noch vorher als gehorsamer Wagnerianer die Bewilligung Cosimas eingeholt hatte, in Sils-Maria besuchte. Es wurde ein Gespräch „inter pares" mit dem blonden Riesen. Nietzsche war voller Hoffnung. Einem der Herbstbriefe schloß er, um die Stimme dieses jungen Menschen werbend, des „Einsiedlers Sehnsucht" bei: „O Lebensmittag! Feierliche Zeit! / O Sommergarten! / Unruhig Glück im Stehn und Spähn und Warten! / Der Freunde harr ich... Kommt / 's ist Zeit! 's ist Zeit!" Doch Stein blieb dem toten Meister treu, er hielt den Dichter des Zarathustra für einen Sprachvirtuosen mit affektiertem Pathos. Er schrieb einen Absagebrief auf dieses Gedicht, im Philoktet-Mythus verkleidet, der beleidigend war. Wie zum Hohn lud er den Wartenden ein, sich an einer Wagner-Arbeitsgemeinschaft zu beteiligen.

Nietzsche hatte Nizza im April 1884 verlassen, die Lagunen im Mai-Schirokko Venedigs vertrug er nicht, in Basel fühlte er sich wie „unter Kühen", aus Zürich trieb ihn die Hitze nach Sils. Unleidlicher Herbst, frostklappernd im Zimmer. Wieder Zürich. Gottfried Keller ließ sich verleugnen, seine Regula nahm die Besucherkarte. Nächsten Tag saßen beide einander gegenüber. Keller blieb reserviert, er hatte sich einmal über den Verfasser der Straußiade erbost. Aber für Nietzsche wurden es unerwartet musikalische Tage in Zürich. Der Herbst in Mentone war dann „Mistral"-Stimmung. Endlich wieder der winterliche Lichthimmel Nizzas, der „widerlichen Franzosenstadt". Nietzsche war der Welt noch einen vierten Zarathustra schuldig.

Auf der Flucht vor dem letzten Menschen, den das niedergehende Europa hervorbringt, kommen neun höhere Menschen zu Zarathustras Höhle. Die Vertreter der weltlichen und geistlichen Macht des alten Europa, Könige und Papst, der Bettler-Asket, der Zauberer-Schauspieler, der Wahrsager-Nihilismusverkünder, der Gewissenhafte des Geistes-Wissenschaftler, der Schatten-Freier Geist und der häßlichste Mensch — der Mörder Gottes. Es sind Gestalten des einen Nietzsche-Ich und solche, die Nietzsche zu den höheren Menschen rechnet. Zarathustra ist der Lehrer des Übermenschen. Nur die höheren Menschen wissen von ihm und kommen zu Zarathustra, um ihn vorzubereiten, der letzte Mensch weiß nichts vom Übermenschen. Der Übermensch bleibt auch in diesem vierten Teil verborgen gleich einem Gott. Mit dem Bekenntnis des häßlichsten Menschen und dem „Nachtisch-Psalm": „Die Wüste wächst: weh dem, der Wüsten birgt", ist der Höhepunkt des vierten Teiles gegeben. Der Gesang des Schattens will nichts anderes sein als Katastrophen-Stimmung in burlesk-afrikanischem Wüsten-Dattelpalmenton gegen die Europäer-Inbrunst, das Tugendgeheul des feuchten, schwermütigen Alt-Europa: die europäische Wüste wächst, die Wüste ist i m Menschen, weh dem, der seine Wüsten preisgibt und keine Oasen schaffen kann. Das Zeitalter des Nihilismus ist heraufgekommen.

Im Eselsfest ist ein mittelalterliches, christliches Mysterium von Nietzsche bewußt oder unbewußt nachgebildet. In der mittelalterlichen Eselsmesse endeten die Meßgesänge mit Eselsgeschrei, auch der Priester schrie dreimal Y—a und ein Narrenpapst präsidierte. Im vierten Zarathustra ist die Eselsanbetung im Sinne: Überwinden des toten Kirchengottes, Rückkehr zum Gott der Unschuldigen, des unschuldigen Werdens, zu verstehen. Nach dem trunkenen Lied, dem Hymnus auf die ewige Wiederkehr, ruft Zarathustra den großen Mittag aus. An dem Fest nimmt er mit seinen Tieren, dem Löwen, der Taube teil, die höheren Menschen werden verjagt. Die Dionysosdithyramben, die Nietzsche 1888 mit den Zarathustraliedern vereinigte, sind Abschiedsgesänge eines, der sich dem Tod geweiht sieht. Der Abgrund verschlingt ihn, aber er will siegreich sterben. Er ist zu reich, die Welt nimmt ihn deswegen nicht und ihn ekelt.

ECCE HOMO

Den Einsiedler von Sils-Maria besuchte im Herbst 1887 sein alter Freund Deussen, der inzwischen Professor der Philosophie geworden und daran war, Deutschlands erster großer Indologe zu werden. Vor vierzehn Jahren hatten sie sich in Basel das letztemal gesehen. Nietzsche war ihm in voller Lebenskraft, sprühend und angriffslustig wie ein junger Löwe begegnet. Der jetzt vor ihm stand, glich dem Freunde

von damals in nichts mehr. Nur mühsam schien er sich aufrecht zu halten, er sprach schwerfällig und stockend. Doch zeigte er sich hilfsbereit und liebenswürdig, wie ihn Deussen gar nicht kannte. Sie gingen miteinander zu den Lieblingsplätzen am See, auch zu einem Rasenlager knapp über dem Abgrund, in dem ein Bach schäumte. Deussen sah auch die „Wohnhöhle" des „bête philosophe": eine Bauernstube mit Bett, Tisch und Stuhl und einem kleinen Sofa. Kaffeetassen, Eierschalen, Manuskripte und Toilettegegenstände lagen im bunten Durcheinander, im Stiefelknecht steckte der Stiefel, das Bett stand ungemacht. Nichts mehr von dem eleganten bric-à-brac des Baseler Salons, seinen zarten Farben, Rüschen und Plüsch-Ecken.
Nietzsche gab dem Freunde das Geleit, sprach ihm vom nahen Tod, dann trennten sie sich. Für Deussen ging da der zurück, auf den die Schwester der deutschen Kaiserin die Verse geschrieben hatte:

Und alle Engel wandten sich und weinten,
Denn er ging irre — einer von den ihren.

Grübelnd stand Nietzsche im Herbst 1885 vor dem Grab seines Vaters in Röcken. Er wußte nun genau um die Katastrophe seines Lebens, „die mit Ecce beginnt". Er verband sie mit der europäischen Katastrophe, die bevorstand. — „Denn wenn die Wahrheit mit der Lüge von Jahrtausenden in Kampf tritt, werden wir Erschütterungen haben, einen Krampf von Erdbeben, eine Versetzung von Berg und Tal, wie dergleichen nie geträumt worden ist. Der Begriff Politik ist dann gänzlich in einen Geisterkrieg aufgegangen, alle Machtgebilde der alten Gesellschaft sind in die Luft gesprengt — sie ruhen allesamt auf Lüge: es wird Kriege geben, wie es noch keine auf Erden gegeben hat. Erst von mir an gibt es auf Erden große Politik." — „Ich verschweige nicht ein immer tieferes Verlangen nach dem Tode." — „Ich habe bis jetzt, von Kindesbeinen an, niemanden gefunden, mit dem ich dieselbe Not auf dem Herzen und Gewissen hätte." — „Meine Formel für Größe am Menschen ist amor fati: daß man nichts anderes haben will, vorwärts nicht, rückwärts nicht, in alle Ewigkeit nicht."
Als Vorspiel zur Philosophie der letzten Jahre begann er, als er Mai 1885 Nizza über Venedig verlassen hatte und den Sommer über wieder nach Sils-Maria gegangen war, an einem zweiten Band für die Morgenröte zu arbeiten. Nicht mehr Zarathustra sprach, er knüpfte an die beiden persönlichsten philosophischen Bücher an, die er geschrieben hatte: an die Morgenröte und an die Fröhliche Wissenschaft. Aus diesem zweiten Band zur Morgenröte war jedoch im Nizza-Winter von 1885 auf 1886 — im Herbst hatte er sich in Naumburg doch noch von seiner Schwester verabschiedet, die mit ihrem Mann nach Paraguay fuhr, um dort mit ihm ein „Neu-Germanien" zu gründen — ein „Jenseits von Gut und Böse" geworden.

Der „freie Geist", der „gute Europäer", für den er 1876 die Gebote geschrieben hatte, mißt hier die Kräfte des alten Erdteils an den Erfordernissen des neuen. Lebenserhaltend — lebenszerstörend, das ist jetzt der Maßstab. Wurzeln aller Kultur, jeder menschlichen Größe sind Gehorsam und Ehrfurcht. Die Oberflächen der Bequemlichkeits-Europäer, der Maschinen-Denker, der „Verhäßlicher" Europas zerstören dieses Fundament. Die Männer, die wieder zu Gehorsam und Ehrfurcht vordringen wollen, müssen den Mut haben und sich Immoralisten, Antichristen, Anarchisten, Nihilisten nennen lassen. Nur als Teil der Anarchie werden sie die Anarchie überwinden. Vorsichtig wägt Nietzsche Religion, das Heilige, den Kult, Franzosen gegen Engländer und Deutsche gegen Juden ab. Die Aphorismen (263), 193, der Schluß von (269), 198, wie überhaupt das achte und neunte Hauptstück sind wichtigste Vorstufen der letzten Philosophie.

Das Frühjahr 1886 ist Nietzsche wieder in Venedig, den Sommer über in Sils. Er ging jetzt bald in sein dreiundvierzigstes Lebensjahr, hatte über ein Dutzend Bücher geschrieben und war doch unbekannt. „Tot vor Unsterblichkeit". Seit 1885 fand er keinen Verleger. Der vierte Zarathustra mußte in 45 Exemplaren Privatdruck erscheinen. Bald beliefen sich die Druckkosten auf 500 Taler. Wohl hatte sich der Verleger Fritzsch zu einer Gesamtausgabe bereit erklärt, zog dann aber wieder zurück. Nietzsche arbeitete an seinen früheren Büchern, ordnete sie neu und schrieb Einleitungen zu ihnen. Es entstanden die Vorworte und Selbstkritiken des Jahres 1886. Er sah während der Bearbeitung, wie furchtbar zielgerichtet sein Leben und Denken auf die jetzige Existenz zulief, er fühlte sich mit dem Autor der Geburt der Tragödie so eins wie mit dem des Allzumenschlichen. Mochten es auch „fragwürdige" Bücher sein, die er jetzt da wieder las, er war sich doch treu geblieben. E i n e m Gott, e i n e m Menschen lebte er zu, damals wie heute. „Ich widerspreche, wie nie widersprochen worden ist, und bin trotzdem der Gegensatz eines neinsagenden Geistes. Ich bin ein froher Botschafter..."

Bevor er jetzt ins Nizzaer Winterquartier fährt, überrascht ihn in Ruta Ligure die große Oktoberseligkeit. Im Nu entstanden die Vorreden zur Morgenröte und zur Fröhlichen Wissenschaft. Die Hirten in diesem wunderlichen Winkel zwischen Recco und Rapallo sahen um diese Zeit einen einsamen Wanderer Feuer abbrennen. Es waren die Freudenfeuer zum Gedankenfest des Buches „Wir Furchtlosen", das Nietzsche bald als Fünftes Buch der Fröhlichen Wissenschaft beifügte. Jeder Gedanke von Ruta Ligure gehört schon zum Vermächtnis Nietzsches. Sie geben die Stimmung des Musikers, der wenig später, als er Wagners Parsifal hörte, „den Protestantismus wie ein Mißverständnis beiseite" legt, es ist die Stimmung des „verehrenden Tieres", das gegen Amerikaner-Glauben und fröhliche Vaterländerei den modernen Heimatlosen, der Vermännlichung Europas das Wort spricht. Sie geben die Formel des Lebensdenkers: man unterscheidet die, die an Überfülle des Lebens und die an Verarmung des Lebens leiden. Beide sind schöpferisch. Aber mit welchem Unterschied!

Den Winter in Nizza las Nietzsche Dostojewskijs Totenhaus. Hier hatte er den Psychologen, mit dem er sich verstand. Er las, was er in französischen Übersetzungen von den Werken des Russen bekam, l'ésprit souterrain, Overbeck lieh: Die Erniedrigten und Beleidigten. Dostojewskij bestätigte mit Stendhal sein Werk am tiefsten. Auch sonst kamen nun von überall her die ersten Zeichen des Verstehens. Widmann hatte zum Jenseits-Buch geschrieben: Hier liegt Dynamit! Brandes in Kopenhagen hielt Vorlesungen über ihn, Hyppolite Taine drückte ihm seine Bewunderung aus, Strindberg schrieb, und auch aus Amerika kamen jetzt Briefe. Es galt: mit diesen Wenigen, den Großen durch die geistigen Ruinen des alten Europas so mitleidlos und wissend, schicksalsgewiß schreiten, wie er beim Erdbeben vom Februar 1887 fast unberührt durch die „zerrütteten Nervensysteme" des Nizzaer Hotelvolks gegangen war. Er war nun wirklich der „unabhängigste Mann Europas" geworden. Die letzten Freunde hatten ihn verlassen. Rohde sah er Sommer 1886 in Leipzig das letztemal. Sie waren einander wie zwei Fremde gegenübergestanden. Nach dem Jenseits-Buch hielt ihn der ehemalige Freund für irrsinnig, steril und widerlich eitel. Als Rohde in einem Brief Hippolyte Taine inhaltslos nannte, wurde Nietzsche grob, und das Band zwischen ihnen war endgültig zerrissen. Burckhardt, der immer noch hochverehrte, mit dem er sich so gerne beraten hätte, schwieg überhaupt. Malwida war beleidigt, an Gersdorff blieben die Briefe bedeutungslos. Stein war unerwartet gestorben. Overbeck verharrte beratend, teilnehmend immer ermunternd. Der einzig Verständige blieb Peter Gast.

Was auf der Jahresreise 1887 von Nizza über Canobbio, Zürich und Chur nach Sils entstand, faßte Nietzsche zur Verdeutlichung seines Jenseits von Gut und Böse zu einer Schrift: Genealogie der Moral, obwohl der Stoff zu dieser Abhandlung für das künftige Hauptwerk bestimmt war. Nach der Lektüre Dostojewskijs, nach Hippolyte Taines Bestätigung, konnte es Nietzsche um so leichter wagen, in einer Abhandlung wissenschaftlich zu beweisen, was sich in ihm, seit er Theognis von Megara kannte, seit dem Studium der Vorsokratiker und der Sophisten als Hypothesen gegen die Hauptsätze der christlichen Moral gebildet hatte. Die Studien über das Kausalismusproblem im Nizza-Winter festigten ihn während der Arbeit, das Buch des Grafen Gobineau aber bestätigte nur. Nietzsche wich in dieser Schrift ohne Mühe vom Aphorismus ab und legte der Öffentlichkeit ein Werk vor, das an Methode und Klarheit der Gedankenführung die bisherigen Schriften übertraf. Die Genealogie der Moral ist ein Kommentar zu

jenen Stellen des bisherigen Werkes, die eine Vermännlichung Europas, die Bildung eines neuen Adels als das Entscheidende bezeichnen.
Nach abenteuerlicher Reise hatte Nietzsche im Frühjahr 1888 von Nizza Turin erreicht und hier endlich den Ort gefunden, der ihm das fürchterliche Frühjahr ertragen half und künftig auch Nizza ersetzen solle. Unter Bogengängen, durch Säulenhallen konnte er hier bei jedem Wetter stundenlang auf nur glattem Pflaster wandeln. Die trockene Luft, das ausgeglichene Klima und in der Ferne die Alpengipfel machten die Stadt, die auch in ihren Bauten einer Residenz des 17. Jahrhunderts glich, zum Ideal der Städte. Sie stimmte ihn musikalisch. In ihr wollte er den Krieg beginnen, der nun sein mußte.
Nicht als Wissenschaftler konnte, wollte er jetzt überzeugen. Er war kein Wissenschaftler, Musik war sein Schicksal, und er war ein politischer Europäer. Der Wagner-Deutsche war sein Hauptfeind. Mit einer Schrift: Der Fall Wagner, Ein Musikanten-Problem, begann er den Kampf gegen den Niedergangs-Deutschen offen zu führen. In dem Augenblick, als Kaiser Friedrich in diesem Sommer gestorben war, starb für ihn „die letzte Hoffnung für Deutschland". Nichts hinderte ihn jetzt mehr, die deutsche Welt herauszufordern. Nicht mutwillig. Es waren Wahrheiten, die er sich Stück für Stück „vom Herzen abgerissen" hatte. „Auch hier mache ich Krieg, und zwar, wie sich von selbst versteht, den leidenschaftlichsten Krieg, da ich nichts in der Welt so wie Wagner und seine Musik geliebt und bewundert habe ..."
In Sils, im Juni 1888, wurde die Schrift fertig. Er schickte ihr sofort eine zweite nach. Er wollte das „Glück", das er hatte, nämlich alles, was schwach und tugendhaft war, gegen sich zu erbittern, weiter genießen. Der Fall Wagner war nach der ersten Ankündigung vergriffen. Nun sollte der „Müßiggang eines Psychologen" öffentliches Ärgernis erregen. Auf Vorschlag Gasts und um schon im Titel die Spitze gegen Wagner zu haben, änderte er in „Götzendämmerung oder wie man mit dem Hammer philosophiert" um. Es war seine Philosophie in nuce, im Auszug, aber „radikal bis zum Verbrechen".
Aus dem regnerischen Sils fuhr er wieder in die wunderbare Klarheit des Turiner Herbstes. Er wohnte jetzt in der via Carlo Alberto beim Zeitungshändler Davide Fino. „Wohlgefühl in allen Dingen. Hier kommt Tag für Tag mit gleicher unbändiger Vollkommenheit und Sonnenfülle herauf: der herrliche Baumwuchs in glühendem Gelb, Himmel und der große Fluß zartblau, die Luft von höchster Reinheit — ein Claude Lorrain, wie ich ihn nie geträumt hatte zu sehn." Der „Mittag des Lebens", nun war er für Nietzsche angebrochen. Hier in Turin kam ihm alles entgegen. Die Obstlerin gab ihm die besten Früchte, im Gasthaus wurde er für Fr. 15.— exquisit bedient, hier gab es den billigsten Kaffee, den billigsten Schneider, die beste Buchhandlung, die schönsten Frauen lächelten ihm zu. Er besuchte Kon-

zerte, Theater. Aus all diesem Wohlgefühl entstanden die letzten Schriften. Sein großes Werk sollte jetzt heißen: Umwertung aller Werte. Erstes Buch: Der Antichrist, zweites: Der freie Geist, drittes: Der Immoralist, viertes: Dionysos. Ende September lag das erste, der Antichrist, fertig vor. Das Christentum auf der Waagschale: lebenserhaltend und lebenszerstörend? Der Christ, gemessen an dem Leben und der Lehre des Erlösers. Das Ergebnis: wenn Christentum, dann Christentum im Sinne des frohen Botschafters, auch im Sinne des Dekadent, Christentum als gesellschaftliche Konvention aber ist „Verbrechen am Leben". Dieses Urteil aber ist gesprochen im Sinne des „Freien Geistes", wie ihn das zweite Buch darstellen sollte. Wieder war es eine in sich geschlossene Schrift. Mittelpunkt die Psychologie des Erlösers, und wie in jedem Werk seit Jenseits von Gut und Böse, das Ecce homo, die Selbstkreuzigung des Autors.

Um kein polizeiliches Schreibverbot gegen sich heraufzubeschwören, hielt Nietzsche die Schrift zurück und begann an seinem 44. Geburtstag eine „feuerspeiende Vorrede" für sie, seine Selbstbiographie, die er mit „Ecce Homo, Wie man wird, was man ist", überschrieb. Mit ihr wollte er rechtfertigen und noch konkreter angreifen. Sie war Anfang November fertig und ging einen Monat später an die Druckerei. Während er sie schrieb, war ihm jedoch klargeworden, daß er seinen vierzehnjährigen Kampf gegen Wagner belegen müsse und stellte im November noch die bezeichnenden Stellen zu einer Schrift: Nietzsche contra Wagner, Aktenstücke eines Psychologen zusammen. Die Welt wollte ihn nicht hören, nun sollten sie ihn hören! Gast ermunterte: „Von Ihnen aus muß eine Erhebung des ganzen Okzidents datieren...", und Strindberg klatschte wütend Beifall.

Im Dezember konnte Nietzsche sein Mienenspiel nicht mehr beherrschen, unter Aufsehen verband er im Kaffeehaus einem Hund, der sich gequetscht hatte, die Pfote und fiel einem geschundenen Gaul um den Hals. Am 3. Jänner brach er auf der Straße zusammen, Davide Fino schaffte ihn nach Hause. Schon am 28. Dezember hatte Nietzsche Overbeck mitgeteilt, daß er an einem Promemoria für die europäischen Höfe zum Zwecke einer antideutschen Liga arbeite, zu einem Verzweiflungskrieg gegen das „Reich" provozieren wolle und nicht eher ruhe, bis er den jungen Kaiser Wilhelm II., „samt Zubehör" in den Händen habe. Nun schrieb er Irrsinnsbriefe an den König von Italien, an den Papst, an Burckhardt, Brandes, Strindberg, Spitteler, Cosima und Rohde. Die bezeichnenden Sätze stehen in einem Schreiben an die deutschen Bundesfürsten: „Kinder, das tut nicht gut, wenn man sich mit den verrückten Hohenzollern einläßt. Zieht euch bescheiden ins Privatleben zurück... Der Gekreuzigte", in einem an Burckhardt: „Zuletzt wäre ich sehr viel lieber Baseler Professor als Gott; aber ich habe es nicht gewagt, meinen Privat-Egoismus so weit zu treiben, um seinetwegen die Schaffung der Welt zu unterlassen:

Sie sehen, man muß Opfer bringen, wie und wo man lebt", und in einem an Gast: „Singe mir ein neues Lied: die Welt ist verklärt und alle Himmel freuen sich".

Overbeck holte den kranken Freund aus Turin. Er fand ihn in der Sofaecke kauernd, die letzte Schrift Nietzsche contra Wagner vor sich, inmitten eines unbeschreiblichen Durcheinanders. Auf dem Turiner Bahnhof kam es zu aufregenden Szenen, als sie durch den Gotthardtunnel fuhren, sang der Irre ein Lied, das Overbeck nicht kannte:

An der Brücke stand
Jüngst ich in brauner Nacht.
Fernher kam Gesang;
Goldener Tropfen quoll's
Über die zitternde Fläche weg.
Gondeln, Lichter, Musik —
Trunken schwamm's
in die Dämmrung hinaus...

Meine Seele, ein Saitenspiel,
Sang sich, unsichtbar berührt,
Heimlich ein Gondellied dazu,
Zitternd vor bunter Seligkeit —
Hörte jemand ihr zu?...

Die Daten des Endes sind bald aufgezählt. Erst Baseler, dann Jenaer Irrenanstalt, schließlich in Pflege der Mutter. Er fiel sie wutentbrannt an, und sie mußte flüchten, bald aber folgte er ihr wie ein Kind: „Ich bete dich an, mein liebes Mütterchen." Sie verstand es am besten mit ihm. Man versuchte sie zu beeinflussen. Der ruppige und dilettierende Rembrandt-Deutsche Langbehn mischte sich ein und wollte den Antichristen „wie einen entlaufenen Schulbuben" wieder zurückholen. Bald verschlechterte sich der Zustand des Kranken. 1892 Gehstörungen, 1893 Exzesse, 1894 Schreikrämpfe und dann immer mehr zunehmende Apathie. 1897 starb die Mutter, die Schwester hatte bereits das „Nietzsche-Archiv" gegründet und zog in die Villa Silberblick in Weimar. Der fast schon todkranken Mutter nötigte sie das Alleinverfügungsrecht ab, man sah sie nur mehr mit Equipage, Kutscher und livriertem Diener zur Stadt fahren. Der Bruder war Ausstellungsobjekt geworden. Sie empfing Besuche aus aller Welt, führte aufsehenerregende Prozesse, schrieb die Biographie Nietzsches und gab die Werke heraus. 1900 spielte Freund Gast dem Verehrten, der „im weißen faltigen Gewand zurückgelehnt, mit dem Blick des Brahmanen aus weitgeschnittenem, tiefliegendem Auge unter buschigen Brauen, mit dem Adel seines rätselhaft fragenden Gesichtsausdruckes und der löwenhaft majestätischen Haltung seines Denkerhauptes dalag", sanft auf dem Klavier das „Pria che spunti in ciel l'aurora" vor. Der Kranke klatschte ganz matt und fast unhörbar in seine Christushände. Wenig später, im August, während eines heftigen Gewitters, starb er. Gast hielt die Grabrede: „Was der Blick deines Auges, was dein liebreicher Mund sagte — es war voll Schonung und Güte... Heilig sei dein Name allen kommenden Geschlechtern."

SELBSTDARSTELLUNGEN

ALSO SPRACH ZARATHUSTRA

I.

AUS BRIEFEN UND AUFZEICHNUNGEN

SCHÜLER UND STUDENT

Aus der

SELBSTBIOGRAPHIE DES VIERZEHNJÄHRIGEN

Im September 1848 wurde plötzlich mein geliebter Vater gemütskrank... Mehrere Ärzte bemühten sich, das Wesen der Krankheit zu erkennen, aber vergebens... Da holten wir den berühmten Arzt Oppolzer, der sich damals in Leipzig befand, nach Röcken. Dieser vortreffliche Mann erkannte sogleich, wo der Sitz der Krankheit zu suchen wäre. Zu unser aller Erschrecken hielt er es für eine Gehirnerweichung, die zwar noch nicht hoffnungslos, aber dennoch sehr gefahrvoll sei. Ungeheure Schmerzen mußte mein geliebter Vater ertragen, aber die Krankheit wollte sich nicht vermindern, sondern sie wuchs von Tag zu Tag. Endlich erlosch sogar sein Augenlicht, und in ewigem Dunkel mußte er noch den Rest seiner Leiden erdulden... Dann entschlief er sanft und selig, ††† den 27. Juli 1849... Ach Gott! Ich war zum vaterlosen Waisenkind, meine liebe Mutter zur Witwe geworden!

*

In der damaligen Zeit träumte mir einst, ich hörte in der Kirche Orgelton wie beim Begräbnis. Da ich sah, was die Ursache wäre, erhob sich plötzlich ein Grab, und mein Vater im Sterbekleid entsteigt demselben. Er eilt in die Kirche und kommt in kurzem mit einem kleinen Kinde im Arm wieder. Der Grabhügel öffnet sich, er steigt hinein, und die Decke sinkt wieder auf die Öffnung. Sogleich schweigt der rauschende Orgelschall und ich erwache. — Den Tag nach dieser Nacht wird plötzlich Josephchen unwohl, bekommt die Krämpfe und stirbt in wenig Stunden. Unser Schmerz war ungeheuer. Mein Traum war vollständig in Erfüllung gegangen.

*

Ich hatte in meinem jungen Leben schon sehr viel Trauer und Betrübnis gesehen und war deshalb nicht ganz so lustig und wild, wie Kinder zu sein pflegen. Meine Mitschüler waren gewohnt, mich wegen dieses Ernstes zu necken. Aber dieses geschah nicht allein in der Bürgerschule, nein, auch später im Institut und sogar im Gymnasio.

*

Gustav Krug

Wie oft sahen wir uns miteinander Musikalien an, sprachen unsere Meinung gegeneinander aus, probierten dies und das und spielten uns gegenseitig vor. Aber auch außerdem, z. B. bei den Festungsspielen, waren wir die besten Freunde; er war der glühendste Verteidiger der Russen und nahm äußerst lebhaft an dem Fortgange der Belagerung Sebastopols Anteil... Er besaß in allem eine bedeutende Beharrlichkeit...

*

Wilhelm Pinder

Da Wilhelm bei weitem milder als Gustav war, ja sogar das Gegenteil von ihm, so war mir der Umgang mit beiden sehr vorteilhaft. Er faßte immer mit Vorsicht Entschlüsse... Später, als unser Interesse für Poesie wuchs, da wurden wir uns ganz unentbehrlich, und unserer Unterhaltung mangelte es niemals an Stoff. Wir tauschten wechselweise unsere Ideen über Dichter und Schriftsteller, gelesene Werke, über neue Erscheinungen im Gebiete der Literatur, faßten gemeiniglich Pläne, gaben uns gegenseitig Gedichte auf und wurden nicht ruhig, bevor wir ganz unser Herz geöffnet hatten. — Dies waren meine Freunde, und stets wuchs mit dem Alter auch die Freundschaft. Ja, es ist etwas Hohes, Edles, wahre Freunde zu haben, und unser Leben ist von Gott bedeutend verschönert worden, daß er uns Mitgefährten gab, die mit uns dem Ziele zustreben. Insbesonders ich muß Gott im Himmel dafür loben, da mir ohne diese in Naumburg vielleicht nie heimisch geworden wäre.

*

Ich war an dem Himmelfahrtstag in die Stadtkirche gegangen und hörte den erhabenen Chor aus dem Messias: das Halleluja! Mir war, als sollte ich mit einstimmen, deuchte mir doch, es sei der Jubelgesang der Engel, unter dessen Brausen Jesus Christus gen Himmel fuhr. Alsbald faßte ich den ernstlichen Entschluß, etwas Ähnliches zu komponieren. Sogleich nach der Kirche ging ich auch ans Werk und freute mich kindlich über jeden neuen Akkord, den ich erklingen ließ. Indem ich aber davon jahrelang nicht abließ, gewann ich so sehr dabei, indem ich durch die Erlernung des Tongefüges etwas besser vom Blatte spielen lernte. Dies ist auch, was mich die vielen verschriebenen Bogen Notenpapier nicht dauern läßt. Ich empfing dadurch auch einen unauslöschlichen Haß gegen alle moderne Musik und alles, was nicht klassisch war. Mozart und Haydn, Schubert und Mendelssohn, Beethoven und Bach, das sind die Säulen, auf die sich nur deutsche Musik und ich gründeten. Auch mehrere Oratorien hörte ich damals. Das tiefergeifende Requiem war das erste; wie mir die Worte „Dies irae, dies illa" durch Mark und Bein gingen, aber das wahrhaft himmlische Benediktus!!

*

Oh, es ist wonnig, sich dem lauen Wasser des Sommers hinzugeben. Besonders empfand ich dies, als ich später schwimmen lernte. Sich der Strömung zu überlassen und ohne Mühe auf den weichen Fluten hinzugleiten, kann man sich etwas Lieblicheres denken? Dazu erachte ich das Schwimmen nicht nur für angenehm, sondern auch für Gefahren sehr nützlich und für den Körper sehr stärkend und erfrischend. Es ist Jünglingen nicht genug zu empfehlen. Seine Stelle vertrat im Winter das Schlittschuhlaufen. Es ist geradezu etwas Überirdisches, mit geflügeltem Fuß über die kristallene Fläche hinzugleiten.

SCHÜLER IN PFORTA

Es ist wahr, hinsichtlich Arbeit und Strenge läßt Naumburg mit Pforta keinen Vergleich zu, und ich werde mich sehr daran gewöhnen müssen.

An die Mutter. 9. Oktober 58

O Gott, was hast du mir ein solches Herz gegeben, daß ich mit der Natur zugleich juble und mich freue. Ich kann es nicht ertragen...

*

Wir sind gestern wieder baden gewesen, die Saale war kühl und etwas gestiegen. Ich habe den Schwertsprung mehrere Male versucht, auch so ziemlich gelernt.

*

Ich bin seit gestern nun wirklich im Chor, worüber ich mich sehr freue. Ich singe nun mit in der Kirche, kann die Sängerfahrt mitmachen und genieße nun alle Vor- und Nachteile eines Choristen.

*

Der Herbst erinnert mich immer an meine zukünftige Stellung in der Welt; denn die Jugend soll dann auch Früchte tragen. Aber es ist mir ein schrecklicher Gedanke, dann nur zu genießen, was einstige Mühe heimgebracht. Meine Seele muß im ewigen Frühling stehen, denn wenn erst die rosige Blütenzeit vorüber ist, dann ist auch mein Leben vorüber.

*

Ich habe gestern wieder einmal die Räuber gelesen; es wird mir dabei jedesmal ganz eigentümlich zumute. Die Charaktere sind mir fast übermenschlich, man glaubt, einen Titanenkampf gegen Religion und Tugend zu sehen, bei dem aber doch die himmlische Allgewalt einen endlos tragischen Sieg erringt. Furchtbar ist zuletzt die Verzweiflung des unendlichen Sünders, die durch die Worte des Paters grausenerregend vermehrt wird.

*

... vorzüglich hat mich das Leben Jean Pauls angezogen. die Bruchstücke seiner Werke, die ich gelesen habe, ziehen mich ungemein durch die blühende, überschwengliche Schilderung, die zarten Gedanken und den satirischen Witz an. Ich glaube, Jean Paul wird einmal bei reiferen Jahren mein Lieblingsschriftsteller.

Aus den Hundstagsferien

Es war schon die Sonne untergegangen, da schritten wir aus der düsteren Halle heraus. Bald lag die Stadt, die trotz ihrer Belebtheit auf mich keinen angenehmen Eindruck macht, hinter uns, der goldig umflossene Himmel, wo noch die Gluten in rosiger Verklärung loderten, über uns, und Saatgefilde, auf denen der milde Hauch des Abends ruhte, neben uns. O Wilhelm, rief ich, gibt es eine größere Lust, als so zusammen die Welt zu durchwandern? Freundesliebe, Freundestreue! Atem der herrlichen Sommernacht, Blumenduft und Abendröte! Steigen deine Gedanken nicht auf wie die jubelnde Lerche und thronen auf den goldumkränzten Wolken. Wie eine wunderliebliche Abendlandschaft liegt mein Leben vor mir. Wie gruppieren sich die Tage vor mir, bald in düsterer Beleuchtung, bald in jubelvoller Auflösung!

Da drang ein geller Schrei uns zu Ohren; er kam aus dem nahen Irrenhause. Inniger schlossen sich unsre Hände zusammen; uns war, als berühre uns ein böser Geist mit beängstigenden Fittigen. Nein, uns soll nichts voneinander scheiden, nichts als der Todesjüngling. Weichet, ihr bösen Mächte! — Auch in dieser schönen Welt gibt es Unglückliche. Aber was ist Unglück?

*

Mich hat jetzt ein ungemeiner Drang nach Erkenntnis, nach universeller Bildung ergriffen; Humboldt hat diese Richtung in mir angeregt. Wenn sie doch so beständig wie meine Zuneigung zur Poesie wäre!

Aus Aufzeichnungen vom August 59

Aus einem Versbrief an Wilhelm Pinder

Oft auch möchte die Seele sich los von den hemmenden Fesseln
reißen, in Einsamkeit flüchten das fühlende Herz;
aber auch diesen Druck erleichtert die treuliche Freundschaft,
die sich stets voll Trost, voll von Erhebung uns naht.
Unter Freunden ist nichts, was der eine dem andern verbürge;
alles teilen sie sich mit im vertrauten Gespräch.
Ist auch der eine entfernt, die Liebe durchsegelt die Lüfte,
und in Gestalt eines Briefs naht sie dem einsamen Freund...

März 60

Einleitungsworte
des Gründungsdokumentes des literar. Vereins „Germania“

Am 25. Juli des Jahres 1860 stifteten die Unterzeichneten auf der Schönburg eine Vereinigung, der sie den Namen „Germania“ gaben.

Sie sollte vorzüglich zu einer größeren Ausbildung der Mitglieder in den Künsten und Wissenschaften beitragen. Zu diesem Ende wurden folgende Statuten festgesetzt: ..."

Aus dem Germania-Vortrag

Fatum und Geschichte 1862

Wenn wir mit freiem unbefangenem Blick die christliche Lehre und Kirchengeschichte anschauen könnten, so würden wir manche, den allgemeinen Ideen widerstrebende Ansichten aussprechen müssen. Aber so, von unseren ersten Tagen an eingeengt in das Joch der Gewohnheit und der Vorurteile, durch die Eindrücke unserer Kindheit in der natürlichen Entwicklung unseres Geistes gehemmt und in der Bildung unseres Temperamentes bestimmt, glauben wir es fast als Vergehen betrachten zu müssen, wenn wir einen freieren Standpunkt wählen, um von da aus ein überparteiliches und der Zeit angemessenes Urteil über Religion und Christentum fällen zu können.

Ein solcher Versuch ist nicht das Werk einiger Wochen, sondern eines Lebens.

Sich in das Meer des Zweifels hinauszuwagen, ohne Kompaß und Führer, ist Torheit und Verderben für unentwickelte Köpfe; die meisten werden von Stürmen verschlagen, nur sehr wenige entdecken neue Länder.

Aus der Mitte des unermeßlichen Ideenozeans sehnt man sich dann oft nach dem festen Lande zurück; wie oft überschlich mich nicht bei fruchtlosen Spekulationen die Sehnsucht zur Geschichte und Naturwissenschaft!

Geschichte und Naturwissenschaft, die wundervollen Vermächtnisse unserer ganzen Vergangenheit, die Verkünderinnen unserer Zukunft, sie allein sind die sicheren Grundlagen, auf denen wir den Turm unserer Spekulation bauen können.

Vielleicht ist in ähnlicher Weise, wie der Geist nur die unendlich kleinste Substanz, das Gute nur die subtilste Entwicklung des Bösen aus sich heraus sein kann, der freie Wille nichts als die höchste Potenz des Fatums. Weltgeschichte ist dann Geschichte der Materie, wenn man die Bedeutung dieses Wortes unendlich weit nimmt.

*

Das Christentum ist wesentlich Herzenssache; erst wenn es sich in uns verkörpert hat, wenn es Gemüt selbst in uns geworden ist, ist der Mensch wahrer Christ. Die Hauptlehren des Christentums sprechen nur die Grundwahrheiten des menschlichen Herzens aus; sie sind Symbole, wie das Höchste immer nur ein Symbol des noch Höheren sein muß. Durch den Glauben selig werden, heißt nichts als die alte Wahrheit, daß nur das Herz, nicht das Wissen glücklich machen kann. Daß Gott Mensch geworden ist, weist nur darauf hin, daß der Mensch nicht im Unendlichen seine Seligkeit suchen soll, sondern auf der Erde seinen Himmel gründe; der Wahn einer überirdischen Welt hat die Menschengeister in eine falsche Stellung zu der irdischen Welt gebracht: er war das Erzeugnis einer Kindheit der Völker. Die glühende Jünglingsseele der Menschheit nimmt diese Ideen mit Begeisterung hin und spricht ahnend das Geheimnis aus, das zugleich auf der Vergangenheit in die Zukunft hinein wurzelt, daß Gott Mensch geworden. Unter schweren Zweifeln und Kämpfen wird die Menschheit männlich: sie erkennt in sich „den Anfang, die Mitte, das Ende der Religion".

An Krug und Pinder. April 62

Unser Leben ist oftmals streckenweise eine poetische Improvisation, und man muß nur Phantasie mitbringen, um es als solche zu empfinden.

An die Schwester. Dezember 63

Meine musikalische Tätigkeit im Jahre 1863

Gespielt habe ich im ersten Teil des Jahres
viel Beethovensche Sonaten / 12 Haydnsche Symphonien / Späterhin Schuberts Phantasie / Divertissement à l'Hongroise / Lebensstürme / Die Pastoralsymphonie / Vor allem die 9. Symphonie.

Komponiert habe ich im Januar:
„In einem kühlen Grunde", melodramatisch.

In den Hundstagen aufgeschrieben:
„So lach doch mal"

Im Kopf ersonnen: das Allegro einer Sonate vierhändig, vergessen.
Das Adagio dazu, nicht vergessen.

In den Weihnachtsferien:
„Eine Silvesternacht" für Violine und Klavier aufgeschrieben.

Gedichtet habe ich vor den Hundstagen:
Untreue Liebe / Vor dem Kruzifix / Am Meeresstrand / Klang aus der Ferne / Über den Gräbern / Jetzt und einstmals / Jetzt und ehedem / Rhapsodie.

Nachher:
Heimkehr, fünf Lieder / Vorspiel / An ein Rosenblatt / Der alte Ungar / Vor fünfzig Jahren / Beethovens Tod.

Geschrieben habe ich in den Ostertagen:
„Über das Dämonische in der Musik" I, II.

In den Hundstagen:
„Anmerkungen zum Nibelungenlied".

In den Michaelistagen:
„Anmerkungen zum Hildebrandslied und Sprüchen".

Später:

„Abhandlung über Ermanarich".

Gelesen am meisten:

Emerson, Bernhardy (Literaturgesch.), Gervinus (Shakespeare), Edda, Symposion, Technik des Dramas, Nibelungen (Lachmann), Tacitus (Tiberius), Wolken, Plautus, Aeschylos, und über ihn.

*

Meine Augen werden offenbar schlechter, das Lampenlicht stört und belästigt mich sehr. Wenn nur erst die bessere Jahreszeit beginnt! Ich will viel spazierengehen und — meine einzige Hilfe — auf der Universität meinen Augen gemäßer leben, als ich es bisher getan.

An Mutter und Schwester. März 64

Über Stimmungen

Stimmungen kommen entweder aus inneren Kämpfen oder aus einem äußeren Druck auf die innere Welt.

Kampf ist der Seele fortwährende Nahrung, und sie weiß sich aus ihm noch genug Süßes und Schönes herauszunehmen. Sie vernichtet und gebiert dabei Neues, sie kämpft heftig und zieht den Gegner doch sanft auf ihre Seite zu inniger Vereinigung. Und das wunderbarste ist, daß sie nie auf das Äußere achtet, Name, Personen, Gegenden, schöne Worte, Schriftzüge, alles ist ihr von untergeordnetem Werte, aber sie schätzt das, was in der Hülle ruht.

Das, was jetzt vielleicht dein ganzes Glück oder dein ganzes Herzeleid ist, wird vielleicht in kurzem nur noch das Gewand eines noch tieferen Gefühls sein und wird darum in sich verschwinden, wenn das Höhere kommt. Und so vertiefen sich immer mehr unsere Stimmungen, keine einzige gleicht einer anderen genau, sondern jede ist unergründlich jung und die Geburt des Augenblicks.

Ich denke jetzt an manches, was ich liebte, Namen und Personen wechselten, und ich will nicht behaupten, daß wirklich ihre Naturen immer tiefer und schöner geworden wären; wohl aber ist es wahr, daß jede dieser ähnlichen Stimmungen für mich einen Fortschritt bedeutet und daß es dem Geist unerträglich ist, dieselben Stufen, die er durchschritt, noch einmal zu durchschreiten; immer mehr in Tiefe und Höhe will er sich breiten.

Seid mir gegrüßt, liebe Stimmungen, wundersame Wechsel einer stürmischen Seele, mannigfach wie die Natur ist, aber großartiger wie die Natur ist, da ihr ewig euch steigert, ewig aufstrebt; die Pflanze aber duftet noch jetzt, wie sie am Tage der Schöpfung duftete. Ich liebe nicht mehr, wie ich vor Wochen liebte, ich bin in diesem Augenblick nicht mehr so gestimmt, wie ich es beim Beginn des Schreibens war.

Ostern 64

Beginn eines Fragmentes

Fantasie

Ich versuchte es erst in Tönen: siehe es ging nicht; weiter stürmte das Herz; und der Ton blieb tot. Ich versuchte es dann in Versen: nein, nicht Reime fassen's, nicht ruhige, gemessene Rhythmen. Fort Papier: ein neues her, und nun kritzle schnell, Feder, nun rasch, Tinte!

1864

STUDENT IN BONN

Liebe Mama und Lisbeth, indem ich mich zuerst nach allen Seiten hin höflich verneige, stellte ich mich Euch als ein Mitglied der deutschen Burschenschaft Franconia vor.

An Mutter und Schwester. Oktober 64

Heute mittag ist großer Auszug durch die Hauptstraßen mit Paradeanzügen und fabelhafter Renommage. Dann fahren wir mit Schiff nach Rolandseck, dort ist großes Diner im Hotel Croyen ... wir tranken bis gegen 2 nachts, sammelten uns gestern um 11 Uhr morgens zu einem Frühschoppen, machten dann einen Markttrottoirbummel, aßen zu Mittag und tranken bei Kley gemeinsam Kaffee ...
Wir haben ein wunderschönes Wetter gehabt, der Auszug mit schöner Husarenmusik machte großes Aufsehen, der Rhein hatte die schönste blaue Farbe, wir hatten Wein mit auf das Dampfschiff genommen. Wie wir nach Rolandseck kamen, wurden Böller zu unserem Empfang gelöst. Wir tafelten nachher bis gegen sechs Uhr, waren ausnehmend vergnügt und sangen viele selbstverfaßte unsinnreiche Lieder. Draußen war es Dämmerung geworden, der Mondschein lag auf dem Rhein und beleuchtete die Gipfel des Siebengebirges, die aus dem bläulichen Nebel hervortraten. An die Schwester. Dezember 64

Die Verbindung kostet unleugbar viel Geld.

An Mutter und Schwester. Februar 65

Ich gelte hier in studentischen Kreisen etwas als musikalische Autorität und außerdem als sonderbarer Kauz, wie übrigens alle Pförtner, die der Franconia angehören. Ich bin durchaus nicht unbeliebt, ob ich gleich etwas moquant bin und für satirisch gelte ... Als eigenes Urteil kann ich hinzufügen, daß ich das erste nicht gelten lasse, daß ich oft nicht glücklich bin, zuviel Launen habe und gern ein wenig Quälgeist bin, nicht nur für mich selbst, sondern auch für andere.

An die Schwester. Februar 65

Wer als Studierender seine Zeit und sein Volk kennenlernen will, muß Farbenstudent werden; die Verbindungen und ihre Richtungen stellen meist den Typus der nächsten Generation von Männern möglichst scharf dar... Freilich müssen wir uns hüten, daß wir nicht selbst zu sehr beeinflußt werden. Die Gewöhnung ist eine ungeheure Macht. Man hat schon sehr viel verloren, wenn man die sittliche Entrüstung über etwas Schlechtes verliert, das in unserem Kreise täglich geschieht. Das gilt z. B. in betreff des Trinkens und der Trunkenheit, aber auch in der Mißachtung und Verhöhnung andrer Menschen, andrer Meinungen.

An Gersdorf. Mai 65

Jeder wahre Glaube ist untrüglich: er leistet das, was die betreffende gläubige Person darin zu finden hofft; er bietet aber nicht den geringsten Anhalt zur Begründung einer objektiven Wahrheit.
Hier scheiden sich nun die Wege des Menschen; willst Du Seelenruhe und Glück erstreben, nun so glaube, willst Du ein Jünger der Wahrheit sein, so forsche.

An die Schwester. Juni 65

...da der Hauch von Poesie, der auf allem diesem Treiben zu ruhen scheint, für mich verflogen war und die rohe philiströse Gesinnung mitten aus jenem Übermaß von Trinken, Lärmen und Schuldenmachen hervorsprang, da begann es leise in mir zu rumoren...

Aus Aufzeichnungen. 65

Ich habe dem Konvent der Franconia anzuzeigen, daß ich hiemit durch Einsendung meines Bandes meinen Austritt erkläre. Ich höre damit nicht auf, die Idee der Burschenschaft hochzuschätzen. Nur das will ich offen eingestehen, daß mir ihre gegenwärtige Erscheinungsform wenig behagt. Dies mag zum Teil an mir liegen. Es ist mir schwer geworden, ein Jahr hindurch in der Franconia auszuhalten. Ich habe es für meine Pflicht gehalten, sie kennenzulernen. Jetzt halten mich keine engeren Bande mit ihr zusammen. Darum sage ich ihr Lebewohl. Möge die Franconia recht bald das Entwicklungsstadium überstehen, in dem sie sich jetzt befindet. Möge sie immer noch Mitglieder von tüchtiger Gesinnung und guter Sitte zählen.

Friedrich Nietzsche

Austrittserklärung aus der
Burschenschaft Frankonia. Oktober 65

STUDENT IN LEIPZIG

Als ich nach sechsjährigem Aufenthalte der Schulpforta als einer strengen aber nützlichen Lehrmeisterin Lebewohl gesagt hatte, ging ich nach Bonn. Hier wurde ich mit Erstaunen gewahr, wie gut unterrichtet und doch wie schlecht erzogen so ein Fürstenschüler auf die Universität kommt. Er hat eine Menge für sich gedacht, und jetzt fehlt ihm die Geschicklichkeit, diese Gedanken zu äußern. Er hat noch nichts von dem bildenden Einflusse der Frauen erfahren; aus Büchern und Überlieferungen glaubt er das Leben zu kennen, und doch kommt ihm jetzt alles so fremdartig und unangenehm vor. So erging es mir in

Bonn; nicht alle die Mittel, nach denen ich griff, um jene Übelstände zu beseitigen, mochten gut gewählt sein, und Verdrießlichkeiten, unbequemer Umgang, übernommene Verpflichtungen usw. machten mir dies erste Jahr meiner akademischen Zeit recht lästig.
Ich ging von Bonn weg wie ein Flüchtling...

*

Ich hing damals gerade mit einigen schmerzlichen Erfahrungen und Enttäuschungen ohne Beihilfe einsam in der Luft, ohne Grundsätze, ohne Hoffnungen und ohne eine freundliche Erinnerung. Mir ein eigenes, anpassendes Leben zu zimmern war mein Bestreben von früh bis abend; dazu brach ich die letzte der Stützen ab, die mich an meine Bonner Vergangenheit fesselten. Ich zerriß das Band zwischen mir und jener Verbindung. In der glücklichen Abgeschiedenheit meiner Wohnung gelang es mir, mich selbst zu sammeln, und wenn ich mit Freunden zusammentraf, war es eben mit Mushacke und von Gersdorff, die für ihren Teil mit gleichen Absichten umgingen. — Nun vergegenwärtige man sich, wie in solchem Zustande die Lektüre von Schopenhauers Hauptwerk wirken mußte. Eines Tages fand ich nämlich im Antiquariat des alten Rohn dies Buch, nahm es als mir völlig fremd in die Hand und blätterte. Ich weiß nicht, welcher Dämon mir zuflüsterte: „Nimm dir dies Buch mit nach Hause." Es geschah jedenfalls wider meine sonstige Gewohnheit, Büchereinkäufe nicht zu überschleunigen. Zu Hause warf ich mich mit dem erworbenen Schatz in die Sofaecke und begann jenen energischen, düsteren Genius auf mich wirken zu lassen. Hier war jede Zeile, die Entsagung, Verneinung, Resignation schrie, hier sah ich einen Spiegel, in dem ich Welt, Leben und eigen Gemüt in entsetzlicher Großartigkeit erblickte. Hier sah mich das volle interesselose Sonnenauge der Kunst an, hier sah ich Krankheit und Heilung, Verbannung und Zufluchtsort, Hölle und Himmel. Das Bedürfnis nach Selbsterkenntnis, ja Selbstzernagung packte mich gewaltsam; Zeugen jenes Umschwunges sind mir noch jetzt die unruhigen, schwermütigen Tagebuchblätter jener Zeit mit ihren nutzlosen Selbstanklagen und ihrem verzweifelten Aufschauen zur Heiligung und Umgestaltung des ganzen Menschenkerns. Indem ich alle meine Eigenschaften und Bestrebungen vor das Forum einer düsteren Selbstverachtung zog, war ich bitter, ungerecht und zügellos in dem gegen mich selbst gerichteten Haß. Auch leibliche Peinigungen fehlten nicht. So zwang ich mich 14 Tage hintereinander, immer erst um 2 Uhr nachts zu Bett zu gehen und es genau um 6 Uhr wieder zu verlassen. Eine nervöse Aufgeregtheit bemächtigte sich meiner...

*

In jene Zeit fällt die Gründung des philologischen Vereins. Eines Abends waren mehrere ehemalige Bonner Studenten zu Ritschl eingeladen, darunter ich selbst. Nach Tische regte uns unser Gastgeber lebhaft zu der Idee an, welche dem philologischen Vereine zugrunde lag ...

*

Es war am 18. Januar 1866, als ich meinen ersten Vortrag hielt und damit gewissermaßen mein Debut in der philologischen Welt: Ich hatte angekündigt, daß ich in der Restauration von Löwe, Nikolaistraße, über die letzte Redaktion der Theognidea sprechen werde ...

*

Seit jenem Tage, wo Ritschl meine Theognispapiere so günstig abgeschätzt hatte, war ich zu ihm in ein näheres Verhältnis gekommen ... Er besaß unbedingt eine Überschätzung seines Faches und hatte demgemäß eine Abneigung dagegen, daß Philologen sich näher mit der Philosophie einließen ...

*

In dem zweiten Winter, den ich in Leipzig verlebte, habe ich mich angelegentlich mit paläographischen Studien befaßt. Ich hatte durch Ritschl einen fast unbeschränkten Zutritt zu den handschriftlichen Schätzen der Leipziger Ratsbibliothek erlangt und befand mich hier bei der Zuvorkommenheit der Bibliothekare äußerst wohl. In dem düstern Zimmer des Gewandhauses saß ich in den Nachmittagsstunden wohlgemut am langen grünen Tische, vor mir eine lateinische Handschrift, sei es eine des Terenz oder des Statius oder des Orosius. Nicht wenig zogen mich auch die Rätsel des Adhelmus an, für die ich wertvolle und zahlreiche Varianten entdeckte ... Aus der reichen Masse älterer Drucke ist mir ein Walter Burley aufgefallen, den die bibliographischen Handbücher nicht kennen: Walter Burley de vita philosophorum auf der Leipziger Ratsbibliothek ...

Aus den Aufzeichnungen über die
Leipziger Jahre

Rohde hat in einem Briefe an mich selbst einmal das Bild gebraucht, daß wir beiden im letzten Sommer gewissermaßen auf einem Isolierschemel gesessen haben ... Ganz ohne unsere Absicht, aber durch einen sicheren Instinkt geleitet, verbrachten wir weitaus den größeren Teil des Tages miteinander. Viel gearbeitet in jenem banausischen Sinne haben wir nicht, und trotzdem rechneten wir uns die einzelnen verlebten Tage zum Gewinn. Ich habe es bis jetzt nur dies eine Mal erlebt, daß eine sich bildende Freundschaft einen ethisch-philosophischen Hintergrund hatte. Gewöhnlich sind es die gleichen Studienwege, die die Menschen zusammenführen. Wir beiden haben unsre Gebiete in der Wissenschaft in ziemlicher Entfernung voneinander und waren uns einig in der Ironie und im Spott gegen philologische Manieren und Eitelkeiten. Für gewöhnlich lagen wir uns in den Haaren, ja es gab eine ungewöhnliche Menge von Dingen, über die wir nicht zusammenklangen. Sobald aber das Gespräch sich in die Tiefe wandte, verstummte die Dissonanz der Meinungen, und es ertönte ein ruhiger und voller Einklang. Ist es aber nicht bei den meisten Freundschaften und Bekanntschaften umgekehrt? Und hat nicht hier gerade der junge Mensch manche arge Enttäuschung zu erleiden? Darum denke ich jetzt mit großem Vergnügen an jene ganze Zeit und rufe mir oft das Bild jener heiteren Schützenhausnächte oder jener stillen Ruhestunden an einem lieblichen Winkel der Pleiße zurück, die wir als Künstler beide zusammen genossen haben, momentan losgelöst von dem Drängen des unruhigen Lebenswillens und reiner Betrachtung hingegeben.

Aus den Aufzeichnungen über die Leipziger Jahre

Sodann reiten wir zusammen: denn auch dies gehört jetzt zu meinen Studien. Zufällig ist es wirklich gekommen, daß wir, d. h. Rohde und ich, Ritschls Kolleg nur mit Reitpeitschen besuchen...

An Mushacke. Juli 67

SOLDAT

Nun, wirst Du fragen, wenn er nicht raucht und spielt, wenn er nicht indicem fabriciert, noch Democritea kombiniert, Laertium et Suidam despektiert, was macht er denn?

Er exerziert.

Ja, mein lieber Freund, wenn Dich ein Dämon einmal in einer frühen Morgenstunde, sagen wir, zwischen 5 und 6 Uhr, nach Naumburg geleiten und in gefälliger Weise die Absicht haben sollte, Deine Schritte in meine Nähe zu lenken: so erstarre nicht über das Schauspiel, das sich Deinen Sinnen darbietet. Plötzlich atmest Du die Atmosphäre eines Stalles. Im halben Laternenlicht erscheinen Gestalten. Es scharrt, wiehert, bürstet, klopft um Dich herum. Und mitten drin, im Gewande eines Pferdeknechtes, heftig bemüht, mit den Händen Unaussprechliches, Unansehnliches wegzutragen oder den Gaul mit dem Striegel zu bearbeiten — mir graut es, wenn ich sein Antlitz sehe — es ist beim Hund meine eigene Gestalt.

Ein paar Stunden später siehst Du zwei Rosse auf der Reitbahn herumstürmen, nicht ohne Reiter, von denen der eine Deinem Freund sehr ähnlich ist. Er reitet seinen feurigen schwungvollen Balduin und hofft, einmal gut reiten zu lernen, obschon oder vielmehr, weil er jetzt immer noch auf der Decke reitet, mit Sporen und Schenkeln, aber ohne Reitgerte. Auch mußte er sich beeilen, alles zu verlernen, was er in der Leipziger Reitbahn gehört hatte, und vor allem sich mit großer Anstrengung einen sicheren und reglementmäßigen Sitz aneignen.

Zu anderen Tageszeiten steht er, emsig und aufmerksam, am gezogenen Geschütz und holt Granaten aus der Protze, oder reinigt das Rohr

mit dem Wischer, oder richtet nach Zoll und Graden usw. Vor allem aber hat er viel zu lernen.
Ich versichere Dich bei dem schon erwähnten Hund, meine Philosophie hat jetzt Gelegenheit, mir praktisch zu nützen. Ich habe in keinem Augenblick bis jetzt eine Erniedrigung verspürt, aber sehr oft wie über etwas Märchenhaftes gelächelt. Mitunter auch raune ich unter dem Bauch des Pferdes versteckt: „Schopenhauer hilf", und wenn ich erschöpft und mit Schweiß bedeckt nach Hause komme, so beruhigt mich ein Blick auf das Bild an meinem Schreibtisch: oder ich schlage die Parerga auf, die mir jetzt, samt Byron, sympathischer sind als je.

An Rohde. November 67

So habe ich mich denn gewöhnt, das Militärjahr als eine jener Hilfen zu betrachten, durch die wir einer einseitigen Ausbildung aus dem Wege gehen, vornehmlich aber in ihm ein entschiedenes Gegengift gegen eine steife, pedantische, engbrüstige Gelehrsamkeit zu finden, wider die ich immer im Kampfe liege, wo ich sie auch nur aufdecken kann ...

An Mushacke, Februar 68

Da zerreiß ich mir beim Reiten ein paar Muskeln der Brust und hatte dadurch Schmerzen, die am ersten Abend gleich ein paar Ohnmachten hervorriefen ... Endlich nach zehn Tagen wurden Schnitte in die Brust gemacht, und ich habe seit jener Zeit das philokteteische Vergnügen einer starken Eiterung ...

An Rohde. April 68

Ich bin vor 14 Tagen völlig genesen aus dem Bad Wittekind zurückgekehrt ...

An Gersdorff. August 68

Mein Hauptmann hat mir freundlicherweise in meinem Zeugnis die Qualifikation zum Landwehrleutnant ausgesprochen: falls ich einen Monat im Frühjahr Dienst tue, um mir die nötigen Kenntnisse zum Gespannexerzieren zu erwerben.
Da ein Krieg über kurz oder lang doch eine Unvermeidlichkeit ist und sich keine Aussicht bietet, ganz aus den militärischen Fesseln erlöst zu werden, so ist ein Avancement zum Landwehrlieutnant von äußerstem Wert.

An Rohde. Oktober 68

WAGNERIANER UND PHILOLOGE

Mir behagt an Wagner, was mir an Schopenhauer behagt, die ethische Luft, der faustische Duft, Kreuz, Tod und Gruft usw. ...

An Rohde. Oktober 68

Heute abend war in in der Euterpe, die ihre Winterkonzerte begann und mich sowohl mit der Einleitung zu Tristan und Isolde, als auch mit der Ouvertüre zu den Meistersingern erquickte. Ich bringe es nicht übers Herz, mich dieser Musik gegenüber kritisch kühl zu verhalten;

jede Faser, jeder Nerv zuckt an mir, und ich habe lange nicht ein solches andauerndes Gefühl der Entrücktheit gehabt als bei letztgenannter Ouvertüre. An Rohde. Oktober 68

Wagner spielt in Gegenwart der Frau Ritschl das Meisterlied, das ja auch Dir bekannt ist: und die gute Frau sagt ihm, daß ihr das Lied schon wohl bekannt sei, mea opera. Freude und Verwunderung Wagners: gibt allerhöchsten Willen kund, mich inkognito kennenzulernen. Wir kommen in dem sehr behaglichen Salon Brockhaus an: es ist niemand weiter vorhanden, als die engste Familie, Richard und wir beide (Windisch und Nietzsche). Ich werde Richard vorgestellt und rede zu ihm einige Worte der Verehrung: er erkundigt sich sehr genau, wie ich mit seiner Musik vertraut geworden sei, schimpft entsetzlich über alle Aufführungen seiner Opern, mit Ausnahme der berühmten Münchener, und macht sich über die Kapellmeister lustig, welche ihrem Orchester im gemütlichen Ton zurufen: „Meine Herren, jetzt wird's leidenschaftlich!" „Meine Gutsten, noch ein bißchen leidenschaftlicher!" Wagner imitiert sehr gern den Leipziger Dialekt.
Vor und nach Tisch spielte Wagner, und zwar alle wichtigen Stellen der Meistersinger, indem er alle Stimmen imitierte und dabei sehr ausgelassen war. Es ist nämlich ein fabelhaft lebhafter und feuriger Mann, der sehr schnell spricht, sehr witzig ist und eine Gesellschaft dieser privatesten Art ganz heiter macht. Inzwischen hatte ich ein längeres Gespräch mit ihm über Schopenhauer: ach, und Du begreifst es, welcher Genuß es für mich war, ihn mit ganz unbeschreiblicher Wärme von ihm reden zu hören, was er ihm verdanke, wie er der einzige Philosoph sei, der das Wesen der Musik erkannt habe. Dann erkundigte er sich, wie sich jetzt die Professoren zu ihm verhalten, lachte sehr über den Philosophenkongreß in Prag und sprach „von den philosophischen Dienstmännern". Nachher las er ein Stück aus seiner Biographie vor, die er jetzt schreibt, eine überaus ergötzliche Szene aus seinem Leipziger Studienleben, an die ich jetzt noch nicht ohne Gelächter denken kann; er schreibt übrigens außerordentlich gewandt und geistreich. Am Schluß, als wir beide uns zum Fortgehen anschickten, drücke er mir sehr warm die Hand und lud mich sehr freundlich ein, ihn zu besuchen, um Musik und Philosophie zu treiben, auch übertrug er mir, seine Schwester und seine Anverwandten mit seiner Musik bekannt zu machen: was ich denn feierlich übernommen habe.
An Rohde. November 68

Wagner, wie ich ihn jetzt kenne, aus seiner Musik, seinen Dichtungen, seiner Ästhetik, zum nicht geringsten Teil aus jenem glücklichen Zusammensein mit ihm, ist die leibhaftigste Illustration dessen, was Schopenhauer ein Genie nennt. An Rohde. Dezember 68

Mein lieber Freund, jetzt, wo ich wieder das wimmelnde Philologengezücht unserer Tage aus der Nähe sehe, wo ich das ganze Maulwurfstreiben, die vollen Backentaschen und die blinden Augen, die Freude ob des erbeuteten Wurms und die Gleichgültigkeit gegen die wahren, ja aufdringlichen Probleme des Lebens täglich beobachten muß, und nicht nur an der jungen Brut, sondern an den ausgewachsenen Alten: da kommt es mir immer begreiflicher vor, daß wir beide, falls wir nur sonst unserem Genius treu bleiben, nicht ohne mannigfache Anstöße und Quertreibereien unsern Lebensweg gehen werden.

An Rohde. November 68

Die Geschichte der Philologie zeigt eine übertrieben eifrige Hingabe an Dinge, deren Verständnis erst sehr spät aufgeht. Alle fast kauen mit stumpfen Zähnen an der Schale herum. Der Anblick ist lächerlich und traurig. Es ist unendlich viel Zeit und Kopf vergeudet worden.
Darum, weil etwas gewesen ist, darf nichts untersucht werden, sondern weil es besser war als jetzt und also vorbildlich wirkt.
Das Bestreben der nächsten Philologengeneration muß endlich sein, abzuschließen und das große Vermächtnis der Vergangenheit anzutreten. Sein Leben würdig anzulegen, muß das Bestreben junger Kräfte sein. Also stecke man sich entsprechende Aufgaben... Das Wiederkäuen muß aufhören.
Vor allem aber bringe man das zügellos umschweifende Geschichtsunwesen in seine Grenzen. Der Mensch hat mehr zu tun, als Geschichte zu treiben.
Auch die literarischen Studien werden übertrieben. Man lese Shakespeare mehr als über ihn. Man befördere die Lektüre Platos.
Unsre Philologen sollen lernen, mehr im Großen zu urteilen und das Feilschen um einzelne Stellen mit den großen Erwägungen der Philosophie zu vertauschen. Man muß neue Fragen stellen können, wenn man neue Antworten haben will.
Es ist gewiß ein großes Verdienst, eine total neue Anschauung zu fassen: aber das größere ist, auf sie so zu schlagen, daß sie nach allen Seiten hin Funken gibt.
Die meisten Philologen sind Fabrikarbeiter im Dienste der Wissenschaft. Die Neigung erstirbt, irgendein größeres Ganzes zu umfassen oder weitere Gesichtspunkte in die Welt zu setzen. Dagegen arbeiten die meisten mit emsiger Beharrlichkeit an einer kleinen Schraube.

Aufzeichnungen. November 68

... der Weg, auf dem ich zur Philologie gekommen bin, liegt gleich weit ab von dem der praktischen Klugheit und des niedrigen Egoismus als von dem, auf welchem die begeisterte Liebe zum Altertum die Fackel voranträgt. Dies letzte auszusprechen ist nicht leicht, aber es ist ehrlich.
Ich sollte denken, daß ein Mensch mit vierundzwanzig Jahren das Wichtigste seines Lebens bereits hinter sich hat: mag er auch später erst zutage bringen, was sein Leben lebenswert macht. Ungefähr näm-

lich bis in diesen Zeitraum faßt die junge Seele aus allen Ereignissen und Erfahrungen, die sie im Leben wie im Denken macht, noch das Typische heraus: und aus der Welt dieser Typen wird sie nun und nimmermehr herauskommen. Wenn später dieser idealisierende Blick des Auges erloschen ist, stehen wir im Banne jener Welt von Typen, die wir als das Vermächtnis unserer Jugend überkommen.

Herbst 68/Frühjahr 69

UNIVERSITÄTSPROFESSOR

DER VIERUNDZWANZIGJÄHRIGE GELEHRTE

... es ist ein großer Streich auf mein Haupt gefallen, und die gemeinsamen Pariser Pläne flattern in alle Lüfte. Und mit ihnen flattern meine schönsten Hoffnungen. Ich hatte es noch einmal recht wohl haben wollen, bevor ich an die Berufskette gelegt würde, ich hatte sehnlich begehrt, den tiefen Ernst und den zauberhaften Reiz eines Wanderlebens auszukosten, noch einmal das unbeschreibliche Glück, Zuschauer und nicht Mitspieler zu sein....
... der Sprung ins Unvermeidliche ist geschehen: heute... ist der Unterzeichnete... in den Stand des heiligen Professorentums getreten. Es lebe die freie Schweiz, Richard Wagner und unsere Freundschaft!

Friedrich Nietzsche
Professor extraord. der klass. Philologie zu Basel

An Rohde. Januar/Februar 69

Ich habe für das Sommersemester zwei Vorlesungen angekündigt: priv. Geschichte der griechischen Lyrik mit Interpretation ausgewählter Proben, publ. Methodik und Quellenkunde der griechischen Literaturgeschichte. Sodann habe ich den ganzen griechischen Unterricht in der dortigen Prima zu geben, und auch das philologische Seminar wird seine Zeit und seine Mühe beanspruchen.

An Rohde. Februar 69

Von dem obligaten Buckel der Professoren spüre ich noch nichts. Philister zu sein... Herdenmensch — davor behüte mich Zeus und alle Musen!... Einer Art des Philisteriums bin ich zwar nähergerückt, der spezies „Fachmensch“... Meine Wissenschaft mit neuem Blute zu durchdringen, auf meine Zuhörer jenen Schopenhauerschen Ernst zu übertragen, der auf der Stirne des erhabenen Mannes ausgeprägt ist — dies ist mein Wunsch, meine kühne Hoffnung: etwas mehr möchte ich sein als ein Zuchtmeister tüchtiger Philologen: die Lehrergeneration der Gegenwart, die Sorgfalt für die nachwachsende Brut, alles dies schwebt mir vor der Seele. Wenn wir einmal unser Leben austragen müssen, versuchen wir es, dieses Leben so zu gebrauchen, daß andere es als wertvoll segnen, wenn wir glücklich von ihm erlöst sind.

An Gersdorff. April 69

Wer einsam ist vermöge einer Naturmarotte, vermöge einer seltsam gebrauten Mischung von Wünschen, Talenten und Willensstrebungen, der weiß, welch „ein unbegreiflich hohes Wunder“ ein Freund ist.

An Rohde. Naumburg und Leipzig, Januar 69

In der Schule habe ich Vergnügen an einer verständigen Klasse und bilde mir ein, zum Schulmeister zwar nicht geboren, aber doch auch nicht verdorben zu sein. An die Schwester. Basel, Mai 69

Von äußerster Wichtigkeit ist, daß ich ja den ersehntesten Freund und Nachbar in Luzern habe, zwar nicht nahe genug, aber doch immer nur so weit, daß jeder freie Tag zu einer Zusammenkunft benutzt werden kann. Dies ist Richard Wagner, der als Mensch durchaus von gleicher Größe und Singularität ist wie als Künstler. Mit ihm und der genialen Frau von Bülow (Tochter Liszts) zusammen habe ich nun schon mehrere glückliche Tage verlebt, z. B. die letzten wieder, Sonnabend und Sonntag. Wagners Villa, am Vierwaldstätter See gelegen, am Fuße des Pilatus, in einer bezaubernden See- und Gebirgseinsamkeit, ist wie Du Dir denken kannst, vortrefflich eingerichtet; wir leben dort zusammen in der angeregtesten Unterhaltung, im liebenswürdigsten Familienkreise und ganz entrückt von der gewöhnlichen gesellschaftlichen Trivialität. Dies ist für mich ein großer Fund.

An die Schwester. Basel, Juni 69

...: ein verschwenderisch reicher und großer Geist, ein energischer Charakter und ein bezaubernd liebenswürdiger Mensch, von dem stärksten Wissenstriebe usw. Ich muß ein Ende machen: sonst singe ich einen Päan... An Rohde. Basel, Juni 69

Doch will ich mich nicht anfechten lassen: literarischen Ehrgeiz habe ich eigentlich gar nicht, an eine herrschende Schablone mich anzuschließen, brauche ich nicht, weil ich keine glänzenden und berühmten Stellungen erstrebe. Dagegen will ich mich, wenn es Zeit ist, so ernst und freimütig äußern, wie nur möglich. Wissenschaft, Kunst und Philosophie wachsen jetzt so sehr in mir zusammen, daß ich jedenfalls einmal Zentauren gebären werde.

An Rohde. Basel, Februar 70

SANITÄTER IM FRANKREICH-KRIEG

In der gegenwärtigen Lage Deutschlands kann Ihnen mein Entschluß nicht unerwartet sein, daß auch ich meinen Pflichten gegen mein Vaterland zu genügen suche.

Daß ich aber auch das geringe Scherflein meiner persönlichen Leistungsfähigkeit in den Opferkasten des Vaterlandes werfen möchte, das wird niemand so natürlich und billigenswert finden als gerade eine schweizerische Erziehungsbehörde. Wenn ich auch mir wohl bewußt bin, welcher Kreis von Pflichten in Basel von mir auszufüllen ist, so könnte ich mir — bei dem ungeheuren Ruf Deutschlands, daß jeder seine deutsche Pflicht tue — nur durch peinlichen Zwang und ohne wirklichen Wert in ihrem Banne festhalten lassen.

An die Erziehungsbehörde, z. H. von Professor Vischer. August 70

Zwei Uhr nachts, Viehwagen bei ganz verkältetem Fußgestell, trotz Flammensäule von Straßburg. Freies Feld zwischen Station Hagenau und Bischweiler. Neunstündiger Aufenthalt unter Pferden und Kavalleristen, bei feindlicher Bevölkerung.
Diese bereits gewohnte Art, zu reisen. Morgen Nancy, dann Hauptquartier und weiter.
Ein Erinnerungszeichen an entsetzliches Schlachtfeld von Wörth folgt mit.
Elendes Öllicht hindert, mehr zu schreiben.

An Ritschl. Bei Hagenau, Elsaß, August 70

... Ich bin bis in die Nähe von Metz vorgedrungen und habe von dort einen Verwundetenzug nach Karlsruhe geleitet. Hierbei, bei dem fürchterlichen Zustand aller meiner Kranken, dem fortwährenden Verbinden ihrer zum Teil brandigen Wunden, bei dem Schlafen in Viehwägen, in denen sechs Schwerverwundete auf Stroh lagen, habe ich den Keim der Ruhr in mich aufgenommen; zugleich hat auch der Arzt an mir noch Rachendiphtheritis entdeckt, die aus derselben Tätigkeit stammt. Auch dieses Übel wird höchst energisch von uns bekämpft.

An die Mutter. Erlangen, September 70

Vor dem bevorstehenden Kulturzustande habe ich die größten Besorgnisse. Wenn wir nur nicht die ungeheuren nationalen Erfolge zu teuer in einer Region bezahlen müssen, wo i c h wenigstens mich zu keinerlei Einbuße verstehen mag. Im Vertrauen: ich halte das jetzige Preußen für eine der Kultur höchst gefährliche Macht. Das Schulwesen will ich einmal später öffentlich bloßlegen; mit den religiösen Umtrieben, wie sie jetzt wieder von Berlin aus zugunsten der katholischen Kirchengewalt im Gange sind, mag's ein anderer versuchen. — Es ist mitunter recht schwer, aber wir müssen Philosophen genug sein, um in dem allgemeinen Rausch besonnen zu bleiben — damit nicht der Dieb komme und uns stehle oder verringere, was für mich mit den größten militärischen Taten, ja selbst mit allen nationalen Erhebungen nicht in Vergleichung kommen darf.
Für die kommende Kulturperiode sind die Kämpfer vonnöten: für diese müssen wir uns erhalten.

An Gersdorff. Basel, November 70

TRAGISCHER PHILOSOPH UND UNZEITGEMÄSSER

Auf die Dauer nämlich sehe auch ich ein, was es mit der Schopenhauerischen Lehre von der Universitätsweisheit auf sich hat. Es ist ein ganz radikales Wahrheitswesen hier nicht möglich. Insbesondere wird etwas wahrhaft Umwälzendes von hier aus nicht seinen Ausgang nehmen können.
Sodann können wir nur dadurch zu wirklichen Lehrern werden, daß wir uns selbst mit allen Hebeln aus dieser Zeitluft herausheben und daß wir nicht nur weisere, sondern vor allem bessere Menschen sind. Auch hier spüre ich vor allem das Bedürfnis, wahr sein zu müssen. Und wiederum ertrage ich deshalb die Luft der Akademien nicht mehr zu lange.

Also wir werfen einmal dieses Joch ab, das steht für mich ganz fest. Und dann bilden wir eine neue griechische Akademie.

An Rohde. Basel, Dezember 70

Meine Gesundheit ist so schlecht, daß die Ärzte mich nach dem Süden schicken und ich übermorgen nach Lugano abreise. Magen- und Darmentzündung! Scheußliche Schlaflosigkeit! Bis Ostern bleibe ich fort und kehre als Philosoph wieder, wenn mein Plan gelingt.

An Rohde. Basel, Februar 71

Über den Kampf der Nationen hinaus hat uns jener internationale Hydrakopf erschreckt, der plötzlich so furchtbar zum Vorschein kam als Anzeiger ganz anderer Zukunftskämpfe. Wenn wir uns einmal persönlich aussprechen könnten, so würden wir übereinkommen, wie gerade in jener Erscheinung unser modernes Leben, ja eigentlich das ganze alte christliche Europa und sein Staat, vor allem aber die jetzt überall herrschende romanische „Zivilisation" den ungeheuren Schaden verrät, der unserer Welt anhaftet: wie wir alle, mit aller unserer Vergangenheit, schuld sind an solchen zutagetretenden Schrecken: so daß wir ferne davon sein müssen, mit hohem Selbstgefühl das Verbrechen eines Kampfes gegen die Kultur nur jenen Unglücklichen zu imputieren.

An Gersdorff. Basel, Juni 71

Nur noch als Kämpfer haben wir gerade in unserer Zeit ein Recht zu existieren, als Vorkämpfer für ein kommendes saeculum, dessen Formation wir an uns, an unsern besten Stunden nämlich, etwas ahnen können: da diese besten Stunden uns doch offenbar dem Geiste unserer Zeit entfremden, aber doch irgendwo eine Heimat haben müssen; weshalb ich glaube, wir haben in diesen Stunden so eine dumpfe Witterung des Kommenden... Also — es bleibt dabei: „Und im Ganzen, Vollen, Schönen resolut zu leben!" Aber es gehört eine kräftige Resolution dazu und ist nichts für jedermann!

An Gersdorff. Basel, September 71

Die
Geburt der Tragödie
aus dem Geiste der Musik
Von
Dr. Friedrich Nietzsche
Prof. o. p. der klass. Philologie
Leipzig, Fritsch

An Gersdorff. Basel, November 71

Hier halte ich jetzt Vorträge „über die Zukunft unserer Bildungsanstalten" und habe es bis zur „Sensation", hier und da zum Enthusiasmus gebracht. Warum leben wir nicht beieinander! Denn was ich jetzt alles auf dem Herzen trage und für die Zukunft vorbereite, ist in Briefen auch nicht einmal zu berühren. Ich habe mit Wagner eine Alliance geschlossen. An Rohde. Basel, Januar 72

Was Du auch tun magst — denke daran, daß wir beide mitberufen sind, an einer Kulturbewegung unter den ersten zu kämpfen und zu arbeiten, welche vielleicht in der nächsten Generation, vielleicht noch später der größten Masse sich mitteilt. Dies sei unser Stolz, dies ermutige uns: im übrigen habe ich den Glauben, daß wir nicht geboren sind, glücklich zu sein, sondern unsere Pflicht zu tun; und wir wollen uns segnen, wenn wir wissen, wo unsere Pflicht ist.

An Gersdorff. Basel, Februar 72

Vorigen Sonnabend war trauriger und tiefbewegter Abschied von Triebschen. Triebschen hat nun aufgehört: wie unter lauter Trümmern gingen wir herum, die Rührung lag überall, in der Luft, in den Wolken, der Hund fraß nicht, die Dienerfamilie war, wenn man mit ihr redete, in beständigem Schluchzen. Wir packten die Manuskripte, Briefe und Bücher zusammen — ach, es war so trostlos! Diese drei Jahre, die ich in der Nähe von Triebschen verbrachte, in denen ich 23 Besuche dort gemacht habe — was bedeuten sie für mich! Fehlten sie mir, was wäre ich! Ich bin glücklich, in meinem Buche mir selbst jene Triebschener Welt petrifiziert zu haben.

An Gersdorff. Basel, Mai 72

Ich bin unter meiner Fachgenossenschaft plötzlich so verrufen geworden, daß unsere kleine Universität Schaden leidet!

An Wagner. Anfang 73

Die grünen Hefte des „Grenzboten" haben neulich ein Non plus ultra gebracht unter dem Titel „Herr Friedrich Nietzsche und die deutsche Kultur". Alle Gewalten sind gegen mich angerufen, Polizei, Behörden, Kollegen, ausdrückliche Erklärung, daß ich an jeder deutschen Universität in Verschiß getan würde, Erwartung, daß man das gleiche in Basel tut. Mitteilung, daß ich durch ein Kunststück Ritschls und die Dummheit der Basler aus einem Studiosus zum ordentlichen Professor geworden sei usw. Schmähungen auf Basel als „Winkeluniversität", ich selbst werde als Feind des Deutschen Reiches denunziert, den Internationalen zugesellt usw.

An Gersdorff. Basel, Oktober 73

Auch ich habe wieder etwas Lava gespien: eine Schrift gegen David Strauß ist ziemlich fertig, wenigstens in der ersten Skizze — aber ich bitte Dich um Grabes-Nacht-Stillschweigen, denn es wird eine große Mystifikation in Szene gesetzt. Ich kam von Bayreuth in einer solchen anhaltenden Melancholie zurück, daß ich mich endlich nirgends anderswohin retten konnte, als in die heilige Wut.

An Rohde. Mai 73

Neu ist die Aufforderung, die mir heute zukommt, zugunsten des Bayreuther Werkes und im Auftrage eines Patronanzausschusses einen Aufruf an das deutsche Volk (mit Züchten zu reden) zu machen. Fürchterlich ist diese Aufforderung auch: denn ich habe selbst einmal aus freien Stücken etwas Ähnliches versucht, ohne damit fertig zu werden.

An Rohde. Basel, Oktober 73

Könntest Du wissen, wie verzagt und melancholisch ich im Grunde von mir selbst, als produzierendem Wesen, denke! Ich suche weiter nichts als etwas Freiheit, etwas wirkliche Luft des Lebens und wehre mich, empöre mich gegen das viele, unsäglich viele Unfreie, das mir anhaftet. Von einem wirklichen Produzieren kann aber gar nicht geredet werden, solange man noch so wenig aus der Unfreiheit, aus dem Leiden und Lastgefühl des Befangenseins heraus ist: werde ich's je erreichen? Zweifel über Zweifel. Das Ziel ist zu weit, und hat man's leidlich erreicht, so hat man meistens auch seine Kräfte im langen Suchen und Kämpfen verzehrt: man kommt zur Freiheit und ist matt wie eine Eintagsfliege am Abend. Das fürchte ich so sehr. Es ist ein Unglück, sich seines Kampfes so bewußt zu werden, so zeitig! Ich kann ja nichts von Taten entgegenstellen, wie es der Künstler oder der Asket vermag. Wie elend und ekelhaft ist mir oft das rohrdommelhafte Klagen! — Ich hab's augenblicklich etwas sehr satt und über.

An Gersdorff. April 74

Ich leide wirklich zu viel und kann wirklich froh sein, wenn ich körperlich krank bin; denn dann kann ich einmal mir einbilden, es wäre mir zu helfen, was ich jetzt, wo ich nicht die Krankheit als Vorwand habe, freilich für unmöglich halte. Aber es hilft nichts, man läuft seinen Lebensweg weiter, ich entlade mich durch gedruckte Verwünschungen und will jetzt wieder an die Nro. 3 meiner Unzeitgemäßen gehen.

An Mutter und Schwester. Basel, März 74

Aber wahrhaftig, nun werde ich nächstens dreißig Jahre, da muß es ein wenig anders werden, nämlich männlicher und gleichmäßiger und nicht mehr so verdammt auf und nieder. Sein Werk fortsetzen und dabei so wenig als möglich an sich denken — das muß es wohl sein, was not tut. Ich kam mir bei einiger Besinnung recht undankbar und albern vor mit meiner quälerischen Verzagtheit...

An Rohde. Basel, Oktober 74

KRANKHEIT UND FLUCHT AUS BAYREUTH

Unsereins leidet nie rein körperlich, sondern alles ist mit geistigen Krisen tief durchwachsen, so daß ich gar keinen Begriff habe, wie ich je aus Apotheken und Küchen allein wieder gesund werden könnte... Das Geheimnis aller Genesung für uns ist, eine gewisse Härte der Haut, wegen der großen innerlichen Verwundbarkeit und Leidensfähigkeit, zu bekommen. Von außen her darf uns wenigstens so leicht nichts mehr anwehen und zustoßen; wenigstens quält mich nichts mehr, als wenn man so auf beiden Seiten ins Feuer kommt, von innen her und von außen.

An Malwida von Meysenbug. Steinabad, August 75

Meine Betrachtung unter dem Titel „Richard Wagner in Bayreuth" wird nicht gedruckt; sie ist fast fertig, ich bin aber weit hinter dem zurückgeblieben, was ich von mir fordere; und so hat sie nur für mich den Wert einer neuen Orientierung über den schwersten Punkt unserer bisherigen Erlebnisse. Ich stehe nicht darüber und sehe ein, daß mir selber die Orientierung nicht völlig gelungen ist — geschweige denn, daß ich anderen helfen könnte!

An Rohde. Basel, Oktober 75

Es macht mir Mühe zu schreiben, ich will drum kurz sein. Liebster Freund, ich habe das schlimmste, schmerzhafteste und unheimlichste Weihnachten hinter mir, das ich erlebt habe! Am ersten Weihnachtstag gab es, nach manchen immer häufiger kommenden Ankündigungen, einen förmlichen Zusammenbruch: ich durfte nicht mehr zweifeln, daß ich an einem ernsthaften Gehirnleiden mich zu quälen habe, und daß Magen und Augen nur durch diese Zentralwirkung so zu leiden hatten. Mein Vater starb, 36 Jahre alt, an Gehirnentzündung: es ist möglich, daß es bei mir noch schneller geht. Nun werden mehrstündige Eiskappen, Übergießungen auf den Kopf frühmorgens, auf Immermanns Rat, angewendet, und es geht, nach einer Woche von gänzlicher Erschlaffung und schmerzhafter Zerquältheit, wieder etwas besser. Doch ist es nicht einmal Rekonvaleszenz, der unheimliche Zustand ist nicht gehoben, alle Augenblicke werde ich an ihn erinnert. Man hat mir bis Ostern das Pädagogium abgenommen, an der Universität unterrichte ich wieder.

An Gersdorff. Basel, Jänner 76

Wollen Sie meine Frau werden? Ich liebe Sie, und mir ist es, als ob Sie schon zu mir gehörten. Kein Wort über das Plötzliche meiner Neigung.

An Mathilde Trampedach. Genf, April 76

Nun bin ich aber vier Wochen am Genfer See, in der Nähe des Schlosses Chillon, bei Schnee, Regen, Sturm und Sonnenschein herumgelaufen und habe mich selbst dabei wiedergefunden. Das heißt nämlich, das Vertrauen auf meine Ziele, das Verpflichtetsein auf meine Aufgaben und den Mut der Gesundheit. Schwimmen wir also weiter gegen den Strom; mitunter wird die Seele matt, und da wirft wohl die Welle einen beiseite, und der ganze Körper kracht. Ich weiß nie, wo ich eigentlich mehr krank bin, wenn ich einmal krank bin, ob als Maschine oder als Maschinist.

Ich verehre, sobald ich mir wiedergegeben bin, nur eins stündlich und täglich: die moralische Befreiung und Insubordination, und hasse alles Matt- und Skeptischwerden. Durch die tägliche Not sich und andere höher heben, mit der Idee der Reinheit vor den Augen, immer als ein excelsior — so wünsche ich mein und meiner Freunde Leben.

An Romundt. Basel (Ostermontag), April 76

Geheiratet wird nicht; zuletzt hasse ich die Beschränkung und Einflechtung in die ganze „zivilisierte" Ordnung der Dinge so sehr, daß schwerlich irgendein Weib freisinnig genug ist, um mir zu folgen. — Immer mehr kommen mir die griechischen Philosophen als Vorbilder der zu erreichenden Lebensweise vor die Augen.

An Gersdorff. Mai 76

Richard Wagner in Bayreuth

Hier, geliebter Meister, ist eine Art von Bayreuther Festpredigt! Ich habe den Mund nicht halten können und mehreres heraussagen müssen. Denen, welche sich jetzt freuen, werde ich die Freude gewiß vermehrt haben — das ist heute mein Stolz und mein Vertrauen. Wie Sie selbst diese Bekenntnisse aufnehmen werden, kann ich diesmal nicht erraten.

Meine Schriftstellerei bringt für mich die unangenehme Folge mit sich, daß jedesmal, wenn ich eine Schrift veröffentlicht habe, irgend etwas in meinen persönlichen Verhältnissen in Frage gestellt wird und erst wieder, mit einem Aufwand von Humor, eingerenkt werden muß. Inwiefern ich dies heute ganz besonders empfinde, mag ich gar nicht deutlicher aussprechen. Überlege ich, was ich diesmal gewagt habe, so wird mir hinterdrein schwindlig und befangen zumute, und es will mir wie dem Reiter auf dem Bodensee ergehen.

Aber Sie haben mir einmal, in Ihrem allerersten Brief an mich, etwas vom Glauben an die deutsche Freiheit gesagt: an diesen Glauben wende ich mich heute: wie ich auch nur aus ihm den Mut finden konnte, das zu tun, was ich getan habe.

Mit ganzem, vollem Herzen Ihnen zugehörig Fr. N.

An Wagner. Juli 76 (Entwurf)

Die Überfülle des Häßlichen, Verzerrten, Überwürzten stieß mich heftig zurück. Nicht nur, daß mir damals das vollkommen Gleichgültige und Illusorische des Wagnerschen „Ideals" handgreiflich deutlich ward, ich sah vor allem, wie selbst den Nächstbeteiligten das „Ideal" nicht die Hauptsache war, daß ganz andere Dinge wichtiger, leidenschaftlicher genommen wurden. Dazu die erbarmungswürdige Gesellschaft der Patronats-Herren und Patronats-Weiblein, alle sehr verliebt, sehr gelangweilt und unmusikalisch bis zum Katzenjammer ... Man hatte das ganze müßiggängerische Gesindel Europas beieinander, und jeder Beliebige ging in Wagners Haus ein und aus, als ob es sich in Bayreuth um einen Sport mehr handelte. Und im Grunde war es auch nicht mehr. Man hatte einen Kunst-Vorwand für den Müßiggang zu den alten Vorwänden hinzuentdeckt, eine „große Oper" mit Hindernissen; man fand in der durch ihre geheime Sexualität überredenden Musik Wagners ein Bindemittel für eine Gesellschaft, in der jedermann seinen plaisirs nachging. Notizen. Sommer 76

PHILOSOPH DES MENSCHLICH-ALLZUMENSCHLICHEN ZUSAMMENBRUCH UND PENSIONIERUNG

Da sind wir, in Sorrent! Die ganze Reise von Bex bis hierher nahm acht Tage in Anspruch; in Genua lag ich krank, von dort brauchten wir drei Tage Meerfahrt ungefähr, und siehe, wir entgingen der Seekrankheit, ich ziehe diese Art zu reisen der mir ganz schrecklichen Eisenbahnfahrerei auch vor. Wir fanden Frl. v. M. in einem Hotel in Neapel und reisten gestern zusammen in die neue Heimat Villa Rubinacci, Sorrente près de Naples. Ich habe ein ganz großes hohes Zimmer, vor ihm eine Terrasse. Ich komme vom ersten Meerbad zurück.

An Mutter und Schwester. Sorrent, Oktober 76

Ich habe nicht Kräfte genug für den Norden: dort herrschen schwerfällige und künstliche Seelen, die so beständig und notwendig an Maßregeln der Vorsicht arbeiten, als der Biber an seinem Bau. Unter ihnen habe ich meine ganze Jugend verlebt! Das fiel über mich her, als ich zum ersten Male den Abend über Neapel heraufkommen sah, mit seinem samtnen Grau und Rot des Himmels. Du hättest sterben können, ohne dies zu sehen — Schauder, Mitleid mit mir, daß ich mein Leben damit anfing, alt zu sein, und Tränen und das Gefühl, noch gerettet zu sein, im letzten Augenblick. Ich habe Geist genug für den Süden.

*

Es ist nicht daran zu denken, daß ich im Herbst meine Kollegien wieder aufnehme: also!

Bitte, hilf mir etwas und teile mir mit, an wen (und mit welchem Titel) ich mein Demissions-Gesuch zu richten habe. Es bleibt einstweilen Dein Geheimnis, der Entschluß ist mir schwer geworden ...

An Overbeck. Frühjahr 77

Ich halte es nicht aus ohne das Gefühl, nützlich zu sein; und die Baseler sind die einzigen Menschen, welche es mir merken lassen, daß ich es bin. Meine sehr problematische Nachdenkerei und Schriftstellerei hat mich bis jetzt immer krank gemacht; solang ich wirklich Gelehrter war, war ich auch gesund; aber da kam die nervenzerrüttende Musik und die metaphysische Philosophie und die Sorge um tausend Dinge, die mich nichts angehen. Also ich will wieder Lehrer sein; halte ich's nicht aus, so will ich im Handwerk zugrunde gehen.

An Malwida von Meysenbug. Rosenlauibad, Juli 77

Gestern kam, von Wagner gesandt, der Parsifal in mein Haus. Eindruck des ersten Lesens: mehr Liszt als Wagner, Geist der Gegenreformation; mir, der ich zu sehr an das Griechische, menschlich Allgemeine gewöhnt bin, ist alles zu christlich zeitlich beschränkt; lauter phantastische Psychologie; kein Fleisch und viel zu viel Blut (namentlich beim Abendmahl geht es mir zu vollblütig her); dann mag ich hysterische Frauenzimmer nicht; vieles, was für das innere Auge erträglich ist, wird bei der Aufführung kaum auszuhalten sein: denken Sie sich unsere Schauspieler betend, zitternd und mit verzückten Hälsen. Auch das Innere der Gralsburg kann auf der Bühne nicht wirkungsvoll sein, ebensowenig der verwundete Schwan. Alle diese schönen Erfindungen gehören ins Epos und, wie gesagt, fürs innere Auge. Die Sprache klingt wie eine Übersetzung aus einer fremden Zunge. Aber die Situationen und ihre Aufeinanderfolge — ist das nicht von der höchsten Poesie? Ist es nicht eine letzte Herausforderung der Musik?

An Seydlitz. Basel, Jänner 78

Beiläufig: suche nur immer mich in meinem Buche und nicht Freund Rée. Ich bin stolz darauf, dessen herrliche Eigenschaften und Ziele entdeckt zu haben, aber auf die Konzeption meiner „Philosophie in nuce" hat er nicht den allergeringsten Einfluß gehabt: diese war fertig und zu einem guten Teile dem Papier anvertraut, als ich im Herbst 1876 seine nähere Bekanntschaft machte. Wir fanden einander auf gleicher Stufe vor: der Genuß unserer Gespräche war grenzenlos, der Vorteil gewiß sehr groß, auf beiden Seiten (so daß Rée mit liebevoller Übertreibung mir in seinem Buch [Ursprung der moralischen Empfindung] schrieb: „dem Vater dieser Schrift dankbarst deren Mutter").

An Rohde. Basel, Juni 78

... Gegen die Befreier des Geistes sind die Menschen am unversöhnlichsten im Haß, am ungerechtesten in Liebe. Trotzdem: ich will stille meinen Weg gehen und auf alles verzichten, was mich daran hindern könnte. Die Krisis des Lebens ist da: hätte ich nicht das Gefühl der übergroßen Fruchtbarkeit meiner neuen Philosophie, so könnte mir wohl schauerlich einsam zumute werden. Aber ich bin mit mir einig.

An Malwida von Meysenbug. Basel, Juni 78

Seit gestern abend ein fortgesetzter wütender Schmerz. Was soll werden! — Kein Kolleg. — F. N.

An Overbeck. Basel, Anfang 79

Ich habe schwer gelitten, alles ist zum Äußersten gekommen, die Professur ist niedergelegt. Ich verlasse in wenigen Tagen Basel für immer.

An Marie Baumgartner. Mai 79

DER FLÜCHTLING

MORGENRÖTE, FRÖHLICHE WISSENSCHAFT

Nun habe ich vom Engadin Besitz ergriffen und bin wie in meinem Element, ganz wundersam! Ich bin mit dieser Natur verwandt.

An Overbeck, St. Moritz, Sommer 79

Das Jahr geht zu Ende, das furchtbarste meines Lebens — aber wenn es auch mein letztes sein sollte, so scheide ich doch ohne Bitterkeit und ungebeugt.

An die Schwester. Naumburg, Dezember 79

Der Zustand war zum Entsetzen, der letzte Anfall von dreitägigem Erbrechen begleitet, gestern eine bedenklich lange Bewußtlosigkeit. Wenn ich nicht in bessere und wärmere Luft fort kann, kommt es zum Äußersten.

An Overbeck. Naumburg, Dezember 79

Ich lebe inkognito, wie der bescheidenste aller Kurgäste; in der Fremdenliste stehe ich als „Herr Lehrer Nietzsche“.

An Gast. Marienbad, August 80

... — für eine gute Spanne Zeit muß ich ohne Menschen und inmitten einer Stadt, deren Sprache ich nicht kenne, leben, muß ich — ich wiederhole es; fürchte nichts für mich! Ich lebe, wie als ob die Jahrhunderte ein Nichts wären, und gehe meinen Gedanken nach, ohne an das Datum und die Zeitungen zu denken.

An Overbeck. Genua, November 80

Ich will mir die unbekannteste Dachstubenexistenz gründen.

An Gast. Genua, November 80

Im ganzen bin ich aber erstaunt, um es Dir zu gestehen, — wieviel Quellen der Mensch in sich fließen lassen kann. Selbst einer, wie ich, der nicht zu den Reichsten gehört. Ich glaube, wenn ich alle die Eigenschaften besäße, die Du vor mir voraus hast, ich würde übermütig und unausstehlich. Schon jetzt gibt es Augenblicke, wo ich auf den Höhen über Genua mit Blicken und Empfindungen herumwandle, wie sie von eben hier aus vielleicht einmal der selige Kolumbus auf das Meer und auf alle Zukunft hinausgesandt hat.

An Rohde. Genua, März 81

Die Morgenröte. Was habe ich inzwischen alles um dieses Buches willen in mir durchgemacht! Nach einer kurzen, kurzen Freude! Genug, ich fühle mich jetzt wieder auf offenem Meere, und die alte, mir so wohlbekannte, bittre Entschlossenheit hat mich wieder.
Ich bedarf aller Arten Gesundheit — es ist mir etwas zu tief ins Herz gegangen, dieser „halsbrecherische Nihilismus".

An Gast. Genua, März 81

Die ewige Wiederkunft

An meinem Horizonte sind Gedanken aufgestiegen, dergleichen ich noch nicht gesehen habe, — davon will ich nichts verlauten lassen, und mich selber in einer unerschütterlichen Ruhe erhalten. Ich werde wohl einige Jahre noch leben müssen! Ach, Freund, mitunter läuft mir die Ahnung durch den Kopf, daß ich eigentlich ein höchst gefährliches Leben lebe, denn ich gehöre zu den Maschinen, welche zerspringen können! Die Intensitäten meines Gefühls machen mich schaudern und lachen — schon ein paarmal konnte ich das Zimmer nicht verlassen, aus dem lächerlichen Grunde, daß meine Augen entzündet waren — wodurch? Ich hatte jedesmal den Tag vorher auf meinen Wanderungen zuviel geweint, und zwar nicht sentimentale Tränen, sondern Tränen des Jauchzens; wobei ich sang und Unsinn redete, erfüllt von einem neuen Blick, den ich vor allen Menschen voraus habe.

An Gast. Sils-Maria, August 81

... — ich selber als Ganzes komme mir so oft wie der Krikelkrakel vor, den eine unbekannte Macht übers Papier zieht, um eine neue Feder zu probieren...

An Gast. Sils-Maria, August 81

Ich bin auf der „Höhe" des Lebens, d. h. meiner Aufgaben, die das Leben mir allmählich gestellt hat, und muß, wo irgend möglich, diese nächsten vier Jahre ohne alle und jede äußere Störung eben diesen Aufgaben weihen und an gar nichts anderes mehr denken.

An Overbeck. Sils-Maria, September 81

Ich führe täglich einen Kampf durch, von dem niemand einen Begriff hat, die Anfälle meiner Schmerzen sind so mannigfaltig und verlangen von mir so viel, viel Energie, Geduld, Nachdenken und Erfindung — ja, es ist fast lächerlich: Erfindung!

An Gast. Genua, Oktober 81

Mein lieber Freund, was ist dies unser Leben? Ein Kahn, der im Meere schwimmt, von dem man nur dies mit Sicherheit weiß, daß er eines Tages umschlagen wird.

An Overbeck. Genua, November 81

Hurra! Freund! Wieder etwas Gutes kennengelernt, eine Oper von Georges Bizet (wer ist das?): Carmen. Hörte sich an wie eine Novelle Mérimées, geistreich, stark, hier und da erschütternd. Ein echt französisches Talent der komischen Oper, gar nicht desorientiert durch Wagner, dagegen ein wahrer Schüler von Hector Berlioz. So etwas habe ich für möglich gehalten. An Gast. Genua, November 81

Ich kann nur denken und schreiben bei vollster Freudigkeit des Geistes und Leibes! — ich traue keinem Gedanken, der bei bedrückter Seele und bedrückten Eingeweiden entstanden ist, und was nun gar bei Kopfschmerzen geschrieben sein sollte, wird sicherlich vernichtet. Daß mir nun diese verwünschten Schmerzen so viel Zeit wegnehmen, bringt mich hie und da zur Verzweiflung! Andererseits weiß ich wohl, daß ich diesem wechselvollen Zustand meiner Gesundheit Ungeheures verdanke: schon dieses häufige Gesundwerden und dieses bezaubernde Gefühl der Genesung! — ein wundervoller Zustand und die Ursache der erhabensten und mutigsten Empfindungen.

An die Schwester. Genua, November 81

LOU UND REE

Ich hatte solange nach dem Menschen gesucht, der höher war als ich und der mich wirklich übersah. In Wagner glaubte ich, ihn gefunden zu haben. Es war ein Irrtum. Jetzt darf ich mich nicht einmal mehr mit ihm vergleichen — ich gehöre einem anderen Rang an.

An die Schwester. Genua, Feber 82

Die verehrte Freundin (eigentlich wohl Dr. Rée) hat wirklich jemanden gefunden, der mir zu Hilfe kommen soll — aber es ist kein „begeisterter Jüngling", überhaupt kein junger Mann, sondern eine junge Dame! Aufrichtig gesagt, mir wäre ein ernster junger Mann und noch viel mehr ein Mann in meinem Alter (also kein junger Grünschnabel) bedeutend lieber — aber der Fall ist ungewöhnlich.
Fräulein von Meysenbug und Dr. Rée bombardieren mich nämlich mit Briefen und Beschwörungen: ich müsse nach Rom kommen, sie hätten ein junges Mädchen gefunden, die für meine Philosophie geboren sei. Nun — um die Wahrheit zu sagen, ich glaube, es ist ein Irrtum! Übrigens ist sie vierundzwanzig Jahre alt, unschön (— — —); aber wie alle unschönen Mädchen hat sie, um anziehend zu werden, ihren Geist kultiviert. An die Schwester. Rom, April 82

Meine liebe Freundin!

Nun ist der Himmel über mir hell! Gestern mittags ging es bei mir zu wie als ob Geburtstag wäre! Sie sandten Ihre Zusage, das schönste Geschenk, das mir jetzt jemand hätte machen können — meine Schwester sandte Kirschen, Teubner die drei ersten Druckbogen der „Fröhlichen Wissenschaft"; und zu alledem war gerade der allerletzte Teil des Manuskriptes fertig geworden und damit das Werk von sechs Jahren (1876 bis 1882), meine ganze „Freigeisterei"! Oh, welche

Jahre! Welche Qualen aller Art, welche Vereinsamungen und Lebensüberdrüsse! An Lou Salomé. Tautenburg, Juli 82

Was Freund Rée betrifft, so ging es mir, wie es mir jedesmal (auch nach Genua) gegangen ist: ich kann dieses Zugrundegehen einer außerordentlichen Natur nicht ansehen, ohne ingrimmig zu werden. Dieser Mangel an Ziel: Und daher diese geringe Lust an den Mitteln, an der Arbeit, dieser Mangel an Fleiß, selbst an wissenschaftlicher Gewissenhaftigkeit. Dieses fortwährende Vergeuden! Und wäre es wenigstens ein Vergeuden aus der Lust des Verschwendens! Aber es hat so ganz die Miene des schlechten Gewissens. Ich sehe überall die Fehler der Erziehung. Ein Mann soll zum Soldaten erzogen werden, in irgendeinem Sinne. Und das Weib zum Weib des Soldaten in irgendeinem Sinne.

*

Eines Tages flog ein Vogel an mir vorüber, und ich, abergläubisch wie alle einsamen Menschen, die an einer Wende ihrer Straße stehen, glaubte, einen Adler gesehen zu haben. Nun bemüht sich alle Welt darum, mir zu beweisen, daß ich mich irre — und es gibt einen artigen europäischen Klatsch darüber. Wer ist nun der Glücklichere — ich, „der Getäuschte", wie man sagt, der einen ganzen Sommer ob dieses Vogelzeichens in einer höheren Welt der Hoffnung lebte, — oder jene, welche „nicht zu täuschen" sind? Und so weiter Amen.

An Gast. Tautenburg, August 82

Wie arm sind Sie in der Verehrung, der Dankbarkeit, der Pietät, der Höflichkeit, der Bewunderung, Scham — um von hohen Dingen nicht zu reden! Was würden Sie antworten, wenn ich Sie fragte: Sind Sie brav? Sind Sie unfähig des Verrats?
Sie haben es mit einem der langmütigsten und wohlwollendsten Menschen zu tun gehabt: aber bemerken Sie wohl, daß ich gegen alle die kleinen Selbstsüchtlinge und Genüßlinge kein anderes Argument nötig habe als den Ekel. Ich bin mehr, als irgendein Mensch glaubt, durch Ekel zu überwältigen. Schreiben Sie mir andere Briefe und besinnen Sie sich auf sich selbst.
Sie haben Schaden getan, Sie haben wehe getan, und nicht nur mir, sondern allen den Menschen, die mich liebten — dies Schwert hängt über Ihnen.
Adieu, meine liebe Lou, ich werde Sie nicht wiedersehen. Bewahren Sie Ihre Seele vor ähnlichen Handlungen und machen Sie an anderen gut, was Sie an mir nun nicht mehr gutmachen können.
Adieu, ich las Ihren Brief nun nicht mehr zu Ende, aber ich las schon zu viel. An Lou Salomé. Leipzig, November 82

Man gewinnt etwas lieb; und kaum ist es einem von Grund aus lieb geworden, so sagt der Tyrann in uns (den wir gar zu gerne „unser höheres Selbst" nennen möchten): „Gerade das gib mir zum Opfer."

Und wir geben's auch — aber es ist Tierquälerei dabei und Verbranntwerden mit langsamem Feuer.
... meine Erlebnisse im kleinen und großen nehmen immer den gleichen Verlauf. Da verlangt es mich am meisten nach einer Höhe, von wo aus gesehen das tragische Problem unter mir ist. — Ich möchte dem menschlichen Dasein etwas von seinem herzbrecherischen und grausamen Charakter nehmen. Doch, um hier fortfahren zu können, müßte ich Ihnen verraten, was ich niemandem noch verraten habe — die Aufgabe, vor der ich stehe, die Aufgabe meines Lebens.

An Heinrich von Stein. S. Margherita, Dezember 82

Ich hätte größte Lust, ihnen mit ein paar Kugeln eine Lektion in der praktischen Moral zu geben: Und vielleicht erreichte ich im günstigsten Falle, Sie ein für alle Mal von der Beschäftigung mit Moral abzubringen —: dazu nämlich, mein Herr Doktor Rée, gehören reine Hände, aber nicht Schlammfinger!

Briefentwurf an Rée. Sils-Maria, Sommer 82

ALSO SPRACH ZARATHUSTRA

Aber vielleicht haben Sie Vergnügen daran, zu hören, was es zu schreiben und druckfertig zu machen gibt. Es handelt sich um ein ganz kleines Buch — hundert Druckseiten etwa. Aber es ist mein Bestes, und ich habe einen schweren Stein mir damit von der Seele gewälzt. Es gibt nichts Ernsteres von mir und auch nichts Heiteres; ich wünsche von Herzen, daß diese Farbe — welche nicht einmal eine Mischfarbe zu sein braucht — immer mehr zu meiner „Natur"farbe werde. Das Buch soll heißen

Also sprach Zarathustra
Ein Buch für Alle und Keinen
von
F. N.

An Gast. Rapallo, Feber 83

Ich will es Dir nicht verhehlen, es steht schlecht mit mir. Es ist wieder Nacht um mich; mir ist zumute, als hätte es geblitzt — ich war eine kurze Spanne Zeit ganz in meinem Elemente und in meinem Lichte. Und nun ist es vorbei. Ich glaube, ich gehe unfehlbar zugrunde, es sei denn, daß irgend etwas passiert, ich weiß durchaus nicht was. Vielleicht, daß mich jemand aus Europa wegschleppte — ich, mit meiner physikalischen Denkungsweise, sehe in mir jetzt das Opfer einer terrestrisch-klimatischen Störung, der Europa ausgesetzt ist. Was kann ich dafür, daß ich einen Sinn mehr habe und eine neue furchtbare Leidensquelle!
Dies Buch, von dem ich Dir schrieb, eine Sache von zehn Tagen, kommt mir jetzt wie mein Testament vor. Es enthält in der größten Schärfe

ein Bild meines Wesens, wie es ist, sobald ich einmal meine ganze Last abgeworfen habe. Es ist eine Dichtung und keine Aphorismensammlung. An Overbeck. Rapallo, Februar 83

So stand es immer mit meinen Erleb- und Erleidnissen: gesetzt ich halte sie aus, so werden sie mir noch zum Gewinn.

An Overbeck. Genua, April 83

... da liegen meine Pflichten, wo ich an mich die schwersten Anforderungen stellen muß, da liegen auch meine Lebensquellen.

An Overbeck. Genua, April 83

Der antike Kopf Epikurs, so wie der des Brutus, gab mir zu denken, ebenso drei Landschaften des Claude Lorrain. Im Grunde fand ich aber noch nichts, woran ich einen Geist erkannt hätte, der zu mir als zu einem Bruder und Freund redete — und gestern sah ich gar Menschen die heilige Treppe hinaufknien!

An Overbeck. Rom, Mai 83

Seit meinem letzten Briefe ging es mir besser und mutiger, und mit einem Male hatte ich die Konzeption zum zweiten Teile Zarathustra — und nach der Konzeption auch die Geburt: Alles mit der größten Vehemenz. An Gast. Sils-Maria, Juli 83

Dies Engadin ist die Geburtsstätte meines „Zarathustra“. Ich fand eben noch die erste Skizze der in ihm verbundenen Gedanken; darunter steht: Anfang August 1881 in Sils-Maria, 6000 Fuß über dem Meer und viel höher über allen menschlichen Dingen.

Übrigens muß ich Ihnen, nicht ohne Betrübnis, melden, daß jetzt, mit dem dritten Teile, der arme Zarathustra wirklich ins Düstere gerät — so sehr, daß Schopenhauer und Leopardi nur als Anfänger und Neulinge gegen s e i n e n „Pessimismus“ erscheinen werden. So will es der Plan. Um aber diesen Teil machen zu können, brauche ich selber erst tiefe, himmlische Heiterkeit: denn das Pathetische der höchsten Gattung wird mir nur als Spiel gelingen. (Zum Schluß wird alles hell.)

An Gast. Sils-Maria, September 83

Seit vorigem Freitage ist „Also sprach Zarathustra“ vollkommen fertig — und ich bin mitten im Abschreiben. Das Ganze ist somit genau im Verlaufe eines Jahres entstanden: im strengeren Sinne sogar im Verlaufe von dreimal zwei Wochen.

An Overbeck. Nizza, Januar 84

Übrigens ist der ganze Zarathustra eine Explosion von Kräften, die jahrzehntelang sich aufgehäuft haben: bei solchen Explosionen kann der Urheber leicht selber mit in die Luft gehen.

An Overbeck. Februar 84

JENSEITS VON GUT UND BÖSE

Genua ist mir eine ausgezeichnete Schule harter, einfacher Lebensweise gewesen; ich weiß jetzt, daß ich wie ein Arbeiter und Mönch leben kann. So habe ich nämlich in all den Jahren hier gelebt (ohne irgendwelche Entbehrungen zu empfinden) und meine Gesundheit dabei erobert.
An Mutter und Schwester. Genua, November 83

Ob sich wohl jemals ein Mensch so allein gefühlt hat? Ob ich nicht schließlich stumm werde?
An Overbeck. Nizza, Februar 84

...: ich will die Menschheit zu Entschlüssen drängen, welche über die ganze menschliche Zukunft entscheiden, und es kann so kommen, daß einmal ganze Jahrtausende auf meinen Namen ihre höchsten Gelübde tun.
An Malwida von Meysenbug. Venedig, Mai 84

... jetzt, nachdem ich mir diese Vorhalle meiner Philosophie („Also sprach Zarathustra") gebaut habe, muß ich die Hand wieder anlegen und nicht müde werden, bis auch der Hauptbau fertig vor mir steht.
An die Schwester. Venedig, Juni 84

Alle zehn Tage ein guter Tag: so lautet meine Statistik, hole sie der Teufel!
Kein Mensch, der mir vorliest! Alle Abende melancholisch im niedrigen Zimmer, frostklappernd, drei bis vier Stunden die Erlaubnis abwarten, zu Bett zu gehen!
An Peter Gast. Sils-Maria, September 84

Die unausgesetzte schmerzliche Entbehrung an allem Notdürftigsten, Tröstlichen, Stärkenden, lange zusammengepreßt durch meinen üblichen Gedulds-Stoizismus, bricht von Zeit zu Zeit heraus, und zwar, wie mir scheint, immer am stärksten nach einer neuen „Schwangerschaft" und „Niederkunft".
An Overbeck. Mentone, November 84

Ich liebe diese Küste nicht, ich verachte Nizza, aber im Winter hat es die trockenste Luft in Europa.
An Malwida von Meysenbug. Nizza, März 85

Ich habe bis jetzt, von Kindesbeinen an, niemanden gefunden, mit dem ich dieselbe Not auf Herzen und Gewissen hätte. Dies zwingt mich heute noch, wie zu allen Zeiten, mich, so gut es gehn will, und oft mit sehr viel schlechter Laune, unter irgendeiner der heute erlaubten und verständlichen Menschheitssorten zu präsentieren. Daß man aber eigentlich nur unter Gleichgesinnten, Gleichgewillten gedeihen kann, ist mein Glaubenssatz (bis hinab zur Ernährung und Förderung des Leibes); daß ich keinen habe, ist mein Malheur. Meine Universitätsexistenz war der langwierigste Versuch der Anpassung an ein falsches Milieu; meine Annäherung an Wagners war dasselbe, nur in entgegengesetzter Richtung. Fast alle meine menschlichen Beziehungen sind aus den Anfällen des Vereinsamungsgefühles entstanden: Overbeck, so gut als Rée und Malwida — ich bin lächerlich glücklich gewesen, wenn ich mit jemandem irgendein Fleckchen und Eckchen gemein fand oder zu finden glaubte. Mein Gedächtnis ist überladen mit tausend beschämenden Erinnerungen, in Hinsicht auf solche Schwächen, in denen ich die Einsamkeit absolut nicht mehr ertrug. Mein Kranksein hinzugerechnet, welches immer die schauerlichste Entmutigung über mich bringt; ich bin nicht umsonst so tief krank gewesen — und auch jetzt noch durchschnittlich krank, d. h. betrübt — wie gesagt, nur weil es mir am rechten Milieu fehlt und ich immer etwas Komödie spielen muß, statt mich an den Menschen zu erholen. — Ich betrachte mich deshalb ganz und gar nicht als einen versteckten oder hinterhaltigen oder mißtrauischen Menschen; im Gegenteil! Wäre ich's, so würde ich nicht so viel leiden! Man hat es aber nicht in der Hand, sich mitzuteilen, wenn man auch noch so mitteilungslustig ist, sondern man muß den finden, gegen den es Mitteilung geben kann. Das Gefühl, daß es bei mir etwas sehr Fernes und Fremdes gebe, daß meine Worte andere Farben haben als dieselben Worte bei andern Menschen, daß es bei mir viel bunten Vordergrund gibt, welcher täuscht — genau dies Gefühl, das mir neuerdings von verschiedenen Seiten bezeugt wird, ist immer noch der feinste Grad von „Verständnis", den ich bisher gefunden habe. Alles, was ich bisher geschrieben habe, ist Vordergrund; für mich selber geht es erst immer mit den Gedankenstrichen los. Es sind Dinge gefährlichster Art, mit denen ich zu tun habe; daß ich dazwischen in populärer Manier bald den Deutschen Schopenhauer oder Wagner anempfehle, bald Zarathustra ausdenke, das sind Erholungen für mich, aber vor allem auch Verstecke, hinter denen ich eine Zeitlang wieder sitzen kann.

An die Schwester. Venedig, Mai 85

Lieber alter Freund Overbeck!

Ich habe fast jeden Tag zwei bis drei Stunden diktiert, aber meine „Philosophie", wenn ich das Recht habe, das, was mich bis in die Wurzeln meines Wesens hinein malträtiert, so zu nennen, ist nicht mehr mitteilbar, zum mindesten nicht durch Druck. Mitunter sehne ich mich danach, mit Dir und Jakob Burckhardt eine heimliche Konferenz zu haben, mehr um zu fragen, wie Ihr um diese Not herumkommt, als um Euch Neuigkeiten zu erzählen. Die Zeit ist im übrigen grenzenlos oberflächlich; und ich schäme mich oft genug, soviel publice schon gesagt zu haben, was zu keiner Zeit, selbst zu viel wertvollern und tiefern Zeiten, vor das „Publikum" gehört hätte. Man verdirbt sich eben den Geschmack und die Instinkte, inmitten der „Preß- und Frechheitsfreiheit" des Jahrhunderts, und ich halte mir das Bild Dantes und Spinozas entgegen, welche sich besser auf das Los der Einsamkeit verstanden haben. Freilich, ihre Denkweise war, gegen die meine gehalten, eine solche, welche die Einsamkeit ertragen ließ; und zuletzt gab es für alle die, welche irgendwie einen „Gott' zur Gesellschaft hatten, noch gar nicht das, was ich als „Einsamkeit" kenne. Mir besteht mein Leben jetzt in dem Wunsche, daß es mit allen Dingen anders stehen möge, als ich sie begreife; und daß mir jemand meine „Wahrheiten" unglaubwürdig mache.

An Overbeck. Sils-Maria, Juli 85

Diesen Winter habe ich benutzt, etwas zu schreiben, das Schwierigkeiten in Fülle hat, so daß mein Mut, es herauszugeben, hier und da wackelt und zittert. Es heißt:

Jenseits von Gut und Böse
Vorspiel
einer Philosophie der Zukunft

An Gast. Nizza, März 86

Meine liebe Mutter, es geht nicht gut. Es ist in Venedig für mich nicht auszuhalten.
Ich will dieser Tage zu Dir hin abreisen.
Diesmal hat Dein Sohn es recht nötig, sich pflegen zu lassen.

An die Mutter. Venedig, Mai 86

Die Unmitteilbarkeit ist in Wahrheit die furchtbarste aller Vereinsamungen, die Verschiedenheit ist die Maske, welche eiserner ist als jede eiserne Maske — und es gibt nur inter pares vollkommene Freundschaft. Inter pares: Ein Wort, das trunken macht: soviel Trost, Hoffnung, Würze, Seligkeit schließt es für den in sich, welcher immer notwendig allein war; für einen, der „verschieden" ist — der niemandem begegnet ist, welcher gerade ihm gehörte, ob er schon ein guter Sucher war, der auf vielerlei Wegen gesucht, der im Verkehr immer der Mensch der wohlwollenden und heiteren Verstellung, der gesuchten und oft gefundenen Anähnlichung sein mußte und jene gute Miene zum bösen Spiele aus allzu langer Erfahrung kennt, die Leutseligkeit heißt — mitunter freilich auch jene gefährlichen, herzzerreißenden Ausbrüche aller verhehlten Unseligkeit, aller nicht erstickten Begierde, aller aufgestauten und wildgewordenen Ströme der Liebe — den plötzlichen Wahnsinn jener Stunden, wo der Einsame einen beliebigen umarmt und als Freund und Zuwurf des Himmels und kostbarstes Geschenk behandelt, um ihn eine Stunde später mit Ekel von sich zu stoßen, mit Ekel nunmehr vor sich selbst, wie beschmutzt, wie erniedrigt, wie sich selbst entfremdet, wie an seiner eigenen Gesellschaft krank. Ein tiefer Mensch braucht Freunde: es wäre denn, daß er seinen Gott noch hat. — Und ich habe weder Gott noch Freunde.

An die Schwester. Sils-Maria, Juli 86

Was die Deutschen von heute angeht, geht mich nichts an — was natürlich kein Grund ist, ihnen gram zu sein.

An Malwida von Meysenbug. Sils-Maria, September 86

Denken Sie sich eine Insel des griechischen Archipelagos, mit Wald und Berg willkürlich überworfen, welche durch einen Zufall eines Tages an das Festland herangeschwommen ist und nicht wieder zurück kann. Es ist etwas Griechisches daran, ohne Zweifel; andererseits etwas Piratenhaftes, Plötzliches, Verstecktes, Gefährliches; endlich an einer einsamen Wendung ein Stück tropischen Pinienwaldes, mit dem man aus Europa weg ist, etwas Brasilianisches, wie mir mein Tischgenosse sagt, der die Erde mehrmals umreist hat. Ich lag nie so viel herum in wahrer Robinson-Insularität und -Vergessenheit; mehrfach auch lasse ich große Feuer vor mir emporlodern. Die reine unruhige Flamme mit ihrem weißgrauen Bauche sich gegen den wolkenlosen Himmel aufrichten zu sehen, Heidekraut ringsumher, und jene Oktoberseligkeit, welche sich auf hundert Arten Gelbs versteht — oh, lieber Freund, ein solches Nachsommerglück wäre etwas für Sie, ebensosehr und vielleicht noch mehr als für mich!

An Peter Gast, zirka 400 Meter überm Meer, an der Straße, über das Joch von Portofino führend. Ruta Ligure, Oktober 86

Mir scheint Deutschland in den letzten fünfzehn Jahren eine förmliche Schule der Verdummung geworden zu sein. Wasser, Quark und Mist weit und breit... vor diesem gegenwärtigen Deutschland, sosehr es auch igelmäßig in Waffen starrt, habe ich keinen Respekt mehr. Es repräsentiert die stupideste, verkommenste, verlogenste Form des „deutschen Geistes", die es bisher gegeben hat — und was hat dieser „Geist" sich schon alles an Geistlosigkeit zugemutet.

An Seydlitz. Nizza, Februar 87

Anbei ein komisches Faktum, das mir mehr und mehr zum Bewußtsein gebracht wird. Ich habe nachgerade einen „Einfluß", sehr unterirdisch, wie sich von selbst versteht. Bei allen radikalen Parteien (Sozialisten, Nihilisten, Antisemiten, christlich Orthodoxen, Wagnerianern) genieße ich eines wunderlichen und fast mysteriösen Ansehens. Die extreme Lauterkeit der Atmosphäre, in die ich mich gestellt habe, verführt... In der „Antisemitischen Korrespondenz" (die nur privatim versandt wird, nur an „zuverlässige Parteigenossen") kommt mein Name fast in jeder Nummer vor. Zarathustra, der göttliche Mensch, hat es den Antisemiten angetan; es gibt eine eigene antisemitische Auslegung davon, die mich sehr hat lachen machen.

An Overbeck. Nizza, März 87

Es gibt für mich gar nichts Lähmenderes, Entmutigenderes, als hinein in das jetzige Deutschland zu reisen und mir die vielen gutartigen Personen näher anzusehen, welche sich mir wohlgesinnt glauben. Einstweilen fehlt eben alles Verständnis für mich, und, wenn mich ein Wahrscheinlichkeitsschluß nicht trügt, so wird es vor 1901 nicht anders werden. Ich glaube, man hielte mich einfach für toll, wenn ich verlauten ließe, was ich von mir selber halte.

Diesen Winter habe ich mich reichlich in der europäischen Literatur umgesehen, um jetzt sagen zu können, daß meine philosophische Stellung bei weitem die unabhängigste ist, sosehr ich mich auch als Erbe von mehreren Jahrtausenden fühle: das gegenwärtige Europa hat noch keine Ahnung davon, um welche furchtbaren Entscheidungen mein ganzes Wesen sich dreht und an welches Rad von Problemen ich gebunden bin — und daß mit mir eine Katastrophe sich vorbereitet, deren Namen ich weiß, aber nicht aussprechen werde.

An Overbeck. Canobbio, April 87

DIE UMWERTUNG ALLER WERTE

Für die nächsten vier Jahre ist die Ausarbeitung eines vierbändigen Hauptwerkes angekündigt; der Titel ist schon zum Fürchtenmachen: „Der Wille zur Macht. Versuch einer Umwertung aller Werte."

An Schwester und Schwager in Paraguay. Sils-Maria, September 86

Mein letzter Winter in Nizza ist zur Marter geworden, ebenso wie mein letzter Aufenthalt in Sils; weil mir jene stille Verborgenheit abhanden gekommen ist, welche die Existenzbedingung für mich ist.

An Overbeck. Nizza, März 87

Jetzt ergötze und erhole ich mich an der kältesten Vernunftkritik, bei der man unwillkürlich blaue Finger bekommt (und folglich die Lust verliert zu schreiben —). Ein Generalangriff auf den gesamten „Kausalismus" der bisherigen Philosophie kommt dabei heraus. Auch einiges Schlimmere noch.

An Gast. Nizza, Jänner 87

Von Dostojewsky wußte ich vor wenigen Wochen auch selbst den Namen nicht — ich ungebildeter Mensch, der keine „Journale" liest: Ein zufälliger Griff in einem Buchladen brachte mir das eben ins Französische übersetzte Werk: L'esprit souterraine unter die Augen (ganz so zufällig ist es mir im 21. Lebensjahre mit Schopenhauer und im 35. mit Stendhal gegangen:) Der Instinkt der Verwandtschaft (oder wie soll ich's nennen?) sprach sofort, meine Freude war außerordentlich: ich muß bis zu meinem Bekanntwerden mit Stendhals Rouge et Noir zurückgehen, um einer gleichen Freude mich zu erinnern.

An Overbeck. Nizza, Februar 87

Magst Du, wenn es Dir gefällt, von mir selber nach Herzenslust und Gewohnheit Unsinn reden — das liegt in der natura rerum, ich habe mich nie darüber beklagt, noch es je anders erwartet. Aber in Bezug auf einen Gelehrten wie Taine, der Deiner species verwandter ist, solltest Du Augen im Kopfe haben. Ihn „inhaltslos" nennen, ist ganz einfach eine rasende Dummheit, studentisch zu reden.

An Rohde. Chur, Mai 87

Lieber Gustav, hiermit übersende ich Dir als meinem ältesten Freund

und Bruder in arte musica, das einzige, was von meiner Musik übrigbleiben soll — eine Art Glaubensbekenntnis in Tönen, das sich dazu eignen möchte, einmal zu meinem Gedächtnis gesungen zu werden. („Hymnus an das Leben.")

An Krug. Venedig, Oktober 87

Wenn ich Richard Wagner ausnehme, so ist mir niemand bisher mit dem Tausendstel von Leidenschaft und Leiden entgegengekommen, um mich mit ihm „zu verstehen"; ich war dergestalt schon als Kind allein, ich bin es heute noch, in meinem 44. Lebensjahr.

An Overbeck. Nizza, November 87

Verehrtester, lieber Herr Professor,

auch diesen Herbst bitte ich wieder um die Erlaubnis, Ihnen etwas von mir vorlegen zu dürfen, moral-historische Studien unter dem Titel „Zur Genealogie der Moral".

An Burckhardt. Nizza, November 87

Niemand kennt mich genügend, und meine Geschichte dieser letzten fünfzehn Jahre ist jedermann ein Rätsel. Keiner meiner „Freunde" weiß, womit man mir wohl- und womit wehetut, mögen sie's treiben, wie sie Lust haben: ich treibe es nunmehr auf eigene Faust und will von denen nichts mehr, welche mir nichts zu geben haben. Später wird sich das Urteil über mich schon wieder berichtigen. — Eine der größten Dummheiten hast du, mein armes Lama, gemacht — für Dich und für mich: Deine Verbindung mit einem antisemitischen Chef drückt eine Fremdheit gegen meine ganze Art zu sein aus, die mich immer von neuem mit Groll und Melancholie erfüllt.

An die Schwester. Nizza, Dezember 87

Wer einen eigenen Willen in die Dinge zu legen hat, über den werden die Dinge nicht Herr; zuletzt arrangieren sich die Zufälle noch nach unseren eigensten Bedürfnissen.

Im Grunde macht jetzt alles Epoche bei mir; mein ganzes Bisher bröckelt von mir ab; und wenn ich zusammenrechne, was ich in den letzten zwei Jahren überhaupt getan habe, so erscheint es mir jetzt immer als ein und dieselbe Arbeit: mich von meiner Vergangenheit zu isolieren, die Nabelschnur zwischen mir und ihr zu lösen.

Die Vehemenz der inneren Schwingungen war ungeheuer: daß dies ungefähr auch aus der Ferne bemerkbar ist, erschließe ich aus den regulären epithetis ornantibus, mit denen man mich seitens der deutschen Kritik behandelt (exzentrisch, pathologisch, psychiatrisch, et hoc genus omne). Diese Herren, die keinen Begriff von meinem Zentrum, von der großen Leidenschaft haben, in deren Diensten ich lebe, werden schwerlich einen Blick dafür haben, wo ich bisher außerhalb meines Zentrums gewesen bin, wo ich wirklich exzentrisch war.

Jetzt begehre ich für eine Reihe von Jahren nur eins: Stille, Vergessenheit, die Indulgenz der Sonne und des Herbstes für etwas, das reif werden will, für die nachträgliche Sanktion und Rechtfertigung meines ganzen Seins (eines sonst aus hundert Gründen ewig problematischen Seins!). An Deussen. Nizza, Januar 88

Nein sicherlich, eine Frau fehlt mir nicht, eher schon eine junge lustige Tochter, für die ich ein Gegenstand der Verehrung und Fürsorge wäre. An die Schwester. Nizza, Januar 88

Es ist nicht unmöglich, daß ich der erste Philosoph des Zeitalters bin, ja vielleicht noch ein wenig mehr, irgend etwas Entscheidendes und Verhängnisvolles, das zwischen zwei Jahrtausenden steht.
Und unsre lieben Deutschen! ... In Deutschland hat man es, obwohl ich im 45. Lebensjahre stehe und ungefähr fünfzehn Werke herausgegeben habe ... auch noch nicht zu einer einzigen mäßig achtbaren Besprechung auch nur eines meiner Bücher gebracht ... Und jahrelang kein Labsal, kein Tropfen Menschlichkeit, nicht ein Hauch von Liebe —
Unter diesen Umständen muß man in Nizza leben. Es wimmelt auch diesmal von Nichtstuern, grecs und anderen Philosophen, es wimmelt von meinesgleichen: und Gott läßt, mit dem ihm eigenen Zynismus, gerade über uns seine Sonne schöner scheinen, als über das soviel achtbarere Europa des Herrn von Bismarck (das mit fieberhafter Tugend an seiner Bewaffnung arbeitet und ganz und gar den Aspekt eines heroisch gestimmten Igels darbietet).
An Seydlitz. Nizza, Februar 88

Trotzdem weiß ich, daß ich weder rückwärts noch rechts noch links weg entschlüpfen kann: ich habe gar keine Wahl.
An Overbeck. Nizza, Februar 88

...: die erste Niederschrift meiner „Umwertung aller Werte" ist fertig. Die Gesamtkonzeption dafür war bei weitem die längste Tortur, die ich erlebt habe, eine wirkliche Krankheit.
An Overbeck. Nizza, Februar 88

Ich habe mir für meine nächste Reise nach Deutschland vorgesetzt, mich mit dem psychologischen Problem Kierkegaards zu beschäftigen.
An Brandes. Nizza, Februar 88

Ich habe nie ein Symptom von geistiger Störung gehabt; selbst kein Fieber, keine Ohnmacht. Mein Puls war damals so langsam wie der des ersten Napoleon (= 60). Meine Spezialität war, den extremen Schmerz crû-vert mit vollkommener Klarheit zwei bis drei Tage hintereinander auszuhalten, unter fortdauerndem Schleimerbrechen.
An Georg Brandes. Torino ferma in posta, April 88

Hierher habe ich mein Huckepack von Sorgen und Philosophie geschleppt. Bis zum Juni wird es gehen, ohne daß die Hitze mich quält. Die Nähe der Berge garantiert eine gewisse Energie, selbst Rauhigkeit.

Dann kommt meine alte Sommerresidenz Sils-Maria an die Reihe: das Oberengadin, meine Landschaft, so fern vom Leben, so metaphysisch.

An Dr. Carl Fuchs. Turin, April 88

... Das hindert aber nicht, das bedingt vielmehr sogar, daß ich dem Antisemitismus, der soviel tüchtige Kraft vergeudet und vergiftet, den Krieg mache. — Aber bemerke wohl: wo ich gering schätze, mache ich keinen Krieg! Hier komme ich zu meiner augenblicklichen Beschäftigung, einer kleinen Schrift, die sich zu einem Pamphlet über Musik entwickelt und gegen Wagner wendet.

An die Schwester. Turin, Mai 88

Der Tod des Kaisers Friedrich hat mich bewegt: zuletzt war er ein kleines Schimmerlicht von freiem Gedanken, die letzte Hoffnung für Deutschland. Jetzt beginnt das Regiment Stöcker: ich ziehe die Konsequenz und weiß bereits, daß nunmehr mein „Wille zur Macht" zuerst in Deutschland konfisziert werden wird.

An Gast. Sils-Maria, Juni 88

ECCE HOMO

Das erste Buch, unter uns gesagt, heißt „Der Antichrist", und ich will schwören, daß alles, was je zur Kritik des Christentums gedacht und gesagt worden, eitel Kinderei dagegen ist. Ein solches Unternehmen macht tiefe Pausen und Distraktionen selbst hygienisch nötig. Eine solche wird in etwa zehn Tagen bei Dir aufwarten: sie heißt „Der Fall Wagner / Ein Musikanten-Problem". Es ist eine Kriegserklärung ohne Pardon.

An Overbeck. Sils-Maria, September 88

Auch ein zweites Manuskript, vollkommen druckbereit. Es heißt „Müßiggang eines Psychologen" und ist mir sehr wert, weil es in der allerkürzesten (vielleicht auch geistreichsten) Form meine wesentliche philosophische Heterodoxie zum Ausdruck bringt.

An Overbeck. Sils-Maria, September 88

Ich bin in Fragen der Dekadenz, die höchste Instanz, die es jetzt auf Erden gibt: diese jetzigen Menschen mit ihrer jammervollen Instinktentartung sollten sich glücklich schätzen, jemanden zu haben, der ihnen in dunkleren Fällen reinen Wein einschenkt.

An Malwida von Meysenbug. Turin, Oktober 88

Ich bin jetzt der dankbarste Mensch von der Welt — herbstlich gesinnt in jedem guten Sinne des Wortes: es ist meine große Erntezeit. Alles wird mir leicht, alles gerät mir, obwohl schwerlich schon jemand so große Dinge unter den Händen gehabt hat. Daß das erste Buch der „Umwertung aller Werte" fertig ist, druckfertig, das melde ich Dir mit einem Gefühl, für das ich kein Wort habe. — Es werden vier Bücher: sie erscheinen einzeln. Diesmal führe ich, als alter Artillerist, mein großes Geschütz vor; ich fürchte, ich schieße die Geschichte der Menschheit in zwei Hälften auseinander.

An Overbeck. Turin, Oktober 88

Die Deutschen ... diese unverantwortliche Rasse, die alle großen Malheurs der Kultur auf dem Gewissen hat und in allen Momenten der Geschichte etwas „anderes" im Kopfe hatte (— die Reformation zur Zeit der Renaissance, Kantische Philosophie, als eben eine wissenschaftliche Denkweise in England und Frankreich mit Mühe erreicht war, „Freiheitskriege" beim Erscheinen Napoleons, des einzigen, der bisher stark genug war, aus Europa eine politische und wirtschaftliche Einheit zu bilden —), hat heute „das Reich", diese Rekrudeszenz der Kleinstaaterei und des Kulturatomismus, im Kopfe, in einem Augenblicke, wo die große Wertfrage zum erstenmal gestellt wird.

An Overbeck. Turin, Oktober 88

Ich sah mich eben im Spiegel an, — ich habe nie so ausgesehen. Exemplarisch gut gelaunt, wohlgenährt und zehn Jahre jünger, als es erlaubt wäre ... erfreue mich z. B. eines ausgezeichneten Schneiders und lege Wert darauf, überall als distinguierter Fremder empfunden zu werden, was mir auch zum Verwundern gelungen ist ... Unter uns, ich habe bis heute nicht gewußt, was mit Appetit essen heißt ... ich esse hier mit der allerheitersten Verfassung an Seele und Eingeweide gut viermal soviel wie in der „Panada".

An Gast. Turin, Oktober 88

Ohne allen Zweifel, ich habe Ihnen Unrecht getan: aber da ich diesen Herbst an einem Überfluß von Rechtschaffenheit leide, so ist es mir eine wahre Wohltat, Unrecht zu tun. Der Immoralist.

An Malwida von Meysenbug. Turin, November 88

Mein „Ecce homo, wie man wird, was man ist", sprang innerhalb des 15. Oktober, meines allergnädigsten Geburtstags und Herrn und dem vierten November mit einer antiken Selbstherrlichkeit und guten Laune hervor, daß es mir zu wohlgeraten scheint, um einen Spaß dazu machen zu dürfen.

An Gast. Turin, November 88

Ich habe jetzt mit meinem Zynismus, der welthistorisch werden wird, mich selbst erzählt. Das Buch heißt „Ecce homo" und ist ein Attentat ohne die geringste Rücksicht auf den Gekreuzigten; es endet in Donner und Wetterschlägen gegen alles, was christlich oder christlich-infekt ist, bei denen einem Sehen und Hören vergeht. Ich bin zuletzt der erste Psychologe des Christentums.

Das Ganze ist das Vorspiel zur „Umwertung aller Werte", das Werk, das fertig vor mir liegt: ich schwöre Ihnen zu, daß wir in zwei Jahren die ganze Erde in Konvulsionen haben werden. Ich bin ein Verhängnis.

An Brandes. Turin, November 88

Von Petersburg bekomme ich wahre Huldigungsschreiben, eingerechnet

Liebeserklärungen. Georg Brandes hält diesen Winter wieder dort Vorträge. Ich habe jetzt Leser — und, zum Glück, lauter ausgesuchte Intelligenzen, die mir Ehre machen — überall, vor allem in Wien, St. Petersburg, Paris, Stockholm, New York. Meine nächsten Werke werden sogleich mehrsprachig erscheinen. Das schwedische Genie Strindberg (seine Tragödie „Der Vater" ist soeben in der Reclamschen Bibliothek erschienen: lies es doch!) sendet alle Briefe an alle Welt: „Carthago est delenda. Lisez Nietzsche."

An Overbeck. Dezember 88

Ich habe gestern ein Manuskript an C. G. Naumann geschickt, welches zunächst, also vor „Ecce homo", absolviert werden muß. Es heißt

Nietzsche contra Wagner
Aktenstück
eines Psychologen

Ich sehe jetzt mitunter nicht ein, wozu ich die tragische Katastrophe meines Lebens, die mit „Ecce" beginnt, zu sehr beschleunigen sollte.

An Gast. Turin, Dezember 88

Denn das, was ich zu tun habe, ist furchtbar in jedem Sinne des Worts: ich fordere nicht einzelne, ich fordere die Menschheit mit meiner entsetzlichen Anklage als Ganzes heraus, wie auch die Entscheidung fällt, für mich oder gegen mich, in jedem Fall haftet unsäglich viel Verhängnis an meinem Namen.

An die Schwester. Turin, Dezember 88

Zum Glück bin ich jetzt allem gewachsen, was meine Aufgabe von mir verlangt. Meine Gesundheit ist wirklich ausgezeichnet. Die schwersten Aufgaben, zu denen noch nie ein Mensch stark genug war, fallen mir leicht.

Meine alte Mutter, empfange, zum Schluß des Jahres, meine herzlichsten Wünsche und wünsche mir selber ein Jahr, das den großen Dingen, die in ihm geschehen müssen, in jeder Hinsicht entspricht. Dein altes Geschöpf.

An die Mutter. Turin, 21. Dezember 88

Ich will alle Exemplare des vierten Zarathustra wieder zurückhaben, um dies ineditum gegen alle Zufälle von Leben und Tod sicherzustellen (ich las es dieser Tage und bin fast umgekommen vor Bewegung). Wenn ich es nach ein paar Jahrzehnten welthistorischer Krisen — Kriege! — herausgeben werde, so wird es erst die rechte Zeit sein.

An Gast. Turin, Dezember 88

Sonntagnachmittag, nach vier Uhr, unbändig schöner Herbsttag. Eben zurückgekommen von einem großen Konzert, das im Grunde der größte Konzerteindruck meines Lebens ist, mein Gesicht macht fortwährend Grimassen, um über ein extremes Vergnügen hinwegzukommen, eingerechnet, für zehn Minuten, die Grimasse der Tränen.

An Gast. Turin, Dezember 88

Ich selber arbeite eben an einem Promemoria für die europäischen Höfe, zum Zwecke einer antideutschen Liga. Ich will das „Reich" in ein eisernes Hemd einschnüren und zu einem Verzweiflungskrieg provozieren. Ich habe nicht eher die Hände frei, bevor ich nicht den jungen Kaiser samt Zubehör in den Händen habe. Unter uns! Sehr unter uns! — Vollkommene Windstille der Seelen! Zehn Stunden ununterbrochen geschlafen. N.

An Overbeck. Erhalten 28. Dezember 88 von Turin

Was hier in Turin merkwürdig ist, das ist eine vollkommene Faszination, die ich ausübe, obwohl ich der anspruchsloseste Mensch bin und nichts verlange. Aber wenn ich in ein großes Geschäft komme, so verändert sich jedes Gesicht; die Frauen auf der Straße blicken mich an — meine alte Hökerin legt für mich das Süßeste von Trauben zurück und hat den Preis ermäßigt! ... Es ist an sich lächerlich.

An Overbeck. Turin, Weihnachten 88

DER IRRE

Lieber Herr! Sie werden die Antwort auf Ihre Novelle in Kürze zu hören bekommen — sie klingt wie ein Flintenschuß. Ich habe einen Fürstentag nach Rom zusammenbefohlen, ich will den jungen Kaiser füsilieren lassen. Auf Wiedersehn! Denn wir werden uns wiedersehn.

Une seule condition: Divorçons ...

Nietzsche Cäsar

An Strindberg. Januar 89

Dem Freunde Georg!

Nachdem Du mich entdeckt hast, war es kein Kunststück, mich zu finden: die Schwierigkeit ist jetzt die, mich zu verlieren ...

Der Gekreuzigte

An Brandes. Turin, 4. Januar 89

Meinem Maestro Pietro.

Singe mir ein neues Lied: die Welt ist verklärt und alle Himmel freuen sich.

Der Gekreuzigte

An Gast. Turin, 4. Januar 89

Ich lasse eben alle Antisemiten erschießen.

Dionysos

An Overbeck. Erhalten 7. Januar 89

Ariadne, ich liebe Dich.

Dionysos

An Cosima Wagner

Ich habe Kaiphas in Ketten legen lassen, auch bin ich voriges Jahr von den deutschen Ärzten auf sehr langwierige Weise gekreuzigt worden. Wilhelm, Bismarck und alle Antisemiten abgeschafft.

An Burckhardt. Turin, 6. Januar 89

II.

ECCE HOMO

WIE MAN WIRD, WAS MAN IST

VORWORT

1., 2.

In Voraussicht, daß ich über kurzem mit der schwersten Forderung an die Menschheit herantreten muß, die je an sie gestellt wurde, scheint es mir unerläßlich, zu sagen, w e r i c h b i n. Ich bin ein Jünger des Philosophen Dionysos, ich zöge vor, eher noch ein Satyr zu sein, als ein Heiliger. Aber man lese nur diese Schrift. Vielleicht gelang es mir, vielleicht hatte diese Schrift gar keinen andren Sinn, als diesen Gegensatz in einer heitren und menschenfreundlichen Weise zum Ausdruck zu bringen. Das letzte, was ich versprechen würde, wäre, die Menschheit zu „verbessern". Von mir werden keine neuen Götzen aufgerichtet; die alten mögen lernen, was es mit tönernen Beinen auf sich hat. G ö t z e n (mein Wort für „Ideale") u m w e r f e n — das gehört schon eher zu meinem Handwerk.

3.

— Wer die Luft meiner Schriften zu atmen weiß, weiß, daß es eine Luft der Höhe ist, eine s t a r k e Luft. Man muß für sie geschaffen sein, sonst ist die Gefahr keine kleine, sich in ihr zu erkälten. Das Eis ist nahe, die Einsamkeit ist ungeheuer — aber wie ruhig alle Dinge im Lichte liegen! Wie frei man atmet! Wieviel man u n t e r sich fühlt! — Philosophie, wie ich sie bisher verstanden und gelebt habe, ist das freiwillige Leben in Eis und Hochgebirge — das Aufsuchen alles Fremden und Fragwürdigen im Dasein, alles dessen, was durch die Moral bisher in Bann getan war. Aus einer langen Erfahrung, welche eine solche Wanderung im V e r b o t e n e n gab, lernte ich die Ursachen, aus denen bisher moralisiert und idealisiert wurde, sehr anders ansehn als es erwünscht sein mag: die v e r b o r g e n e Geschichte der Philosophen, die Psychologie ihrer großen Namen kam für mich ans Licht. — Wieviel Wahrheit e r t r ä g t, wieviel Wahrheit w a g t ein Geist? Das wurde für mich immer mehr der eigentliche Wertmesser. Irrtum (— der Glaube ans Ideal —) ist nicht Blindheit, Irrtum ist Feigheit... Jede Errungenschaft, jeder Schritt vorwärts in der Erkenntnis folgt aus dem Mut, aus der Härte gegen sich, aus der Sauberkeit gegen sich... Ich widerlege die Ideale nicht, ich ziehe bloß Handschuhe vor ihnen an... Nitimur in vetitum: in diesem Zeichen siegt einmal meine Philosophie, denn man verbot bisher grundsätzlich immer nur die Wahrheit. —

4.

— Innerhalb meiner Schriften steht für mich mein Zarathustra. Ich habe mit ihm der Menschheit das größte Geschenk gemacht, das ihr bisher gemacht worden ist. Dies Buch, mit einer Stimme über Jahrtausende hinweg, ist nicht nur das höchste Buch, das es gibt, das eigentliche Höhenluft-Buch — die ganze Tatsache Mensch liegt in ungeheurer Ferne unter ihm —, es ist auch das tiefste, das aus dem innersten Reichtum der Wahrheit heraus geborene, ein unerschöpflicher Brunnen, in den kein Eimer hinabsteigt, ohne mit Gold und Güte gefüllt heraufzukommen. Hier redet kein „Prophet", keiner jener schauerlichen Zwitter von Krankheit und Willen zur Macht, die man Religionsstifter nennt.

Hier redet kein Fanatiker, hier wird nicht „gepredigt", hier wird nicht Glauben verlangt: aus einer unendlichen Lichtfülle und Glückstiefe fällt Tropfen für Tropfen, Wort für Wort, — eine zärtliche Langsamkeit ist das Tempo dieser Reden. Dergleichen gelangt nur zu den Auserwähltesten; es ist ein Vorrecht ohnegleichen, hier Hörer zu sein; es steht niemandem frei, für Zarathustra Ohren zu haben... Ist Zarathustra mit alledem nicht ein Verführer?... Aber was sagt er doch selbst, als er zum ersten Male wieder in seine Einsamkeit zurückkehrt? Genau das Gegenteil von dem, was irgend ein „Weiser", „Heiliger", „Welt-Erlöser" und andrer décadent in einem solchen Falle sagen würde... Er redet nicht nur anders, er ist auch anders...

Allein gehe ich nun, meine Jünger! Auch ihr geht nun davon und allein! So will ich es.

Geht fort von mir und wehrt euch gegen Zarathustra! Und besser noch: schämt euch seiner! Vielleicht betrog er euch.

Friedrich Nietzsche

An diesem vollkommnen Tage, wo alles reift und nicht nur die Traube braun wird, fiel mir eben ein Sonnenblick auf mein Leben: ich sah rückwärts, ich sah hinaus, ich sah nie so viel und so gute Dinge auf einmal. Nicht umsonst begrub ich heute mein vierundvierzigstes Jahr, ich durfte es begraben, — was in ihm Leben war, ist gerettet, ist unsterblich. Das erste Buch der Umwertung aller Werte, die Lieder Zarathustras, die Götzen-Dämmerung, mein Versuch, mit dem Hammer zu philosophieren — alles Geschenke dieses Jahrs, sogar seines letztLn Vierteljahrs! Wie sollte ich nicht meinem ganzen Leben dankbar sein? — Und so erzähle ich mir mein Leben.

WARUM ICH SO WEISE BIN

1.

Das Glück meines Daseins, seine Einzigkeit vielleicht, liegt in seinem Verhängnis: ich bin, um es in Rätselform auszudrücken, als mein Vater bereits gestorben, als meine Mutter lebe ich noch und werde alt. Diese doppelte Herkunft, gleichsam aus der obersten und der untersten Sprosse an der Leiter des Lebens, décadent zugleich und Anfang — dies, wenn irgend etwas, erklärt jene Neutralität, jene Freiheit von Partei im Verhältnis zum Gesamtprobleme des Lebens, die mich vielleicht auszeichnet. Ich habe für die Zeichen von Aufgang und Niedergang eine feinere Witterung als je ein Mensch gehabt hat, ich bin der Lehrer par excellence hierfür, — ich kenne beides, ich bin beides. — Mein Vater starb mit sechsunddreißig Jahren: er war zart, liebenswürdig und morbid, wie ein nur zum Vorübergehn bestimmtes Wesen, — eher eine gütige Erinnerung an das Leben, als das Leben selbst. Im gleichen Jahre, wo sein Leben abwärts ging, ging auch das meine abwärts: im sechsunddreißigsten Lebensjahre kam ich auf den niedrigsten Punkt meiner Vitalität, — ich lebte noch, doch ohne drei Schritt weit vor mich zu sehn. Damals — es war 1879 — legte ich meine Basler Professur nieder, lebte den Sommer über wie ein Schatten in St. Moritz und den nächsten Winter, den sonnenärmsten meines Lebens, als Schatten in Naumburg. Dies war mein Minimum: „Der Wanderer und sein Schatten" entstand währenddem. Unzweifelhaft, ich verstand mich damals auf Schatten... Im Winter darauf, meinem ersten Genueser Winter, brachte jene Versüßung und Vergeistigung, die mit einer extremen Armut an Blut und Muskel bedingt ist, die „Morgenröte" hervor. Die vollkommene Helle und Heiterkeit, selbst Exuberanz des Geistes, welche das genannte Werk widerspiegelt, verträgt sich bei mir nicht nur mit der tiefsten physiologischen Schwäche, sondern sogar mit einem Exzeß von Schmerzgefühl. Mitten in Martern, die ein ununterbrochner dreitägiger Gehirn-Schmerz samt mühseligem Schleim-Erbrechen mit sich bringt, — besaß ich eine Dialektiker-Klarheit par excellence und dachte Dinge sehr kaltblütig durch, zu denen ich in gesünderen Verhältnissen nicht Kletterer, nicht raffiniert, nicht k a l t genug bin. Meine Leser wissen vielleicht, inwiefern ich Dialektik als Décadence-Symptom betrachte, zum Beispiel im allerberühmtesten Fall: im Fall des Sokrates. — Alle krankhaften Störungen des Intellekts, selbst jene Halbbetäubung, die das Fieber im Gefolge hat, sind mir bis heute gänzlich fremde Dinge geblieben, über deren Natur und Häufigkeit ich mich erst auf gelehrtem Wege zu unterrichten hatte. Mein Blut läuft langsam. Niemand hat je an mir Fieber konstatieren können. Ein Arzt, der mich länger als Nervenkranken behandelte, sagte schließlich: „Nein! An Ihren Nerven liegt's nicht, ich selber bin nur nervös." Schlechterdings unnachweisbar irgendeine lokale Entartung; kein organisch bedingtes Magenleiden, wie sehr auch immer, als Folge der Gesamterschöpfung, die tiefste Schwäche des gastrischen Systems. Auch das Augenleiden, dem Blindwerden zeitweilig sich gefährlich annähernd, nur Folge, nicht ursächlich: so daß mit jeder Zunahme an Lebenskraft auch die Sehkraft wieder zugenommen hat. — Eine lange, allzu lange Reihe von Jahren bedeutet bei mir Genesung, — sie bedeutet leider auch zugleich Rückfall, Verfall, Periodik einer Art décadence. Brauche ich, nach alledem, zu sagen, daß ich in Fragen der décadence e r f a h r e n bin? Ich habe sie vorwärts und rückwärts buchstabiert. Selbst jene Filigrankunst des Greifens und Begreifens überhaupt, jene Finger für nuances, jene Psychologie des „Um-die-Ecke-Sehns" und was sonst mir eignet, ward damals erst erlernt, ist das eigentliche Geschenk jener Zeit, in der alles sich bei mir verfeinerte, die Beobachtung selbst wie alle Organe der Beobachtung. Von der Kranken-Optik aus nach g e s ü n d e r e n Begriffen und Werten, und wiederum umgekehrt aus der Fülle und Selbstgewißheit des r e i c h e n Lebens hinuntersehn in die heimliche Arbeit des Décadence-Instinkts —

das war meine längste Übung, meine eigentliche Erfahrung, wenn irgendworin, wurde ich darin Meister. Ich habe es jetzt in der Hand, ich habe die Hand dafür, Perspektiven umzustellen: erster Grund, weshalb für mich allein vielleicht eine „Umwertung der Werte" überhaupt möglich ist. —

2.

Abgerechnet nämlich, daß ich ein décadent bin, bin ich auch dessen Gegensatz. Mein Beweis dafür ist, unter anderem, daß ich instinktiv gegen die schlimmen Zustände immer die rechten Mittel wählte: während der décadent an sich immer die ihm nachteiligen Mittel wählt. Als summa summarum war ich gesund, als Winkel, als Spezialität war ich décadent. Jene Energie zur absoluten Vereinsamung und Herauslösung aus gewohnten Verhältnissen, der Zwang gegen mich, mich nicht mehr besorgen, bedienen beärzteln zu lassen — das verrät die unbedingte Instinkt-Gewißheit darüber, was damals vor allem nottat. Ich nahm mich selbst in die Hand, ich machte mich selbst wieder gesund: die Bedingung dazu — jeder Physiologe wird das zugeben — ist, daß man im Grunde gesund ist. Ein typisch morbides Wesen kann nicht gesund werden, noch weniger sich selbst gesund machen; für einen typisch Gesunden kann umgekehrt Kranksein sogar ein energisches Stimulans zum Leben, zum Mehrleben sein. So in der Tat erscheint mir jetzt jene lange Krankheitszeit: ich entdeckte das Leben gleichsam neu, mich selber eingerechnet, ich schmeckte alle guten und selbst kleinen Dinge, wie sie andre nicht leicht schmecken könnten, — ich machte aus meinem Willen zur Gesundheit, zum Leben, meine Philosophie... Denn man gebe acht darauf: die Jahre meiner niedrigsten Vitalität waren es, wo ich aufhörte, Pessimist zu sein: der Instinkt der Selbst-Wiederherstellung verbot mir eine Philosophie der Armut und Entmutigung... Und woran erkennt man im Grunde die Wohlgeratenheit! Daß ein wohlgeratner Mensch unsern Sinnen wohltut: daß er aus einem Holze geschnitzt ist, das hart, zart und wohlriechend zugleich ist. Ihm schmeckt nur, was ihm zuträglich ist; sein Gefallen, seine Lust hört auf, wo das Maß des Zuträglichen überschritten wird. Er errät Heilmittel gegen Schädigungen, er nützt schlimme Zufälle zu seinem Vorteil aus; was ihn nicht umbringt, macht ihn stärker. Er sammelt instinktiv aus allem, was er sieht, hört, erlebt, seine Summe: er ist ein auswählendes Prinzip, er läßt viel durchfallen. Er ist immer in seiner Gesellschaft, ob er mit Büchern, Menschen oder Landschaften verkehrt: er ehrt, indem er wählt, indem er zuläßt, indem er vertraut. Er reagiert auf alle Reize langsam, mit jener Langsamkeit, die eine lange Vorsicht und ein gewollter Stolz ihm angezüchtet haben, — er prüft den Reiz, der herankommt, er ist fern davon, ihm entgegenzugehn. Er glaubt weder an „Unglück" noch an „Schuld": er wird fertig, mit sich, mit anderen, er weiß zu vergessen, — er ist stark genug, daß ihm alles zum besten gereichen muß. — Wohlan, ich bin das Gegenstück eines décadent: denn ich beschrieb eben mich.

3.

Diese doppelte Reihe von Erfahrungen, diese Zugänglichkeit zu anscheinend getrennten Welten wiederholt sich in meiner Natur in jeder Hinsicht, — ich bin ein Doppelgänger, ich habe auch das „zweite" Gesicht noch außer dem ersten. Und vielleicht auch noch das dritte... Schon meiner Abkunft nach ist mir ein Blick erlaubt jenseits aller bloß lokal, bloß national bedingten Perspektiven, es kostet mich keine Mühe, ein „guter Europäer" zu sein. Andrerseits bin ich vielleicht mehr deutsch, als jetzige Deutsche, bloße Reichsdeutsche es noch zu sein vermöchten, — ich, der letzte antipolitische Deutsche. Und doch waren meine Vorfahren polnische Edelleute: ich habe von daher viel Rassen-Instikte im Leibe, wer weiß? Zuletzt gar noch das liberum veto. Denke ich daran, wie oft ich unterwegs als Pole angeredet werde und von Polen selbst, wie selten man mich für einen Deutschen nimmt, so könnte es scheinen, daß ich nur zu den angesprenkelten Deutschen gehörte. Aber meine Mutter, Franziska Oehler, ist jedenfalls etwas sehr Deutsches; insgleichen meine Großmutter väterlicherseits, Erdmuthe Krause. Letztere lebte ihre ganze Jugend mitten im guten alten Weimar, nicht ohne Zusammenhang mit dem Goetheschen Kreise. Ihr Bruder, der Professor der Theologie Krause in Königsberg, wurde nach Herders Tode als Generalsuperintendent nach Weimar berufen. Es ist nicht unmöglich, daß ihre Mutter, meine Urgroßmutter, unter dem Namen „Muthgen" im Tagebuch des jungen Goethe vorkommt. Sie verheiratete sich zum zweitenmal mit dem Superintendenten Nietzsche in Eilenburg; an dem Tage des großen Kriegsjahrs 1813, wo Napoleon mit seinem Generalstab in Eilenburg einzog, am 10. Oktober, hatte sie ihre Niederkunft. Sie war, als Sächsin, eine große Verehrerin Napoleons; es könnte sein, daß ich's auch noch bin. Mein Vater, 1813 geboren, starb 1849. Er lebte, bevor er das Pfarramt der Gemeinde Röcken unweit Lützen übernahm, einige Jahre auf dem Altenburger Schlosse und unterrichtete die vier Prinzessinnen daselbst. Seine Schülerinnen sind die Königin von Hannover, die Großfürstin Constantin, die Großherzogin von Oldenburg und die Prinzeß Therese von Sachsen-Altenburg. Er war voll tiefer Pietät gegen den preußischen König Friedrich Wilhelm den Vierten, von dem er auch sein Pfarramt erhielt; die Ereignisse von 1848 betrübten ihn über alle Maßen. Ich selber, am Geburtstage des genannten Königs geboren, am 15. Oktober, erhielt, wie billig, die Hohenzollern-Namen Friedrich Wilhelm. Einen Vorteil hatte jedenfalls die Wahl dieses Tages: mein Geburtstag war meine ganze Kindheit hindurch ein Festtag. — Ich betrachte es als ein großes Vorrecht, einen solchen Vater gehabt zu haben: es scheint mir sogar, daß sich damit alles erklärt, was ich sonst an Vorrechten habe, — das Leben, das große Ja zum Leben nicht eingerechnet. Vor allem, daß es für mich keiner Absicht dazu bedarf, sondern eines bloßen Abwartens, um freiwillig in eine Welt hoher und zarter Dinge einzutreten: ich bin dort zu Hause, meine innerste Leidenschaft wird dort erst frei. Daß ich für dies Vorrecht beinahe mit dem Leben zahlte, ist gewiß kein unbilliger Handel. — Um nur etwas von meinem Zarathustra zu verstehn, muß man vielleicht ähnlich bedingt sein, wie ich es bin, — mit einem Fuße jenseits des Lebens...

4.

Ich zähme jeden Bär, ich mache die Hanswurste noch sittsam. In den sieben Jahren, wo ich an der obersten Klasse des Basler Pädagogiums Griechisch lehrte, habe ich keinen Anlaß gehabt, eine Strafe zu verhängen; die Faulsten waren bei mir fleißig. Dem Zufall bin ich immer gewachsen; ich muß unvorbereitet sein, um meiner Herr zu sein. Das Instrument, es sei, welches es wolle, es sei so verstimmt, wie nur das Instrument „Mensch" verstimmt werden kann — ich müßte krank sein, wenn es mir nicht gelingen sollte, ihm etwas Anhörbares abzugewinnen. Und wie oft habe ich das von den „Instrumenten" selber gehört, daß sie sich noch nie so gehört hätten...

Meine Erfahrungen geben mir ein Anrecht auf Mißtrauen überhaupt hinsichtlich der sogenannten „selbstlosen" Triebe, der gesamten zu Rat und Tat bereiten „Nächstenliebe“. Sie gilt mir an sich als Schwäche, als Einzelfall der Widerstands-Unfähigkeit gegen Reize, — das Mitleiden heißt nur bei décadents eine Tugend. Ich werfe den Mitleidigen vor, daß ihnen die Scham, die Ehrfurcht, das Zartgefühl vor Distanzen leicht abhanden kommt, daß Mitleiden im Handumdrehn nach Pöbel riecht und schlechten Manieren zum Verwechseln ähnlich sieht; — daß mitleidige Hände unter Umständen geradezu zerstörerisch in ein großes Schicksal, in eine Vereinsamung unter Wunden, in ein Vorrecht auf schwere Schuld hineingreifen können. Die Überwindung des Mitleids rechne ich unter die vornehmen Tugenden.

5.

Auch noch in einem anderen Punkte bin ich bloß mein Vater noch einmal und gleichsam sein Fortleben nach einem allzufrühen Tode. Gleich jedem, der nie unter seinesgleichen lebte und dem der Begriff „Vergeltung“ so unzulänglich ist wie etwa der Begriff „gleiche Rechte“, verbiete ich mir in Fällen, wo eine kleine oder sehr große Torheit an mir begangen wird, jede Gegenmaßregel, jede Schutzmaßregel, — wie billig, auch jede Verteidigung, jede „Rechtfertigung“.

... Auch scheint es mir, daß das gröbste Wort, der gröbste Brief noch gutartiger, noch honnetter sind als Schweigen. Solchen, die schweigen, fehlt es fast immer an Feinheit und Höflichkeit des Herzens; Schweigen ist ein Einwand, Hinunterschlucken macht notwendig einen schlechten Charakter, — es verdirbt selbst den Magen. Alle Schweiger sind dyspeptisch. — Man sieht, ich möchte die Grobheit nicht unterschätzt wissen, sie ist bei weitem die humanste Form des Widerspruchs und, inmitten der modernen Verzärtelung, eine unsrer ersten Tugenden. — Wenn man reich genug dazu ist, ist es selbst ein Glück, unrecht zu haben. Ein Gott, der auf die Erde käme, dürfte gar nichts andres tun als Unrecht, — nicht die Strafe, sondern die Schuld auf sich zu nehmen wäre erst göttlich.

6.

Die Freiheit vom Ressentiment, die Aufklärung über das Ressentiment — wer weiß, wie sehr ich zuletzt auch darin meiner langen Krankheit zu Dank verpflichtet bin! Das Problem ist nicht gerade einfach: man muß es aus der Kraft heraus und aus der Schwäche heraus erlebt haben. Wenn irgend etwas überhaupt gegen Kranksein, gegen Schwachsein geltend gemacht werden muß, so ist es, daß in ihm der eigentliche Heilinstinkt, das ist der Wehr- und Waffen-Instinkt im Menschen, mürbe wird. Man weiß von nichts loszukommen, man weiß mit nichts fertigzuwerden, man weiß nichts zurückzustoßen, — alles verletzt. Mensch und Ding kommen zudringlich nahe, die Erlebnisse treffen zu tief, die Erinnerung ist eine eiternde Wunde. Kranksein ist eine Art Ressentiment selbst. — Hiergegen hat der Kranke nur ein großes Heilmittel — ich nenne es den russischen Fatalismus, jenen Fatalismus ohne Revolte, mit dem sich ein russischer Soldat, dem der Feldzug zu hart wird, zuletzt in den Schnee legt. Nichts überhaupt mehr annehmen, an sich nehmen, in sich hineinnehmen, — überhaupt nicht mehr reagieren... Die große Vernunft dieses Fatalismus, der nicht immer nur der Mut zum Tode ist, als lebenerhaltend unter den lebensgefährlichsten Umständen, ist die Herabsetzung des Stoffwechsels, dessen Verlangsamung, eine Art Wille zum Winterschlaf. Ein paar Schritte weiter in dieser Logik, und man hat den Fakir, der wochenlang in einem Grabe schläft... Weil man zu schnell sich verbrauchen würde, wenn man überhaupt reagierte, reagiert man gar nicht mehr: dies ist die Logik. Und mit nichts brennt man rascher ab als mit den Ressentiments-Affekten. Der Ärger, die krankhafte Verletzlichkeit, die Ohnmacht zur Rache, die Lust, der Durst nach der Rache, das Giftmischen in jedem Sinne — das ist für Erschöpfte sicherlich die nachteiligste Art zu reagieren: ein rapider Verbrauch von Nervenkraft, eine krankhafte Steigerung schädlicher Ausleerungen, zum Beispiel der Galle in den Magen, ist damit bedingt. Das Ressentiment ist das Verbotene an sich für den Kranken — sein Böses: leider auch sein natürlichster Hang. — Das begriff jener tiefe Physiolog Buddha. Seine „Religion", die man besser als eine Hygiene bezeichnen dürfte, um sie nicht mit so erbarmungswürdigen Dingen, wie das Christentum ist, zu vermischen, machte ihre Wirkung abhängig von dem Sieg über das Ressentiment: die Seele davon freimachen — erster Schritt zur Genesung. „Nicht durch Feindschaft kommt Feindschaft zu Ende, durch Freundschaft kommt Feindschaft zu Ende": das steht am Anfang der Lehre Buddhas — so redet nicht die Moral, so redet die Physiologie. — Das Ressentiment, aus der Schwäche geboren, niemandem schädlicher als dem Schwachen selbst, — im andern Falle, wo eine reiche Natur die Voraussetzung ist, ein überflüssiges Gefühl, ein Gefühl, über das Herr zu bleiben beinahe der Beweis des Reichtums ist. — Sich selbst wie ein Fatum nehmen, nicht sich „anders" wollen — das ist in solchen Umständen die große Vernunft selbst.

7.

Ein ander Ding ist der Krieg. Ich bin meiner Art nach kriegerisch. Angreifen gehört zu meinen Instinkten. Feind sein können, Feind sein — das setzt vielleicht eine starke Natur voraus, jedenfalls ist es bedingt in jeder starken Natur. Sie braucht Widerstände, folglich sucht sie Widerstand: das aggressive Pathos gehört ebenso notwendig zur Stärke als das Rach- und Nachgefühl zur Schwäche. Das Weib zum Beispiel ist rachsüchtig: das ist in seiner Schwäche bedingt, so gut wie seine Reizbarkeit für fremde Not. — Die Stärke des Angreifenden hat in der Gegnerschaft, die er nötig hat, eine Art Maß; jedes Wachstum verrät sich im Aufsuchen eines gewaltigen Gegners — oder Problems: denn ein Philosoph, der kriegerisch ist, fordert auch Probleme zum Zweikampf heraus. Die Aufgabe ist nicht, überhaupt über Widerstände Herr zu werden, sondern über solche, an denen man seine ganze Kraft, Geschmeidigkeit und Waffen-Meisterschaft einzusetzen hat, — über gleiche Gegner... Gleichheit vor dem Feinde — erste Voraussetzung zu einem rechtschaffnen Duell. Wo man verachtet, kann man nicht Krieg führen; wo man befiehlt, wo man etwas unter sich sieht, hat man nicht Krieg zu führen. —

8.

Darf ich noch einen letzten Zug meiner Natur anzudeuten wagen, der mir im Umgang mit Menschen keine kleine Schwierigkeit macht? Mir eignet eine vollkommen unheimliche Reizbarkeit des Reinlichkeits-Instinkts, so daß ich die Nähe oder — was sage ich — das Innerlichste, die „Eingeweide" jeder Seele physiologisch wahrnehme — rieche... Ich habe an dieser Reizbarkeit psychologische Fühlhörner, mit denen ich jedes Geheimnis betaste und in die Hand bekomme: der viele verborgene Schmutz auf dem Grunde mancher Natur, vielleicht in schlechtem Blut bedingt, aber durch Erziehung übertüncht, wird mir fast bei der ersten Berührung schon bewußt. Wenn ich recht beobachtet habe, empfinden solche meiner Reinlichkeit unzuträgliche Naturen die Vorsicht meines Ekels auch ihrerseits: sie werden damit nicht wohlriechender... So wie ich mich immer gewöhnt habe — eine extreme Lauterkeit gegen mich ist meine Daseins-Voraussetzung, ich komme um unter unreinen Bedingungen —, schwimme und bade und plätschere ich gleichsam beständig im Wasser, in irgendeinem vollkommen durchsichtigen und glänzenden Elemente. Das macht mir aus dem Verkehr mit Menschen keine kleine Gedulds-Probe; meine Humanität besteht nicht darin, mitzufühlen, wie der Mensch ist, sondern es auszuhalten, daß ich ihn mitfühle... Meine Humanität ist eine beständige Selbstüberwindung. — Aber ich habe Einsamkeit nötig, will sagen, Genesung, Rückkehr zu mir, den Atem einer freien leichten spielenden Luft... Mein ganzer Zarathustra ist ein Dithyrambus auf die Einsamkeit, oder, wenn man mich verstanden hat, auf die Reinheit... Zum Glück nicht auf die reine Torheit. — Wer Augen für Farben hat, wird ihn diamanten nennen. — Der Ekel am Menschen, am „Gesindel" war immer meine größte Gefahr.

WARUM ICH SO KLUG BIN

1.

— Warum ich Einiges mehr weiß? Warum ich überhaupt so klug bin? Ich habe nie über Fragen nachgedacht, die keine sind, — ich habe mich nicht verschwendet. — Eigentliche religiöse Schwierigkeiten zum Beispiel kenne ich nicht aus Erfahrung. Es ist mir gänzlich entgangen, inwiefern ich „sündhaft" sein sollte. Insgleichen fehlt mir ein zuverlässiges Kriterium dafür, was ein Gewissensbiß ist: nach dem, was man darüber hört, scheint mir ein Gewissensbiß nichts Achtbares... Ich möchte nicht eine Handlung hinterdrein in Stich lassen, ich würde vorziehn, den schlimmen Ausgang, die Folgen grundsätzlich aus der Wertfrage wegzulassen. Man verliert beim schlimmen Ausgang gar zu leicht den richtigen Blick für das, was man tat: ein Gewissensbiß scheint mir eine Art „böser Blick". Etwas, das fehlschlägt, um so mehr bei sich in Ehren halten, weil es fehlschlug — das gehört eher schon zu meiner Moral. — „Gott", „Unsterblichkeit der Seele", „Erlösung", „Jenseits" lauter Begriffe, denen ich keine Aufmerksamkeit, auch keine Zeit geschenkt habe, selbst als Kind nicht, —

ich war vielleicht nie kindlich genug dazu? — Ich kenne den Atheismus durchaus nicht als Ergebnis, noch weniger als Ereignis: er versteht sich bei mir aus Instinkt. Ich bin zu neugierig, zu *fragwürdig*, zu übermütig, um mir eine faustgrobe Antwort gefallen zu lassen. Gott ist eine faustgrobe Antwort, eine Undelikatesse gegen uns Denker —, im Grunde sogar bloß ein faustgrobes *Verbot* an uns: ihr sollt nicht denken! ... Ganz anders interessiert mich eine Frage, an der mehr das „Heil der Menschheit" hängt, als an irgend einer Theologen-Kuriosität: die Frage der *Ernährung*. Man kann sie sich, zum Handgebrauch, so formulieren: „Wie hast gerade du dich zu ernähren, um zu deinem Maximum von Kraft, von virtù im Renaissance-Stile, von moralinfreier Tugend zu kommen?" — Meine Erfahrungen sind hier so schlimm als möglich; ich bin erstaunt, diese Frage so spät gehört, aus diesen Erfahrungen so spät „Vernunft" gelernt zu haben. Nur die vollkommene Nichtswürdigkeit unsrer deutschen Bildung — ihr „Idealismus" — erklärt mir einigermaßen, weshalb ich gerade hier rückständig bis zur Heiligkeit war. Diese „Bildung", welche von vornherein die *Realitäten* aus den Augen verlieren lehrt, um durchaus problematischen, sogenannten „idealen" Zielen nachzujagen, zum Beispiel der „klassischen Bildung": — als ob es nicht von vornherein verurteilt wäre, „klassisch" und „deutsch" in *einen* Begriff zu einigen! Mehr noch, es wirkt erheiternd, — man denke sich einmal einen „klassisch gebildeten" Leipziger! — In der Tat, ich habe bis zu meinen reifsten Jahren immer nur *schlecht* gegessen, — moralisch ausgedrückt „unpersönlich", „selbstlos", „altruistisch", zum Heil der Köche und andrer Mitchristen. Die deutsche Küche überhaupt — was hat sie nicht alles auf dem Gewissen! Die Suppe *vor* der Mahlzeit (noch in venezianischen Kochbüchern des 16. Jahrhunderts alla tedesca genannt); die ausgekochten Fleische, die fett und mehlig gemachten Gemüse; die Entartung der Mehlspeise zum Briefbeschwerer! Rechnet man gar noch die geradezu viehischen Nachguß-Bedürfnisse der alten, durchaus nicht bloß *alten* Deutschen dazu, so versteht man auch die Herkunft des *deutschen Geistes* — aus betrübten Eingeweiden ... Der deutsche Geist ist eine Indigestion, er wird mit nichts fertig. — Aber auch die *englische* Diät, die, im Vergleich mit der deutschen, selbst der französischen, eine Art „Rückkehr zur Natur", nämlich zum Kannibalismus ist, geht meinem eignen Instinkt tief zuwider; es scheint mir, daß sie dem Geist schwere Füße gibt — Engländerinnen-Füße... Die beste Küche ist die Piemonts. — Alkoholika sind mir nachteilig; ein Glas Wein oder Bier des Tags reicht vollkommen aus, mir aus dem Leben ein „Jammertal“ zu machen, — in München leben meine Antipoden.

Gegen die Mitte des Lebens hin entschied ich mich immer strenger gegen jedwedes „geistige“ Getränk: ich, ein Gegner des Vegetariertums aus Erfahrung, ganz wie Richard Wagner, der mich bekehrt hat, weiß nicht ernsthaft genug die unbedingte Enthaltung von Alcoholicis allen geistigeren Naturen anzuraten. Wasser tut's... Ich ziehe Orte vor, wo man überall Gelegenheit hat, aus fließenden Brunnen zu schöpfen (Nizza, Turin, Sils); ein kleines Glas läuft mir nach wie ein Hund. In vino veritas: es scheint, daß ich auch hier wieder über den Begriff „Wahrheit“ mit aller Welt uneins bin: — bei mir schwebt der Geist über dem Wasser... Ein paar Fingerzeige noch aus meiner Moral. Eine starke Mahlzeit ist leichter zu verdauen als eine zu kleine. Daß der Magen als Ganzes in Tätigkeit tritt, erste Voraussetzung einer guten Verdauung. Man muß die Größe seines Magens kennen. Aus gleichem Grunde sind jene langwierigen Mahlzeiten zu widerraten, die ich unterbrochne Opferfeste nenne, die an der table d'hôte. — So wenig als möglich sitzen; keinem Gedanken Glauben schenken, der nicht im Freien geboren ist und bei freier Bewegung, — in dem nicht auch die Muskeln ein Fest feiern. Alle Vorurteile kommen aus den Eingeweiden. — Das Sitzfleisch — ich sagte es schon einmal — die eigentliche Sünde wider den heiligen Geist. —

2.

Mit der Frage der Ernährung ist nächstverwandt die Frage nach Ort und Klima. Es steht niemandem frei, überall zu leben; und wer große Aufgaben zu lösen hat, die seine ganze Kraft herausfordern, hat hier sogar eine sehr enge Wahl. Der klimatische Einfluß auf den Stoffwechsel, seine Hemmung, seine Beschleunigung, geht so weit, daß ein Fehlgriff in Ort und Klima jemanden nicht nur seiner Aufgabe entfremden, sondern ihm dieselbe überhaupt vorenthalten kann: er bekommt sie nie zu Gesicht. Der animalische vigor ist nie groß genug bei ihm geworden, daß jene ins Geistigste überströmende Freiheit erreicht wird, wo jemand erkennt: das kann ich allein... Eine zur schlechten Gewohnheit gewordne noch so kleine Eingeweide-

Trägheit genügt vollständig, um aus einem Genie etwas Mittelmäßiges, etwas „Deutsches“ zu machen; das deutsche Klima allein ist ausreichend, um starke und selbst heroisch angelegte Eingeweide zu entmutigen. Das Tempo des Stoffwechsels steht in einem genauen Verhältnis zur Beweglichkeit oder Lahmheit der F ü ß e des Geistes; der „Geist“ selbst ist ja nur eine Art dieses Stoffwechsels. Man stelle sich die Orte zuammen, wo es geistreiche Menschen gibt und gab, wo Witz, Raffinement, Bosheit zum Glück gehörten, wo das Genie fast notwendig sich heimisch machte: sie haben alle eine ausgezeichnet trockne Luft. Paris, die Provence, Florenz, Jerusalem, Athen — diese Namen beweisen etwas: das Genie ist b e d i n g t durch trockne Luft, durch reinen Himmel, — das heißt durch rapiden Stoffwechsel, durch die Möglichkeit, große, selbst ungeheure Mengen Kraft sich immer wieder zuzuführen. Ich habe einen Fall vor Augen, wo ein bedeutend und frei angelegter Geist bloß durch Mangel an Instinkt-Feinheit im Klimatischen eng, verkrochen, Spezialist und Sauertopf wurde. Und ich selber hätte zuletzt dieser Fall werden können, gesetzt, daß mich nicht die Krankheit zur Vernunft, zum Nachdenken über die Vernunft in der Realität gezwungen hätte. Jetzt, wo ich die Wirkungen klimatischen und meteorologischen Ursprungs aus langer Übung an mir als an einem sehr feinen und zuverlässigen Instrumente ablese und bei einer kurzen Reise schon, etwa von Turin nach Mailand, den Wechsel in den Graden der Luft physiologisch bei mir nachrechne, denke ich mit Schrekken an die u n h e i m l i c h e Tatsache, daß mein Leben bis auf die letzten zehn Jahre, die lebensgefährlichen Jahre, immer sich nur in falschen und mir geradezu v e r b o t e n e n Orten abgespielt hat. Naumburg, Schulpforta, Thüringen überhaupt, Leipzig, Basel, Venedig — ebenso viele Unglücks-Orte für meine Physiologie. Wenn ich überhaupt von meiner ganzen Kindheit und Jugend keine willkommne Erinnerung habe, so wäre es eine Torheit, hier sogenannte „moralische“ Ursachen geltend zu machen, — etwa den unbestreitbaren Mangel an z u r e i c h e n d e r Gesellschaft: denn dieser Mangel besteht heute wie er immer bestand, ohne daß er mich hinderte, heiter und tapfer zu sein. Sondern die Unwissenheit in physiologicis — der verfluchte „Idealismus“ — ist das eigentliche Verhängnis in meinem Leben, das Überflüssige und Dumme darin, etwas, aus dem nichts Gutes gewachsen, für das es keine Ausgleichung, keine Gegenrechnung gibt. Aus den Folgen dieses „Idealismus“ erkläre ich mir alle

Fehlgriffe, alle großen Instinkt-Abirrungen und „Bescheidenheiten" abseits der Aufgabe meines Lebens, zum Beispiel, daß ich Philologe wurde — warum zum mindesten nicht Arzt oder sonst irgend etwas Augen-Aufschließendes? In meiner Basler Zeit war meine ganze geistige Diät, die Tages-Einteilung eingerechnet, ein vollkommen sinnloser Mißbrauch außerordentlicher Kräfte, ohne eine irgendwie den Verbrauch deckende Zufuhr von Kräften, ohne ein Nachdenken selbst über Verbrauch und Ersatz. Es fehlte jede feinere Selbstigkeit, jede Obhut eines gebieterischen Instinkts, es war ein Sich-gleich-Setzen mit irgendwem, eine „Selbstlosigkeit", ein Vergessen seiner Distanz, — etwas, das ich mir nie verzeihe. Als ich fast am Ende war, dadurch daß ich fast am Ende war, wurde ich nachdenklich über diese Grund-Unvernunft meines Lebens — den „Idealismus". Die Krankheit brachte mich erst zur Vernunft. —

3.

Die Wahl in der Ernährung; die Wahl von Klima und Ort; — das dritte, worin man um keinen Preis einen Fehlgriff tun darf, ist die Wahl seiner Art Erholung. Auch hier sind je nach dem Grade, in dem ein Geist sui generis ist, die Grenzen des ihm Erlaubten, das heißt Nützlichen, eng und enger. In meinem Fall gehört alles Lesen zu meinen Erholungen: folglich zu dem, was mich von mir losmacht, was mich in fremden Wissenschaften und Seelen spazierengehn läßt, — was ich nicht mehr ernst nehme. Lesen erholt mich eben von meinem Ernste. In tief arbeitsamen Zeiten sieht man keine Bücher bei mir: ich würde mich hüten, jemanden in meiner Nähe reden oder gar denken zu lassen. Und das hieße ja lesen... Hat man eigentlich beobachtet, daß in jener tiefen Spannung, zu der die Schwangerschaft den Geist und im Grunde den ganzen Organismus verurteilt, der Zufall, jede Art Reiz von außen her zu vehement wirkt, zu tief „einschlägt"? Man muß dem Zufall, dem Reiz von außen her soviel als möglich aus dem Wege gehn; eine Art Selbst-Vermauerung gehört zu den ersten Instinkt-Klugheiten der geistigen Schwangerschaft. Werde ich es erlauben, daß ein fremder Gedanke heimlich über die Mauer steigt? — Und das hieße ja lesen... Auf die Zeiten der Arbeit und Fruchtbarkeit folgt die Zeit der Erholung; heran mit euch, ihr angenehmen, ihr geistreichen, ihr gescheiten Bücher! — Werden es deutsche Bücher sein? .. Ich muß ein Halbjahr zurückrechnen, daß ich mich mit einem Buch in der Hand ertappe. Was war es doch? — Eine ausgezeichnete Studie von Victor Brochard, Les Sceptiques Grecs, in der auch meine Laertiana gut benutzt sind. Die Skeptiker, der einzige ehrenwerte Typus unter dem so zwei- bis fünfdeutigen Volk der Philosophen! ... Sonst nehme ich meine Zuflucht fast immer zu denselben Büchern, einer kleinen Zahl im Grunde, den gerade für mich bewiesenen Büchern. Es liegt vielleicht nicht in meiner Art, viel und vielerei zu lesen: ein Lesezimmer macht mich krank. Es liegt auch nicht in meiner Art, viel oder vielerei zu lieben. Vorsicht, selbst Feindseligkeit gegen neue Bücher gehört eher schon zu meinen Instinkte als „Toleranz", „largeur du coeur" und andre „Nächstenliebe" ... Im Grunde ist es eine kleine Anzahl älterer Franzosen, zu denen ich immer wieder zurückkehre: ich glaube nur an französische Bildung und halte alles, was sich sonst in Europa „Bildung" nennt, für Mißverständnis, nicht zu reden von der deutschen Bildung ... Die wenigen Fälle hoher Bildung, die ich in Deutschland vorfand, waren alle französischer Herkunft, vor allem Frau Cosima Wagner, bei weitem die erste Stimme in Fragen des Geschmacks, die ich gehört habe. — Daß ich Pascal nicht lese, sondern liebe, als das lehrreichste Opfer des Christentums, langsam hingemordet, erst leiblich, dann psychologisch, die ganze Logik dieser schauderhaftesten Form unmenschlicher Grausamkeit; daß ich etwas von Montaignes Mutwillen im Geiste, wer weiß, vielleicht auch im Leibe habe; daß mein Artisten-Geschmack die Namen Molière, Corneille und Racine nicht ohne Ingrimm gegen ein wüstes Genie wie Shakespeare in Schutz nimmt: das schließt zuletzt nicht aus, daß mir nicht auch die allerletzten Franzosen eine charmante Gesellschaft wären. Ich sehe durchaus nicht ab, in welchem Jahrhundert der Geschichte man so neugierige und zugleich so delikate Psychologen zusammenfischen könnte wie im jetzigen Paris: ich nenne versuchsweise — denn ihre Zahl ist gar nicht klein — die Herren Paul Bourget, Pierre Loti, Gyp, Meilhac, Anatole France, Jules Lemaître, oder um einen von der starken Rasse hervorzuheben, einen echten Lateiner, dem ich besonders zugetan bin, Guy de Maupassant. Ich ziehe diese Generation, unter uns gesagt, sogar ihren großen Lehrern vor, die allesamt durch deutsche Philosophie verdorben sind (Herr Taine zum Beispiel durch Hegel, dem er das Mißverständnis großer Menschen und Zeiten verdankt). So weit Deutschland reicht, verdirbt es die Kultur.

Der Krieg erst hat den Geist in Frankreich „erlöst“ ... Stendhal, einer der schönsten Zufälle meines Lebens — denn alles, was in ihm Epoche macht, hat der Zufall, niemals eine Empfehlung mir zugetrieben — ist ganz unschätzbar mit seinem vorwegnehmenden Psychologen-Auge, mit seinem Tatsachen-Griff, der an die Nähe des größten Tatsächlichen erinnert (ex ungue Napoleonem —); endlich nicht am wenigsten als ehrlicher Atheist, eine in Frankreich spärliche und fast kaum auffindbare spezies — Prosper Mérimée in Ehren... Vielleicht bin ich selbst auf Stendhal neidisch? Er hat mir den besten Atheisten-Witz weggenommen, den gerade ich hätte machen können: „Die einzige Entschuldigung Gottes ist, daß er nicht existiert...“ Ich selbst habe irgendwo gesagt: was war der größte Einwand gegen das Dasein bisher? Gott...

4.

Den höchsten Begriff vom Lyriker hat mir Heinrich Heine gegeben. Ich suche umsonst in allen Reichen der Jahrtausende nach einer gleich süßen und leidenschaftlichen Musik. Er besaß jene göttliche Bosheit, ohne die ich mir das Vollkommne nicht zu denken vermag, — ich schätze den Wert von Menschen, von Rassen danach ab, wie notwendig sie den Gott nicht abgetrennt vom Satyr zu verstehen wissen. — Und wie er das Deutsche handhabt! Man wird einmal sagen, daß Heine und ich bei weitem die ersten Artisten der deutschen Sprache gewesen sind — in einer unausrechenbaren Entfernung von allem, was bloße Deutsche mit ihr gemacht haben. — Mit Byrons Manfred muß ich tief verwandt sein: ich fand alle diese Abgründe in mir, — mit dreizehn Jahren war ich für dies Werk reif. Ich habe kein Wort, bloß einen Blick für die, welche in Gegenwart des Manfred das Wort Faust auszusprechen wagen. Die Deutschen sind unfähig jedes Begriffs von Größe: Beweis Schumann. Ich habe eigens, aus Ingrimm gegen diesen süßlichen Sachsen, eine Gegenouvertüre zum Manfred komponiert, von der Hans von Bülow sagte, dergleichen habe er nie auf Notenpapier gesehn: das sei Notzucht an der Euterpe. — Wenn ich meine höchste Formel für Shakespeare suche, so finde ich immer nur die, daß er den Typus Cäsar konzipiert hat. Dergleichen errät man nicht, — man ist es oder man ist es nicht. Der große Dichter schöpft nur aus seiner Realität — bis zu dem Grade, daß er hinterdrein sein Werk nicht mehr aushält... Wenn ich einen Blick in meinen Zarathustra geworfen habe, gehe ich eine halbe Stunde im Zimmer auf und ab, unfähig, über einen unerträglichen Krampf von Schluchzen Herr zu werden. — Ich kenne keine herzzerreißendere Lektüre als Shakespeare: was muß ein Mensch gelitten haben, um dergestalt es nötig zu haben, Hanswurst zu sein! — Versteht man den Hamlet? Nicht der Zweifel, die Gewißheit ist das, was wahnsinnig macht... Aber dazu muß man tief, Abgrund, Philosoph sein, um so zu fühlen... Wir fürchten uns alle vor der Wahrheit... Und, daß ich es bekenne: ich bin dessen instinktiv sicher und gewiß, daß Lord Bacon der Urheber, der Selbsttierquäler dieser unheimlichen Art Literatur ist: was geht mich das erbarmungswürdige Geschwätz amerikanischer Wirr- und Flachköpfe an? Aber die Kraft zur mächtigsten Realität der Vision ist nicht nur verträglich mit der mächtigsten Kraft zur Tat, zum Ungeheuren der Tat, zum Verbrechen — sie setzt sie selbst voraus... Wir wissen lange nicht genug von Lord Bacon, dem ersten Realisten in jedem großen Sinn des Wortes, um zu wissen, was er alles getan, was er gewollt, was er mit sich erlebt hat... Und zum Teufel, meine Herren Kritiker! Gesetzt, ich hätte meinen Zarathustra auf einen fremden Namen getauft, zum Beispiel auf den von Richard Wagner, der Scharfsinn von zwei Jahrtausenden hätte nicht ausgereicht, zu erraten, daß der Verfasser von „Menschliches, Allzumenschliches" der Visionär des Zarathustra ist...

5.

Hier, wo ich von den Erholungen meines Lebens rede, habe ich ein Wort nötig, um meine Dankbarkeit für das auszudrücken, was mich in ihm bei weitem am tiefsten und herzlichsten erholt hat. Dies ist ohne allen Zweifel der intimere Verkehr mit Richard Wagner gewesen. Ich lasse den Rest meiner menschlichen Beziehungen billig; ich möchte um keinen Preis die Tage von Triebschen aus meinem Leben weggeben, Tage des Vertrauens, der Heiterkeit, der sublimen Zufälle — der tiefen Augenblicke... Ich weiß nicht, was andre mit Wagner erlebt haben: über unsern Himmel ist nie eine Wolke hinweggegangen. — Und hiermit komme ich nochmals auf Frankreich zurück, — ich habe keine Gründe, ich habe bloß einen verachtenden Mundwinkel gegen Wagnerianer et hoc genus omne übrig, welche Wagner damit zu ehren glauben, daß sie ihn sich ähnlich finden ... So wie ich bin, in meinen tiefsten Instinkten allem, was deutsch ist, fremd, so daß schon die Nähe eines Deutschen meine Verdauung verzögert, war die erste Berührung mit Wagner auch das erste Aufatmen in meinem Leben: ich empfand, ich verehrte ihn als Ausland, als Gegensatz, als leibhaftigen Protest gegen alle „deutschen Tugenden". — Wir, die wir in der Sumpfluft der Fünfzigerjahre Kinder gewesen sind, sind mit Notwendigkeit Pessimisten für den Begriff „deutsch"; wir können gar nichts anderes sein als Revolutionäre, — wir werden keinen Zustand der Dinge zugeben, wo der Mucker obenauf ist. Es ist mir vollkommen gleichgültig, ob er heute in andren Farben spielt, ob er sich in Scharlach kleidet und Husaren-Uniformen anzieht ... Wohlan! Wagner war ein Revolutionär — er lief vor den Deutschen davon ... Als Artist hat man keine Heimat in Europa außer in Paris; die délicatesse in allen fünf Kunstsinnen, die Wagners Kunst voraussetzt, die Finger für nuances, die psychologische Morbidität, findet sich nur in Paris. Man hat nirgendswo sonst diese Leidenschaft in Fragen der Form, diesen Ernst in der mise en scène — es ist der Pariser Ernst par excellence. Man hat in Deutschland gar keinen Begriff von der ungeheuren Ambition, die in der Seele eines Pariser Künstlers lebt. Der Deutsche ist gutmütig — Wagner war durchaus nicht gutmütig ... Aber ich habe schon zur Genüge ausgesprochen, wohin Wagner gehört, in wem er seine Nächstverwandten hat: es ist die französische Spätromantik, jene hochfliegende und hoch emporreißende Art von Künstlern wie Delacroix, wie Berlioz, mit einem fond von Krankheit, von Unheilbarkeit im Wesen, lauter Fanatiker des Ausdrucks, Virtuosen durch und durch ... Wer war der erste intelligente Anhänger Wagners überhaupt? Charles Baudelaire, derselbe, der zuerst Delacroix verstand, jener typische décadent, in dem sich ein ganzes Geschlecht von Artisten wiedererkannt hat — er war vielleicht auch der letzte ... Was ich Wagnern nie vergeben habe? Daß er zu den Deutschen kondeszendierte, — daß er reichsdeutsch wurde ... So weit Deutschland reicht, verdirbt es die Kultur. —

6.

Alles erwogen, hätte ich meine Jugend nicht ausgehalten ohne Wagnerische Musik. Denn ich war verurteilt zu Deutschen. Wenn man von einem unerträglichen Druck loskommen will, so hat man Haschisch nötig. Wohlan, ich hatte Wagner nötig. Wagner ist das Gegengift gegen alles Deutsche par excellence, — Gift, ich bestreite es nicht ... Von dem Augenblick an, wo es einen Klavierauszug des Tristan gab — mein Kompliment, Herr von Bülow! —, war ich Wagnerianer. Die älteren Werke Wagners sah ich unter mir — noch zu gemein, zu „deutsch" ... Aber ich suche heute noch nach einem Werke von gleich gefährlicher Faszination, von einer gleich schauerlichen und süßen Unendlichkeit, wie der Tristan ist, — ich suche in allen Künsten vergebens. Alle Fremdheiten Lionardo da Vincis entzaubern sich beim ersten Tone des Tristan. Dies Werk ist durchaus das non plus ultra Wagners; er erholte sich von ihm mit den Meistersingern und dem Ring. Gesünder werden — das ist ein Rückschritt bei einer Natur wie Wagner ... Ich nehme es als Glück ersten Rangs, zur rechten Zeit gelebt und gerade unter Deutschen gelebt zu haben, um reif für dies Werk zu sein: so weit geht bei mir die Neugierde des Psychologen. Die Welt ist arm für den, der niemals krank genug für diese „Wollust der Hölle" gewesen ist: es ist erlaubt, es ist fast geboten, hier eine Mystikerformel anzuwenden. — Ich denke, ich kenne besser als irgend jemand das Ungeheure, das Wagner vermag, die fünfzig Welten fremder Entzückungen, zu denen niemand außer ihm Flügel hatte; und so wie ich bin, stark genug, um mir auch das Fragwürdigste und Gefährlichste noch zum Vorteil zu wenden und damit stärker zu werden, nenne ich Wagner den großen Wohltäter meines Lebens. Das, worin wir verwandt sind, daß wir tiefer gelitten haben, auch aneinander, als Menschen dieses Jahrhunderts zu leiden vermöchten, wird unsre Namen ewig wieder zusammenbringen; und so gewiß Wagner unter Deutschen bloß ein Mißverständnis ist, so gewiß bin ich's und werde es immer sein. — Zwei Jahrhunderte psychologische und artistische Disziplin zuerst, meine Herren Germanen! ... Aber das holt man nicht nach. —

7.

— Ich sage noch ein Wort für die ausgesuchtesten Ohren: was ich eigentlich von der Musik will. Daß sie heiter und tief ist, wie ein Nachmittag im Oktober. Daß sie eigen, ausgelassen, zärtlich, ein kleines süßes Weib von Niedertracht und Anmut ist ... Ich werde nie zulassen, daß ein Deutscher wissen könne, was Musik ist. Was man deutsche Musiker nennt, die größten voran, sind Ausländer, Slawen, Kroaten, Italiener, Niederländer — oder Juden; im andern Falle Deutsche der starken Rasse, ausgestorbene Deutsche, wie Heinrich Schütz, Bach und Händel. Ich selbst bin immer noch Pole genug, um gegen Chopin den Rest der Musik hinzugeben: ich nehme, aus drei Gründen, Wagners Siegfried-Idyll aus, vielleicht auch einiges von Liszt, der die vornehmen Orchester-Akzente vor allen Musikern voraus hat; zuletzt noch alles, was jenseits der Alpen gewachsen ist — diesseits... Ich würde Rossini nicht zu missen wissen, noch weniger meinen Süden in der Musik, die Musik meines Venediger Maestro Pietro Gasti. Und wenn ich jenseits der Alpen sage, sage ich eigentlich nur Venedig. Wenn ich ein andres Wort für Musik suche, so finde ich immer nur das Wort Venedig. Ich weiß keinen Unterschied zwischen Tränen und Musik zu machen, — ich weiß das Glück, den Süden nicht ohne Schauder von Furchtsamkeit zu denken.

8.

In alledem — in der Wahl von Nahrung, von Ort und Klima, von Erholung — gebietet ein Instinkt der Selbsterhaltung, der sich als Instinkt der Selbstverteidigung am unzweideutigsten ausspricht. Vieles nicht sehn, nicht hören, nicht an sich herankommen lassen — erste Klugheit, erster Beweis dafür, daß man kein Zufall, sondern eine Nezessität ist. Das gangbare Wort für diesen Selbstverteidigungs-Instinkt ist Geschmack. Sein Imperativ befiehlt nicht nur, nein zu sagen, wo das Ja eine „Selbstlosigkeit" sein würde, sondern auch so wenig als möglich nein zu sagen. Sich trennen, sich abscheiden von dem, wo immer und immer wieder das Nein nötig werden würde. Die Vernunft darin ist, daß Defensiv-Ausgaben, selbst noch so kleine, zur Regel, zur Gewohnheit werdend, eine außerordentliche und vollkommen überflüssige Verarmung bedingen. Unsre großen Ausgaben sind die häufigsten kleinen. Das Abwehren, das Nicht-heran-kommen-Lassen ist eine Ausgabe — man täusche sich hierüber nicht —, eine zu negativen Zwecken verschwendete Kraft. Man kann, bloß in der beständigen Not der Abwehr, schwach genug werden, um sich nicht mehr wehren zu können...

Eine andre Klugheit und Selbstverteidigung besteht darin, daß man so selten als möglich reagiert und daß man sich Lagen und Bedingungen entzieht, wo man verurteilt wäre, seine „Freiheit", seine Initiative gleichsam auszuhängen und ein bloßes Reagenz zu werden. Ich nehme als Gleichnis den Verkehr mit Büchern. Der Gelehrte, der im Grunde nur noch Bücher „wälzt" — der Philologe mit mäßigem Ansatz des Tags ungefähr zweihundert — verliert zuletzt ganz und gar das Vermögen, von sich aus zu denken. Wälzt er nicht, so denkt er nicht. Er antwortet auf einen Reiz (— einen gelesenen Gedanken), wenn er denkt, — er reagiert zuletzt bloß noch. Der Gelehrte gibt seine ganze Kraft im Ja- und Neinsagen, in der Kritik von bereits Gedachtem ab, — er selber denkt nicht mehr... Der Instinkt der Selbstverteidigung ist bei ihm mürbe geworden; im andren Falle würde er sich gegen Bücher wehren. Der Gelehrte — ein décadent. — Das habe ich mit Augen gesehn: begabte, reich und frei angelegte Naturen schon in den Dreißigerjahren „zuschanden gelesen", bloß noch Streichhölzer, die man reiben muß, damit sie Funken — „Gedanken" geben. — Frühmorgens beim Anbruch des Tags, in aller Frische, in der Morgenröte seiner Kraft, ein Buch lesen — das nenne ich lasterhaft! — —

9.

An dieser Stelle ist nicht mehr zu umgehn, die eigentliche Antwort auf die Frage, wie man wird, was man ist, zu geben. Und damit berühre ich das Meisterstück in der Kunst der Selbsterhaltung — der Selbstsucht... Angenommen nämlich, daß die Aufgabe, die Bestimmung, das Schicksal der Aufgabe über ein durchschnittliches Maß bedeutend hinausliegt, so würde keine Gefahr größer sein, als sich selbst mit dieser Aufgabe zu Gesicht zu bekommen. Daß man wird, was man ist, setzt voraus, daß man nicht im entferntesten ahnt, was man ist. Aus diesem Gesichtspunkt haben selbst die Fehlgriffe des Lebens ihren eignen Sinn und Wert, die zeitweiligen Nebenwege und Abwege, die Verzögerungen, die „Bescheidenheiten", der Ernst, auf Aufgaben verschwendet, die jenseits der Aufgabe liegen. Darin kommt eine große Klugheit, sogar die oberste Klugheit zum Ausdruck: wo nosce te ipsum das Rezept zum Untergang wäre, wird Sich-Vergessen, Sich-Mißverstehn, Sich-Verkleinern, -Verengern, -Vermittelmäßigen zur Vernunft selber. Moralisch ausgedrückt: Nächstenliebe, Leben für andere und anderes kann die Schutzmaßregel zur Erhaltung der härtesten Selbstigkeit sein. Dies ist der Ausnahmefall, in welchem ich, gegen meine Regel und Überzeugung, die Partei der „selbstlosen" Triebe nehme: sie arbeiten hier im Dienste der Selbst-

sucht, *Selbstzucht*. — Man muß die ganze Oberfläche des Bewußtseins — Bewußtsein *ist* eine Oberfläche — rein erhalten vor irgendeinem der großen Imperative. Vorsicht selbst vor jedem großen Worte, jeder großen Attitüde! Lauter Gefahren, daß der Instinkt zu früh „sich versteht" — —. Inzwischen wächst und wächst die organisierende, die zur Herrschaft berufne „Idee" in der Tiefe, — sie beginnt zu befehlen, sie leitet langsam aus Nebenwegen und Abwegen *zurück*, sie bereitet *einzelne* Qualitäten und Tüchtigkeiten vor, die einmal als Mittel zum Ganzen sich unentbehrlich erweisen werden, — sie bildet der Reihe nach alle *dienenden* Vermögen aus, bevor sie irgend etwas von der dominierenden Aufgabe, von „Ziel", „Zweck", „Sinn" verlauten läßt. — Nach dieser Seite hin betrachtet, ist mein Leben einfach wundervoll. Zur Aufgabe einer *Umwertung der Werte* waren vielleicht mehr Vermögen nötig, als je in einem einzelnen beieinander gewohnt haben, vor allem auch Gegensätze von Vermögen, ohne daß diese sich stören, zerstören durften. Rangordnung der Vermögen; Distanz; die Kunst zu trennen, ohne zu verfeinden; nichts vermischen, nichts „versöhnen"; eine ungeheure Vielheit, die trotzdem das Gegenstück des Chaos ist — dies war die Vorbedingung, die lange, geheime Arbeit und Künstlerschaft meines Instinkts. Seine *höhere Obhut* zeigte sich in dem Maße stark, daß ich in keinem Falle auch nur geahnt habe, was in mir wächst, — daß alle meine Fähigkeiten plötzlich, reif, in ihrer letzten Vollkommenheit eines Tags *hervorsprangen*. Es fehlt in meiner Erinnerung, daß ich mich je bemüht hätte, — es ist kein Zug von *Ringen* in meinem Leben nachweisbar, ich bin der Gegensatz einer heroischen Natur. Etwas „wollen", nach etwas „streben", einen „Zweck", einen „Wunsch" im Auge haben — das kenne ich alles nicht aus Erfahrung. Noch in diesem Augenblick sehe ich auf meine Zukunft — eine *weite* Zukunft! — wie auf ein glattes Meer hinaus: kein Verlangen kräuselt sich auf ihm. Ich will nicht im geringsten, daß etwas anders wird, als es ist; ich selber will nicht anders werden... Aber so habe ich immer gelebt. Ich habe keinen Wunsch gehabt. Jemand, der nach seinem vierundvierzigsten Jahre sagen kann, daß er sich nie um *Ehren*, um *Weiber*, um *Geld* bemüht hat! — Nicht daß sie mir gefehlt hätten... So war ich zum Beispiel eines Tags Universitätsprofessor — ich hatte nie im entferntesten an dergleichen gedacht, denn ich war kaum vierundzwanzig Jahre alt. So war ich zwei Jahre früher eines Tags Philolog.

10.

Diese kleinen Dinge — Ernährung, Ort, Klima, Erholung, die ganze Kasuistik der Selbstsucht — sind über alle Begriffe hinaus wichtiger als alles, was man bisher wichtig nahm. Hier gerade muß man anfangen, umzulernen. Das, was die Menschheit bisher ernsthaft erwogen hat, sind nicht einmal Realitäten, bloße Einbildungen, strenger geredet, Lügen aus den schlechten Instinkten kranker, im tiefsten Sinne schädlicher Naturen heraus — alle die Begriffe „Gott", „Seele", „Tugend", „Sünde", „Jenseits", „Wahrheit", „ewiges Leben"... Aber man hat die Größe der menschlichen Natur, ihre „Göttlichkeit" in ihnen gesucht... Alle Fragen der Politik, der Gesellschaftsordnung, der Erziehung sind dadurch bis in Grund und Boden verfälscht, daß man die schädlichsten Menschen für große Menschen nahm, — daß man die „kleinen" Dinge, will sagen die Grundangelegenheiten des Lebens selber, verachten lehrte... Vergleiche ich mich nun mit den Menschen, die man bisher als erste Menschen ehrte, so ist der Unterschied handgreiflich. Ich rechne diese angeblich „Ersten" nicht einmal zu den Menschen überhaupt, — sie sind für mich Ausschuß der Menschheit, Ausgeburten von Krankheit und rachsüchtigen Instinkten: sie sind lauter unheilvolle, im Grunde unheilbare Unmenschen, die am Leben Rache nehmen... Ich will dazu der Gegensatz sein: mein Vorrecht ist, die höchste Feinheit für alle Zeichen gesunder Instinkte zu haben. Es fehlt jeder krankhafte Zug an mir; ich bin selbst in Zeiten schwerer Krankheit nicht krankhaft geworden; umsonst, daß man in meinem Wesen einen Zug von Fanatismus sucht. Man wird mir aus keinem Augenblick meines Lebens irgendeine anmaßliche oder pathetische Haltung nachweisen können. Das Pathos der Attitüde gehört nicht zur Größe; wer Attitüden überhaupt nötig hat, ist falsch... Vorsicht vor allen pittoresken Menschen! — Das Leben ist mir leicht geworden, am leichtesten, wenn es das Schwerste von mir verlangte.

— Ich kenne keine andre Art, mit großen Aufgaben zu verkehren als das Spiel: dies ist, als Anzeichen der Größe, eine wesentliche Voraussetzung. Der geringste Zwang, die düstre Miene, irgendein harter Ton im Halse sind alles Einwände gegen einen Menschen, um wieviel mehr gegen sein Werk!...

Man darf keine Nerven haben... Auch an der Einsamkeit leiden ist ein Einwand, — ich habe immer nur an der „Vielsamkeit" gelitten... In einer absurd frühen Zeit, mit sieben Jahren, wußte ich bereits, daß mich nie ein menschliches Wort erreichen würde: hat man mich je darüber betrübt gesehn? — Ich habe heute noch die gleiche Leutseligkeit gegen jedermann, ich bin selbst voller Auszeichnung für die Niedrigsten: in dem allen ist nicht ein Gran von Hochmut, von geheimer Verachtung. Wen ich verachte, der errät, daß er von mir verachtet wird: ich empöre durch mein bloßes Dasein alles, was schlechtes Blut im Leibe hat... Meine Formel für die Größe am Menschen ist amor fati: daß man nichts anders haben will, vorwärts nicht, rückwärts nicht, in alle Ewigkeit nicht. Das Notwendige nicht bloß ertragen, noch weniger verhehlen — aller Idealismus ist Verlogenheit vor dem Notwendigen —, sondern es lieben...

WARUM ICH SO GUTE BÜCHER SCHREIBE

1.

Das eine bin ich, das andere sind meine Schriften. — Hier werde die Frage nach dem Verstanden- oder Nicht verstanden-Werden dieser Schriften berührt. Ich tue es so nachlässig, als es sich irgendwie schickt: denn diese Frage ist durchaus noch nicht an der Zeit. Ich selber bin noch nicht an der Zeit, einige werden posthum geboren. — Irgendwann wird man Institutionen nötig haben, in denen man lebt und lehrt, wie ich leben und lehren verstehe; vielleicht selbst, daß man dann auch einige Lehrstühle zur Interpretation des Zarathustra errichtet. Aber es wäre ein vollkommner Widerspruch zu mir, wenn ich heute bereits Ohren und Hände für meine Wahrheiten erwartete: daß man heute nicht hört, daß man heute nicht von mir zu nehmen weiß, ist nicht nur begreiflich, es scheint mir selbst das Rechte. Ich will nicht verwechselt werden, — dazu gehört, daß ich mich selber nicht verwechsle. —

Zuletzt kann niemand aus den Dingen, die Bücher eingerechnet, mehr heraushören, als er bereits weiß. Wofür man vom Erlebnisse her keinen Zugang hat, dafür hat man kein Ohr.

Wer etwas von mir verstanden zu haben glaubte, hatte sich etwas aus mir zurecht gemacht, nach seinem Bilde, — nicht selten einen Gegensatz von mir, zum Beispiel einen „Idealisten"; wer nichts von mir verstanden hatte, leugnete, daß ich überhaupt in Betracht käme. — Das Wort „Übermensch“ zur Bezeichnung eines Typus höchster Wohlgeratenheit, im Gegensatz zu „modernen“ Menschen, zu „guten“ Menschen, zu Christen und andren Nihilisten — ein Wort, das im Munde eines Zarathustra, des Vernichters der Moral, ein sehr nachdenkliches Wort wird — ist fast überall mit voller Unschuld im Sinn derjenigen Werte verstanden worden, deren Gegensatz in der Figur Zarathustras zur Erscheinung gebracht worden ist: will sagen als „idealistischer“ Typus einer höheren Art Mensch, halb „Heiliger“, halb „Genie“ ... Andres gelehrtes Hornvieh hat mich seinethalben des Darwinismus verdächtigt; selbst der von mir so boshaft abgelehnte „Heroenkultus“ jenes großen Falschmünzers wider Wissen und Willen, Carlyles, ist darin wiedererkannt worden. Wem ich ins Ohr flüsterte, er solle sich eher noch nach einem Cesare Borgia als nach einem Parsifal umsehn, der traute seinen Ohren nicht. —

2.

In Wien, in St. Petersburg, in Stockholm, in Kopenhagen, in Paris und New York — überall bin ich entdeckt: ich bin es nicht in Europas Flachland Deutschland ... Und, daß ich es bekenne, ich freue mich noch mehr über meine Nicht-Leser, solche, die weder meinen Namen noch das Wort Philosophie je gehört haben. Was mir bisher am meisten geschmeichelt hat, das ist, daß alte Hökerinnen nicht Ruhe haben, bevor sie mir nicht das Süßeste aus ihren Trauben zusammengesucht haben. So weit muß man Philosoph sein ... Man nennt nicht umsonst die Polen die Franzosen unter den Slawen. Eine charmante Russin wird sich nicht einen Augenblick darüber vergreifen, wohin ich gehöre. Es gelingt mir nicht, feierlich zu werden, ich bringe es höchstens bis zur Verlegenheit ... Deutsch denken, deutsch fühlen — ich kann alles, aber das geht über meine Kräfte ... Mein alter Lehrer Ritschl behauptete sogar, ich konzipierte selbst noch meine philologischen Abhandlungen wie ein Pariser romancier — absurd spannend. In Paris selbst ist man erstaunt über „toutes mes audaces et finesses“ — der Ausdruck ist von Monsieur Taine —; ich fürchte, bis in die höchsten Formen des Dithyrambus findet man bei mir von jenem Salze beigemischt, das niemals dumm — „deutsch“ — wird, esprit ... Ich kann nicht anders. Gott helfe mir! Amen.

3.

Ich komme aus Höhen, die kein Vogel je erflog, ich kenne Abgründe, in die noch kein Fuß sich verirrt hat. Man hat mir gesagt, es sei nicht möglich, ein Buch von mir aus der Hand zu legen, — ich störte selbst die Nachtruhe... Es gibt durchaus keine stolzere und zugleich raffiniertere Art von Büchern: — sie erreichen hier und da das Höchste, was auf Erden erreicht werden kann, den Zynismus; man muß sie sich ebenso mit den zartesten Fingern wie mit den tapfersten Fäusten erobern. Jede Gebrechlichkeit der Seele schließt aus davon, ein für alle Male, selbst jede Dyspepsie: man muß keine Nerven haben, man muß einen fröhlichen Unterleib haben. Nicht nur die Armut, die Winkel-Luft einer Seele schließt davon aus, noch viel mehr das Feige, das Unsaubere, das Heimlich-Rachsüchtige in den Eingeweiden: ein Wort von mir treibt alle schlechten Instinkte ins Gesicht. Ich habe an meinen Bekannten mehrere Versuchstiere, an denen ich mir die verschiedene, sehr lehrreich verschiedene Reaktion auf meine Schriften zu Gemüte führe. Wer nichts mit ihrem Inhalte zu tun haben will, meine sogenannten Freunde zum Beispiel, wird dabei „unpersönlich“: man wünscht mir Glück, wieder „so weit“ zu sein — auch ergäbe sich ein Fortschritt in einer größeren Heiterkeit des Tons... Die vollkommen lasterhaften „Geister“, die „schönen Seelen“, die in Grund und Boden Verlogenen wissen schlechterdings nicht, was sie mit diesen Büchern anfangen sollen, folglich sehen sie dieselben u n t e r sich, die schöne Folgerichtigkeit aller „schönen Seelen“. Das Hornvieh unter meinen Bekannten, bloße Deutsche, mit Verlaub, gibt zu verstehn, man sei nicht immer meiner Meinung, aber doch mitunter... Ich habe dies selbst über den Zarathustra gehört... Insgleichen ist jeder „Feminismus“ im Menschen, auch im Manne, ein Torschluß für mich: man wird niemals in dies Labyrinth verwegener Erkenntnisse eintreten. Man muß sich selbst nie geschont haben, man muß die H ä r t e in seinen Gewohnheiten haben, um unter lauter harten Wahrheiten wohlgemut und heiter zu sein. Wenn ich mir das Bild eines vollkommnen Lesers ausdenke, so wird immer ein Untier von Mut und Neugierde daraus, außerdem noch etwas Biegsames, Listiges, Vorsichtiges, ein geborner Abenteurer und Entdecker. Zuletzt: ich wüßte es nicht besser zu sagen, zu wem ich im Grunde allein rede, als es Zarathustra gesagt hat: w e m allein will er sein Rätsel erzählen?

Euch, den kühnen Suchern, Versuchern, und wer je sich mit listigen Segeln auf furchtbare Meere einschiffte, —

euch, den Rätsel-Trunkenen, den Zwielicht-Frohen, deren Seele mit Flöten zu jedem Irrschlunde gelockt wird:

— denn nicht wollt ihr mit feiger Hand einem Faden nachtasten; und wo ihr *erraten* könnt, da haßt ihr es, zu *erschließen*...

4.

Ich sage zugleich noch ein allgemeines Wort über meine *Kunst des Stils*. Einen Zustand, eine innere Spannung von Pathos durch Zeichen, eingerechnet das Tempo dieser Zeichen, *mitzuteilen* — das ist der Sinn jedes Stils; und in Anbetracht, daß die Vielheit innerer Zustände bei mir außerordentlich ist, gibt es bei mir viele Möglichkeiten des Stils — die vielfachste Kunst des Stils überhaupt, über die je ein Mensch verfügt hat. *Gut* ist jeder Stil, der einen inneren Zustand wirklich mitteilt, der sich über die Zeichen, über das Tempo der Zeichen, über die *Gebärden* — alle Gesetze der Periode sind Kunst der Gebärde — nicht vergreift. Mein Instinkt ist hier unfehlbar. — Guter Stil *an sich* — eine reine Torheit, bloßer „Idealismus", etwa, wie das „Schöne *an sich*", wie das „Gute *an sich*", wie das „Ding *an sich*"... Immer noch vorausgesetzt, daß es Ohren gibt — daß es solche gibt, die eines gleichen Pathos fähig und würdig sind, daß die nicht fehlen, denen man sich mitteilen *darf*. Man weiß vor mir nicht, was man mit der deutschen Sprache kann, — was man überhaupt mit der Sprache kann. Die Kunst des *großen* Rhythmus, der *große Stil* der Periodik, zum Ausdruck eines ungeheuren Auf und Nieder von sublimer, von übermenschlicher Leidenschaft, ist erst von mir entdeckt; mit einem Dithyrambus wie dem letzten des *dritten* Zarathustra, „Die sieben Siegel" überschrieben, flog ich tausend Meilen über das hinaus, was bisher Poesie hieß.

5.

— Daß aus meinen Schriften ein *Psychologe* redet, der nicht seinesgleichen hat, das ist vielleicht die erste Einsicht, zu der ein guter Leser gelangt — ein Leser, wie ich ihn verdiene, der mich liest, wie gute alte Philologen ihren Horaz lasen. Die Sätze, über die im Grunde alle Welt einig ist — gar nicht zu reden von den Allerwelts-Philosophen, den Moralisten und andren Hohltöpfen, Kohlköpfen — erscheinen bei mir als Naivitäten des Fehlgriffs: zum Beispiel jener Glaube, daß „unegoistisch" und „egoistisch" Gegensätze sind, während das ego selbst bloß ein „höherer Schwindel", ein „Ideal" ist... Es gibt weder egoistische noch unegoistische Handlungen: beide Begriffe sind psychologischer Widersinn. Oder der Satz „der Mensch strebt nach Glück"... Oder der Satz „das Glück ist der Lohn der Tugend"... Oder der Satz „Lust und Unlust sind Gegensätze"... Die Circe der Menschheit, die Moral, hat alle psychologica in Grund und Boden gefälscht — vermoralisiert — bis zu jenem schauderhaften Unsinn, daß die Liebe etwas „Unegoistisches" sein soll... Man muß fest auf sich sitzen, man muß tapfer auf seinen beiden Beinen stehn, sonst kann man gar nicht lieben. Das wissen zuletzt die Weiblein nur zu gut: sie machen sich den Teufel was aus selbstlosen, aus bloß objektiven Männern... Darf ich anbei die Vermutung wagen, daß ich die Weiblein kenne? Das gehört zu meiner dionysischen Mitgift. Wer weiß? vielleicht bin ich der erste Psycholog des Ewig-Weiblichen. Sie lieben mich alle — eine alte Geschichte: die verunglückten Weiblein abgerechnet, die „Emanzipierten", denen das Zeug zu Kindern abgeht. — Zum Glück bin ich nicht willens, mich zerreißen zu lassen: das vollkommne Weib zerreißt, wenn es liebt... Ich kenne diese liebenswürdigen Mänaden... Ach, was für ein gefährliches, schleichendes, unterirdisches kleines Raubtier! Und so angenehm dabei!... Ein kleines Weib, das seiner Rache nachrennt, würde das Schicksal selbst über den Haufen rennen. — Das Weib ist unsäglich viel böser als der Mann, auch klüger; Güte am Weibe ist schon eine Form der Entartung... Bei allen sogenannten „schönen Seelen" gibt es einen physiologischen Übelstand auf dem Grunde, — ich sage nicht alles, ich würde sonst medi-zynisch werden. Der Kampf um gleiche Rechte ist sogar ein Symptom von Krankheit: jeder Arzt weiß das. — Das Weib, je mehr Weib es ist, wehrt sich ja mit Händen und Füßen gegen Rechte überhaupt: der Naturzustand, der ewige Krieg zwischen den Geschlechtern gibt ihm ja bei weitem den ersten Rang. — Hat man Ohren für meine Definition der Liebe gehabt? Es ist die einzige, die eines Philosophen würdig ist. Liebe — in ihren Mitteln der Krieg, in ihrem Grund der Todhaß der Geschlechter. — Hat man meine Antwort auf die Frage gehört, wie man ein Weib kuriert — „erlöst"? Man macht ihm ein Kind. Das Weib hat Kinder nötig, der Mann ist immer nur Mittel: also sprach Zarathustra. — „Emanzipation des Weibes" — das ist der Instinkthaß des mißratenen, das heißt gebäruntüchtigen Weibes gegen das wohlgeratene, — der Kampf gegen den „Mann" ist immer nur Mittel, Vorwand, Taktik. Sie wollen, indem sie sich hinaufheben, als „Weib an sich", als „höheres Weib", als „Idealistin" von Weib, das allgemeine Rang-Niveau des Weibes herunterbringen; kein sichereres Mittel dazu als Gymnasialbildung, Hosen und politische Stimmvieh-Rechte. Im Grunde sind die Emanzipierten die Anarchisten in der Welt des „Ewig-Weiblichen", die Schlechtweggekommenen, deren unterster Instinkt Rache ist... Eine ganze Gattung des bösartigen „Idealismus" — der übrigens auch bei Männern vorkommt, zum Beispiel bei Henrik Ibsen, dieser typischen alten Jungfrau — hat als Ziel, das gute Gewissen, die Natur in der Geschlechtsliebe zu vergiften... Und damit ich über meine in diesem Betrachte ebenso honette als strenge Gesinnung keinen Zweifel lasse, will ich noch einen Satz aus meinem Moralkodex gegen das Laster mitteilen: mit dem Wort Laster bekämpfe ich jede Art Widernatur oder, wenn man schöne Worte liebt, Idealismus. Der Satz heißt: „Die Predigt der Keuschheit ist eine öffentliche Aufreizung zur Widernatur. Jede Verachtung des geschlechtlichen Lebens, jede Verunreinigung desselben durch den Begriff ‚unrein' ist das Verbrechen selbst am Leben, — ist die eigentliche Sünde wider den heiligen Geist des Lebens." —

WARUM ICH EIN SCHICKSAL BIN

1.

Ich kenne mein Los. Es wird sich einmal an meinen Namen die Erinnerung an etwas Ungeheures anknüpfen, — an eine Krisis, wie es keine auf Erden gab, an die tiefste Gewissenskollision, an eine Entscheidung, heraufbeschworen gegen alles, was bis dahin geglaubt, gefordert, geheiligt worden war. Ich bin kein Mensch, ich bin Dynamit. — Und mit alledem ist nichts in mir von einem Religionsstifter — Religionen sind Pöbelaffären, ich habe nötig, mir die Hände nach der Berührung mit religiösen Menschen zu waschen... Ich will keine „Gläubigen", ich denke, ich bin zu boshaft dazu, um an mich selbst zu glauben, ich rede niemals zu Massen... Ich habe eine erschreckliche Angst davor, daß man mich eines Tages h e i l i g spricht: man wird erraten, weshalb ich dies Buch v o r h e r herausgebe, es soll verhüten, daß man Unfug mit mir treibt... Ich will kein Heiliger sein, lieber noch ein Hanswurst... Vielleicht bin ich ein Hanswurst... Und trotzdem oder vielmehr n i c h t trotzdem — denn es gab nichts Verlogneres bisher als Heilige — redet aus mir die Wahrheit. — Aber meine Wahrheit ist f u r c h t b a r: denn man hieß bisher die L ü g e Wahrheit. — U m w e r t u n g a l l e r W e r t e: das ist meine Formel für einen Akt höchster Selbstbesinnung der Menschheit, der in mir Fleisch und Genie geworden ist. Mein Los will, daß ich der erste a n s t ä n d i g e Mensch sein muß, daß ich mich gegen die Verlogenheit von Jahrtausenden im Gegensatz weiß... Ich erst habe die Wahrheit e n t d e c k t, dadurch, daß ich zuerst die Lüge als Lüge empfand — r o c h... Mein Genie ist in meinen Nüstern... Ich widerspreche, wie nie widersprochen worden ist, und bin trotzdem der Gegensatz eines neinsagenden Geistes. Ich bin ein f r o h e r B o t s c h a f t e r, wie es keinen gab, ich kenne Aufgaben von einer Höhe, daß der Begriff dafür bisher gefehlt hat; erst von mir an gibt es wieder Hoffnungen. Mit alledem bin ich notwendig auch der Mensch des Verhängnisses. Denn wenn die Wahrheit mit der Lüge von Jahrtausenden in Kampf tritt, werden wir Erschütterungen haben, einen Krampf von Erdbeben, eine Versetzung von Berg und Tal, wie dergleichen nie geträumt worden ist. Der Begriff Politik ist dann gänzlich in einen Geisterkrieg aufgegangen, alle Machtgebilde der alten Gesellschaft sind in die Luft gesprengt — sie ruhen allesamt auf der Lüge: es wird Kriege geben, wie es noch keine auf Erden gegeben hat. Erst von mir an gibt es auf Erden g r o ß e P o l i t i k. —

2.

Will man eine Formel für ein solches Schicksal, d a s M e n s c h w i r d? — Sie steht in meinem Zarathustra.

— u n d w e r e i n S c h ö p f e r s e i n w i l l i m G u t e n u n d B ö s e n, d e r m u ß e i n V e r n i c h t e r e r s t s e i n u n d W e r t e z e r b r e c h e n.

A l s o g e h ö r t d a s B ö s e z u r h ö c h s t e n G ü t e: d i e s e a b e r i s t d i e s c h ö p f e r i s c h e.

Ich bin bei weitem der furchtbarste Mensch, den es bisher gegeben hat; dies schließt nicht aus, daß ich der wohltätigste sein werde. Ich kenne die Lust am Vernichten in einem Grade, die meiner Kraft zum Vernichten gemäß ist, — in beiden gehorche ich meiner dionysischen Natur, welche das Neintun nicht vom Jasagen zu trennen weiß. Ich bin der erste Immoralist: damit bin ich der Vernichter par excellence.

3.

Man hat mich nicht gefragt, man hätte mich fragen sollen, was gerade in meinem Munde, im Munde des ersten Immoralisten der Name Zarathustra bedeutet: denn was die ungeheure Einzigkeit jenes Persers in der Geschichte ausmacht, ist gerade dazu das Gegenteil. Zarathustra hat zuerst im Kampf des Guten und des Bösen das eigentliche Rad im Getriebe der Dinge gesehn, — die Übersetzung der Moral ins Metaphysische, als Kraft, Ursache, Zweck an sich, ist sein Werk. Aber diese Frage wäre im Grunde bereits die Antwort. Zarathustra schuf diesen verhängnisvollsten Irrtum, die Moral: folglich muß er auch der erste sein, der ihn erkennt. Seine Lehre, und sie allein, hat die Wahrhaftigkeit als oberste Tugend — das heißt den Gegensatz zur Feigheit des „Idealisten", der vor der Realität die Flucht ergreift; Zarathustra hat mehr Tapferkeit im Leibe als alle Denker zusammengenommen. Wahrheit reden und gut mit Pfeilen schießen, das ist die persische Tugend. — Versteht man mich? ... Die Selbstüberwindung der Moral aus Wahrhaftigkeit, die Selbstüberwindung des Moralisten in seinen Gegensatz — in mich — das bedeutet in meinem Munde der Name Zarathustra.

4.

Im Grunde sind es zwei Verneinungen, die mein Wort Immoralist in sich schließt. Ich verneine einmal einen Typus Mensch, der bisher als der höchste galt, die Guten, die Wohlwollenden, Wohltätigen; ich verneine andrerseits eine Art Moral, welche als Moral an sich in Geltung und Herrschaft gekommen ist, — die décadence-Moral, handgreiflicher geredet, die christliche Moral.

In der großen Ökonomie des Ganzen sind die Furchtbarkeiten der Realität (in den Affekten, in den Begierden, im Willen zur Macht) in einem unausrechenbaren Maße notwendiger als jene Form des kleinen Glücks, die sogenannte „Güte".

Zarathustra, der erste, der begriff, daß der Optimist ebenso décadent ist wie der Pessimist und vielleicht schädlicher, sagt: gute Menschen reden nie die Wahrheit. Falsche Küsten und Sicherheiten lehrten euch die Guten; in Lügen der Guten wart ihr geboren und geborgen. Alles ist in den Grund hinein verlogen und verbogen durch die Guten.

In diesem Sinne nennt Zarathustra die Guten bald „die letzten Menschen", bald den „Anfang vom Ende"; vor allem empfindet er sie als die schädlichste Art Mensch, weil sie ebenso auf Kosten der Wahrheit als auf Kosten der Zukunft ihre Existenz durchsetzen.

5.

Zarathustra, der erste Psycholog der Guten, ist — folglich — ein Freund der Bösen.

Wenn die Verlogenheit um jeden Preis das Wort „Wahrheit" für ihre Optik in Anspruch nimmt, so muß der eigentlich Wahrhaftige unter den schlimmsten Namen wiederzufinden sein. Zarathustra läßt hier keinen Zweifel: er sagt, die Erkenntnis der Guten, der „Besten" gerade sei es gewesen, was ihm Grausen vor dem Menschen überhaupt gemacht habe; aus diesem Widerwillen seien ihm die Flügel gewachsen, „fortzuschweben in ferne Zukünfte", — er verbirgt es nicht, daß sein Typus Mensch, ein relativ übermenschlicher Typus, gerade im Verhältnis zu den Guten übermenschlich ist, daß die Guten und Gerechten seinen Übermenschen Teufel nennen würden...

An dieser Stelle und nirgends wo anders muß man den Ansatz machen, um zu begreifen, was Zarathustra will, diese Art Mensch, die er konzipiert, konzipiert die Realität, wie sie ist: sie ist stark genug dazu —, sie ist ihr nicht entfremdet, entrückt, sie ist sie selbst, sie hat all deren Furchtbares und Fragwürdiges auch noch in sich, damit erst kann der Mensch Größe haben...

6.

Die christliche Moral war bisher die Circe aller Denker, — sie standen in ihrem Dienst. — Wer ist vor mir eingestiegen in die Höhlen, aus denen der Gifthauch dieser Art von Ideal — der Weltverleumdung! — emporquillt? Wer hat auch nur zu ahnen gewagt, daß es Höhlen sind? Wer war überhaupt vor mir unter den Philosophen Psycholog und nicht vielmehr dessen Gegensatz „höherer Schwindler", „Idealist"? Es gab vor mir noch gar keine Psychologie. — Hier der erste zu sein kann ein Fluch sein, es ist jedenfalls ein Schicksal: denn man verachtet auch als der Erste... Der Ekel am Menschen ist meine Gefahr...

7.

Die Blindheit vor dem Christentum ist das Verbrechen par excellence — das Verbrechen am Leben...

Der Christ war bisher das „moralische Wesen", ein Kuriosum ohnegleichen — und, als „moralisches Wesen", absurder, verlogner, eitler, leichtfertiger, sich selber nachteiliger, als auch der größte Verächter der Menschheit es sich träumen lassen könnte. Die christliche Moral — die bösartigste Form des Willens zur Lüge, die eigentliche Circe der Menschheit: Das, was sie verdorben hat. Es ist nicht der Irrtum als Irrtum, was mich bei diesem Anblick entsetzt, nicht der jahrtausendelange Mangel an „gutem Willen", an Zucht, an Anstand, an Tapferkeit im Geistigen, der sich in seinem Sieg verrät: — es ist der Mangel an Natur, es ist der vollkommen schauerliche Tatbestand, daß die Widernatur selbst als Moral die höchsten Ehren empfing und als Gesetz, als kategorischer Imperativ über der Menschheit hängenblieb!... In diesem Maße sich vergreifen, nicht als einzelner, nicht als Volk, sondern als Menschheit!... Daß man die allerersten Instinkte des Lebens verachten lehrte; daß man eine „Seele", einen „Geist" erlog, um den Leib zuschanden zu machen; daß man in Voraussetzung des Lebens, in der Geschlechtlichkeit, etwas Unreines empfinden lehrt; daß man in der tiefsten Notwendigkeit zum Gedeihen, in der strengen Selbstsucht (— das Wort schon ist verleumderisch! —) das böse Prinzip sucht; daß man umgekehrt in dem typischen Abzeichen des Niedergangs und der Instinkt-Widersprüchlichkeit, im „Selbstlosen", im Verlust an Schwergewicht, in der „Entpersönlichung" und „Nächstenliebe" (— Nächstensucht!) den höheren Wert, was sage ich! den Wert an sich sieht!... Wie! wäre die Menschheit selber in décadence? war sie es immer? — Was feststeht, ist, daß ihr nur Décadence-Werte als oberste Werte gelehrt worden sind. Die Entselbstungsmoral ist die Niedergangsmoral par excellence, die Tatsache „ich gehe zugrunde" in den Imperativ übersetzt: „ihr s o l l t alle zugrunde gehn" — und n i c h t n u r in den Imperativ! ... Diese einzige Moral, die bisher gelehrt worden ist, die Entselbstungsmoral, verrät einen Willen zum Ende, sie v e r n e i n t im untersten Grunde das Leben. — Hier bliebe die Möglichkeit offen, daß nicht die Menschheit in Entartung sei, sondern nur jene parasitische Art Mensch, die des P r i e s t e r s, die mit der Moral sich zu ihren Wertbestimmern emporgelogen hat, — die in der christlichen Moral ihr Mittel zur Macht erriet ... Und in der Tat, das ist m e i n e Einsicht: die Lehrer, die Führer der Menschheit, Theologen insgesamt, waren insgesamt auch décadents: d a h e r die Umwertung aller Werte ins Lebensfeindliche, d a h e r die Moral ... D e f i n i t i o n d e r M o r a l: Moral — die Idiosynkrasie von décadents, mit der Hinterabsicht, s i c h a m L e b e n z u r ä c h e n — u n d mit Erfolg. Ich lege Wert auf d i e s e Definition. —

8.

— Hat man mich verstanden? — Ich habe eben kein Wort gesagt, das ich nicht schon vor fünf Jahren durch den Mund Zarathustras gesagt hätte. — Die E n t d e c k u n g der christlichen Moral ist ein Ereignis, das nicht seinesgleichen hat, eine wirkliche Katastrophe. Wer über sie aufklärt, ist eine force majeure, ein Schicksal, — er bricht die Geschichte der Menschheit in zwei Stücke. Man lebt v o r ihm, man lebt n a c h ihm ... Der Blitz der Wahrheit traf gerade das, was bisher am höchsten stand: wer begreift, w a s da vernichtet wurde, mag zusehn, ob er überhaupt noch etwas in den Händen hat. Alles, was bisher „Wahrheit" hieß, ist als die schädlichste, tückischste, unterirdischste Form der Lüge erkannt; der heilige Vorwand, die Menschheit zu „verbessern", als die List, das Leben selbst a u s z u s a u g e n, blutarm zu machen. Moral als V a m p y r i s m u s ... Wer die Moral entdeckt, hat den Unwert aller Werte mit entdeckt, an die man glaubt oder geglaubt hat; er sieht in den verehrtesten, in den selbst h e i l i g gesprochnen Typen des Menschen nichts Ehrwürdiges mehr, er sieht die verhängnisvollste Art von Mißgeburten darin, verhängnisvoll, w e i l s i e f a s z i n i e r t e n ... Der Begriff „Gott" erfunden als Gegensatz-Begriff zum Leben, — in ihm alles Schädliche, Vergiftende, Verleumderische, die ganze Todfeindschaft gegen das Leben in eine entsetzliche Einheit gebracht! Der Begriff „Jenseits", „wahre

Welt“ erfunden, um die einzige Welt zu entwerten, die es gibt, — um kein Ziel, keine Vernunft, keine Aufgabe für unsre Erden-Realität übrig zu behalten! Der Begriff „Seele“, „Geist“, zuletzt gar noch „unsterbliche Seele“, erfunden, um den Leib zu verachten, um ihn krank — „heilig“ — zu machen, um allen Dingen, die Ernst im Leben verdienen, den Fragen von Nahrung, Wohnung, geistiger Diät, Krankenbehandlung, Reinlichkeit, Wetter, einen schauerlichen Leichtsinn entgegenzubringen! Statt der Gesundheit das „Heil der Seele“ — will sagen eine folie circulaire zwischen Bußkrampf und Erlösungs-Hysterie! Der Begriff „Sünde“ erfunden samt dem zugehörigen Folter-Instrument, dem Begriff „freier Wille“, um die Instinkte zu verwirren, um das Mißtrauen gegen die Instinkte zur zweiten Natur zu machen! Im Begriff des „Selbstlosen“, des „Sich-selbst-Verleugnenden“ das eigentliche décadence-Abzeichen, das Gelockt werden vom Schädlichen, das Seinen-Nutzen-nicht-mehr-finden-Können, die Selbst-Zerstörung zum Wertzeichen überhaupt gemacht, zur „Pflicht“, zur „Heiligkeit“, zum „Göttlichen“ im Menschen! Endlich — es ist das Furchtbarste — im Begriff des guten Menschen die Partei alles Schwachen, Kranken, Mißratnen, An-sich-selber-Leidenden genommen, alles dessen, was zugrunde gehn soll —, das Gesetz der Selektion gekreuzt, ein Ideal aus dem Widerspruch gegen den stolzen und wohlgeratnen, gegen den jasagenden, gegen den zukunftsgewissen, zukunftverbürgenden Menschen gemacht — dieser heißt nunmehr der Böse... Und das alles wurde geglaubt als Moral! — Ecrasez l’infâme! — —

9.

— Hat man mich verstanden? — Dionysos gegen den Gekreuzigten...

GEDICHTE UND SPRÜCHE

DEM UNBEKANNTEN GOTT

Noch einmal, eh ich weiterziehe
und meine Blicke vorwärts sende,
heb ich vereinsamt meine Hände
zu dir empor, zu dem ich fliehe,
dem ich in tiefster Herzenstiefe
Altäre feierlich geweiht,
daß allezeit
mich deine Stimme wieder riefe.

Darauf erglüht tiefeingeschrieben
das Wort: Dem unbekannten Gotte.
Sein bin ich, ob ich in der Frevler Rotte
auch bis zur Stunde bin geblieben:
sein bin ich — und ich fühl die Schlingen,
die mich im Kampf darniederziehn
und, mag ich fliehn,
mich doch zu seinem Dienste zwingen.

Ich will dich kennen, Unbekannter,
du tief in meine Seele Greifender,
mein Leben wie ein Sturm Durchschweifender,
du Unfaßbarer, mir Verwandter!
Ich will dich kennen, selbst dir dienen.

DER WANDRER

Es geht ein Wandrer durch die Nacht
mit gutem Schritt;
und krummes Tal und lange Höhn —
er nimmt sie mit.
Die Nacht ist schön —
er schreitet zu und steht nicht still,
weiß nicht, wohin sein Weg noch will.

Da singt ein Vogel durch die Nacht:
„Ach Vogel, was hast du gemacht!
Was hemmst du meinen Sinn und Fuß
und gießest süßen Herz-Verdruß
ins Ohr mir, daß ich stehen muß
und lauschen muß — —
Was l o c k s t du mich mit Ton und Gruß?" —

Der gute Vogel schweigt und spricht:
„Nein, Wandrer, nein! Dich lock ich nicht
mit dem Getön —
ein Weibchen lock ich von den Höhn —
was geht's dich an?
Allein ist mir die Nacht nicht schön —
was geht's dich an? Denn du sollst gehn
und nimmer, nimmer stille stehn!
Was stehst du noch?
Was tat mein Flötenlied dir an,
du Wandersmann?"

Der gute Vogel schwieg und sann:
„Was tat mein Flötenlied ihm an?
Was steht er noch? —
Der arme, arme Wandersmann!"

AM GLETSCHER

Um Mittag, wenn zuerst
der Sommer ins Gebirge steigt,
der Knabe mit den müden, heißen Augen:
da spricht er auch,
doch s e h e n wir sein Sprechen nur.

Sein Atem quillt, wie eines Kranken Atem quillt
in Fieber-Nacht.
Es geben Eisgebirg und Tann und Quell
ihm Antwort auch,
doch s e h e n wir die Antwort nur,
denn schneller springt vom Fels herab
der Sturzbach wie zum Gruß
und steht, als weiße Säule zitternd,
sehnsüchtig da.
Und dunkler noch und treuer blickt die Tanne,
als sonst sie blickt,
und zwischen Eis und totem Graugestein
bricht plötzlich Leuchten aus — —
Solch Leuchten sah ich schon: das deutet mir's.—

Auch toten Mannes Auge
wird wohl noch einmal licht,
wenn harmvoll ihn sein Kind
umschlingt und hält und küßt:
noch einmal quillt da wohl zurück
des Lichtes Flamme, glühend spricht
das tote Auge: „Kind!
ach Kind, du weißt, ich liebe dich!" —
Und glühend redet alles — Eisgebirg
und Bach und Tann —
mit Blicken hier das selbe Wort:
„Wir lieben dich!
ach Kind, du weißt, wir lieben, lieben dich!"
Und er,
der Knabe mit den müden, heißen Augen,
er küßt sie harmvoll,
inbrünst'ger stets
und will nicht gehn;
er bläst sein Wort wie Schleier nur
von seinem Mund,
sein schlimmes Wort:
„Mein Gruß ist Abschied,
mein Kommen Gehen,
ich sterbe jung."

Da horcht es rings
und atmet kaum:

kein Vogel singt.
Da überläuft
es schaudernd, wie
ein Glitzern, das Gebirg.
Da denkt es rings —
und schweigt — —
Um Mittag war's,
um Mittag, wenn zuerst
der Sommer ins Gebirge steigt,
der Knabe mit den müden, heißen Augen.

DER HERBST

Dies ist der Herbst: der — bricht dir noch das Herz!
Fliege fort! Fliege fort!
Die Sonne schleicht zum Berg
und steigt und steigt
und ruht bei jedem Schritt.

Was ward die Welt so welk!
Auf müd gespannten Fäden spielt
der Wind sein Lied.
Die Hoffnung floh —
er klagt ihr nach.

Dies ist der Herbst: der — bricht dir noch das Herz!
Fliege fort! Fliege fort!
O Frucht des Baums,
du zitterst, fällst?
Welch ein Geheimnis lehrte dich
die Nacht,
daß eis'ger Schauder deine Wange,
die Purpurwange deckt? —
Du schweigst, antwortest nicht?
Wer redet noch? — —

Dies ist der Herbst: der — bricht dir noch das Herz!
Fliege fort! Fliege fort!
„Ich bin nicht schön
— so spricht die Sonnenblume —
doch Menschen lieb ich
und Menschen tröst ich —

sie sollen jetzt noch Blumen sehn,
nach mir sich bücken,
ach! und mich brechen —
in ihrem Auge glänzet dann
Erinnrung auf,
Erinnerung an Schöneres als ich: —
— ich seh's, ich seh's — und sterbe so!"

MEINE HÄRTE

Ich muß weg über hundert Stufen,
ich muß empor und hör euch rufen:
„Hart bist du! Sind wir denn von Stein?" —
Ich muß weg über hundert Stufen,
und niemand möchte Stufe sein.

DER WANDERER

„Kein Pfad mehr! Abgrund rings und Totenstille!"
so wolltest du's! Vom Pfade wich dein Wille!
Nun, Wandrer, gilt's! Nun blicke kalt und klar!
Verloren bist du, glaubst du — an Gefahr.

DER SKEPTIKER SPRICHT

Halb ist dein Leben um,
der Zeiger rückt, die Seele schaudert dir!
Lang schweift sie schon herum
und sucht und fand nicht — und sie zaudert hier?

Halb ist dein Leben um:
Schmerz war's und Irrtum, Stund um Stund dahier!
Was suchst du noch? Warum? — —
Dies eben such ich — Grund um Grund dafür!

ECCE HOMO

Ja! Ich weiß, woher ich stamme!
Ungesättigt gleich der Flamme
glühe und verzehr ich mich.
Licht wird alles, was ich fasse,
Kohle alles, was ich lasse:
Flamme bin ich sicherlich!

STERNEN-MORAL

Vorausbestimmt zur Sternenbahn,
was geht dich, Stern, das Dunkel an?

Roll selig hin durch diese Zeit!
Ihr Elend sei dir fremd und weit!

Der fernsten Welt gehört dein Schein!
Mitleid soll Sünde für dich sein!

Nur e i n Gebot gilt dir: sei rein!

DER GEHEIMNISVOLLE NACHEN

Gestern nachts, als alles schlief,
kaum der Wind mit ungewissen
Seufzern durch die Gassen lief,
gab mir Ruhe nicht das Kissen,
noch der Mohn, noch, was sonst tief
schlafen macht, — ein gut Gewissen.

Endlich schlug ich mir den Schlaf
aus dem Sinn und lief zum Strande.
Mondhell war's und mild, — ich traf
Mann und Kahn auf warmem Sande,
schläfrig beide, Hirt und Schaf: —
schläfrig stieß der Kahn vom Lande.

Eine Stunde, leicht auch zwei,
oder war's ein Jahr? — Da sanken
plötzlich mir Sinn und Gedanken
in ein ew'ges Einerlei,
und ein Abgrund ohne Schranken
tat sich auf: — da war's vorbei!

— Morgen kam: auf schwarzen Tiefen
steht ein Kahn und ruht und ruht ...
Was geschah? so rief's, so riefen
hundert bald: was gab es? Blut? — —
Nichts geschah! Wir schliefen, schliefen
a l l e — ach, so gut! so gut!

(Aus den Liedern des Prinzen Vogelfrei)

„MEIN GLÜCK!"

Die Tauben von San Marco seh ich wieder:
still ist der Platz, Vormittag ruht darauf.
In sanfter Kühle schick ich müßig Lieder
gleich Taubenschwärmen in das Blau hinauf —
und locke sie zurück,
noch einen Reim zu hängen ins Gefieder
— mein Glück! Mein Glück!

Du stilles Himmels-Dach, blau-licht, von Seide,
wie schwebst du schirmend ob des bunten Baus,
den ich — was sag ich — liebe, fürchte, n e i d e . . .
die Seele wahrlich tränk ich gern ihm aus!
Gäb ich sie je zurück? —
Nein, still davon, du Augen-Wunderweide!
— mein Glück! Mein Glück!

Du strenger Turm, mit welchem Löwendrange
stiegst du empor hier, siegreich, sonder Müh!
Du überklingst den Platz mit tiefem Klange —:
französisch, wärst du sein accent aigu?
Blieb ich gleich dir zurück,
ich wüßte, aus welch seidenweichem Zwange . . .
— mein Glück! Mein Glück!

Fort, fort, Musik! Laß erst die Schatten dunkeln
und wachsen bis zur braunen lauen Nacht!
Zum Tone ist's zu früh am Tag, noch funkeln
die Gold-Zieraten nicht in Rosen-Pracht,
noch blieb viel Tag zurück,
viel Tag für Dichten, Schleichen, Einsam-Munkeln
— mein Glück! Mein Glück!

NACH NEUEN MEEREN

Dorthin — w i l l ich; und ich traue
mir fortan und meinem Griff.
Offen liegt das Meer, ins Blaue
treibt mein Genueser Schiff.

Alles glänzt mir neu und neuer,
Mittag schläft auf Raum und Zeit —:
nur d e i n Auge — ungeheuer
blickt mich's an, Unendlichkeit!

SILS-MARIA

Hier saß ich, wartend, wartend, — doch auf nichts,
jenseits von Gut und Böse, bald des Lichts

genießend, bald des Schattens, ganz nur Spiel,
ganz See, ganz Mittag, ganz Zeit ohne Ziel.

Da, plötzlich, Freundin, wurde Eins zu Zwei —
— und Zarathustra ging an mir vorbei . .

AN DEN MISTRAL
Ein Tanzlied

Mistral-Wind, du Wolken-Jäger,
Trübsal-Mörder, Himmels-Feger,
brausender, wie lieb ich dich!
Sind wir zwei nicht e i n e s Schoßes
Erstlingsgabe, e i n e s Loses
Vorbestimmte ewiglich?

Hier auf glatten Felsenwegen
lauf ich tanzend dir entgegen,
tanzend, wie du pfeifst und singst:
der du ohne Schiff und Ruder
als der Freiheit frei'ster Bruder
über wilde Meere springst.

Kaum erwacht, hört ich dein Rufen,
stürmte zu den Felsenstufen,
hin zur gelben Wand am Meer.
Heil! da kamst du schon gleich hellen
diamantnen Stromesschnellen
sieghaft von den Bergen her.

Auf den ebnen Himmels-Tennen
sah ich deine Rosse rennen,
sah den Wagen, der dich trägt,
sah die Hand dir selber zücken,
wenn sie auf der Rosse Rücken
blitzesgleich die Geißel schlägt. —

Sah dich aus dem Wagen springen,
schneller dich hinabzuschwingen,

sah dich wie zum Pfeil verkürzt
senkrecht in die Tiefe stoßen, —
wie ein Goldstrahl durch die Rosen
erster Morgenröten stürzt.

Tanze nun auf tausend Rücken,
Wellen-Rücken, Wellen-Tücken —
Heil, wer neue Tänze schafft!
Tanzen wir in tausend Weisen,
frei — sei unsre Kunst geheißen,
fröhlich — unsre Wissenschaft!

Raffen wir von jeder Blume
eine Blüte uns zum Ruhme
und zwei Blätter noch zum Kranz!
Tanzen wir gleich Troubadouren
zwischen Heiligen und Huren,
zwischen Gott und Welt den Tanz!

Wer nicht tanzen kann mit Winden,
wer sich wickeln muß mit Binden,
angebunden, Krüppel-Greis,
wer da gleicht den Heuchel-Hänsen,
Ehren-Tölpeln, Tugend-Gänsen,
fort aus unsrem Paradeis!

Wirbeln wir den Staub der Straßen
allen Kranken in die Nasen,
scheuchen wir die Kranken-Brut!
Lösen wir die ganze Küste
von dem Odem dürrer Brüste,
von den Augen ohne Mut!

Jagen wir die Himmels-Trüber,
Welten-Schwärzer, Wolken-Schieber,
hellen wir das Himmelreich!
Brausen wir ... o aller freien
Geister Geist, mit dir zu zweien
braust mein Glück dem Sturme gleich. —

— Und daß ewig das Gedächtnis
solchen Glücks, nimm sein Vermächtnis,
nimm den Kranz hier mit hinauf!

Wirf ihn höher, ferner, weiter,
stürm empor die Himmelsleiter,
häng ihn — an den Sternen auf!

(Aus den Liedern des Prinzen Vogelfrei)

WER VIEL EINST ZU VERKÜNDEN HAT . . .

Wer viel einst zu verkünden hat,
schweigt viel in sich hinein.
Wer einst den Blitz zu zünden hat,
muß lange — Wolke sein.

AN DIE FREUNDSCHAFT

Freundschaft, Göttin,
höre gnädig das Lied,
das wir jetzt singen der Freundschaft!
Wohin auch blickt das Auge der Freunde,
übervoll vom Glücke der Freundschaft,
hilfreich nahst du uns,
Morgenrot im Blick,
und ewiger Jugend treues Pfand
in der heilgen Rechten.

Heil dir, Freundschaft!
Meiner höchsten Hoffnung
erste Morgenröte!
Ach, ohn Ende
schien oft Pfad und Nacht mir,
alles Leben
ziellos und verhaßt!
Zweimal will ich leben,
nun ich schau in deiner Augen
Morgenglanz und Sieg,
du liebste Göttin!

Heil dir, Freundschaft,
meines Schicksals Bürgin,
fernen Siegs Gewähr und Vorspiel!
Mag die Zukunft Schlimmstes bergen,
Schmerz und Qual und bittre Feindschaft.

Nimmer zag ich,
siegreich bleibt mein Leben,
glüht sein Abend einst unendlich
in deiner Sonne.

AN DAS IDEAL

Wen liebt ich so wie dich, geliebter Schatten!
Ich zog dich an mich, in mich — und seitdem
ward ich beinah zum Schatten, du zum Leibe.
Nur daß mein Auge unbelehrbar ist,
gewöhnt, die Dinge außer sich zu sehen:
ihm bleibst du stets das ewge „Außer-mir".
Ach, dieses Auge bringt mich außer mich!

MITLEID HIN UND HER

1. Vereinsamt

Die Krähen schrein
und ziehen schwirren Flugs zur Stadt:
bald wird es schnein, —
wohl dem, der jetzt noch — Heimat hat!

Nun stehst du starr,
schaust rückwärts, ach! wie lange schon!
Was bist du Narr
vor Winters in die Welt entflohn?

Die Welt — ein Tor
zu tausend Wüsten stumm und kalt!
Wer das verlor,
was du verlorst, macht nirgends halt.

Nun stehst du bleich,
zur Winter-Wanderschaft verflucht,
dem Rauche gleich,
der stets nach kältern Himmeln sucht.

Flieg, Vogel, schnarr
dein Lied im Wüstenvogel-Ton! —
Versteck, du Narr,
dein blutend Herz in Eis und Hohn!

Die Krähen schrein
und ziehen schwirren Flugs zur Stadt:
bald wird es schnein, —
weh dem, der keine Heimat hat!

2. Antwort

Daß Gott erbarm!
D e r meint, ich sehnte mich zurück
ins deutsche Warm,
ins dumpfe deutsche Stuben-Glück!

Mein Freund, was hier
mich hemmt und hält, ist d e i n Verstand,
Mitleid mit d i r !
Mitleid mit deutschem Quer-Verstand!

VENEDIG

An der Brücke stand
jüngst ich in brauner Nacht.
Fernher kam Gesang:
goldener Tropfen quoll's
über die zitternde Fläche weg.
Gondeln, Lichter, Musik —
trunken schwamm's in die Dämmrung hinaus...

Meine Seele, ein Saitenspiel,
sang sich, unsichtbar berührt,
heimlich ein Gondellied dazu,
zitternd vor bunter Seligkeit.
— Hörte jemand ihr zu?...

PINIE UND BLITZ

Hoch wuchs ich über Mensch und Tier;
und sprech ich — niemand spricht mit mir.

Zu einsam wuchs ich und zu hoch —
ich warte: worauf wart ich doch?

Zu nah ist mir der Wolken Sitz, —
ich warte auf den ersten Blitz.

DER EINSAMSTE

(Bruchstück)

Nun, da der Tag
des Tags müde ward, und aller Sehnsucht Bäche
von neuem Trost plätschern,
auch alle Himmel, aufgehängt in Gold-Spinnetzen,
zu jedem Müden sprechen: „Ruhe nun!“ —
was ruhst du nicht, du dunkles Herz,
was stachelt dich zu fußwunder Flucht...
wes harrest du?

DAS TRUNKNE LIED

O Mensch! Gib acht!
Was spricht die tiefe Mitternacht?
„Ich schlief, ich schlief —,
aus tiefem Traum bin ich erwacht: —
und tiefer als der Tag gedacht.
Tief ist ihr Weh —,
Die Welt ist tief,
Lust — tiefer noch als Herzeleid:
Weh spricht: Vergeh!
doch alle Lust will Ewigkeit —,
— will tiefe, tiefe Ewigkeit!“

(Also sprach Zarathustra)

AUS HOHEN BERGEN

O Lebens Mittag! Feierliche Zeit!
O Sommergarten!
Unruhig Glück im Stehn und Spähn und Warten: —
der Freunde harr ich, Tag und Nacht bereit.
Wo bleibt ihr, Freunde? Kommt! 's ist Zeit! 's ist Zeit!

War's nicht für euch, daß sich des Gletschers Grau
heut schmückt mit Rosen?
Euch sucht der Bach, sehnsüchtig drängen, stoßen
sich Wind und Wolke höher heut ins Blau,
nach euch zu spähn aus fernster Vogel-Schau.

Im Höchsten ward für euch mein Tisch gedeckt: —
wer wohnt den Sternen
so nahe, wer des Abgrunds grau'sten Fernen?
Mein Reich — welch Reich hat weiter sich gereckt?
Und meinen Honig — wer hat ihn geschmeckt? ...

— Da seid ihr, Freunde! — Weh, doch ich bins nicht,
zu dem ihr wolltet!
Ihr zögert, staunt — ach, daß ihr lieber grolltet!
Ich — bins nicht mehr? Vertauscht Hand, Schritt, Gesicht?
Und was ich bin, euch Freunden — bin ich's nicht?

Ein andrer ward ich? und mir selber fremd?
mir selbst entsprungen?
ein Ringer, der zu oft sich selbst bezwungen?
zu oft sich gegen eigne Kraft gestemmt,
durch eignen Sieg verwundet und gehemmt?

Ich suchte, wo der Wind am schärfsten weht?
Ich lernte wohnen,
wo niemand wohnt, in öden Eisbär-Zonen,
verlernte Mensch und Gott, Fluch und Gebet?
ward zum Gespenst, das über Gletscher geht?

— Ihr alten Freunde! Seht! Nun blickt ihr bleich,
voll Lieb und Grausen!
Nein, geht! Zürnt nicht! Hier — könntet ihr nicht hausen:
hier zwischen fernstem Eis- und Felsenreich —
hier muß man Jäger sein und gemsengleich.

Ein schlimmer Jäger ward ich! — Seht, wie steil
gespannt mein Bogen!
Der Stärkste war's, der solchen Zug gezogen — —:
doch wehe nun! Gefährlich ist der Pfeil,
wie kein Pfeil, — fort von hier! Zu eurem Heil! ...

Ihr wendet euch! — O Herz, du trugst genung,
stark blieb dein Hoffen:
halt neuen Freunden deine Türe offen!
Die alten laß! Laß die Erinnerung!
Warst einst du jung, jetzt — bist du besser jung!

Was je uns knüpfte, e i n e r Hoffnung Band, —
wer liest die Zeichen,
die Liebe einst hineinschrieb, noch, die bleichen?
Dem Pergament vergleich ich's, das die Hand
zu fassen s c h e u t, — ihm gleich verbräunt, verbrannt.

Nicht Freunde mehr, das sind — wie nenn ich's doch? —
nur Freunds-Gespenster!
Das klopft mir wohl noch nachts an Herz und Fenster,
das sieht mich an und spricht: „Wir w a r e n's doch?"
— O welkes Wort, das einst wie Rosen roch!

O Jugend-Sehnen, das sich mißverstand!
die i c h ersehnte,
die ich mir selbst verwandt-verwandelt wähnte,
daß a l t sie wurden, hat sie weggebannt: —
Nur wer sich wandelt, bleibt mit mir verwandt.

O Lebens Mittag! Zweite Jugendzeit!
O Sommergarten!
Unruhig Glück im Stehn und Spähn und Warten!
Der Freunde harr ich, Tag und Nacht bereit,
der n e u e n Freunde! Kommt! 's ist Zeit! 's ist Zeit!

D i e s Lied ist aus, — der Sehnsucht süßer Schrei
erstarb im Munde:
ein Zaubrer tat's, der Freund zur rechten Stunde,
der Mittags-Freund — nein! fragt nicht, wer es sei —
um Mittag war's, da wurde Eins zu Zwei ...

Nun feiern wir, vereinten Sieg gewiß,
das Fest der Feste:
Freund Z a r a t h u s t r a kam, der Gast der Gäste!
Nun lacht die Welt, der grause Vorhang riß,
die Hochzeit kam für Licht und Finsternis ...

(Nachgesang zu Jenseits von Gut und Böse)

LIEDER UND SINNSPRÜCHE

Takt als Anfang, Reim als Endung,
und als Seele stets Musik:
solch ein göttliches Gequiek
nennt man Lied. Mit kürzrer Wendung,
Lied heißt: „Worte als Musik".

Sinnspruch hat ein neu Gebiet:
er kann spotten, schwärmen, springen,
niemals kann der Sinnspruch singen;
Sinnspruch heißt: „Sinn ohne Lied". —

Darf ich euch von beidem bringen?

Aus der

Fröhlichen Wissenschaft

VORSPIEL IN DEUTSCHEN REIMEN

„SCHERZ, LIST UND RACHE“

/1/ EINLADUNG 1

Wagt’s mit meiner Kost, ihr Esser!
Morgen schmeckt sie euch schon besser
und schon übermorgen gut!
Wollt ihr dann noch mehr, — so machen
meine alten sieben Sachen
mir zu sieben neuen Mut.

/2/ MEIN GLÜCK 2

Seit ich des Suchens müde ward,
erlernte ich das Finden.
Seit mir ein Wind hielt Widerpart,
segl ich mit allen Winden.

/3/ UNVERZAGT 3

Wo du stehst, grab tief hinein!
Drunten ist die Quelle!
Laß die dunklen Männer schrein:
„Stets ist drunten — Hölle!“

/5/ AN DIE TUGENDSAMEN 4

Unseren Tugenden auch solln leicht die Füße sich heben:
gleich den Versen Homers müssen sie kommen *und gehn*!

/6/ WELT-KLUGHEIT 5

Bleib nicht auf ebnem Feld!
Steig nicht zu hoch hinaus!
Am schönsten sieht die Welt
von halber Höhe aus.

/7/ VADEMECUM — VADETECUM 6

Es lockt dich meine Art und Sprach,
du folgest mir, du gehst mir nach?
Geh nur dir selber treulich nach: —
so folgst du mir — gemach! gemach!

/8/ BEI DER DRITTEN HÄUTUNG 7

Schon krümmt und bricht sich mir die Haut,
schon giert mit neuem Drange,
so viel sie Erde schon verdaut,
nach Erd in mir die Schlange.
Schon kriech ich zwischen Stein und Gras
hungrig auf krummer Fährte,
zu essen das, was stets ich aß,
dich, Schlangenkost, dich, Erde!

/9/ MEINE ROSEN 8

Ja! Mein Glück — es will beglücken, —
alles Glück will ja beglücken!
Wollt ihr meine Rosen pflücken?

Müßt euch bücken und verstecken
zwischen Fels und Dornenhecken,
oft die Fingerchen euch lecken!

Denn mein Glück — es liebt das Necken!
Denn mein Glück — es liebt die Tücken! —
Wollt ihr meine Rosen pflücken?

/10/ DER VERÄCHTER 9

Vieles laß ich falln und rollen,
und ihr nennt mich drum Verächter.
Wer da trinkt aus allzuvollen
Bechern, läßt viel falln und rollen, —
denkt vom Weine drum nicht schlechter.

/11/ DAS SPRICHWORT SPRICHT 10

Scharf und milde, grob und fein,
vertraut und seltsam, schmutzig und rein,

der Narren und Weisen Stelldichein:
dies Alles bin ich, will ich sein,
Taube zugleich, Schlange und Schwein!

/12/ AN EINEN LICHTFREUND 11

Willst du nicht Aug und Sinn ermatten,
lauf auch der Sonne nach im Schatten!

/13/ FÜR TÄNZER 12

Glattes Eis
ein Paradeis
für den, der gut zu tanzen weiß.

/14/ DER BRAVE 13

Lieber aus ganzem Holz eine Feindschaft
als eine geleimte Freundschaft!

/15/ ROST 14

Auch Rost tut not: Scharfsein ist nicht genung!
Sonst sagt man stets von dir: „Er ist zu jung!"

/16/ AUFWÄRTS 15

„Wie komm ich am besten den Berg hinan?" —
„Steig nur hinauf und denk nicht dran!"

/17/ SPRUCH DES GEWALTMENSCHEN 16

Bitte nie! Laß dies Gewimmer!
Nimm, ich bitte dich, nimm immer!

/18/ SCHMALE SEELEN 17

Schmale Seelen sind mir verhaßt:
da steht nichts Gutes, nichts Böses fast.

/19/ DER UNFREIWILLIGE VERFÜHRER 18

Er schoß ein leeres Wort zum Zeitvertreib
ins Blaue — und doch fiel darob ein Weib.

/20/ ZUR ERWÄGUNG 19

Zwiefacher Schmerz ist leichter zu tragen
als e i n Schmerz: willst du darauf es wagen?

/21/ GEGEN DIE HOFFAHRT 20

Blas dich nicht auf: sonst bringet dich
zum Platzen schon ein kleiner Stich.

/22/ MANN UND WEIB 21

„Raub dir das Weib, für das dein Herze fühlt!" —
so denkt der Mann; das Weib raubt nicht, es stiehlt.

/23/ INTERPRETATION 22

Leg ich mich aus, so leg ich mich hinein:
ich kann nicht selbst mein Interprete sein.
Doch wer nur steigt auf seiner eignen Bahn,
trägt auch mein Bild zu hellerm Licht hinan.

/24/ PESSIMISTEN-ARZNEI 23

Du klagst, daß nichts dir schmackhaft sei?
Noch immer, Freund, die alten Mucken?
Ich hör dich lästern, lärmen, spucken —
Geduld und Herz bricht mir dabei.
Folg mir, mein Freund! Entschließ dich frei,
ein fettes Krötchen zu verschlucken,
geschwind und ohne hinzugucken! —
Das hilft dir von der Dyspepsei!

/25/ BITTE 24

Ich kenne mancher Menschen Sinn
und weiß nicht, wer ich selber bin!
Mein Auge ist mir viel zu nah —
ich bin nicht, was ich seh und sah.
Ich wollte mir schon besser nützen,
könnt ich mir selber ferner sitzen.
Zwar nicht so ferne wie mein Feind!
Zu fern sitzt schon der nächste Freund —
doch zwischen dem und mir die Mitte!
Erratet ihr, um was ich bitte?

/28/ TROST FÜR ANFÄNGER 25

Seht das Kind umgrunzt von Schweinen,
hilflos, mit verkrümmten Zeh'n!
Weinen kann es, nichts als weinen —
lernt es jemals stehn und gehn?
Unverzagt! Bald, sollt ich meinen,
Könnt das Kind ihr tanzen sehn!
Steht es erst auf beiden Beinen,
wird's auch auf dem Kopfe stehn.

/29/ STERNEN-EGOISMUS 26

Rollt ich mich rundes Rollefaß
nicht um mich selbst ohn Unterlaß,
wie hielt ich's aus, ohne anzubrennen,
der heißen Sonne nachzurennen?

/30/ DER NÄCHSTE 27

Nah hab den Nächsten ich nicht gerne:
Fort mit ihm in die Höh und Ferne!
Wie würd er sonst zu meinem Sterne? —

/31/ DER VERKAPPTE HEILIGE 28

Daß dein Glück uns nicht bedrücke,
legst du um dich Teufelstücke,
Teufelswitz und Teufelskleid.
Doch umsonst! Aus deinem Blicke
blickt hervor die Heiligkeit!

/32/ DER UNFREIE 29

A. Er steht und horcht: was konnt ihn irren?
Was hört er vor den Ohren schwirren?
Was war's, das ihn darniederchlug?
B. Wie jeder, der einst Ketten trug,
hört überall er — Kettenklirren.

/33/ DER EINSAME 30

Verhaßt ist mir das Folgen und das Führen.
Gehorchen? Nein! Und aber nein — Regieren!

Wer s i c h nicht schrecklich ist, macht niemand Schrecken:
und nur wer Schrecken macht, kann andre führen!
Verhaßt ist mir's schon, selber mich zu führen.
Ich liebe es, gleich Wald- und Meerestieren,
mich für ein gutes Weilchen zu verlieren,
in holder Irrnis grüblerisch zu hocken,
von ferne her mich endlich heimzulocken,
mich selber zu mir selber — zu verführen.

/34/ SENECA ET HOC GENUS OMNE 31

Das schreibt und schreibt sein unausstehlich weises Larifari,
als gält es primum scribere,
deinde philosophari.

/37/ VORSICHT 32

In jener Gegend reist man jetzt nicht gut;
und hast du Geist, sei doppelt auf der Hut!
Man lockt und liebt dich, bis man dich zerreißt:
Schwarmgeister sind's —: da fehlt es stets an Geist!

/38/ DER FROMME SPRICHT 33

Gott liebt uns, w e i l er uns erschuf! —
„Der Mensch schuf Gott!" — sagt drauf ihr Feinen.
Und soll nicht lieben, was er schuf?
Soll's gar, w e i l er es schuf, verneinen?
Das hinkt, das trägt des Teufels Huf.

/40/ OHNE NEID 34

Ja, neidlos blickt er: und ihr ehrt ihn drum?
Er blickt sich nicht nach euren Ehren um;
er hat des Adlers Auge für die Ferne,
er sieht euch nicht! — er sieht nur Sterne, Sterne!

/41/ HERAKLITISMUS 35

Alles Glück auf Erden,
Freunde, gibt der Kampf!
Ja, um Freund zu werden,
braucht es Pulverdampf!

Eins in Drei'n sind Freunde:
Brüder vor der Not,
Gleiche vor dem Feinde,
Freie — vor dem Tod!

/42/ GRUNDSATZ DER ALLZUFEINEN 36

Lieber auf den Zehen noch
als auf allen vieren!
Lieber durch ein Schlüsselloch
als durch offne Türen!

/43/ ZUSPRUCH 37

Auf Ruhm hast du den Sinn gericht?
Dann acht der Lehre:
Bei Zeiten leiste frei Verzicht
auf Ehre!

/44/ DER GRÜNDLICHE 38

Ein Forscher ich? O spart dies Wort! —
Ich bin nur *schwer* — so manche Pfund!
Ich falle, falle immerfort
und endlich auf den Grund!

/45/ FÜR IMMER 39

„Heut komm ich, weil mir's heute frommt" —
denkt jeder, der für immer kommt.
Was ficht ihn an der Welt Gered:
„Du kommst zu früh! Du kommst zu spät!"

/46/ URTEILE DER MÜDEN 40

Der Sonne fluchen alle Matten;
der Bäume Wert ist ihnen — Schatten!

/48/ GEGEN DIE GESETZE 41

Von heut an hängt an härner Schnur
um meinen Hals die Stunden-Uhr;
von heut an hört der Sterne Lauf,
Sonn, Hahnenschrei und Schatten auf,
und was mir je die Zeit verkündt,

das ist jetzt stumm und taub und blind: —
Es schweigt mir jegliche Natur
beim Tiktak von Gesetz und Uhr.

/49/ DER WEISE SPRICHT 42

Dem Volke fremd und nützlich doch dem Volke,
zieh ich des Weges, Sonne bald, bald Wolke —
Und immer über diesem Volke!

/50/ DEN KOPF VERLOREN 43

Sie hat jetzt Geist — wie kam's, daß sie ihn fand?
Ein Mann verlor durch sie jüngst den Verstand.
Sein Kopf war reich vor diesem Zeitvertreibe:
Zum Teufel ging sein Kopf — nein! nein! zum Weibe!

/51/ FROMME WÜNSCHE 44

„Mögen alle Schlüssel doch
flugs verloren gehen,
und in jedem Schlüsselloch
sich der Dietrich drehen!"
Also denkt zu jeder Frist
jeder, der — ein Dietrich ist.

/52/ MIT DEM FUSSE SCHREIBEN 45

Ich schreib nicht mit der Hand allein:
der Fuß will stets mit Schreiber sein.
Fest, frei und tapfer läuft er mir
bald durch das Feld, bald durchs Papier.

/54/ MEINEM LESER 46

Ein gut Gebiß und einen guten Magen —
dies wünsch ich dir!
Und hast du erst mein Buch vertragen,
verträgst du dich gewiß mit mir!

/55/ DER REALISTISCHE MALER 47

„Treu die Natur und ganz!" — Wie fängt er's an:
Wann wäre je Natur im Bilde a b g e t a n ?

Unendlich ist das kleinste Stück der Welt! —
Er malt zuletzt davon, was ihm g e f ä l l t.
Und was gefällt ihm? Was er malen k a n n!

/56/ DICHTER-EITELKEIT 48

Gebt mir Leim nur: denn zum Leime
Find ich selber mir schon Holz!
Sinn in vier unsinn'ge Reime
legen — ist kein kleiner Stolz!

/57/ WÄHLERISCHER GESCHMACK 49

Wenn man frei mich wählen ließe,
wählt ich gern ein Plätzchen mir
mitten drin im Paradiese:
gerner noch — vor seiner Tür!

/58/ DIE KRUMME NASE 50

Die Nase schauet trutziglich
ins Land, der Nüster blähet sich —
drum fällst du, Nashorn ohne Horn,
mein stolzes Menschlein, stets nach vorn!
Und stets beisammen findt sich das:
gerader Stolz, gekrümmte Nas.

/60/ HÖHERE MENSCHEN 51

Der steigt empor — ihn soll man loben!
Doch jener kommt allzeit von oben!
Der lebt dem Lobe selbst enthoben,
der i s t von droben!

/61/ DER SKEPTIKER SPRICHT 52

Halb ist dein Leben um,
der Zeiger rückt, die Seele schaudert dir!
Lang schweift sie schon herum
und sucht, und fand nicht — und sie zaudert hier?

Halb ist dein Leben um:
Schmerz war's und Irrtum Stund um Stund dahier!
Was suchst du noch? W a r u m ? — —
Dies eben such ich — Grund um Grund dafür!

Aus dem Anhang zur

Fröhlichen Wissenschaft

LIEDER DES PRINZEN VOGELFREI

AN GOETHE

Das Unvergängliche
ist nur dein Gleichnis!
Gott, der Verfängliche,
ist Dichter-Erschleichnis...

Welt-Rad, das rollende,
streift Ziel auf Ziel:
Not — nennt's der Grollende,
der Narr nennt's — Spiel...

Welt-Spiel, das herrische,
mischt Sein und Schein: —
das Ewig-Närrische
mischt uns — hinein!...

DICHTERS BERUFUNG

Als ich jüngst, mich zu erquicken,
unter dunklen Bäumen saß,
hört ich ticken, leise ticken,
zierlich, wie nach Takt und Maß.
Böse wurd ich, zog Gesichter, —
endlich aber gab ich nach,
bis ich gar, gleich einem Dichter,
selber mit im Tiktak sprach.

Wie mir so im Verse-Machen
Silb um Silb ihr Hopsa sprang,
mußt ich plötzlich lachen, lachen,
eine Viertelstunde lang.
Du ein Dichter? Du ein Dichter?
Steht's mit deinem Kopf so schlecht?
— „Ja, mein Herr, Sie sind ein Dichter",
achselzuckt der Vogel Specht.

Wessen harr ich hier im Busche?
Wem doch laur' ich Räuber auf?
Ist's ein Spruch? Ein Bild? Im Husche
sitzt mein Reim ihm hintendrauf.
Was nur schlüpft und hüpft, gleich sticht der
Dichter sich's zum Vers zurecht.
— „Ja, mein Herr, Sie sind ein Dichter",
achselzuckt der Vogel Specht.

Reime, mein ich, sind wie Pfeile?
Wie das zappelt, zittert, springt,
wenn der Pfeil in edle Teile
des Lacerten-Leibchens dringt!
Ach, ihr sterbt dran, arme Wichter,
oder taumelt wie bezecht!
— „Ja, mein Herr, Sie sind ein Dichter",
achselzuckt der Vogel Specht.

Schiefe Sprüchlein voller Eile,
trunkne Wörtlein, wie sich's drängt!
Bis ihr alle, Zeil an Zeile,
an der Tiktak-Kette hängt.
Und es gibt grausam Gelichter,
das dies — freut? Sind Dichter — schlecht?
— „Ja, mein Herr, Sie sind ein Dichter",
achselzuckt der Vogel Specht.

Höhnst du, Vogel? Willst du scherzen?
Steht's mit meinem Kopf schon schlimm,
schlimmer stünd's mit meinem Herzen?
Fürchte, fürchte meinen Grimm! —
Doch der Dichter — Reime flicht er
selbst im Grimm noch schlecht und recht.
— „Ja, mein Herr, Sie sind ein Dichter",
achselzuckt der Vogel Specht.

IM SÜDEN

So häng ich denn auf krummem Aste
und schaukle meine Müdigkeit.
Ein Vogel lud mich her zu Gaste,
ein Vogelnest ist's, drin ich raste.
Wo bin ich doch? Ach, weit! Ach, weit!

Das weiße Meer liegt eingeschlafen,
und purpurn steht ein Segel drauf.
Fels, Feigenbäume, Turm und Hafen,
Idylle rings, Geblök von Schafen, —
Unschuld des Südens, nimm mich auf!

Nur Schritt für Schritt — das ist kein Leben,
stets Bein vor Bein macht deutsch und schwer.
Ich hieß den Wind mich aufwärts heben,
ich lernte mit den Vögeln schweben, —
nach Süden flog ich über's Meer.

Vernunft! Verdrießliches Geschäfte!
Das bringt uns allzubald ans Ziel!
Im Fliegen lernt ich, was mich äffte, —
schon fühl ich Mut und Blut und Säfte
zu neuem Leben, neuem Spiel...

Einsam zu denken nenn ich weise,
doch einsam singen — wäre dumm!
So hört ein Lied zu eurem Preise
und setzt euch still um mich im Kreise,
ihr schlimmen Vögelchen, herum!

So jung, so falsch, so umgetrieben
scheint ganz ihr mir gemacht zum Lieben
und jedem schönen Zeitvertreib?
Im Norden — ich gesteh's mit Zaudern —
liebt ich ein Weibchen, alt zum Schaudern:
„Die Wahrheit" hieß dies alte Weib...

DIE FROMME BEPPA

So lang noch hübsch mein Leibchen
Lohnt sich's schon, fromm zu sein.
Man weiß, Gott liebt die Weibchen,
die hübschen obendrein.
Er wird's dem armen Mönchlein
gewißlich gern verzeihn,
daß er, gleich manchem Mönchlein,
so gern will bei mir sein.

Kein grauer Kirchenvater!
Nein, jung noch und oft rot,
oft trotz dem grausten Kater
voll Eifersucht und Not.
Ich liebe nicht die Greise,
er liebt die Alten nicht:
wie wunderlich und weise
hat Gott dies eingericht!

Die Kirche weiß zu leben,
sie prüft Herz und Gesicht.
Stets will sie mir vergeben, —
ja, wer vergibt mir nicht!
Man lispelt mit dem Mündchen,
man knixt und geht hinaus,
und mit dem neuen Sündchen
löscht man das alte aus.

Gelobt sei Gott auf Erden,
der hübsche Mädchen liebt
und derlei Herzbeschwerden
sich selber gern vergibt.
So lang noch hübsch mein Leibchen,
lohnt sich's schon fromm zu sein:
als altes Wackelweibchen
mag mich der Teufel frein!

LIEBESERKLÄRUNG

(bei der aber der Dichter in eine Grube fiel —)

O Wunder! Fliegt er noch?
Er steigt empor, und seine Flügel ruhn?
Was hebt und trägt ihn doch?
Was ist ihm Ziel und Zug und Zügel nun?

Gleich Stern und Ewigkeit
lebt er in Höhn jetzt, die das Leben flieht,
mitleidig selbst dem Neid —:
und hoch flog, wer ihn auch nur schweben sieht!

O Vogel Albatros!
Zur Höhe treibt's mit ewgem Triebe mich.
Ich dachte dein: da floß
mir Trän um Träne, — ja ich liebe dich!

„DIESEN UNGEWISSEN SEELEN"

Diesen ungewissen Seelen
bin ich grimmig gram.
All ihr Ehren ist ein Quälen,
all ihr Lob ist Selbstverdruß und Scham.

Daß ich nicht an *ihrem* Stricke
ziehe durch die Zeit,
dafür grüßt mich ihrer Blicke
giftig-süßer hoffnungsloser Neid.

Möchten sie mir herzhaft fluchen
und die Nase drehn!
Dieser Augen hilflos Suchen
soll bei mir auf ewig irre gehn.

NARR IN VERZWEIFLUNG

Ach! Was ich schrieb auf Tisch und Wand
mit Narrenherz und Narrenhand,
das sollte Tisch und Wand mir zieren?...

Doch *ihr* sagt: „Narrenhände schmieren, —
und Tisch und Wand soll man purgieren,
bis auch die letzte Spur verschwand!"

Erlaubt! Ich lege Hand mit an —,
ich lernte Schwamm und Besen führen,
als Kritiker, als Wassermann.

Doch, wenn die Arbeit abgetan,
säh gern ich euch, ihr Überweisen,
mit Weisheit Tisch und Wand besch.....

RIMUS REMEDIUM

Oder: Wie kranke Dichter sich trösten

Aus deinem Munde,
du speichelflüssige Hexe Zeit,
tropft langsam Stund auf Stunde.
Umsonst, daß all mein Ekel schreit:
„Fluch, Fluch dem Schlunde
der Ewigkeit!“

Welt — ist von Erz:
ein glühender Stier, — der hört kein Schrein.
Mit fliegenden Dolchen schreibt der Schmerz
mir ins Gebein:
„Welt hat kein Herz,
und Dummheit wär's, ihr gram drum sein!“

Gieß alle Mohne,
gieß, Fieber, Gift mir ins Gehirn!
Zu lang schon prüfst du mir Hand und Stirn.
Was frägst du? Was? „Zu welchem — Lohne?“
— Ha! Fluch der Dirn
und ihrem Hohne!

Nein! Komm zurück!
Draußen ist's kalt, ich höre regnen —
Ich sollte dir zärtlicher begegnen?
— Nimm! Hier ist Gold: wie glänzt das Stück! —
Dich heißen „Glück“?
Dich, Fieber, segnen? —

Die Tür springt auf!
Der Regen sprüht nach meinem Bette!
Wind löscht das Licht, — Unheil in Hauf!
— Wer jetzt nicht hundert Reime hätte.
Ich wette, wette,
der ginge drauf!

DAS WORT

Lebendgem Worte bin ich gut:
das springt heran so wohlgemut,
das grüßt mit artigem Genick,
ist lieblich selbst im Ungeschick,
hat Blut in sich, kann herzhaft schnauben,
kriecht dann zum Ohre selbst dem Tauben,
und ringelt sich und flattert jetzt,
und was es tut — das Wort ergetzt.

Doch bleibt das Wort ein zartes Wesen,
bald krank und aber bald genesen.
Willt ihm sein kleines Leben lassen,
mußt du es leicht und zierlich fassen,
nicht plump betasten und bedrücken,
es stirbt oft schon an bösen Blicken —
und liegt dann da, so ungestalt,
so seelenlos, so arm und kalt,
sein kleiner Leichnam arg verwandelt,
von Tod und Sterben mißgehandelt.

Ein totes Wort — ein häßlich Ding,
ein klapperdürres Kling-Kling-Kling.
Pfui allen häßlichen Gewerben,
an denen Wort und Wörtchen sterben!

ZU „MENSCHLICHES ALLZUMENSCHLICHES“

Seit dies Buch mir erwuchs, quält Sehnsucht mich und Beschämung,
bis solch Gewächs dir einst reicher und schöner erblüht.
Jetzt schon kost ich des Glücks, daß ich dem Größeren nachgeh,
wenn er des goldnen Ertrags eigener Ernten sich freut.

Ist von Sorrentos Duft nichts hängen blieben?
Ist alles wilde, kühle Bergnatur?
Kaum herbstlich sonnenwarm und ohne Lieben?
So ist ein Teil von mir im Buche nur:
den bessern Teil, ihn bring ich zum Altar
für sie, die Freundin, Mutter, Arzt mir war.

(An Melwida von Meysenburg)

Mag Vernunft den Vernünftgen erbauen,
der Künstler soll nur die Kunst verdauen.
Und doch hat ein Künstler dies Buch geschrieben;
nicht seine Vernunft tat's, es tat's sein Lieben.

„DER WANDERER UND SEIN SCHATTEN“
Ein Buch

Nicht mehr zurück? Und nicht hinan?
Auch für die Gemse keine Bahn?

So wart ich hier und fasse fest,
was Aug und Hand mich fassen läßt!

Fünf Fuß breit Erde, Morgenrot,
und unter mir — Welt, Mensch und Tod!

„DIE FRÖHLICHE WISSENSCHAFT“

Die ist kein Buch: was liegt an Büchern!
An diesen Särgen und Leichentüchern!
Vergangnes ist der Bücher Beute:
doch hierin lebt ein ewig Heute.

Dies ist kein Buch: was liegt an Büchern!
Was liegt an Särgen und Leichentüchern!

Dies ist ein Wille, dies ist ein Versprechen,
dies ist ein letztes Brücken-Zerbrechen,
dies ist ein Meerwind, ein Anker-Lichten,
ein Räder-Brausen, ein Steuer-Richten;
es brüllt die Kanone, weiß dampft ihr Feuer,
es lacht das Meer, das Ungeheuer!

AN HAFIS

(Trinkspruch, Frage eines Wassertrinkers)

Die Schenke, die du dir gebaut,
ist größer als jedes Haus,
Die Tränke, die du drin gebraut,
die trinkt die Welt nicht aus.
Der Vogel, der einst Phönix war,
der wohnt bei dir zu Gast,
Die Maus, die einen Berg gebar,
die — bist du selber fast!

Bist alles und keins, bist Schenke und Wein,
bist Phönix, Berg und Maus,
Fällst ewiglich in dich hinein,
fliegst ewig aus dir hinaus —
Bist aller Höhen Versunkenheit,
bist aller Tiefen Schein,
Bist aller Trunkenen Trunkenheit
— wozu, wozu dir — Wein?

AN SPINOZA

Dem „Eins in Allem" liebend zugewandt,
amore dei, selig aus Verstand —
Die Schuhe aus! Welch dreimal heilig Land! —
— Doch unter dieser Liebe fraß
ein heimlich glimmender Rachebrand,
am Judengott fraß Judenhaß...
Einsiedler! Hab ich dich erkannt?

ARTHUR SCHOPENHAUER

Was er lehrte, ist abgetan;
was er lebte, wird bleiben stahn:
seht ihn nur an —
niemandem war er untertan!

AN RICHARD WAGNER

Der du an jeder Fessel krankst,
friedloser, unbefreiter Geist,
siegreicher stets und doch gebundener,
verekelt mehr und mehr, zerschundener,
bis du aus jedem Balsam Gift dir trankst —,
weh! Daß auch du am Kreuze niedersankst,
auch du! Auch du — ein Überwundener!

Vor diesem Schauspiel steh ich lang,
Gefängnis atmend, Gram und Groll und Gruft,
dazwischen Weihrauch-Wolken, Kirchen-Duft,
mir fremd, mir schauerlich und bang.
Die Narrenkappe werf ich tanzend in die Luft,
denn ich entsprang!

FÜR FALSCHE FREUNDE

Du stahlst, dein Auge ist nicht rein —
nur einen Gedanken stahlst du? — Nein,
wer darf so frech bescheiden sein!
Nimm diese Handvoll obendrein —
nimm all mein Mein —
und friß dich rein daran, du Schwein!

Freund Yorik, Mut!
Und wenn dich dein Gedanke quält,
wie jetzt er tut,
heiß das nicht — „Gott"! Denn, weit gefehlt,
es ist ja nur dein eigen Kind,
dein Fleisch und Blut,
was sich da drangsaliert und quält,
dein kleiner Schelm und Tu-nicht-gut!
— Sieh zu, wie ihm die Rute tut!

Und kurz, Freund Yorik! Laß die düstre
Philosophie — und daß ich hier
noch einen Spruch als Medizin
und Haus-Rezept ins Ohr dir flüstre
— mein Mittel gegen solchen spleen —:
„Wer seinen ‚Gott' liebt, züchtigt ihn."

MUSIK DES SÜDENS

Nun ward mir alles noch zu Teil,
was je mein Adler mir erschaute
— ob manche Hoffnung schon vergraute —:
es sticht dein Klang mich wie ein Pfeil,
der Ohren und der Sinne Heil,
das mir vom Himmel niedertaute.

O zögre nicht, nach südlichen Geländen,
glückselgen Inseln, griechischem Nymphen-Spiel
des Schiffs Begierde hinzuwenden —
kein Schiff fand je ein schöner Ziel!

DER EINSIEDLER SPRICHT

Gedanken h a b e n? Gut, sie wollen mich zum Herrn.
Doch sich Gedanken m a c h e n — das verlernt ich gern!
Wer sich Gedanken macht — den haben s i e,
und dienen will ich nun und nie.

RÄTSEL

Löst mir das Rätsel, das dies Wort versteckt:
„Das Weib e r f i n d e t, wenn der Mann e n t d e c k t — —"

DER „ECHTE DEUTSCHE"

„Ô peuple des meilleurs Tartuffes,
ich bleibe dir treu, gewiß!"
— Sprach's, und mit dem schnellsten Schiffe
fuhr er nach Kosmopolis.

Jeder Buckel krümmt sich schiefer,
jeder Christ treibt Juden-Schacher,
die Franzosen werden tiefer,
und die Deutschen — täglich flacher!

AN DIE JÜNGER DARWINS

Dieser braven Engeländer
mittelmäßige Verständer
nehmt ihr als „Philosophie"?

Darwin neben Goethe setzen
heißt: die Majestät verletzen —
Majestatem genii!

DAS NEUE TESTAMENT

Dies das heiligste Gebet-,
Wohl- und Wehe-Buch?
— Doch an seiner Pforte steht
Gottes Ehebruch!

BEIM ANBLICK EINES SCHLAFROCKS

Kam, trotz schlumpichtem Gewande,
einst der Deutsche zu Verstande,
weh, wie hat sich das gewandt!
Eingeknöpft in strenge Kleider,
überließ er seinem Schneider,
seinem Bismarck — den Verstand!

RÖMISCHER STOSZSEUFZER

Nur deutsch! Nicht teutsch! So will's jetzt deutsche Art.
Nur was den „Babst" betrifft, so bleibt sie — hart!

BAUM IM HERBST

Was habt ihr plumpen Tölpel mich gerüttelt,
als ich in seliger Blindheit stand:
Nie hat ein Schreck grausamer mich geschüttelt,
— mein Traum, mein goldner Traum entschwand!

Naschbären ihr mit Elephanten-Rüsseln,
macht man nicht höflich erst: Klopf! Klopf?
Vor Schrecken warf ich euch die Schüsseln
goldreifer Früchte — an den Kopf.

UNTER FEINDEN

(Nach einem Zigeuner-Sprichwort)

Dort der Galgen, hier die Stricke
und des Henkers roter Bart,
Volk herum und giftge Blicke —
nichts ist neu dran meiner Art!

Kenne dies aus hundert Gängen,
schrei's euch lachend ins Gesicht:
„Unnütz, unnütz, mich zu hängen!
Sterben? Sterben kann ich nicht!"

Bettler ihr! Denn euch zum Neide
ward mir, was ihr — nie erwerbt:
Zwar ich leide, zwar ich leide —
aber ihr — ihr sterbt, ihr sterbt!
Auch nach hundert Todesgängen
bin ich Atem, Dunst und Licht —
„Unnütz, unnütz, mich zu hängen!
Sterben? Sterben kann ich nicht!"

DER NEUE COLUMBUS

Freundin! — sprach Columbus — traue
keinem Genuesen mehr!
Immer starrt er in das Blaue —
Fernstes lockt ihn allzusehr!

Fremdestes ist nun mir teuer!
Genua — das sank, das schwand —
Herz, bleib kalt! Hand, halt das Steuer!
Vor mir Meer — und Land? — und Land? — — —

Stehen fest wir auf den Füßen!
Nimmer können wir zurück!
Schau hinaus: von fernher grüßen
uns ein Tod, ein Ruhm, ein Glück!

DREI BRUCHSTÜCKE

1.

Glück, o Glück, du schönste Beute!
Immer nah, nie nah genung,
immer morgen, nur nicht heute, —
ist dein Jäger dir zu jung?
Bist du wirklich Pfad und Sünde,
aller Sünden
lieblichste Versündigung?

2.

Fern brummt der Donner übers Land,
der Regen tropft und tropft:
Geschwätzig früh schon, der Pedant,
dem nichts das Maul mehr stopft.

Kaum schielt der Tag durchs Fenster mir
und schon die Litanei!
Das predigt, plätschert für und für,
wie alles — eitel sei.

3.

Der Tag klingt ab, es gilbt sich Glück und Licht,
Mittag ist ferne,
Wie lange noch? Dann kommen Mond und Sterne
und Wind und Reif: nun säum ich länger nicht,
der Frucht gleich, die ein Hauch vom Baume bricht.

VORSICHT: GIFT!

Wer hier nicht lachen kann, soll hier nicht lesen!
Denn, lacht er nicht, packt ihn „das böse Wesen".

SEINE GESELLLSCHAFT ZU FINDEN WISSEN

Mit Witzbolden ist gut witzeln:
wer kitzeln will, ist leicht zu kitzeln.

AUS DER TONNE DES DIOGENES

„Notdurft ist billig, Glück ist ohne Preis:
drum sitz ich statt auf Gold auf meinem Steiß."

LEBENSREGELN

Das Leben gern zu leben,
mußt du darüber stehn!
Drum lerne dich erheben!
Drum lerne — abwärts sehn!

Den edelsten der Triebe
veredle mit Bedachtung:
zu jedem Kilo Liebe
nimm ein Gran Selbstverachtung!

DESPERAT

Fürchterlich sind meinem Sinn
spuckende Gesellen!
Lauf ich schon, wo lauf ich hin?
Spring ich in die Wellen?

Alle Münder stets gespitzt,
gurgelnd alle Kehlen,
Wand und Boden stets bespritzt —
Fluch auf Speichelseelen!

Lieber lebt ich schlecht und schlicht
vogelfrei auf Dächern,
lieber unter Diebsgezücht,
Eid- und Ehebrechern!

Fluch der Bildung, wenn sie speit!
Fluch dem Tugendbunde!
Auch die reinste Heiligkeit
trägt nicht Gold im Munde.

ENTSCHLUSS

Will weise sein, weil's m i r gefällt,
und nicht auf fremden Ruf.
Ich lobe Gott, weil Gott die Welt
so dumm als möglich schuf.

Und wenn ich selber meine Bahn
so krumm als möglich lauf —
der Weiseste fing damit an,
der Narr — hört damit auf.

Alle ewigen Quell-Bronnen
Quellen ewig hinan:
Gott selbst — hat er je begonnen?
Gott selbst — fängt er immer an?

Die Welt steht nicht still,
Nacht liebt lichten Tag —
schön klingt dem Ohr, „ich will",
schöner noch „ich mag"!

DER HALKYONIER

So sprach ein Weib voll Schüchternheit
zu mir im Morgenschein:
„Bist schon du selig vor Nüchternheit,
wie selig wirst du — trunken sein!"

SCHLUSSREIM

Eine ernste Kunst ist Lachen:
soll ich's morgen besser machen,
sagt mir: macht ich's heute gut?
Kam der Funke stets vom Herzen?
Wenig taugt der Kopf zum Scherzen,
glüht im Herzen nicht die Glut.

Hier rollte Gold, hier spielte ich mit Golde —
In Wahrheit spielte Gold mit mir — ich rollte!

TIMON SPRICHT:

„Nicht zu freigebig: nur Hunde
scheißen zu jeder Stunde!"

Tanz der Gedanken, es führt
eine der Grazien dich!
O wie weidest den Sinn du mir! —
Weh! Was seh ich? Es fällt
Larve und Schleier der Führerin,
und voran dem Reigen
schreitet die grause Notwendigkeit.

EPIKTETISCHER SPRUCH

Schicksal, ich folge dir! Und wollt ich nicht,
ich müßt es doch und unter Seufzen tun!

FLEISS UND GENIE

Dem Fleißgen neid ich seinen Fleiß:
goldhell und gleich fließt ihm der Tag herauf,

goldhell und gleich zurück,
hinab ins dunkle Meer, —
und um sein Lager blüht
Vergessen, gliederlösendes.

EINSTMALS — ICH GLAUB IM JAHR DES HEILES EINS —

Einstmals — ich glaub im Jahr des Heiles Eins —
sprach die Sibylle, trunken sonder Weins:
„Weh, nun geht's schief!
Verfall! Verfall! Nie sank die Welt so tief!
Rom sank zur Hure und zur Huren-Bude,
Roms Cäsar sank zum Vieh, Gott selbst — ward Jude!"

AUS DEM PARADIESE

„Gut und Böse sind die Vorurteile
Gottes" — sprach die Schlang und floh in Eile.

VERDRUSS DES STOLZEN

Wer stolz ist, haßt sogar das Pferd,
das seinen Wagen vorwärts fährt.

Dionysos-Dithyramben

NUR NARR! NUR DICHTER!

Bei abgehellter Luft,
wenn schon des Taus Tröstung
zur Erde niederquillt,
unsichtbar, auch ungehört
— denn zartes Schuhwerk trägt
der Tröster Tau gleich allen Trostmilden —:
gedenkst du da, gedenkst du, heißes Herz,
wie einst du durstetest,
nach himmlischen Tränen und Taugeträufel
versengt und müde durstetest,
dieweil auf gelben Graspfaden
boshaft abendliche Sonnenblicke
durch schwarze Bäume um dich liefen,
blendende Sonnen-Glutblicke, schadenfrohe.

„Der Wahrheit Freier — du? so höhnten sie —
nein! nur ein Dichter!
ein Tier, ein listiges, raubendes, schleichendes,
das lügen muß,
das wissentlich, willentlich lügen muß,
nach Beute lüstern,
bunt verlarvt,
sich selbst zur Larve,
sich selbst zur Beute,
das — der Wahrheit Freier?...
Nur Narr! Nur Dichter!
Nur Buntes redend,
aus Narrenlarven bunt herausredend,
herumsteigend auf lügnerischen Wortbrücken,
auf Lügen-Regenbogen
zwischen falschen Himmeln
herumschweifend, herumschleichend —
nur Narr! nur Dichter!...

Das — der Wahrheit Freier?...
Nicht still, starr, glatt, kalt,
zum Bilde worden,
zur Gottes-Säule,
nicht aufgestellt vor Tempeln,
eines Gottes Türwart:
nein! feindselig solchen Tugend-Standbildern,
in jeder Wildnis heimischer als in Tempeln,
voll Katzen-Mutwillens
durch jedes Fenster springend
husch! in jeden Zufall,
jedem Urwald zuschnüffelnd,
daß du in Urwäldern
unter buntzottigen Raubtieren
sündlich gesund und schön und bunt liefest,
mit lüsternen Lefzen,
selig-höhnisch, selig-höllisch, selig-blutgierig,
raubend, schleichend, lügend liefest...

Oder dem Adler gleich, der lange,
lange starr in Abgründe blickt,
in seine Abgründe...
— o wie sie sich hier hinab,
hinunter, hinein,
in immer tiefere Tiefen ringeln! —
Dann,
plötzlich,
geraden Flugs,
gezückten Zugs
auf Lämmer stoßen,
jach hinab, heißhungrig,
nach Lämmern lüstern,
gram allen Lamms-Seelen,
grimmig gram allem, was blickt
tugendhaft, schafmäßig, krauswollig,
dumm, mit Lammsmilch-Wohlwollen...

Also
adlerhaft, pantherhaft
sind des Dichters Sehnsüchte,
sind deine Sehnsüchte unter tausend Larven,
du Narr! du Dichter!...

Der du den Menschen schautest
so Gott als Schaf —,
den Gott zerreißen im Menschen
wie das Schaf im Menschen
und zerreißend lachen —

Das, das ist deine Seligkeit,
eines Panthers und Adlers Seligkeit,
eines Dichters und Narren Seligkeit!“

Bei abgehellter Luft,
wenn schon des Monds Sichel
grün zwischen Purpurröten
und neidisch hinschleicht,
— dem Tage feind,
mit jedem Schritte heimlich
an Rosen-Hängematten
hinsichelnd, bis sie sinken,
nachtabwärts blaß hinabsinken: —

so sank ich selber einstmals
aus meinem Wahrheits-Wahnsinne,
aus meinen Tages-Sehnsüchten,
des Tages müde, krank vom Lichte,
— sank abwärts, abendwärts, schattenwärts,
von einer Wahrheit
verbrannt und durstig:
— gedenkst du noch, gedenkst du, heißes Herz,
wie da du durstetest?
Daß ich verbannt sei
von aller Wahrheit!
Nur Narr! Nur Dichter!...

UNTER TÖCHTERN DER WÜSTE

Die Wüste wächst: weh dem, der Wüsten birgt...

Ha!
Feierlich!
Ein würdiger Anfang!
Afrikanisch feierlich!
eines Löwen würdig
oder eines moralischen Brüllaffen...

— aber nichts für euch,
ihr allerliebsten Freundinnen,
zu deren Füßen mir,
einem Europäer unter Palmen,
zu sitzen vergönnt ist. Sela.

Wunderbar wahrlich!
Da sitze ich nun,
der Wüste nahe und bereits
so ferne wieder der Wüste,
auch in nichts noch verwüstet:
nämlich hinabgeschluckt
von dieser kleinsten Oasis
— sie sperrte gerade gähnend
ihr liebliches Maul auf,
das wohlriechendste aller Mäulchen:
da fiel ich hinein,
hinab, hindurch — unter euch,
ihr allerliebsten Freundinnen! Sela.

Heil, Heil jenem Walfische,
wenn er also es seinem Gaste
wohlsein ließ! -- ihr versteht
meine gelehrte Anspielung? ...
Heil seinem Bauche,
wenn er also
ein so lieblicher Oasis-Bauch war,
gleich diesem: was ich aber in Zweifel ziehe.
Dafür komme ich aus Europa,
das zweifelsüchtiger ist als alle Eheweibchen.
Möge Gott es bessern!
Amen.

Da sitze ich nun,
in dieser kleinsten Oasis,
einer Dattel gleich,
braun, durchsüßt, goldschwürig,
lüstern nach einem runden Mädchen-Maule,
mehr aber noch nach mädchenhaften
eiskalten schneeweißen schneidigen
Beißzähnen: nach denen nämlich
lechzt das Herz allen heißen Datteln. Sela.

Den genannten Südfrüchten
ähnlich, allzuähnlich
liege ich hier, von kleinen
Flügelkäfern
umtänzelt und umspielt,
insgleichen von noch kleineren
törichteren boshafteren
Wünschen und Einfällen, —
umlagert von euch,
ihr stummen, ihr ahnungsvollen
Mädchen-Katzen
Dudu und Suleika
— umsphinxt, daß ich in ein Wort
viel Gefühle stopfe
(— vergebe mir Gott
diese Sprach-Sünde!...)
— sitze hier, die beste Luft schnüffelnd,
Paradieses-Luft wahrlich,
lichte leichte Luft, goldgestreifte,
so gute Luft nur je
vom Monde herabfiel,
sei es aus Zufall
oder geschah es aus Übermute,
wie die alten Dichter erzählen.
Ich Zweifler aber ziehe es in Zweifel,
dafür komme ich
aus Europa,
das zweifelsüchtiger ist als alle Eheweibchen.
Möge Gott es bessern!
Amen.

Diese schönste Luft atmend,
mit Nüstern geschwellt gleich Bechern,
ohne Zukunft, ohne Erinnerungen,
so sitze ich hier, ihr
allerliebsten Freundinnen,
und sehe der Palme zu,
wie sie, einer Tänzerin gleich,
sich biegt und schmiegt und in der Hüfte wiegt
— man tut es mit, sieht man lange zu...
einer Tänzerin gleich, die, wie mir scheinen will,

zu lange schon, gefährlich lange
immer, immer nur auf e i n e m Beinchen stand?
— da vergaß sie darob, wie mir scheinen will,
das a n d r e Beinchen?
Vergebens wenigstens
suchte ich das vermißte
Zwillings-Kleinod
— nämlich das andre Beinchen —
in der heiligen Nähe
ihres allerliebsten, allerzierlichsten
Fächer- und Flatter- und Flitter-Röckchens.
Ja, wenn ihr mir, ihr schönen Freundinnen,
ganz glauben wollt:
sie hat es v e r l o r e n...
Hu! Hu! Hu! Hu! Huh!...

Es ist dahin,
auf ewig dahin,
das andre Beinchen!
O schade um dies liebliche andre Beinchen!
Wo — mag es wohl weilen und verlassen trauern,
dieses einsame Beinchen?
In Furcht vielleicht vor einem
grimmen, gelben, blondgelockten
Löwen-Untiere? oder gar schon
abgenagt, abgeknabbert —
erbärmlich, wehe! wehe! abgeknabbert! Sela.

O weint mir nicht,
weiche Herzen!
Weint mir nicht, ihr
Dattel-Herzen! Milch-Busen!
Ihr Süßholz-Herz-
Beutelchen!
Sei ein Mann, Suleika! Mut! Mut!
Weine nicht mehr,
bleiche Dudu!
— Oder sollte vielleicht
etwas Stärkendes, Herz-Stärkendes
hier am Platze sein?
Ein gesalbter Spruch?
Ein feierlicher Zuspruch?...

Ha!
Herauf, Würde!
Blase, blase wieder,
Blasebalg der Tugend!
Ha!
Noch einmal brüllen,
moralisch brüllen,
als moralischer Löwe
vor den Töchtern der Wüste brüllen!
— Denn Tugend-Geheul,
ihr allerliebsten Mädchen,
ist mehr als alles
Europäer-Inbrunst, Europäer-Heißhunger!
Und da stehe ich schon,
als Europäer,
ich kann nicht anders, Gott helfe mir!
Amen!

Die Wüste wächst: weh dem, der Wüsten birgt!
Stein knirscht an Stein, die Wüste schlingt und würgt.
Der ungeheure Tod blickt glühend braun
und kaut —, sein Leben ist sein Kaun...

Vergiß nicht, Mensch, den Wollust ausgeloht:
du — bist der Stein, die Wüste, bist der Tod...

LETZTER WILLE

So sterben,
wie ich ihn einst sterben sah —,
den Freund, der Blitze und Blicke
göttlich in meine dunkle Jugend warf!
Mutwillig und tief,
in der Schlacht ein Tänzer —,

unter Kriegern der Heiterste,
unter Siegern der Schwerste,
auf seinem Schicksal ein Schicksal stehend,
hart, nachdenklich, vordenklich —:

erzitternd darob, daß er siegte,
jauchzend darüber, daß er sterbend siegte —:

befehlend, indem er starb,
— und er befahl, daß man vernichte...

So sterben,
wie ich ihn einst sterben sah:
siegend, vernichtend...

ZWISCHEN RAUBVÖGELN

Wer hier hinab will,
wie schnell
schluckt den die Tiefe!
— Aber du, Zarathustra,
liebst den Abgrund noch,
tust der Tanne es gleich? —

Die schlägt Wurzeln, wo
der Fels selbst schaudernd
zur Tiefe blickt —,
die zögert an Abgründen,
wo alles rings
hinunter will:
zwischen der Ungeduld
wilden Gerölls, stürzenden Bachs
geduldig duldend, hart, schweigsam,
einsam...
Einsam!
Wer wagte es auch,
hier Gast zu sein,
dir Gast zu sein?...

Ein Raubvogel vielleicht:
der hängt sich wohl
dem standhaften Dulder
schadenfroh ins Haar,
mit irrem Gelächter,
einem Raubvogel-Gelächter...

Wozu so standhaft?
— höhnt er grausam:
man muß Flügel haben, wenn man
den Abgrund liebt...

man muß nicht hängen bleiben,
wie du, Gehenkter! —

O Zarathustra,
grausamster Nimrod!
Jüngst Jäger noch Gottes,
das Fangnetz aller Tugend,
der Pfeil des Bösen!
Jetzt —
von dir selber erjagt,
deine eigene Beute,
in dich selber eingebohrt ...

Jetzt —
einsam mit dir,
zwiesam im eignen Wissen,
zwischen hundert Spiegeln
vor dir selber falsch,
zwischen hundert Erinnerungen
ungewiß,
an jeder Wunde müd,
an jedem Froste kalt,
in eignen Stricken gewürgt,
Selbstkenner,
Selbsthenker!

Was bandest du dich
mit dem Strick deiner Weisheit?
Was locktest du dich
ins Paradies der alten Schlange?
Was schlichst du dich ein
in dich — in dich? ...

Ein Kranker nun,
der an Schlangengift krank ist;
ein Gefangner nun,
der das härteste Los zog:
im eignen Schachte
gebückt arbeitend,
in dich selber eingehöhlt,
dich selber angrabend,
unbehilflich,

steif,
ein Leichnam —,
von hundert Lasten übertürmt,
von dir überlastet,
ein Wissender!
Ein Selbsterkenner!
Der weise Zarathustra!...

Du suchtest die schwerste Last:
da fandest du dich —,
du wirfst dich nicht ab von dir...

Lauernd,
kauernd,
einer, der schon nicht mehr aufrecht steht!
Du verwächst mir noch mit deinem Grabe,
verwachsener Geist!...
Und jüngst noch so stolz,
auf allen Stelzen deines Stolzes!
Jüngst noch der Einsiedler ohne Gott,
der Zweisiedler mit dem Teufel,
der scharlachne Prinz jedes Übermuts!...

Jetzt —
zwischen zwei Nichtse
eingekrümmt,
ein Fragezeichen,
ein müdes Rätsel —
ein Rätsel für Raubvögel...

— sie werden dich schon „lösen",
sie hungern schon nach deiner „Lösung",
sie flattern schon um dich, ihr Rätsel,
um dich, Gehenkter!...
O Zarathustra!...
Selbstkenner!
Selbsthenker!...

DAS FEUERZEICHEN

Hier, wo zwischen Meeren die Insel wuchs,
ein Opferstein jäh hinaufgetürmt,

hier zündet sich unter schwarzem Himmel
Zarathustra seine Höhenfeuer an,
Feuerzeichen für verschlagne Schiffer,
Fragezeichen für solche, die Antwort haben...

Diese Flamme mit weißgrauem Bauche
— in kalte Fernen züngelt ihre Gier,
nach immer reineren Höhn biegt sie den Hals —
eine Schlange gerad aufgerichtet vor Ungeduld:
dieses Zeichen stellte ich vor mich hin.

Meine Seele selber ist diese Flamme:
unersättlich nach neuen Fernen
lodert aufwärts, aufwärts ihre stille Glut.
Was floh Zarathustra vor Tier und Menschen?
Was entlief er jäh allem festen Lande?
Sechs Einsamkeiten kennt er schon —,
aber das Meer selbst war nicht genug ihm einsam,
die Insel ließ ihn steigen, auf dem Berg wurde er zur Flamme,
nach einer siebenten Einsamkeit
wirft er suchend jetzt die Angel über sein Haupt.

Verschlagne Schiffer! Trümmer alter Sterne!
Ihr Meere der Zukunft! Unausgeforschte Himmel!
nach allem Einsamen werfe ich jetzt die Angel:
gebt Antwort auf die Ungeduld der Flamme,
fangt mir, dem Fischer auf hohen Bergen,
meine siebente letzte Einsamkeit! — —

DIE SONNE SINKT

1

Nicht lange durstest du noch,
verbranntes Herz!
Verheißung ist in der Luft,
aus unbekannten Mündern bläst michs an,
— die große Kühle kommt...

Meine Sonne stand heiß über mir im Mittage:
seid mir gegrüßt, daß ihr kommt,
ihr plötzlichen Winde,
ihr kühlen Geister des Nachmittags!

Die Luft geht fremd und rein.
Schielt nicht mit schiefem
    Verführerblick
die Nacht mich an?...
Bleib stark, mein tapfres Herz!
Frag nicht: warum? —

2

Tag meines Lebens!
die Sonne sinkt.
Schon steht die glatte
    Flut vergüldet.
Warm atmet der Fels:
    schlief wohl zu Mittag
das Glück auf ihm seinen Mittagsschlaf?
    In grünen Lichtern
spielt Glück noch der braune Abgrund herauf.

Tag meines Lebens!
gen Abend geht's!
Schon glüht dein Auge
    halbgebrochen,
schon quillt deines Taus
    Tränengeträufel,
schon läuft still über weiße Meere
deiner Liebe Purpur,
deine letzte zögernde Seligkeit...

3

Heiterkeit, güldene, komm!
    du des Todes
heimlichster, süßester Vorgenuß!
— Lief ich zu rasch meines Wegs?
Jetzt erst, wo der Fuß müde ward,
    holt dein Blick mich noch ein,
    holt dein Glück mich noch ein.

Rings nur Welle und Spiel.
    Was je schwer war,
sank in blaue Vergessenheit, —
müßig steht nun mein Kahn.

Sturm und Fahrt — wie verlernt' er das!
Wunsch und Hoffen ertrank,
glatt liegt Seele und Meer.

Siebente Einsamkeit!
Nie empfand ich
näher mir süße Sicherheit,
wärmer der Sonne Blick.
— Glüht nicht das Eis meiner Gipfel noch?
Silbern, leicht, ein Fisch,
schwimmt nun mein Nachen hinaus...

DER ZAUBERER

Klage der Ariadne

Wer wärmt mich, wer liebt mich noch?
Gebt heiße Hände!
Gebt Herzens-Kohlenbecken!

Hingestreckt, schaudernd,
Halbtotem gleich, dem man die Füße wärmt —
Geschüttelt, ach! von unbekannten Fiebern,
Zitternd vor spitzen eisigen Frost-Pfeilen,
Von dir gejagt, Gedanke!
Unnennbarer! Verhüllter! Entsetzlicher!
Du Jäger hinter Wolken!
Darniedergeblitzt von dir,
Du höhnisch Auge, das mich aus Dunklem anblickt
— so liege ich,
Biege mich, winde mich, gequält
Von allen ewigen Martern,
Getroffen
Von dir, grausamster Jäger,
Du unbekannter — Gott!

Triff tiefer!
Triff einmal noch!
Zerstich, zerbrich dies Herz!
Was soll dies Martern
Mit zähnestumpfen Pfeilen?
Was blickst du wieder,
Der Menschen-Qual nicht müde,
Mit schadenfrohen Götter-Blitz-Augen?

Nicht töten willst du,
Nur martern, martern?
Wozu — m i c h martern,
Du schadenfroher unbekannter Gott? —
Haha! Du schleichst heran?
Bei solcher Mitternacht.
Was willst du? Sprich!
Du drängst mich, drückst mich —
Ha! schon viel zu nahe!
Weg! Weg!
Du hörst mich atmen,
Du behorchst mein Herz,
Du Eifersüchtiger —

Worauf doch eifersüchtig?
Weg! Weg! Wozu die Leiter?
Willst du h i n e i n,
Ins Herz,
Einsteigen, in meine heimlichsten
Gedanken einsteigen?
Schamloser! Unbekannter — Dieb!
Was willst du dir erstehlen?
Was willst du dir erhorchen?
Was willst du dir erfoltern,
Du Folterer!
Du — Henker-Gott!
Oder soll ich, dem Hunde gleich,
Vor dir mich wälzen?
Hingebend, begeistert-außer-mir,
Dir — Liebe zuwedeln?

Umsonst! Stich weiter,
Grausamster Stachel! Nein,
Kein Hund — dein Wild nur bin ich,
Grausamster Jäger!
Dein stolzester Gefangener,
Du Räuber hinter Wolken!
Sprich endlich!
Was willst du, Wegelagerer, von m i r ?
Du Blitz-Verhüllter! Unbekannter! Sprich,
Was w i l l s t du, unbekannter — Gott?

Wie? Lösegeld?
Was willst du Lösegelds?
Verlange viel — das rät mein Stolz!
Und rede kurz — das rät mein andrer Stolz!

Haha!
M i c h — willst du? Mich?
Mich — ganz?...

Haha!
Und marterst mich, Narr, der du bist,
Zermarterst meinen Stolz?
Gib L i e b e mir — wer wärmt mich noch?
Wer liebt mich noch? — gib heiße Hände,
Gib Herzens-Kohlenbecken,
Gib mir, dem Einsamsten,
Den Eis, ach! siebenfaches Eis
Nach Feinden selber,
Nach Feinden schmachten lehrt,
Gib, ja ergib,
Grausamster Feind,
Mir — d i c h ! — —

Davon!
Da floh er selber,
Mein letzter einziger Genoß,
Mein großer Feind,
Mein Unbekannter,
Mein Henker-Gott!
— Nein! Komm zurück,
Mit all deinen Martern!
Zum letzten aller Einsamen
O komm zurück!
All meine Tränen-Bäche laufen
Zu dir den Lauf!
Und meine letzte Herzens-Flamme —
D i r glüht sie auf!
O komm zurück,
Mein unbekannter Gott! Mein Schmerz!
Mein letztes Glück!

Dionysos

Sei klug, Ariadne! ...
Du hast kleine Ohren, du hast meine Ohren:
steck ein kluges Wort hinein! —
Muß man sich nicht erst hassen, wenn man
sich lieben soll? ...
Ich bin dein Labyrinth...

RUHM UND EWIGKEIT

1

Wie lange sitzest du schon
auf deinem Mißgeschick?
Gib acht! du brütest mir noch
ein Ei,
ein Basilisken-Ei
aus deinem langen Jammer aus.

Was schleicht Zarathustra entlang dem Berge? —

Mißtrauisch, geschwürig, düster,
ein langer Lauerer —
aber plötzlich, ein Blitz,
hell, furchtbar, ein Schlag
gen Himmel aus dem Abgrund:
— dem Berge selber schüttelt sich
das Eingeweide ...

Wo Haß und Blitzstrahl
eins ward, ein Fluch —,
auf den Bergen haust jetzt Zarathustras Zorn,
eine Wetterwolke schleicht er seines Wegs.
Verkrieche sich, wer eine letzte Decke hat!
Ins Bett mit euch, ihr Zärtlinge!
Nun rollen Donner über die Gewölbe,
nun zittert, was Gebälk und Mauer ist,
nun zucken Blitze und schwefelgelbe Wahrheiten —
Zarathustra flucht...

2

Diese Münze, mit der
alle Welt bezahlt,
Ruhm —,

mit Handschuhen fasse ich diese Münze an,
mit Ekel trete ich sie u n t e r mich.

W e r will bezahlt sein?
die Käuflichen...
Wer f e i l steht, greift
mit fetten Händen
nach diesem Allerwelts-Blechklingklang Ruhm!

— W i l l s t du sie kaufen?
Sie sind alle käuflich.
Aber biete viel!
Klingle mit vollem Beutel!
— Du s t ä r k s t sie sonst,
du stärkst sonst ihre T u g e n d...

Sie sind alle tugendhaft.
Ruhm und Tugend — das reimt sich.
Solange die Welt lebt,
zahlt sie Tugend-Geplapper
mit Ruhm-Geklapper —,
die Welt l e b t von diesem Lärm...

Vor allen Tugendhaften
will ich schuldig sein,
schuldig heißen mit jeder großen Schuld!

Vor allen Ruhms-Schalltrichtern
wird mein Ehrgeiz zum Wurm —,
unter solchen gelüstets mich,
der N i e d r i g s t e zu sein...

Diese Münze, mit der
alle Welt bezahlt,
R u h m —,
mit Handschuhen fasse ich diese Münze an,
mit Ekel trete ich sie u n t e r mich.

3

Still! —
Von großen Dingen — ich s e h e Großes! —
soll man schweigen
oder groß reden:
rede groß, meine entzückte Weisheit!

Ich sehe hinauf —
dort rollen Lichtmeere:
— o Nacht, o Schweigen, o totenstiller Lärm! ...
Ich sehe ein Zeichen —,
aus fernsten Fernen
sinkt langsam funkelnd ein Sternbild gegen mich ...

4

Höchstes Gestirn des Seins!
Ewiger Bildwerke Tafel!
Du kommst zu mir? —
Was keiner erschaut hat,
deine stumme Schönheit, —
wie? sie flieht vor meinen Blicken nicht?

Schild der Notwendigkeit!
Ewiger Bildwerke Tafel!
— aber du weißt es ja:
was alle hassen,
was allein *ich* liebe,
daß du *ewig* bist!
Daß du *notwendig* bist!
Meine Liebe entzündet
sich ewig nur an der Notwendigkeit.

Schild der Notwendigkeit!
Höchstes Gestirn des Seins!
— das kein Wunsch erreicht,
das kein Nein befleckt,
ewiges Ja des Seins,
ewig bin ich dein Ja:
denn ich liebe dich, o Ewigkeit! — —

VON DER ARMUT DES REICHSTEN

Zehn Jahre dahin —,
kein Tropfen erreichte mich,
kein feuchter Wind, kein Tau der Liebe
— ein *regenloses* Land ...
Nun bitte ich meine Weisheit,
nicht geizig zu werden in dieser Dürre:
ströme selber über, träufle selber Tau,
sei selber Regen der vergilbten Wildnis!

Einst hieß ich die Wolken
fortgehn von meinen Bergen, —
einst sprach ich: „Mehr Licht, ihr Dunklen!“
Heute locke ich sie, daß sie kommen:
macht Dunkel um mich mit euren Eutern!
— ich will euch melken,
ihr Kühe der Höhe!
Milchwarme Weisheit, süßen Tau der Liebe
ströme ich über das Land.

Fort, fort, ihr Wahrheiten,
die ihr düster blickt!
Nicht will ich auf meinen Bergen
herbe ungeduldige Wahrheiten sehn.
Vom Lächeln vergüldet
nahe mir heut die Wahrheit,
von der Sonne gesüßt, von der Liebe gebräunt, —
eine r e i f e Wahrheit breche ich allein vom Baum.

Heut strecke ich die Hand aus
nach den Locken des Zufalls,
klug genug, den Zufall
einem Kinde gleich zu führen, zu überlisten.
Heut will ich gastfreundlich sein
gegen Unwillkommnes,
gegen das Schicksal selbst will ich nicht stachlicht sein
— Zarathustra ist kein Igel.

Meine Seele,
unersättlich mit ihrer Zunge,
an alle guten und schlimmen Dinge hat sie schon geleckt,
in jede Tiefe tauchte sie hinab.
Aber immer gleich dem Korke,
immer schwimmt sie wieder obenauf,
sie gaukelt wie Öl über braune Meere:
dieser Seele halber heißt man mich den Glücklichen.

Wer sind mir Vater und Mutter?
Ist nicht mir Vater Prinz Überfluß
und Mutter das stille Lachen?
Erzeugte nicht dieser beiden Ehebund
mich Rätseltier,
mich Lichtunhold,
mich Verschwender aller Weisheit, Zarathustra?

Krank heute vor Zärtlichkeit,
ein Tauwind,
sitzt Zarathustra wartend, wartend auf seinen Bergen, —
im eignen Safte,
süß geworden und gekocht,
unterhalb seines Gipfels,
unterhalb seines Eises,
müde und selig,
ein Schaffender an seinem siebenten Tag.

— Still!
Eine Wahrheit wandelt über mir
einer Wolke gleich, —
mit unsichtbaren Blitzen trifft sie mich.
Auf breiten langsamen Treppen
steigt ihr Glück zu mir:
komm, komm, geliebte Wahrheit!

— Still!
Meine Wahrheit ist's! —
Aus zögernden Augen,
aus samtenen Schaudern
trifft mich ihr Blick,
lieblich, bös, ein Mädchenblick...
Sie erriet meines Glückes Grund,
sie erriet mich — ha! was sinnt sie aus? —
Purpurn lauert ein Drache
im Abgrunde ihres Mädchenblicks.

— Still: Meine Wahrheit redet! —

Wehe dir, Zarathustra!
Du siehst aus, wie einer,
der Gold verschluckt hat:
man wird dir noch den Bauch aufschlitzen!...

Zu reich bist du,
du Verderber vieler!
Zu viele machst du neidisch,
zu viele machst du arm...
Mir selber wirft dein Licht Schatten —,
es fröstelt mich: geh weg, du Reicher,
geh, Zarathustra, weg aus deiner Sonne!...

Du möchtest schenken, wegschenken deinen Überfluß,
aber du selber bist der Überflüssigste!
Sei klug, du Reicher!
Verschenke dich selber erst, o Zarathustra!

Zehn Jahre dahin —,
und kein Tropfen erreichte dich?
kein feuchter Wind? kein Tau der Liebe?
Aber wer sollte dich auch lieben,
du Überreicher?
Dein Glück macht rings trocken,
macht arm an Liebe
— ein regenloses Land...

Niemand dankt dir mehr.
Du aber dankst jedem,
der von dir nimmt:
daran erkenne ich dich,
du Überreicher,
du Ärmster aller Reichen!
Du opferst dich, dich quält dein Reichtum —,
du gibst dich ab,
du schonst dich nicht, du liebst dich nicht:
die große Qual zwingt dich allezeit,
die Qual übervoller Scheuern, übervollen Herzens —
aber niemand dankt dir mehr...

Du mußt ärmer werden,
weiser Unweiser!
willst du geliebt sein.
Man liebt nur die Leidenden,
man gibt Liebe nur dem Hungernden:
verschenke dich selber erst, o Zarathustra!

— Ich bin deine Wahrheit...

BRUCHSTÜCKE ZU DEN DIONYSOS-DITHYRAMBEN

Zürnt mir nicht, daß ich schlief:
ich war nur müde, ich war nicht tot.
Meine Stimme klang böse;
aber bloß Schnarchen und Schnaufen
war's, der Gesang eines Müden:
kein Willkomm dem Tode,
keine Grabes-Lockung.

*

Noch rauscht die Wetterwolke:
aber schon hängt
glitzernd, still, schwer
Zarathustras Reichtum über die Felder hin.

*

Auf Höhen bin ich heimisch,
nach Höhen verlangt mich nicht.
Ich hebe die Augen nicht empor;
ein Niederschauender bin ich,
einer, der segnen muß:
alle Segnenden schauen nieder . . .
Ist für solchen Ehrgeiz
diese Erde nicht zu klein?

*

Alles gab ich weg,
all mein Hab und Gut:
Nichts bleibt mir mehr zurück
als du, große Hoffnung!

*

Was geschieht? fällt das Meer?
Nein, mein Land wächst!
Eine neue Glut hebt es empor!

*

Mein Jenseits-Glück!
Was heut mir Glück ist,
wirft Schatten in seinem Lichte.

*

Diese heitere Tiefe!
Was Stern sonst hieß,
zum Flecken wurde es.

*

Ihr steifen Weisen,
mir ward alles Spiel.

*

Brause, Wind, brause!
Nimm alles Behagen von mir!

*

Damit begann ich:
ich verlernte das Mitgefühl mit m i r !

*

Trümmer von Sternen:
Aus diesen Trümmern baute ich eine Welt.

*

Nicht, daß du Götzen umwarfst:
daß du den Götzendiener in d i r umwarfst,
d a s war dein Mut.

*

Da stehn sie da,
die schweren granitnen Katzen,
die Werte aus Urzeiten:
wehe, wie willst du d i e umwerfen?
. . . .
Kratzkatzen
mit gebundenen Pfoten,
da sitzen sie
und blicken Gift.

*

An dieser steinernen Schönheit
kühlt sich mein heißes Herz.

*

Wahrheiten, die noch kein Lächeln
vergüldet hat,
grüne, herbe, ungeduldige Wahrheiten
sitzen um mich herum.
. . . .
Wahrheiten für unsere Füße!
Wahrheiten, nach denen sich tanzen läßt!

*

Ein Blitz wurde meine Weisheit;
mit diamantenem Schwerte durchhieb sie mir
jede Finsternis!

Dieses höchste Hindernis,
den Gedanken der Gedanken,
wer schuf ihn sich?
Das Leben selber schuf sich
sein höchstes Hindernis:
über seinen Gedanken selber springt es
nunmehr hinweg.

. . . .

An diesem Gedanken
ziehe ich alle Zukunft.

*

Ein Gedanke,
jetzt noch heiß-flüssig, Lava:
aber jede Lava baut
um sich selbst eine Burg,
jeder Gedanke erdrückt
sich zuletzt mit „Gesetzen".

*

So ist's jetzt mein Wille:
und seit das mein Wille ist,
geht alles mir auch nach Wunsche —
dies war meine letzte Klugheit:
ich wollte das, was ich muß:
damit zwang ich mir jedes „Muß"...
seitdem gibt es für mich kein „Muß"...

*

Rate, Rätselfreund,
wo weilt jetzt meine Tugend?
Sie lief mir davon,
sie fürchtete die Arglist
meiner Angeln und Netze.

Ein Wolf selbst zeugte für mich
und sprach: „Du heulst besser noch als wir Wölfe."

*

Täuschen —
das ist im Kriege alles.

Die Haut des Fuchses:
sie ist mein heimliches Panzerhemd.

*

Wo Gefahr ist,
da bin ich daheim,
da wachse ich aus der Erde.

*

Nach neuen Schätzen wühlen wir,
wir neuen Unterirdischen:
gottlos schien es den Alten einst,
nach Schätzen aufzustören der Erde Eingeweide;
von neuem gibt es solche Gottlosigkeit:
hört ihr nicht aller Tiefen Bauchgrimmen-
Gepolter?

DIE SPHINX

Hier sitzest du, unerbittlich
wie meine Neubegier,
die mich zu dir zwang:
wohlan, Sphinx,
ich bin ein Fragender, gleich dir;
dieser Abgrund ist uns gemeinsam —
es wäre möglich, daß wir mit e i n e m Munde
redeten!

*

Ich bin einer, dem man Schwüre schwört:
schwört mir dies!

*

Nach Liebe suchen — und immer die L a r v e n,
die verfluchten Larven finden und zerbrechen
müssen!

*

Liebe ich euch?...
So liebt der Reiter sein Pferd:
es trägt ihn zu seinem Ziele.

*

Sein Mitleid ist hart,
sein Liebesdruck zerdrückt:
gebt einem Riesen nicht die Hand!

Ihr fürchtet mich?
Ihr fürchtet den gespannten Bogen?
Wehe, es könnte einer seinen Pfeil darauf legen!

*

„Neue Nächte hülltest du um dich,
neue Wüsten erfand dein Löwenfuß."

*

Ich bin nur ein Worte-macher:
was liegt an Worten!
was liegt an mir!

*

Ach, meine Freunde:
wohin ist, was man „gut" hieß!
Wohin sind alle „Guten"!
Wohin, wohin ist die Unschuld aller dieser Lügen!

. . . .

Alles heiße ich gut,
Laub und Gras, Glück, Segen und Regen.

*

Nicht an seinen Sünden und großen Torheiten:
an seiner Vollkommenheit litt ich, als ich
am meisten am Menschen litt.

*

„Der Mensch ist böse",
so sprachen noch alle Weisesten —
mir zum Troste.

Und nur wenn ich mir selbst zur Last bin,
fallt i h r mir schwer!

*

Zu bald schon
lache ich wieder:
ein Feind hat
wenig bei mir gutzumachen.

*

Leutselig (bin ich) gegen Mensch und Zufall,
leutselig mit jedermann, auch mit Gräsern noch:
ein Sonnenfleck an winterlichen Hängen...
feucht vor Zärtlichkeit,
ein Tauwind verschneiten Seelen;

. . . .

Hochmütig gegen kleine
Vorteile: wo ich der Krämer
lange Finger sehe,
da gelüstet's mich sofort,
den kürzern zu ziehen —
so will's mein spröder Geschmack von mir.

*

Ein fremder Atem haucht und faucht mich an:
bin ich ein Spiegel, der drob trübe wird?

*

Kleine Leute,
zutraulich, offenherzig,
aber niedere Türen:
nur Niedriges tritt durch sie ein.

. . . .

Wie komme ich durch das Stadttor? —
Ich verlernte es, unter Zwergen zu leben!

Meine Weisheit tat der Sonne gleich:
ich wollte ihnen Licht sein,
aber ich habe sie geblendet;
die Sonne meiner Weisheit stach
diesen Fledermäusen
die Augen aus...

*

„Schwärzres und Schlimmres schautest du als irgendein Seher:
durch die Wollust der Hölle ist noch kein Weiser gegangen."

*

Zurück! Ihr folgt mir zu nah auf dem Fuße!
Zurück, daß meine Wahrheit euch nicht den Kopf zertrete!

*

„Zur Hölle geht, wer deine Wege geht!" —
Wohlan! Zu meiner Hölle
will ich den Weg mir mit guten Sprüchen pflastern.

*

Euer Gott, sagt ihr mir,
ist ein Gott der Liebe?

Der Gewissensbiß
ist ein Gottesbiß,
ein Biß aus Liebe?

*

Sie kauen Kiesel,
sie liegen auf dem Bauche
vor kleinen runden Sachen;
sie beten alles an, was nicht umfällt, —
diese letzten Gottesdiener,
(die Wirklichkeits-)Gläubigen!

*

Sie haben ihren Gott aus Nichts geschaffen.
was Wunder: nun ward er ihnen zunichte.

*

Ihr höheren Menschen, es gab schon
denkendere Zeiten, zerdachtere Zeiten,
als unser Heut und Gestern ist.
Diese Zeit ist wie ein krankes Weib —
laßt sie nur schreien, rasen, schimpfen
und Tisch und Teller zerbrechen!...

*

Ihr Verzweifelnden! Wieviel Mut
macht ihr denen, die euch zuschaun!

*

Steigt ihr?
Ist es wahr, daß ihr steigt,
ihr höheren Menschen?
Werdet ihr nicht, verzeiht,
dem Balle gleich
in die Höhe gedrückt
— durch euer Niedrigstes?...
flieht ihr nicht vor euch, ihr Steigenden?...

*

Ach, daß du glaubtest
verachten zu müssen,
wo du nur verzichtetest!

*

Der Wille[1] erlöst.
Wer nichts zu tun hat,
dem macht ein Nichts zu schaffen.

*

Du hältst es nicht mehr aus,
dein herrisches[2] Schicksal?
Liebe es, es bleibt dir keine Wahl!

*

Dies allein erlöst von allem Leiden
(— wähle nun!):
der schnelle Tod
oder die lange Liebe.

*

Seines Todes ist man gewiß:
warum wollte man nicht heiter sein?

*

Den schlimmsten Einwand,
ich verbarg ihn euch — das Leben ward langweilig:
werft es weg, damit es euch wieder schmackhaft wird!

*

Einsame Tage,
ihr wollt auf tapferen Füßen gehn!

*

Die Einsamkeit
pflanzt[3] nicht: sie reift ...
Und dazu [noch] mußt du die Sonne zur Freundin haben.

*

Du mußt wieder ins Gedränge:
im Gedränge wird man glatt und hart.
Die Einsamkeit mürbt,
Die Einsamkeit verdirbt ...

*

Wenn den Einsamen,
die große Furcht anfällt,
wenn er läuft und läuft,
er weiß selber nicht wohin?

[1] Die Stille [2] heroisch [3] plagt

wenn Stürme hinter ihm brüllen,
wenn der Blitz gegen ihn zeugt,
wenn seine Höhle mit Gespenstern
ihn fürchten macht...
Wetterwolken — was liegt an euch?
für uns, die freien, luftigen, lustigen Geister!

*

Wirf dein Schweres in die Tiefe!
Mensch, vergiß! Mensch, vergiß!
Göttlich ist des Vergessens Kunst!
Willst du fliegen,
willst du in Höhen heimisch sein:
wirf dein Schwerstes in das Meer!
Hier ist das Meer, wirf d i c h ins Meer!
Göttlich ist des Vergessens Kunst!

*

Sieh hinaus! sieh nicht zurück!
Man geht zugrunde,
wenn man immer zu den Gründen geht.

*

Den Verwegnen
hüte dich zu warnen!
Um der Warnung willen
läuft er in jeden Abgrund noch.

*

Was warf er sich aus seiner Höhe?
was verführte ihn?
Das Mitleiden mit allem Niedrigen verführte ihn:
nun liegt er da, zerbrochen, unnütz, kalt —

*

Wohin er ging? wer weiß es?
Aber gewiß ist, daß er unterging.
Ein Stern erlosch im öden Raum:
ö d e ward der Raum...

*

Was man nicht hat,
aber nötig hat,
das soll man sich nehmen:
so nahm ich mir das gute Gewissen.

*

Wer wäre das, der Recht dir geben könnte?
So nimm dir Recht!

*

Was um euch wohnt,
das wohnt sich bald euch ein:
Gewöhnung wird daraus.
Wo lang du sitzest,
da wachsen Sitten.

*

Als keine neue Stimme mehr redete,
machtet ihr aus alten Worten
ein Gesetz:
wo Leben e r s t a r r t, türmt sich das Gesetz.

*

Bist du zerbrechlich?
So hüte dich vor K i n d s h ä n d e n!
Das Kind kann nicht leben,
wenn es nichts zerbricht ...

*

Deine großen Gedanken,
die aus dem Herzen kommen,
und alle deine kleinen
— sie kommen aus dem Kopfe —,
sind sie nicht alle schlecht gedacht?

*

Sei eine Platte von Gold —
so werden sich die Dinge auf dir
in goldener Schrift einzeichnen.

*

Rechtschaffen steht er da,
mit mehr Sinn für das Rechte
in seiner linksten Zehe,
als mir im ganzen Kopfe sitzt:
ein Tugend-Untier,
weißbemäntelt.

Schon ahmt er sich selber nach,
schon ward er müde,
schon sucht er die Wege, die er ging —
und jüngst noch liebte er alles U n b e g a n g n e!

. . . .

heimlich verbrannt,
nicht für seinen Glauben,
vielmehr daß er zu keinem Glauben
den Mut mehr fand.

*

Wie sicher ist dem Unsteten auch
ein Gefängnis!
Wie ruhig schlafen die Seelen
eingefangner Verbrecher!
Am Gewissen leiden nur
Gewissenhafte!

*

Zu lange saß er im Käfig,
dieser Entlaufne!
Zu lange fürchtete er einen
Stockmeister!
Furchtsam geht er nun seines Wegs:
alles macht ihn stolpern,
der Schatten eines Stocks schon macht ihn stolpern.

*

Ihr Rauchkammern und verdumpften Stuben,
ihr Käfige und engen Herzen,
wie wolltet ihr freien Geistes sein!

*

Enge Seelen,
Krämerseelen!
Wenn das Geld in den Kasten springt,
springt die Seele immer mit hinein!

Die Sträflinge des Reichtums,
deren Gedanken kalt wie Ketten klirren,
— sie erfanden sich die heiligste Langeweile
und die Begierde nach Mond- und Werkeltagen.

*

Bei bedecktem Himmel,
wenn man Pfeile und tötende Gedanken
nach seinen Feinden schießt,
da verleumdeten sie den Glücklichen.

. . . .

Mein Glück macht ihnen Wehe:
diesen Neidbolden ward mein Glück zum Schatten;
sie frösteln bei sich: blicken grün dazu —

*

Sie lieben, ach! und werden nicht geliebt,
sie zerfleischen sich selber,
weil niemand sie umarmen will.

. . . .

Sie verlernten Fleisch essen,
mit Weiblein spielen,
— sie härmten sich über die Maßen.

*

Seid ihr Weiber,
daß ihr an dem, was ihr liebt,
leiden wollt?

*

Milch fließt
in ihrer Seele; aber wehe!
ihr Geist ist molkicht.

Ihre Kälte
macht meine Erinnerung erstarren?
Habe ich je dies Herz
an mir glühn und klopfen gefühlt?...

*

Sie sind kalt, diese Gelehrten!
Daß ein Blitz in ihre Speise schlüge
und ihre Mäuler lernten Feuer fressen!

*

Ihr Sinn ist ein Widersinn,
ihr Witz ist ein Doch- und Aber-Witz.

*

Eure falsche Liebe
zum Vergangenen,
eine Totengräberliebe —
sie ist ein Raub am Leben:
ihr stehlt sie der Zukunft ab.

. . . .

Ein Gelehrter a l t e r Dinge:
ein Totengräber-Handwerk,
ein Leben zwischen Särgen und Sägespänen!

*

O diese Dichter!
Hengste sind unter ihnen,
die auf eine keusche Weise wiehern.

*

Der Dichter, der lügen kann
wissentlich, willentlich,
der kann allein Wahrheit reden.

Unsere Jagd nach der Wahrheit —
ist sie eine Jagd nach Glück?

*

Die Wahrheit —
ein Weib, nichts Besseres:
arglistig in ihrer Scham:
was sie am liebsten möchte,
sie will's nicht wissen,
sie hält die Finger vor ...
Wem gibt sie nach? Der Gewalt allein! —
So braucht Gewalt,
seid hart, ihr Weisesten!
Ihr müßt sie zwingen,
die verschämte Wahrheit ...
Zu ihrer Seligkeit
braucht's des Zwanges —
— sie ist ein Weib, nichts Besseres.

*

Wir dachten übel voneinander? ...
Wir waren uns zu fern.
Aber nun, in dieser kleinsten Hütte,
angepflockt an e i n Schicksal,
wie sollten wir noch uns feind sein?
Man muß sich schon lieben,
wenn man sich nicht entlaufen kann.

*

„Liebe den Feind,
laß dich rauben von dem Räuber":
das Weib hört's — und tut's.

Wem ziemt die Schönheit?
Dem Manne nicht:
den Mann *versteckt* die Schönheit, —
aber wenig taugt ein versteckter Mann.
Tritt frei herfür —

*

Der schönste Leib — ein Schleier nur,
In den sich schamhaft — Schönres hüllt.

*

Jenseits von Liebe und Haß,
auch von Gut und Böse,
ein Betrüger mit gutem Gewissen,
grausam bis zur Selbstverstümmelung,
unentdeckt und vor aller Augen,
ein Verführer, der
vom Blute fremder Seelen lebt,
der die Tugend als ein Experiment
liebt, wie das Laster —

*

Ein vornehmes Auge
mit Samtvorhängen:
selten hell, —
es ehrt den, dem es sich offen zeigt.

*

Langsame Augen,
welche selten lieben:
aber wenn sie lieben, blitzt es herauf
wie aus Goldschächten,
wo ein Drache am Hort der Liebe wacht...

*

(Der Widerspenstige —)
schlecht mit sich selber
verheiratet, unfriedlich,
sein eigener Hausdrache.

Schon wird er unwirsch,
zackicht reckt
er den Ellenbogen;
seine Stimme versauert sich,
sein Auge blickt Grünspan.

*

So spricht jeder Feldherr:
„Gib weder dem Sieger
noch dem Besiegten Ruhe!“
. . . .
ein Reisender in Waffen,
ungeduldig,
daß jemand ihn aufhalten könnte.

*

„Auch der Rauch ist zu etwas nütz“,
so spricht der Beduine, ich spreche es mit:
du Rauch, kündest du nicht
dem, der unterwegs ist,
die Nähe eines gastfreundlichen Herds?
. . . .
ein müder Wanderer —
den mit hartem Gebell
ein Hund empfängt.

*

Ein glitzernder tanzender Bach, den
ein krummes Bett
von Felsen einfing:
was macht ihn wieder frei?
Zwischen schwarzen Steinen
glänzt und zuckt seine Ungeduld.

Krumm gehn große Menschen und Ströme,
krumm, aber zu i h r e m Ziele:
das ist ihr bester Mut,
sie fürchten sich vor krummen Wegen nicht.

*

Jenseits des Nordens, des Eises, des Heute,
jenseits des Todes,
abseits:
u n s e r Leben, u n s e r Glück!
Weder zu Lande
noch zu Wasser
kannst du den Weg
zu den Hyperboreern finden:
von u n s wahrsagte so ein weiser Mund.

*

Willst du sie fangen?
Rede ihnen zu
als verirrten Schafen:
„Euren Weg, o euren Weg,
ihr habt ihn verloren!“
Sie folgen jedem nach,
der so ihnen schmeichelt.
„Wie? hatten wir einen Weg? —“
reden sie zu sich heimlich:
„es scheint wirklich, wir hatten einen Weg!“

*

Nacht ist's: wieder über den Dächern
wandelt des Mondes feistes Antlitz.
Er, der eifersüchtigste aller Kater,
allen Liebenden blickt er eifersüchtig,
dieser blasse, fette „Mann im Monde“.

Lüstern schleicht er um alle dunklen Ecken,
lehnt breit sich in halbverschlossene Fenster,
einem lüsternen, fetten Mönche gleich
geht frech er nachts auf verbotnen Wegen.

DAS EHERNE SCHWEIGEN

Fünf Ohren — und kein Ton darin!
Die Welt ward stumm...

Ich horchte mit dem Ohr meiner N e u g i e r d e:
fünfmal warf ich die Angel über mich,
fünfmal zog ich keinen Fisch herauf. —
Ich fragte, — keine Antwort lief mir ins Netz...

Ich horchte mit dem Ohr meiner L i e b e:

ALSO SPRACH ZARATHUSTRA

Ach, ihr Menschen, im Steine schläft mir ein Bild, das Bild der Bilder! Ach, daß es im härtesten, häßlichsten Steine schlafen muß!
Nun wütet mein Hammer grausam gegen sein Gefängnis. Vom Steine stäuben Stücke: was schiert mich das!
Vollenden will ich's, denn ein Schatten kam zu mir, — aller Dinge Stillstes und Leichtestes kam einst zu mir!
Des Übermenschen Schönheit kam zu mir als Schatten: was gehen mich noch — die Götter an!

Die Grundkonzeption des Werks, der Ewige Wiederkunfts-Gedanke, diese höchste Formel der Bejahung, die überhaupt erreicht werden kann —, gehört in den August des Jahres 1881: er ist auf ein Blatt hingeworfen, mit der Unterschrift: „6000 Fuß jenseits von Mensch und Zeit.“ Ich ging an jenem Tage am See von Silvaplana durch die Wälder; bei einem mächtigen pyramidal aufgetürmten Block unweit Surlei machte ich halt. Da kam mir dieser Gedanke. — Rechne ich von diesem Tage ein paar Monate zurück, so finde ich, als Vorzeichen, eine plötzliche und im tiefsten entscheidende Veränderung meines Geschmacks, vor allem in der Musik. Man darf vielleicht den ganzen Zarathustra unter die Musik rechnen; — sicherlich war eine Wiedergeburt in der Kunst zu hören, eine Vorausbedingung dazu. — Den darauffolgenden Winter (1882/83) lebte ich in jener anmutig stillen Bucht von Rapallo, unweit Genua, die sich zwischen Chiavari und dem Vorgebirge Porto fino einschneidet. Meine Gesundheit war nicht die beste; der Winter kalt und über die Maßen regnerisch; ein kleines Albergo, unmittelbar am Meer gelegen, so daß die hohe See nachts den Schlaf unmöglich machte, bot ungefähr in allem das Gegenteil vom Wünschenswerten. Trotzdem und beinahe zum Beweis meines Satzes, daß alles Entscheidende „trotzdem“ entsteht, war es dieser Winter und diese Ungunst der Verhältnisse, unter denen mein Zarathustra entstand. — Den Vormittag stieg ich in südlicher Richtung auf der herrlichen Straße nach Zoagli hin in die Höhe, an Pinien vorbei und weitaus das Meer überschauend; des Nachmittags, sooft es nur die Gesundheit erlaubte, umging ich die ganze Bucht von Santa Margherita bis hinter nach Porto fino. Dieser Ort und diese Landschaft ist durch die große Liebe, welche Kaiser Friedrich der Dritte für sie fühlte, meinem Herzen noch nähergerückt; ich war zufällig im Herbst 1886 wieder an dieser Küste, als er zum letzten Mal diese kleine vergessene Welt von Glück besuchte. — Auf diesen beiden Wegen fiel mir der ganze erste Zarathustra ein, vor allem Zarathustra selber, als Typus: richtiger, er überfiel mich…

Um diesen Typus zu verstehn, muß man sich zuerst seine physiologische Voraussetzung klarmachen: sie ist das, was ich die große Gesundheit nenne. Ich weiß diesen Begriff nicht besser, nicht persönlicher zu erläutern, als ich es schon getan habe, in einem der Schlußabschnitte des fünften Buchs der „gaya scienza“. „Wir Neuen, Namenlosen, Schlechtverständlichen“, heißt es daselbst, „wir Frühgeburten einer noch unbewiesenen Zukunft, wir bedürfen zu einem neuen Zwecke auch eines neuen Mittels, nämlich einer neuen Gesundheit, einer stärkeren, gewitzteren, zäheren, verwegneren, lustigeren, als alle Gesundheiten bisher waren. Wessen Seele danach dürstet, den ganzen Umfang der bisherigen Werte und Wünschbarkeiten erlebt und alle Küsten dieses idealischen „Mittelmeers“ umschifft zu haben, wer aus den Abenteuern der eigensten Erfahrung wissen will, wie es einem Eroberer und Entdecker des Ideals zumute ist, insgleichen einem Künstler, einem Heiligen, einem Gesetzgeber, einem Weisen, einem Gelehrten, einem Frommen, einem Göttlich-Abseitigen alten Stils: der hat dazu zuallererst e i n s nötig, die g r o ß e G e s u n d h e i t — eine solche, welche man nicht nur hat, sondern auch beständig noch erwirbt und erwerben muß, weil man sie immer wieder preisgibt, preisgeben muß ... Ein andres Ideal läuft vor uns her, ein wunderliches, versucherisches, gefahrenreiches Ideal, zu dem wir niemanden überreden möchten, weil wir niemandem so leicht d a s R e c h t d a r a u f zugestehn: das Ideal eines Geistes, der naiv, das heißt ungewollt und aus überströmender Fülle und Mächtigkeit mit allem spielt, was bisher heilig, gut, unberührbar, göttlich hieß; für den das Höchste, woran das Volk billigerweise sein Wertmaß hat, bereits soviel wie Gefahr, Verfall, Erniedrigung oder, mindestens, wie Erholung, Blindheit, zeitweiliges Selbstvergessen bedeuten würde; das Ideal eines menschlich-übermenschlichen Wohlseins und Wohlwollens, welches oft genug u n m e n s c h l i c h erscheinen wird, zum Beispiel, wenn es sich neben den ganzen bisherigen Erdenernst, neben alle bisherige Feierlichkeit in Gebärde, Wort, Klang, Blick, Moral und Aufgabe wie deren leibhafteste unfreiwillige Parodie hinstellt — und mit dem, trotz alledem, vielleicht der g r o ß e E r n s t erst anhebt, das eigentliche Fragezeichen erst gesetzt wird, das Schicksal der Seele sich wendet, der Zeiger rückt, die Tragödie b e g i n n t ...

— Hat jemand, Ende des neunzehnten Jahrhunderts, einen deutlichen Begriff davon, was Dichter starker Zeitalter I n s p i r a t i o n nannten? Im andren Falle will ich's beschreiben. — Mit dem geringsten Rest von Aberglauben in sich würde man in der Tat die Vorstellung, bloß Inkarnation, bloß Mundstück, bloß Medium übermächtiger Gewalten zu sein, kaum abzuweisen wissen. Der Begriff Offenbarung, in dem Sinn, daß plötzlich, mit unsäglicher Sicherheit und Feinheit, etwas s i c h t b a r, hörbar wird, etwas, das einen im Tiefsten erschüttert und umwirft, beschreibt einfach den Tatbestand. Man hört, man sucht nicht; man nimmt, man fragt nicht, wer da gibt; wie ein Blitz leuchtet ein Gedanke auf, mit Notwendigkeit, in der Form ohne Zögern, — ich habe nie eine Wahl gehabt. Eine Entzückung, deren ungeheure Spannung sich mitunter in einen Tränenstrom auslöst, bei der der Schritt unwillkürlich bald stürmt, bald langsam wird; ein vollkommnes Außer-sich-Sein mit dem distinktesten Bewußtsein einer Unzahl feiner Schauder und Überrieselungen bis in die Fußzehen; eine Glückstiefe, in der das Schmerzlichste und Düsterste nicht als Gegensatz wirkt, sondern als bedingt, als herausgefordert, als eine n o t w e n d i g e Farbe innerhalb eines solchen Lichtüberflusses; ein Instinkt rhythmischer Verhältnisse, der weite Räume von Formen überspannt — die Länge, das Bedürfnis nach einem w e i t g e s p a n n t e n Rhythmus

ist beinahe das Maß für die Gewalt der Inspiration, eine Art Ausgleich gegen deren Druck und Spannung... Alles geschieht im höchsten Grade unfreiwillig, aber wie in einem Sturme von Freiheits-Gefühl, von Unbedingtsein, von Macht, von Göttlichkeit... Die Unfreiwilligkeit des Bildes, des Gleichnisses ist das merkwürdigste; man hat keinen Begriff mehr, was Bild, was Gleichnis ist, alles bietet sich als der nächste, der richtigste, der einfachste Ausdruck. Es scheint wirklich, um an ein Wort Zarathustras zu erinnern, als ob die Dinge selber herankämen und sich zum Gleichnis anböten. — Dies ist m e i n e Erfahrung von Inspiration; ich zweifle nicht, daß man Jahrtausende zurückgehn muß, um jemanden zu finden, der mir sagen darf, „es ist auch die meine". —

Ich lag ein paar Wochen hinterdrein in Genua krank. Dann folgte ein schwermütiger Frühling in Rom, wo ich das Leben hinnahm — es war nicht leicht. Im Grunde verdroß mich dieser für den Dichter des Zarathustra unanständigste Ort der Erde, den ich nicht freiwillig gewählt hatte, über die Maßen; ich versuchte loszukommen, — ich wollte nach A q u i l a, dem Gegenbegriff von Rom, aus Feindschaft gegen Rom gegründet, wie ich einen Ort dereinst gründen werde, die Erinnerung an einen Atheisten und Kirchenfeind comme il faut, an einen meiner Nächstverwandten, den großen Hohenstaufen-Kaiser Friedrich den Zweiten. Aber es war ein Verhängnis bei dem allen: ich mußte wieder zurück. Zuletzt gab ich mich mit der Piazza Barberini zufrieden, nachdem mich meine Mühe um eine a n t i c h r i s t l i c h e Gegend müde gemacht hatte. Ich fürchte, ich habe einmal, um schlechten Gerüchen möglichst aus dem Wege zu gehn, im Palazzo del Quirinale selbst nachgefragt, ob man nicht ein stilles Zimmer für einen Philosophen habe. — Auf einer Loggia hoch über der genannten Piazza, von der aus man Rom übersieht und tief unten die Fontana rauschen hört, wurde jenes einsamste Lied gedichtet, das je gedichtet worden ist, das N a c h t l i e d; um diese Zeit ging immer eine Melodie von unsäglicher Schwermut um mich herum, deren Refrain ich in den Worten wiederfand „tot vor Unsterblichkeit..." Im Sommer heimgekehrt zur heiligen Stelle, wo der erste Blitz des Zarathustra-Gedankens mir geleuchtet hatte, fand ich den zweiten Zarathustra. Zehn Tage genügten; ich habe in keinem Falle, weder beim ersten noch beim dritten und letzten mehr gebraucht. Im Winter darauf, unter dem halkyonischen Himmel Nizzas, der damals zum ersten Male in mein Leben hineinglänzte, fand ich den dritten Zarathustra — und war fertig. Kaum ein Jahr, fürs Ganze gerechnet. Viele verborgne Flecke und Höhen aus der Landschaft Nizzas sind mir durch unvergeßliche Augenblicke geweiht; jene entscheidende Partie, welche den Titel „Von alten und neuen Tafeln" trägt, wurde im beschwerlichsten Aufsteigen von der Station zu dem wunderbaren maurischen Felsenneste Eza gedichtet, — die Muskel-Behendheit war bei mir immer am größten, wenn die schöpferische Kraft am reichsten floß.

Der Leib ist begeistert: lassen wir die „Seele“ aus dem Spiele ... Man hat mich oft tanzen sehn können; ich konnte damals, ohne einen Begriff von Ermüdung, sieben. acht Stunden auf Bergen unterwegs sein. Ich schlief gut, ich lachte viel —, ich war von einer vollkommnen Rüstigkeit und Geduld.

Abgesehn von diesen Zehn-Tage-Werken waren die Jahre während und vor allem nach dem Zarathustra ein Notstand ohnegleichen. Man büßt es teuer, unsterblich zu sein; man stirbt dafür mehrere Male bei Lebzeiten. — Es gibt etwas, das ich die Rankünе des Großen nenne: alles Große, ein Werk, eine Tat, wendet sich, einmal vollbracht, unverzüglich gegen den, der sie tat. Eben damit, daß er sie tat, ist er nunmehr schwach, — er hält seine Tat nicht mehr aus, er sieht ihr nicht mehr ins Gesicht. Etwas hinter sich zu haben, das man nie wollen durfte, etwas, worin der Knoten im Schicksal der Menschheit eingeknüpft ist — und es nunmehr auf sich haben! ... Es zerdrückt beinahe ... Die Rankünе des Großen! — Ein andres ist die schauerliche Stille, die man um sich hört. Die Einsamkeit hat sieben Häute; es geht nichts mehr hindurch. Man kommt zu Menschen, man begrüßt Freunde: neue Öde, kein Blick grüßt mehr. Im besten Falle eine Art Revolte. Eine solche Revolte erfuhr ich, in sehr verschiednem Grade, aber fast von jedermann, der mir nahestand; es scheint, daß nichts tiefer beleidigt, als plötzlich eine Distanz merken zu lassen, — die vornehmen Naturen, die nicht zu leben wissen, ohne zu verehren, sind selten. — Ein Drittes ist die absurde Reizbarkeit der Haut gegen kleine Stiche, eine Art Hilflosigkeit vor allem Kleinen. Diese scheint mir in der ungeheuren Verschwendung aller Defensiv-Kräfte bedingt, die jede schöpferische Tat, jede Tat aus dem Eigensten, Innersten, Untersten heraus zur Voraussetzung hat. Die kleinen Defensiv-Vermögen sind damit gleichsam ausgehängt; es fließt ihnen keine Kraft mehr zu. — Ich wage noch anzudeuten, daß man schlechter verdaut, ungern sich bewegt, den Frostgefühlen, auch dem Mißtrauen allzu offensteht, — dem Mißtrauen, das in vielen Fällen bloß ein ätiologischer Fehlgriff ist. In einem solchen Zustande empfand ich einmal die Nähe einer Kuhherde durch Wiederkehr milderer, menschenfreundlicherer Gedanken, noch bevor ich sie sah: Das hat Wärme in sich ...

Dieses Werk steht durchaus für sich. Lassen wir die Dichter beiseite: es ist vielleicht überhaupt nie etwas aus einem gleichen Überfluß von Kraft heraus getan worden. Mein Begriff „dionysisch“ wurde hier höchste Tat; an ihr gemessen erscheint der ganze Rest von menschlichem Tun als arm und bedingt.

Das psychologische Problem im Typus des Zarathustra ist, wie der, welcher in einem unerhörten Grade nein sagt, nein tut, zu allem, wozu man bisher ja sagte, trotzdem der Gegensatz eines neinsagenden Geistes sein kann; wie der das Schwerste von Schicksal, ein Verhängnis von Aufgabe tragende Geist trotzdem der leichteste und jenseitigste sein kann — Zarathustra ist ein Tänzer —; wie der, welcher die härteste, die furchtbarste Einsicht in die Realität hat, welcher den „abgründlichsten Gedanken" gedacht hat, trotzdem darin keinen Einwand gegen das Dasein, selbst nicht gegen dessen ewige Wiederkunft findet, — vielmehr einen Grund noch hinzu, das ewige Ja zu allen Dingen selbst zu sein, „das ungeheure, unbegrenzte Ja-und-Amen-Sagen" ... In alle Abgründe trage ich noch mein segnendes Jasagen ... Aber das ist der Begriff des Dionysos noch einmal.

— Welche Sprache wird ein solcher Geist reden, wenn er mit sich allein redet? Die Sprache des Dithyrambus. Ich bin der Erfinder des Dithyrambus. Man höre, wie Zarathustra vor Sonnenaufgang mit sich redet: ein solches smaragdenes Glück, eine solche göttliche Zärtlichkeit hatte noch keine Zunge vor mir. Auch die tiefste Schwermut eines solchen Dionysos wird noch Dithyrambus; ich nehme zum Zeichen das Nachtlied, — die unsterbliche Klage, durch die Überfülle von Licht und Macht, durch seine Sonnen-Natur verurteilt zu sein, nicht zu lieben.

Dergleichen ist nie gedichtet, nie gefühlt, nie gelitten worden: so leidet ein Gott, ein Dionysos. Die Antwort auf einen solchen Dithyrambus der Sonnen-Vereinsamung im Lichte wäre Ariadne ... Wer weiß außer mir, was Ariadne ist! ... Von allen solchen Rätseln hatte niemand bisher die Lösung, ich zweifle, daß je jemand hier auch nur Rätsel sah. — Zarathustra bestimmt einmal, mit Strenge, seine Aufgabe — es ist auch die meine —, daß man sich über den Sinn nicht vergreifen kann: er ist jasagend bis zur Rechtfertigung, bis zur Erlösung auch alles Vergangenen.

Ich wandle unter Menschen als unter Bruchstücken
der Zukunft: jener Zukunft, die ich schaue.
Und das ist all mein Dichten und Trachten, daß
ich in Eins dichte und zusammentrage, was Bruch-
stück ist und Rätsel und grauser Zufall.
Und wie ertrüge ich es, Mensch zu sein, wenn
der Mensch nicht auch Dichter und Rätselrater
und Erlöser des Zufalls wäre?
Die Vergangnen zu erlösen und alles
„Es war" umzuschaffen in ein „So wollte ich es!"
— das hieße mir erst Erlösung.

ECCE HOMO

INHALT

ERSTER TEIL

ZWEITER TEIL

DRITTER TEIL

VIERTER UND LETZTER TEIL

ALSO SPRACH ZARATHUSTRA

ERSTER TEIL

ZARATHUSTRAS VORREDE

1.

Als Zarathustra dreißig Jahre alt war, verließ er seine Heimat und den See seiner Heimat und ging in das Gebirge. Hier genoß er seines Geistes und seiner Einsamkeit und wurde dessen zehn Jahre nicht müde. Endlich aber verwandelte sich sein Herz, — und eines Morgens stand er mit der Morgenröte auf, trat vor die Sonne hin und sprach zu ihr also:

„Du großes Gestirn! Was wäre dein Glück, wenn du nicht die hättest, welchen du leuchtest!

Zehn Jahre kamst du hier herauf zu meiner Höhle: du würdest deines Lichtes und dieses Weges satt geworden sein, ohne mich, meinen Adler und meine Schlange.

Aber wir warteten deiner an jedem Morgen, nahmen dir deinen Überfluß ab und segneten dich dafür.

Siehe! Ich bin meiner Weisheit überdrüssig wie die Biene, die des Honigs zuviel gesammelt hat, ich bedarf der Hände, die sich ausstrecken.

Ich möchte verschenken und austeilen, bis die Weisen unter den Menschen wieder einmal ihrer Torheit und die Armen wieder einmal ihres Reichtums froh geworden sind.

Dazu muß ich in die Tiefe steigen: wie du des Abends tust, wenn du hinter das Meer gehst und noch der Unterwelt Licht bringst, du überreiches Gestirn!

Ich muß, gleich dir, *untergehen*, wie die Menschen es nennen, zu denen ich hinab will.

So segne mich denn, du ruhiges Auge, das ohne Neid auch ein allzu großes Glück sehen kann!

Segne den Becher, welcher überfließen will, daß das Wasser golden aus ihm fließe und überallhin den Abglanz deiner Wonne trage!

Siehe! Dieser Becher will wieder leer werden, und Zarathustra will wieder Mensch werden."

— Also begann Zarathustras Untergang.

2.

Zarathustra stieg allein das Gebirge abwärts und niemand begegnete ihm. Als er aber in die Wälder kam, stand auf einmal ein Greis vor ihm, der seine heilige Hütte verlassen hatte, um Wurzeln im Walde zu suchen. Und also sprach der Greis zu Zarathustra:

„Nicht fremd ist mir dieser Wanderer: vor manchem Jahre ging er hier vorbei. Zarathustra hieß er; aber er hat sich verwandelt.

Damals trugst du deine Asche zu Berge: willst du heute dein Feuer in die Täler tragen? Fürchtest du nicht des Brandstifters Strafen?

Ja, ich erkenne Zarathustra. Rein ist sein Auge, und an seinem Munde birgt sich kein Ekel. Geht er nicht daher wie ein Tänzer?

Verwandelt ist Zarathustra, zum Kind ward Zarathustra, ein Erwachter ist Zarathustra: was willst du nun bei den Schlafenden?

Wie im Meere lebtest du in der Einsamkeit, und das Meer trug dich. Wehe, du willst ans Land steigen? Wehe, du willst deinen Leib wieder selber schleppen?"

Zarathustra antwortete: „Ich liebe die Menschen."

„Warum", sagte der Heilige, „ging ich doch in den Wald und in die Einöde? War es nicht, weil ich die Menschen allzusehr liebte?

Jetzt liebe ich Gott: die Menschen liebe ich nicht. Der Mensch ist mir eine zu unvollkommene Sache. Liebe zum Menschen würde mich umbringen."

Zarathustra antwortete: „Was sprach ich von Liebe! Ich bringe den Menschen ein Geschenk."

„Gib ihnen nichts", sagte der Heilige. „Nimm ihnen lieber etwas ab und trage es mit ihnen — das wird ihnen am wohlsten tun: wenn es dir nur wohltut!

Und willst du ihnen geben, so gib nicht mehr als ein Almosen, und laß sie noch darum betteln!"

„Nein", antwortete Zarathustra, „ich gebe kein Almosen. Dazu bin ich nicht arm genug."

Der Heilige lachte über Zarathustra und sprach also: „So sieh zu, daß sie deine Schätze annehmen! Sie sind mißtrauisch gegen die Einsiedler und glauben nicht, daß wir kommen, um zu schenken.

Unsre Schritte klingen ihnen zu einsam durch die Gassen. Und wie wenn sie nachts in ihren Betten einen Mann gehen hören, lange bevor die Sonne aufsteht, so fragen sie wohl: wohin will der Dieb?

Gehe nicht zu den Menschen und bleibe im Walde! Gehe lieber noch zu den Tieren! Warum willst du nicht sein wie ich — ein Bär unter Bären, ein Vogel unter Vögeln?"

„Und was macht der Heilige im Walde?" fragte Zarathustra.

Der Heilige antwortete: „Ich mache Lieder und singe sie, und wenn ich Lieder mache, lache, weine und brumme ich: also lobe ich Gott.

Mit Singen, Weinen, Lachen und Brummen lobe ich den Gott, der mein Gott ist. Doch was bringst du uns zum Geschenke?"

Als Zarathustra diese Worte gehört hatte, grüßte er den Heiligen und sprach: „Was hätte ich euch zu geben! Aber laßt mich schnell davon, daß ich euch nichts nehme!" — Und so trennten sie sich voneinander, der Greis und der Mann, lachend, gleichwie zwei Knaben lachen.

Als Zarathustra aber allein war, sprach er also zu seinem Herzen: „Sollte es denn möglich sein! Dieser alte Heilige hat in seinem Walde noch nichts davon gehört, daß *Gott tot* ist!" —

3.

Als Zarathustra in die nächste Stadt kam, die an den Wäldern liegt, fand er daselbst viel Volk versammelt auf dem Markte, denn es war verheißen worden, daß man einen Seiltänzer sehen solle. Und Zarathustra sprach also zum Volke:

Ich lehre euch den Übermenschen. Der Mensch ist etwas, das überwunden werden soll. Was habt ihr getan, ihn zu überwinden?

Alle Wesen bisher schufen etwas über sich hinaus: und ihr wollt die Ebbe dieser großen Flut sein und lieber noch zum Tiere zurückgehn, als den Menschen überwinden?

Was ist der Affe für den Menschen? Ein Gelächter oder eine schmerzliche Scham. Und ebendas soll der Mensch für den Übermenschen sein: ein Gelächter oder eine schmerzliche Scham.

Ihr habt den Weg vom Wurme zum Menschen gemacht, und vieles ist in euch noch Wurm. Einst wart ihr Affen, und auch jetzt noch ist der Mensch mehr Affe als irgendein Affe.

Wer aber der Weiseste von euch ist, der ist auch nur ein Zwiespalt und Zwitter von Pflanze und von Gespenst. Aber heiße ich euch zu Gespenstern oder Pflanzen werden?

Seht, ich lehre euch den Übermenschen.

Der Übermensch ist der Sinn der Erde. Euer Wille sage: der Übermensch sei der Sinn der Erde!

Ich beschwöre euch, meine Brüder, bleibt der Erde treu und glaubt denen nicht, welche euch von überirdischen Hoffnungen reden! Giftmischer sind es, ob sie es wissen oder nicht.

Verächter des Lebens sind es, Absterbende und selber Vergiftete, deren die Erde müde ist: so mögen sie dahinfahren!

Einst war der Frevel an Gott der größte Frevel, aber Gott starb, und damit starben auch diese Frevelhaften. An der Erde zu freveln ist jetzt das Furchtbarste, und die Eingeweide des Unerforschlichen höher zu achten als den Sinn der Erde!

Einst blickte die Seele verächtlich auf den Leib: und damals war diese Verachtung das Höchste: — sie wollte ihn mager, gräßlich, verhungert. So dachte sie ihm und der Erde zu entschlüpfen.

O diese Seele war selber noch mager, gräßlich und verhungert: und Grausamkeit war die Wollust dieser Seele!

Aber auch ihr noch, meine Brüder, sprecht mir: was kündet euer Leib von eurer Seele? Ist eure Seele nicht Armut und Schmutz und ein erbärmliches Behagen?

Wahrlich, ein schmutziger Strom ist der Mensch. Man muß schon ein Meer sein, um einen schmutzigen Strom aufnehmen zu können, ohne unrein zu werden.

Seht, ich lehre euch den Übermenschen: der ist dies Meer, in ihm kann eure große Verachtung untergehn.

Was ist das Größte, das ihr erleben könnt? Das ist die Stunde der großen Verachtung. Die Stunde, in der euch auch euer Glück zum Ekel wird und ebenso eure Vernunft und eure Tugend.

Die Stunde, wo ihr sagt: „Was liegt an meinem Glücke! Es ist Armut und Schmutz und ein erbärmliches Behagen. Aber mein Glück sollte das Dasein selber rechtfertigen!"

Die Stunde, wo ihr sagt: „Was liegt an meiner Vernunft!

Begehrt sie nach Wissen wie der Löwe nach seiner Nahrung? Sie ist Armut und Schmutz und ein erbärmliches Behagen!"

Die Stunde, wo ihr sagt: „Was liegt an meiner Tugend! Noch hat sie mich nicht rasen gemacht. Wie müde bin ich meines Guten und meines Bösen! Alles das ist Armut und Schmutz und ein erbärmliches Behagen!"

Die Stunde, wo ihr sagt: „Was liegt an meiner Gerechtigkeit! Ich sehe nicht, daß ich Glut und Kohle wäre. Aber der Gerechte ist Glut und Kohle!"

Die Stunde, wo ihr sagt: „Was liegt an meinem Mitleiden! Ist nicht Mitleid das Kreuz, an das der genagelt wird, der die Menschen liebt? Aber mein Mitleiden ist keine Kreuzigung."

Spracht ihr schon so? Schriet ihr schon so? Ach, daß ich euch schon so schreien gehört hätte!

Nicht eure Sünde — eure Genügsamkeit schreit gen Himmel, euer Geiz selbst in eurer Sünde schreit gen Himmel!

Wo ist doch der Blitz, der euch mit seiner Zunge lecke? Wo ist der Wahnsinn, mit dem ihr geimpft werden müßtet?

Seht, ich lehre euch den Übermenschen: der ist dieser Blitz, der ist dieser Wahnsinn! —

Als Zarathustra so gesprochen hatte, schrie einer aus dem Volke: „Wir hörten nun genug von dem Seiltänzer; nun laßt uns ihn auch sehen!" Und alles Volk lachte über Zarathustra. Der Seiltänzer aber, welcher glaubte, daß das Wort ihm gälte, machte sich an sein Werk.

4.

Zarathustra aber sahe das Volk an und wunderte sich. Dann sprach er also:

Der Mensch ist ein Seil, geknüpft zwischen Tier und Übermensch, — ein Seil über einem Abgrunde.

Ein gefährliches Hinüber, ein gefährliches Auf-dem-Wege, ein gefährliches Zurückblicken, ein gefährliches Schaudern und Stehenbleiben.

Was groß ist am Menschen, das ist, daß er eine Brücke und kein Zweck ist: was geliebt werden kann am Menschen, das ist, daß er ein Übergang und ein Untergang ist.

Ich liebe die, welche nicht zu leben wissen, es sei denn als Untergehende, denn es sind die Hinübergehenden.

Ich liebe die großen Verachtenden, weil sie die großen

Verehrenden sind und Pfeile der Sehnsucht nach dem andern Ufer.

Ich liebe die, welche nicht erst hinter den Sternen einen Grund suchen, unterzugehen und Opfer zu sein: sondern die sich der Erde opfern, daß die Erde einst des Übermenschen werde.

Ich liebe den, welcher lebt, damit er erkenne, und welcher erkennen will, damit einst der Übermensch lebe. Und so will er seinen Untergang.

Ich liebe den, welcher arbeitet und erfindet, daß er dem Übermenschen das Haus baue und zu ihm Erde, Tier und Pflanze vorbereite: denn so will er seinen Untergang.

Ich liebe den, welcher seine Tugend liebt: denn Tugend ist Wille zum Untergang und ein Pfeil der Sehnsucht.

Ich liebe den, welcher nicht einen Tropfen Geist für sich zurückbehält, sondern ganz der Geist seiner Tugend sein will: so schreitet er als Geist über die Brücke.

Ich liebe den, welcher aus seiner Tugend seinen Hang und sein Verhängnis macht: so will er um seiner Tugend willen noch leben und nicht mehr leben.

Ich liebe den, welcher nicht zu viele Tugenden haben will. Eine Tugend ist mehr Tugend als zwei, weil sie mehr Knoten ist, an den sich das Verhängnis hängt.

Ich liebe den, dessen Seele sich verschwendet, der nicht Dank haben will und nicht zurückgibt: denn er schenkt immer und will sich nicht bewahren.

Ich liebe den, welcher sich schämt, wenn der Würfel zu seinem Glücke fällt, und der dann fragt: bin ich denn ein falscher Spieler? — denn er will zugrunde gehen.

Ich liebe den, welcher goldne Worte seinen Taten voraus-wirft und immer noch mehr hält, als er verspricht: denn er will seinen Untergang.

Ich liebe den, welcher die Zukünftigen rechtfertigt und die Vergangenen erlöst: denn er will an den Gegenwärtigen zugrunde gehen.

Ich liebe den, welcher seinen Gott züchtigt, weil er seinen Gott liebt: denn er muß am Zorne seines Gottes zugrunde gehen.

Ich liebe den, dessen Seele tief ist auch in der Verwundung, und der an einem kleinen Erlebnisse zugrunde gehen kann: so geht er gerne über die Brücke.

Ich liebe den, dessen Seele übervoll ist, so daß er sich selber vergißt, und alle Dinge in ihm sind: so werden alle Dinge sein Untergang.

Ich liebe den, der freien Geistes und freien Herzens ist: so ist sein Kopf nur das Eingeweide seines Herzens, sein Herz aber treibt ihn zum Untergang.

Ich liebe alle die, welche wie schwere Tropfen sind, einzeln fallend aus der dunklen Wolke, die über den Menschen hängt: sie verkündigen, daß der Blitz kommt, und gehn als Verkündiger zugrunde.

Seht, ich bin ein Verkündiger des Blitzes, und ein schwerer Tropfen aus der Wolke: dieser Blitz aber heißt Übermensch. —

5.

Als Zarathustra diese Worte gesprochen hatte, sahe er wieder das Volk an und schwieg. „Da stehen sie", sprach er zu seinem Herzen, „da lachen sie: sie verstehen mich nicht, ich bin nicht der Mund für diese Ohren.

Muß man ihnen erst die Ohren zerschlagen, daß sie lernen, mit den Augen hören? Muß man rasseln gleich Pauken und Bußpredigern? Oder glauben sie nur dem Stammelnden?

Sie haben etwas, worauf sie stolz sind. Wie nennen sie es doch, was sie stolz macht? Bildung nennen sie's, es zeichnet sie aus vor den Ziegenhirten.

Drum hören sie ungern von sich das Wort ‚Verachtung'. So will ich denn zu ihrem Stolze reden.

So will ich ihnen vom Verächtlichsten sprechen: das aber ist der letzte Mensch."

Und also sprach Zarathustra zum Volke:

Es ist an der Zeit, daß der Mensch sich sein Ziel stecke. Es ist an der Zeit, daß der Mensch den Keim seiner höchsten Hoffnung pflanze.

Noch ist sein Boden dazu reich genug. Aber dieser Boden wird einst arm und zahm sein, und kein hoher Baum wird mehr aus ihm wachsen können.

Wehe! Es kommt die Zeit, wo der Mensch nicht mehr den Pfeil seiner Sehnsucht über den Menschen hinauswirft, und die Sehne seines Bogens verlernt hat, zu schwirren!

Ich sage euch: man muß noch Chaos in sich haben, um

einen tanzenden Stern gebären zu können. Ich sage euch: ihr habt noch Chaos in euch.

Wehe! Es kommt die Zeit, wo der Mensch keinen Stern mehr gebären wird. Wehe! Es kommt die Zeit des verächtlichsten Menschen, der sich selber nicht mehr verachten kann.

Seht! Ich zeige euch den letzten Menschen.

„Was ist Liebe? Was ist Schöpfung? Was ist Sehnsucht? Was ist Stern?" — so fragt der letzte Mensch und blinzelt.

Die Erde ist dann klein geworden, und auf ihr hüpft der letzte Mensch, der alles klein macht. Sein Geschlecht ist unaustilgbar wie der Erdfloh; der letzte Mensch lebt am längsten.

„Wir haben das Glück erfunden" — sagen die letzten Menschen und blinzeln.

Sie haben die Gegenden verlassen, wo es hart war, zu leben: denn man braucht Wärme. Man liebt noch den Nachbar und reibt sich an ihm: denn man braucht Wärme.

Krank-werden und Mißtrauen-haben gilt ihnen sündhaft: man geht achtsam einher. Ein Tor, der noch über Steine oder Menschen stolpert!

Ein wenig Gift ab und zu: das macht angenehme Träume. Und viel Gift zuletzt, zu einem angenehmen Sterben.

Man arbeitet noch, denn Arbeit ist eine Unterhaltung. Aber man sorgt, daß die Unterhaltung nicht angreife.

Man wird nicht mehr arm und reich: beides ist zu beschwerlich. Wer will noch regieren? Wer noch gehorchen? Beides ist zu beschwerlich.

Kein Hirt und eine Herde! Jeder will das Gleiche, jeder ist gleich: wer anders fühlt, geht freiwillig ins Irrenhaus.

„Ehemals war alle Welt irre" — sagen die Feinsten und blinzeln.

Man ist klug und weiß alles, was geschehen ist: so hat man kein Ende zu spotten. Man zankt sich noch, aber man versöhnt sich bald — sonst verdirbt es den Magen.

Man hat sein Lüstchen für den Tag und sein Lüstchen für die Nacht: aber man ehrt die Gesundheit.

„Wir haben das Glück erfunden" — sagen die letzten Menschen und blinzeln. —

Und hier endete die erste Rede Zarathustras, welche man auch „die Vorrede" heißt: denn an dieser Stelle unterbrach ihn das Geschrei und die Lust der Menge. „Gib uns diesen letzten Menschen, o Zarathustra", — so riefen sie — „mache uns zu diesen letzten Menschen! So schenken wir dir den Übermenschen!" Und alles Volk jubelte und schnalzte mit der Zunge. Zarathustra aber wurde traurig und sagte zu seinem Herzen:

„Sie verstehen mich nicht: ich bin nicht der Mund für diese Ohren.

Zu lange wohl lebte ich im Gebirge, zu viel horchte ich auf Bäche und Bäume: nun rede ich ihnen gleich den Ziegenhirten.

Unbewegt ist meine Seele und hell wie das Gebirge am Vormittag. Aber sie meinen, ich sei kalt und ein Spötter in furchtbaren Späßen.

Und nun blicken sie mich an und lachen: und indem sie lachen, hassen sie mich noch. Es ist Eis in ihrem Lachen."

6.

Da aber geschah etwas, das jeden Mund stumm und jedes Auge starr machte. Inzwischen nämlich hatte der Seiltänzer sein Werk begonnen: er war aus einer kleinen Tür hinausgetreten und ging über das Seil, welches zwischen zwei Türmen gespannt war, also, daß es über dem Markte und dem Volke hing. Als er eben in der Mitte seines Weges war, öffnete sich die kleine Tür noch einmal, und ein bunter Gesell, einem Possenreißer gleich, sprang heraus und ging mit schnellen Schritten dem ersten nach. „Vorwärts, Lahmfuß", rief seine fürchterliche Stimme, „vorwärts Faultier, Schleichhändler, Bleichgesicht! Daß ich dich nicht mit meiner Ferse kitzle! Was treibst du hier zwischen Türmen. In den Turm gehörst du, einsperren sollte man dich, einem Bessern, als du bist, sperrst du die freie Bahn!" — Und mit jedem Worte kam er ihm näher und näher: als er aber nur noch einen Schritt hinter ihm war, da geschah das Erschreckliche, das jeden Mund stumm und jedes Auge starr machte: — er stieß ein Geschrei aus wie ein Teufel und sprang über den hinweg, der ihm im Wege war. Dieser aber, als er so seinen Nebenbuhler siegen sah, verlor dabei den Kopf und das Seil; er warf seine Stange weg und schoß schneller als diese, wie ein Wirbel von Armen und Beinen, in die Tiefe. Der Markt und das Volk glich dem Meere, wenn der Sturm hineinfährt:

alles floh auseinander und übereinander, und am meisten dort, wo der Körper niederschlagen mußte.

Zarathustra aber blieb stehen, und gerade neben ihn fiel der Körper hin, übel zugerichtet und zerbrochen, aber noch nicht tot. Nach einer Weile kam dem Zerschmetterten das Bewußtsein zurück, und er sah Zarathustra neben sich knien. „Was machst du da?“ sagte er endlich, „ich wußte es lange, daß mir der Teufel ein Bein stellen werde. Nun schleppt er mich zur Hölle: willst du's ihm wehren?“

„Bei meiner Ehre, Freund“, antwortete Zarathustra, „das gibt es alles nicht, wovon du sprichst: es gibt keinen Teufel und keine Hölle. Deine Seele wird noch schneller tot sein als dein Leib: fürchte nun nichts mehr!“

Der Mann blickte mißtrauisch auf. „Wenn du die Wahrheit sprichst“, sagte er dann, „so verliere ich nichts, wenn ich das Leben verliere. Ich bin nicht viel mehr als ein Tier, das man tanzen gelehrt hat, durch Schläge und schmale Bissen.“

„Nicht doch“, sprach Zarathustra; „du hast aus der Gefahr deinen Beruf gemacht, daran ist nichts zu verachten. Nun gehst du an deinem Beruf zugrunde: dafür will ich dich mit meinen Händen begraben.“

Als Zarathustra dies gesagt hatte, antwortete der Sterbende nicht mehr; aber er bewegte die Hand, wie als ob er die Hand Zarathustras zum Danke suche. —

7.

Inzwischen kam der Abend, und der Markt barg sich in Dunkelheit: da verlief sich das Volk, denn selbst Neugierde und Schrecken werden müde. Zarathustra aber saß neben dem Toten auf der Erde und war in Gedanken versunken: so vergaß er die Zeit. Endlich aber wurde es Nacht, und ein kalter Wind blies über den Einsamen. Da erhob sich Zarathustra und sagte zu seinem Herzen:

„Wahrlich, einen schönen Fischfang tat heute Zarathustra! Keinen Menschen fing er, wohl aber einen Leichnam.

Unheimlich ist das menschliche Dasein und immer noch ohne Sinn: ein Possenreißer kann ihm zum Verhängnis werden.

Ich will die Menschen den Sinn ihres Seins lehren: welcher ist der Übermensch, der Blitz aus der dunklen Wolke Mensch.

Aber noch bin ich ihnen ferne, und mein Sinn redet nicht

zu ihren Sinnen. Eine Mitte bin ich noch den Menschen zwischen einem Narren und einem Leichnam.

Dunkel ist die Nacht, dunkel sind die Wege Zarathustras. Komm, du kalter und steifer Gefährte! Ich trage dich dorthin, wo ich dich mit meinen Händen begrabe.“

8.

Als Zarathustra dies zu seinem Herzen gesagt hatte, lud er den Leichnam auf seinen Rücken und machte sich auf den Weg. Und noch nicht war er hundert Schritte gegangen, da schlich ein Mensch an ihn heran und flüsterte ihm ins Ohr — und siehe! der, welcher redete, war der Possenreißer vom Turme. „Geh weg von dieser Stadt, o Zarathustra“, sprach er; „es hassen dich hier zu viele. Es hassen dich die Guten und Gerechten, und sie nennen dich ihren Feind und Verächter; es hassen dich die Gläubigen des rechten Glaubens, und sie nennen dich die Gefahr der Menge. Dein Glück war es, daß man über dich lachte: und wahrlich, du redetest gleich einem Possenreißer. Dein Glück war es, daß du dich dem toten Hunde geselltest; als du dich so erniedrigtest, hast du dich selber für heute errettet. Geh aber fort aus dieser Stadt — oder morgen springe ich über dich hinweg, ein Lebendiger über einen Toten.“ Und als er dies gesagt hatte, verschwand der Mensch; Zarathustra aber ging weiter durch die dunklen Gassen.

Am Tore der Stadt begegneten ihm die Totengräber: sie leuchteten ihm mit der Fackel ins Gesicht, erkannten Zarathustra und spotteten sehr über ihn. „Zarathustra trägt den toten Hund davon: brav, daß Zarathustra zum Totengräber wurde! Denn unsere Hände sind zu reinlich für diesen Braten. Will Zarathustra wohl dem Teufel seinen Bissen stehlen? Nun wohlan! Und gut Glück zur Mahlzeit! Wenn nur nicht der Teufel ein besserer Dieb ist als Zarathustra! — er stiehlt sie beide, er frißt sie beide!“ Und sie lachten miteinander und steckten die Köpfe zusammen.

Zarathustra sagte dazu kein Wort und ging seines Weges. Als er zwei Stunden gegangen war, an Wäldern und Sümpfen vorbei, da hatte er zuviel das hungrige Geheul der Wölfe gehört, und ihm selber kam der Hunger. So blieb er an einem einsamen Hause stehn, in dem ein Licht brannte.

„Der Hunger überfällt mich“, sagte Zarathustra, „wie ein Räuber. In Wäldern und Sümpfen überfällt mich mein Hunger, und in tiefer Nacht.

Wunderliche Launen hat mein Hunger. Oft kommt er mir erst nach der Mahlzeit, und heute kam er den ganzen Tag nicht: wo weilte er doch?“

Und damit schlug Zarathustra an das Tor des Hauses. Ein alter Mann erschien; er trug das Licht und fragte: „Wer kommt zu mir und zu meinem schlimmen Schlafe?“

„Ein Lebendiger und ein Toter“, sagte Zarathustra. „Gebt mir zu essen und zu trinken, ich vergaß es am Tage. Der, welcher den Hungrigen speiset, erquickt seine eigene Seele: so spricht die Weisheit.“

Der Alte ging fort, kam aber gleich zurück und bot Zarathustra Brot und Wein. „Eine böse Gegend ist's für Hungernde“, sagte er; „darum wohne ich hier. Tier und Mensch kommen zu mir, dem Einsiedler. Aber heiße auch deinen Gefährten essen und trinken, er ist müder als du.“ Zarathustra antwortete: „Tot ist mein Gefährte, ich werde ihn schwerlich dazu überreden.“ „Das geht mich nichts an“, sagte der Alte mürrisch; „wer an meinem Hause anklopft, muß auch nehmen, was ich ihm biete. Eßt und gehabt euch wohl!“ —

Darauf ging Zarathustra wieder zwei Stunden und vertraute dem Wege und dem Lichte der Sterne: denn er war ein gewohnter Nachtgänger und liebte es, allem Schlafenden ins Gesicht zu sehn. Als aber der Morgen graute, fand sich Zarathustra in einem tiefen Walde, und kein Weg zeigte sich ihm mehr. Da legte er den Toten in einen hohlen Baum sich zu Häupten — denn er wollte ihn vor den Wölfen schützen — und sich selber auf den Boden und das Moos. Und alsbald schlief er ein, müden Leibes, aber mit einer unbewegten Seele.

9.

Lange schlief Zarathustra, und nicht nur die Morgenröte ging über sein Antlitz, sondern auch der Vormittag. Endlich aber tat sein Auge sich auf: verwundert sah Zarathustra in den Wald und die Stille, verwundert sah er in sich hinein. Dann erhob er sich schnell wie ein Seefahrer, der mit einem Male Land sieht, und jauchzte: denn er sah eine neue Wahrheit. Und also redete er dann zu seinem Herzen:

„Ein Licht ging mir auf: Gefährten brauche ich, und lebendige, — nicht tote Gefährten und Leichname, die ich mit mir trage, wohin ich will.

Sondern lebendige Gefährten brauche ich, die mir folgen, weil sie sich selber schlagen wollen — und dorthin, wohin ich will.

Ein Licht ging mir auf: nicht zum Volke rede Zarathustra, sondern zum Gefährten! Nicht soll Zarathustra einer Herde Hirt und Hund werden!

Viele wegzulocken von der Herde — dazu kam ich. Zürnen soll mir Volk und Herde: Räuber will Zarathustra den Hirten heißen.

Hirten sage ich, aber sie nennen sich die Guten und Gerechten. Hirten sage ich: aber sie nennen sich die Gläubigen des rechten Glaubens.

Siehe die Guten und Gerechten! Wen hassen sie am meisten? Den, der zerbricht ihre Tafeln der Werte, den Brecher, den Verbrecher: — das aber ist der Schaffende.

Siehe die Gläubigen aller Glauben! Wen hassen sie am meisten? Den, der zerbricht ihre Tafeln der Werte, den Brecher, den Verbrecher: — das aber ist der Schaffende.

Gefährten sucht der Schaffende und nicht Leichname, und auch nicht Herden und Gläubige. Die Mitschaffenden sucht der Schaffende, die, welche neue Werte auf neue Tafeln schreiben.

Gefährten sucht der Schaffende, und Miterntende: denn alles steht bei ihm reif zur Ernte. Aber ihm fehlen die hundert Sicheln: so rauft er Ähren aus und ist ärgerlich.

Gefährten sucht der Schaffende, und solche, die ihre Sicheln zu wetzen wissen. Vernichter wird man sie heißen und Verächter des Guten und Bösen. Aber die Erntenden sind es und die Feiernden.

Mitschaffende sucht Zarathustra, Miterntende und Mitfeiernde sucht Zarathustra: was hat er mit Herden und Hirten und Leichnamen zu schaffen!

Und du, mein erster Gefährte, gehab dich wohl! Gut begrub ich dich in deinem hohlen Baume, gut barg ich dich vor den Wölfen.

Aber ich scheide von dir, die Zeit ist um. Zwischen Morgenröte und Morgenröte kam mir eine neue Wahrheit.

Nicht Hirt soll ich sein, nicht Totengräber. Nicht reden

einmal will ich wieder mit dem Volke: zum letzten Male sprach ich zu einem Toten.

Den Schaffenden, den Erntenden, den Feiernden will ich mich zugesellen: den Regenbogen will ich ihnen zeigen und alle die Treppen des Übermenschen. Den Einsiedlern werde ich mein Lied singen und den Zweisiedlern; und wer noch Ohren hat für Unerhörtes, dem will ich sein Herz schwer machen mit meinem Glücke.

Zu meinem Ziele will ich, ich gehe meinen Gang; über die Zögernden und Saumseligen werde ich hinwegspringen. Also sei mein Gang ihr Untergang!"

10.

Dies hatte Zarathustra zu seinem Herzen gesprochen, als die Sonne im Mittag stand: da blickte er fragend in die Höhe — denn er hörte über sich den scharfen Ruf eines Vogels. Und siehe! Ein Adler zog in weiten Kreisen durch die Luft, und an ihm hing eine Schlange, nicht einer Beute gleich, sondern einer Freundin: denn sie hielt sich um seinen Hals geringelt.

„Es sind meine Tiere!" sagte Zarathustra und freute sich von Herzen.

„Das stolzeste Tier unter der Sonne und das klügste Tier unter der Sonne — sie sind ausgezogen auf Kundschaft.

Erkunden wollen sie, ob Zarathustra noch lebe. Wahrlich, lebe ich noch?

Gefährlicher fand ich's unter Menschen als unter Tieren, gefährliche Wege geht Zarathustra. Mögen mich meine Tiere führen!"

Als Zarathustra dies gesagt hatte, gedachte er der Worte des Heiligen im Walde, seufzte und sprach also zu seinem Herzen:

„Möchte ich klüger sein! Möchte ich klug von Grund aus sein, gleich meiner Schlange!

Aber Unmögliches bitte ich da: so bitte ich denn meinen Stolz, daß er immer mit meiner Klugheit gehe!

Und wenn mich einst meine Klugheit verläßt: — ach, sie liebt es, davonzufliegen! — möge mein Stolz dann noch mit meiner Torheit fliegen!" —

— Also begann Zarathustras Untergang.

DIE REDEN ZARATHUSTRAS

VON DEN DREI VERWANDLUNGEN

Drei Verwandlungen nenne ich euch des Geistes: wie der Geist zum Kamele wird, und zum Löwen das Kamel, und zum Kinde zuletzt der Löwe.

Vieles Schwere gibt es dem Geiste, dem starken, tragsamen Geiste, dem Ehrfurcht innewohnt: nach dem Schweren und Schwersten verlangt seine Stärke.

Was ist schwer? so fragt der tragsame Geist, so kniet er nieder, dem Kamele gleich, und will gut beladen sein.

Was ist das Schwerste, ihr Helden? so fragt der tragsame Geist, daß ich es auf mich nehme und meiner Stärke froh werde.

Ist es nicht das: sich erniedrigen, um seinem Hochmut wehe zu tun? Seine Torheit leuchten lassen, um seiner Weisheit zu spotten?

Oder ist es das: von unserer Sache scheiden, wenn sie ihren Sieg feiert? Auf hohe Berge steigen, um den Versucher zu versuchen?

Oder ist es das: sich von Eicheln und Gras der Erkenntnis nähren und um der Wahrheit willen an der Seele Hunger leiden?

Oder ist es das: krank sein und die Tröster heimschicken und mit Tauben Freundschaft schließen, die niemals hören, was du willst?

Oder ist es das: in schmutziges Wasser steigen, wenn es das Wasser der Wahrheit ist, und kalte Frösche und heiße Kröten nicht von sich weisen?

Oder ist es das: die lieben, die uns verachten, und dem Gespenste die Hand reichen, wenn es uns fürchten machen will?

Alles dies Schwerste nimmt der tragsame Geist auf sich: dem Kamele gleich, das beladen in die Wüste eilt, also eilt er in seine Wüste.

Aber in der einsamsten Wüste geschieht die zweite Verwandlung: zum Löwen wird hier der Geist, Freiheit will er sich erbeuten und Herr sein in seiner eignen Wüste.

Seinen letzten Herrn sucht er sich hier: feind will er ihm werden und seinem letzten Gotte, um Sieg will er mit dem großen Drachen ringen.

Welches ist der große Drache, den der Geist nicht mehr Herr und Gott heißen mag? „Du-sollst" heißt der große Drache. Aber der Geist des Löwen sagt „ich will".

„Du-sollst" liegt ihm am Wege, goldfunkelnd, ein Schuppentier, und auf jeder Schuppe glänzt golden „du sollst!"

Tausendjährige Werte glänzen an diesen Schuppen, und also spricht der mächtigste aller Drachen: „aller Wert der Dinge — der glänzt an mir."

„Aller Wert ward schon geschaffen, und aller geschaffene Wert — das bin ich. Wahrlich, es soll kein ‚Ich will' mehr geben!" Also spricht der Drache.

Meine Brüder, wozu bedarf es des Löwen im Geiste? Was genügt nicht das lastbare Tier, das entsagt und ehrfürchtig ist?

Neue Werte schaffen — das vermag auch der Löwe noch nicht: aber Freiheit sich schaffen zu neuem Schaffen — das vermag die Macht des Löwen.

Freiheit sich schaffen und ein heiliges Nein auch vor der Pflicht: dazu, meine Brüder, bedarf es des Löwen.

Recht sich nehmen zu neuen Werten — das ist das furchtbarste Nehmen für einen tragsamen und ehrfürchtigen Geist. Wahrlich, ein Rauben ist es ihm und eines raubenden Tieres Sache.

Als sein Heiligstes liebte er einst das „Du-sollst": nun muß er Wahn und Willkür auch noch im Heiligsten finden, daß er sich Freiheit raube von seiner Liebe: des Löwen bedarf es zu diesem Raube.

Aber sagt, meine Brüder, was vermag noch das Kind, das auch der Löwe nicht vermochte? Was muß der raubende Löwe auch noch zum Kinde werden?

Unschuld ist das Kind und Vergessen, ein Neubeginnen, ein Spiel, ein aus sich rollendes Rad, eine erste Bewegung, ein heiliges Ja-Sagen.

Ja, zum Spiele des Schaffens, meine Brüder, bedarf es eines heiligen Ja-Sagens: s e i n e n Willen will nun der Geist, s e i n e Welt gewinnt sich der Weltverlorene.

Drei Verwandlungen nannte ich euch des Geistes: wie der

Geist zum Kamele ward, und zum Löwen das Kamel, und der Löwe zuletzt zum Kinde. —

Also sprach Zarathustra. Und damals weilte er in der Stadt, welche genannt wird: die bunte Kuh.

VON DEN LEHRSTÜHLEN DER TUGEND

Man rühmte Zarathustra einen Weisen, der gut vom Schlafe und von der Tugend zu reden wisse: sehr werde er geehrt und gelohnt dafür, und alle Jünglinge säßen vor seinem Lehrstuhle. Zu ihm ging Zarathustra, und mit allen Jünglingen saß er vor seinem Lehrstuhle. Und also sprach der Weise:

Ehre und Scham vor dem Schlafe! Das ist das erste! Und allen aus dem Wege gehn, die schlecht schlafen und nachts wachen!

Schamhaft ist noch der Dieb vor dem Schlafe: stets stiehlt er sich leise durch die Nacht. Schamlos aber ist der Wächter der Nacht, schamlos trägt er sein Horn.

Keine geringe Kunst ist schlafen: es tut schon not, den ganzen Tag daraufhin zu wachen.

Zehnmal mußt du des Tages dich selber überwinden: das macht eine gute Müdigkeit und ist Mohn der Seele.

Zehnmal mußt du dich wieder mit dir selbst versöhnen; denn Überwindung ist Bitternis, und schlecht schläft der Unversöhnte.

Zehn Wahrheiten mußt du des Tages finden: sonst suchst du noch des Nachts nach Wahrheit, und deine Seele blieb hungrig.

Zehnmal mußt du lachen am Tage und heiter sein: sonst stört dich der Magen in der Nacht, dieser Vater der Trübsal.

Wenige wissen das: aber man muß alle Tugenden haben, um gut zu schlafen. Werde ich falsch Zeugnis reden? Werde ich ehebrechen?

Werde ich mich gelüsten lassen meines Nächsten Magd? Das alles vertrüge sich schlecht mit gutem Schlafe.

Und selbst wenn man alle Tugenden hat, muß man sich noch auf eins verstehen: selber die Tugenden zur rechten Zeit schlafen schicken.

Daß sie sich nicht miteinander zanken, die artigen Weiblein! Und über dich, du Unglückseliger!

Friede mit Gott und dem Nachbar: so will es der gute Schlaf. Und Friede auch noch mit des Nachbars Teufel! Sonst geht er bei dir des Nachts um.

Ehre der Obrigkeit und Gehorsam, und auch der krummen Obrigkeit! So will es der gute Schlaf. Was kann ich dafür, daß die Macht gerne auf krummen Beinen wandelt?

Der soll mir immer der beste Hirt heißen, der sein Schaf auf die grünste Aue führt: so verträgt es sich mit gutem Schlafe.

Viel Ehren will ich nicht, noch große Schätze: das entzündet die Milz. Aber schlecht schläft es sich ohne einen guten Namen und einen kleinen Schatz.

Eine kleine Gesellschaft ist mir willkommener als eine böse: doch muß sie gehn und kommen zur rechten Zeit. So verträgt es sich mit gutem Schlafe.

Sehr gefallen mir auch die Geistig-Armen: sie fördern den Schlaf. Selig sind die, sonderlich wenn man ihnen immer recht gibt.

Also läuft der Tag dem Tugendsamen. Kommt nun die Nacht, so hüte ich mich wohl, den Schlaf zu rufen! Nicht will er gerufen sein, der Schlaf, der der Herr der Tugenden ist!

Sondern ich denke, was ich des Tages getan und gedacht. Wiederkäuend frage ich mich, geduldsam gleich einer Kuh: welches waren doch deine zehn Überwindungen?

Und welches waren die zehn Versöhnungen und die zehn Wahrheiten und die zehn Gelächter, mit denen sich mein Herz gütlich tat?

Solcherlei erwägend und gewiegt von vierzig Gedanken, überfällt mich auf einmal der Schlaf, der Ungerufne, der Herr der Tugenden.

Der Schlaf klopft mir auf mein Auge: da wird es schwer. Der Schlaf berührt mir den Mund: da bleibt er offen.

Wahrlich, auf weichen Sohlen kommt er mir, der liebste der Diebe, und stiehlt mir meine Gedanken: dumm stehe ich da wie dieser Lehrstuhl.

Aber nicht lange mehr stehe ich dann: da liege ich schon. —

Als Zarathustra den Weisen also sprechen hörte, lachte er bei sich im Herzen: denn ihm war dabei ein Licht aufgegangen. Und also sprach er zu seinem Herzen:

Ein Narr ist mir dieser Weise da mit seinen vierzig Gedanken: aber ich glaube, daß er sich wohl auf das Schlafen versteht.

Glücklich schon, wer in der Nähe dieses Weisen wohnt! Solch ein Schlaf steckt an, noch durch eine dicke Wand hindurch steckt er an.

Ein Zauber wohnt selbst in seinem Lehrstuhle. Und nicht vergebens saßen die Jünglinge vor dem Prediger der Tugend.

Seine Weisheit heißt: wachen, um gut zu schlafen. Und wahrlich, hätte das Leben keinen Sinn, und müßte ich Unsinn wählen, so wäre auch mir dies der wählenswürdigste Unsinn.

Jetzo verstehe ich klar, was einst man vor allem suchte, wenn man Lehrer der Tugend suchte. Guten Schlaf suchte man sich und mohnblumige Tugenden dazu!

Allen diesen gelobten Weisen der Lehrstühle war Weisheit der Schlaf ohne Träume: sie kannten keinen bessern Sinn des Lebens.

Auch noch heute wohl gibt es einige, wie diesen Prediger der Tugend, und nicht immer so Ehrliche: aber ihre Zeit ist um. Und nicht mehr lange stehen sie noch: da liegen sie schon.

Selig sind diese Schläfrigen: denn sie sollen bald einnicken. —

Also sprach Zarathustra.

VON DEN HINTERWELTLERN

Einst warf auch Zarathustra seinen Wahn jenseits des Menschen, gleich allen Hinterweltlern. Eines leidenden und zerquälten Gottes Werk schien mir da die Welt.

Traum schien mir da die Welt, und Dichtung eines Gottes; farbiger Rauch vor den Augen eines göttlich Unzufriednen.

Gut und böse und Lust und Leid und Ich und Du — farbiger Rauch dünkte mich's vor schöpferischen Augen. Wegsehn wollte der Schöpfer von sich, — da schuf er die Welt.

Trunkne Lust ist's dem Leidenden, wegzusehn von seinem Leiden und sich zu verlieren. Trunkne Lust und Selbst-sich-Verlieren dünkte mich einst die Welt.

Diese Welt, die ewig unvollkommene, eines ewigen Widerspruches Abbild und unvollkommnes Abbild — eine trunkne Lust ihrem unvollkommnen Schöpfer: — also dünkte mich einst die Welt.

Also warf auch ich einst meinen Wahn jenseits des Menschen, gleich allen Hinterweltlern. Jenseits des Menschen in Wahrheit?

Ach, ihr Brüder, dieser Gott, den ich schuf, war Menschen-Werk und -Wahnsinn, gleich allen Göttern!

Mensch war er, und nur ein armes Stück Mensch und Ich: aus der eigenen Asche und Glut kam es mir, dieses Gespenst, und wahrlich! Nicht kam es mir von jenseits!

Was geschah, meine Brüder? Ich überwand mich, den Leidenden, ich trug meine eigne Asche zu Berge, eine hellere Flamme erfand ich mir. Und siehe! Da w i c h das Gespenst von mir!

Leiden wäre es mir jetzt und Qual dem Genesenen, solche Gespenster zu glauben: Leiden wäre es mir jetzt und Erniedrigung. Also rede ich zu den Hinterweltlern.

Leiden war's und Unvermögen — das schuf alle Hinterwelten; und jener kurze Wahnsinn des Glücks, den nur der Leidendste erfährt.

Müdigkeit, die mit einem Sprunge zum Letzten will, mit einem Todessprunge, eine arme, unwissende Müdigkeit, die nicht einmal mehr wollen will: die schuf alle Götter und Hinterwelten.

Glaubt es mir, meine Brüder! Der Leib war's, der am Leibe verzweifelte, — der tastete mit den Fingern des betörten Geistes an die letzten Wände.

Glaubt es mir, meine Brüder! Der Leib war's, der an der Erde verzweifelte, — der hörte den Bauch des Seins zu sich reden.

Und da wollte er mit dem Kopfe durch die letzten Wände, und nicht nur mit dem Kopfe, — hinüber zu „jener Welt".

Aber „jene Welt" ist gut verborgen vor dem Menschen, jene entmenschte unmenschliche Welt, die ein himmlisches Nichts ist; und der Bauch des Seins redet gar nicht zum Menschen, es sei denn als Mensch.

Wahrlich, schwer zu beweisen ist alles Sein und schwer zum Reden zu bringen. Sagt mir, ihr Brüder, ist nicht das Wunderlichste aller Dinge noch am besten bewiesen?

Ja, dies Ich und des Ichs Widerspruch und Wirrsal redet noch am redlichsten von seinem Sein, dieses schaffende, wollende, wertende Ich, welches das Maß und der Wert der Dinge ist.

Und dies redlichste Sein, das Ich — das redet vom Leibe, und es will noch den Leib, selbst wenn es dichtet und schwärmt und mit zerbrochnen Flügeln flattert.

Immer redlicher lernt es reden, das Ich: und je mehr es lernt, um so mehr findet es Worte und Ehren für Leib und Erde.

Einen neuen Stolz lehrte mich mein Ich, den lehre ich die Menschen: nicht mehr den Kopf in den Sand der himmlischen Dinge zu stecken, sondern frei ihn zu tragen, einen Erden-Kopf, der der Erde Sinn schafft!

Einen neuen Willen lehre ich die Menschen: diesen Weg wollen, den blindlings der Mensch gegangen, und gut ihn heißen und nicht mehr von ihm beiseite schleichen, gleich den Kranken und Absterbenden!

Kranke und Absterbende waren es, die verachteten Leib und Erde und erfanden das Himmlische und die erlösenden Blutstropfen: aber auch noch diese süßen und düstern Gifte nahmen sie von Leib und Erde!

Ihrem Elende wollten sie entlaufen, und die Sterne waren ihnen zu weit. Da seufzten sie: „O daß es doch himmlische Wege gäbe, sich in ein andres Sein und Glück zu schleichen!" — da erfanden sie sich ihre Schliche und blutigen Tränklein!

Ihrem Leibe und dieser Erde nun entrückt wähnten sie sich, diese Undankbaren. Doch wem dankten sie ihrer Entrückung Krampf und Wonne? Ihrem Leibe und dieser Erde.

Milde ist Zarathustra den Kranken. Wahrlich, er zürnt nicht ihren Arten des Trostes und Undanks. Mögen sie Genesende werden und Überwindende und einen höheren Leib sich schaffen!

Nicht auch zürnt Zarathustra dem Genesenden, wenn er zärtlich nach seinem Wahne blickt und mitternachts um das Grab seines Gottes schleicht: aber Krankheit und kranker Leib bleiben mir auch seine Tränen noch.

Vieles krankhafte Volk gab es immer unter denen, welche dichten und gottsüchtig sind; wütend hassen sie den Erkennenden und jene jüngste der Tugenden, welche heißt: Redlichkeit.

Rückwärts blicken sie immer nach dunklen Zeiten: da freilich war Wahn und Glaube ein ander Ding; Raserei der Vernunft war Gottähnlichkeit, und Zweifel Sünde.

Allzu gut kenne ich diese Gottähnlichen: sie wollen, daß

an sie geglaubt werde, und Zweifel Sünde sei. Allzu gut weiß ich auch, woran sie selber am besten glauben.

Wahrlich nicht an Hinterwelten und erlösende Blutstropfen: sondern an den Leib glauben auch sie am besten, und ihr eigener Leib ist ihnen ihr Ding an sich.

Aber ein krankhaftes Ding ist er ihnen: und gerne möchten sie aus der Haut fahren. Darum horchen sie nach den Predigern des Todes und predigen selber Hinterwelten.

Hört mir lieber, meine Brüder, auf die Stimme des gesunden Leibes: eine redlichere und reinere Stimme ist dies.

Redlicher redet und reiner der gesunde Leib, der vollkommene und rechtwinklige: und er redet vom Sinn der Erde. —

Also sprach Zarathustra.

VON DEN VERÄCHTERN DES LEIBES

Den Verächtern des Leibes will ich mein Wort sagen. Nicht umlernen und umlehren sollen sie mir, sondern nur ihrem eignen Leibe Lebewohl sagen — und also stumm werden.

„Leib bin ich und Seele" — so redet das Kind. Und warum sollte man nicht wie die Kinder reden?

Aber der Erwachte, der Wissende sagt: Leib bin ich ganz und gar, und nichts außerdem; und Seele ist nur ein Wort für ein Etwas am Leibe.

Der Leib ist eine große Vernunft, eine Vielheit mit einem Sinne, ein Krieg und ein Frieden, eine Herde und ein Hirt.

Werkzeug deines Leibes ist auch deine kleine Vernunft, mein Bruder, die du „Geist" nennst, ein kleines Werk- und Spielzeug deiner großen Vernunft.

„Ich" sagst du und bist stolz auf dies Wort. Aber das Größere ist — woran du nicht glauben willst — dein Leib und seine große Vernunft: die sagt nicht Ich, aber tut Ich.

Was der Sinn fühlt, was der Geist erkennt, das hat niemals in sich sein Ende. Aber Sinn und Geist möchten dich überreden, sie seien aller Dinge Ende: so eitel sind sie.

Werk- und Spielzeuge sind Sinn und Geist: hinter ihnen liegt noch das Selbst. Das Selbst sucht auch mit den Augen der Sinne, es horcht auch mit den Ohren des Geistes.

Immer horcht das Selbst und sucht: es vergleicht, bezwingt, erobert, zerstört. Es herrscht und ist auch des Ichs Beherrscher.

Hinter deinen Gedanken und Gefühlen, mein Bruder, steht ein mächtiger Gebieter, ein unbekannter Weiser — der heißt Selbst. In deinem Leibe wohnt er, dein Leib ist er.

Es ist mehr Vernunft in deinem Leibe als in deiner besten Weisheit. Und wer weiß denn, wozu dein Leib gerade deine beste Weisheit nötig hat?

Dein Selbst lacht über dein Ich und seine stolzen Sprünge. „Was sind mir diese Sprünge und Flüge des Gedankens?“ sagt es sich. „Ein Umweg zu meinem Zwecke. Ich bin das Gängelband des Ichs und der Einbläser seiner Begriffe.“

Das Selbst sagt zum Ich: „hier fühle Schmerz!“ Und da leidet es und denkt nach, wie es nicht mehr leide — und dazu eben s o l l es denken.

Das Selbst sagt zum Ich: „hier fühle Lust!“ Da freut es sich und denkt nach, wie es noch oft sich freue — und dazu eben s o l l es denken.

Den Verächtern des Leibes will ich ein Wort sagen. Daß sie verachten, das macht ihr Achten. Was ist es, das Achten und Verachten und Wert und Willen schuf?

Das schaffende Selbst schuf sich Achten und Verachten, es schuf sich Lust und Weh. Der schaffende Leib schuf sich den Geist als eine Hand seines Willens.

Noch in eurer Torheit und Verachtung, ihr Verächter des Leibes, dient ihr eurem Selbst. Ich sage euch: euer Selbst selber will sterben und kehrt sich vom Leben ab.

Nicht mehr vermag es das, was es am liebsten will: — über sich hinaus zu schaffen. Das will es am liebsten, das ist seine ganze Inbrunst.

Aber zu spät ward es ihm jetzt dafür: — so will euer Selbst untergehn, ihr Verächter des Leibes.

Untergehn will euer Selbst, und darum wurdet ihr zu Verächtern des Leibes! Denn nicht mehr vermögt ihr über euch hinaus zu schaffen.

Und darum zürnt ihr nun dem Leben und der Erde. Ein ungewußter Neid ist im scheelen Blick eurer Verachtung.

Ich gehe nicht euren Weg, ihr Verächter des Leibes! Ihr seid mir keine Brücken zum Übermenschen! —

Also sprach Zarathustra.

VON DEN FREUDEN- UND LEIDENSCHAFTEN

Mein Bruder, wenn du eine Tugend hast, und es deine Tugend ist, so hast du sie mit niemandem gemeinsam.

Freilich, du willst sie bei Namen nennen und liebkosen; du willst sie am Ohre zupfen und Kurzweil mit ihr treiben.

Und siehe! Nun hast du ihren Namen mit dem Volke gemeinsam und bist Volk und Herde geworden mit deiner Tugend!

Besser tätest du, zu sagen: „unaussprechbar ist und namenlos, was meiner Seele Qual und Süße macht und auch noch der Hunger meiner Eingeweide ist".

Deine Tugend sei zu hoch für die Vertraulichkeit der Namen: und mußt du von ihr reden, so schäme dich nicht, von ihr zu stammeln.

So sprich und stammle: „das ist m e i n Gutes, das liebe ich, so gefällt es mir ganz, so allein will i c h das Gute.

Nicht will ich es als eines Gottes Gesetz, nicht will ich es als eine Menschen-Satzung und -Notdurft: kein Wegweiser sei es mir für Über-Erden und Paradiese.

Eine irdische Tugend ist es, die ich liebe: wenig Klugheit ist darin, und am wenigsten die Vernunft aller.

Aber dieser Vogel baute bei mir sich das Nest: darum liebe und herze ich ihn, — nun sitzt er bei mir auf seinen goldnen Eiern."

So sollst du stammeln und deine Tugend loben.

Einst hattest du nur noch deine Tugenden: die wuchsen aus deinen Leidenschaften.

Du legtest dein höchstes Ziel diesen Leidenschaften ans Herz: da wurden sie deine Tugenden und Freudenschaften.

Und ob du aus dem Geschlechte der Jähzornigen wärest oder aus dem der Wollüstigen oder der Glaubenswütigen oder der Rachsüchtigen:

Am Ende wurden alle deine Leidenschaften zu Tugenden und alle deine Teufel zu Engeln.

Einst hattest du wilde Hunde in deinem Keller: aber am Ende verwandelten sie sich zu Vögeln und lieblichen Sängerinnen.

Aus deinen Giften brautest du dir deinen Balsam, deine Kuh Trübsal melktest du — nun trinkst du die süße Milch ihres Euters.

Und nichts Böses wächst mehr fürderhin aus dir, es sei denn das Böse, das aus dem Kampfe deiner Tugenden wächst.

Mein Bruder, wenn du Glück hast, so hast du eine Tugend und nicht mehr: so gehst du leichter über die Brücke.

Auszeichnend ist es, viele Tugenden zu haben, aber ein schweres Los; und mancher ging in die Wüste und tötete sich, weil er müde war, Schlacht und Schlachtfeld von Tugenden zu sein.

Mein Bruder, ist Krieg und Schlacht böse? Aber notwendig ist dies Böse, notwendig ist der Neid und das Mißtrauen und die Verleumdung unter deinen Tugenden.

Siehe, wie jede deiner Tugenden begehrlich ist nach dem Höchsten: sie will deinen ganzen Geist, daß er *ihr* Herold sei, sie will deine ganze Kraft in Zorn, Haß und Liebe.

Eifersüchtig ist jede Tugend auf die andre, und ein furchtbares Ding ist Eifersucht. Auch Tugenden können an der Eifersucht zugrunde gehn.

Wen die Flamme der Eifersucht umringt, der wendet zuletzt, gleich dem Skorpione, gegen sich selber den vergifteten Stachel.

Ach, mein Bruder, sahst du noch nie eine Tugend sich selber verleumden und erstechen?

Der Mensch ist etwas, das überwunden werden muß: und darum sollst du deine Tugenden lieben —: denn du wirst an ihnen zugrunde gehn. —

Also sprach Zarathustra.

VOM BLEICHEN VERBRECHER

Ihr wollt nicht töten, ihr Richter und Opferer, bevor das Tier nicht genickt hat? Seht, der bleiche Verbrecher hat genickt: aus seinem Auge redet die große Verachtung.

„Mein Ich ist etwas, das überwunden werden soll: mein Ich ist mir die große Verachtung des Menschen“: so redet es aus diesem Auge.

Daß er sich selber richtete, war sein höchster Augenblick: laßt den Erhabenen nicht wieder zurück in sein Niederes!

Es gibt keine Erlösung für den, der so an sich selber leidet, es sei denn der schnelle Tod.

Euer Töten, ihr Richter, soll ein Mitleid sein und keine

Rache. Und indem ihr tötet, seht zu, daß ihr selber das Leben rechtfertiget!

Es ist nicht genug, daß ihr euch mit dem versöhnt, den ihr tötet. Eure Traurigkeit sei Liebe zum Übermenschen: so rechtfertigt ihr euer Noch-Leben!

„Feind" sollt ihr sagen, aber nicht „Bösewicht"; „Kranker" sollt ihr sagen, aber nicht „Schuft"; „Tor" sollt ihr sagen, aber nicht „Sünder".

Und du, roter Richter, wenn du laut sagen wolltest, was du alles schon in Gedanken getan hast: so würde jedermann schreien: „Weg mit diesem Unflat und Giftwurm!"

Aber ein Anderes ist der Gedanke, ein Anderes die Tat, ein Anderes das Bild der Tat. Das Rad des Grundes rollt nicht zwischen ihnen.

Ein Bild machte diesen bleichen Menschen bleich. Gleichwüchsig war er seiner Tat, als er sie tat: aber ihr Bild ertrug er nicht, als sie getan war.

Immer sah er sich nun als einer Tat Täter. Wahnsinn heiße ich dies: die Ausnahme verkehrte sich ihm zum Wesen.

Der Strich bannt die Henne; der Streich, den er führte, bannet seine arme Vernunft — den Wahnsinn n a c h der Tat heiße ich dies.

Hört, ihr Richter! Einen anderen Wahnsinn gibt es noch: und der ist v o r der Tat. Ach, ihr krocht mir nicht tief genug in diese Seele!

So spricht der rote Richter: „was mordete doch dieser Verbrecher? Er wollte rauben." Aber ich sage euch: seine Seele wollte Blut, nicht Raub: er dürstete nach dem Glücke des Messers!

Seine arme Vernunft aber begriff diesen Wahnsinn nicht und überredete ihn. „Was liegt an Blut!" sprach sie; „willst du nicht zum mindesten einen Raub dabei machen? Eine Rache nehmen?"

Und er horchte auf seine arme Vernunft: wie Blei lag ihre Rede auf ihm, — da raubte er, als er mordete. Er wollte sich nicht seines Wahnsinns schämen.

Und nun wieder liegt das Blei seiner Schuld auf ihm, und wieder ist seine arme Vernunft so steif, so gelähmt, so schwer.

Wenn er nur den Kopf schütteln könnte, so würde seine Last herabrollen: aber wer schüttelt diesen Kopf?

Was ist dieser Mensch? Ein Haufen von Krankheiten,

welche durch den Geist in die Welt hinausgreifen: da wollen sie ihre Beute machen.

Was ist dieser Mensch? Ein Knäuel wilder Schlangen, welche selten beieinander Ruhe haben, — da gehn sie für sich fort und suchen Beute in der Welt.

Seht diesen armen Leib! Was er litt und begehrte, das deutete sich diese arme Seele, — sie deutete es als mörderische Lust und Gier nach dem Glück des Messers.

Wer jetzt krank wird, den überfällt das Böse, das jetzt böse ist: wehe will er tun, mit dem, was ihm wehe tut. Aber es gab andre Zeiten und ein andres Böses und Gutes.

Einst war der Zweifel böse und der Wille zum Selbst. Damals wurde der Kranke zum Ketzer und zur Hexe: als Ketzer und Hexe litt er und wollte leiden machen.

Aber dies will nicht in eure Ohren: euren Guten schade es, sagt ihr mir. Aber was liegt mir an euren Guten!

Vieles an euren Guten macht mir Ekel, und wahrlich nicht ihr Böses. Wollte ich doch, sie hätten einen Wahnsinn, an dem sie zugrunde gingen, gleich diesem bleichen Verbrecher!

Wahrlich, ich wollte, ihr Wahnsinn hieße Wahrheit oder Treue oder Gerechtigkeit: aber sie haben ihre Tugend, um lange zu leben und in einem erbärmlichen Behagen.

Ich bin ein Geländer am Strome: fasse mich, wer mich fassen kann! Eure Krücke aber bin ich nicht. —

Also sprach Zarathustra.

VOM LESEN UND SCHREIBEN

Von allem Geschriebenen liebe ich nur das, was einer mit seinem Blute schreibt. Schreibe mit Blut: und du wirst erfahren, daß Blut Geist ist.

Es ist nicht leicht möglich, fremdes Blut zu verstehen: ich hasse die lesenden Müßiggänger.

Wer den Leser kennt, der tut nichts mehr für den Leser. Noch ein Jahrhundert Leser — und der Geist selber wird stinken.

Daß jedermann lesen lernen darf, verdirbt auf die Dauer nicht allein das Schreiben, sondern auch das Denken.

Einst war der Geist Gott, dann wurde er zum Menschen und jetzt wird er gar noch Pöbel.

Wer in Blut und Sprüchen schreibt, der will nicht gelesen, sondern auswendig gelernt werden.

Im Gebirge ist der nächste Weg von Gipfel zu Gipfel: aber dazu mußt du lange Beine haben. Sprüche sollen Gipfel sein: und die, zu denen gesprochen wird, Große und Hochwüchsige.

Die Luft dünn und rein, die Gefahr nahe und der Geist voll einer fröhlichen Bosheit: so paßt es gut zueinander.

Ich will Kobolde um mich haben, denn ich bin mutig. Mut, der die Gespenster verscheucht, schafft sich selber Kobolde, — der Mut will lachen.

Ich empfinde nicht mehr mit euch: diese Wolke, die ich unter mir sehe, diese Schwärze und Schwere, über die ich lache, — gerade das ist eure Gewitterwolke.

Ihr seht nach oben, wenn ihr nach Erhebung verlangt. Und ich sehe hinab, weil ich erhoben bin.

Wer von euch kann zugleich lachen und erhoben sein?

Wer auf den höchsten Berg steigt, der lacht über alle Trauer-Spiele und Trauer-Ernste.

Unbekümmert, spöttisch, gewalttätig — so will u n s die Weisheit: sie ist ein Weib und liebt immer nur einen Kriegsmann.

Ihr sagt mir: „das Leben ist schwer zu tragen." Aber wozu hättet ihr vormittags euren Stolz und abends eure Ergebung?

Das Leben ist schwer zu tragen: aber so tut mir doch nicht so zärtlich! Wir sind allesamt hübsche lastbare Esel und Eselinnen.

Was haben wir gemeinsam mit der Rosenknospe, welche zittert, weil ihr ein Tropfen Tau auf dem Leibe liegt?

Es ist wahr: wir lieben das Leben, nicht, weil wir ans Leben, sondern weil wir ans Lieben gewöhnt sind.

Es ist immer etwas Wahnsinn in der Liebe. Es ist aber immer auch etwas Vernunft im Wahnsinn.

Und auch mir, der ich dem Leben gut bin, scheinen Schmetterlinge und Seifenblasen und was ihrer Art unter Menschen ist, am meisten vom Glücke zu wissen.

Diese leichten, törichten, zierlichen, beweglichen Seelchen flattern zu sehen — das verführt Zarathustra zu Tränen und Liedern.

Ich würde nur an einen Gott glauben, der zu tanzen verstünde.

Und als ich meinen Teufel sah, da fand ich ihn ernst, gründlich, tief, feierlich: es war der Geist der Schwere, — durch ihn fallen alle Dinge.

Nicht durch Zorn, sondern durch Lachen tötet man. Auf, laßt uns den Geist der Schwere töten!

Ich habe gehen gelernt: seitdem lasse ich mich laufen. Ich habe fliegen gelernt: seitdem will ich nicht erst gestoßen sein, um von der Stelle zu kommen.

Jetzt bin ich leicht, jetzt fliege ich, jetzt sehe ich mich unter mir, jetzt tanzt ein Gott durch mich. —

Also sprach Zarathustra.

VOM BAUM AM BERGE

Zarathustras Auge hatte gesehn, daß ein Jüngling ihm auswich. Und als er eines Abends allein durch die Berge ging, welche die Stadt umschließen, die genannt wird „die bunte Kuh“: siehe, da fand er im Gehen diesen Jüngling, wie er an einen Baum gelehnt saß und müden Blickes in das Tal schaute. Zarathustra faßte den Baum an, bei welchem der Jüngling saß, und sprach also: „Wenn ich diesen Baum da mit meinen Händen schütteln wollte, ich würde es nicht vermögen.

Aber der Wind, den wir nicht sehen, der quält und biegt ihn, wohin er will. Wir werden am schlimmsten von unsichtbaren Händen gebogen und gequält.“

Da erhob sich der Jüngling bestürzt und sagte: „Ich höre Zarathustra und eben dachte ich an ihn.“ Zarathustra entgegnete:

„Was erschrickst du deshalb? — Aber es ist mit dem Menschen wie mit dem Baume.

Je mehr er hinauf in die Höhe und Helle will, um so stärker streben seine Wurzeln erdwärts, abwärts, ins Dunkle, Tiefe, — ins Böse.“

„Ja ins Böse!“ rief der Jüngling. „Wie ist es möglich, daß du meine Seele entdecktest?“

Zarathustra lächelte und sprach: „Manche Seele wird man nie entdecken, es sei denn, daß man sie zuerst erfindet.“

„Ja ins Böse!“ rief der Jüngling nochmals.

„Du sagtest die Wahrheit, Zarathustra. Ich traue mir selber

nicht mehr, seitdem ich in die Höhe will, und niemand traut mir mehr, — wie geschieht dies doch?

Ich verwandele mich zu schnell: mein Heute widerlegt mein Gestern. Ich überspringe oft die Stufen, wenn ich steige, — das verzeiht mir keine Stufe.

Bin ich oben, so finde ich mich immer allein. Niemand redet mit mir, der Frost der Einsamkeit macht mich zittern. Was will ich doch in der Höhe?

Meine Verachtung und meine Sehnsucht wachsen miteinander; je höher ich steige, um so mehr verachte ich den, der steigt. Was will er doch in der Höhe?

Wie schäme ich mich meines Steigens und Stolperns! Wie spotte ich meines heftigen Schnaubens! Wie hasse ich den Fliegenden! Wie müde bin ich in der Höhe!"

Hier schwieg der Jüngling. Und Zarathustra betrachtete den Baum, an dem sie standen, und sprach also:

„Dieser Baum steht einsam hier am Gebirge; er wuchs hoch hinweg über Mensch und Tier.

Und wenn er reden wollte, er würde niemanden haben, der ihn verstünde: so hoch wuchs er.

Nun wartet er und wartet, — worauf wartet er doch? Er wohnt dem Sitze der Wolken zu nahe: er wartet wohl auf den ersten Blitz?"

Als Zarathustra dies gesagt hatte, rief der Jüngling mit heftigen Gebärden: „Ja, Zarathustra, du sprichst die Wahrheit. Nach meinem Untergange verlangte ich, als ich in die Höhe wollte, und du bist der Blitz, auf den ich wartete! Siehe, was bin ich noch, seitdem du uns erschienen bist? Der N e i d auf dich ist's, der mich zerstört hat!" — So sprach der Jüngling und weinte bitterlich. Zarathustra aber legte seinen Arm um ihn und führte ihn mit sich fort.

Und als sie eine Weile miteinander gegangen waren, hob Zarathustra also an zu sprechen:

Es zerreißt mir das Herz. Besser als deine Worte es sagen, sagt mir dein Auge alle deine Gefahr.

Noch bist du nicht frei, du s u c h s t noch nach Freiheit. Übernächtig machte dich dein Suchen und überwach.

In die freie Höhe willst du, nach Sternen dürstet deine Seele. Aber auch deine schlimmen Triebe dürsten nach Freiheit.

Deine wilden Hunde wollen in die Freiheit; sie bellen vor

Lust in ihrem Keller, wenn dein Geist alle Gefängnisse zu lösen trachtet.

Noch bist du mir ein Gefangner, der sich Freiheit ersinnt: ach, klug wird solchen Gefangnen die Seele, aber auch arglistig und schlecht.

Reinigen muß sich auch noch der Befreite des Geistes. Viel Gefängnis und Moder ist noch in ihm zurück: rein muß noch sein Auge werden.

Ja, ich kenne deine Gefahr. Aber bei meiner Liebe und Hoffnung beschwöre ich dich: wirf deine Liebe und Hoffnung nicht weg!

Edel fühlst du dich noch, und edel fühlen dich auch die andern noch, die dir gram sind und böse Blicke senden. Wisse, daß allen ein Edler im Wege steht.

Auch den Guten steht ein Edler im Wege: und selbst wenn sie ihn einen Guten nennen, so wollen sie ihn damit beiseitebringen.

Neues will der Edle schaffen und eine neue Tugend. Altes will der Gute, und daß Altes erhalten bleibe.

Aber nicht das ist die Gefahr des Edlen, daß er ein Guter werde, sondern ein Frecher, ein Höhnender, ein Vernichter.

Ach, ich kannte Edle, die verloren ihre höchste Hoffnung. Und nun verleumdeten sie alle hohen Hoffnungen.

Nun lebten sie frech in kurzen Lüsten, und über den Tag hin warfen sie kaum noch Ziele.

„Geist ist auch Wollust" — so sagten sie. Da zerbrachen ihrem Geiste die Flügel: nun kriecht er herum und beschmutzt im Nagen.

Einst dachten sie Helden zu werden: Lüstlinge sind es jetzt. Ein Gram und ein Grauen ist ihnen der Held.

Aber bei meiner Liebe und Hoffnung beschwöre ich dich: wirf den Helden in deiner Seele nicht weg! Halte heilig deine höchste Hoffnung!

Also sprach Zarathustra.

VON DEN PREDIGERN DES TODES

Es gibt Prediger des Todes: und die Erde ist voll von solchen, denen Abkehr gepredigt werden muß vom Leben.

Voll ist die Erde von Überflüssigen, verdorben ist das

Leben durch die Viel-zu-Vielen. Möge man sie mit dem „ewigen Leben" aus diesem Leben weglocken!

„Gelbe": so nennt man die Prediger des Todes, oder „Schwarze". Aber ich will sie euch noch in andern Farben zeigen.

Da sind die Fürchterlichen, welche in sich das Raubtier herumtragen und keine Wahl haben, es sei denn Lüste oder Selbstzerfleischung. Und auch ihre Lüste sind noch Selbstzerfleischung.

Sie sind noch nicht einmal Menschen geworden, diese Fürchterlichen: mögen sie Abkehr predigen vom Leben und selber dahinfahren!

Da sind die Schwindsüchtigen der Seele: kaum sind sie geboren, so fangen sie schon an zu sterben und sehnen sich nach Lehren der Müdigkeit und Entsagung.

Sie wollen gerne tot sein, und wir sollten ihren Willen gutheißen! Hüten wir uns, diese Toten zu erwecken und diese lebendigen Särge zu versehren!

Ihnen begegnet ein Kranker oder ein Greis oder ein Leichnam; und gleich sagen sie: „das Leben ist widerlegt!"

Aber nur sie sind widerlegt und ihr Auge, welches nur das eine Gesicht sieht am Dasein.

Eingehüllt in dicke Schwermut und begierig auf die kleinen Zufälle, welche den Tod bringen: so warten sie und beißen die Zähne aufeinander.

Oder aber: sie greifen nach Zuckerwerk und spotten ihrer Kinderei dabei: sie hängen an ihrem Strohhalm Leben und spotten, daß sie noch an einem Strohhalm hängen.

Ihre Weisheit lautet: „ein Tor, der leben bleibt, aber sosehr sind wir Toren! Und das eben ist das Törichtste am Leben!" —

„Das Leben ist nur Leiden" — so sagen andre und lügen nicht: so sorgt doch, daß i h r aufhört! So sorgt doch, daß das Leben aufhört, welches nur Leiden ist!

Und also laute die Lehre eurer Tugend: „du sollst dich selber töten! Du sollst dich selber davonstehlen!" —

„Wollust ist Sünde" — so sagen die einen, welche den Tod predigen —, „laßt uns beiseitegehn und keine Kinder zeugen!"

„Gebären ist mühsam" — sagen die andern —, „wozu noch

gebären? Man gebiert nur Unglückliche!" Und auch sie sind Prediger des Todes.

„Mitleid tut not" — so sagen die dritten. „Nehmt hin, was ich habe! Nehmt hin, was ich bin! Um so weniger bindet mich das Leben!"

Wären sie Mitleidige von Grund aus, so würden sie ihren Nächsten das Leben verleiden. Böse sein — das wäre ihre rechte Güte.

Aber sie wollen loskommen vom Leben: was schiert es sie, daß sie andre mit ihren Ketten und Geschenken noch fester binden! —

Und auch ihr, denen das Leben wilde Arbeit und Unruhe ist: seid ihr nicht sehr müde des Lebens? Seid ihr nicht sehr reif für die Predigt des Todes?

Ihr alle, denen die wilde Arbeit lieb ist und das Schnelle, Neue, Fremde, — ihr ertragt euch schlecht, euer Fleiß ist Flucht und Wille, sich selber zu vergessen.

Wenn ihr mehr an das Leben glaubtet, würdet ihr weniger euch dem Augenblicke hinwerfen. Aber ihr habt zum Warten nicht Inhalt genug in euch — und selbst zur Faulheit nicht!

Überall ertönt die Stimme derer, welche den Tod predigen: und die Erde ist voll von solchen, welchen der Tod gepredigt werden muß.

Oder „das ewige Leben": das gilt mir gleich, — wofern sie nur schnell dahinfahren! —

Also sprach Zarathustra.

VOM KRIEG UND KRIEGSVOLKE

Von unsern besten Feinden wollen wir nicht geschont sein, und auch von denen nicht, welche wir von Grund aus lieben. So laßt mich denn euch die Wahrheit sagen!

Meine Brüder im Kriege! Ich liebe euch von Grund aus, ich bin und war euresgleichen. Und ich bin auch euer bester Feind. So laßt mich denn euch die Wahrheit sagen!

Ich weiß um den Haß und Neid eures Herzens. Ihr seid nicht groß genug, um Haß und Neid nicht zu kennen. So seid denn groß genug, euch ihrer nicht zu schämen!

Und wenn ihr nicht Heilige der Erkenntnis sein könnt, so seid mir wenigstens deren Kriegsmänner. Das sind die Gefährten und Vorläufer solcher Heiligkeit.

Ich sehe viel Soldaten: möchte ich viel Kriegsmänner sehn! „Ein-form" nennt man's, was sie tragen: möge es nicht Einform sein, was sie damit verstecken!

Ihr sollt mir solche sein, deren Auge immer nach einem Feinde sucht — nach eurem Feinde. Und bei einigen von euch gibt es einen Haß auf den ersten Blick.

Euren Feind sollt ihr suchen, euren Krieg sollt ihr führen und für eure Gedanken! Und wenn euer Gedanke unterliegt, so soll eure Redlichkeit darüber noch Triumph rufen!

Ihr sollt den Frieden lieben als Mittel zu neuen Kriegen. Und den kurzen Frieden mehr als den langen.

Euch rate ich nicht zur Arbeit, sondern zum Kampfe. Euch rate ich nicht zum Frieden, sondern zum Siege. Eure Arbeit sei ein Kampf, euer Friede sei ein Sieg!

Man kann nur schweigen und stillsitzen, wenn man Pfeil und Bogen hat: sonst schwätzt und zankt man. Euer Friede sei ein Sieg!

Ihr sagt, die gute Sache sei es, die sogar den Krieg heilige? Ich sage euch: der gute Krieg ist es, der jede Sache heiligt.

Der Krieg und der Mut haben mehr große Dinge getan als die Nächstenliebe. Nicht euer Mitleiden, sondern eure Tapferkeit rettete bisher die Verunglückten.

„Was ist gut?" fragt ihr. Tapfer sein ist gut. Laßt die kleinen Mädchen reden: „gut sein ist, was hübsch zugleich und rührend ist."

Man nennt euch herzlos: aber euer Herz ist echt, und ich liebe die Scham eurer Herzlichkeit. Ihr schämt euch eurer Flut, und andre schämen sich ihrer Ebbe.

Ihr seid häßlich? Nun wohlan, meine Brüder! So nehmt das Erhabne um euch, den Mantel des Häßlichen!

Und wenn eure Seele groß wird, so wird sie übermütig. und in eurer Erhabenheit ist Bosheit. Ich kenne euch.

In der Bosheit begegnet sich der Übermütige mit dem Schwächlinge. Aber sie mißverstehen einander. Ich kenne euch.

Ihr dürft nur Feinde haben, die zu hassen sind, aber nicht Feinde zum Verachten. Ihr müßt stolz auf euern Feind sein: dann sind die Erfolge eures Feindes auch eure Erfolge.

Auflehnung — das ist die Vornehmheit am Sklaven. Eure Vornehmheit sei Gehorsam! Euer Befehlen selber sei ein Gehorchen!

Einem guten Kriegsmanne klingt „du sollst" angenehmer

als „ich will“. Und alles, was euch lieb ist, sollt ihr euch erst noch befehlen lassen.

Eure Liebe zum Leben sei Liebe zu eurer höchsten Hoffnung: und eure höchste Hoffnung sei der höchste Gedanke des Lebens!

Euren höchsten Gedanken aber sollt ihr euch von mir befehlen lassen — und er lautet: der Mensch ist etwas, das überwunden werden soll.

So lebt euer Leben des Gehorsams und des Krieges! Was liegt am Lang-Leben! Welcher Krieger will geschont sein!

Ich schone euch nicht, ich liebe euch von Grund aus, meine Brüder im Kriege! —

Also sprach Zarathustra.

VOM NEUEN GÖTZEN

Irgendwo gibt es noch Völker und Herden, doch nicht bei uns, meine Brüder: da gibt es Staaten.

Staat? Was ist das? Wohlan! Jetzt tut mir die Ohren auf, denn jetzt sage ich euch mein Wort vom Tode der Völker.

Staat heißt das kälteste aller kalten Ungeheuer. Kalt lügt es auch; und diese Lüge kriecht aus seinem Munde: „Ich, der Staat, bin das Volk.“

Lüge ist's! Schaffende waren es, die schufen die Völker und hängten einen Glauben und eine Liebe über sie hin: also dienten sie dem Leben.

Vernichter sind es, die stellen Fallen auf für viele und heißen sie Staat: sie hängen ein Schwert und hundert Begierden über sie hin.

Wo es noch Volk gibt, da versteht es den Staat nicht und haßt ihn als bösen Blick und Sünde an Sitten und Rechten.

Dieses Zeichen gebe ich euch: jedes Volk spricht seine Zunge des Guten und Bösen: die versteht der Nachbar nicht. Seine Sprache erfand es sich in Sitten und Rechten.

Aber der Staat lügt in allen Zungen des Guten und Bösen; und was er auch redet, er lügt — und was er auch hat, gestohlen hat er's.

Falsch ist alles an ihm; mit gestohlenen Zähnen beißt er, der Bissige. Falsch sind selbst seine Eingeweide.

Sprachverwirrung des Guten und Bösen: dieses Zeichen

gebe ich euch als Zeichen des Staates. Wahrlich, den Willen zum Tode deutet dieses Zeichen! Wahrlich, es winkt den Predigern des Todes!

Viel zu viele werden geboren: für die Überflüssigen ward der Staat erfunden!

Seht mir doch, wie er sie an sich lockt, die Viel-zu-Vielen! Wie er sie schlingt und kaut und wiederkäut!

„Auf der Erde ist nichts Größeres als ich: der ordnende Finger bin ich Gottes" — also brüllt das Untier. Und nicht nur Langgeohrte und Kurzgeäugte sinken auf die Knie!

Ach, auch in euch, ihr großen Seelen, raunt er seine düsteren Lügen! Ach, er errät die reichen Herzen, die gerne sich verschwenden!

Ja, auch euch errät er, ihr Besieger des alten Gottes! Müde wurdet ihr im Kampfe, und nun dient eure Müdigkeit noch dem neuen Götzen!

Helden und Ehrenhafte möchte er um sich aufstellen, der neue Götze! Gerne sonnt er sich im Sonnenschein guter Gewissen, — das kalte Untier!

Alles will er euch geben, wenn ihr ihn anbetet, der neue Götze: also kauft er sich den Glanz eurer Tugend und den Blick eurer stolzen Augen.

Ködern will er mit euch die Viel-zu-Vielen! Ja, ein Höllenkunststück ward da erfunden, ein Pferd des Todes, klirrend im Putz göttlicher Ehren!

Ja, ein Sterben für viele ward da erfunden, das sich selber als Leben preist: wahrlich, ein Herzensdienst allen Predigern des Todes!

Staat nenne ich's, wo alle Gifttrinker sind, Gute und Schlimme: Staat, wo alle sich selber verlieren: Gute und Schlimme: Staat, wo der langsame Selbsmord aller — „das Leben" heißt.

Seht mir doch diese Überflüssigen! Sie stehlen sich die Werke der Erfinder und die Schätze der Weisen: Bildung nennen sie ihren Diebstahl — und alles wird ihnen zu Krankheit und Ungemach!

Seht mir doch diese Überflüssigen! Krank sind sie immer, sie erbrechen ihre Galle und nennen es Zeitung. Sie verschlingen einander und können sich nicht einmal verdauen.

Seht mir doch diese Überflüssigen! Reichtümer erwerben sie und werden ärmer damit. Macht wollen sie und zuerst das

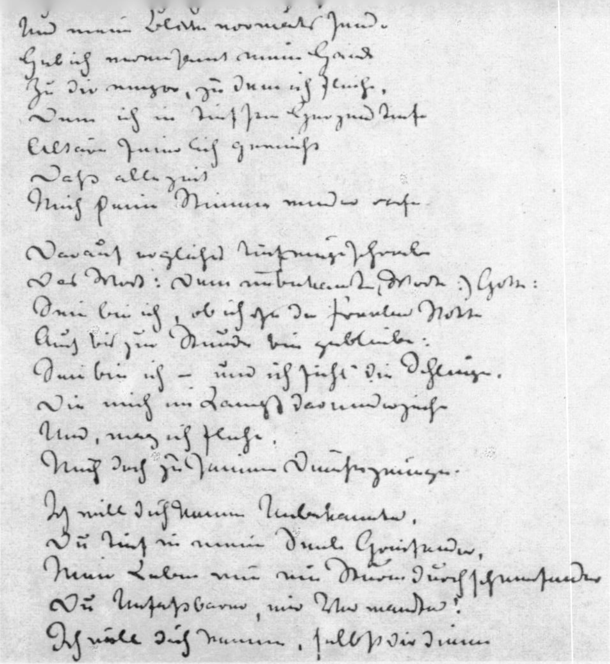

Und meine Blicke vorwärts sende.
Heb ich vereinsamt meine Hände
Zu dir empor, zu dem ich fliehe,
Dem ich in tiefster Herzenstiefe
Altäre feierlich geweiht
Daß allezeit
Mich seine Stimme wieder riefe.

Darauf erglühet tiefeingeschrieben
Das Wort: Dem unbekannten Gotte:
Sein bin ich, ob ich in der Frevler Rotte
Auch bis zur Stunde bin geblieben:
Sein bin ich – und ich fühl' die Schlingen,
Die mich im Kampf darniederziehn
Und, mag ich fliehn,
Mich doch zu seinem Dienste zwingen.

Ich will dich kennen, Unbekannter,
Du tief in meine Seele Greifender,
Mein Leben wie ein Sturm durchschweifender,
Du Unfaßbarer, mir Verwandter!
Ich will dich kennen, selbst dir dienen

Dem unbekannten Gott.
Gedicht des Zwanzigjährigen aus Schulpforta 1864

Als Abiturient

Schulpforta nach einem zeitgenössischen Stich

Ruine Schönburg. Gründungsort der „Germania“

Rolandseck. Rheintal mit Siebengebirge

Philologischer Verein in Leipzig 1867
Links sitzend Friedrich Nietzsche, rechts sitzend Erwin Rohde

Nietzsche als Einjährig-Freiwilliger 1868

Nietzsche als Leipziger Student 1867

Nietzsche als Baseler Professor (Der Unzeitgemäße)

Mahnruf an die Deutschen.

Wir wollen gehört werden; denn wir reden als Warner, und immer ist die Stimme des Warners, wer er auch sei und wo sie auch immer erklinge, in ihrem Rechte; dafür habt ihr, die ihr angeredet werdet, das Recht euch zu entscheiden, ob ihr eure Warner als ehrliche und einsichtige Männer nehmen wollt, die nur laut werden, weil ihr in Gefahr seid und die erschrecken, euch so stumm, gleichgültig und ahnungslos zu finden. Dies aber dürfen wir von uns selbst bezeugen, dass wir aus reinem Herzen reden und nur soweit dabei das Unsere wollen und suchen, als es auch das Eure ist — nämlich die Wohlfahrt und die Ehre des deutschen Geistes und des deutschen Namens.

Es ist euch gemeldet worden, welches Fest im Mai des vorigen Jahres zu *Bayreuth* gefeiert wurde: einen gewaltigen Grundstein galt es dort zu legen, unter dem wir viele Befürchtungen auf immer begraben, durch den wir unsere edelsten Hoffnungen endgültig besiegelt glaubten — oder vielmehr, wie wir heute sagen müssen, besiegelt wähnten. Denn ach, es war viel Wahn dabei: jetzt noch leben jene Befürchtungen, und wenn wir auch keineswegs verlernt haben zu hoffen, so giebt doch unser heutiger Hülf- und Mahnruf zu verstehen, dass wir mehr fürchten als hoffen. Unsre Furcht aber richtet sich gegen euch: ihr möchtet gar nicht wissen, was geschieht und vielleicht gar aus Unwissenheit verhindern, dass etwas geschieht. Zwar ziemt es sich längst nicht mehr, so unwissend zu sein; ja fast scheint es unmöglich, dass Jemand es jetzt noch ist, nachdem der grosse, tapfere, unbeugsame und unaufhaltsame Kämpfer *Richard Wagner* schon Jahrzehnte lang unter dem gespannten Aufmerken fast aller Nationen für jene Gedanken einsteht, denen er in seinem Bayreuther Kunstwerk die letzte und höchste Form und eine wahrhaft siegreiche Vollendung gegeben hat. Wenn ihr ihn jetzt noch hindern würdet, den Schatz auch nur zu heben, den er Willens ist euch zu schenken: was meint ihr wohl damit für euch erreicht zu haben? Eben dies muss euch noch einmal und immer wieder öffentlich und eindringlich vorgehalten werden, damit ihr wisset, was an der Zeit sei und damit auch nicht einmal das mehr in eurem Belieben steht, die Unwissenden zu spielen. Denn von jetzt ab wird das Ausland Zeuge und Richter im Schauspiele sein, das ihr gebt; und in seinem Spiegel werdet ihr ungefähr euer eigenes Bild wiederfinden können, so wie es die gerechte Nachwelt einmal von euch malen wird.

Gesetzt es gelänge euch, durch Unwissenheit, Misstrauen, Sekretieren, Bespötteln, Verläumden den Bau auf dem Hügel von Bayreuth zur zwecklosen Ruine zu machen, gesetzt ihr liesset es in unduldsamem Misswollen nicht einmal zu, dass das vollendete Werk Wirklichkeit werde, Wirkung thue und für sich selber zeuge, so habt ihr euch vor dem Urtheile jener Nachwelt eben so zu fürchten als vor den Augen der ausserdeutschen Mitwelt zu schämen. Wenn ein Mann in Frankreich oder in England oder in Italien, nachdem er allen öffentlichen Mächten und Meinungen zum Trotz den Theatern fünf Werke eines eigenthümlich grossen und mächtigen Styles geschenkt hätte, die vom Norden bis zum Süden unablässig verlangt und bejubelt werden — wenn ein solcher Mann ausriefe: »die bestehenden Theater entsprechen nicht dem Geiste der Nation, sie sind als öffentliche Kunst eine Schande! Helft mir dem nationalen Geiste eine Stätte bereiten!« würde ihm nicht alles zu Hülfe kommen und sei es auch nur — aus Ehrgefühl? Und wahrlich! Hier thäte nicht nur Ehrgefühl, nicht nur die blinde Furcht vor der schlechten Nachrede Noth; hier könntet ihr mitfühlen, mitlernen, mitwissen, hier könntet ihr euch aus tiefstem Herzen mitfreuen, indem ihr euch entschlösset, mitzuhelfen. Alle eure Wissenschaften werden von euch freigebig mit kostspieligen Versuchs-Werkstätten ausgerüstet: und ihr wollt unthätig bei Seite stehen, wenn dem wagenden und versuchenden Geiste der deutschen Kunst eine solche Werkstatt aufgebaut werden soll? Könnt ihr irgend einen Moment aus der Geschichte unserer Kunst nennen, in dem wichtigere Probleme zur Lösung hingestellt und reicherer Anlass zu fruchtbaren Erfahrungen geboten wurde als jetzt, wo der von Richard Wagner mit dem Namen »Kunstwerk der Zukunft« bezeichnete Gedanke leibhafte und sichtbare Gegenwart werden soll? Was für eine Bewegung der Gedanken, Handlungen, Hoffnungen und Begabungen damit eingeleitet

1873 für das Bayreuther Unternehmen von Nietzsche verfaßt

bringendste, hoffnungsreichste Weite hinaus — wer möchte kühn genug sein, hier auch nur ahnen zu wollen? Und jedenfalls würde es nicht an dem Urheber der Bewegung liegen, wenn die Welle bald wieder zurücksinken und die Fläche wieder glatt werden sollte als ob nichts geschehen sei. Denn wenn es unsere erste Sorge sein muss, dass das Werk überhaupt gethan werde, so drückt uns doch als zweite Sorge nicht minder schwer der Zweifel, wir möchten nicht reif, vorbereitet und empfänglich genug befunden werden, um die jedenfalls ungeheure allernächste Wirkung in die Tiefe und in die Weite zu leiten.

Wir glauben bemerkt zu haben, dass überall, wo man an Richard Wagner Anstoss genommen hat und zu nehmen pflegt, ein grosses und fruchtbares Problem unserer Cultur verborgen liegt; aber wenn man daraus immer nur einen Anstoss zum dünkelhaften Bekritteln und Bespötteln genommen hat und nur so selten einen Anstoss zum Nachdenken, so giebt dies uns bisweilen den beschämenden Argwohn ein, ob vielleicht das berühmte »Volk der Denker« bereits zu Ende gedacht und etwa den Dünkel gegen den Gedanken eingetauscht habe. Welchen missverständlichen Einreden hat man zu begegnen, nur um zu verhüten, dass das Bayreuther Ereigniss vom Mai 1872 nicht mit der Gründung eines neuen Theaters verwechselt wird, um andererseits zu erklären, warum dem Sinne jener Unternehmung kein bestehendes Theater entsprechen kann, welche Mühe kostet es, die absichtlich oder unabsichtlich Blinden darüber hellsehend zu machen, dass bei dem Worte »Bayreuth« nicht nur eine Anzahl Menschen, etwa eine Partei mit spezifischen Musikgelüsten, sondern die Nation in Betracht komme, ja dass selbst über die Grenzen der deutschen Nation hinaus alle diejenigen zu ernster und thätiger Betheiligung angerufen sind, denen die Veredlung und Reinigung der dramatischen Kunst am Herzen liegt und die Schillers wunderbare Ahnung verstanden haben, dass vielleicht einmal aus der Oper sich das Trauerspiel in einer edleren Gestalt entwickeln werde. Wer nur immer noch nicht verlernt hat nachzudenken — und sei es wiederum auch nur aus Ehrgefühl — der muss eine künstlerische Unternehmung als *sittlich* denkwürdiges Phänomen empfinden und begünstigen, die in diesem Grade von dem opferbereiten und uneigennützigen Willen aller Betheiligten getragen wird und mit dem ernst ausgesprochenen Bekenntniss derselben geweiht ist, dass sie von der Kunst hoch und würdig denken und zumal von der deutschen Musik und ihrer verklärenden Einwirkung auf das volksthümliche Drama die wichtigste Förderung eines originalen deutsch ausgeprägten Lebens erhoffen. Glauben wir doch sogar noch ein Höheres durch Anspannung seiner höchsten und edelsten Kunst- und Culturkräfte vergessen machen will, dass er furchtbar war.

An diese unsere deutsche Aufgabe in diesem Augenblick zu mahnen hielten wir für unsere Pflicht, gerade jetzt, wo wir auffordern müssen, mit allen Kräften eine grosse Kunstthat des deutschen Genius zu unterstützen. Wo nur immer Herde ernsten Nachsinnens sich in unserer aufgeregten Zeit erhalten haben, erwarten wir einen freudigen und sympathischen Zuruf zu hören; insbesondere werden die deutschen Universitäten, Akademien und Kunstschulen nicht umsonst aufgerufen sein, sich der geforderten Unterstützung gemäss, einzeln oder zusammen, zu erklären: wie ebenfalls die politischen Vertreter deutscher Wohlfahrt in Reichs- und Landtagen einen wichtigen Anlass haben zu bedenken, dass das Volk jetzt mehr wie je der Reinigung und der Weihung durch die erhabenen Zauber und Schrecken ächter deutscher Kunst bedürfe, wenn nicht die gewaltig erregten Triebe politischer und nationaler Leidenschaft und die der Physionomie unseres Lebens aufgeschriebenen Züge der Jagd nach Glück und Genuss unsere Nachkommen zu dem Geständnisse nöthigen sollen, dass wir Deutsche uns selbst zu verlieren anfingen, als wir uns endlich wiedergefunden hatten.

Unterschriften:

Hier, geliebter Meister, ist mein Entwurf. Eigentlich war es mein Wunsch, Ihnen denselben recht pathetisch vorlesen zu können, aber es scheint mir heute besser, dass er möglichst bald in Ihre Hände kommt. Entspricht er ungefähr seinem Zweck (die Bösen zu erzürnen und die Guten durch diesen Zorn zu sammeln und anzufeuern) so läge mir viel an der schnellen Anfertigung einer französischen, italiänischen und auch wohl englischen Übersetzung, aus ersichtlichen Gründen. Zur Unterschrift geeignet scheint mir weniger ein Patronats-Ausschuss als vielmehr eine von uns auszuwählende kleinere Schaar von Männern aus den verschiedensten Klassen und Ständen (Adel Beamte Politiker Priester Gelehrte Geschäftsleute Künstler) An jeden der Ausgewählten wäre ein Exemplar dieses Aufrufs zu versenden, mit der Anfrage, ob er seine Unterschrift hergeben wolle. Ich bringe genug Exemplare mit, um dies zu ermöglichen. Sobald die Antworten zurückgekommen sind, ist dann der definitive Druck so schnell wie möglich vorzunehmen. Ein kurzer geschäftlich-praktischer Nachsatz müsste dem Aufruf, unterhalb des Striches und der Namen, beigefügt werden, wie das Alles am Freitag zu besprechen ist. Wir kommen Donnerstag Nachmittag. In Treue und Liebe Ihr F. N.

Basel

Landhaus Triebschen, vom See aus gesehen

Auffahrt zur Eröffnung des Bayreuther Festspielhauses 1876

Sorrent

Richard Wagner im Familien- und Freundeskreis vor dem Hause Wahnfried 1882. Oben: Blandine von Bülow, Heinrich von Stein, Cosima und

Silvaplaner See und Silser See, Silvaplana im Oberengadin

Genua

Santa Margherita

Rapallo. Italienische Riviera

Zoagli bei Rapallo

Venedig, Markusplatz

Turin

Nietzsche 1882

Nietzsche in den letzten Jahren seines Leidens. Radierung

… Ausbruch der Krankheit

Brecheisen der Macht, viel Geld, — diese Unvermögenden!

Seht sie klettern, diese geschwinden Affen! Sie klettern übereinander hinweg und zerren sich also in den Schlamm und die Tiefe.

Hin zum Throne wollen sie alle: ihr Wahnsinn ist es, — als ob das Glück auf dem Throne säße! Oft sitzt der Schlamm auf dem Thron — und oft auch der Thron auf dem Schlamme.

Wahnsinnige sind sie mir alle und kletternde Affen und Überheiße. Übel riecht mir ihr Götze, das kalte Untier: übel riechen sie mir alle zusammen, diese Götzendiener.

Meine Brüder, wollt ihr denn ersticken im Dunste ihrer Mäuler und Begierden? Lieber zerbrecht doch die Fenster und springt ins Freie!

Geht doch dem schlechten Geruche aus dem Wege! Geht fort von der Götzendienerei der Überflüssigen!

Geht doch dem schlechten Geruche aus dem Wege! Geht fort von dem Dampfe dieser Menschenopfer!

Frei steht großen Seelen auch jetzt noch die Erde. Leer sind noch viele Sitze für Einsame und Zweisame, um die der Geruch stiller Meere weht.

Frei steht noch großen Seelen ein freies Leben. Wahrlich, wer wenig besitzt, wird um so weniger besessen: gelobt sei die kleine Armut!

Dort, wo der Staat aufhört, da beginnt erst der Mensch, der nicht überflüssig ist: da beginnt das Lied des Notwendigen, die einmalige und unersetzliche Weise.

Dort, wo der Staat *aufhört*, — so seht mir doch hin, meine Brüder! Seht ihr nicht den Regenbogen und die Brücken des Übermenschen? —

Also sprach Zarathustra.

VON DEN FLIEGEN DES MARKTES

Fliehe, mein Freund, in deine Einsamkeit! Ich sehe dich betäubt vom Lärme der großen Männer und zerstochen von den Stacheln der kleinen.

Würdig wissen Wald und Fels mit dir zu schweigen. Gleiche wieder dem Baume, den du liebst, dem breitästigen: still und aufhorchend hängt er über dem Meere.

Wo die Einsamkeit aufhört, da beginnt der Markt; und

wo der Markt beginnt, da beginnt auch der Lärm der großen Schauspieler und das Geschwirr der giftigen Fliegen.

In der Welt taugen die besten Dinge noch nichts, ohne einen, der sie erst aufführt: große Männer heißt das Volk diese Aufführer.

Wenig begreift das Volk das Große, das ist: das Schaffende. Aber Sinne hat es für alle Aufführer und Schauspieler großer Sachen.

Um die Erfinder von neuen Werten dreht sich die Welt: — unsichtbar dreht sie sich. Doch um die Schauspieler dreht sich das Volk und der Ruhm: so ist es „der Welt Lauf".

Geist hat der Schauspieler, doch wenig Gewissen des Geistes. Immer glaubt er an das, womit er am stärksten glauben macht, — glauben an s i c h macht!

Morgen hat er einen neuen Glauben und übermorgen einen neueren. Rasche Sinne hat er, gleich dem Volke, und veränderliche Witterungen.

Umwerfen — das heißt ihm: beweisen. Toll machen — das heißt ihm: überzeugen. Und Blut gilt ihm als aller Gründe bester.

Eine Wahrheit, die nur in feine Ohren schlüpft, nennt er Lüge und Nichts. Wahrlich, er glaubt nur an Götter, die großen Lärm in der Welt machen!

Voll von feierlichen Possenreißern ist der Markt — und das Volk rühmt sich seiner großen Männer: das sind ihm die Herrn der Stunde.

Aber die Stunde drängt sie: so drängen sie dich. Und auch von dir wollen sie Ja oder Nein. Wehe, du willst zwischen Für und Wider deinen Stuhl setzen?

Dieser Unbedingten und Drängenden halber sei ohne Eifersucht, du Liebhaber der Wahrheit! Niemals noch hängte sich die Wahrheit an den Arm eines Unbedingten.

Dieser Plötzlichen halber gehe zurück in deine Sicherheit: nur auf dem Markt wird man mit Ja? oder Nein? überfallen.

Langsam ist das Erleben aller tiefen Brunnen: lange müssen sie warten, bis sie wissen, w a s in ihre Tiefe fiel.

Abseits vom Markte und Ruhme begibt sich alles Große: abseits vom Markte und Ruhme wohnten von je die Erfinder neuer Werte.

Fliehe, mein Freund, in deine Einsamkeit: ich sehe dich

von giftigen Fliegen zerstochen. Fliehe dorthin, wo rauhe, starke Luft weht!

Fliehe in deine Einsamkeit! Du lebtest den Kleinen und Erbärmlichen zu nahe. Fliehe vor ihrer unsichtbaren Rache! Gegen dich sind sie nichts als Rache.

Hebe nicht mehr den Arm gegen sie! Unzählbar sind sie, und es ist nicht dein Los, Fliegenwedel zu sein.

Unzählbar sind diese Kleinen und Erbärmlichen; und manchem stolzen Baue gereichten schon Regentropfen und Unkraut zum Untergange.

Du bist kein Stein, aber schon wurdest du hohl von vielen Tropfen. Zerbrechen und zerbersten wirst du mir noch von vielen Tropfen.

Ermüdet sehe ich dich durch giftige Fliegen, blutig geritzt sehe ich dich an hundert Stellen; und dein Stolz will nicht einmal zürnen.

Blut möchten sie von dir in aller Unschuld, Blut begehren ihre blutlosen Seelen — und sie stechen daher in aller Unschuld.

Aber du Tiefer, du leidest zu tief auch an kleinen Wunden; und ehe du dich noch geheilt hast, kroch dir der gleiche Giftwurm über die Hand.

Zu stolz bist du mir dafür, diese Naschhaften zu töten. Hüte dich aber, daß es nicht dein Verhängnis werde, all ihr giftiges Unrecht zu tragen!

Sie summen um dich auch mit ihrem Lobe: Zudringlichkeit ist ihr Lob. Sie wollen die Nähe deiner Haut und deines Blutes.

Sie schmeicheln dir wie einem Gotte oder Teufel; sie winseln vor dir wie vor einem Gotte oder Teufel. Was macht es! Schmeichler sind es und Winsler, und nicht mehr.

Auch geben sie sich dir oft als Liebenswürdige. Aber das war immer die Klugheit der Feigen. Ja, die Feigen sind klug!

Sie denken viel über dich mit ihrer engen Seele, — bedenklich bist du ihnen stets! Alles was viel bedacht wird, wird bedenklich.

Sie bestrafen dich für alle deine Tugenden. Sie verzeihen dir von Grund aus nur — deine Fehlgriffe.

Weil du milde bist und gerechten Sinnes, sagst du: „Unschuldig sind sie an ihrem kleinen Dasein." Aber ihre enge Seele denkt: „Schuld ist alles große Dasein."

Auch wenn du ihnen milde bist, fühlen sie sich noch von dir verachtet; und sie geben dir deine Wohltat zurück mit versteckten Wehtaten.

Dein wortloser Stolz geht immer wider ihren Geschmack; sie frohlocken, wenn du einmal bescheiden genug bist, eitel zu sein.

Das, was wir an einem Menschen erkennen, das entzünden wir an ihm auch. Also hüte dich vor den Kleinen!

Vor dir fühlen sie sich klein, und ihre Niedrigkeit glimmt und glüht gegen dich in unsichtbarer Rache.

Merktest du nicht, wie oft sie stumm wurden, wenn du zu ihnen tratest, und wie ihre Kraft von ihnen ging, wie der Rauch von einem erlöschenden Feuer?

Ja, mein Freund, das böse Gewissen bist du deinen Nächsten: denn sie sind deiner unwert. Also hassen sie dich und möchten gerne an deinem Blute saugen.

Deine Nächsten werden immer giftige Fliegen sein; das, was groß an dir ist, — das selber muß sie giftiger machen und immer fliegenhafter.

Fliehe, mein Freund, in deine Einsamkeit und dorthin, wo eine rauhe, starke Luft weht! Nicht ist es dein Los, Fliegenwedel zu sein. —

Also sprach Zarathustra.

VON DER KEUSCHHEIT

Ich liebe den Wald. In den Städten ist schlecht zu leben: da gibt es zu viele der Brünstigen.

Ist es nicht besser, in die Hände eines Mörders zu geraten als in die Träume eines brünstigen Weibes?

Und seht mir doch diese Männer an: ihr Auge sagt es — sie wissen nichts Besseres auf Erden, als bei einem Weibe zu liegen.

Schlamm ist auf dem Grunde ihrer Seele; und wehe, wenn ihr Schlamm gar noch Geist hat!

Daß ihr doch wenigstens als Tiere vollkommen wäret! Aber zum Tiere gehört die Unschuld.

Rate ich euch, eure Sinne zu töten? Ich rate euch zur Unschuld der Sinne.

Rate ich euch zur Keuschheit? Die Keuschheit ist bei einigen eine Tugend, aber bei vielen beinahe ein Laster.

Diese enthalten sich wohl: aber die Hündin Sinnlichkeit blickt mit Neid aus allem, was sie tun.

Noch in die Höhen ihrer Tugend und bis in den kalten Geist hinein folgt ihnen dies Getier und sein Unfrieden.

Und wie artig weiß die Hündin Sinnlichkeit um ein Stück Geist zu betteln, wenn ihr ein Stück Fleisch versagt wird.

Ihr liebt Trauerspiele und alles, was das Herz zerbricht? Aber ich bin mißtrauisch gegen eure Hündin.

Ihr habt mir zu grausame Augen und blickt lüstern nach Leidenden. Hat sich nicht nur eure Wollust verkleidet und heißt sich Mitleiden?

Und auch dies Gleichnis gebe ich euch: nicht wenige, die ihren Teufel austreiben wollten, fuhren dabei selber in die Säue.

Wem die Keuschheit schwerfällt, dem ist sie zu widerraten: daß sie nicht der Weg zur Hölle werde — das ist zu Schlamm und Brunst der Seele.

Rede ich von schmutzigen Dingen? Das ist mir nicht das Schlimmste.

Nicht, wenn die Wahrheit schmutzig ist, sondern wenn sie seicht ist, steigt der Erkennende ungern in ihr Wasser.

Wahrlich, es gibt Keusche von Grund aus: sie sind milder von Herzen, sie lachen lieber und reichlicher als ihr.

Sie lachen auch über die Keuschheit und fragen: „was ist Keuschheit!

Ist Keuschheit nicht Torheit? Aber diese Torheit kam zu uns und nicht wir zu ihr.

Wir boten diesem Gaste Herberge und Herz: nun wohnt er bei uns, — mag er bleiben, wie lange er will!"

Also sprach Zarathustra.

VOM FREUNDE

„Einer ist immer zuviel um mich" — also denkt der Einsiedler. „Immer einmal eins — das gibt auf die Dauer zwei!"

Ich und Mich sind immer zu eifrig im Gespräche: wie wäre es auszuhalten, wenn es nicht einen Freund gäbe?

Immer ist für den Einsiedler der Freund der dritte: der dritte ist der Kork, der verhindert, daß das Gespräch der zweie in die Tiefe sinkt.

Ach, es gibt zu viele Tiefen für alle Einsiedler. Darum sehnen sie sich so nach einem Freunde und nach einer Höhe.

Unser Glaube an andre verrät, worin wir gerne an uns selber glauben möchten. Unsre Sehnsucht nach einem Freunde ist unser Verräter.

Und oft will man mit der Liebe nur den Neid überspringen. Und oft greift man an und macht sich einen Feind, um zu verbergen, daß man angreifbar ist.

„Sei wenigstens mein Feind!" — so spricht die wahre Ehrfurcht, die nicht um Freundschaft zu bitten wagt.

Will man einen Freund haben, so muß man auch für ihn Krieg führen wollen: und um Krieg zu führen, muß man Feind sein *können*.

Man soll in seinem Freunde noch den Feind ehren. Kannst du an deinen Freund dicht herantreten, ohne zu ihm überzutreten?

In seinem Freunde soll man seinen besten Feind haben. Du sollst ihm am nächsten mit dem Herzen sein, wenn du ihm widerstrebst.

Du willst vor deinem Freunde kein Kleid tragen? Es soll deines Freundes Ehre sein, daß du dich ihm gibst, wie du bist? Aber er wünscht dich darum zum Teufel!

Wer aus sich kein Hehl macht, empört: so sehr habt ihr Grund, die Nacktheit zu fürchten! Ja, wenn ihr Götter wäret, da dürftet ihr euch eurer Kleider schämen!

Du kannst dich für deinen Freund nicht schön genug putzen: denn du sollst ihm ein Pfeil und eine Sehnsucht nach dem Übermenschen sein.

Sahst du deinen Freund schon schlafen, — damit du erfahrest, wie er aussieht? Was ist doch sonst das Gesicht deines Freundes? Es ist dein eignes Gesicht, auf einem rauhen und unvollkommnen Spiegel.

Sahst du deinen Freund schon schlafen? Erschrakst du nicht, daß dein Freund so aussieht? O mein Freund, der Mensch ist etwas, das überwunden werden muß.

Im Erraten und Stillschweigen soll der Freund Meister sein: nicht alles mußt du sehn wollen. Dein Traum soll dir verraten, was dein Freund im Wachen tut.

Ein Erraten sei dein Mitleiden: daß du erst wissest, ob dein Freund Mitleiden wolle. Vielleicht liebt er an dir das ungebrochne Auge und den Blick der Ewigkeit.

Das Mitleiden mit dem Freunde berge sich unter einer harten Schale, an ihm sollst du dir einen Zahn ausbeißen. So wird es seine Feinheit und Süße haben.

Bist du reine Luft und Einsamkeit und Brot und Arznei deinem Freunde? Mancher kann seine eignen Ketten nicht lösen und doch ist er dem Freunde ein Erlöser.

Bist du ein Sklave? So kannst du nicht Freund sein. Bist du ein Tyrann? So kannst du nicht Freunde haben.

Allzulange war im Weibe ein Sklave und ein Tyrann versteckt. Deshalb ist das Weib noch nicht der Freundschaft fähig: es kennt nur die Liebe.

In der Liebe des Weibes ist Ungerechtigkeit und Blindheit gegen alles, was es nicht liebt. Und auch in der wissenden Liebe des Weibes ist immer noch Überfall und Blitz und Nacht neben dem Lichte.

Noch ist das Weib nicht der Freundschaft fähig: Katzen sind immer noch die Weiber, und Vögel. Oder, bestenfalls, Kühe.

Noch ist das Weib nicht der Freundschaft fähig. Aber sagt mir, ihr Männer, wer von euch ist denn fähig der Freundschaft?

O über eure Armut, ihr Männer, und euren Geiz der Seele! Wieviel ihr dem Freunde gebt, das will ich noch meinem Feinde geben, und will auch nicht ärmer damit geworden sein.

Es gibt Kameradschaft: möge es Freundschaft geben! —

Also sprach Zarathustra.

VON TAUSEND UND EINEM ZIELE

Viele Länder sah Zarathustra und viele Völker: so entdeckte er vieler Völker Gutes und Böses. Keine größere Macht fand Zarathustra auf Erden als Gut und Böse.

Leben könnte kein Volk, das nicht erst schätzte; will es sich aber erhalten, so darf es nicht schätzen, wie der Nachbar schätzt.

Vieles, das diesem Volke gut hieß, hieß einem andern Hohn und Schmach: also fand ich's. Vieles fand ich hier böse genannt und dort mit purpurnen Ehren geputzt.

Nie verstand ein Nachbar den andern: stets verwunderte sich seine Seele ob des Nachbarn Wahn und Bosheit.

Eine Tafel der Güter hängt über jedem Volke. Siehe, es ist seiner Überwindungen Tafel; siehe, es ist die Stimme seines Willens zur Macht.

Löblich ist, was ihm schwer gilt; was unerläßlich und schwer, heißt gut; und was aus der höchsten Not noch befreit, das Seltene, Schwerste, — das preist es heilig.

Was da macht, daß es herrscht und siegt und glänzt, seinem Nachbarn zu Grauen und Neide: das gilt ihm als das Hohe, das Erste, das Messende, der Sinn aller Dinge.

Wahrlich, mein Bruder, erkanntest du erst eines Volkes Not und Land und Himmel und Nachbar: so errätst du wohl das Gesetz seiner Überwindungen, und warum es auf dieser Leiter zu seiner Hoffnung steigt.

„Immer sollst du der Erste sein und den andern vorragen: niemanden soll deine eifersüchtige Seele lieben, es sei denn den Freund" — dies machte einem Griechen die Seele zittern: dabei ging er seinen Pfad der Größe.

„Wahrheit reden und gut mit Bogen und Pfeil verkehren" — so dünkte es jenem Volke zugleich lieb und schwer, aus dem mein Name kommt — der Name, welcher mir zugleich lieb und schwer ist.

„Vater und Mutter ehren und bis in die Wurzel der Seele hinein ihnen zu Willen sein": diese Tafel der Überwindung hängte ein andres Volk über sich auf und wurde mächtig und ewig damit.

„Treue üben und um der Treue willen Ehre und Blut auch an böse und gefährliche Sachen setzen": also sich lehrend bezwang sich ein anderes Volk, und also sich bezwingend wurde es schwanger und schwer von großen Hoffnungen.

Wahrlich, die Menschen gaben sich alles ihr Gutes und Böses. Wahrlich, sie nahmen es nicht, sie fanden es nicht, nicht fiel es ihnen als Stimme vom Himmel.

Werte legte erst der Mensch in die Dinge, sich zu erhalten, — er schuf erst den Dingen Sinn, einen Menschen-Sinn! Darum nennt er sich „Mensch", das ist: der Schätzende.

Schätzen ist Schaffen: hört es, ihr Schaffenden! Schätzen selber ist aller geschätzten Dinge Schatz und Kleinod.

Durch das Schätzen erst gibt es Wert: und ohne das Schätzen wäre die Nuß des Daseins hohl. Hört es, ihr Schaffenden!

Wandel der Werte, — das ist Wandel der Schaffenden. Immer vernichtet, wer ein Schöpfer sein muß.

Schaffende waren erst Völker und spät erst Einzelne; wahrlich, der Einzelne selber ist noch die jüngste Schöpfung.

Völker hängten sich einst eine Tafel des Guten über sich. Liebe, die herrschen will, und Liebe, die gehorchen will, erschufen sich zusammen solche Tafeln.

Älter ist an der Herde die Lust als die Lust am Ich: und solange das gute Gewissen Herde heißt, sagt nur das schlechte Gewissen: Ich.

Wahrlich, das schlaue Ich, das lieblose, das seinen Nutzen im Nutzen vieler will: das ist nicht der Herde Ursprung, sondern ihr Untergang.

Liebende waren es stets und Schaffende, die schufen Gut und Böse. Feuer der Liebe glüht in aller Tugenden Namen und Feuer des Zorns.

Viele Länder sah Zarathustra und viele Völker: keine größere Macht fand Zarathustra auf Erden als die Werke der Liebenden: „gut" und „böse" ist ihr Name.

Wahrlich, ein Ungetüm ist die Macht dieses Lobens und Tadelns. Sagt, wer bezwingt es mir, ihr Brüder? Sagt, wer wirft diesem Tier die Fessel über die tausend Nacken?

Tausend Ziele gab es bisher, denn tausend Völker gab es. Nur die Fessel der tausend Nacken fehlt noch, es fehlt das e i n e Ziel. Noch hat die Menschheit kein Ziel.

Aber sagt mir doch, meine Brüder: wenn der Menschheit das Ziel noch fehlt, fehlt da nicht auch — sie selber noch? —

Also sprach Zarathustra.

VON DER NÄCHSTENLIEBE

Ihr drängt euch um den Nächsten und habt schöne Worte dafür. Aber ich sage euch: eure Nächstenliebe ist eure schlechte Liebe zu euch selber.

Ihr flüchtet zum Nächsten vor euch selber und möchtet euch daraus eine Tugend machen: aber ich durchschaue euer „Selbstloses".

Das Du ist älter als das Ich; das Du ist heiliggesprochen, aber noch nicht das Ich: so drängt sich der Mensch hin zum Nächsten.

Rate ich euch zur Nächstenliebe? Lieber noch rate ich euch zur Nächsten-Flucht und zur Fernsten-Liebe!

Höher als die Liebe zum Nächsten steht die Liebe zum Fernsten und Künftigen; höher noch als die Liebe zu Menschen gilt mir die Liebe zu Sachen und Gespenstern.

Dies Gespenst, das vor dir herläuft, mein Bruder, ist schöner als du; warum gibst du ihm nicht dein Fleisch und deine Knochen? Aber du fürchtest dich und läufst zu deinem Nächsten.

Ihr haltet es mit euch selber nicht aus und liebt euch nicht genug: nun wollt ihr den Nächsten zur Liebe verführen und euch mit seinem Irrtum vergolden.

Ich wollte, ihr hieltet es nicht aus mit allerlei Nächsten und deren Nachbarn; so müßtet ihr aus euch selber euren Freund und sein überwallendes Herz schaffen.

Ihr ladet euch einen Zeugen ein, wenn ihr von euch gut reden wollt; und wenn ihr ihn verführt habt, gut von euch zu denken, denkt ihr selber gut von euch.

Nicht nur der lügt, welcher wider sein Wissen redet, sondern erst recht der, welcher wider sein Nichtwissen redet. Und so redet ihr von euch im Verkehre und belügt mit euch den Nachbar.

Also spricht der Narr: „der Umgang mit Menschen verdirbt den Charakter, sonderlich wenn man keinen hat."

Der eine geht zum Nächsten, weil er sich sucht, und der andre, weil er sich verlieren möchte. Eure schlechte Liebe zu euch selber macht euch aus der Einsamkeit ein Gefängnis.

Die Ferneren sind es, welche eure Liebe zum Nächsten bezahlen; und schon wenn ihr zu fünfen miteinander seid, muß immer ein sechster sterben.

Ich liebe auch eure Feste nicht: zu viel Schauspieler fand ich dabei, und auch die Zuschauer gebärdeten sich oft gleich Schauspielern.

Nicht den Nächsten lehre ich euch, sondern den Freund. Der Freund sei euch das Fest der Erde und ein Vorgefühl des Übermenschen.

Ich lehre euch den Freund und sein übervolles Herz. Aber man muß verstehn, ein Schwamm zu sein, wenn man von übervollen Herzen geliebt sein will.

Ich lehre euch den Freund, in dem die Welt fertig dasteht, eine Schale des Guten, — den schaffenden Freund, der immer eine fertige Welt zu verschenken hat.

Und wie ihm die Welt auseinanderrollte, so rollt sie ihm wieder in Ringen zusammen, als das Werden des Guten durch das Böse, als das Werden der Zwecke aus dem Zufalle.

Die Zukunft und das Fernste sei dir die Ursache deines Heute: in deinem Freunde sollst du den Übermenschen als deine Ursache lieben.

Meine Brüder, zur Nächstenliebe rate ich euch nicht: ich rate euch zur Fernsten-Liebe. —

Also sprach Zarathustra.

VOM WEGE DES SCHAFFENDEN

Willst du, mein Bruder, in die Vereinsamung gehen? Willst du den Weg zu dir selber suchen? Zaudere noch ein wenig und höre mich.

„Wer sucht, der geht leicht selber verloren. Alle Vereinsamung ist Schuld": also spricht die Herde. Und du gehörtest lange zur Herde.

Die Stimme der Herde wird auch in dir noch tönen. Und wenn du sagen wirst: „ich habe nicht mehr e i n Gewissen mit euch", so wird es eine Klage und ein Schmerz sein.

Siehe, diesen Schmerz selber gebar noch das eine Gewissen: und dieses Gewissens letzter Schimmer glüht noch auf deiner Trübsal.

Aber du willst den Weg deiner Trübsal gehen, welches ist der Weg zu dir selber? So zeige mir dein Recht und deine Kraft dazu!

Bist du eine neue Kraft und ein neues Recht? Eine erste Bewegung? Ein aus sich rollendes Rad? Kannst du auch Sterne zwingen, daß sie um dich sich drehen?

Ach, es gibt so viel Lüsternheit nach Höhe! Es gibt so viel Krämpfe der Ehrgeizigen! Zeige mir, daß du keiner der Lüsternen und Ehrgeizigen bist!

Ach, es gibt so viel große Gedanken, die tun nicht mehr als ein Blasebalg: sie blasen auf und machen leerer.

Frei nennst du dich? Deinen herrschenden Gedanken will ich hören und nicht, daß du einem Joche entronnen bist. Bist du ein solcher, der einem Joche entrinnen d u r f t e?

Es gibt manchen, der seinen letzten Wert wegwarf, als er seine Dienstbarkeit wegwarf.

Frei wovon? Was schiert das Zarathustra! Hell aber soll mir dein Auge künden: frei w o z u?

Kannst du dir selber dein Böses und dein Gutes geben und deinen Willen über dich aufhängen wie ein Gesetz? Kannst du dir selber Richter sein und Rächer deines Gesetzes?

Furchtbar ist das Alleinsein mit dem Richter und Rächer des eignen Gesetzes. Also wird ein Stern hinausgeworfen in den öden Raum und in den eisigen Äther des Alleinseins.

Heute noch leidest du an den Vielen, du Einer: heute noch hast du deinen Mut ganz und deine Hoffnungen.

Aber einst wird dich die Einsamkeit müde machen, einst wird dein Stolz sich krümmen und dein Mut knirschen. Schreien wirst du einst: „Ich bin allein!"

Einst wirst du dein Hohes nicht mehr sehn und dein Niedriges allzu nahe; dein Erhabnes selbst wird dich fürchten machen wie ein Gespenst. Schreien wirst du einst: „Alles ist falsch!"

Es gibt Gefühle, die den Einsamen töten wollen; gelingt es ihnen nicht, nun, so müssen sie selber sterben! Aber vermagst du das, Mörder zu sein?

Kennst du, mein Bruder, schon das Wort „Verachtung"? Und die Qual deiner Gerechtigkeit, solchen gerecht zu sein, die dich verachten?

Du zwingst viele, über dich umzulernen; das rechnen sie dir hart an. Du kamst ihnen nahe und gingst doch vorüber: das verzeihen sie dir niemals.

Du gehst über sie hinaus: aber je höher du steigst, um so kleiner sieht dich das Auge des Neides. Am meisten aber wird der Fliegende gehaßt.

„Wie wolltet ihr gegen mich gerecht sein!" — mußt du sprechen — „ich erwähle mir eure Ungerechtigkeit als den mir zugemessnen Teil."

Ungerechtigkeit und Schmutz werfen sie nach dem Einsamen: aber, mein Bruder, wenn du ein Stern sein willst, so mußt du ihnen deshalb nicht weniger leuchten!

Und hüte dich vor den Guten und Gerechten! Sie kreuzigen gerne die, welche sich ihre eigne Tugend erfinden, — sie hassen den Einsamen.

Hüte dich auch vor der heiligen Einfalt! Alles ist ihr unheilig, was nicht einfältig ist; sie spielt auch gerne mit dem Feuer — der Scheiterhaufen.

Und hüte dich auch vor den Anfällen deiner Liebe! Zu schnell streckt der Einsame dem die Hand entgegen, der ihm begegnet.

Manchem Menschen darfst du nicht die Hand geben, sondern nur die Tatze: und ich will, daß deine Tatze auch Krallen habe.

Aber der schlimmste Feind, dem du begegnen kannst, wirst du immer dir selber sein; du selber lauerst dir auf in Höhlen und Wäldern.

Einsamer, du gehst den Weg zu dir selber! Und an dir selber führt dein Weg vorbei und an deinen sieben Teufeln!

Ketzer wirst du dir selber sein und Hexe und Wahrsager und Narr und Zweifler und Unheiliger und Bösewicht.

Verbrennen mußt du dich wollen in deiner eignen Flamme: wie wolltest du neu werden, wenn du nicht erst Asche geworden bist!

Einsamer, du gehst den Weg des Schaffenden: einen Gott willst du dir schaffen aus deinen sieben Teufeln!

Einsamer, du gehst den Weg des Liebenden: dich selber liebst du und deshalb verachtest du dich, wie nur Liebende verachten.

Schaffen will der Liebende, weil er verachtet! Was weiß der von Liebe, der nicht gerade verachten mußte, was er liebte!

Mit deiner Liebe gehe in deine Vereinsamung und mit deinem Schaffen, mein Bruder; und spät erst wird die Gerechtigkeit dir nachhinken.

Mit meinen Tränen gehe in deine Vereinsamung, mein Bruder. Ich liebe den, der über sich selber hinaus schaffen will und so zugrunde geht. —

Also sprach Zarathustra.

VON ALTEN UND JUNGEN WEIBLEIN

„Was schleichst du so scheu durch die Dämmerung, Zarathustra? Und was birgst du behutsam unter deinem Mantel?

Ist es ein Schatz, der dir geschenkt? oder ein Kind, das dir geboren wurde? Oder gehst du jetzt selber auf den Wegen der Diebe, du Freund der Bösen?" —

Wahrlich, mein Bruder! sprach Zarathustra, es ist ein Schatz, der mir geschenkt wurde: eine kleine Wahrheit ist's, die ich trage.

Aber sie ist ungebärdig wie ein junges Kind; und wenn ich ihr nicht den Mund halte, so schreit sie überlaut.

Als ich heute allein meines Weges ging, zur Stunde, wo die Sonne sinkt, begegnete mir ein altes Weiblein und redete also zu meiner Seele:

„Vieles sprach Zarathustra auch zu uns Weibern, doch nie sprach er uns über das Weib."

Und ich entgegnete ihr: „über das Weib soll man nur zu Männern reden."

„Rede auch zu mir vom Weibe", sprach sie; „ich bin alt genug, um es gleich wieder zu vergessen."

Und ich willfahrte dem alten Weiblein und sprach also zu ihm:

Alles am Weibe ist ein Rätsel und alles am Weibe hat e i n e Lösung: sie heißt Schwangerschaft.

Der Mann ist für das Weib ein Mittel: der Zweck ist immer das Kind. Aber was ist das Weib für den Mann?

Zweierlei will der echte Mann: Gefahr und Spiel. Deshalb will er das Weib, als das gefährlichste Spielzeug.

Der Mann soll zum Kriege erzogen werden und das Weib zur Erholung des Kriegers: alles andre ist Torheit.

Allzusüße Früchte — die mag der Krieger nicht. Darum mag er das Weib; bitter ist auch noch das süßeste Weib.

Besser als ein Mann versteht das Weib die Kinder, aber der Mann ist kindlicher als das Weib.

Im echten Manne ist ein Kind versteckt: das will spielen. Auf, ihr Frauen, so entdeckt mir doch das Kind im Manne!

Ein Spielzeug sei das Weib, rein und fein, dem Edelsteine gleich, bestrahlt von den Tugenden einer Welt, welche noch nicht da ist.

Der Strahl eines Sternes glänze in eurer Liebe! Eure Hoffnung heiße: „möge ich den Übermenschen gebären!"

In eurer Liebe sei Tapferkeit! Mit eurer Liebe sollt ihr auf den losgehn, der euch Furcht einflößt.

In eurer Liebe sei eure Ehre! Wenig versteht sich sonst das Weib auf Ehre. Aber dies sei eure Ehre: immer mehr zu lieben, als ihr geliebt werdet, und nie die Zweiten zu sein.

Der Mann fürchte sich vor dem Weibe, wenn es liebt: da

bringt es jedes Opfer, und jedes andre Ding gilt ihm ohne Wert.

Der Mann fürchte sich vor dem Weibe, wenn es haßt: denn der Mann ist im Grunde der Seele nur böse, das Weib aber ist dort schlecht.

Wen haßt das Weib am meisten? — Also sprach das Eisen zum Magneten: „ich hasse dich am meisten, weil du anziehst, aber nicht stark genug bist, an dich zu ziehen."

Das Glück des Mannes heißt: ich will. Das Glück des Weibes heißt: er will.

„Siehe, jetzt eben ward die Welt vollkommen!" — also denkt ein jedes Weib, wenn es aus ganzer Liebe gehorcht.

Und gehorchen muß das Weib und eine Tiefe finden zu seiner Oberfläche. Oberfläche ist des Weibes Gemüt, eine bewegliche stürmische Haut auf einem seichten Gewässer.

Des Mannes Gemüt aber ist tief, sein Strom rauscht in unterirdischen Höhlen: das Weib ahnt seine Kraft, aber begreift sie nicht. —

Da entgegnete mir das alte Weiblein: „Vieles Artige sagte Zarathustra und sonderlich für die, welche jung genug dazu sind.

Seltsam ist's, Zarathustra kennt wenig die Weiber, und doch hat er über sie recht! Geschieht dies deshalb, weil beim Weibe kein Ding unmöglich ist?

Und nun nimm zum Danke eine kleine Wahrheit! Bin ich doch alt genug für sie!

Wickle sie ein und halte ihr den Mund: sonst schreit sie überlaut, diese kleine Wahrheit."

„Gib mir, Weib, deine kleine Wahrheit!" sagte ich. Und also sprach das alte Weiblein:

„Du gehst zu Frauen? Vergiß die Peitsche nicht!" —

Also sprach Zarathustra.

VOM BISS DER NATTER

Eines Tages war Zarathustra unter einem Feigenbaume eingeschlafen, da es heiß war, und hatte seine Arme über das Gesicht gelegt. Da kam eine Natter und biß ihn in den Hals, so daß Zarathustra vor Schmerz aufschrie. Als er den Arm vom Gesicht genommen hatte, sah er die Schlange an: da erkannte sie die Augen Zarathustras, wand sich ungeschickt und wollte davon. „Nicht doch", sprach Zarathustra; „noch nahmst du meinen Dank nicht an! Du wecktest mich zur Zeit, mein Weg ist noch lang." „Dein Weg ist noch kurz", sagte die Natter traurig; „mein Gift tötet." Zarathustra lächelte. „Wann starb wohl je ein Drache am Gift einer Schlange?" sagte er. „Aber nimm dein Gift zurück! Du bist nicht reich genug, es mir zu schenken." Da fiel ihm die Natter von neuem um den Hals und leckte ihm seine Wunde.

Als Zarathustra dies einmal seinen Jüngern erzählte, fragten sie: „Und was, o Zarathustra, ist die Moral deiner Geschichte?" Zarathustra antwortete darauf also:

„Den Vernichter der Moral heißen mich die Guten und Gerechten: meine Geschichte ist unmoralisch.

So ihr aber einen Feind habt, so vergeltet ihm nicht Böses mit Gutem: denn das würde beschämen. Sondern beweist, daß er euch etwas Gutes angetan hat.

Und lieber zürnt noch, als daß ihr beschämt! Und wenn euch geflucht wird, so gefällt es mir nicht, daß ihr dann segnen wollt. Lieber ein wenig mitfluchen!

Und geschah euch ein großes Unrecht, so tut mir geschwind fünf kleine dazu! Gräßlich ist der anzusehn, den allein das Unrecht drückt.

Wußtet ihr dies schon? Geteiltes Unrecht ist halbes Recht. Und der soll das Unrecht auf sich nehmen, der es tragen kann!

Eine kleine Rache ist menschlicher als gar keine Rache. Und wenn die Strafe nicht auch ein Recht und eine Ehre ist für den Übertretenden, so mag ich auch euer Strafen nicht.

Vornehmer ist's, sich unrecht zu geben als recht zu behalten, sonderlich wenn man recht hat. Nur muß man reich genug dazu sein.

Ich mag eure kalte Gerechtigkeit nicht; und aus dem Auge eurer Richter blickt mir immer der Henker und sein kaltes Eisen.

Sagt, wo findet sich die Gerechtigkeit, welche Liebe mit sehenden Augen ist?

So erfindet mir doch die Liebe, welche nicht nur alle Strafe, sondern auch alle Schuld trägt!

So erfindet mir doch die Gerechtigkeit, die jeden freispricht, ausgenommen den Richtenden!

Wollt ihr auch dies noch hören? An dem, der von Grund aus gerecht sein will, wird auch noch die Lüge zur Menschen-Freundlichkeit.

Aber wie wollte ich gerecht sein von Grund aus! Wie kann ich jedem das Seine geben! Dies sei mir genug: ich gebe jedem das Meine.

Endlich, meine Brüder, hütet euch, Unrecht zu tun allen Einsiedlern! Wie könnte ein Einsiedler vergessen! Wie könnte er vergelten!

Wie ein tiefer Brunnen ist ein Einsiedler. Leicht ist es, einen Stein hineinzuwerfen; sank er aber bis zum Grunde, sagt, wer will ihn wieder hinausbringen?

Hütet euch, den Einsiedler zu beleidigen! Tatet ihr's aber, nun, so tötet ihn auch noch!" —

Also sprach Zarathustra.

VON KIND UND EHE

Ich habe eine Frage für dich allein, mein Bruder: wie ein Senkblei werfe ich diese Frage in deine Seele, daß ich wisse, wie tief sie sei.

Du bist jung und wünschest dir Kind und Ehe. Aber ich frage dich: bist du ein Mensch, der ein Kind sich wünschen *darf*?

Bist du der Siegreiche, der Selbstbezwinger, der Gebieter der Sinne, der Herr deiner Tugenden? Also frage ich dich.

Oder redet aus deinem Wunsche das Tier und die Notdurft? Oder Vereinsamung? Oder Unfriede mit dir?

Ich will, daß dein Sieg und deine Freiheit sich nach einem Kinde sehne. Lebendige Denkmale sollst du bauen deinem Siege und deiner Befreiung.

Über dich sollst du hinausbauen. Aber erst mußt du mir selber gebaut sein, rechtwinklig an Leib und Seele.

Nicht nur fort sollst du dich pflanzen, sondern hinauf! Dazu helfe dir der Garten der Ehe!

Einen höheren Leib sollst du schaffen, eine erste Bewegung, ein aus sich rollendes Rad, — einen Schaffenden sollst du schaffen.

Ehe: so heiße ich den Willen zu zweien, das eine zu schaffen, das mehr ist, als die es schufen. Ehrfurcht voreinander nenne ich Ehe als vor den Wollenden eines solchen Willens.

Dies sei der Sinn und die Wahrheit deiner Ehe. Aber das, was die Viel-zu-Vielen Ehe nennen, diese Überflüssigen, — ach, wie nenne ich das?

Ach, diese Armut der Seele zu zweien! Ach, dieser Schmutz der Seele zu zweien! Ach, dies erbärmliche Behagen zu zweien!

Ehe nennen sie dies alles; und sie sagen, ihre Ehen seien im Himmel geschlossen.

Nun, ich mag ihn nicht, diesen Himmel der Überflüssigen! Nein, ich mag sie nicht, diese im himmlischen Netz verschlungenen Tiere!

Ferne bleibe mir auch der Gott, der heranhinkt, zu segnen, was er nicht zusammenfügte!

Lacht mir nicht über solche Ehen! Welches Kind hätte nicht Grund, über seine Eltern zu weinen?

Würdig schien mir dieser Mann und reif für den Sinn der Erde: aber als ich sein Weib sah, schien mir die Erde ein Haus für Unsinnige.

Ja, ich wollte, daß die Erde in Krämpfen bebte, wenn sich ein Heiliger und eine Gans miteinander paaren.

Dieser ging wie ein Held auf Wahrheiten aus und endlich erbeutete er sich eine kleine geputzte Lüge. Seine Ehe nennt er's.

Jener war spröde im Verkehre und wählte wählerisch. Aber mit einem Male verdarb er für alle Male seine Gesellschaft: seine Ehe nennt er's.

Jener suchte eine Magd mit den Tugenden eines Engels. Aber mit einem Male wurde er die Magd eines Weibes, und nun täte es not, daß er darüber noch zum Engel werde.

Sorgsam fand ich jetzt alle Käufer, und alle haben listige Augen. Aber seine Frau kauft auch der Listigste noch im Sack.

Viele kurze Torheiten — das heißt bei euch Liebe. Und eure Ehe macht vielen kurzen Torheiten ein Ende, als eine lange Dummheit.

Eure Liebe zum Weibe und des Weibes Liebe zum Manne: ach, möchten sie doch Mitleiden sein mit leidenden und verhüllten Göttern! Aber zumeist erraten zwei Tiere einander.

Aber auch noch eure beste Liebe ist nur ein verzücktes Gleichnis und eine schmerzhafte Glut. Eine Fackel ist sie, die euch zu höheren Wegen leuchten soll.

Über euch hinaus sollt ihr einst lieben! So *lernt* erst

lieben! Und darum mußtet ihr den bittern Kelch eurer Liebe trinken.

Bitternis ist im Kelch auch der besten Liebe: so macht sie Sehnsucht zum Übermenschen, so macht sie Durst dir, dem Schaffenden!

Durst dem Schaffenden, Pfeil und Sehnsucht zum Übermenschen: sprich, mein Bruder, ist dies dein Wille zur Ehe?

Heilig heißt mir solch ein Wille und solche Ehe. —

Also sprach Zarathustra.

VOM FREIEN TODE

Viele sterben zu spät, und einige sterben zu früh. Noch klingt fremd die Lehre: „stirb zur rechten Zeit!"

Stirb zur rechten Zeit: also lehrt es Zarathustra.

Freilich, wer nie zur rechten Zeit lebt, wie sollte der je zur rechten Zeit sterben? Möchte er doch nie geboren sein! — Also rate ich den Überflüssigen.

Aber auch die Überflüssigen tun noch wichtig mit ihrem Sterben, und auch die hohlste Nuß will noch geknackt sein.

Wichtig nehmen alle das Sterben: aber noch ist der Tod kein Fest. Noch erlernten die Menschen nicht, wie man die schönsten Feste weiht.

Den vollbringenden Tod zeige ich euch, der den Lebenden ein Stachel und ein Gelöbnis wird.

Seinen Tod stirbt der Vollbringende, siegreich, umringt von Hoffenden und Gelobenden.

Also sollte man sterben lernen; und es sollte kein Fest geben, wo ein solcher Sterbender nicht der Lebenden Schwüre weihte!

Also zu sterben ist das beste; das zweite aber ist: im Kampfe zu sterben und eine große Seele zu verschwenden.

Aber dem Kämpfenden gleich verhaßt wie dem Sieger ist euer grinsender Tod, der heranschleicht wie ein Dieb — und doch als Herr kommt.

Meinen Tod lobe ich euch, den freien Tod, der mir kommt, weil i c h will.

Und wann werde ich wollen? — Wer ein Ziel hat und einen Erben, der will den Tod zur rechten Zeit für Ziel und Erben.

Und aus Ehrfurcht vor Ziel und Erben wird er keine dürren Kränze mehr im Heiligtum des Lebens aufhängen.

Wahrlich, nicht will ich den Seildrehern gleichen: sie ziehen ihren Faden in die Länge und gehen dabei selber immer rückwärts.

Mancher wird auch für seine Wahrheiten und Siege zu alt; ein zahnloser Mund hat nicht mehr das Recht zu jeder Wahrheit.

Und jeder, der Ruhm haben will, muß sich beizeiten von der Ehre verabschieden und die schwere Kunst üben, zur rechten Zeit zu — gehn.

Man muß aufhören, sich essen zu lassen, wenn man am besten schmeckt: das wissen die, welche lange geliebt werden wollen.

Saure Äpfel gibt es freilich, deren Los will, daß sie bis auf den letzten Tag des Herbstes warten: und zugleich werden sie reif, gelb und runzelig.

Andern altert das Herz zuerst und andern der Geist. Und einige sind greis in der Jugend: aber spät jung erhält lang jung.

Manchem mißrät das Leben: ein Giftwurm frißt sich ihm ans Herz. So möge er zusehn, daß ihm das Sterben um so mehr gerate.

Mancher wird nie süß, er fault im Sommer schon. Feigheit ist es, die ihn an seinem Aste festhält.

Viel zu viele leben und viel zu lange hängen sie an ihren Ästen. Möchte ein Sturm kommen, der all dies Faule und Wurmfressne vom Baume schüttelt!

Möchten Prediger kommen des s c h n e l l e n Todes! Das wären mir die rechten Stürme und Schüttler an Lebensbäumen! Aber ich höre nur den langsamen Tod predigen und Geduld mit allem „Irdischen".

Ach, ihr predigt Geduld mit dem Irdischen? Dieses Irdische ist es, das zu viel Geduld mit euch hat, ihr Lästermäuler!

Wahrlich, zu früh starb jener Hebräer, den die Prediger des langsamen Todes ehren: und vielen ward es seitdem zum Verhängnis, daß er zu früh starb.

Noch kannte er nur Tränen und die Schwermut des Hebräers, samt dem Hasse der Guten und Gerechten, — der Hebräer Jesus: da überfiel ihn die Sehnsucht zum Tode.

Wäre er doch in der Wüste geblieben und ferne von den

Guten und Gerechten! Vielleicht hätte er leben gelernt und die Erde lieben gelernt — und das Lachen dazu!

Glaubt es mir, meine Brüder! Er starb zu früh; er selber hätte seine Lehre widerrufen, wäre er bis zu meinem Alter gekommen! Edel genug war er zum Widerrufen!

Aber ungereift war er noch. Unreif liebt der Jüngling, und unreif haßt er auch Mensch und Erde. Angebunden und schwer ist ihm noch Gemüt und Geistesflügel.

Aber im Manne ist mehr Kind als im Jünglinge und weniger Schwermut: besser versteht er sich auf Tod und Leben.

Frei zum Tode und frei im Tode, ein heiliger Neinsager, wenn es nicht Zeit mehr ist zum Ja: also versteht er sich auf Tod und Leben.

Daß euer Sterben keine Lästerung sei auf Mensch und Erde, meine Freunde: das erbitte ich mir von dem Honig eurer Seele.

In eurem Sterben soll noch euer Geist und eure Tugend glühn, gleich einem Abendrot um die Erde: oder aber das Sterben ist euch schlecht geraten.

Also will ich selber sterben, daß ihr Freunde um meinetwillen die Erde mehr liebt; und zur Erde will ich wieder werden, daß ich in der Ruhe habe, die mich gebar.

Wahrlich, ein Ziel hatte Zarathustra, er warf seinen Ball: nun seid ihr Freunde meines Zieles Erbe, euch werfe ich den goldenen Ball zu.

Lieber als alles sehe ich euch, meine Freunde, den goldenen Ball werfen! Und so verziehe ich noch ein wenig auf Erden: verzeiht es mir! —

Also sprach Zarathustra.

VON DER SCHENKENDEN TUGEND

1.

Als Zarathustra von der Stadt Abschied genommen hatte, welcher sein Herz zugetan war und deren Name lautet: „die bunte Kuh“ — folgten ihm viele, die sich seine Jünger nannten, und gaben ihm das Geleit. Also kamen sie an einen Kreuzweg: da sagte ihnen Zarathustra, daß er nunmehr allein gehen wolle; denn er war ein Freund des Alleingehens. Seine Jünger aber reichten ihm zum Abschiede einen Stab, an dessen goldnem Griffe sich eine Schlange um die Sonne ringelte. Zarathustra freute sich des Stabes und stützte sich darauf; dann sprach er also zu seinen Jüngern:

Sagt mir doch: wie kam Gold zum höchsten Werte? Darum, daß es ungemein ist und unnützlich und leuchtend und mild im Glanze; es schenkt sich immer.

Nur als Abbild der höchsten Tugend kam Gold zum höchsten Werte. Goldgleich leuchtet der Blick dem Schenkenden. Goldes-Glanz schließt Friede zwischen Mond und Sonne.

Ungemein ist die höchste Tugend und unnützlich, leuchtend ist sie und mild im Glanze: eine schenkende Tugend ist die höchste Tugend.

Wahrlich, ich errate euch wohl, meine Jünger: ihr trachtet, gleich mir, nach der schenkenden Tugend. Was hättet ihr mit Katzen und Wölfen gemeinsam?

Das ist euer Durst, selber zu Opfern und Geschenken zu werden: und darum habt ihr den Durst, alle Reichtümer in eure Seele zu häufen.

Unersättlich trachtet eure Seele nach Schätzen und Kleinodien, weil eure Tugend unersättlich ist im Verschenken-Wollen.

Ihr zwingt alle Dinge zu euch und in euch, daß sie aus eurem Borne zurückströmen sollen als die Gaben eurer Liebe.

Wahrlich, zum Räuber an allen Werten muß solche schenkende Liebe werden; aber heil und heilig heiße ich diese Selbstsucht. —

Eine andre Selbstsucht gibt es, eine allzu arme, eine hungernde, die immer stehlen will, jene Selbstsucht der Kranken, die kranke Selbstsucht.

Mit dem Auge des Diebes blickt sie auf alles Glänzende; mit der Gier des Hungers mißt sie den, der reich zu essen hat; und immer schleicht sie um den Tisch der Schenkenden.

Krankheit redet aus solcher Begierde und unsichtbare Entartung; von siechem Leibe redet die diebische Gier dieser Selbstsucht.

Sagt mir, meine Brüder: was gilt uns als Schlechtes und Schlechtestes? Ist es nicht *Entartung*? — Und auf Entartung raten wir immer, wo die schenkende Seele fehlt.

Aufwärts geht unser Weg, von der Art hinüber zur Über-Art. Aber ein Grauen ist uns der entartende Sinn, welcher spricht: „Alles für mich."

Aufwärts fliegt unser Sinn: so ist er ein Gleichnis unsres Leibes, einer Erhöhung Gleichnis. Solcher Erhöhungen Gleichnisse sind die Namen der Tugenden.

Also geht der Leib durch die Geschichte, ein Werdender und ein Kämpfender. Und der Geist — was ist er ihm? Seiner Kämpfe und Siege Herold, Genoß und Widerhall.

Gleichnisse sind alle Namen von Gut und Böse: sie sprechen nicht aus, sie winken nur. Ein Tor, welcher von ihnen Wissen will.

Achtet mir, meine Brüder, auf jede Stunde, wo euer Geist in Gleichnissen reden will: da ist der Ursprung eurer Tugend.

Erhöht ist da euer Leib und auferstanden; mit seiner Wonne entzückt er den Geist, daß er Schöpfer wird und Schätzer und Liebender und aller Dinge Wohltäter.

Wenn euer Herz breit und voll wallt, dem Strome gleich, ein Segen und eine Gefahr den Anwohnenden: da ist der Ursprung eurer Tugend.

Wenn ihr erhaben seid über Lob und Tadel, und euer Wille allen Dingen befehlen will als eines Liebenden Wille: da ist der Ursprung eurer Tugend.

Wenn ihr das Angenehme verachtet und das weiche Bett, und von den Weichlichen euch nicht weit genug betten könnt: da ist der Ursprung eurer Tugend.

Wenn ihr eines Willens Wollende seid, und diese Wende aller Not euch Notwendigkeit heißt: da ist der Ursprung eurer Tugend.

Wahrlich, ein neues Gutes und Böses ist sie! Wahrlich, ein neues tiefes Rauschen und eines neuen Quelles Stimme!

Macht ist sie, diese neue Tugend; ein herrschender Gedanke ist sie, und um ihn eine kluge Seele: eine goldene Sonne, und um sie die Schlange der Erkenntnis.

2.

Hier schwieg Zarathustra eine Weile und sah mit Liebe auf seine Jünger. Dann fuhr er also fort zu reden: — und seine Stimme hatte sich verwandelt.

Bleibt mir der Erde treu, meine Brüder, mit der Macht

eurer Tugend. Eure schenkende Liebe und eure Erkenntnis diene dem Sinn der Erde! Also bitte und beschwöre ich euch.

Laßt sie nicht davonfliegen vom Irdischen und mit den Flügeln gegen ewige Wände schlagen! Ach, es gab immer so viel verflogene Tugend!

Führt, gleich mir, die verflogene Tugend zur Erde zurück — ja, zurück zu Leib und Leben: daß sie der Erde ihren Sinn gebe, einen Menschen-Sinn!

Hundertfältig verflog und vergriff sich bisher so Geist wie Tugend. Ach, in unserm Leibe wohnt jetzt noch all dieser Wahn und Fehlgriff: Leib und Wille ist er da geworden.

Hundertfältig versuchte und verirrte sich bisher so Geist wie Tugend. Ja, ein Versuch war der Mensch. Ach, viel Unwissen und Irrtum ist an uns Leib geworden!

Nicht nur die Vernunft von Jahrtausenden — auch ihr Wahnsinn bricht an uns aus. Gefährlich ist es, Erbe zu sein.

Noch kämpfen wir Schritt um Schritt mit dem Riesen Zufall, und über der ganzen Menschheit waltete bisher noch der Unsinn, der Ohne-Sinn.

Euer Geist und eure Tugend diene dem Sinn der Erde, meine Brüder: und aller Dinge Wert werde neu von euch gesetzt! Darum sollt ihr Kämpfende sein! Darum sollt ihr Schaffende sein!

Wissend reinigt sich der Leib; mit Wissen versuchend erhöht er sich; dem Erkennenden heiligen sich alle Triebe; dem Erhöhten wird die Seele fröhlich.

Arzt, hilf dir selber: so hilfst du auch deinem Kranken noch. Das sei seine beste Hilfe, daß er den mit Augen sehe, der sich selber heil macht.

Tausend Pfade gibt es, die noch nie gegangen sind, tausend Gesundheiten und verborgene Eilande des Lebens. Unerschöpft und unentdeckt ist immer noch Mensch und Menschen-Erde.

Wachet und horcht, ihr Einsamen! Von der Zukunft her kommen Winde mit heimlichem Flügelschlagen; und an feine Ohren ergeht gute Botschaft.

Ihr Einsamen von heute, ihr Ausscheidenden, ihr sollt einst ein Volk sein: aus euch, die ihr euch selber auswähltet, soll ein auserwähltes Volk erwachsen: — und aus ihm der Übermensch.

Wahrlich, eine Stätte der Genesung soll noch die Erde

werden! Und schon liegt ein neuer Geruch um sie, ein heilbringender, — und eine neue Hoffnung!

3.

Als Zarathustra diese Worte gesagt hatte, schwieg er, wie einer, der nicht sein letztes Wort gesagt hat; lange wog er den Stab zweifelnd in seiner Hand. Endlich sprach er also: — und seine Stimme hatte sich verwandelt.

Allein gehe ich nun, meine Jünger! Auch ihr geht nun davon und allein! So will ich es.

Wahrlich, ich rate euch: geht fort von mir und wehrt euch gegen Zarathustra! Und besser noch: schämt euch seiner! Vielleicht betrog er euch.

Der Mensch der Erkenntnis muß nicht nur seine Feinde lieben, sondern auch seine Freunde hassen können.

Man vergilt einem Lehrer schlecht, wenn man immer nur der Schüler bleibt. Und warum wollt ihr nicht an meinem Kranze rupfen?

Ihr verehrt mich; aber wie, wenn eure Verehrung eines Tages umfällt? Hütet euch, daß euch nicht eine Bildsäule erschlage!

Ihr sagt, ihr glaubt an Zarathustra? Aber was liegt an Zarathustra! Ihr seid meine Gläubigen: aber was liegt an allen Gläubigen!

Ihr hattet euch noch nicht gesucht: da fandet ihr mich. So tun alle Gläubigen; darum ist es so wenig mit allem Glauben.

Nun heiße ich euch, mich verlieren und euch finden; und erst, wenn ihr mich alle verleugnet habt, will ich euch wiederkehren.

Wahrlich, mit andern Augen, meine Brüder, werde ich mir dann meine Verlorenen suchen; mit einer andern Liebe werde ich euch dann lieben.

Und einst noch sollt ihr mir Freunde geworden sein und Kinder einer Hoffnung: dann will ich zum dritten Male bei euch sein, daß ich den großen Mittag mit euch feiere.

Und das ist der große Mittag, da der Mensch auf der Mitte seiner Bahn steht zwischen Tier und Übermensch und seinen Weg zum Abende als seine höchste Hoffnung feiert: denn es ist der Weg zu einem neuen Morgen.

Alsda wird sich der Untergehende selber segnen, daß er ein Hinübergehender sei; und die Sonne seiner Erkenntnis wird ihm im Mittage stehn.

„Tot sind alle Götter, nun wollen wir, daß der Übermensch lebe“ — dies sei einst am großen Mittage unser letzter Wille! —

Also sprach Zarathustra.

ALSO SPRACH ZARATHUSTRA

ZWEITER TEIL

„— und erst, wenn ihr mich alle verleugnet habt, will ich euch wiederkehren.
Wahrlich, mit andern Augen, meine Brüder, werde ich mir dann meine Verlorenen suchen; mit einer andern Liebe werde ich euch dann lieben."

Zarathustra,
von der schenkenden Tugend

DAS KIND MIT DEM SPIEGEL

Hierauf ging Zarathustra wieder zurück in das Gebirge und in die Einsamkeit seiner Höhle und entzog sich den Menschen: wartend gleich einem Sämann, der seinen Samen ausgeworfen hat. Seine Seele aber wurde voll von Ungeduld und Begierde nach denen, welche er liebte: denn er hatte ihnen noch viel zu geben. Dies nämlich ist das schwerste: aus Liebe die offne Hand schließen und als Schenkender die Scham bewahren.

Also vergingen dem Einsamen Monde und Jahre; seine Weisheit aber wuchs und machte ihm Schmerzen durch ihre Fülle.

Eines Morgens aber wachte er schon vor der Morgenröte auf, besann sich lange auf seinem Lager und sprach endlich zu seinem Herzen:

„Was erschrak ich doch so in meinem Traume, daß ich aufwachte? Trat nicht ein Kind zu mir, das einen Spiegel trug?

‚O Zarathustra' — sprach das Kind zu mir — ‚schaue dich an im Spiegel!'

Aber als ich in den Spiegel schaute, da schrie ich auf, und mein Herz war erschüttert: denn nicht mich sahe ich darin, sondern eines Teufels Fratze und Hohnlachen.

Wahrlich, allzu gut verstehe ich des Traumes Zeichen und Mahnung: meine L e h r e ist in Gefahr, Unkraut will Weizen heißen!

Meine Feinde sind mächtig worden und haben meiner Lehre Bildnis entstellt, also, daß meine Liebsten sich der Gaben schämen müssen, die ich ihnen gab.

Verloren gingen mir meine Freunde; die Stunde kam mir, meine Verlornen zu suchen!" —

Mit diesen Worten sprang Zarathustra auf, aber nicht wie ein Geängstigter, der nach Luft sucht, sondern eher wie ein Seher und Sänger, welchen der Geist anfällt. Verwundert sahen sein Adler und seine Schlange auf ihn hin: denn gleich dem Morgenrote lag ein kommendes Glück auf seinem Antlitze.

Was geschah mir doch, meine Tiere? — sagte Zarathustra. Bin ich nicht verwandelt? Kam mir nicht die Seligkeit wie ein Sturmwind?

Töricht ist mein Glück und Törichtes wird es reden: zu jung noch ist es — so habt Geduld mit ihm!

Verwundet bin ich von meinem Glücke: alle Leidenden sollen mir Ärzte sein!

Zu meinen Freunden darf ich wieder hinab und auch zu meinen Feinden! Zarathustra darf wieder reden und schenken und Lieben das Liebste tun!

Meine ungeduldige Liebe fließt über in Strömen, abwärts, nach Aufgang und Niedergang. Aus schweigsamem Gebirge und Gewittern des Schmerzes rauscht meine Seele in die Täler.

Zu lange sehnte ich mich und schaute in die Ferne. Zu lange gehörte ich der Einsamkeit: so verlernte ich das Schweigen.

Mund bin ich worden ganz und gar, und Brausen eines Bachs aus hohen Felsen: hinab will ich meine Rede stürzen in die Täler.

Und mag mein Strom der Liebe in Unwegsames stürzen! Wie sollte ein Strom nicht endlich den Weg zum Meere finden!

Wohl ist ein See in mir, ein einsiedlerischer, selbstgenugsamer; aber mein Strom der Liebe reißt ihn mit sich hinab — zum Meere!

Neue Wege gehe ich, eine neue Rede kommt mir; müde wurde ich, gleich allen Schaffenden, der alten Zungen. Nicht will mein Geist mehr auf abgelaufnen Sohlen wandeln.

Zu langsam läuft mir alles Reden: — in deinen Wagen springe ich, Sturm! Und auch dich will ich noch peitschen mit meiner Bosheit!

Wie ein Schrei und ein Jauchzen will ich über weite Meere hinfahren, bis ich die glückseligen Inseln finde, wo meine Freunde weilen: —

Und meine Feinde unter ihnen! Wie liebe ich nun jeden. zu dem ich nur reden darf! Auch meine Feinde gehören zu meiner Seligkeit.

Und wenn ich auf mein wildestes Pferd steigen will, so

hilft mir mein Speer immer am besten hinauf: der ist meines Fußes allzeit bereiter Diener: —

Der Speer, den ich gegen meine Feinde schleudere! Wie danke ich es meinen Feinden, daß ich endlich ihn schleudern darf!

Zu groß war die Spannung meiner Wolke: zwischen Gelächtern der Blitze will ich Hagelschauer in die Tiefe werfen.

Gewaltig wird sich da meine Brust heben, gewaltig wird sie ihren Sturm über die Berge hinblasen: so kommt ihr Erleichterung.

Wahrlich, einem Sturme gleich kommen mein Glück und meine Freiheit! Aber meine Feinde sollen glauben, der Böse rase über ihren Häuptern.

Ja, auch ihr werdet erschreckt sein, meine Freunde, ob meiner wilden Weisheit; und vielleicht flieht ihr davon samt meinen Feinden.

Ach, daß ich's verstünde, euch mit Hirtenflöten zurückzulocken! Ach, daß meine Löwin Weisheit zärtlich brüllen lernte! Und vieles lernten wir schon miteinander!

Meine wilde Weisheit wurde trächtig auf einsamen Bergen; auf rauhen Steinen gebar sie ihr Junges, Jüngstes.

Nun läuft sie närrisch durch die harte Wüste und sucht und sucht nach sanftem Rasen — meine alte wilde Weisheit!

Auf eurer Herzen sanften Rasen, meine Freunde! — auf eure Liebe möchte sie ihr Liebstes betten! —

Also sprach Zarathustra.

AUF DEN GLÜCKSELIGEN INSELN

Die Feigen fallen von den Bäumen, sie sind gut und süß; und indem sie fallen, reißt ihnen die rote Haut. Ein Nordwind bin ich reifen Feigen.

Also, gleich Feigen fallen euch diese Lehren zu, meine Freunde: nun trinkt ihren Saft und ihr süßes Fleisch! Herbst ist es umher und reiner Himmel und Nachmittag.

Seht, welche Fülle ist um uns! Und aus dem Überflusse heraus ist es schön hinauszublicken auf ferne Meere.

Einst sagte man Gott, wenn man auf ferne Meere blickte; nun aber lehrte ich euch sagen: Übermensch.

Gott ist eine Mutmaßung; aber ich will, daß euer Mutmaßen nicht weiter reiche als euer schaffender Wille.

Könntet ihr einen Gott schaffen? — So schweigt mir doch von allen Göttern! Wohl aber könntet ihr den Übermenschen schaffen.

Nicht ihr vielleicht selber, meine Brüder! Aber zu Vätern und Vorfahren könntet ihr euch umschaffen des Übermenschen: und dies sei euer bestes Schaffen! —

Gott ist eine Mutmaßung: aber ich will, daß euer Mutmaßen begrenzt sei in der Denkbarkeit.

Könntet ihr einen Gott denken? — Aber dies bedeute euch Willen zur Wahrheit, daß alles verwandelt werde in Menschen-Denkbares, Menschen-Sichtbares, Menschen-Fühlbares! Eure eignen Sinne sollt ihr zu Ende denken!

Und was ihr Welt nanntet, das soll erst von euch geschaffen werden: eure Vernunft, euer Bild, euer Wille, eure Liebe soll es selber werden! Und wahrlich, zu eurer Seligkeit, ihr Erkennenden!

Und wie wolltet ihr das Leben ertragen ohne diese Hoffnung, ihr Erkennenden? Weder ins Unbegreifliche dürftet ihr eingeboren sein noch ins Unvernünftige.

Aber daß ich euch ganz mein Herz offenbare, ihr Freunde: wenn es Götter gäbe, wie hielte ich's aus, kein Gott zu sein! Also gibt es keine Götter.

Wohl zog ich den Schluß; nun aber zieht er mich. —

Gott ist eine Mutmaßung: aber wer tränke alle Qual dieser Mutmaßung, ohne zu sterben? Soll dem Schaffenden sein Glaube genommen sein und dem Adler sein Schweben in Adler-Fernen?

Gott ist ein Gedanke, der macht alles Gerade krumm und alles, was steht, drehend. Wie? Die Zeit wäre hinweg, und alles Vergängliche nur Lüge?

Dies zu denken ist Wirbel und Schwindel menschlichen Gebeinen, und noch dem Magen ein Erbrechen: wahrlich, die drehende Krankheit heiße ich's, solches zu mutmaßen.

Böse heiße ich's und menschenfeindlich: all dies Lehren vom Einen und Vollen und Unbewegten und Satten und Unvergänglichen!

Alles Unvergängliche — das ist nur ein Gleichnis! Und die Dichter lügen zu viel. —

Aber von Zeit und Werden sollen die besten Gleichnisse reden: ein Lob sollen sie sein und eine Rechtfertigung aller Vergänglichkeit!

Schaffen — das ist die große Erlösung vom Leiden, und des Lebens Leichtwerden. Aber daß der Schaffende sei, dazu selber tut Leid not und viel Verwandelung.

Ja, viel bitteres Sterben muß in eurem Leben sein, ihr Schaffenden! Also seid ihr Fürsprecher und Rechtfertiger aller Vergänglichkeit.

Daß der Schaffende selber das Kind sei, das neu geboren werde, dazu muß er auch die Gebärerin sein wollen und der Schmerz der Gebärerin.

Wahrlich, durch hundert Seelen ging ich meinen Weg und durch hundert Wiegen und Geburtswehen. Manchen Abschied nahm ich schon, ich kenne die herzbrechenden letzten Stunden.

Aber so will's mein schaffender Wille, mein Schicksal. Oder, daß ich's euch redlicher sage: solches Schicksal gerade — will mein Wille.

Alles Fühlende leidet an mir und ist in Gefängnissen: aber mein Wollen kommt mir stets als mein Befreier und Freudebringer.

Wollen befreit: das ist die wahre Lehre von Wille und Freiheit — so lehrt sie euch Zarathustra.

Nicht-mehr-Wollen und Nicht-mehr-Schätzen und Nicht-mehr-Schaffen! ach, daß diese große Müdigkeit mir stets fern bleibe!

Auch im Erkennen fühle ich nur meines Willens Zeuge- und Werde-Lust; und wenn Unschuld in meiner Erkenntnis ist, so geschieht dies, weil Wille zur Zeugung in ihr ist.

Hinweg von Gott und Göttern lockte mich dieser Wille; was wäre denn zu schaffen, wenn Götter — da wären!

Aber zum Menschen treibt er mich stets von neuem, mein inbrünstiger Schaffens-Wille; so treibt's den Hammer hin zum Steine.

Ach, ihr Menschen, im Steine schläft mir ein Bild, das Bild meiner Bilder! Ach, daß es im härtesten, häßlichsten Steine schlafen muß!

Nun wütet mein Hammer grausam gegen sein Gefängnis. Vom Steine stäuben Stücke: was schiert mich das?

Vollenden will ich's: denn ein Schatten kam zu mir — aller Dinge Stillstes und Leichtestes kam einst zu mir!

Des Übermenschen Schönheit kam zu mir als Schatten. Ach, meine Brüder! Was gehen mich noch — die Götter an! —

Also sprach Zarathustra.

VON DEN MITLEIDIGEN

Meine Freunde, es kam eine Spottrede zu eurem Freunde: „seht nur Zarathustra! Wandelt er nicht unter uns wie unter Tieren?"

Aber so ist es besser geredet: „der Erkennende wandelt unter Menschen a l s unter Tieren."

Der Mensch selber aber heißt dem Erkennenden: das Tier, das rote Backen hat.

Wie geschah ihm das? Ist es nicht, weil er sich zu oft hat schämen müssen?

O meine Freunde! So spricht der Erkennende: Scham, Scham, Scham — das ist die Geschichte des Menschen!

Und darum gebeut sich der Edle, nicht zu beschämen: Scham gebeut er sich vor allem Leidenden.

Wahrlich, ich mag sie nicht, die Barmherzigen, die selig sind in ihrem Mitleiden: zu sehr gebricht es ihnen an Scham.

Muß ich mitleidig sein, so will ich's doch nicht heißen; und wenn ich's bin, dann gern aus der Ferne.

Gerne verhülle ich auch das Haupt und fliehe davon, bevor ich noch erkannt bin: und also heiße ich euch tun, meine Freunde!

Möge mein Schicksal mir immer Leidlose, gleich euch, über den Weg führen, und solche, mit denen mir Hoffnung und Mahl und Honig gemein sein d a r f!

Wahrlich, ich tat wohl das und jenes an Leidenden: aber Besseres schien ich mir stets zu tun, wenn ich lernte, mich besser freuen.

Seit es Menschen gibt, hat der Mensch sich zu wenig gefreut: das allein, meine Brüder, ist unsre Erbsünde!

Und lernen wir besser uns freuen, so verlernen wir am besten, andern wehe zu tun und Wehes auszudenken.

Darum wasche ich mir die Hand, die dem Leidenden half, darum wische ich mir auch noch die Seele ab.

Denn daß ich den Leidenden leidend sah, dessen schämte ich mich um seiner Scham willen; und als ich ihm half, da verging ich mich hart an seinem Stolze.

Große Verbindlichkeiten machen nicht dankbar, sondern rachsüchtig; und wenn die kleine Wohltat nicht vergessen wird, so wird noch ein Nage-Wurm daraus.

„Seid spröde im Annehmen! Zeichnet aus damit, daß ihr

annehmt!“ — also rate ich denen, die nichts zu verschenken haben.

Ich aber bin ein Schenkender: gerne schenke ich, als Freund den Freunden. Fremde aber und Arme mögen sich die Frucht selber von meinem Baume pflücken: so beschämt es weniger.

Bettler aber sollte man ganz abschaffen! Wahrlich, man ärgert sich, ihnen zu geben, und ärgert sich, ihnen nicht zu geben.

Und insgleichen die Sünder und bösen Gewissen! Glaubt mir, meine Freunde: Gewissensbisse erziehn zum Beißen.

Das Schlimmste aber sind die kleinen Gedanken. Wahrlich, besser noch bös getan, als klein gedacht!

Zwar ihr sagt: „die Lust an kleinen Bosheiten erspart uns manche große böse Tat.“ Aber hier sollte man nicht sparen wollen.

Wie ein Geschwür ist die böse Tat: sie juckt und kratzt und bricht heraus, — sie redet ehrlich.

„Siehe, ich bin Krankheit“ — so redet die böse Tat; das ist ihre Ehrlichkeit.

Aber dem Pilze gleich ist der kleine Gedanke: er kriecht und duckt sich und will nirgendswo sein — bis der ganze Leib morsch und welk ist vor kleinen Pilzen.

Dem aber, der vom Teufel besessen ist, sage ich dies Wort ins Ohr: „besser noch, du ziehest deinen Teufel groß! Auch für dich gibt es noch einen Weg der Größe!“ —

Ach, meine Brüder! Man weiß von jedermann etwas zu viel! Und mancher wird uns durchsichtig, aber deshalb können wir noch lange nicht durch ihn hindurch.

Es ist schwer, mit Menschen zu leben, weil Schweigen so schwer ist.

Und nicht gegen den, der uns zuwider ist, sind wir am unbilligsten, sondern gegen den, welcher uns gar nichts angeht.

Hast du aber einen leidenden Freund, so sei seinem Leiden eine Ruhestätte, doch gleichsam ein hartes Bett, ein Feldbett: so wirst du ihm am besten nützen.

Und tut dir ein Freund Übles, so sprich: „ich vergebe dir, was du mir tatest; daß du es aber d i r tatest, — wie könnte ich das vergeben!“

Also redet alle große Liebe: die überwindet auch noch Vergebung und Mitleiden.

Man soll sein Herz festhalten; denn läßt man es gehn, wie bald geht einem da der Kopf durch!

Ach, wo in der Welt geschahen größere Torheiten als bei den Mitleidigen? Und was in der Welt stiftete mehr Leid als die Torheiten der Mitleidigen?

Wehe allen Liebenden, die nicht noch eine Höhe haben, welche über ihrem Mitleiden ist!

Also sprach der Teufel einst zu mir: „auch Gott hat seine Hölle: das ist seine Liebe zu den Menschen."

Und jüngst hörte ich ihn dies Wort sagen: „Gott ist tot; an seinem Mitleiden mit den Menschen ist Gott gestorben." —

So seid mir gewarnt vor dem Mitleiden: d a h e r kommt noch den Menschen eine schwere Wolke! Wahrlich ich verstehe mich auf Wetterzeichen!

Merket aber auch dies Wort: alle große Liebe ist noch über all ihrem Mitleiden: denn sie will das Geliebte noch — schaffen!

„Mich selber bringe ich meiner Liebe dar, u n d m e i n e n N ä c h s t e n g l e i c h m i r" — so geht die Rede allen Schaffenden.

Alle Schaffenden aber sind hart. —

Also sprach Zarathustra.

VON DEN PRIESTERN

Und einstmals gab Zarathustra seinen Jüngern ein Zeichen und sprach diese Worte zu ihnen:

„Hier sind Priester: und wenn es auch meine Feinde sind, geht mir still an ihnen vorüber und mit schlafendem Schwerte!

Auch unter ihnen sind Helden; viele von ihnen litten zu viel —: so wollen sie andre leiden machen.

Böse Feinde sind sie: nichts ist rachsüchtiger als ihre Demut. Und leicht besudelt sich der, welcher sie angreift.

Aber mein Blut ist mit dem ihren verwandt; und ich will mein Blut auch noch in dem ihren geehrt wissen." —

Und als sie vorübergegangen waren, fiel Zarathustra der Schmerz an; und nicht lange hatte er mit seinem Schmerze gerungen, da hub er also an zu reden:

Es jammert mich dieser Priester. Sie gehen mir auch wider den Geschmack; aber das ist mir das Geringste, seit ich unter Menschen bin.

Aber ich leide und litt mit ihnen: Gefangene sind es mir und Abgezeichnete. Der, welchen sie Erlöser nennen, schlug sie in Banden: —

In Banden falscher Werte und Wahn-Worte! Ach, daß einer sie noch von ihrem Erlöser erlöste!

Auf einem Eilande glaubten sie einst zu landen, als das Meer sie herumriß; aber siehe, es war ein schlafendes Ungeheuer!

Falsche Werte und Wahn-Worte: das sind die schlimmsten Ungeheuer für Sterbliche, — lange schläft und wartet in ihnen das Verhängnis.

Aber endlich kommt es und wacht und frißt und schlingt, was auf ihm sich Hütten baute.

O seht mir doch diese Hütten an, die sich diese Priester bauten! Kirchen heißen sie ihre süßduftenden Höhlen!

O über dies verfälschte Licht, diese verdumpfte Luft! Hier, wo die Seele zu ihrer Höhe hinauf — nicht fliegen darf.

Sondern also gebietet ihr Glaube: „auf den Knien die Treppe hinan, ihr Sünder!"

Wahrlich, lieber sehe ich noch den Schamlosen als die verrenkten Augen ihrer Scham und Andacht!

Wer schuf sich solche Höhlen und Buß-Treppen? Waren es nicht solche, die sich verbergen wollten und sich vor dem reinen Himmel schämten?

Und erst wenn der reine Himmel wieder durch zerbrochne Decken blickt, und hinab auf Gras und roten Mohn an zerbrochnen Mauern, — will ich den Stätten dieses Gottes wieder mein Herz zuwenden.

Sie nannten Gott, was ihnen widersprach und wehe tat: und wahrlich, es war viel Helden-Art in ihrer Anbetung!

Und nicht anders wußten sie ihren Gott zu lieben, als indem sie den Menschen ans Kreuz schlugen!

Als Leichname gedachten sie zu leben, schwarz schlugen sie ihren Leichnam aus; auch aus ihren Reden rieche ich noch die üble Würze von Totenkammern.

Und wer ihnen nahe lebt, der lebt schwarzen Teichen nahe, aus denen heraus die Unke ihr Lied mit süßem Tiefsinne singt.

Bessere Lieder müßten sie mir singen, daß ich an ihren Erlöser glauben lerne: erlöster müßten mir seine Jünger aussehen!

Nackt möchte ich sie sehn: denn allein die Schönheit sollte Buße predigen. Aber wen überredet wohl diese vermummte Trübsal!

Wahrlich, ihre Erlöser selber kamen nicht aus der Freiheit und der Freiheit siebentem Himmel! Wahrlich, sie selber wandelten niemals auf den Teppichen der Erkenntnis!

Aus Lücken bestand der Geist dieser Erlöser; aber in jede Lücke hatten sie ihren Wahn gestellt, ihren Lückenbüßer, den sie Gott nannten.

Mit ihrem Mitleiden war ihr Geist ertrunken, und wenn sie schwollen und überschwollen von Mitleiden, schwamm immer obenauf eine große Torheit.

Eifrig trieben sie und mit Geschrei ihre Herde über ihren Steg: wie als ob es zur Zukunft nur einen Steg gebe! Wahrlich, auch diese Hirten gehörten noch zu den Schafen!

Kleine Geister und umfängliche Seelen hatten diese Hirten: aber, meine Brüder, was für kleine Länder waren bisher auch die umfänglichsten Seelen!

Blutzeichen schrieben sie auf den Weg, den sie gingen, und ihre Torheit lehrte, daß man mit Blut die Wahrheit beweise.

Aber Blut ist der schlechteste Zeuge der Wahrheit; Blut vergiftet die reinste Lehre noch zu Wahn und Haß der Herzen.

Und wenn einer durchs Feuer geht für seine Lehre, — was beweist dies! Mehr ist's wahrlich, daß aus eignem Brande die eigne Lehre kommt!

Schwüles Herz und kalter Kopf: wo dies zusammentrifft, da entsteht der Brausewind, der „Erlöser".

Größere gab es wahrlich und Höher-Geborene als die, welche das Volk Erlöser nennt, diese hinreißenden Brausewinde!

Und noch von Größeren, als alle Erlöser waren, müßt ihr, meine Brüder, erlöst werden, wollt ihr zur Freiheit den Weg finden!

Niemals noch gab es einen Übermenschen. Nackt sah ich beide, den größten und den kleinsten Menschen: —

Allzu ähnlich sind sie noch einander. Wahrlich, auch den Größten fand ich — allzu menschlich! —

Also sprach Zarathustra.

VON DEN TUGENDHAFTEN

Mit Donnern und himmlischen Feuerwerken muß man zu schlaffen und schlafenden Sinnen reden.

Aber der Schönheit Stimme redet leise; sie schleicht sich nur in die aufgewecktesten Seelen.

Leise erbebte und lachte mir heut mein Schild: das ist der Schönheit heiliges Lachen und Beben.

Über euch, ihr Tugendhaften, lachte heute meine Schönheit. Und also kam ihre Stimme zu mir: „sie wollen noch — bezahlt sein!"

Ihr wollt noch bezahlt sein, ihr Tugendhaften! Wollt Lohn für Tugend und Himmel für Erden und Ewiges für euer Heute haben?

Und nun zürnt ihr mir, daß ich lehre, es gibt keinen Lohn- und Zahlmeister? Und wahrlich, ich lehre nicht einmal, daß Tugend ihr eigener Lohn ist.

Ach, das ist meine Trauer: in den Grund der Dinge hat man Lohn und Strafe hineingelogen — und nun auch noch in den Grund eurer Seelen, ihr Tugendhaften!

Aber dem Rüssel des Ebers gleich soll mein Wort den Grund eurer Seelen aufreißen; Pflugschar will ich euch heißen.

Alle Heimlichkeiten eures Grundes sollen ans Licht; und wenn ihr aufgewühlt und zerbrochen in der Sonne liegt, wird auch eure Lüge von eurer Wahrheit ausgeschieden sein.

Denn dies ist eure Wahrheit: ihr seid zu *reinlich* für den Schmutz der Worte: Rache, Strafe, Lohn, Vergeltung.

Ihr liebt eure Tugend wie die Mutter ihr Kind; aber wann hörte man, daß eine Mutter bezahlt sein wollte für ihre Liebe?

Es ist euer liebstes Selbst, eure Tugend. Des Ringes Durst ist in euch: sich selber wieder zu erreichen, dazu ringt und dreht sich jeder Ring.

Und dem Sterne gleich, der erlischt, ist jedes Werk eurer Tugend: immer ist sein Licht noch unterwegs und wandert — und wann wird es nicht mehr unterwegs sein?

Also ist das Licht eurer Tugend noch unterwegs, auch wenn das Werk getan ist. Mag es nun vergessen und tot sein: sein Strahl von Licht lebt noch und wandert.

Daß eure Tugend euer Selbst sei und nicht ein Fremdes,

eine Haut, eine Bemäntelung: das ist die Wahrheit aus dem Grunde eurer Seele, ihr Tugendhaften! —

Aber wohl gibt es solche, denen Tugend der Krampf unter einer Peitsche heißt: und ihr habt mir zuviel auf deren Geschrei gehört!

Und andre gibt es, die heißen Tugend das Faulwerden ihrer Laster: und wenn ihr Haß und ihre Eifersucht einmal die Glieder strecken, wird ihre „Gerechtigkeit" munter und reibt sich die verschlafenen Augen.

Und andere gibt es, die werden abwärts gezogen: ihre Teufel ziehn sie. Aber je mehr sie sinken, um so glühender leuchtet ihr Auge und die Begierde nach ihrem Gotte.

Ach, auch deren Geschrei drang zu euren Ohren, ihr Tugendhaften: „was ich n i c h t bin, d a s, d a s ist mir Gott und Tugend!"

Und andre gibt es, die kommen schwer und knarrend daher, gleich Wagen, die Steine abwärts fahren: die reden viel von Würde und Tugend, — ihren Hemmschuh heißen sie Tugend!

Und andre gibt es, die sind gleich Alltags-Uhren, die aufgezogen wurden; sie machen Tiktak und wollen, daß man Tiktak — Tugend heiße.

Wahrlich, an diesen habe ich meine Lust: wo ich solche Uhren finde, werde ich sie mit meinem Spotte aufziehn; und sie sollen mir dabei noch schnurren!

Und andre sind stolz über ihre Handvoll Gerechtigkeit und begehen um ihrer willen Frevel an allen Dingen: also daß die Welt in ihrer Ungerechtigkeit ertränkt wird.

Ach, wie übel ihnen das Wort „Tugend" aus dem Munde läuft! Und wenn sie sagen: „ich bin gerecht", so klingt es immer gleich wie: „ich bin gerächt!"

Mit ihrer Tugend wollen sie ihren Feinden die Augen auskratzen; und sie erheben sich nur, um andre zu erniedrigen.

Und wiederum gibt es solche, die sitzen in ihrem Sumpfe und reden also heraus aus dem Schilfrohr: „Tugend — das ist still im Sumpfe sitzen.

Wir beißen niemanden und gehen dem aus dem Wege, der beißen will; und in allem haben wir die Meinung, die man uns gibt."

Und wiederum gibt es solche, die lieben Gebärden und denken: Tugend ist eine Art Gebärde.

Ihre Knie beten immer an und ihre Hände sind Lobpreisungen der Tugend, aber ihr Herz weiß nichts davon.

Und wiederum gibt es solche, die halten es für Tugend, zu sagen: „Tugend ist notwendig"; aber sie glauben im Grunde nur daran, daß Polizei notwendig ist.

Und mancher, der das Hohe an den Menschen nicht sehen kann, nennt es Tugend, daß er ihr Niedriges allzu nahe sieht: also heißt er seinen bösen Blick Tugend.

Und einige wollen erbaut und aufgerichtet sein und heißen es Tugend; und andre wollen umgeworfen sein — und heißen es auch Tugend.

Und derart glauben fast alle daran, Anteil zu haben an der Tugend; und zum mindesten will ein jeder Kenner sein über „Gut" und „Böse".

Aber nicht dazu kam Zarathustra, allen diesen Lügnern und Narren zu sagen: „was wißt *ihr* von Tugend! Was *könntet* ihr von Tugend wissen!" —

Sondern, daß ihr, meine Freunde, der alten Worte müde würdet, welche ihr von den Narren und Lügnern gelernt habt:

Müde würdet der Worte „Lohn", „Vergeltung", „Strafe", „Rache in der Gerechtigkeit" —

Müde würdet zu sagen: „daß eine Handlung gut ist, das macht, sie ist selbstlos."

Ach, meine Freunde! Daß *euer* Selbst in der Handlung sei, wie die Mutter im Kinde ist: das sei mir *euer* Wort von Tugend!

Wahrlich, ich nahm euch wohl hundert Worte und eurer Tugend liebste Spielwerke; und nun zürnt ihr mir, wie Kinder zürnen.

Sie spielten am Meere, — da kam die Welle und riß ihnen ihr Spielwerk in die Tiefe: nun weinen sie.

Aber dieselbe Welle soll ihnen neue Spielwerke bringen und neue bunte Muscheln vor sie hin ausschütten!

So werden sie getröstet sein; und gleich ihnen sollt auch ihr, meine Freunde, eure Tröstungen haben — und neue bunte Muscheln! —

Also sprach Zarathustra.

VOM GESINDEL

Das Leben ist ein Born der Lust; aber wo das Gesindel mittrinkt, da sind alle Brunnen vergiftet.

Allem Reinlichen bin ich hold; aber ich mag die grinsenden Mäuler nicht sehn und den Durst der Unreinen.

Sie warfen ihr Auge hinab in den Brunnen: nun glänzt mir ihr widriges Lächeln herauf aus dem Brunnen.

Das heilige Wasser haben sie vergiftet mit ihrer Lüsternheit; und als sie ihre schmutzigen Träume Lust nannten, vergifteten sie auch noch die Worte.

Unwillig wird die Flamme, wenn sie ihre feuchten Herzen ans Feuer legen; der Geist selber brodelt und raucht, wo das Gesindel ans Feuer tritt.

Süßlich und übermürbe wird in ihrer Hand die Frucht: windfällig und wipfeldürr macht ihr Blick den Fruchtbaum.

Und mancher, der sich vom Leben abkehrte, kehrte sich nur vom Gesindel ab: er wollte nicht Brunnen und Flamme und Frucht mit dem Gesindel teilen.

Und mancher, der in die Wüste ging und mit Raubtieren Durst litt, wollte nur nicht mit schmutzigen Kameltreibern um die Zisterne sitzen.

Und mancher, der wie ein Vernichter daherkam und wie ein Hagelschlag allen Fruchtfeldern, wollte nur seinen Fuß dem Gesindel in den Rachen setzen und also seinen Schlund stopfen.

Und nicht das ist der Bissen, an dem ich am meisten würgte, zu wissen, daß das Leben selber Feindschaft nötig hat und Sterben und Marterkreuze: —

Sondern ich fragte einst und erstickte fast an meiner Frage: wie? hat das Leben auch das Gesindel *nötig*?

Sind vergiftete Brunnen nötig und stinkende Feuer und beschmutzte Träume und Maden im Lebensbrote?

Nicht mein Haß, sondern mein Ekel fraß mir hungrig am Leben! Ach, des Geistes wurde ich oft müde, als ich auch das Gesindel geistreich fand!

Und den Herrschenden wandt' ich den Rücken, als ich sah, was sie jetzt herrschen nennen: schachern und markten um Macht — mit dem Gesindel!

Unter Völkern wohnte ich fremder Zunge, mit verschlossenen Ohren: daß mir ihres Schacherns Zunge fremd bliebe und ihr Markten um Macht.

Und die Nase mir haltend, ging ich unmutig durch alles Gestern und Heute: wahrlich, übel riecht alles Gestern und Heute nach dem schreibenden Gesindel!

Einem Krüppel gleich, der taub und blind und stumm wurde: also lebte ich lange, daß ich nicht mit Macht- und Schreib- und Lust-Gesindel lebte.

Mühsam stieg mein Geist Treppen, und vorsichtig; Almosen der Lust waren sein Labsal; am Stabe schlich dem Blinden das Leben.

Was geschah mir doch? Wie erlöste ich mich vom Ekel? Wer verjüngte mein Auge? Wie erflog ich die Höhe, wo kein Gesindel mehr am Brunnen sitzt?

Schuf mein Ekel selber mir Flügel und quellenahnende Kräfte? Wahrlich, ins Höchste mußte ich fliegen, daß ich den Born der Lust wiederfände!

Oh, ich fand ihn, meine Brüder! Hier im Höchsten quillt mir der Born der Lust! Und es gibt ein Leben, an dem kein Gesindel mittrinkt!

Fast zu heftig strömst du mir, Quell der Lust! Und oft leerst du den Becher wieder, dadurch daß du ihn füllen willst!

Und noch muß ich lernen, bescheidener dir zu nahen: allzu heftig strömt dir noch mein Herz entgegen: —

Mein Herz, auf dem mein Sommer brennt, der kurze, heiße, schwermütige, überselige: wie verlangt mein Sommer-Herz nach deiner Kühle!

Vorbei die zögernde Trübsal meines Frühlings! Vorüber die Bosheit meiner Schneeflocken im Juni! Sommer wurde ich ganz und Sommer-Mittag!

Ein Sommer im Höchsten mit kalten Quellen und seliger Stille: o kommt, meine Freunde, daß die Stille noch seliger werde!

Denn dies ist u n s r e Höhe und unsre Heimat: zu hoch und steil wohnen wir hier allen Unreinen und ihrem Durste.

Werft nur eure reinen Augen in den Born meiner Lust, ihr Freunde! Wie sollte er darob trübe werden! Entgegenlachen soll er euch mit s e i n e r Reinheit.

Auf dem Baume Zukunft bauen wir unser Nest; Adler sollen uns Einsamen Speise bringen mit ihren Schnäbeln!

Wahrlich, keine Speise, an der Unsaubere mitessen dürften! Feuer würden sie zu fressen wähnen und sich die Mäuler verbrennen!

Wahrlich, keine Heimstätte halten wir hier bereit für Unsaubere! Eishöhle würde ihren Leibern unser Glück heißen und ihren Geistern!

Und wie starke Winde wollen wir über ihnen leben, Nachbarn den Adlern, Nachbarn dem Schnee, Nachbarn der Sonne: also leben starke Winde.

Und einem Winde gleich will ich einst noch zwischen sie blasen und mit meinem Geiste ihrem Geiste den Atem nehmen: so will es meine Zukunft.

Wahrlich, ein starker Wind ist Zarathustra allen Niederungen; und solchen Rat rät er seinen Feinden und allem, was spuckt und speit: „hütet euch, gegen den Wind zu speien!" —

Also sprach Zarathustra.

VON DEN TARANTELN

Siehe, das ist der Tarantel Höhle! Willst du sie selber sehn? Hier hängt ihr Netz: rühre daran, daß es erzittert.

Da kommt sie willig: willkommen, Tarantel! Schwarz sitzt auf deinem Rücken dein Dreieck und Wahrzeichen; und ich weiß auch, was in deiner Seele sitzt.

Rache sitzt in deiner Seele: wohin du beißest, da wächst schwarzer Schorf; mit Rache macht dein Gift die Seele drehend!

Also rede ich zu euch im Gleichnis, die ihr die Seelen drehend macht, ihr Prediger der Gleichheit! Taranteln seid ihr mir und versteckte Rachsüchtige!

Aber ich will eure Verstecke schon ans Licht bringen: darum lache ich euch ins Antlitz mein Gelächter der Höhe.

Darum reiße ich an eurem Netze, daß eure Wut euch aus eurer Lügen-Höhle locke, und eure Rache hervorspringe hinter eurem Wort „Gerechtigkeit".

Denn daß der Mensch erlöst werde von der Rache: das ist mir die Brücke zur höchsten Hoffnung und ein Regenbogen nach langen Unwettern.

Aber anders wollen es freilich die Taranteln. „Das gerade heiße uns Gerechtigkeit, daß die Welt voll werde von den Unwettern unsrer Rache", — also reden sie miteinander.

„Rache wollen wir üben und Beschimpfung an allen, die uns nicht gleich sind", — so geloben sich die Tarantel-Herzen.

„Und ‚Wille zur Gleichheit' — das selber soll fürderhin der Name für Tugend werden; und gegen alles, was Macht hat, wollen wir unser Geschrei erheben!"

Ihr Prediger der Gleichheit, der Tyrannen-Wahnsinn der Ohnmacht schreit also aus euch nach „Gleichheit": eure heimlichsten Tyrannen-Gelüste vermummen sich also in Tugend-Worte!

Vergrämter Dünkel, verhaltener Neid, vielleicht eurer Väter Dünkel und Neid: aus euch bricht's als Flamme heraus und Wahnsinn der Rache.

Was der Vater schwieg, das kommt im Sohne zum Reden; und oft fand ich den Sohn als des Vaters entblößtes Geheimnis.

Den Begeisterten gleichen sie: aber nicht das Herz ist es, was sie begeistert, — sondern die Rache. Und wenn sie fein und kalt werden, ist's nicht der Geist, sondern der Neid, der sie fein und kalt macht.

Ihre Eifersucht führt sie auch auf der Denker Pfade; und dies ist das Merkmal ihrer Eifersucht — immer gehn sie zu weit: daß ihre Müdigkeit sich zuletzt noch auf Schnee schlafen legen muß.

Aus jeder ihrer Klagen tönt Rache, in jedem ihrer Lobsprüche ist ein Wehetun; und Richter-sein scheint ihnen Seligkeit.

Also aber rate ich euch, meine Freunde: mißtraut allen, in welchen der Trieb zu strafen mächtig ist!

Das ist Volk schlechter Art und Abkunft; aus ihren Gesichtern blickt der Henker und der Spürhund.

Mißtraut allen denen, die viel von ihrer Gerechtigkeit reden! Wahrlich, ihren Seelen fehlt es nicht nur an Honig.

Und wenn sie sich selber „die Guten und Gerechten" nennen, so vergeßt nicht, daß ihnen zum Pharisäer nichts fehlt als — Macht!

Meine Freunde, ich will nicht vermischt und verwechselt werden.

Es gibt solche, die predigen meine Lehre vom Leben: und zugleich sind sie Prediger der Gleichheit und Taranteln.

Daß sie dem Leben zu Willen reden, ob sie gleich in ihrer Höhle sitzen, diese Gift-Spinnen, und abgekehrt vom Leben: das macht, sie wollen damit wehe tun.

Solchen wollen sie damit wehe tun, die jetzt die Macht haben: denn bei diesen ist noch die Predigt vom Tode am besten zu Hause.

Wäre es anders, so würden die Taranteln anders lehren:

und gerade sie waren ehemals die besten Welt-Verleumder und Ketzer-Brenner.

Mit diesen Predigern der Gleichheit will ich nicht vermischt und verwechselt sein. Denn so redet m i r die Gerechtigkeit: „die Menschen sind nicht gleich."

Und sie sollen es auch nicht werden! Was wäre denn meine Liebe zum Übermenschen, wenn ich anders spräche?

Auf tausend Brücken und Stegen sollen sie sich drängen zur Zukunft, und immer mehr Krieg und Ungleichheit soll zwischen sie gesetzt sein: so läßt mich meine große Liebe reden!

Erfinder von Bildern und Gespenstern sollen sie werden in ihren Feindschaften, und mit ihren Bildern und Gespenstern sollen sie noch gegeneinander den höchsten Kampf kämpfen!

Gut und Böse, und Reich und Arm, und Hoch und Gering, und alle Namen der Werte: Waffen sollen es sein und klirrende Merkmale davon, daß das Leben sich immer wieder selber überwinden muß!

In die Höhe will es sich bauen mit Pfeilern und Stufen, das Leben selber: in weite Fernen will es blicken und hinaus nach seligen Schönheiten, — d a r u m braucht es Höhe!

Und weil es Höhe braucht, braucht es Stufen und Widerspruch der Stufen und Steigenden! Steigen will das Leben und steigend sich überwinden.

Und seht mir doch, meine Freunde! Hier, wo der Tarantel Höhle ist, heben sich eines alten Tempels Trümmer aufwärts, — seht mir doch mit erleuchteten Augen hin!

Wahrlich, wer hier einst seine Gedanken in Stein nach oben türmte, um das Geheimnis alles Lebens wußte er gleich dem Weisesten!

Daß Kampf und Ungleiches auch noch in der Schönheit sei und Krieg um Macht und Übermacht: das lehrt er uns hier im deutlichsten Gleichnis.

Wie sich göttlich hier Gewölbe und Bogen brechen, im Ringkampfe: wie mit Licht und Schatten sie wider einander streben, die göttlich-Strebenden —

Also sicher und schön laßt uns auch Feinde sein, meine Freunde! Göttlich wollen wir w i d e r einander streben! —

Wehe! Da biß mich selber die Tarantel, meine alte Feindin! Göttlich sicher und schön biß sie mich in den Finger!

„Strafe muß sein und Gerechtigkeit" — so denkt sie: „nicht umsonst soll er hier der Feindschaft zu Ehren Lieder singen!"

Ja, sie hat sich gerächt! Und wehe! nun wird sie mit Rache auch noch meine Seele drehend machen.

Daß ich mich aber nicht drehe, meine Freunde, bindet mich fest hier an diese Säule! Lieber noch Säulen-Heiliger will ich sein als Wirbel der Rachsucht!

Wahrlich, kein Dreh- und Wirbelwind ist Zarathustra; und wenn er ein Tänzer ist, nimmermehr doch ein Tarantel-Tänzer! —

Also sprach Zarathustra.

VON DEN BERÜHMTEN WEISEN

Dem Volke habt ihr gedient und des Volkes Aberglauben, ihr berühmten Weisen alle! — und nicht der Wahrheit! Und gerade darum zollte man euch Ehrfurcht.

Und darum auch ertrug man euren Unglauben, weil er ein Witz und Umweg war zum Volke. So läßt der Herr seine Sklaven gewähren und ergötzt sich noch an ihrem Übermute.

Aber wer dem Volke verhaßt ist wie ein Wolf den Hunden: das ist der freie Geist, der Fessel-Feind, der Nicht-Anbeter, der in Wäldern Hausende.

Ihn zu jagen aus seinem Schlupfe — das hieß immer dem Volke „Sinn für das Rechte": gegen ihn hetzt es noch immer seine scharfzahnigsten Hunde.

„Denn die Wahrheit ist da: ist das Volk doch da! Wehe, wehe den Suchenden!" — also scholl es von jeher.

Eurem Volke wolltet ihr Recht schaffen in seiner Verehrung: das hießet ihr „Wille zur Wahrheit", ihr berühmten Weisen!

Und euer Herz sprach immer zu sich: „vom Volke kam ich: von dort her kam mir auch Gottes Stimme."

Hart-nackig und klug, dem Esel gleich, wart ihr immer als des Volkes Fürsprecher.

Und mancher Mächtige, der gut fahren wollte mit dem Volke, spannte vor seine Rosse noch — ein Eselein, einen berühmten Weisen.

Und nun wollte ich, ihr berühmten Weisen, ihr würfet endlich das Fell des Löwen ganz von euch!

Das Fell des Raubtiers, das buntgefleckte, und die Zotten des Forschenden, Suchenden, Erobernden!

Ach, daß ich an eure „Wahrhaftigkeit“ glauben lerne, dazu müßtet ihr mir erst euren verehrenden Willen zerbrechen.

Wahrhaftig — so heiße ich den, der in götterlose Wüsten geht und sein verehrendes Herz zerbrochen hat.

Im gelben Sande und verbrannt von der Sonne schielt er wohl durstig nach den quellenreichen Eilanden, wo Lebendiges unter dunklen Bäumen ruht.

Aber sein Durst überredet ihn nicht, diesen Behaglichen gleich zu werden: denn wo Oasen sind, da sind auch Götzenbilder.

Hungernd, gewalttätig, einsam, gottlos: so will sich selber der Löwen-Wille.

Frei von dem Glück der Knechte, erlöst von Göttern und Anbetungen, furchtlos und fürchterlich, groß und einsam: so ist der Wille des Wahrhaftigen.

In der Wüste wohnten von je die Wahrhaftigen, die freien Geister, als der Wüste Herren; aber in den Städten wohnen die gut gefütterten, berühmten Weisen, — die Zugtiere.

Immer nämlich ziehen sie, als Esel, — des V o l k e s Karren!

Nicht daß ich ihnen darob zürne: aber Dienende bleiben sie mir und Angeschirrte, auch wenn sie von goldnem Geschirre glänzen.

Und oft waren sie gute Diener und preiswürdige. Denn so spricht die Tugend: „mußt du Diener sein, so suche den, welchem dein Dienst am besten nützt!

Der Geist und die Tugend deines Herrn sollen wachsen, dadurch daß du sein Diener bist: so wächsest du selber mit seinem Geiste und seiner Tugend!“

Und wahrlich, ihr berühmten Weisen, ihre Diener des Volkes! Ihr selber wuchset mit des Volkes Geist und Tugend — und das Volk durch euch! Zu euren Ehren sage ich das!

Aber Volk bleibt ihr mir auch noch in euren Tugenden, Volk mit blöden Augen, — Volk, das nicht weiß, was G e i s t ist!

Geist ist das Leben, das selber ins Leben schneidet: an der eignen Qual mehrt es sich das eigne Wissen, — wußtet ihr das schon?

Und des Geistes Glück ist dies: gesalbt zu sein und durch Tränen geweiht zum Opfertier, — wußtet ihr das schon?

Und die Blindheit des Blinden und sein Suchen und Tappen soll noch von der Macht der Sonne zeugen, in die er schaute, — wußtet ihr das schon?

Und mit Bergen soll der Erkennende bauen lernen! Wenig ist es, daß der Geist Berge versetzt, — wußtet ihr das schon?

Ihr kennt nur des Geistes Funken: aber ihr seht den Amboß nicht, der er ist, und nicht die Grausamkeit seines Hammers!

Wahrlich, ihr kennt des Geistes Stolz nicht! Aber noch weniger würdet ihr des Geistes Bescheidenheit ertragen, wenn sie einmal reden wollte!

Und niemals noch durftet ihr euren Geist in eine Grube von Schnee werfen: ihr seid nicht heiß genug dazu! So kennt ihr auch die Entzückungen seiner Kälte nicht.

In allem aber tut ihr mir zu vertraulich mit dem Geiste; und aus der Weisheit machtet ihr oft ein Armen- und Krankenhaus für schlechte Dichter.

Ihr seid keine Adler: so erfuhrt ihr auch das Glück im Schrecken des Geistes nicht. Und wer kein Vogel ist, soll sich nicht über Abgründen lagern.

Ihr seid mir Laue: aber kalt strömt jede tiefe Erkenntnis. Eiskalt sind die innersten Brunnen des Geistes: ein Labsal heißen Händen und Handelnden.

Fhrbar steht ihr mir da und steif und mit geradem Rücken, ihr berühmten Weisen! — euch treibt kein starker Wind und Wille.

Saht ihr nie ein Segel über das Meer gehn, geründet und gebläht und zitternd vor dem Ungestüm des Windes?

Dem Segel gleich, zitternd vor dem Ungestüm des Geistes, geht meine Weisheit über das Meer — meine wilde Weisheit! —

Aber ihr Diener des Volkes, ihr berühmten Weisen — wie könntet ihr mit mir gehn! —

Also sprach Zarathustra.

DAS NACHTLIED

Nacht ist es: nun reden lauter alle springenden Brunnen. Und auch meine Seele ist ein springender Brunnen.

Nacht ist es: nun erst erwachen alle Lieder der Liebenden. Und auch meine Seele ist das Lied eines Liebenden.

Ein Ungestilltes, Unstillbares ist in mir; das will laut werden. Eine Begierde nach Liebe ist in mir, die redet selber die Sprache der Liebe.

Licht bin ich: ach, daß ich Nacht wäre! Aber dies ist meine Einsamkeit, daß ich von Licht umgürtet bin.

Ach, daß ich dunkel wäre und nächtig! Wie wollte ich an den Brüsten des Lichts saugen!

Und euch selber wollte ich noch segnen, ihr kleinen Funkelsterne und Leuchtwürmer droben! — und selig sein ob eurer Licht-Geschenke.

Aber ich lebe in meinem eignen Lichte, ich trinke die Flammen in mich zurück, die aus mir brechen.

Ich kenne das Glück des Nehmenden nicht; und oft träumte mir davon, daß Stehlen noch seliger sein müsse als Nehmen.

Das ist meine Armut, daß meine Hand niemals ausruht vom Schenken; das ist mein Neid, daß ich wartende Augen sehe und die erhellten Nächte der Sehnsucht.

O Unseligkeit aller Schenkenden! O Verfinsterung meiner Sonne! O Begierde nach Begehren! O Heißhunger in der Sättigung.

Sie nehmen von mir: aber rühre ich noch an ihre Seele? Eine Kluft ist zwischen Geben und Nehmen; und die kleinste Kluft ist am letzten zu überbrücken.

Ein Hunger wächst aus meiner Schönheit: wehe tun möchte ich denen, welchen ich leuchte, berauben möchte ich meine Beschenkten: — also hungere ich nach Bosheit.

Die Hand zurückziehend, wenn sich schon ihr die Hand entgegenstreckt; dem Wasserfalle gleich zögernd, der noch im Sturze zögert: — also hungere ich nach Bosheit.

Solche Rache sinnt meine Fülle aus: solche Tücke quillt aus meiner Einsamkeit.

Mein Glück im Schenken erstarb im Schenken, meine Tugend wurde ihrer selber müde an ihrem Überflusse!

Wer immer schenkt, dessen Gefahr ist, daß er die Scham verliere; wer immer austeilt, dessen Hand und Herz hat Schwielen vor lauter Austeilen.

Mein Auge quillt nicht mehr über vor der Scham der Bittenden; meine Hand wurde zu hart für das Zittern gefüllter Hände.

Wohin kam die Träne meinem Auge und der Flaum

meinem Herzen? O Einsamkeit aller Schenkenden! O Schweigsamkeit aller Leuchtenden!

Viel Sonnen kreisen im öden Raume: zu allem, was dunkel ist, reden sie mit ihrem Lichte, — mir schweigen sie.

Oh, dies ist die Feindschaft des Lichts gegen Leuchtendes: erbarmungslos wandelt es seine Bahnen.

Unbillig gegen Leuchtendes im tiefsten Herzen, kalt gegen Sonnen, — also wandelt jede Sonne.

Einem Sturme gleich fliegen die Sonnen ihre Bahnen, das ist ihr Wandeln. Ihrem unerbittlichen Willen folgen sie, das ist ihre Kälte.

Oh, ihr erst seid es, ihr Dunklen, ihr Nächtigen, die ihr Wärme schafft aus Leuchtendem! Oh, ihr erst trinkt euch Milch und Labsal aus des Lichtes Eutern!

Ach, Eis ist um mich, meine Hand verbrennt sich an Eisigem! Ach, Durst ist in mir, der schmachtet nach eurem Durste!

Nacht ist es: ach, daß ich Licht sein muß! Und Durst nach Nächtigem! Und Einsamkeit!

Nacht ist es: nun bricht wie ein Born aus mir mein Verlangen, — nach Rede verlangt mich.

Nacht ist es: nun reden lauter alle springenden Brunnen. Und auch meine Seele ist ein springender Brunnen.

Nacht ist es: nun erwachen alle Lieder der Liebenden. Und auch meine See ist das Lied eines Liebenden. —

Also sang Zarathustra.

DAS TANZLIED

Eines Abends ging Zarathustra mit seinen Jüngern durch den Wald; und als er nach einem Brunnen suchte, siehe, da kam er auf eine grüne Wiese, die von Bäumen und Gebüsch still umstanden war: auf der tanzten Mädchen miteinander. Sobald die Mädchen Zarathustra erkannten, ließen sie vom Tanze ab; Zarathustra aber trat mit freundlicher Gebärde zu ihnen und sprach diese Worte:

„Laßt vom Tanze nicht ab, ihr lieblichen Mädchen! Kein Spielverderber kam zu euch mit bösem Blick, kein Mädchen-Feind.

Gottes Fürsprecher bin ich vor dem Teufel: der aber ist der Geist der Schwere. Wie sollte ich, ihr Leichten, göttlichen

Tänzen feind sein? Oder Mädchen-Füßen mit schönen Knöcheln?

Wohl bin ich ein Wald und eine Nacht dunkler Bäume: doch wer sich vor meinem Dunkel nicht scheut, der findet auch Rosenhänge unter meinen Zypressen.

Und auch den kleinen Gott findet er wohl, der den Mädchen der liebste ist: neben dem Brunnen liegt er, still, mit geschlossenen Augen.

Wahrlich, am hellen Tage schlief er mir, der Tagedieb! Haschte er wohl zu viel nach Schmetterlingen?

Zürnt mir nicht, ihre schönen Tanzenden, wenn ich den kleinen Gott ein wenig züchtige! Schreien wird er wohl und weinen, — aber zum Lachen ist er noch im Weinen!

Und mit Tränen im Auge soll er euch um einen Tanz bitten; und ich selber will ein Lied zu seinem Tanz singen:

Ein Tanz- und Spottlied auf den Geist der Schwere, meinen allerhöchsten großmächtigsten Teufel, von dem sie sagen, daß er ‚der Herr der Welt' sei." —

Und dies ist das Lied, welches Zarathustra sang, als Cupido und die Mädchen zusammen tanzten:

In dein Auge schaute ich jüngst, o Leben! Und ins Unergründliche schien ich mir da zu sinken.

Aber du zogst mich mit goldner Angel heraus; spöttisch lachtest du, als ich dich unergründlich nannte.

„So geht die Rede aller Fische, sprachst du; was s i e nicht ergründen, ist unergründlich.

Aber veränderlich bin ich nur und wild und in allem ein Weib, und kein tugendhaftes:

Ob ich schon euch Männern ‚die Tiefe' heiße oder ‚die Treue', ‚die Ewige', ‚die Geheimnisvolle'.

Doch ihr Männer beschenkt uns stets mit den eignen Tugenden — ach, ihr Tugendhaften!"

Also lachte sie, die Unglaubliche; aber ich glaube ihr niemals und ihrem Lachen, wenn sie bös von sich selber spricht.

Und als ich unter vier Augen mit meiner wilden Weisheit redete, sagte sie mir zornig: „Du willst, du begehrst, du liebst, darum allein l o b s t du das Leben!"

Fast hätte ich da bös geantwortet und der Zornigen die Wahrheit gesagt; und man kann nicht böser antworten, als wenn man seiner Weisheit „die Wahrheit sagt".

So nämlich steht es zwischen uns dreien. Von Grund aus liebe ich nur das Leben — und, wahrlich, am meisten dann, wenn ich es hasse!

Daß ich aber der Weisheit gut bin und oft zu gut: das macht, sie erinnert mich gar sehr an das Leben!

Sie hat ihr Auge, ihr Lachen und sogar ihr goldnes Angelrütchen: was kann ich dafür, daß die beiden sich so ähnlich sehen?

Und als mich einmal das Leben fragte: „Wer ist denn das, die Weisheit?“ — da sagte ich eifrig: „Ach ja! die Weisheit!

Man dürstet um sie und wird nicht satt, man blickt durch Schleier, man hascht durch Netze.

Ist sie schön? Was weiß ich! Aber die ältesten Karpfen werden noch mit ihr geködert.

Veränderlich ist sie und trotzig; oft sah ich sie sich die Lippe beißen und den Kamm wider ihres Haares Strich führen.

Vielleicht ist sie böse und falsch und in allem ein Frauenzimmer; aber wenn sie von sich selber schlecht spricht, da gerade verführt sie am meisten.“

Als ich dies zu dem Leben sagte, da lachte es boshaft und machte die Augen zu. „Von wem redest du doch?“ sagte es, „wohl von mir?

Und wenn du recht hättest, — sagt man d a s mir so ins Gesicht! Aber nun sprich doch auch von deiner Weisheit!“

Ach, und nun machtest du wieder dein Auge auf, o geliebtes Leben! Und ins Unergründliche schien ich mir wieder zu sinken. —

Also sang Zarathustra. Als aber der Tanz zu Ende und die Mädchen fortgegangen waren, wurde er traurig.

„Die Sonne ist lange schon hinunter“, sagte er endlich; „die Wiese ist feucht, von den Wäldern her kommt Kühle.

Ein Unbekanntes ist um mich und blickt nachdenklich. Was! Du lebst noch, Zarathustra?

Warum? Wofür? Wodurch? Wohin? Wo? Wie? Ist es nicht Torheit, noch zu leben? —

Ach, meine Freunde, der Abend ist es, der so aus mir fragt. Vergebt mir meine Traurigkeit!

Abend ward es: vergebt mir, daß es Abend ward!“

Also sprach Zarathustra.

DAS GRABLIED

„Dort ist die Gräberinsel, die schweigsame; dort sind auch die Gräber meiner Jugend. Dahin will ich einen immergrünen Kranz des Lebens tragen."

Also im Herzen beschließend, fuhr ich über das Meer. —

O ihr, meiner Jugend Gesichte und Erscheinungen! O ihr Blicke der Liebe alle, ihr göttlichen Augenblicke! Wie starbt ihr mir so schnell! Ich gedenke eurer heute wie meiner Toten.

Von euch her, meine liebsten Toten, kommt mir ein süßer Geruch, ein herz- und tränenlösender. Wahrlich, er erschüttert und löst das Herz dem einsam Schiffenden.

Immer noch bin ich der Reichste und Bestzubeneidende — ich, der Einsamste! Denn ich h a t t e euch doch, und ihr habt mich noch: sagt, wem fielen, wie mir, solche Rosenäpfel vom Baume?

Immer noch bin ich eurer Liebe Erbe und Erdreich, blühend zu eurem Gedächtnisse von bunten, wildwachsenden Tugenden, o ihr Geliebtesten!

Ach, wir waren gemacht, einander nahe zu bleiben, ihr holden fremden Wunder; und nicht schüchternen Vögeln gleich kamt ihr zu mir und meiner Begierde — nein, als Trauende zu dem Trauenden!

Ja, zur Treue gemacht, gleich mir, und zu zärtlichen Ewigkeiten: muß ich nun euch nach eurer Untreue heißen, ihr göttlichen Blicke und Augenblicke: keinen andern Namen lernte ich noch.

Wahrlich, zu schnell starbt ihr mir, ihr Flüchtlinge. Doch floht ihr mich nicht, noch floh ich euch: unschuldig sind wir einander in unsrer Untreue.

M i c h zu töten, erwürgte man euch, ihr Singvögel meiner Hoffnungen! Ja, nach euch, ihr Liebsten, schoß immer die Bosheit Pfeile — mein Herz zu treffen!

Und sie traf! Wart ihr doch stets mein Herzlichstes, mein Besitz und mein Besessen-Sein: d a r u m mußtet ihr jung sterben und allzu frühe!

Nach dem Verwundbarsten, das ich besaß, schoß man den Pfeil: das waret ihr, denen die Haut einem Flaume gleich ist und mehr noch dem Lächeln, das an einem Blick erstirbt!

Aber dies Wort will ich zu meinen Feinden reden: was ist alles Menschen-Morden gegen das, was ihr mir tatet!

Böseres tatet ihr mir, als aller Menschen-Mord ist; Unwiederbringliches nahmt ihr mir: — also rede ich zu euch, meine Feinde!

Mordetet ihr doch meiner Jugend Gesichte und liebste Wunder! Meine Gespielen nahmt ihr mir, die seligen Geister! Ihrem Gedächtnisse lege ich diesen Kranz und diesen Fluch nieder.

Diesen Fluch gegen euch, meine Feinde! Machtet ihr doch mein Ewiges kurz, wie ein Ton zerbricht in kalter Nacht! Kaum als Aufblinken göttlicher Augen kam es mir nur, — als Augenblick!

Also sprach zur guten Stunde einst meine Reinheit: „göttlich sollen mir alle Wesen sein."

Da überfielt ihr mich mit schmutzigen Gespenstern; ach, wohin floh nun jene gute Stunde!

„Alle Tagen sollen mir heilig sein" — so redete einst die Weisheit meiner Jugend: wahrlich, einer fröhlichen Weisheit Rede!

Aber da stahlt ihr, Feinde, mir meine Nächte und verkauftet sie zu schlafloser Qual: ach, wohin floh nun jene fröhliche Weisheit?

Einst begehrte ich nach glücklichen Vogelzeichen: da führtet ihr mir ein Eulen-Untier über den Weg, ein widriges. Ach, wohin floh da meine zärtliche Begierde?

Allem Ekel gelobte ich einst zu entsagen: da verwandeltet ihr meine Nahen und Nächsten in Eiterbeulen. Ach, wohin floh da mein edelstes Gelöbnis?

Als Blinder ging ich einst selige Wege: da warft ihr Unflat auf den Weg des Blinden: und nun ekelte ihn des alten Blinden-Fußsteigs.

Und als ich mein Schwerstes tat und meiner Überwindungen Sieg feierte: da machtet ihr die, welche mich liebten, schreien, ich tue ihnen am wehesten.

Wahrlich, das war immer euer Tun: ihr vergälltet mir meinen besten Honig und den Fleiß meiner besten Bienen.

Meiner Mildtätigkeit sandtet ihr immer die frechsten Bettler zu; um mein Mitleiden drängtet ihr immer die unheilbar Schamlosen. So verwundetet ihr meine Tugend in ihrem Glauben.

Und legte ich noch mein Heiligstes zum Opfer hin: flugs stellte eure „Frömmigkeit" ihre fetteren Gaben dazu: also daß im Dampfe eures Fettes noch mein Heiligstes erstickte.

Und einst wollte ich tanzen, wie nie ich noch tanzte: über alle Himmel weg wollte ich tanzen. Da überredetet ihr meinen liebsten Sänger.

Und nun stimmte er eine schaurige dumpfe Weise an; ach, er tutete mir, wie ein düsteres Horn, zu Ohren!

Mörderischer Sänger, Werkzeug der Bosheit, Unschuldigster! Schon stand ich bereit zum besten Tanze: da mordetest du mit deinen Tönen meine Verzückung!

Nur im Tanze weiß ich der höchsten Dinge Gleichnis zu reden: — und nun blieb mir mein höchstes Gleichnis ungeredet in meinen Gliedern!

Ungeredet und unerlöst blieb mir die höchste Hoffnung! Und es starben mir alle Gesichte und Tröstungen meiner Jugend!

Wie ertrug ich's nur? Wie verwand und überwand ich solche Wunden? Wie erstand meine Seele wieder aus diesen Gräbern?

Ja, ein Unverwundbares, Unbegrabbares ist an mir, ein Felsensprengendes: das heißt mein Wille. Schweigsam schreitet es und unverändert durch die Jahre.

Seinen Gang will er gehn auf meinen Füßen, mein alter Wille; herzenshart ist ihm der Sinn und unverwundbar.

Unverwundbar bin ich allein an meiner Ferse. Immer noch lebst du da und bist dir gleich, Geduldigster! Immer noch brachst du dich durch alle Gräber!

In dir lebt auch noch das Unerlöste meiner Jugend; und als Leben und Jugend sitzest du hoffend hier auf gelben Grab-Trümmern.

Ja, noch bist du mir aller Gräber-Zertrümmerer: Heil dir, mein Wille! Und nur wo Gräber sind, gibt es Auferstehungen. —

Also sang Zarathustra.

VON DER SELBSTÜBERWINDUNG

„Wille zur Wahrheit", heißt ihr's, ihr Weisesten, was euch treibt und brünstig macht?

Wille zur Denkbarkeit alles Seienden: also heiße ich euren Willen!

Alles Seiende wollt ihr erst denkbar *machen*: denn ihr zweifelt mit gutem Mißtrauen, ob es schon denkbar ist.

Aber es soll sich euch fügen und biegen! So will's euer Wille. Glatt soll es werden und dem Geiste untertan, als sein Spiegel und Widerbild.

Das ist euer ganzer Wille, ihr Weisesten, als ein Wille zur Macht; und auch wenn ihr vom Guten und Bösen redet und von den Wertschätzungen.

Schaffen wollt ihr noch die Welt, vor der ihr knien könnt: so ist es eure letzte Hoffnung und Trunkenheit

Die Unweisen freilich, das Volk, — die sind gleich dem Flusse, auf dem ein Nachen weiterschwimmt: und im Nachen sitzen feierlich und vermummt die Wertschätzungen.

Euren Willen und eure Werte setztet ihr auf den Fluß des Werdens; einen alten Willen zur Macht verrät mir, was vom Volke als gut und böse geglaubt wird.

Ihr wart es, ihr Weisesten, die solche Gäste in diesen Nachen setzten und ihnen Prunk und stolze Namen gaben, — ihr und euer herrschender Wille!

Weiter trägt nun der Fluß euren Nachen: er *muß* ihn tragen. Wenig tut's, ob die gebrochene Welle schäumt und zornig dem Kiele widerspricht!

Nicht der Fluß ist eure Gefahr und das Ende eures Guten und Bösen, ihr Weisesten: sondern jener Wille selber, der Wille zur Macht, — der unerschöpfte, zeugende Lebens-Wille.

Aber damit ihr mein Wort versteht vom Guten und Bösen: dazu will ich euch noch mein Wort vom Leben sagen und von der Art alles Lebendigen.

Dem Lebendigen ging ich nach, ich ging die größten und die kleinsten Wege, daß ich seine Art erkenne.

Mit hundertfachem Spiegel fing ich noch seinen Blick auf, wenn ihm der Mund geschlossen war: daß sein Auge mir rede. Und sein Auge redete mir.

Aber, wo ich nur Lebendiges fand, da hörte ich auch die Rede vom Gehorsame. Alles Lebendige ist ein Gehorchendes.

Und dies ist das Zweite: dem wird befohlen, der sich nicht selber gehorchen kann. So ist es des Lebendigen Art.

Dies aber ist das Dritte, was ich hörte: daß Befehlen schwerer ist als Gehorchen. Und nicht nur, daß der Befehlende die Last aller Gehorchenden trägt, und daß leicht ihn diese Last zerdrückt: —

Ein Versuch und Wagnis erschien mir in allem Befehlen; und stets, wenn es befiehlt, wagt das Lebendige sich selber dran.

Ja noch, wenn es sich selber befiehlt: auch da noch muß es sein Befehlen büßen. Seinem eignen Gesetze muß es Richter und Rächer und Opfer werden.

Wie geschieht dies doch! so fragte ich mich. Was überredet das Lebendige, daß es gehorcht und befiehlt und befehlend noch Gehorsam übt?

Hört mir nun mein Wort, ihr Weisesten! Prüft es ernstlich, ob ich dem Leben selber ins Herz kroch, und bis in die Winkel seines Herzens!

Wo ich Lebendiges fand, da fand ich Willen zur Macht; und noch im Willen des Dienenden fand ich den Willen, Herr zu sein.

Daß dem Stärkeren diene das Schwächere, dazu überredet es sein Wille, der über noch Schwächeres Herr sein will: dieser Lust allein mag es nicht entraten.

Und wie das Kleinere sich dem Größeren hingibt, daß es Lust und Macht am Kleinsten habe: also gibt sich auch das Größte noch hin und setzt um der Macht willen — das Leben dran.

Das ist die Hingebung des Größten, daß es Wagnis ist und Gefahr, und um den Tod ein Würfelspielen.

Und wo Opferung und Dienste und Liebesblicke sind: auch da ist Wille, Herr zu sein. Auf Schleichwegen schleicht sich da der Schwächere in die Burg und bis ins Herz dem Mächtigeren — und stiehlt da Macht.

Und dies Geheimnis redete das Leben selber zu mir: „Siehe“, sprach es, „ich bin das, *was sich immer selber überwinden muß*.

Freilich, ihr heißt es Wille zur Zeugung oder Trieb zum Zwecke, zum Höheren, Ferneren, Vielfacheren: aber all dies ist *eins* und *ein* Geheimnis.

Lieber noch gehe ich unter, als daß ich diesem *einen* absagte; und wahrlich, wo es Untergang gibt und Blätterfallen, siehe, da opfert sich Leben — um Macht!

Daß ich Kampf sein muß und Werden und Zweck und der Zwecke Widerspruch: ach, wer meinen Willen errät, errät wohl auch, auf welchen *krummen* Wegen er gehen muß!

Was ich auch schaffe und wie ich's auch liebe, — bald muß

ich Gegner ihm sein und meiner Liebe: so will es mein Wille.

Und auch du, Erkennender, bist nur ein Pfad und Fußstapfen meines Willens: wahrlich, mein Wille zur Macht wandelt auch auf den Füßen deines Willens zur Wahrheit!

Der traf freilich die Wahrheit nicht, der das Wort nach ihr schoß vom ‚Willen zum Dasein‘: diesen Willen — gibt es nicht!

Denn: was nicht ist, das kann nicht wollen; was aber im Dasein ist, wie könnte das noch zum Dasein wollen!

Nur, wo das Leben ist, da ist auch Wille: aber nicht Wille zum Leben, sondern — so lehre ich's dich — Wille zur Macht!

Vieles ist dem Lebenden höher geschätzt als Leben selber; doch aus den Schätzen selber heraus redet der Wille zur Macht!" —

Also lehrte mich einst das Leben: und daraus löse ich euch, ihr Weisesten, noch das Rätsel eures Herzens.

Wahrlich, ich sage euch: Gutes und Böses, das unvergänglich wäre, — das gibt es nicht! Aus sich selber muß es sich immer wieder überwinden.

Mit euren Werten und Worten von Gut und Böse übt ihr Gewalt, ihr Wertschätzenden: und dies ist eure verborgene Liebe und eurer Seele Glänzen, Zittern und Überwallen.

Aber eine stärkere Gewalt wächst aus euren Werten und eine neue Überwindung: an der zerbricht Ei und Eierschale.

Und wer ein Schöpfer sein muß im Guten und Bösen: wahrlich, der muß ein Vernichter erst sein und Werte zerbrechen.

Also gehört das höchste Böse zur höchsten Güte: diese aber ist die schöpferische. —

Reden wir nur davon, ihr Weisesten, ob es gleich schlimm ist. Schweigen ist schlimmer; alle verschwiegenen Wahrheiten werden giftig.

Und mag doch alles zerbrechen, was an unseren Wahrheiten zerbrechen — kann! Manches Haus gibt es noch zu bauen! —

Also sprach Zarathustra.

VON DEN ERHABENEN

Still ist der Grund meines Meeres: wer erriete wohl, daß er scherzhafte Ungeheuer birgt!

Unerschütterlich ist meine Tiefe: aber sie glänzt von schwimmenden Rätseln und Gelächtern.

Einen Erhabenen sah ich heute, einen Feierlichen, einen Büßer des Geistes: o wie lachte meine Seele ob seiner Häßlichkeit!

Mit erhobener Brust und denen gleich, welche den Atem an sich ziehn: also stand er da, der Erhabene, und schweigsam:

Behängt mit häßlichen Wahrheiten, seiner Jagdbeute, und reich an zerrissenen Kleidern; auch viele Dornen hingen an ihm, — aber noch sah ich keine Rose.

Noch lernte er das Lachen nicht und die Schönheit. Finster kam dieser Jäger zurück aus dem Walde der Erkenntnis.

Vom Kampfe kehrte er heim mit wilden Tieren: aber aus seinem Ernste blickt auch noch ein wildes Tier — ein unüberwundenes!

Wie ein Tiger steht er immer noch da, der springen will; aber ich mag diese gespannten Seelen nicht, unhold ist mein Geschmack allen diesen Zurückgezognen.

Und ihr sagt mir, Freunde, daß nicht zu streiten sei über Geschmack und Schmecken? Aber alles Leben ist Streit um Geschmack und Schmecken!

Geschmack: das ist Gewicht zugleich und Waagschale und Wägender; und wehe allem Lebendigen, das ohne Streit um Gewicht und Waagschale und Wägende leben wollte!

Wenn er seiner Erhabenheit müde würde, dieser Erhabene: dann erst würde seine Schönheit anheben, — und dann erst will ich ihn schmecken und schmackhaft finden.

Und erst, wenn er sich von sich selber abwendet, wird er über seinen eignen Schatten springen — und, wahrlich! hinein in s e i n e Sonne.

Allzulange saß er im Schatten, die Wangen bleichten dem Büßer des Geistes; fast verhungerte er an seinen Erwartungen.

Verachtung ist noch in seinem Auge; und Ekel birgt sich an seinem Munde. Zwar ruht er jetzt, aber seine Ruhe hat sich noch nicht in die Sonne gelegt.

Dem Stiere gleich sollte er tun; und sein Glück sollte nach Erde riechen, und nicht nach Verachtung der Erde.

Als weißen Stier möchte ich ihn sehn, wie er schnaubend und brüllend der Pflugschar vorangeht: und sein Gebrüll sollte noch alles Irdische preisen!

Dunkel noch ist sein Antlitz; der Hand Schatten spielt auf ihm. Verschattet ist noch der Sinn seines Auges.

Seine Tat selber ist noch der Schatten auf ihm: die Hand verdunkelt den Handelnden. Noch hat er seine Tat nicht überwunden.

Wohl liebe ich an ihm den Nacken des Stiers: aber nun will ich auch noch das Auge des Engels sehn.

Auch seinen Helden-Willen muß er noch verlernen: ein Gehobener soll er mir sein und nicht nur ein Erhabener: — der Äther selber sollte ihn heben, den Willenlosen!

Er bezwang Untiere, er löste Rätsel: aber erlösen sollte er auch noch seine Untiere und Rätsel, zu himmlischen Kindern sollte er sie noch verwandeln.

Noch hat seine Erkenntnis nicht lächeln gelernt und ohne Eifersucht sein; noch ist seine strömende Leidenschaft nicht stille geworden in der Schönheit.

Wahrlich, nicht in der Sattheit soll sein Verlangen schweigen und untertauchen, sondern in der Schönheit! Die Anmut gehört zur Großmut des Großgesinnten.

Den Arm über das Haupt gelegt: so sollte der Held ausruhn, so sollte er auch noch sein Ausruhen überwinden.

Aber gerade dem Helden ist das S c h ö n e aller Dinge Schwerstes. Unerringbar ist das Schöne allem heftigen Willen.

Ein wenig mehr, ein wenig weniger: das gerade ist hier viel, das ist hier das Meiste.

Mit lässigen Muskeln stehn und mit abgeschirrtem Willen: das ist das Schwerste euch allen, ihr Erhabenen!

Wenn die Macht gnädig wird und herabkommt ins Sichtbare: Schönheit heiße ich solches Herabkommen.

Und von niemandem will ich so als von dir gerade Schönheit, du Gewaltiger: deine Güte sei deine letzte Selbst-Überwältigung.

Alles Böse traue ich dir zu: darum will ich von dir das Gute.

Wahrlich, ich lachte oft der Schwächlinge, welche sich gut glauben, weil sie lahme Tatzen haben!

Der Säule Tugend sollst du nachstreben: schöner wird sie immer und zarter, aber inwendig härter und tragsamer, je mehr sie aufsteigt.

Ja, du Erhabener, einst sollst du noch schön sein und deiner eignen Schönheit den Spiegel vorhalten.

Dann wird deine Seele vor göttlichen Begierden schaudern; und Anbetung wird noch in deiner Eitelkeit sein!

Dies nämlich ist das Geheimnis der Seele: erst, wenn sie der Held verlassen hat, naht ihr, im Traume, — der Über-Held. —

Also sprach Zarathustra.

VOM LANDE DER BILDUNG

Zu weit hinein flog ich in die Zukunft: ein Grauen überfiel mich.

Und als ich um mich sah, siehe! da war die Zeit mein einziger Zeitgenosse.

Da floh ich rückwärts, heimwärts — und immer eilender: so kam ich zu euch, ihr Gegenwärtigen, und ins Land der Bildung.

Zum ersten Male brachte ich ein Auge mit für euch, und gute Begierde: wahrlich, mit Sehnsucht im Herzen kam ich.

Aber wie geschah mir? So angst mir auch war, — ich mußte lachen! Nie sah mein Auge etwas so Buntgesprenkeltes!

Ich lachte und lachte, während der Fuß mir noch zitterte und das Herz dazu: „hier ist ja die Heimat aller Farbentöpfe!“ — sagte ich.

Mit fünfzig Klexen bemalt an Gesicht und Gliedern: so saßet ihr da zu meinem Staunen, ihr Gegenwärtigen!

Und mit fünfzig Spiegeln um euch, die eurem Farbenspiele schmeichelten und nachredeten!

Wahrlich, ihr könntet gar keine bessere Maske tragen, ihr Gegenwärtigen, als euer eignes Gesicht ist! Wer könnte euch — erkennen!

Vollgeschrieben mit den Zeichen der Vergangenheit, und auch diese Zeichen überpinselt mit neuen Zeichen: also habt ihr euch gut versteckt vor allen Zeichendeutern!

Und wenn man auch Nierenprüfer ist: wer glaubt wohl noch, daß ihr Nieren habt! Aus Farben scheint ihr gebacken und aus geleimten Zetteln.

Alle Zeiten und Völker blicken bunt aus euren Schleiern; alle Sitten und Glauben reden bunt aus euren Gebärden.

Wer von euch Schleier und Überwürfe und Farben und Gebärden abzöge: gerade genug würde er übrig behalten, um die Vögel damit zu erschrecken.

Wahrlich, ich selber bin der erschreckte Vogel, der euch einmal nackt sah und ohne Farbe; und ich flog davon, als das Gerippe mir Liebe zuwinkte.

Lieber wollte ich doch noch Tagelöhner sein in der Unterwelt und bei den Schatten des Ehemals! — Feister und voller als ihr sind ja noch die Unterweltlichen!

Dies, ja dies ist Bitternis meinen Gedärmen, daß ich euch weder nackt noch bekleidet aushalte, ihr Gegenwärtigen!

Alles Unheimliche der Zukunft, und was je verflogenen Vögeln Schauder machte, ist wahrlich heimlicher noch und traulicher als eure „Wirklichkeit".

Denn so sprecht ihr: „Wirkliche sind wir ganz, und ohne Glauben und Aberglauben": also brüstet ihr euch — ach, auch noch ohne Brüste!

Ja, wie solltet ihr glauben k ö n n e n, ihr Buntgesprenkelten! — die ihr Gemälde seid von allem, was je geglaubt wurde!

Wandelnde Widerlegungen seid ihr des Glaubens selber, und aller Gedanken Gliederbrechen. U n g l a u b w ü r d i g e: also heiße i c h euch, ihr Wirklichen!

Alle Zeiten schwätzen wider einander in euren Geistern; und aller Zeiten Träume und Geschwätz waren wirklicher noch, als euer Wachsein ist!

Unfruchtbare seid ihr: d a r u m fehlt es euch an Glauben. Aber wer schaffen mußte, der hatte auch immer seine Wahr-Träume und Stern-Zeichen — und glaubte an Glauben! —

Halboffne Tore seid ihr, an denen Totengräber warten. Und das ist e u r e Wirklichkeit: „alles ist wert, daß es zugrunde geht."

Ach, wie ihr mir dasteht, ihr Unfruchtbaren, wie mager in den Rippen! Und mancher von euch hatte wohl dessen selber ein Einsehen.

Und er sprach: „es hat wohl da ein Gott, als ich schlief, mir heimlich etwas entwendet? Wahrlich, genug sich ein Weibchen daraus zu bilden!

Wundersam ist die Armut meiner Rippen!" — also sprach schon mancher Gegenwärtige.

Ja, zum Lachen seid ihr mir, ihr Gegenwärtigen! Und sonderlich, wenn ihr euch über euch selber wundert!

Und wehe mir, wenn ich nicht lachen könnte über eure

Verwunderung, und alles Widrige aus euren Näpfen hinuntertrinken müßte!

So aber will ich's mit euch leichter nehmen, da ich Schweres zu tragen habe; und was tut's mir, wenn sich Käfer und Flügelwürmer noch auf mein Bündel setzen!

Wahrlich, es soll mir darob nicht schwerer werden! Und nicht aus euch, ihr Gegenwärtigen, soll mir die große Müdigkeit kommen. —

Ach, wohin soll ich nun steigen mit meiner Sehnsucht! Von allen Bergen schaue ich aus nach Vater- und Mutterländern.

Aber Heimat fand ich nirgends: unstet bin ich in allen Städten und ein Aufbruch an allen Toren.

Fremd sind mir und ein Spott die Gegenwärtigen, zu denen mich jüngst das Herz trieb; und vertrieben bin ich aus Vater- und Mutterländern.

So liebe ich allein noch meiner Kinder Land, das unentdeckte, im fernsten Meere: nach ihm heiße ich meine Segel suchen und suchen.

An meinen Kindern will ich es gutmachen, daß ich meiner Väter Kind bin: und an aller Zukunft — diese Gegenwart! —

Also sprach Zarathustra.

VON DER UNBEFLECKTEN ERKENNNTIS

Als gestern der Mond aufging, wähnte ich, daß er eine Sonne gebären wolle: so breit und trächtig lag er am Horizonte.

Aber ein Lügner war er mir mit seiner Schwangerschaft; und eher noch will ich an den Mann im Monde glauben als an das Weib.

Freilich, wenig Mann ist er auch, dieser schüchterne Nachtschwärmer. Wahrlich, mit schlechtem Gewissen wandelt er über die Dächer.

Denn er ist lüstern und eifersüchtig, der Mönch im Monde, lüstern nach der Erde und nach allen Freuden der Liebenden.

Nein, ich mag ihn nicht, diesen Kater auf den Dächern! Widerlich sind mir alle, die um halbverschlossne Fenster schleichen!

Fromm und schweigsam wandelt er hin auf Sternen-Teppichen: — aber ich mag alle leisetretenden Mannsfüße nicht, an denen auch nicht ein Sporn klirrt.

Jedes Redlichen Schritt redet; die Katze aber stiehlt sich über den Boden weg. Siehe, katzenhaft kommt der Mond daher und unredlich. —

Dieses Gleichnis gebe ich euch empfindsamen Heuchlern, euch, den „Rein-Erkennenden"! Euch heiße ich — Lüsterne!

Auch ihr liebt die Erde und das Irdische: ich erriet euch wohl! — aber Scham ist in eurer Liebe und schlechtes Gewissen, — dem Monde gleicht ihr!

Zur Verachtung des Irdischen hat man euren Geist überredet, aber nicht eure Eingeweide: d i e aber sind das Stärkste an euch!

Und nun schämt sich euer Geist, daß er euren Eingeweiden zu Willen ist, und geht vor seiner eignen Scham Schleich- und Lügenwege.

„Das wäre mir das Höchste", — also redet euer verlogner Geist zu sich — „auf das Leben ohne Begierde zu schaun und nicht, gleich dem Hunde, mit hängender Zunge:

Glücklich zu sein im Schauen, mit erstorbenem Willen, ohne Griff und Gier der Selbstsucht — kalt und aschgrau am ganzen Leibe, aber mit trunkenen Mondesaugen!

Das wäre mir das Liebste", — also verführt sich selber der Verführte — „die Erde zu lieben, wie der Mond sie liebt, und nur mit dem Auge allein ihre Schönheit zu betasten.

Und das heiße mir aller Dinge u n b e f l e c k t e Erkenntnis, daß ich von den Dingen nichts will: außer daß ich vor ihnen daliegen darf wie ein Spiegel mit hundert Augen." —

O ihr empfindsamen Heuchler, ihr Lüsternen! Euch fehlt die Unschuld in der Begierde: und nun verleumdet ihr drum das Begehren!

Wahrlich, nicht als Schaffende, Zeugende, Werdelustige liebt ihr die Erde!

Wo ist Unschuld? Wo der Wille zur Zeugung ist. Und wer über sich hinaus schaffen will, der hat mir den reinsten Willen.

Wo ist Schönheit? Wo ich mit allem Willen w o l l e n m u ß; wo ich lieben und untergehn will, daß ein Bild nicht nur Bild bleibe.

Lieben und Untergehn: das reimt sich seit Ewigkeiten.

Wille zur Liebe: das ist, willig auch sein zum Tode. Also rede ich zu euch Feiglingen!

Aber nun will euer entmanntes Schielen „Beschaulichkeit" heißen! Und was mit feigen Augen sich tasten läßt, soll „schön" getauft werden! O ihr Beschmutzer edler Namen!

Aber das soll euer Fluch sein, ihr Unbefleckten, ihr Rein-Erkennenden, daß ihr nie gebären werdet: und wenn ihr auch breit und trächtig am Horizonte liegt!

Wahrlich, ihr nehmt den Mund voll mit edlen Worten: und wir sollen glauben, daß euch das Herz übergehe, ihr Lügenbolde?

Aber m e i n e Worte sind geringe, verachtete, krumme Worte: gerne nehme ich auf, was bei eurer Mahlzeit unter den Tisch fällt.

Immer noch kann ich mit ihnen — Heuchlern die Wahrheit sagen! Ja, meine Gräten, Muscheln und Stachelblätter sollen — Heuchlern die Nasen kitzeln!

Schlechte Luft ist immer um euch und eure Mahlzeiten: eure lüsternen Gedanken, eure Lügen und Heimlichkeiten sind ja in der Luft!

Wagt es doch erst, euch selber zu glauben — euch und euren Eingeweiden! Wer sich selber nicht glaubt, lügt immer.

Eines Gottes Larve hängtet ihr um vor euch selber, ihr „Reinen": in eines Gottes Larve verkroch sich euer greulicher Ringelwurm.

Wahrlich, ihr täuscht, ihr „Beschaulichen"! Auch Zarathustra war einst der Narr eurer göttlichen Häute; nicht erriet er das Schlangengeringel, mit denen sie gestopft waren.

Eines Gottes Seele wähnte ich einst spielen zu sehn in euren Spielen, ihr Rein-Erkennenden! Keine bessere Kunst wähnte ich einst als eure Künste!

Schlangen-Unflat und schlimmen Geruch verhehlte mir die Ferne: und daß einer Eidechse List lüstern hier herumschlich.

Aber ich kam euch n a h: da kam mir der Tag — und nun kommt er euch, — zu Ende ging des Mondes Liebschaft!

Seht doch hin! Ertappt und bleich steht er da — vor der Morgenröte!

Denn schon kommt sie, die Glühende, — i h r e Liebe zur Erde kommt! Unschuld und Schöpfer-Begier ist alle Sonnen-Liebe.

Seht doch hin, wie sie ungeduldig über das Meer kommt!

Fühlt ihr den Durst und den heißen Atem ihrer Liebe nicht?

Am Meere will sie saugen und seine Tiefe zu sich in die Höhe trinken: da hebt sich die Begierde des Meeres mit tausend Brüsten.

Geküßt und gesaugt will es sein vom Durste der Sonne; Luft will es werden und Höhe und Fußpfad des Lichts und selber Licht!

Wahrlich, der Sonne gleich liebe ich das Leben und alle tiefen Meere.

Und dies heißt mir Erkenntnis: alles Tiefe soll hinauf — zu meiner Höhe! —

Also sprach Zarathustra.

VON DEN GELEHRTEN

Als ich im Schlafe lag, da fraß ein Schaf am Efeukranze meines Hauptes — fraß und sprach dazu: „Zarathustra ist kein Gelehrter mehr."

Sprach's und ging stotzig davon und stolz. Ein Kind erzählte mir's.

Gerne liege ich hier, wo die Kinder spielen, an der zerbrochnen Mauer, unter Disteln und roten Mohnblumen.

Ein Gelehrter bin ich den Kindern noch und auch den Disteln und roten Mohnblumen. Unschuldig sind sie, selbst noch in ihrer Bosheit.

Aber den Schafen bin ich's nicht mehr: so will es mein Los — gesegnet sei es!

Denn dies ist die Wahrheit: ausgezogen bin ich aus dem Hause der Gelehrten, und die Tür habe ich noch hinter mir zugeworfen.

Zu lange saß meine Seele hungrig an ihrem Tische; nicht, gleich ihnen, bin ich auf das Erkennen abgerichtet wie auf das Nüsseknacken.

Freiheit liebe ich und die Luft über frischer Erde; lieber noch will ich auf Ochsenhäuten schlafen als auf ihren Würden und Achtbarkeiten.

Ich bin zu heiß und verbrannt von eigenen Gedanken: oft will es mir den Atem nehmen. Da muß ich ins Freie und weg aus allen verstaubten Stuben.

Aber sie sitzen kühl in kühlem Schatten: sie wollen in allem nur Zuschauer sein und hüten sich, dort zu sitzen, wo die Sonne auf die Stufen brennt.

Gleich solchen, die auf der Straße stehn und die Leute angaffen, welche vorübergehn: also warten sie auch und gaffen Gedanken an, die andre gedacht haben.

Greift man sie mit Händen, so stäuben sie um sich gleich Mehlsäcken, und unfreiwillig: aber wer erriete wohl, daß ihr Staub vom Korne stammt und von der gelben Wonne der Sommerfelder?

Geben sie sich weise, so fröstelt mich ihrer kleinen Sprüche und Wahrheiten: ein Geruch ist oft an ihrer Weisheit, als ob sie aus dem Sumpfe stamme: und wahrlich, ich hörte auch schon den Frosch aus ihr quaken!

Geschickt sind sie, sie haben kluge Finger: was will m e i n e Einfalt bei ihrer Vielfalt! Alles Fädeln und Knüpfen und Weben verstehn ihre Finger: also wirken sie die Strümpfe des Geistes!

Gute Uhrwerke sind sie: nur sorge man, sie richtig aufzuziehn! Dann zeigen sie ohne Falsch die Stunde an und machen einen bescheidnen Lärm dabei.

Gleich Mühlwerken arbeiten sie und Stampfen: man werfe ihnen nur seine Fruchtkörner zu! — sie wissen schon, Korn klein zu mahlen und weißen Staub daraus zu machen.

Sie sehen einander gut auf die Finger und trauen sich nicht zum besten. Erfinderisch in kleinen Schlauheiten, warten sie auf solche, deren Wissen auf lahmen Füßen geht, — gleich Spinnen warten sie.

Ich sah sie immer mit Vorsicht Gift bereiten; und immer zogen sie gläserne Handschuhe dabei an ihre Finger.

Auch mit falschen Würfeln wissen sie zu spielen; und so eifrig fand ich sie spielen, daß sie dabei schwitzten.

Wir sind einander fremd, und ihre Tugenden gehn mir noch immer mehr wider den Geschmack als ihre Falschheiten und falschen Würfel.

Und als ich bei ihnen wohnte, da wohnte ich über ihnen. Darüber wurden sie mir gram.

Sie wollen nichts davon hören, daß einer über ihren Köpfen wandelt; und so legten sie Holz und Erde und Unrat zwischen mich und ihre Köpfe.

Also dämpften sie den Schall meiner Schritte: und am schlechtesten wurde ich bisher von den Gelehrtesten gehört.

Aller Menschen Fehl und Schwäche legten sie zwischen sich und mich: — „Fehlboden" heißen sie das in ihren Häusern.

Aber trotzdem wandele ich mit meinen Gedanken über ihren Köpfen; und selbst, wenn ich auf meinen eignen Fehlern wandeln wollte, würde ich noch über ihnen sein und ihren Köpfen.

Denn die Menschen sind nicht gleich: so spricht die Gerechtigkeit. Und was ich will, dürften sie nicht wollen!

Also sprach Zarathustra.

VON DEN DICHTERN

„Seit ich den Leib besser kenne", — sagte Zarathustra zu einem seiner Jünger — „ist mir der Geist nur noch gleichsam Geist; und alles das ‚Unvergängliche' — das ist auch nur ein Gleichnis."

„So hörte ich dich schon einmal sagen", antwortete der Jünger; „und damals fügtest du hinzu: ‚aber die Dichter lügen zuviel'. Warum sagtest du doch, daß die Dichter zu viel lügen?"

„Warum?" sagte Zarathustra. „Du fragst warum? Ich gehöre nicht zu denen, welche man nach ihrem Warum fragen darf.

Ist denn mein Erleben von gestern? Das ist lange her, daß ich die Gründe meiner Meinungen erlebte.

Müßte ich nicht ein Faß sein von Gedächtnis, wenn ich auch meine Gründe bei mir haben wollte?

Schon zu viel ist mir's, meine Meinungen selber zu behalten; und mancher Vogel fliegt davon.

Und mitunter finde ich auch ein zugeflogenes Tier in meinem Taubenschlage, das mir fremd ist, und das zittert, wenn ich meine Hand darauf lege.

Doch was sagte dir einst Zarathustra? Daß die Dichter zuviel lügen? — Aber auch Zarathustra ist ein Dichter.

Glaubst du nun, daß er hier Wahrheit redete? Warum glaubst du das?"

Der Jünger antwortete: „ich glaube an Zarathustra." Aber Zarathustra schüttelte den Kopf und lächelte.

Der Glaube macht mich nicht selig, sagte er, zumal nicht der Glaube an mich.

Aber gesetzt, daß jemand allen Ernstes sagte, die Dichter lügen zuviel: so hat er recht, — wir lügen zuviel.

Wir wissen auch zuwenig und sind schlechte Lerner: so müssen wir schon lügen.

Und wer von uns Dichtern hätte nicht seinen Wein verfälscht? Manch giftiger Mischmasch geschah in unsern Kellern, manches Unbeschreibliche ward da getan.

Und weil wir wenig wissen, so gefallen uns von Herzen die geistig Armen, sonderlich wenn es junge Weibchen sind!

Und selbst nach den Dingen sind wir noch begehrlich, die sich die alten Weibchen abends erzählen. Das heißen wir selber an uns das Ewig-Weibliche.

Und als ob es einen besondren geheimen Zugang zum Wissen gäbe, der sich denen verschütte, welche etwas lernen: so glauben wir an das Volk und seine „Weisheit".

Das aber glauben alle Dichter: daß wer im Grase oder an einsamen Gehängen liegend die Ohren spitze, etwas von den Dingen erfahre, die zwischen Himmel und Erde sind.

Und kommen ihnen zärtliche Regungen, so meinen die Dichter immer, die Natur selber sei in sie verliebt:

Und sie schleiche zu ihrem Ohre, Heimliches hineinzusagen und verliebte Schmeichelreden: dessen brüsten und blähen sie sich vor allen Sterblichen!

Ach, es gibt so viel Dinge zwischen Himmel und Erde, von denen sich nur die Dichter etwas haben träumen lassen!

Und zumal über dem Himmel: denn alle Götter sind Dichter-Gleichnis, Dichter-Erschleichnis!

Wahrlich, immer zieht es uns hinan — nämlich zum Reich der Wolken: auf diese setzen wir unsre bunten Bälge und heißen sie dann Götter und Übermenschen: —

Sind sie doch gerade leicht genug für diese Stühle! — alle diese Götter und Übermenschen.

Ach, wie bin ich all des Unzulänglichen müde, das durchaus Ereignis sein soll! Ach, wie bin ich der Dichter müde! —

Als Zarathustra so sprach, zürnte ihm sein Jünger, aber er schwieg. Und auch Zarathustra schwieg; und sein Auge hatte sich nach innen gekehrt, gleich als ob es in weite Fernen sähe. Endlich seufzte er und holte Atem.

Ich bin von heute und ehedem, sagte er dann; aber etwas ist in mir, das ist von morgen und übermorgen und einstmals.

Ich wurde der Dichter müde, der alten und der neuen: Oberflächliche sind sie mir alle und seichte Meere.

Sie dachten nicht genug in die Tiefe: darum sank ihr Gefühl nicht bis zu den Gründen.

Etwas Wollust und etwas Langeweile: das ist noch ihr bestes Nachdenken gewesen.

Gespenster-Hauch und -Huschen gilt mir all ihr Harfen-Klingklang; was wußten sie bisher von der Inbrunst der Töne! —

Sie sind mir auch nicht reinlich genug: sie trüben alle ihr Gewässer, daß es tief scheine.

Und gerne geben sie sich damit als Versöhner: aber Mittler und Mischer bleiben sie mir, und Halb-und-Halbe und Unreinliche! —

Ach, ich warf wohl mein Netz in ihre Meere und wollte gute Fische fangen; aber immer zog ich eines alten Gottes Kopf herauf.

So gab dem Hungrigen das Meer einen Stein. Und sie selber mögen wohl aus dem Meere stammen.

Gewiß, man findet Perlen in ihnen: um so ähnlicher sind sie selber harten Schaltieren. Und statt der Seele fand ich oft bei ihnen gesalzenen Schleim.

Sie lernten vom Meere auch noch seine Eitelkeit: ist nicht das Meer der Pfau der Pfauen?

Noch vor dem häßlichsten aller Büffel rollt es seinen Schweif hin, nimmer wird es seines Spitzenfächers von Silber und Seide müde.

Trutzig blickt der Büffel dazu, dem Sande nahe in seiner Seele, näher noch dem Dickicht, am nächsten aber dem Sumpfe.

Was ist ihm Schönheit und Meer und Pfauen-Zierat! Dieses Gleichnis sage ich den Dichtern.

Wahrlich, ihr Geist selber ist der Pfau der Pfauen und ein Meer von Eitelkeit!

Zuschauer will der Geist des Dichters: sollten's auch Büffel sein! —

Aber dieses Geistes wurde ich müde: und ich sehe kommen, daß er seiner selber müde wird.

Verwandelt sah ich schon die Dichter, und gegen sich selber den Blick gerichtet.

Büßer des Geistes sah ich kommen: die wuchsen aus ihnen. —

Also sprach Zarathustra.

VON GROSSEN EREIGNISSEN

Es gibt eine Insel im Meere — unweit den glückseligen Inseln Zarathustras —, auf welcher beständig ein Feuerberg raucht; von der sagt das Volk, und sonderlich sagen es die alten Weibchen aus dem Volke, daß sie wie ein Felsblock vor das Tor der Unterwelt gestellt sei: durch den Feuerberg selber aber führe der schmale Weg abwärts, der zu diesem Tore der Unterwelt geleite.

Um jene Zeit nun, als Zarathustra auf den glückseligen Inseln weilte, geschah es, daß ein Schiff an der Insel Anker warf, auf welcher der rauchende Berg steht; und seine Mannschaft ging ans Land, um Kaninchen zu schießen. Gegen die Stunde des Mittags aber, da der Kapitän und seine Leute wieder beisammen waren, sahen sie plötzlich durch die Luft einen Mann auf sich zukommen, und eine Stimme sagte deutlich: „es ist Zeit! Es ist höchste Zeit!" Wie die Gestalt ihnen aber am nächsten war — sie flog aber schnell gleich einem Schatten vorbei, in der Richtung, wo der Feuerberg lag —, da erkannten sie mit größter Bestürzung, daß es Zarathustra sei; denn sie hatten ihn alle schon gesehn, ausgenommen der Kapitän selber, und sie liebten ihn, wie das Volk liebt: also daß zu gleichen Teilen Liebe und Scheu beisammen sind.

„Seht mir an!" sagte der alte Steuermann, „da fährt Zarathustra zur Hölle!" —

Um die gleiche Zeit, als diese Schiffer an der Feuerinsel landeten, lief das Gerücht umher, daß Zarathustra verschwunden sei; und als man seine Freunde fragte, erzählten sie, er sei bei Nacht zu Schiff gegangen, ohne zu sagen, wohin er reisen wolle.

Also entstand eine Unruhe; nach drei Tagen aber kam zu dieser Unruhe die Geschichte der Schiffsleute hinzu — und nun sagte alles Volk, daß der Teufel Zarathustra geholt habe. Seine Jünger lachten zwar ob dieses Geredes; und einer von ihnen sagte sogar: „eher glaube ich noch, daß Zarathustra sich den Teufel geholt hat." Aber im Grunde der Seele waren sie alle voll Besorgnis und Sehnsucht: so war ihre Freude groß, als am fünften Tage Zarathustra unter ihnen erschien.

Und dies ist die Erzählung von Zarathustras Gespräch mit dem Feuerhunde:

Die Erde, sagte er, hat eine Haut; und diese Haut hat Krankheiten. Eine dieser Krankheiten heißt zum Beispiel „Mensch".

Und eine andere dieser Krankheiten heißt „Feuerhund": über d e n haben sich die Menschen viel vorgelogen und vorlügen lassen.

Dies Geheimnis zu ergründen ging ich über das Meer; und ich habe die Wahrheit nackt gesehn, wahrlich! barfuß bis zum Halse.

Was es mit dem Feuerhund auf sich hat, weiß ich nun; und insgleichen mit all den Auswurf- und Umsturz-Teufeln, vor denen sich nicht nur alte Weibchen fürchten.

„Heraus mit dir, Feuerhund, aus deiner Tiefe!" rief ich, „und bekenne, wie tief diese Tiefe ist! Woher ist das, was du da heraufschnaubst?

Du trinkst reichlich am Meere: das verrät deine versalzte Beredsamkeit! Fürwahr, für einen Hund der Tiefe nimmst du deine Nahrung zu sehr von der Oberfläche!

Höchstens für den Bauchredner der Erde halt' ich dich: und immer, wenn ich Umsturz- und Auswurf-Teufel reden hörte, fand ich sie gleich dir: gesalzen, lügnerisch und flach.

Ihr versteht zu brüllen und mit Asche zu verdunkeln! Ihr seid die besten Großmäuler und lerntet sattsam die Kunst, Schlamm heiß zu sieden.

Wo ihr seid, da muß stets Schlamm in der Nähe sein, und viel Schwammichtes, Höhlichtes, Eingezwängtes: das will in die Freiheit.

„Freiheit" brüllt ihr alle am liebsten: aber ich verlernte den Glauben an „große Ereignisse", sobald viel Gebrüll und Rauch um sie herum ist.

Und glaube mir nur, Freund Höllenlärm! Die größten Ereignisse, — das sind nicht unsere lautesten, sondern unsre stillsten Stunden.

Nicht um die Erfinder von neuem Lärme: um die Erfinder von neuen Werten dreht sich die Welt; u n h ö r b a r dreht sie sich.

Und gesteh es nur! Wenig war immer nur geschehn, wenn dein Lärm und Rauch sich verzogen. Was liegt daran, daß eine Stadt zur Mumie wurde, und eine Bildsäule im Schlamme liegt!

Und dies Wort sage ich noch den Umstürzern von Bildsäulen. Das ist wohl die größte Torheit, Salz ins Meer und Bildsäulen in den Schlamm zu werfen.

Im Schlamme eurer Verachtung lag die Bildsäule: aber das ist gerade ihr Gesetz, daß ihr aus der Verachtung wieder Leben und lebende Schönheit wächst!

Mit göttlicheren Zügen steht sie nun auf, und leidendverführerisch; und wahrlich, sie wird euch noch Dank sagen, daß ihr sie umstürztet, ihr Umstürzer!

Diesen Rat aber rate ich Königen und Kirchen und allem, was alters- und tugendschwach ist, — laßt euch nur umstürzen! Daß ihr wieder zum Leben kommt, und zu euch — die Tugend! —"

Also redete ich vor dem Feuerhunde: da unterbrach er mich mürrisch und fragte: „Kirche? Was ist denn das?"

„Kirche?" antwortete ich, „das ist eine Art von Staat, und zwar die verlogenste. Doch schweig still, du Heuchelhund! Du kennst deine Art wohl am besten schon!

Gleich dir selber ist der Staat ein Heuchelhund; gleich dir redet er gern mit Rauch und Gebrülle, — daß er glauben mache, gleich dir, er rede aus dem Bauch der Dinge.

Denn er will durchaus das wichtigste Tier auf Erden sein, der Staat; und man glaubt's ihm auch." —

Als ich das gesagt hatte, gebärdete sich der Feuerhund wie unsinnig vor Neid. „Wie?" schrie er, „das wichtigste Tier auf Erden? Und man glaubt's ihm auch?" Und so viel Dampf und gräßliche Stimmen kamen ihm aus dem Schlunde, daß ich meinte, er werde vor Ärger und Neid ersticken.

Endlich wurde er stiller und sein Keuchen ließ nach; sobald er aber stille war, sagte ich lachend:

„Du ärgerst dich, Feuerhund: also habe ich über dich recht!

Und daß ich auch noch recht behalte, so höre von einem andern Feuerhunde: der spricht wirklich aus dem Herzen der Erde.

Gold haucht sein Atem und goldigen Regen: so will's das Herz ihm. Was ist ihm Asche und Rauch und heißer Schleim noch!

Lachen flattert aus ihm wie ein buntes Gewölke; abgünstig ist er deinem Gurgeln und Speien und Grimmen der Eingeweide!

Das Gold aber und das Lachen — das nimmt er aus dem

Herzen der Erde: denn daß du's nur weißt, — das Herz der Erde ist von Gold."

Als dies der Feuerhund vernahm, hielt er's nicht mehr aus, mir zuzuhören. Beschämt zog er seinen Schwanz ein, sagte auf eine kleinlaute Weise Wau! Wau! und kroch hinab in seine Höhle. —

Also erzählte Zarathustra. Seine Jünger aber hörten ihm kaum zu: so groß war ihre Begierde, ihm von den Schiffsleuten, den Kaninchen und dem fliegenden Manne zu erzählen.

„Was soll ich davon denken!" sagte Zarathustra. Bin ich denn ein Gespenst?

Aber es wird mein Schatten gewesen sein. Ihr hörtet wohl schon einiges vom Wanderer und seinem Schatten?

Sicher aber ist das: ich muß ihn kürzer halten, — er verdirbt mir sonst noch den Ruf."

Und nochmals schüttelte Zarathustra den Kopf und wunderte sich. „Was soll ich davon denken!" sagte er nochmals.

Warum schrie denn das Gespenst: ‚es ist Zeit! Es ist die höchste Zeit!'

Wozu ist es denn — höchste Zeit?" —

Also sprach Zarathustra.

DER WAHRSAGER

„— und ich sahe eine große Traurigkeit über die Menschen kommen. Die Besten wurden ihrer Werke müde.

Eine Lehre erging, ein Glaube lief neben ihr: ‚alles ist leer, alles ist gleich, alles war!'

Und von allen Hügeln klang es wieder: ‚alles ist leer, alles ist gleich, alles war!'

Wohl haben wir geerntet: aber warum wurden alle Früchte uns faul und braun? Was fiel vom bösen Monde bei der letzten Nacht hernieder?

Umsonst war alle Arbeit, Gift ist unser Wein geworden, böser Blick sengte unsre Felder und Herzen gelb.

Trocken wurden wir alle; und fällt Feuer auf uns, so stäuben wir der Asche gleich: — ja das Feuer selber machten wir müde.

Alle Brunnen versiegten uns, auch das Meer wich zurück. Aller Grund will reißen, aber die Tiefe will nicht schlingen!

‚Ach, wo ist noch ein Meer, in dem man ertrinken könnte‘: so klingt unsre Klage — hinweg über flache Sümpfe.

Wahrlich, zum Sterben wurden wir schon zu müde; nun wachen wir noch und leben fort — in Grabkammern!“ —

Also hörte Zarathustra einen Wahrsager reden; und seine Weissagung ging ihm zu Herzen und verwandelte ihn. Traurig ging er umher und müde; und er wurde denen gleich, von welchen der Wahrsager geredet hatte.

„Wahrlich“, so sagte er zu seinen Jüngern, „es ist um ein Kleines, so kommt diese lange Dämmerung. Ach, wie soll ich mein Licht hinüberretten!

Daß es mir nicht ersticke in dieser Traurigkeit! Ferneren Welten soll es ja Licht sein und noch fernsten Nächten!“

Dergestalt im Herzen bekümmert ging Zarathustra umher; und drei Tage lang nahm er nicht Trank und Speise zu sich, hatte keine Ruhe und verlor die Rede. Endlich geschah es, daß er in einen tiefen Schlaf verfiel. Seine Jünger aber saßen um ihn in langen Nachtwachen und warteten mit Sorge, ob er wach werde und wieder rede und genesen sei von seiner Trübsal.

Dies aber ist die Rede, welche Zarathustra sprach, als er aufwachte; seine Stimme aber kam zu seinen Jüngern wie aus weiter Ferne:

„Hört mir doch den Traum, den ich träumte, ihr Freunde, und helft mir seinen Sinn raten!

Ein Rätsel ist er mir noch, dieser Traum; sein Sinn ist verborgen in ihm und eingefangen und fliegt noch nicht über ihn hin mit freien Flügeln.

Allem Leben hatte ich abgesagt, so träumte mir. Zum Nacht- und Grabwächter war ich worden, dort auf der einsamen Berg-Burg des Todes.

Drüben hütete ich seine Särge: voll standen die dumpfen Gewölbe von solchen Siegeszeichen. Aus gläsernen Särgen blickte mich überwundenes Leben an.

Den Geruch verstaubter Ewigkeiten atmete ich: schwül und verstaubt lag meine Seele. Und wer hätte dort auch seine Seele lüften können!

Helle der Mitternacht war immer um mich, Einsamkeit kauerte neben ihr; und, zu dritt, röchelnde Todesstille, die schlimmste meiner Freundinnen.

Schlüssel führte ich, die rostigsten aller Schlüssel; und ich verstand es, damit das knarrendste aller Tore zu öffnen.

Einem bitterbösen Gekrächze gleich lief der Ton durch die langen Gänge, wenn sich des Tores Flügel hoben: unhold schrie dieser Vogel, ungern wollte er geweckt sein.

Aber furchtbarer noch und herzzuschnürender war es, wenn es wieder schwieg und rings stille war, und ich allein saß in diesem tückischen Schweigen.

So ging mir und schlich die Zeit, wenn Zeit es noch gab: was weiß ich davon! Aber endlich geschah das, was mich weckte.

Dreimal schlugen Schläge ans Tor, gleich Donnern, es hallten und heulten die Gewölbe dreimal wieder: da ging ich zum Tore.

Alpa! rief ich, wer trägt seine Asche zu Berge? Alpa! Alpa! Wer trägt seine Asche zu Berge?

Und ich drückte den Schlüssel und hob am Tore und mühte mich. Aber noch keinen Fingerbreit stand es offen:

Da riß ein brausender Wind seine Flügel auseinander: pfeifend, schrillend und schneidend warf er mir einen schwarzen Sarg zu:

Und im Brausen und Pfeifen und Schrillen zerbarst der Sarg und spie tausendfältiges Gelächter aus.

Und aus tausend Fratzen von Kindern, Engeln, Eulen, Narren und kindergroßen Schmetterlingen lachte und höhnte und brauste es wider mich.

Gräßlich erschrak ich darob: es warf mich nieder. Und ich schrie vor Grausen, wie nie ich schrie.

Aber der eigne Schreck weckte mich auf: — und ich kam zu mir.“ —

Also erzählte Zarathustra seinen Traum und schwieg dann: denn er wußte noch nicht die Deutung seines Traumes. Aber der Jünger, den er am meisten lieb hatte, erhob sich schnell, faßte die Hand Zarathustras und sprach:

„Dein Leben selber deutet uns diesen Traum, o Zarathustra!

Bist du nicht selber der Wind mit schrillem Pfeifen, der den Burgen des Todes die Tore aufreißt?

Bist du nicht selber der Sarg voll bunter Bosheiten und Engelsfratzen des Lebens?

Wahrlich, gleich tausendfältigem Kindsgelächter kommt Zarathustra in alle Totenkammern, lachend über diese Nacht- und Grabwächter, und wer sonst mit düstern Schlüsseln rasselt.

Schrecken und umwerfen wirst du sie mit deinem Gelächter;

Ohnmacht und Wachwerden wird deine Macht über sie beweisen.

Und auch, wenn die lange Dämmerung kommt und die Todesmüdigkeit, wirst du an unserm Himmel nicht untergehn, du Fürsprecher des Lebens!

Neue Sterne ließest du uns sehen und neue Nachtherrlichkeiten; wahrlich, das Lachen selber spanntest du wie ein buntes Gezelt über uns.

Nun wird immer Kindes-Lachen aus Särgen quellen; nun wird immer siegreich ein starker Wind kommen aller Todesmüdigkeit: dessen bist du uns selber Bürge und Wahrsager!

Wahrlich, *sie selber träumtest du*, deine Feinde: das war dein schwerster Traum!

Aber wie du von ihnen aufwachtest und zu dir kamst, also sollen sie selber von sich aufwachen — und zu dir kommen!" —

So sprach der Jünger: und alle anderen drängten sich nun um Zarathustra und ergriffen ihn bei den Händen und wollten ihn bereden, daß er vom Bette und von der Traurigkeit lasse und zu ihnen zurückkehre. Zarathustra aber saß aufgerichtet auf seinem Lager, und mit fremdem Blicke. Gleichwie einer, der aus langer Fremde heimkehrt, sah er auf seine Jünger und prüfte ihre Gesichter; und noch erkannte er sie nicht. Als sie aber ihn hoben und auf die Füße stellten, siehe, da verwandelte sich mit einem Male sein Auge; er begriff alles, was geschehen war, strich sich den Bart und sagte mit starker Stimme:

„Wohlan! Dies nun hat seine Zeit; sorgt mir aber dafür, meine Jünger, daß wir eine gute Mahlzeit machen, und in Kürze! Also gedenke ich Buße zu tun für schlimme Träume!

Der Wahrsager aber soll an meiner Seite essen und trinken: und wahrlich, ich will ihm noch ein Meer zeigen, in dem er ertrinken kann!" —

Also sprach Zarathustra. Darauf aber blickte er dem Jünger, welcher den Traumdeuter abgegeben hatte, lange ins Gesicht und schüttelte dabei den Kopf. —

VON DER ERLÖSUNG

Als Zarathustra eines Tags über die große Brücke ging, umringten ihn die Krüppel und Bettler, und ein Bucklichter redete also zu ihm:

„Siehe, Zarathustra! Auch das Volk lernt von dir und gewinnt Glauben an deine Lehre: aber daß es ganz dir glauben soll, dazu bedarf es noch e i n e s — du mußt erst noch uns Krüppel überreden! Hier hast du nun eine schöne Auswahl und, wahrlich, eine Gelegenheit mit mehr als einem Schopfe! Blinde kannst du heilen und Lahme laufen machen; und dem, der zuviel hinter sich hat, könntest du wohl auch ein wenig abnehmen: — das, meine ich, wäre die rechte Art, die Krüppel an Zarathustra glauben zu machen!“

Zarathustra aber erwiderte dem, der da redete, also: „Wenn man dem Bucklichten seinen Buckel nimmt, so nimmt man ihm seinen Geist, — also lehrt das Volk. Und wenn man dem Blinden seine Augen gibt, so sieht er zuviel schlimme Dinge auf Erden; also daß er den verflucht, der ihn heilte. Der aber, welcher den Lahmen laufen macht, der tut ihm den größten Schaden an: denn kaum kann er laufen, so gehn seine Laster mit ihm durch, — also lehrt das Volk über Krüppel. Und warum sollte Zarathustra nicht auch vom Volke lernen, wenn das Volk von Zarathustra lernt?

Das ist mir aber das Geringste, seit ich unter Menschen bin, daß ich sehe: diesem fehlt ein Auge und jenem ein Ohr und einem Dritten das Bein, und andre gibt es, die verloren die Zunge oder die Nase oder den Kopf.

Ich sehe und sah Schlimmeres und mancherlei so Abscheuliches, daß ich nicht von jeglichem reden und von einigem nicht einmal schweigen möchte: nämlich Menschen, denen es an allem fehlt, außer daß sie e i n s zuviel haben, — Menschen, welche nichts weiter sind als ein großes Auge oder ein großes Maul oder ein großer Bauch oder irgend etwas Großes, — umgekehrte Krüppel heiße ich solche.

Und als ich aus meiner Einsamkeit kam und zum ersten Male über diese Brücke ging: da traute ich meinen Augen nicht und sah hin, und wieder hin, und sagte endlich: „das ist ein Ohr! Ein Ohr, so groß wie ein Mensch!“ Ich sah noch besser hin: und wirklich, unter dem Ohre bewegte sich noch etwas, das zum Erbarmen klein und ärmlich und schmächtig war. Und wahrhaftig, das ungeheure Ohr saß auf einem kleinen dünnen Stiele, — der Stiel aber war ein Mensch! Wer ein Glas vor das Auge nahm, konnte sogar noch ein kleines neidisches Gesichtchen erkennen; auch, daß ein gedunsenes Seelchen am Stiele baumelte. Das Volk sagte mir aber, das große Ohr sei nicht nur ein Mensch, sondern ein großer Mensch, ein Genie. Aber ich glaubte dem Volke niemals, wenn es von großen Menschen redete, — und behielt meinen Glauben bei, daß es ein umgekehrter Krüppel sei, der an allem zu wenig und an einem zu viel habe."

Als Zarathustra so zu den Bucklichten geredet hatte und zu denen, welchen er Mundstück und Fürsprecher war, wandte er sich mit tiefem Unmute zu seinen Jüngern und sagte:

„Wahrlich, meine Freunde, ich wandle unter den Menschen wie unter den Bruchstücken und Gliedmaßen von Menschen!

Dies ist meinem Auge das Fürchterliche, daß ich den Menschen zertrümmert finde und zerstreuet wie über ein Schlacht- und Schlächterfeld hin.

Und flüchtet mein Auge vom Jetzt zum Ehemals: es findet immer das gleiche: Bruchstücke und Gliedmaßen und grause Zufälle — aber keine Menschen!

Das Jetzt und das Ehemals auf Erden — ach! meine Freunde — das ist mein Unerträglichstes; und ich wüßte nicht zu leben, wenn ich nicht noch ein Seher wäre dessen, was kommen muß.

Ein Seher, ein Wollender, ein Schaffender, eine Zukunft selber und eine Brücke zur Zukunft — und ach, auch noch gleichsam ein Krüppel an dieser Brücke: das alles ist Zarathustra.

Und auch ihr fragtet euch oft: „wer ist uns Zarathustra? Wie soll er uns heißen?" Und gleich mir selber gabt ihr euch Fragen zur Antwort.

Ist er ein Versprechender? Oder ein Erfüller? Ein Erobernder? Oder ein Erbender? Ein Herbst? Oder eine Pflugschar? Ein Arzt? Oder ein Genesener?

Ist er ein Dichter? Oder ein Wahrhaftiger? Ein Befreier? Oder ein Bändiger? Ein Guter? Oder ein Böser?

Ich wandle unter Menschen als den Bruchstücken der Zukunft: jener Zukunft, die ich schaue.

Und das ist all mein Dichten und Trachten, daß ich in eins dichte und zusammentrage, was Bruchstück ist und Rätsel und grauser Zufall.

Und wie ertrüge ich es, Mensch zu sein, wenn der Mensch nicht auch Dichter und Rätselrater und der Erlöser des Zufalls wäre!

Die Vergangnen zu erlösen und alles „Es war" umzuschaffen in ein „So wollte ich es!“ — das hieße mir erst Erlösung!

Wille — so heißt der Befreier und Freudebringer: also lehrte ich euch, meine Freunde! Aber nun lernt dies hinzu: der Wille selber ist noch ein Gefangener.

Wollen befreit: aber wie heißt das, was auch den Befreier noch in Ketten schlägt?

„Es war“: also heißen des Willens Zähneknirschen und einsamste Trübsal. Ohnmächtig gegen das, was getan ist, — ist er allem Vergangenen ein böser Zuschauer.

Nicht zurück kann der Wille wollen; daß er die Zeit nicht brechen kann und der Zeit Begierde, — das ist des Willens einsamste Trübsal.

Wollen befreit: was ersinnt sich das Wollen selber, daß es los seiner Trübsal werde und seines Kerkers spotte?

Ach, ein Narr wird jeder Gefangene! Närrisch erlöst sich auch der gefangene Wille.

Daß die Zeit nicht zurückläuft, das ist sein Ingrimm; „das, was war“ — so heißt der Stein, den er nicht wälzen kann.

Und so wälzt er Steine aus Ingrimm und Unmut und übt Rache an dem, was nicht gleich ihm Grimm und Unmut fühlt.

Also wurde der Wille, der Befreier, ein Wehetäter: und an allem, was leiden kann, nimmt er Rache dafür, daß er nicht zurück kann.

Dies, ja dies allein ist Rache selber: des Willens Widerwille gegen die Zeit und ihr „Es war“.

Wahrlich, eine große Narrheit wohnt in unserm Willen; und zum Fluche wurde es allem Menschlichen, daß diese Narrheit Geist lernte!

Der Geist der Rache: meine Freunde, das war bisher der Menschen bestes Nachdenken; und wo Leid war, da sollte immer Strafe sein.

„Strafe“ nämlich, so heißt sich die Rache selber: mit einem Lügenwort heuchelt sie sich ein gutes Gewissen.

Und weil im Wollenden selber Leid ist, darob daß er nicht zurück wollen kann, — also sollte Wollen selber und alles Leben — Strafe sein!

Und nun wälzte sich Wolke auf Wolke über den Geist: bis endlich der Wahnsinn predigte: „Alles vergeht, darum ist alles wert zu vergehn!“

„Und dies ist selber Gerechtigkeit, jenes Gesetz der Zeit,

daß sie ihre Kinder fressen muß": also predigte der Wahnsinn.

„Sittlich sind die Dinge geordnet nach Recht und Strafe. Oh, wo ist die Erlösung vom Fluß der Dinge und der Strafe ‚Dasein'?" Also predigte der Wahnsinn.

„Kann es Erlösung geben, wenn es ein ewiges Recht gibt? Ach, unwälzbar ist der Stein „Es war": ewig müssen auch alle Strafen sein!" Also predigte der Wahnsinn.

„Keine Tat kann vernichtet werden: wie könnte sie durch die Strafe ungetan werden! Dies, dies ist das Ewige an der Strafe ‚Dasein', daß das Dasein auch ewig wieder Tat und Schuld sein muß!

Es sei denn, daß der Wille endlich sich selber erlöste, und Wollen zu Nicht-Wollen würde —": doch ihr kennt, meine Brüder, dies Fabellied des Wahnsinns!

Weg führte ich euch von diesen Fabelliedern, als ich euch lehrte: „der Wille ist ein Schaffender."

Alles „Es war" ist ein Bruchstück, ein Rätsel, ein grauser Zufall — bis der schaffende Wille dazu sagt: „aber so wollte ich es!"

— bis der schaffende Wille dazu sagt: „aber so will ich es! So werde ich's wollen!"

Aber sprach er schon so? Und wann geschieht dies? Ist der Wille schon abgeschirrt von seiner eignen Torheit?

Wurde der Wille sich selber schon Erlöser und Freudebringer? Verlernte er den Geist der Rache und alles Zähneknirschen?

Und wer lehrte ihn Versöhnung mit der Zeit, und Höheres, als alle Versöhnung ist?

Höheres als alle Versöhnung muß der Wille wollen, welcher der Wille zur Macht ist —: doch wie geschieht ihm das? Wer lehrte ihn auch noch das Zurückwollen?"

— Aber an dieser Stelle seiner Rede geschah es, daß Zarathustra plötzlich innehielt und ganz einem solchen gleichsah, der auf das äußerste erschrickt. Mit erschrecktem Auge blickte er auf seine Jünger; sein Auge durchbohrte wie mit Pfeilen ihre Gedanken und Hintergedanken. Aber nach einer kleinen Weile lachte er schon wieder und sagte begütigt:

„Es ist schwer, mit Menschen zu leben, weil Schweigen so schwer ist. Sonderlich für einen Geschwätzigen." —

Also sprach Zarathustra. Der Bucklichte aber hatte dem

Gespräche zugehört und sein Gesicht dabei bedeckt; als er aber Zarathustra lachen hörte, blickte er neugierig auf und sagte langsam:

„Aber warum redet Zarathustra anders zu uns als zu seinen Jüngern?“

Zarathustra antwortete: „Was ist da zum Verwundern! Mit Bucklichten darf man schon bucklicht reden!“

„Gut“, sagte der Bucklichte; „und mit Schülern darf man schon aus der Schule schwätzen.

Aber warum redet Zarathustra anders zu seinen Schülern — als zu sich selber?“ —

VON DER MENSCHEN-KLUGHEIT

Nicht die Höhe: der Abhang ist das Furchtbare!

Der Abhang, wo der Blick hinunterstürzt und die Hand hinaufgreift. Da schwindelt dem Herzen vor seinem doppelten Willen.

Ach, Freunde, erratet ihr wohl auch meines Herzens doppelten Willen?

Das, das ist mein Abhang und meine Gefahr, daß mein Blick in die Höhe stürzt, und daß meine Hand sich halten und stützen möchte — an der Tiefe!

An den Menschen klammert sich mein Wille, mit Ketten binde ich mich an den Menschen, weil es mich hinaufreißt zum Übermenschen: denn dahin will mein andrer Wille.

Und dazu lebe ich blind unter den Menschen, gleich als ob ich sie nicht kennte: daß meine Hand ihren Glauben an Festes nicht ganz verliere.

Ich kenne euch Menschen nicht: diese Finsternis und Tröstung ist oft um mich gebreitet.

Ich sitze am Torwege für jeden Schelm und frage: wer will mich betrügen?

Das ist meine erste Menschen-Klugheit, daß ich mich betrügen lasse, um nicht auf der Hut zu sein vor Betrügern.

Ach, wenn ich auf der Hut wäre vor dem Menschen: wie könnte meinem Balle der Mensch ein Anker sein! Zu leicht risse es mich hinauf und hinweg!

Diese Vorsehung ist über meinem Schicksal, daß ich ohne Vorsicht sein muß.

Und wer unter Menschen nicht verschmachten will, muß lernen, aus allen Gläsern zu trinken; und wer unter Menschen rein bleiben will, muß verstehn, sich auch mit schmutzigem Wasser zu waschen.

Und also sprach ich oft mir zum Troste: „Wohlan! Wohlauf! Altes Herz! Ein Unglück mißriet dir: genieße dies als dein — Glück!"

Dies aber ist meine andre Menschen-Klugheit: ich schone die Eitlen mehr als die Stolzen.

Ist nicht verletzte Eitelkeit die Mutter aller Trauerspiele? Wo aber Stolz verletzt wird, da wächst wohl etwas Besseres noch, als Stolz ist.

Damit das Leben gut anzuschaun sei, muß sein Spiel gut gespielt werden: dazu aber bedarf es guter Schauspieler.

Gute Schauspieler fand ich alle Eitlen: sie spielen und wollen, daß ihnen gern zugeschaut werde, — all ihr Geist ist bei diesem Willen.

Sie führen sich auf, sie erfinden sich; in ihrer Nähe liebe ich's, dem Leben zuzuschaun, — es heilt von der Schwermut.

Darum schone ich die Eitlen, weil sie mir Ärzte sind meiner Schwermut und mich am Menschen festhalten wie an einem Schauspiele.

Und dann: wer ermißt am Eitlen die ganze Tiefe seiner Bescheidenheit! Ich bin ihm gut und mitleidig ob seiner Bescheidenheit.

Von euch will er seinen Glauben an sich lernen: er nährt sich an euren Blicken, er frißt das Lob aus euren Händen.

Euren Lügen glaubt er noch, wenn ihr gut über ihn lügt; denn im Tiefsten seufzt sein Herz: „was bin ich!"

Und wenn das die rechte Tugend ist, die nicht um sich selber weiß: nun, der Eitle weiß nicht um seine Bescheidenheit! —

Das ist aber meine dritte Menschen-Klugheit, daß ich mir den Anblick der Bösen nicht verleiden lasse durch eure Furchtsamkeit.

Ich bin selig, die Wunder zu sehn, welche heiße Sonne ausbrütet: Tiger und Palmen und Klapperschlangen.

Auch unter Menschen gibt es schöne Brut heißer Sonne und viel Wunderwürdiges an den Bösen.

Zwar, wie eure Weisesten mir nicht gar so weise erschienen: so fand ich auch der Menschen Bosheit unter ihrem Rufe.

Und oft fragte ich mit Kopfschütteln: Warum noch klappern, ihr Klapperschlangen?

Wahrlich, es gibt auch für das Böse noch eine Zukunft! Und der heißeste Süden ist noch nicht entdeckt für den Menschen.

Wie manches heißt jetzt schon ärgste Bosheit, was doch nur zwölf Schuhe breit und drei Monate lang ist! Einst aber werden größere Drachen zur Welt kommen.

Denn daß dem Übermenschen sein Drache nicht fehle, der Über-Drache, der seiner würdig ist: dazu muß viel heiße Sonne noch auf feuchten Urwald glühen!

Aus euren Wildkatzen müssen erst Tiger geworden sein und aus euren Giftkröten Krokodile: denn der gute Jäger soll eine gute Jagd haben!

Und wahrlich, ihr Guten und Gerechten! An euch ist viel zum Lachen und zumal eure Furcht vor dem, was bisher „Teufel" hieß!

So fremd seid ihr dem Großen mit eurer Seele, daß euch der Übermensch *furchtbar* sein würde in seiner Güte!

Und ihr Weisen und Wissenden, ihr würdet vor dem Sonnenbrande der Weisheit flüchten, in dem der Übermensch mit Lust seine Nacktheit badet!

Ihr höchsten Menschen, denen mein Auge begegnete! Das ist mein Zweifel an euch und mein heimliches Lachen: ich rate, ihr würdet meinen Übermenschen — Teufel heißen!

Ach, ich ward dieser Höchsten und Besten müde: aus ihrer „Höhe" verlangte mich hinauf, hinaus, hinweg zu dem Übermenschen!

Ein Grauen überfiel mich, als ich diese Besten nackend sah: da wuchsen mir die Flügel, fortzuschweben in ferne Zukünfte.

In fernere Zukünfte, in südlichere Süden, als je ein Bildner träumte: dorthin, wo Götter sich aller Kleider schämen!

Aber verkleidet will ich *euch* sehn, ihr Nächsten und Mitmenschen, und gut geputzt, und eitel, und würdig, als „die Guten und Gerechten", —

Und verkleidet will ich selber unter euch sitzen, — daß ich euch und mich *verkenne*: das ist nämlich meine letzte Menschen-Klugheit. —

Also sprach Zarathustra.

DIE STILLSTE STUNDE

Was geschah mir, meine Freunde? Ihr seht mich verstört, fortgetrieben, unwillig-folgsam, bereit zu gehen — ach, von euch fortzugehen!

Ja, noch einmal muß Zarathustra in seine Einsamkeit: aber unlustig geht diesmal der Bär zurück in seine Höhle!

Was geschah mir? Wer gebeut dies? — Ach, meine zornige Herrin will es so, sie sprach zu mir; nannte ich je euch schon ihren Namen?

Gestern gen Abend sprach zu mir meine stillste Stunde: das ist der Name meiner furchtbaren Herrin.

Und so geschah's, — denn alles muß ich euch sagen, daß euer Herz sich nicht verhärte gegen den plötzlich Scheidenden!

Kennt ihr den Schrecken des Einschlafenden? —

Bis in die Zehen hinein erschrickt er darob, daß ihm der Boden weicht und der Traum beginnt.

Dieses sage ich euch zum Gleichnis. Gestern, zur stillsten Stunde, wich mir der Boden: der Traum begann.

Der Zeiger rückte, die Uhr meines Lebens holte Atem, — nie hörte ich solche Stille um mich: also daß mein Herz erschrak.

Dann sprach es ohne Stimme zu mir: „Du weißt es, Zarathustra?" —

Und ich schrie vor Schrecken bei diesem Flüstern, und das Blut wich aus meinem Gesichte: aber ich schwieg.

Da sprach es abermals ohne Stimme zu mir: „Du weißt es, Zarathustra, aber du redest es nicht!"

Und ich antwortete endlich, gleich einem Trotzigen: „Ja, ich weiß es, aber ich will es nicht reden!"

Da sprach es wieder ohne Stimme zu mir: „Du willst nicht, Zarathustra? Ist dies auch wahr? Verstecke dich nicht in deinem Trotz!" —

Und ich weinte und zitterte wie ein Kind und sprach: „Ach, ich wollte schon, aber wie kann ich es! Erlaß mir dies nur! Es ist über meine Kraft!"

Da sprach es wieder ohne Stimme zu mir: „Was liegt an dir, Zarathustra! Sprich dein Wort und zerbrich!" —

Und ich antwortete: „Ach, ist es mein Wort? Wer bin ich? Ich warte des Würdigeren; ich bin nicht wert, an ihm auch nur zu zerbrechen."

Da sprach es wieder ohne Stimme zu mir: „Was liegt an dir? Du bist mir noch nicht demütig genug. Die Demut hat das härteste Fell.“ —

Und ich antwortete: „Was trug nicht schon das Fell meiner Demut! Am Fuße wohne ich meiner Höhe: wie hoch meine Gipfel sind? Niemand sagte es mir noch. Aber gut kenne ich meine Täler.“

Da sprach es wieder ohne Stimme zu mir: „O Zarathustra, wer Berge zu versetzen hat, der versetzt auch Täler und Niederungen.“ —

Und ich antwortete: „Noch versetzte mein Wort keine Berge, und was ich redete, erreichte die Menschen nicht. Ich ging wohl zu den Menschen, aber noch langte ich nicht bei ihnen an.“

Da sprach es wieder ohne Stimme zu mir: „Was weißt du davon! Der Tau fällt auf das Gras, wenn die Nacht am verschwiegensten ist.“ —

Und ich antwortete: „Sie verspotteten mich, als ich meinen eigenen Weg fand und ging; und in Wahrheit zitterten damals meine Füße.

Und so sprachen sie zu mir: du verlerntest den Weg, nun verlernst du auch das Gehen!“

Da sprach es wieder ohne Stimme zu mir: „Was liegt an ihrem Spotte! Du bist einer, der das Gehorchen verlernt hat: nun sollst du befehlen!

Weißt du nicht, wer allen am nötigsten tut? Der Großes befiehlt.

Großes vollführen ist schwer: aber das Schwerere ist, Großes befehlen.

Das ist dein Unverzeihlichstes: du hast die Macht, und du willst nicht herrschen.“ —

Und ich antwortete: „Mir fehlt des Löwen Stimme zum Befehlen.“

Da sprach es wieder wie ein Flüstern zu mir: „Die stillsten Worte sind es, welche den Sturm bringen. Gedanken, die mit Taubenfüßen kommen, lenken die Welt.

O Zarathustra, du sollst gehen als ein Schatten dessen, was kommen muß: so wirst du befehlen und befehlend vorangehen.“ —

Und ich antwortete: „Ich schäme mich.“

Da sprach es wieder ohne Stimme zu mir: „Du mußt noch Kind werden und ohne Scham.

Der Stolz der Jugend ist noch auf dir, spät bist du jung geworden: aber wer zum Kinde werden will, muß auch noch seine Jugend überwinden.“ —

Und ich besann mich lange und zitterte. Endlich aber sagte ich, was ich zuerst sagte: „Ich will nicht.“

Da geschah ein Lachen um mich. Wehe, wie dies Lachen mir die Eingeweide zerriß und das Herz aufschlitzte!

Und es sprach zum letzten Male zu mir: „O Zarathustra, deine Früchte sind reif, aber du bist nicht reif für deine Früchte!

So mußt du wieder in die Einsamkeit: denn du sollst noch mürbe werden.“ —

Und wieder lachte es und floh: dann wurde es stille um mich wie mit einer zwiefachen Stille. Ich aber lag am Boden, und der Schweiß floß mir von den Gliedern.

— Nun hörtet ihr alles, und warum ich in meine Einsamkeit zurück muß. Nichts verschwieg ich euch, meine Freunde.

Aber auch dies hörtet ihr von mir, *wer* immer noch aller Menschen Verschwiegenster ist — und es sein will!

Ach meine Freunde! Ich hätte euch noch etwas zu sagen, ich hätte euch noch etwas zu geben! Warum gebe ich es nicht? Bin ich denn geizig? —

Als Zarathustra aber diese Worte gesprochen hatte, überfiel ihn die Gewalt des Schmerzes und die Nähe des Abschieds von seinen Freunden, also daß er laut weinte; und niemand wußte ihn zu trösten. Des Nachts aber ging er allein fort und verließ seine Freunde.

ALSO SPRACH ZARATHUSTRA

DRITTER TEIL

„Ihr seht nach oben, wenn ihr nach Erhebung verlangt. Und ich sehe hinab, weil ich erhoben bin.
Wer von euch kann zugleich lachen und erhoben sein?
Wer auf den höchsten Bergen steigt, der lacht über alle Trauer-Spiele und Trauer-Ernste."

Zarathustra,
vom Lesen und Schreiben

DER WANDERER

Um Mitternacht war es, da nahm Zarathustra seinen Weg über den Rücken der Insel, daß er mit dem frühen Morgen an das andre Gestade käme: denn dort wollte er zu Schiff steigen. Es gab nämlich allda eine gute Reede, an der auch fremde Schiffe gern vor Anker gingen; die nahmen manchen mit sich, der von den glückseligen Inseln über das Meer wollte. Als nun Zarathustra so den Berg hinanstieg, gedachte er unterwegs des vielen einsamen Wanderns von Jugend an, und auf wie viele Berge und Rücken und Gipfel er schon gestiegen sei.

Ich bin ein Wanderer und ein Bergsteiger, sagte er zu seinem Herzen, ich liebe die Ebenen nicht und es scheint, ich kann nicht lange stillsitzen.

Und was mir nun auch noch als Schicksal und Erlebnis komme, — ein Wandern wird darin sein und ein Bergsteigen: man erlebt endlich nur noch sich selber.

Die Zeit ist abgeflossen, wo mir noch Zufälle begegnen durften; und was könnte jetzt noch zu mir fallen, was nicht schon mein Eigen wäre!

Es kehrt nur zurück, es kommt mir endlich heim — mein eigen Selbst, und was von ihm lange in der Fremde war und zerstreut unter alle Dinge und Zufälle.

Und noch eins weiß ich: ich stehe jetzt vor meinem letzten Gipfel und vor dem, was mir am längsten aufgespart war. Ach, meinen härtesten Weg muß ich hinan! Ach, ich begann meine einsamste Wanderung!

Wer aber meiner Art ist, der entgeht einer solchen Stunde nicht: der Stunde, die zu ihm redet: „Jetzo erst gehst du deinen Weg der Größe! Gipfel und Abgrund — das ist jetzt in eins beschlossen!

Du gehst deinen Weg der Größe: nun ist deine letzte Zuflucht worden, was bisher deine letzte Gefahr hieß!

Du gehst deinen Weg der Größe: das muß nun dein bester Mut sein, daß es hinter dir keinen Weg mehr gibt!

Du gehst deinen Weg der Größe: hier soll dir keiner nachschleichen! Dein Fuß selber löschte hinter dir den Weg aus, und über ihm steht geschrieben: Unmöglichkeit.

Und wenn dir nunmehr alle Leitern fehlen, so mußt du verstehen, noch auf deinen eignen Kopf zu steigen: wie wolltest du anders aufwärts steigen?

Auf deinen eigenen Kopf und hinweg über dein eigenes Herz! Jetzt muß das Mildeste an dir noch zum Härtesten werden.

Wer sich stets viel geschont hat, der kränkelt zuletzt an seiner vielen Schonung. Gelobt sei, was hart macht! Ich lobe das Land nicht, wo Butter und Honig — fließt!

Von sich a b s e h n lernen ist nötig, um v i e l zu sehn: — diese Härte tut jedem Berge-Steigenden not.

Wer aber mit den Augen zudringlich ist als Erkennender, wie sollte der von allen Dingen mehr als ihre vorderen Gründe sehn!

Du aber, o Zarathustra, wolltest aller Dinge Grund schaun und Hintergrund: so mußt du schon über dich selber steigen, — hinan, hinauf, bis du auch deine Sterne noch u n t e r dir hast!"

Ja! Hinab auf mich selber sehn und noch auf meine Sterne: das erst hieße mir mein G i p f e l, das blieb mir noch zurück als mein l e t z t e r Gipfel! —

Also sprach Zarathustra im Steigen zu sich, mit harten Sprüchlein sein Herz tröstend: denn er war wund am Herzen wie noch niemals zuvor. Und als er auf die Höhe des Bergrückens kam, siehe, da lag das andere Meer vor ihm ausgebreitet: und er stand still und schwieg lange. Die Nacht aber war kalt in dieser Höhe und klar und hellgestirnt.

Ich erkenne mein Los, sagte er endlich mit Trauer. Wohlan! Ich bin bereit. Eben begann meine letzte Einsamkeit.

Ach, diese schwarze traurige See unter mir! Ach, diese schwangere nächtliche Verdrossenheit! Ach, Schicksal und See! Zu euch muß ich nun h i n a b steigen!

Vor meinem höchsten Berge stehe ich und vor meiner längsten Wanderung: darum muß ich erst tiefer hinab, als ich jemals stieg:

— tiefer hinab in den Schmerz, als ich jemals stieg, bis hinein in seine schwärzeste Flut! So will es mein Schicksal: Wohlan! Ich bin bereit.

Woher kommen die höchsten Berge? so fragte ich einst. Da lernte ich, daß sie aus dem Meere kommen.

Dies Zeugnis ist in ihr Gestein geschrieben und in die Wände ihrer Gipfel. Aus dem Tiefsten muß das Höchste zu seiner Höhe kommen. —

Also sprach Zarathustra auf der Spitze des Berges, wo es kalt war; als er aber in die Nähe des Meeres kam und zuletzt allein unter den Klippen stand, da war er unterwegs müde geworden und sehnsüchtiger als noch zuvor.

Es schläft jetzt alles noch, sprach er; auch das Meer schläft. Schlaftrunken und fremd blickt sein Auge nach mir.

Aber es atmet warm, das fühle ich. Und ich fühle auch, daß es träumt. Es windet sich träumend auf harten Kissen.

Horch! Horch! Wie es stöhnt von bösen Erinnerungen! Oder bösen Erwartungen?

Ach, ich bin traurig mit dir, du dunkles Ungeheuer, und mir selber noch gram um deinetwillen.

Ach, daß meine Hand nicht Stärke genug hat! Gerne, wahrlich, möchte ich dich von bösen Träumen erlösen! —

Und indem Zarathustra so sprach, lachte er mit Schwermut und Bitterkeit über sich selber. Wie! Zarathustra! sagte er, willst du noch dem Meere Trost singen?

Ach, du liebreicher Narr Zarathustra, du Vertrauens-Überseliger! Aber so warst du immer: immer kamst du vertraulich zu allem Furchtbaren.

Jedes Ungetüm wolltest du noch streicheln. Ein Hauch warmen Atems, ein wenig weiches Gezottel an der Tatze —: und gleich warst du bereit, es zu lieben und zu locken.

Die Liebe ist die Gefahr des Einsamsten, die Liebe zu allem, wenn es nur lebt! Zum Lachen ist wahrlich meine Narrheit und meine Bescheidenheit in der Liebe! —

Also sprach Zarathustra und lachte dabei zum andern Male: da aber gedachte er seiner verlassenen Freunde —, und wie als ob er sich mit seinen Gedanken an ihnen vergangen habe, zürnte er sich ob seiner Gedanken. Und alsbald geschah es, daß der Lachende weinte: — vor Zorn und Sehnsucht weinte Zarathustra bitterlich.

VOM GESICHT UND RÄTSEL

1.

Als es unter den Schiffsleuten ruchbar wurde, daß Zarathustra auf dem Schiffe sei — denn es war ein Mann zugleich mit ihm an Bord gegangen, der von den glückseligen Inseln kam —, da entstand eine große Neugierde und Erwartung. Aber Zarathustra schwieg zwei Tage und war kalt und taub vor Traurigkeit, also, daß er weder auf Blicke noch auf Fragen antwortete. Am Abende aber des zweiten Tages tat er seine Ohren wieder auf, ob er gleich noch schwieg: denn es gab viel Seltsames und Gefährliches auf diesem Schiffe anzuhören, welches weither kam und noch weiterhin wollte. Zarathustra aber war ein Freund aller solchen, die weite Reisen tun und nicht ohne Gefahr leben mögen. Und siehe! zuletzt wurde ihm im Zuhören die eigne Zunge gelöst, und das Eis seines Herzens brach: — da begann er also zu reden:

Euch, den kühnen Suchern, Versuchern, und wer je sich mit listigen Segeln auf furchtbare Meere einschiffte, —

euch, den Rätsel-Trunkenen, den Zwielicht-Frohen, deren Seele mit Flöten zu jedem Irr-Schlunde gelockt wird:

— denn nicht wollt ihr mit feiger Hand einem Faden nachtasten; und wo ihr *erraten* könnt, da haßt ihr es, zu *erschließen* —

euch allein erzähle ich das Rätsel, das ich *sah*, — das Gesicht des Einsamsten. —

Düster ging ich jüngst durch leichenfarbne Dämmerung, — düster und hart, mit gepreßten Lippen. Nicht nur *eine* Sonne war mir untergegangen.

Ein Pfad, der trotzig durch Geröll stieg, ein boshafter, einsamer, dem nicht Kraut, nicht Strauch mehr zusprach: ein Berg-Pfad knirschte unter dem Trotz meines Fußes.

Stumm über höhnischem Geklirr von Kieseln schreitend, den Stein zertretend, der ihn gleiten ließ: also zwang mein Fuß sich aufwärts.

Aufwärts: — dem Geiste zum Trotz, der ihn abwärts zog, abgrundwärts zog, dem Geiste der Schwere, meinem Teufel und Erzfeinde.

Aufwärts: — obwohl er auf mir saß, halb Zwerg, halb Maulwurf; lahm; lähmend; Blei durch mein Ohr, Bleitropfen-Gedanken in mein Hirn träufelnd.

„O Zarathustra", raunte er höhnisch Silb' um Silbe, „du Stein der Weisheit! Du warfst dich hoch, aber jeder geworfene Stein muß — fallen!

O Zarathustra, du Stein der Weisheit, du Schleuderstein, du Stern-Zertrümmerer! Dich selber warfst du so hoch, — aber jeder geworfene Stein — muß fallen!

Verurteilt zu dir selber und zur eignen Steinigung: o Zarathustra, weit warfst du ja den Stein, — aber auf dich wird er zurückfallen!"

Drauf schwieg der Zwerg; und das währte lange. Sein Schweigen aber drückte mich; und solchermaßen zu zwein ist man wahrlich einsamer als zu einem!

Ich stieg, ich stieg, ich träumte, ich dachte, — aber alles drückte mich. Einem Kranken glich ich, den seine schlimme Marter müde macht, und den wieder ein schlimmerer Traum aus dem Einschlafen weckt. —

Aber es gibt etwas in mir, das ich Mut heiße: das schlug bisher mir jeden Unmut tot. Dieser Mut hieß mich endlich stille stehn und sprechen: „Zwerg! Du! Oder ich!" —

Mut nämlich ist der beste Totschläger, — Mut, welcher angreift: denn in jedem Angriffe ist klingendes Spiel.

Der Mensch aber ist das mutigste Tier: damit überwand er jedes Tier. Mit klingendem Spiele überwand er noch jeden Schmerz; Menschen-Schmerz aber ist der tiefste Schmerz.

Der Mut schlägt auch den Schwindel tot an Abgründen: und wo stünde der Mensch nicht an Abgründen! Ist Sehen nicht selber — Abgründe sehen?

Mut ist der beste Totschläger: der Mut schlägt auch das Mitleiden tot. Mitleiden aber ist der tiefste Abgrund: so tief der Mensch in das Leben sieht, so tief sieht er auch in das Leiden.

Mut aber ist der beste Totschläger, — Mut, der angreift: der schlägt noch den Tod tot, denn er spricht: „War das das Leben? Wohlan! Noch einmal!"

In solchem Spruche aber ist viel klingendes Spiel. Wer Ohren hat, der höre! —

2.

„Halt! Zwerg!" sprach ich. „Ich! Oder du! Ich aber bin der Stärkere von uns beiden —: du kennst meinen abgründlichen Gedanken nicht! Den könntest du nicht tragen!" —

Da geschah, was mich leichter machte: denn der Zwerg sprang mir von der Schulter, der Neugierige! Und er hockte sich auf einen Stein vor mich hin. Es war aber gerade da ein Torweg, wo wir hielten.

„Siehe diesen Torweg! Zwerg!" sprach ich weiter: „der hat zwei Gesichter. Zwei Wege kommen hier zusammen: die ging noch niemand zu Ende.

Diese lange Gasse zurück: die währt eine Ewigkeit. Und jene lange Gasse hinaus — das ist eine andre Ewigkeit.

Sie widersprechen sich, diese Wege; sie stoßen sich gerade vor den Kopf: — und hier, an diesem Torwege, ist es, wo sie zusammenkommen. Der Name des Torwegs steht oben geschrieben: ‚Augenblick'.

Aber wer einen von ihnen weiterginge — und immer weiter und immer ferner: glaubst du, Zwerg, daß diese Wege sich ewig widersprechen?" —

„Alles Gerade lügt", murmelte verächtlich der Zwerg. „Alle Wahrheit ist krumm, die Zeit selber ist ein Kreis."

„Du Geist der Schwere!" sprach ich zürnend, „mache dir es nicht zu leicht! Oder ich lasse dich hocken, wo du hockst, Lahmfuß, — und ich trug dich hoch!

„Siehe", sprach ich weiter, „diesen Augenblick! von diesem Torwege Augenblick läuft eine lange ewige Gasse rückwärts: hinter uns liegt eine Ewigkeit.

Muß nicht, was laufen kann von allen Dingen, schon einmal diese Gasse gelaufen sein? Muß nicht, was geschehn kann von allen Dingen, schon einmal geschehn, getan, vorübergelaufen sein?

Und wenn alles schon dagewesen ist: was hältst du Zwerg von diesem Augenblick? Muß auch dieser Torweg nicht schon — dagewesen sein?

Und sind nicht solchermaßen fest alle Dinge verknotet, daß dieser Augenblick alle kommenden Dinge nach sich zieht? Also — — sich selber noch?

Denn, was laufen **kann** von allen Dingen: auch in dieser langen Gasse **hinaus** — **muß** es einmal noch laufen! —

Und diese langsame Spinne, die im Mondscheine kriecht, und dieser Mondschein selber, und ich und du im Torwege, zusammen flüsternd, von ewigen Dingen flüsternd, — müssen wir nicht alle schon dagewesen sein?

— und wiederkommen und in jener anderen Gasse laufen, hinaus, vor uns, in dieser langen schaurigen Gasse — müssen wir nicht ewig wiederkommen? —"

Also redete ich, und immer leiser: denn ich fürchtete mich vor meinen eigenen Gedanken und Hintergedanken. Da, plötzlich, hörte ich einen Hund nahe **heulen**.

Hörte ich jemals einen Hund so heulen? Mein Gedanke lief zurück. Ja! Als ich Kind war, in fernster Kindheit:

— da hörte ich einen Hund so heulen. Und sah ihn auch, gesträubt, den Kopf nach oben, zitternd, in stillster Mitternacht, wo auch Hunde an Gespenster glauben:

— also daß es mich erbarmte. Eben nämlich ging der volle Mond, todschweigsam, über das Haus, eben stand er still, eine runde Glut, — still auf flachem Dache, gleich als auf fremdem Eigentume: —

darob entsetzte sich damals der Hund: denn Hunde glauben an Diebe und Gespenster. Und als ich wieder so heulen hörte, da erbarmte es mich abermals.

Wohin war jetzt Zwerg? Und Torweg? Und Spinne? Und alles Flüstern? Träumte ich denn? Wachte ich auf? Zwischen wilden Klippen stand ich mit einem Male, allein, öde, im ödesten Mondscheine.

Aber da lag ein Mensch! Und da! Der Hund, springend, gesträubt, winselnd, — jetzt sah er mich kommen — da heulte er wieder, da **schrie** er: — hörte ich je einen Hund so Hilfe schrein?

Und, wahrlich, was ich sah, desgleichen sah ich nie. Einen jungen Hirten sah ich, sich windend, würgend, zuckend, verzerrten Antlitzes, dem eine schwarze schwere Schlange aus dem Munde hing.

Sah ich je so viel Ekel und bleiches Grauen auf einem Antlitze? Er hatte wohl geschlafen? Da kroch ihm die Schlange in den Schlund — da biß sie sich fest.

Meine Hand riß die Schlange und riß: — umsonst! sie

riß die Schlange nicht aus dem Schlunde. Da schrie es aus mir: „Beiß zu! Beiß zu!

Den Kopf ab! Beiß zu!" — so schrie es aus mir, mein Grauen, mein Haß, mein Ekel, mein Erbarmen, all mein Gutes und Schlimmes schrie mit e i n e m Schrei aus mir. —

Ihr Kühnen um mich! Ihr Sucher, Versucher, und wer von euch mit listigen Segeln sich in unerforschte Meere einschiffte! Ihr Rätsel-Frohen!

So ratet mir doch das Rätsel, das ich damals schaute, so deutet mir doch das Gesicht des Einsamsten!

Denn ein Gesicht war's und ein Vorhersehn: — w a s sah ich damals im Gleichnisse? Und w e r ist, der einst noch kommen muß?

W e r ist der Hirt, dem also die Schlange in den Schlund kroch? W e r ist der Mensch, dem also alles Schwerste, Schwärzeste in den Schlund kriechen wird?

— Der Hirt aber biß, wie mein Schrei ihm riet; er biß mit gutem Bisse! Weit weg spie er den Kopf der Schlange —: und sprang empor. —

Nicht mehr Hirt, nicht mehr Mensch, — ein Verwandelter, ein Umleuchteter, welcher l a c h t e! Niemals noch auf Erden lachte je ein Mensch, wie e r lachte!

O meine Brüder, ich hörte ein Lachen, das keines Menschen Lachen war, — — und nun frißt ein Durst an mir, eine Sehnsucht, die nimmer stille wird.

Meine Sehnsucht nach diesem Lachen frißt an mir: oh, wie ertrage ich noch zu leben! Und wie ertrüge ich's, jetzt zu sterben! —

Also sprach Zarathustra.

VON DER SELIGKEIT WIDER WILLEN

Mit solchen Rätseln und Bitternissen im Herzen fuhr Zarathustra über das Meer. Als er aber vier Tagereisen fern war von den glücklichen Inseln und von seinen Freunden, da hatte er allen seinen Schmerz überwunden —: siegreich und mit festen Füßen stand er wieder auf seinem Schicksal. Und damals redete Zarathustra also zu seinem frohlockenden Gewissen:

Allein bin ich wieder und will es sein, allein mit reinem

Himmel und freiem Meere; und wieder ist Nachmittag um mich.

Des Nachmittags fand ich zum ersten Male einst meine Freunde, des Nachmittags auch zum anderen Male: — zur Stunde, da alles Licht stiller wird.

Denn was von Glück noch unterwegs ist zwischen Himmel und Erde, das sucht sich nun zur Herberge noch eine lichte Seele: vor Glück ist ja alles Licht jetzt stiller worden.

O Nachmittag meines Lebens! Einst stieg auch mein Glück zu Tale, daß es sich eine Herberge suche: da fand es diese offnen gastfreundlichen Seelen.

O Nachmittag meines Lebens! Was gab ich nicht hin, daß ich eins hätte: diese lebendige Pflanzung meiner Gedanken und dies Morgenlicht meiner höchsten Hoffnung!

Gefährten suchte einst der Schaffende und Kinder seiner Hoffnung: und siehe, es fand sich, daß er sie nicht finden könne, es sei denn, er schaffe sie selber erst.

Also bin ich mitten in meinem Werke, zu meinen Kindern gehend und von ihnen kehrend: um seiner Kinder willen muß Zarathustra sich selbst vollenden.

Denn von Grund aus liebt man nur sein Kind und Werk; und wo große Liebe zu sich selber ist, da ist sie der Schwangerschaft Wahrzeichen: so fand ich's.

Noch grünen mir meine Kinder in ihrem ersten Frühlinge, nahe beieinander stehend und gemeinsam von Winden geschüttelt, die Bäume meines Gartens und besten Erdreichs.

Und wahrlich! Wo solche Bäume beieinander stehn, da sind glückselige Inseln!

Aber einstmals will ich sie ausheben und einen jeden für sich allein stellen: daß er Einsamkeit lerne und Trotz und Vorsicht.

Knorrig und gekrümmt und mit biegsamer Härte soll er mir dann am Meere dastehn, ein lebendiger Leuchtturm unbesiegbaren Lebens.

Dort, wo die Stürme hinab ins Meer stürzen, und des Gebirgs Rüssel Wasser trinkt, da soll ein jeder einmal seine Tag- und Nachtwachen haben, zu seiner Prüfung und Erkenntnis.

Erkannt und geprüft soll er werden, darauf, ob er meiner Art und Abkunft ist, — ob er eines langen Willens Herr sei, schweigsam, auch wenn er redet, und nachgebend also, daß er im Geben *nimmt*: —

— daß er einst mein Gefährte werde und ein Mitschaffender und Mitfeiernder Zarathustras —: ein solcher, der mir meinen Willen auf meine Tafeln schreibt: zu aller Dinge vollerer Vollendung.

Und um seinetwillen und seinesgleichen muß ich selber *mich* vollenden: darum weiche ich jetzt meinem Glücke aus und biete mich allem Unglücke an — zu *meiner* letzten Prüfung und Erkenntnis.

Und wahrlich, Zeit war's, daß ich ging; und des Wanderers Schatten und die längste Weile und die stillste Stunde — alle redeten mir zu: „es ist höchste Zeit!"

Der Wind blies mir durchs Schlüsselloch und sagte „Komm!" Die Tür sprang mir listig auf und sagte „Geh!"

Aber ich lag angekettet an die Liebe zu meinen Kindern: das Begehren legte mir diese Schlinge, das Begehren nach Liebe, daß ich meiner Kinder Beute würde und mich an sie verlöre.

Begehren — das heißt mir schon: mich verloren haben. *Ich habe euch, meine Kinder!* In diesem Haben soll alles Sicherheit und nichts Begehren sein.

Aber brütend lag die Sonne meiner Liebe auf mir, im eignen Safte kochte Zarathustra, — da flogen Schatten und Zweifel über mich weg.

Nach Frost und Winter gelüstete mich schon: „oh, daß Frost und Winter mich wieder knacken und knirschen machten!" seufzte ich: — da stiegen eisige Nebel aus mir auf.

Meine Vergangenheit brach ihre Gräber, manch lebendig begrabner Schmerz wachte auf —: ausgeschlafen hatte er sich nur, versteckt in Leichengewänder.

Also rief mir alles in Zeichen zu: „es ist Zeit!" Aber ich — hörte nicht: bis endlich mein Abgrund sich rührte und mein Gedanke mich biß.

Ach, abgründlicher Gedanke, der du *mein* Gedanke bist! Wann finde ich die Stärke, dich graben zu hören und nicht mehr zu zittern?

Bis zur Kehle hinauf klopft mir das Herz, wenn ich dich graben höre! Dein Schweigen noch will mich würgen, du abgründlich Schweigender!

Noch wagte ich niemals, dich *herauf*zurufen: genug

schon, daß ich dich mit mir — trug! Noch war ich nicht stark genug zum letzten Löwen-Übermute und Mutwillen.

Genug des Furchtbaren war mir immer schon deine Schwere: aber einst soll ich noch die Stärke finden und die Löwen-Stimme, die dich heraufruft!

Wenn ich mich dessen erst überwunden habe, dann will ich mich auch des Größeren noch überwinden; und ein S i e g soll meiner Vollendung Siegel sein! —

Inzwischen treibe ich noch auf ungewissen Meeren; der Zufall schmeichelt mir, der glattzüngige; vorwärts und rückwärts schaue ich —, noch schaue ich kein Ende.

Noch kam mir die Stunde meines letzten Kampfes nicht, — oder kommt sie mir wohl eben? Wahrlich, mit tückischer Schönheit schaut mich rings Meer und Leben an!

O Nachmittag meines Lebens! O Glück vor Abend! O Hafen auf hoher See! O Friede im Ungewissen! Wie mißtraue ich euch allen!

Wahrlich, mißtrauisch bin ich gegen eure tückische Schönheit! Dem Liebenden gleiche ich, der allzusamtenem Lächeln mißtraut.

Wie er die Geliebteste vor sich her stößt, zärtlich noch in seiner Härte, der Eifersüchtige —, also stoße ich diese selige Stunde vor mir her.

Hinweg mit dir, du selige Stunde! Mit dir kam mir eine Seligkeit wider Willen! Willig zu meinem tiefsten Schmerze stehe ich hier: — zur Unzeit kamst du!

Hinweg mit dir, du selige Stunde! Lieber nimm Herberge dort — bei meinen Kindern! Eile! und segne sie vor Abend noch mit m e i n e m Glücke!

Da naht schon der Abend: die Sonne sinkt. Dahin — mein Glück! —

Also sprach Zarathustra. Und er wartete auf sein Unglück die ganze Nacht: aber er wartete umsonst. Die Nacht blieb hell und still, und das Glück selber kam ihm immer näher und näher. Gegen Morgen aber lachte Zarathustra zu seinem Herzen und sagte spöttisch: „das Glück läuft mir nach. Das kommt davon, daß ich nicht den Weibern nachlaufe. Das Glück aber ist ein Weib.“

VOR SONNENAUFGANG

O Himmel über mir, du Reiner! Tiefer! Du Licht-Abgrund! Dich schauend schaudere ich vor göttlichen Begierden.

In deine Höhe mich zu werfen — das ist meine Tiefe! In deine Reinheit mich zu bergen — das ist meine Unschuld!

Den Gott verhüllt seine Schönheit: so verbirgst du deine Sterne. Du redest nicht: so kündest du mir deine Weisheit.

Stumm über brausendem Meer bist du heut mir aufgegangen, deine Liebe und deine Scham redet Offenbarung zu meiner brausenden Seele.

Daß du schön zu mir kamst, verhüllt in deine Schönheit, daß du stumm zu mir sprichst, offenbar in deiner Weisheit:

O wie erriete ich nicht alles Schamhafte deiner Seele! Vor der Sonne kamst du zu mir, dem Einsamsten.

Wir sind Freunde von Anbeginn: uns ist Gram und Grauen und Grund gemeinsam; noch die Sonne ist uns gemeinsam.

Wir reden nicht zueinander, weil wir zu vieles wissen —: wir schweigen uns an, wir lächeln uns unser Wissen zu.

Bist du nicht das Licht zu meinem Feuer: Hast du nicht die Schwester-Seele zu meiner Einsicht?

Zusammen lernten wir alles; zusammen lernten wir über uns zu uns selber aufsteigen und wolkenlos lächeln: —

— wolkenlos hinablächeln aus lichten Augen und aus meilenweiter Ferne, wenn unter uns Zwang und Zweck und Schuld wie Regen dampfen.

Und wanderte ich allein: wes hungerte meine Seele in Nächten und Irr-Pfaden? Und stieg ich Berge, wen suchte ich je, wenn nicht dich, auf Bergen?

Und all mein Wandern und Bergsteigen: eine Not war's nur und ein Behelf des Unbeholfenen: — fliegen allein will mein ganzer Wille, in dich hineinfliegen!

Und wen haßte ich mehr, als ziehende Wolken und alles, was dich befleckt? Und meinen eignen Haß haßte ich noch, weil er dich befleckte!

Den ziehenden Wolken bin ich gram, diesen schleichenden Raub-Katzen: sie nehmen dir und mir, was uns gemein ist, — das ungeheure unbegrenzte Ja-und-Amen-Sagen.

Diesen Mittlern und Mischern sind wir gram, den ziehenden Wolken: diesen Halb-und-Halben, welche weder segnen lernten, noch von Grund aus fluchen.

Lieber will ich noch unter verschlossnem Himmel in der Tonne sitzen, lieber ohne Himmel im Abgrund sitzen, als dich, Licht-Himmel, mit Zieh-Wolken befleckt sehn!

Und oft gelüstete mich, sie mit zackichten Blitz- und Golddrähten festzuheften, daß ich, gleich dem Donner, auf ihrem Kessel-Bauche die Pauke schlüge: —

— ein zorniger Paukenschläger, weil sie mir dein Ja! und Amen! rauben, du Himmel über mir, du Reiner! Lichter! Du Licht-Abgrund! — weil sie dir m e i n Ja! und Amen! rauben.

Denn lieber noch will ich Lärm und Donner und Wetter-Flüche, als diese bedächtige zweifelnde Katzen-Ruhe; und auch unter Menschen hasse ich am besten alle Leisetreter und Halb-und-Halben und zweifelnde, zögernde Zieh-Wolken.

Und „wer nicht segnen kann, der soll fluchen l e r n e n!" — diese helle Lehre fiel mir aus hellem Himmel, dieser Stern steht auch noch in schwarzen Nächten an meinem Himmel.

Ich aber bin ein Segnender und ein Ja-Sager, wenn du nur um mich bist, du Reiner! Lichter! Du Licht-Abgrund! — in alle Abgründe trage ich da noch mein segnendes Ja-Sagen.

Zum Segnenden bin ich worden und zum Ja-Sagenden: und dazu rang ich lange und war ein Ringer, daß ich einst die Hände frei bekäme zum Segnen.

Das aber ist mein Segnen: über jedwedem Ding als sein eigener Himmel stehn, als sein rundes Dach, seine azurne Glocke und ewige Sicherheit: und selig ist, wer also segnet!

Denn die Dinge sind getauft am Borne der Ewigkeit und jenseits von Gut und Böse; Gut und Böse selber aber sind nur Zwischenschatten und feuchte Trübsale und Zieh-Wolken.

Wahrlich, ein Segnen ist es und kein Lästern, wenn ich lehre: „Über allen Dingen steht der Himmel Zufall, der Himmel Unschuld, der Himmel Ohngefähr, der Himmel Übermut."

„Von Ohngefähr" — das ist der älteste Adel der Welt, den gab ich allen Dingen zurück, ich erlöste sie von der Knechtschaft unter dem Zwecke.

Diese Freiheit und Himmels-Heiterkeit stellte ich gleich azurner Glocke über alle Dinge, als ich lehrte, daß über ihnen und durch sie kein „ewiger Wille" — will.

Diesen Übermut und diese Narrheit stellte ich an die Stelle jenes Willens, als ich lehrte: „Bei allem ist e i n s unmöglich — Vernünftigkeit!"

Ein *wenig* Vernunft zwar, ein Same der Weisheit, zerstreut von Stern zu Stern, — dieser Sauerteig ist allen Dingen eingemischt: um der Narrheit willen ist Weisheit allen Dingen eingemischt!

Ein wenig Weisheit ist schon möglich; aber diese selige Sicherheit fand ich an allen Dingen: daß sie lieber noch auf den Füßen des Zufalls — *tanzen*.

O Himmel über mir, du Reiner! Hoher! Das ist mir nun deine Reinheit, daß es keine ewige Vernunft-Spinne und -Spinnennetze gibt: —

— daß du mir ein Tanzboden bist für göttliche Zufälle, daß du mir ein Göttertisch bist für göttliche Würfel und Würfelspieler! —

Doch du errötest? Sprach ich Unaussprechbares? Lästerte ich, indem ich dich segnen wollte?

Oder ist es die Scham zu zweien, welche dich erröten machte? — Heißest du mich gehn und schweigen, weil nun — der *Tag* kommt?

Die Welt ist tief —: und tiefer, als je der Tag gedacht hat. Nicht alles darf vor dem Tage Worte haben. Aber der Tag kommt: so scheiden wir nun!

O Himmel über mir, du Schamhafter! Glühender! O du mein Glück vor Sonnen-Aufgang! Der Tag kommt: so scheiden wir nun! —

Also sprach Zarathustra.

VON DER VERKLEINERNDEN TUGEND

1.

Als Zarathustra wieder auf dem festen Lande war, ging er nicht stracks auf sein Gebirge und seine Höhle los, sondern tat viele Wege und Fragen und erkundete dies und das, also, daß er von sich selber im Scherze sagte: „Siehe einen Fluß, der in vielen Windungen zurück zur Quelle fließt!“ Denn er wollte in Erfahrung bringen, was sich inzwischen *mit dem Menschen* zugetragen habe: ob er größer oder kleiner geworden sei. Und einmal sah er eine Reihe neuer Häuser; da wunderte er sich und sagte:

„Was bedeuten diese Häuser? Wahrlich, keine große Seele stellte sie hin, sich zum Gleichnisse!

Nahm wohl ein blödes Kind sie aus seiner Spielschachtel? Daß doch ein anderes Kind sie wieder in seine Schachtel täte!

Und diese Stuben und Kammern: können Männer da aus und eingehen? Gemacht dünken sie mich für Seiden-Puppen; oder für Naschkatzen, die auch wohl an sich naschen lassen."

Und Zarathustra blieb stehn und dachte nach. Endlich sagte er betrübt: „Es ist alles kleiner geworden!

Überall sehe ich niedrigere Tore: wer meiner Art ist, geht da wohl noch hindurch, aber — er muß sich bücken!

Oh, wann komme ich wieder in meine Heimat, wo ich mich nicht mehr bücken muß — nicht mehr bücken muß vor den Kleinen!" — Und Zarathustra seufzte und blickte in die Ferne. —

Desselbigen Tages aber redete er seine Rede über die verkleinernde Tugend.

2.

Ich gehe durch dies Volk und halte meine Augen offen: sie vergeben mir es nicht, daß ich auf ihre Tugenden nicht neidisch bin.

Sie beißen nach mir, weil ich zu ihnen sage: für kleine Leute sind kleine Tugenden nötig, — und weil es mir hart eingeht, daß kleine Leute nötig sind!

Noch gleiche ich dem Hahn hier auf fremdem Gehöfte, nach dem auch die Hennen beißen; doch darob bin ich diesen Hennen nicht ungut.

Ich bin höflich gegen sie wie gegen alles kleine Ärgernis; gegen das Kleine stachlicht zu sein, dünkt mich eine Weisheit für Igel.

Sie reden alle von mir, wenn sie abends ums Feuer sitzen, — sie reden von mir, aber niemand denkt — an mich!

Dies ist die neue Stille, die ich lernte: ihr Lärm um mich breitet einen Mantel über meine Gedanken.

Sie lärmen untereinander: „was will uns diese düstere Wolke? sehen wir zu, daß sie uns nicht eine Seuche bringe!"

Und jüngst riß ein Weib sein Kind an sich, das zu mir wollte: „Nehmt die Kinder weg!" schrie es; „solche Augen versengen Kinderseelen."

Sie husten, wenn ich rede: sie meinen, Husten sei ein Einwand gegen starke Winde, — sie erraten nichts vom Brausen meines Glückes!

„Wir haben noch keine Zeit für Zarathustra" — so wenden sie ein; aber was liegt an einer Zeit, die für Zarathustra „keine Zeit hat"?

Und wenn sie gar mich rühmen: wie könnte ich wohl auf ihrem Ruhme einschlafen? Ein Stachel-Gürtel ist mir ihr Lob: es kratzt mich noch, wenn ich es von mir tue.

Und auch das lernte ich unter ihnen: der Lobende stellt sich, als gebe er zurück, in Wahrheit aber will er mehr beschenkt sein!

Fragt meinen Fuß, ob ihm ihre Lob- und Lock-Weise gefällt! Wahrlich, nach solchem Takt und Tiktak mag er weder tanzen noch stillestehn.

Zur kleinen Tugend möchten sie mich locken und loben; zum Tiktak des kleinen Glücks möchten sie meinen Fuß überreden.

Ich gehe durch dies Volk und halte die Augen offen: sie sind kleiner geworden und werden immer kleiner: — das aber macht ihre Lehre von Glück und Tugend.

Sie sind nämlich auch in der Tugend bescheiden — denn sie wollen Behagen. Mit Behagen aber verträgt sich nur die bescheidene Tugend.

Wohl lernen auch sie auf ihre Art Schreiten und Vorwärtsschreiten: das heiße ich ihr Humpeln —. Damit werden sie jedem zum Anstoße, der Eile hat.

Und mancher von ihnen blickt vorwärts und blickt dabei zurück, mit versteiftem Nacken: dem renne ich gern wider den Leib.

Fuß und Augen sollen nicht lügen, noch sich einander Lügen strafen. Aber es ist viel Lügnerei bei den kleinen Leuten.

Einige von ihnen wollen, aber die meisten werden nur gewollt. Einige von ihnen sind echt, aber die meisten sind schlechte Schauspieler.

Es gibt Schauspieler wider Wissen unter ihnen und Schauspieler wider Willen —, die Echten sind immer selten, sonderlich die echten Schauspieler.

Des Mannes ist hier wenig: darum vermännlichen sich ihre

Weiber. Denn nur wer Mannes genug ist, wird im Weibe das Weib — erlösen.

Und diese Heuchelei fand ich unter ihnen am schlimmsten: daß auch die, welche befehlen, die Tugenden derer heucheln, welche dienen.

„Ich diene, du dienst, wir dienen" — so betet hier auch die Heuchelei der Herrschenden, — und wehe, wenn der erste Herr nur der erste Diener ist!

Ach, auch in ihre Heucheleien verflog sich wohl meines Auges Neugier; und gut erriet ich all ihr Fliegen-Glück und ihr Summen um besonnte Fensterscheiben.

Soviel Güte, soviel Schwäche sehe ich. Soviel Gerechtigkeit und Mitleiden, soviel Schwäche.

Rund, rechtlich und gütig sind sie miteinander, wie Sandkörnchen rund, rechtlich und gütig mit Sandkörnchen sind.

Bescheiden ein kleines Glück umarmen — das heißen sie „Ergebung"! und dabei schielen sie bescheiden schon nach einem neuen kleinen Glücke aus.

Sie wollen im Grunde einfältig eins am meisten: daß ihnen niemand wehe tue. So kommen sie jedermann zuvor und tun ihm wohl.

Dies aber ist Feigheit: ob es schon „Tugend" heißt. —

Und wenn sie einmal rauh reden, diese kleinen Leute, ich höre darin nur ihre Heiserkeit, — jeder Windzug nämlich macht sie heiser.

Klug sind sie, ihre Tugenden haben kluge Finger. Aber ihnen fehlen die Fäuste, ihre Finger wissen nicht, sich hinter Fäuste zu verkriechen.

Tugend ist ihnen das, was bescheiden und zahm macht: damit machten sie den Wolf zum Hunde und den Menschen selber zu des Menschen bestem Haustiere.

„Wir setzten unsern Stuhl in die Mitte" — das sagt mir ihr Schmunzeln — „und ebenso weit weg von sterbenden Fechtern wie von vergnügten Säuen."

Dies aber ist — Mittelmäßigkeit: ob es schon Mäßigkeit heißt. —

3.

Ich gehe durch dies Volk und lasse manches Wort fallen: aber sie wissen weder zu nehmen noch zu behalten.

Sie wundern sich, daß ich nicht kam, auf Lüste und Laster

zu lästern; und wahrlich, ich kam auch nicht, daß ich vor Taschendieben warnte!

Sie wundern sich, daß ich nicht bereit bin, ihre Klugheit noch zu witzigen und zu spitzigen: als ob sie noch nicht genug der Klüglinge hätten, deren Stimme mir gleich Schieferstiften kritzelt!

Und wenn ich rufe: „Flucht allen feigen Teufeln in euch, die gerne winseln und Hände falten und anbeten möchten": so riefen sie: „Zarathustra ist gottlos."

Und sonderlich rufen es ihre Lehrer der Ergebung —; aber gerade ihnen liebe ich's in das Ohr zu schrein: Ja! Ich bin Zarathustra, der Gottlose!

Diese Lehrer der Ergebung! Überall hin, wo es klein und krank und grindig ist, kriechen sie, gleich Läusen; und nur mein Ekel hindert mich, sie zu knacken.

Wohlan! Dies ist meine Predigt für ihre Ohren: ich bin Zarathustra, der Gottlose, der da spricht, „wer ist gottloser denn ich, daß ich mich seiner Unterweisung freue"?

Ich bin Zarathustra, der Gottlose: wo finde ich meinesgleichen? Und alle die sind meinesgleichen, die sich selber ihren Willen geben und alle Ergebung von sich abtun.

Ich bin Zarathustra, der Gottlose: ich koche mir noch jeden Zufall in meinem Topfe. Und erst, wenn er da gar gekocht ist, heiße ich ihn willkommen als meine Speise.

Und wahrlich, mancher Zufall kam herrisch zu mir: aber herrischer noch sprach zu ihm mein Wille, — da lag er schon bittend auf den Knien —

— bittend, daß er Herberge finde und Herz bei mir, und schmeichlerisch zuredend: „Sieh doch, o Zarathustra, wie nur Freund zu Freunde kommt!" —

Doch was rede ich, wo niemand meine Ohren hat! Und so will ich es hinaus in alle Winde rufen:

Ihr werdet immer kleiner, ihr kleinen Leute! Ihr bröckelt ab, ihr Behaglichen! Ihr geht mir noch zugrunde —

— an euren vielen kleinen Tugenden, an eurem vielen kleinen Unterlassen, an eurer vielen kleinen Ergebung!

Zu viel schonend, zu viel nachgebend: so ist euer Erdreich! Aber daß ein Baum groß werde, dazu will er um harte Felsen harte Wurzeln schlagen!

Auch was ihr unterlaßt, webt am Gewebe aller Menschen-

Zukunft; auch euer Nichts ist ein Spinnennetz und eine Spinne, die von der Zukunft Blute lebt.

Und wenn ihr nehmt, so ist es wie Stehlen, ihr kleinen Tugendhaften; aber noch unter Schelmen spricht die *Ehre*: „Man soll nur stehlen, wo man nicht rauben kann."

„Es gibt sich" — das ist auch eine Lehre der Ergebung. Aber ich sage euch, ihr Behaglichen: *es nimmt sich* und wird immer mehr noch von euch nehmen!

Ach, daß ihr alles *halbe* Wollen von euch abtätet und entschlossen würdet zur Trägheit wie zur Tat!

Ach, daß ihr mein Wort verstündet: „Tut immerhin, was ihr wollt, — aber seid erst solche, die *wollen können*!

Liebt immerhin euren Nächsten gleich euch, — aber seid mir erst solche, die *sich selber lieben* —

— mit der großen Liebe lieben, mit der großen Verachtung lieben!" Also spricht Zarathustra, der Gottlose. —

Doch was rede ich, wo niemand *meine* Ohren hat! Es ist hier noch eine Stunde zu früh für mich.

Mein eigner Vorläufer bin ich unter diesem Volke, mein eigner Hahnen-Ruf durch dunkle Gassen.

Aber *ihre* Stunde kommt! Und es kommt auch die meine! Stündlich werden sie kleiner, ärmer, unfruchtbarer, — armes Kraut! armes Erdreich!

Und *bald* sollen sie mir dastehn wie dürres Gras und Steppe, und wahrlich! ihrer selber müde — und mehr, als nach Wasser, nach *Feuer* lechzend!

O gesegnete Stunde des Blitzes! O Geheimnis vor Mittag! — Laufende Feuer will ich einst noch aus ihnen machen und Verkünder mit Flammen-Zungen: —

— verkünden sollen sie einst noch mit Flammen-Zungen: Er kommt, er ist nahe, *der große Mittag*! —

Also sprach Zarathustra.

AUF DEM ÖLBERGE

Der Winter, ein schlimmer Gast, sitzt bei mir zu Hause; blau sind meine Hände von seiner Freundschaft Händedruck.

Ich ehre ihn, diesen schlimmen Gast, aber lasse gerne ihn allein sitzen. Gerne laufe ich ihm davon; und, läuft man *gut*, so entläuft man ihm!

Mit warmen Füßen und warmen Gedanken laufe ich dorthin, wo der Wind stillesteht, — zum Sonnen-Winkel meines Ölbergs.

Da lache ich meines gestrengen Gastes und bin ihm noch gut, daß er zu Hause mir die Fliegen wegfängt und vielen kleinen Lärm stille macht.

Er leidet es nämlich nicht, wenn eine Mücke singen will, oder gar zwei; noch die Gasse macht er einsam, daß der Mondschein drin nachts sich fürchtet.

Ein harter Gast ist er, — aber ich ehre ihn, und nicht bete ich, gleich den Zärtlingen, zum dickbäuchichten Feuer-Götzen.

Lieber noch ein wenig zähneklappern, als Götzen anbeten! — so will's meine Art. Und sonderlich bin ich allen brünstigen, dampfenden, dumpfigen Feuer-Götzen gram.

Wen ich liebe, den liebe ich Winters besser als Sommers; besser spotte ich jetzt meiner Feinde und herzhafter, seit der Winter mir im Hause sitzt.

Herzhaft wahrlich, selbst dann noch, wenn ich zu Bett k r i e c h e —: da lacht und mutwillt noch mein verkrochenes Glück; es lacht noch mein Lügen-Traum.

Ich ein — Kriecher? Niemals kroch ich im Leben vor Mächtigen; und log ich je, so log ich aus Liebe. Deshalb bin ich froh auch im Winterbette.

Ein geringes Bett wärmt mich mehr als ein reiches, denn ich bin eifersüchtig auf meine Armut. Und im Winter ist sie mir am treusten.

Mit einer Bosheit beginne ich jeden Tag, ich spotte des Winters mit einem kalten Bade: darob brummt mein gestrenger Hausfreund.

Auch kitzle ich ihn gerne mit einem Wachskerzlein: daß er mir endlich den Himmel herauslasse aus aschgrauer Dämmerung.

Sonderlich boshaft bin ich nämlich des Morgens: zur frühen Stunde, da der Eimer am Brunnen klirrt und die Rosse warm durch graue Gassen wiehern: —

Ungeduldig warte ich da, daß mir endlich der lichte Himmel aufgehe, der schneebärtige Winterhimmel, der Greis und Weißkopf, —

— der Winterhimmel, der schweigsame, der oft noch seine Sonne verschweigt!

Lernte ich wohl von ihm das lange lichte Schweigen? Oder

lernte er's von mir? Oder hat ein jeder von uns es selbst erfunden?

Aller guten Dinge Ursprung ist tausendfältig, — alle guten mutwilligen Dinge springen vor Lust ins Dasein: wie sollten sie das immer nur — einmal tun!

Ein gutes mutwilliges Ding ist auch das lange Schweigen und gleich dem Winterhimmel blicken aus lichtem, rundäugichtem Antlitze: —

— gleich ihm seine Sonne verschweigen und seinen unbeugsamen Sonnen-Willen: wahrlich, diese Kunst und diesen Winter-Mutwillen lernte ich gut!

Meine liebste Bosheit und Kunst ist es, daß mein Schweigen lernte, sich nicht durch Schweigen zu verraten.

Mit Worten und Würfeln klappernd überliste ich mir die feierlichen Warter: allen diesen gestrengen Aufpassern soll mein Wille und Zweck entschlüpfen.

Daß mir niemand in meinen Grund und letzten Willen hinabsehe, — dazu erfand ich mir das lange lichte Schweigen.

So manchen Klugen fand ich: der verschleierte sein Antlitz und trübte sein Wasser, daß niemand ihm hindurch- und hinuntersehe.

Aber zu ihm gerade kamen die klügeren Mißtrauer und Nußknacker: ihm gerade fischte man seinen verborgensten Fisch heraus!

Sondern die Hellen, die Wackern, die Durchsichtigen — das sind mir die klügsten Schweiger: denen so tief ihr Grund ist, daß auch das hellste Wasser ihn nicht — verrät. —

Du schneebärtiger, schweigender Winterhimmel, du rundäugichter Weißkopf über mir! O du himmlisches Gleichnis meiner Seele und ihres Mutwillens!

Und muß ich mich nicht verbergen, gleich einem, der Gold verschluckt hat, — daß man mir nicht die Seele aufschlitze?

Muß ich nicht Stelzen tragen, daß sie meine langen Beine übersehen, — alle diese Neidbolde und Leidholde, die um mich sind?

Diese räucherigen, stubenwarmen, verbrauchten, vergrünten, vergrämelten Seelen — wie könnte ihr Neid mein Glück ertragen!

So zeige ich ihnen nur das Eis und den Winter auf meinen

Gipfeln — und nicht, daß mein Berg noch alle Sonnengürtel um sich schlingt!

Sie hören nur meine Winterstürme pfeifen: und nicht, daß ich auch über warme Meere fahre, gleich sehnsüchtigen, schweren, heißen Südwinden.

Sie erbarmen sich noch meiner Unfälle und Zufälle: — aber mein Wort heißt: „laßt den Zufall zu mir kommen: unschuldig ist er, wie ein Kindlein!"

Wie könnten sie mein Glück ertragen, wenn ich nicht Unfälle und Winter-Nöte und Eisbären-Mützen und Schneehimmel-Hüllen um mein Glück legte!

— wenn ich mich nicht selbst ihres Mitleids erbarmte: des Mitleids dieser Neidbolde und Leidholde!

— wenn ich nicht selber vor ihnen seufzte und frostklapperte, und mich geduldsam in ihr Mitleid wickeln ließe!

Dies ist der weise Mutwille und Wohlwille meiner Seele: daß sie ihren Winter und ihre Froststürme nicht verbirgt; sie verbirgt auch ihre Frostbeulen nicht.

Des einen Einsamkeit ist die Flucht des Kranken; des andern Einsamkeit die Flucht vor den Kranken.

Mögen sie mich klappern und seufzen hören vor Winterkälte, alle diese armen scheelen Schelme um mich! Mit solchem Geseufz und Geklapper flüchte ich noch vor ihren geheizten Stuben.

Mögen sie mich bemitleiden und bemitseufzen ob meiner Frostbeulen: „am Eis der Erkenntnis erfriert er uns noch!" — so klagen sie.

Inzwischen laufe ich mit warmen Füßen kreuz und quer auf meinem Ölberge: im Sonnen-Winkel meines Ölberges singe und spotte ich alles Mitleids. —

Also sang Zarathustra.

VOM VORÜBERGEHEN

Also durch viel Volk und vielerlei Städte langsam hindurchschreitend, ging Zarathustra auf Umwegen zurück zu seinem Gebirge und seiner Höhle. Und siehe, dabei kam er unversehens auch an das Stadttor der großen Stadt: hier aber sprang ein schäumender Narr mit ausgebreiteten

Händen auf ihn zu und trat ihm in den Weg. Dies aber war derselbige Narr, welchen das Volk „den Affen Zarathustras“ hieß: denn er hatte ihm etwas vom Satz und Fall der Rede abgemerkt und borgte wohl auch gerne vom Schatze seiner Weisheit. Der Narr aber redete also zu Zarathustra:

„O Zarathustra, hier ist die große Stadt: hier hast du nichts zu suchen und alles zu verlieren.

Warum wolltest du durch diesen Schlamm waten? Habe doch Mitleiden mit deinem Fuße! Speie lieber auf das Stadttor und — kehre um!

Hier ist die Hölle für Einsiedler-Gedanken: hier werden große Gedanken lebendig gesotten und kleingekocht.

Hier verwesen alle großen Gefühle: hier dürfen nur klapperdürre Gefühlchen klappern!

Riechst du nicht schon die Schlachthäuser und Garküchen des Geistes? Dampft nicht diese Stadt vom Dunst geschlachteten Geistes?

Siehst du nicht die Seelen hängen wie schlaffe schmutzige Lumpen? — Und sie machen noch Zeitungen aus diesen Lumpen!

Hörst du nicht, wie der Geist hier zum Wortspiel wurde? Widriges Wort-Spülicht bricht er heraus! — Und sie machen noch Zeitungen aus diesem Wort-Spülicht.

Sie hetzen einander und wissen nicht, wohin? Sie erhitzen einander und wissen nicht, warum? Sie klimpern mit ihrem Bleche, sie klingeln mit ihrem Golde.

Sie sind kalt und suchen sich Wärme bei gebrannten Wassern; sie sind erhitzt und suchen Kühle bei gefrorenen Geistern; sie sind alle siech und süchtig an öffentlichen Meinungen.

Alle Lüste und Laster sind hier zu Hause; aber es gibt hier auch Tugendhafte, es gibt viel anstellige angestellte Tugend: —

Viel anstellige Tugend mit Schreibfingern und hartem Sitz- und Wartefleische, gesegnet mit kleinen Bruststernen und ausgestopften, steißlosen Töchtern.

Es gibt hier auch viel Frömmigkeit und viel gläubige Speichel-Leckerei, Schmeichel-Bäckerei vor dem Gott der Heerscharen.

‚Von oben‘ her träufelt ja der Stern und der gnädige Speichel; nach oben hin sehnt sich jeder sternenlose Busen.

Der Mond hat seinen Hof, und der Hof hat seine Mondkälber: zu allem aber, was vom Hofe kommt, betet das Bettel-Volk und alle anstellige Bettel-Tugend.

‚Ich diene, du dienst, wir dienen' — so betet alle anstellige Tugend hinauf zum Fürsten: daß der verdiente Stern sich endlich an den schmalen Busen hefte!

Aber der Mond dreht sich noch um alles Irdische: so dreht sich auch der Fürst noch um das Aller-Irdischste —: das aber ist das Gold der Krämer.

Der Gott der Heerscharen ist kein Gott der Goldbarren; der Fürst denkt, aber der Krämer — lenkt!

Bei allem, was licht und stark und gut in dir ist, o Zarathustra! Speie auf diese Stadt der Krämer und kehre um!

Hier fließt alles Blut faulicht und laulicht und schaumicht durch alle Adern: speie auf die große Stadt, welche der große Abraum ist, wo aller Abschaum zusammenschäumt!

Speie auf die Stadt der eingedrückten Seelen und schmalen Brüste, der spitzen Augen, der klebrigen Finger —

— auf die Stadt der Aufdringlinge, der Unverschämten, der Schreib- und Schreihälse, der überheizten Ehrgeizigen: —

— wo alles Anbrüchige, Anrüchige, Lüsterne, Düstere, Übermürbe, Geschwürige, Verschwörerische zusammenschwärt: —

— speie auf die große Stadt und kehre um!" — —

Hier aber unterbrach Zarathustra den schäumenden Narren und hielt ihm den Mund zu.

„Höre endlich auf!" rief Zarathustra, „mich ekelt lange schon deiner Rede und deiner Art!

Warum wohntest du solange am Sumpfe, daß du selber zum Frosch und zur Kröte werden mußtest?

Fließt dir nicht selber nun ein faulichtes, schaumichtes Sumpf-Blut durch die Adern, daß du also quaken und lästern lerntest?

Warum gingst du nicht in den Wald? Oder pflügtest die Erde? Ist das Meer nicht voll von grünen Eilanden?

Ich verachte dein Verachten; und wenn du mich warntest, — warum warntest du dich nicht selber?

Aus der Liebe allein soll mir mein Verachten und mein warnender Vogel auffliegen: aber nicht aus dem Sumpfe! —

Man heißt dich meinen Affen, du schäumender Narr: aber

ich heiße dich mein Grunze-Schwein, — durch Grunzen verdirbst du mir noch mein Lob der Narrheit.

Was war es denn, was dich zuerst grunzen machte? Daß niemand dir genug geschmeichelt hat: darum setztest du dich hin zu diesem Unrate, daß du Grund hättest viel zu grunzen, —

— daß du Grund hättest zu vieler Rache! Rache nämlich, du eitler Narr, ist all dein Schäumen, ich erriet dich wohl!

Aber dein Narren-Wort tut mir Schaden, selbst wo du recht hast! Und wenn Zarathustras Wort sogar hundertmal recht hätte: du würdest mit meinem Wort immer — Unrecht tun!"

Also sprach Zarathustra; und er blickte die große Stadt an, seufzte und schwieg lange. Endlich redete er also:

Mich ekelt auch dieser großen Stadt und nicht nur dieses Narren. Hier und dort ist nichts zu bessern, nichts zu bösern.

Wehe dieser großen Stadt! — Und ich wollte, ich sähe schon die Feuersäule, in der sie verbrannt wird!

Denn solche Feuersäulen müssen dem großen Mittage vorangehn. Doch dies hat seine Zeit und sein eigenes Schicksal. —

Diese Lehre aber gebe ich dir, du Narr, zum Abschiede: wo man nicht mehr lieben kann, da soll man — vorübergehn! —

Also sprach Zarathustra und ging an dem Narren und der großen Stadt vorüber.

VON DEN ABTRÜNNIGEN

1.

Ach, liegt alles schon welk und grau, was noch jüngst auf dieser Wiese grün und bunt stand! Und wie vielen Honig der Hoffnung trug ich von hier in meine Bienenkörbe!

Diese jungen Herzen sind alle schon alt geworden, — und nicht alt einmal! nur müde, gemein, bequem: — sie heißen es „wir sind wieder fromm geworden".

Noch jüngst sah ich sie in der Frühe auf tapferen Füßen hinauslaufen: aber ihre Füße der Erkenntnis wurden müde, und nun verleumden sie auch noch ihre Morgen-Tapferkeit!

Wahrlich, mancher von ihnen hob einst die Beine wie ein Tänzer, ihm winkte das Lachen in meiner Weisheit: — da besann er sich. Eben sah ich ihn krumm — zum Kreuze kriechen.

Um Licht und Freiheit flatterten sie einst gleich Mücken und jungen Dichtern. Ein wenig älter, ein wenig kälter: und schon sind sie Dunkler und Munkler und Ofenhocker.

Verzagte ihnen wohl das Herz darob, daß mich die Einsamkeit verschlang gleich einem Walfische? Lauschte ihr Ohr wohl sehnsüchtig-lange umsonst nach mir und meinen Trompeten- und Herolds-Rufen?

— Ach! Immer sind ihrer nur wenige, deren Herz einen langen Mut und Übermut hat; und solchen bleibt auch der Geist geduldsam. Der Rest aber ist feige.

Der Rest: das sind immer die allermeisten, der Alltag, der Überfluß, die Viel-zu-Vielen — diese alle sind feige! —

Wer meiner Art ist, dem werden auch die Erlebnisse meiner Art über den Weg laufen: also, daß seine ersten Gesellen Leichname und Possenreißer sein müssen.

Seine zweiten Gesellen aber — die werden sich seine Gläubigen heißen: ein lebendiger Schwarm, viel Liebe, viel Torheit, viel unbärtige Verehrung.

An diese Gläubigen soll der nicht sein Herz binden, wer meiner Art unter Menschen ist; an diese Lenze und bunten Wiesen soll der nicht glauben, wer die flüchtig-feige Menschenart kennt!

Könnten sie anders, so würden sie auch anders wollen. Halb-und-Halbe verderben alles Ganze. Daß Blätter welk werden, — was ist da zu klagen!

Laß sie fahren und fallen, o Zarathustra, und klage nicht! Lieber noch blase mit raschelnden Winden unter sie, —

— blase unter diese Blätter, o Zarathustra: daß alles Welke schneller noch von dir davonlaufe! —

2.

„Wir sind wieder fromm geworden“, — so bekennen diese Abtrünnigen; und manche von ihnen sind noch zu feige, also zu bekennen.

Denen sehe ich ins Auge, — denen sage ich es ins Gesicht und in die Röte ihrer Wangen: ihr seid solche, welche wieder beten!

Es ist aber eine Schmach, zu beten! Nicht für alle. aber für dich und mich, und wer auch im Kopfe sein Gewissen hat. Für d i c h ist es eine Schmach, zu beten!

Du weißt es wohl: dein feiger Teufel in dir, der gerne Hände-falten und Hände-in-den-Schoß-legen und es bequemer haben möchte: — dieser feige Teufel redet dir zu „es g i b t einen Gott!"

D a m i t aber gehörst du zur lichtscheuen Art, denen Licht nimmer Ruhe läßt; nun mußt du täglich deinen Kopf tiefer in Nacht und Dunst stecken!

Und wahrlich, du wähltest die Stunde gut: denn eben wieder fliegen die Nachtvögel aus. Die Stunde kam allem lichtscheuen Volke, die Abend- und Feierstunde, wo es nicht — „feiert".

Ich höre und rieche es: es kam ihre Stunde für Jagd und Umzug, nicht zwar für eine wilde Jagd, sondern für eine zahme, lahme, schnüffelnde Leisetreter- und Leisebeter-Jagd,—

— für eine Jagd auf seelenvolle Duckmäuser: alle Herzens-Mausefallen sind jetzt wieder aufgestellt! Und wo ich einen Vorhang aufhebe, da kommt ein Nachtfalterchen herausgestürzt.

Hockte es da wohl zusammen mit einem andern Nachtfalterchen? Denn überall rieche ich kleine verkrochne Gemeinden; und wo es Kämmerlein gibt, da gibt es neue Bet-Brüder drin und den Dunst von Bet-Brüdern.

Sie sitzen lange Abende beieinander und sprechen: „lasset uns wieder werden wie die Kindlein und ‚lieber Gott' sagen!" — an Mund und Magen verdorben durch die frommen Zuckerbäcker.

Oder sie sehen lange Abende einer listigen, lauernden Kreuzspinne zu, welche den Spinnen selber Klugheit predigt und also lehrt: „unter Kreuzen ist gut spinnen!"

Oder sie sitzen tagsüber mit Angelruten an Sümpfen und glauben sich t i e f damit; aber wer dort fischt, wo es keine Fische gibt, den heiße ich noch nicht einmal oberflächlich!

Oder sie lernen fromm-froh die Harfe schlagen bei einem Lieder-Dichter, der sich gern jungen Weibchen ins Herz harfnen möchte: — denn er wurde der alten Weibchen müde und ihres Lobpreisens.

Oder sie lernen gruseln bei einem gelahrten Halb-Tollen.

der in dunklen Zimmern wartet, daß ihm die Geister kommen — und der Geist ganz davonläuft!

Oder sie horchen einem alten umgetriebnen Schnurr- und Knurrpfeifer zu, der trüben Winden die Trübsal der Töne ablernte; nun pfeift er nach dem Winde und predigt in trüben Tönen Trübsal.

Und einige von ihnen sind sogar Nachtwächter geworden: die verstehen jetzt in Hörner zu blasen und nachts umherzugehn und alte Sachen aufzuwecken, die lange schon eingeschlafen sind.

Fünf Worte von alten Sachen hörte ich gestern nachts an der Gartenmauer: die kamen von solchen alten, betrübten, trocknen Nachtwächtern.

„Für einen Vater sorgt er nicht genug für seine Kinder: Menschen-Väter tun dies besser!" —

„Er ist zu alt! Er sorgt schon gar nicht mehr um seine Kinder" — also antwortete der andre Nachtwächter.

„H a t er denn Kinder? niemand kann's beweisen, wenn er's selber nicht beweist! Ich wollte längst, er bewiese es einmal gründlich."

„Beweisen? Als ob d e r je etwas bewiesen hätte! Beweisen fällt ihm schwer; er hält große Stücke darauf, daß man ihm g l a u b t."

„Ja! Ja! Der Glaube macht ihn selig, der Glaube an ihn. Das ist so die Art alter Leute! So geht's uns auch!" —

— Also sprachen zueinander die zwei alten Nachtwächter und Lichtscheuchen, und tuteten darauf betrübt in ihre Hörner: so geschah's gestern nachts an der Gartenmauer.

Mir aber wand sich das Herz vor Lachen und wollte brechen und wußte nicht, wohin? und sank ins Zwerchfell.

Wahrlich, das wird noch mein Tod sein, daß ich vor Lachen ersticke, wenn ich Esel betrunken sehe und Nachtwächter also an Gott zweifeln höre.

Ist es denn nicht l a n g e vorbei, auch für alle solche Zweifel? Wer darf noch solche alte, eingeschlafne, lichtscheue Sachen aufwecken!

Mit den alten Göttern ging es lange schon zu Ende: — und wahrlich, ein gutes fröhliches Götter-Ende hatten sie!

Sie „dämmerten" sich nicht zu Tode, — das lügt man wohl! Vielmehr: sie haben sich selber einmal zu Tode — g e l a c h t!

Das geschah, als das gottloseste Wort von einem Gotte

selber ausging, — das Wort: „Es ist ein Gott! Du sollst keinen andern Gott haben neben mir!“ —

— ein alter Grimm-Bart von Gott, ein eifersüchtiger, vergaß sich also: —

Und alle Götter lachten damals und wackelten auf ihren Stühlen und riefen: „Ist das nicht eben Göttlichkeit, daß es Götter, aber keinen Gott gibt?“

Wer Ohren hat, der höre! —

Also redete Zarathustra in der Stadt, die er liebte und welche zubenannt ist „die bunte Kuh“. Von hier nämlich hatte er nur noch zwei Tage zu gehen, daß er wieder in seine Höhle käme und zu seinen Tieren; seine Seele aber frohlockte beständig ob der Nähe seiner Heimkehr. —

DIE HEIMKEHR

O Einsamkeit! Du meine Heimat Einsamkeit! Zu lange lebte ich wild in wilder Fremde, als daß ich nicht mit Tränen zu dir heimkehrte!

Nun drohe mir nur mit dem Finger, wie Mütter drohn, nun lächle mir zu, wie Mütter lächeln, nun sprich nur: „Und wer war das, der wie ein Sturmwind einst von mir davonstürmte? —

— der scheidend rief: zu lange saß ich bei der Einsamkeit, da verlernte ich das Schweigen! Das — lerntest du nun wohl?

O Zarathustra, alles weiß ich: und daß du unter den vielen verlassener warst, du einer, als je bei mir!

Ein anderes ist Verlassenheit, ein anderes Einsamkeit: das — lerntest du nun! Und daß du unter Menschen immer wild und fremd sein wirst:

— wild und fremd auch noch, wenn sie dich lieben: denn zuerst von allem wollen sie geschont sein!

Hier aber bist du bei dir zu Heim und Hause; hier kannst du alles hinausreden und alle Gründe ausschütten, nichts schämt sich hier versteckter, verstockter Gefühle.

Hier kommen alle Dinge liebkosend zu deiner Rede und schmeicheln dir: denn sie wollen auf deinem Rücken reiten. Auf jedem Gleichnis reitest du hier zu jeder Wahrheit.

Aufrecht und aufrichtig darfst du hier zu allen Dingen reden: und wahrlich, wie Lob klingt es ihren Ohren, daß einer mit allen Dingen — gerade redet!

Ein anderes aber ist Verlassensein. Denn, weißt du noch, o Zarathustra? Als damals dein Vogel über dir schrie, als du im Walde standest, unschlüssig, wohin? unkundig, einem Leichnam nahe: —

— als du sprachst: ‚mögen mich meine Tiere führen! Gefährlicher fand ich's unter Menschen, als unter Tieren': — das war Verlassenheit!

Und weißt du noch, o Zarathustra? Als du auf deiner Insel saßest, unter leeren Eimern ein Brunnen Weins, gebend und ausgebend, unter Durstigen schenkend und ausschenkend:

— bis du endlich durstig allein unter Trunkenen saßest und nächtlich klagtest: ‚ist Nehmen nicht seliger als Geben? Und Stehlen noch seliger als Nehmen?' — das war Verlassenheit!

Und weißt du noch, o Zarathustra? Als deine stillste Stunde kam und dich von dir selber forttrieb, als sie mit bösem Flüstern sprach: ‚Sprich und zerbrich!' —

— als sie dir all dein Warten und Schweigen leid machte und deinen demütigen Mut entmutigte: das war Verlassenheit!" —

O Einsamkeit! Du meine Heimat Einsamkeit! Wie selig und zärtlich redet deine Stimme zu mir!

Wir fragen einander nicht, wir klagen einander nicht, wir gehen oft miteinander durch offne Türen.

Denn offen ist es bei dir und hell; und auch die Stunden laufen hier auf leichteren Füßen. Im Dunklen nämlich trägt man schwerer an der Zeit als im Lichte.

Hier springen mir alles Seins Worte und Wort-Schreine auf: alles Sein will hier Wort werden, alles Werden will hier von mir reden lernen.

Da unten aber — da ist alles Reden umsonst! Da ist Vergessen und Vorübergehn die beste Weisheit: das — lernte ich nun!

Wer alles bei den Menschen begreifen wollte, der müßte alles angreifen. Aber dazu habe ich zu reinliche Hände.

Ich mag schon ihren Atem nicht einatmen; ach, daß ich so lange unter ihrem Lärm und üblen Atem lebte!

O selige Stille um mich! O reine Gerüche um mich! Oh,

wie aus tiefer Brust diese Stille reinen Atem holt! Oh, wie sie horcht, diese selige Stille!

Aber da unten — da redet alles, da wird alles überhört. Man mag seine Weisheit mit Glocken einläuten: die Krämer auf dem Markte werden sie mit Pfennigen überklingeln!

Alles bei ihnen redet, niemand weiß mehr zu verstehn. Alles fällt ins Wasser, nichts fällt mehr in tiefe Brunnen.

Alles bei ihnen redet, nichts gerät mehr und kommt zu Ende. Alles gackert, aber wer will noch still auf dem Neste sitzen und Eier brüten?

Alles bei ihnen redet, alles wird zerredet. Und was gestern noch zu hart war für die Zeit selber und ihren Zahn: heute hängt es zerschabt und zernagt aus den Mäulern der Heutigen.

Alles bei ihnen redet, alles wird verraten. Und was einst Geheimnis hieß und Heimlichkeit tiefer Seelen, heute gehört es den Gassen-Trompetern und andern Schmetterlingen.

O Menschenwesen, du wunderliches! Du Lärm auf dunklen Gassen! Nun liegst du wieder hinter mir: — meine größte Gefahr liegt hinter mir!

Im Schonen und Mitleiden lag immer meine größte Gefahr; und alles Menschenwesen will geschont und gelitten sein.

Mit verhaltenen Wahrheiten, mit Narrenhand und vernarrtem Herzen und reich an kleinen Lügen des Mitleidens: — also lebte ich immer unter Menschen.

Verkleidet saß ich unter ihnen, bereit, *mich* zu verkennen, daß ich *sie* ertrüge, und gern mir zuredend: „du Narr, du kennst die Menschen nicht!"

Man verlernt die Menschen, wenn man unter Menschen lebt: zu viel Vordergrund ist an allen Menschen, — was sollen *da* weitsichtige, weit-süchtige Augen!

Und wenn sie mich verkannten: ich Narr schonte sie darob mehr als mich: gewohnt zur Härte gegen mich und oft noch an mir selber mich rächend für diese Schonung.

Zerstochen von giftigen Fliegen und ausgehöhlt, dem Steine gleich, von vielen Tropfen Bosheit, so saß ich unter ihnen und redete mir noch zu: „unschuldig ist alles Kleine an seiner Kleinheit!"

Sonderlich die, welche sich „die Guten" heißen, fand ich als die giftigsten Fliegen: sie stechen in aller Unschuld, sie lügen in aller Unschuld; wie *vermöchten* sie, gegen mich — gerecht zu sein!

Wer unter den Guten lebt, den lehrt Mitleid lügen. Mitleid macht dumpfe Luft allen freien Seelen. Die Dummheit der Guten nämlich ist unergründlich.

Mich selber verbergen und meinen Reichtum — das lernte ich da unten: denn jeden fand ich noch arm am Geiste. Das war der Lug meines Mitleidens, daß ich bei jedem wußte, — daß ich jedem es ansah und anroch, was ihm Geistes genug und was ihm schon Geistes zuviel war!

Ihre steifen Weisen: ich hieß sie weise, nicht steif, — so lernte ich Worte verschlucken. Ihre Totengräber: ich hieß sie Forscher und Prüfer, — so lernte ich Worte vertauschen.

Die Totengräber graben sich Krankheiten an. Unter altem Schutte ruhn schlimme Dünste. Man soll den Morast nicht aufrühren. Man soll auf Bergen leben.

Mit seligen Nüstern atmete ich wieder Berges-Freiheit! Erlöst ist endlich meine Nase vom Geruch alles Menschenwesens!

Von scharfen Lüften gekitzelt, wie von schäumenden Weinen, niest meine Seele, — niest und jubelt sich zu: Gesundheit! —

Also sprach Zarathustra.

VON DEN DREI BÖSEN

1.

Im Traume, im letzten Morgentraume stand ich heut auf einem Vorgebirge, — jenseits der Welt, hielt eine Waage und wog die Welt.

Oh, daß zu früh mir die Morgenröte kam: die glühte mich wach, die Eifersüchtige! Eifersüchtig ist sie immer auf meine Morgentraum-Gluten.

Meßbar für den, der Zeit hat, wägbar für einen guten Wäger, erfliegbar für starke Fittiche, erratbar für göttliche Nüsseknacker: also fand mein Traum die Welt: —

Mein Traum, ein kühner Segler, halb Schiff, halb Windsbraut, gleich Schmetterlingen schweigsam, ungeduldig gleich Edelfalken: wie hatte er doch zum Welt-Wägen heute Geduld und Weile!

Sprach ihm heimlich wohl meine Weisheit zu, meine lachende wache Tags-Weisheit, welche über alle „unendliche

Welten" spottet? Denn sie spricht: „wo Kraft ist, wird auch die Zahl Meisterin: die hat mehr Kraft."

Wie sicher schaute mein Traum auf diese endliche Welt, nicht neugierig, nicht altgierig, nicht fürchtend, nicht bittend: —

— als ob ein voller Apfel sich meiner Hand böte, ein reifer Goldapfel, mit kühl-sanfter samtener Haut: — so bot sich mir die Welt: —

— als ob ein Baum mir winke, ein breitästiger, starkwilliger, gekrümmt zur Lehne und noch zum Fußbrett für den Wegmüden: so stand die Welt auf meinem Vorgebirge: —

— als ob zierliche Hände mir einen Schrein entgegentrügen, — einen Schrein, offen für das Entzücken schamhafter verehrender Augen: also bot sich mir heute die Welt entgegen: —

— nicht Rätsel genug, um Menschen-Liebe davonzuscheuchen, nicht Lösung genug, um Menschen-Weisheit einzuschläfern: — ein menschlich gutes Ding war mir heut die Welt, der man so Böses nachredet!

Wie danke ich es meinem Morgentraum, daß ich also in der Frühe heut die Welt wog! Als ein menschlich gutes Ding kam er zu mir, dieser Traum und Herzenströster!

Und daß ich's ihm gleichtue am Tage und sein Bestes ihm nach- und ablerne: will ich jetzt die drei bösesten Dinge auf die Waage tun und menschlich gut abwägen. —

Wer da segnen lehrte, der lehrte auch fluchen: welches sind in der Welt die drei bestverfluchten Dinge? Diese will ich auf die Waage tun.

W o l l u s t, H e r r s c h s u c h t, S e l b s t s u c h t: diese drei wurden bisher am besten verflucht und am schlimmsten beleu- und belügenmundet, — diese drei will ich menschlich gut abwägen.

Wohlauf! Hier ist mein Vorgebirg, und da das Meer: d a s wälzt sich zu mir heran, zottelig, schmeichlerisch, das getreue, alte, hundertköpfige Hunds-Ungetüm, das ich liebe.

Wohlauf! Hier will ich die Waage halten über gewälztem Meere: und auch einen Zeugen wähle ich, daß er zusehe, — dich, du Einsiedler-Baum, dich starkduftigen, breitgewölbten, den ich liebe! —

Auf welcher Brücke geht zum Dereinst das Jetzt? Nach welchem Zwange zwingt das Hohe sich zum Niederen? Und was heißt auch das Höchste noch — hinaufwachsen? —

Nun steht die Waage gleich und still: drei schwere Fragen warf ich hinein, drei schwere Antworten trägt die andre Waagschale.

2.

Wollust: allen bußhemdigen Leib-Verächtern ihr Stachel und Pfahl, und als „Welt" verflucht bei allen Hinterweltlern: denn sie höhnt und narrt alle Wirr- und Irr-Lehrer.

Wollust: dem Gesindel das langsame Feuer, auf dem es verbrannt wird; allem wurmichten Holze, allen stinkenden Lumpen der bereite Brunst- und Brodel-Ofen.

Wollust: für die freien Herzen unschuldig und frei, das Garten-Glück der Erde, aller Zukunft Dankes-Überschwang an das Jetzt.

Wollust: nur dem Welken ein süßlich Gift, für die Löwen-Willigen aber die große Herzstärkung und der ehrfürchtig geschonte Wein der Weine.

Wollust: das große Gleichnis-Glück für höheres Glück und höchste Hoffnung. Vielem nämlich ist Ehe verheißen und mehr als Ehe, —

— vielem, das fremder sich ist als Mann und Weib: — und wer begriff es ganz, w i e f r e m d sich Mann und Weib sind!

Wollust: — doch ich will Zäune um meine Gedanken haben und auch noch um meine Worte: daß mir nicht in meine Gärten die Schweine und Schwärmer brechen! —

Herrschsucht: die Glüh-Geißel der härtesten Herzens-harten; die grause Marter, die sich dem Grausamsten selber aufspart; die düstre Flamme lebendiger Scheiterhaufen.

Herrschsucht: die boshafte Bremse, die den eitelsten Völkern aufgesetzt wird; die Verhöhnerin aller ungewissen Tugend; die auf jedem Rosse und jedem Stolze reitet.

Herrschsucht: das Erdbeben, das alles Morsche und Höhlichte bricht und aufbricht; die rollende, grollende, strafende Zerbrecherin übertünchter Gräber; das blitzende Fragezeichen neben vorzeitigen Antworten.

Herrschsucht: vor deren Blick der Mensch kriecht und duckt und frönt und niedriger wird als Schlange und Schwein: — bis endlich die große Verachtung aus ihm aufschreit —,

Herrschsucht: die furchtbare Lehrerin der großen Verachtung, welche Städten und Reichen ins Antlitz predigt

„hinweg mit dir!" — bis es aus ihnen selber aufschreit „hinweg mit m i r!"

Herrschsucht: die aber lockend auch zu Reinen und Einsamen und hinauf zu selbstgenugsamen Höhen steigt, glühend gleich einer Liebe, welche purpurne Seligkeiten lockend an Erdenhimmel malt.

Herrschsucht: doch wer hieße es S u c h t, wenn das Hohe hinab nach Macht gelüstet! Wahrlich, nichts Sieches und Süchtiges ist an solchem Gelüsten und Niedersteigen!

Daß die einsame Höhe sich nicht ewig vereinsame und selbst begnüge; daß der Berg zu Tale komme, und die Winde der Höhe zu den Niederungen: —

Oh, wer fände den rechten Tauf- und Tugendnamen für solche Sehnsucht! „Schenkende Tugend" — so nannte das Unnennbare einst Zarathustra.

Und damals geschah es auch — und wahrlich, es geschah zum ersten Male! —, daß sein Wort die S e l b s t s u c h t selig pries, die heile, gesunde Selbstsucht, die aus mächtiger Seele quillt: —

— aus mächtiger Seele, zu welcher der hohe Leib gehört, der schöne, sieghafte, erquickliche, um den herum jedwedes Ding Spiegel wird:

— der geschmeidige überredende Leib, der Tänzer, dessen Gleichnis und Auszug die selbst-lustige Seele ist. Solcher Leiber und Seelen Selbst-Lust heißt sich selber: „Tugend".

Mit ihren Worten von Gut und Schlecht schirmt sich solche Selbst-Lust wie mit heiligen Hainen; mit den Namen ihres Glücks bannt sie von sich alles Verächtliche.

Von sich weg bannt sie alles Feige; sie spricht: Schlecht — d a s i s t feige! Verächtlich dünkt ihr der immer Sorgende, Seufzende, Klägliche und wer auch die kleinsten Vorteile aufliest.

Sie verachtet auch alle wehselige Weisheit: denn wahrlich, es gibt auch Weisheit, die im Dunklen blüht, eine Nachtschatten-Weisheit: als welche immer seufzt „alles ist eitel!"

Das scheue Mißtrauen gilt ihr gering, und jeder, wer Schwüre statt Blicke und Hände will: auch alle allzu mißtrauische Weisheit, — denn solche ist feiger Seelen Art.

Geringer noch gilt ihr der Schnell-Gefällige, der Hündische, der gleich auf dem Rücken liegt, der Demütige; und auch

Weisheit gibt es, die demütig und hündisch und fromm und schnell-gefällig ist.

Verhaßt ist ihr gar und ein Ekel, wer nie sich wehren will, wer giftigen Speichel und böse Blicke hinunterschluckt, der Allzu-Geduldige, Alles-Dulder, Allgenügsame: das nämlich ist die knechtische Art.

Ob einer vor Göttern und göttlichen Fußtritten knechtisch ist, ob vor Menschen und blöden Menschen-Meinungen: alle Knechts-Art speit sie an, diese selige Selbstsucht!

Schlecht: so heißt sie alles, was geknickt und knickerisch-knechtisch ist, unfreie Zwinker-Augen, gedrückte Herzen, und jene falsche nachgebende Art, welche mit breiten feigen Lippen küßt.

Und After-Weisheit: so heißt sie alles, was Knechte und Greise und Müde witzeln; und sonderlich die ganze schlimme aberwitzige, überwitzige Priester-Narrheit!

Die After-Weisen aber, alle die Priester, Weltmüden und wessen Seele von Weibs- und Knechtsart ist, — oh, wie hat ihr Spiel von jeher der Selbstsucht übel mitgespielt!

Und das gerade sollte Tugend sein und Tugend heißen, daß man der Selbstsucht übel mitspiele! Und „selbstlos" — so wünschten sich selber mit gutem Grunde alle diese weltmüden Feiglinge und Kreuzspinnen!

Aber denen allen kommt nun der Tag, die Wandlung, das Richtschwert, der große Mittag: da soll vieles offenbar werden!

Und wer das Ich heil- und heiligspricht und die Selbstsucht selig, wahrlich, der spricht auch, was er weiß, ein Weissager: „Siehe, er kommt, er ist nahe, der große Mittag!" —

Also sprach Zarathustra.

VOM GEIST DER SCHWERE

1.

Mein Mundwerk — ist des Volks: zu grob und herzlich rede ich für die Seidenhasen. Und noch fremder klingt mein Wort allen Tinten-Fischen und Feder-Füchsen.

Meine Hand — ist eine Narrenhand: wehe allen Tischen

und Wänden, und was noch Platz hat für Narren-Zierat, Narren-Schmierat!

Mein Fuß — ist ein Pferdefuß: damit trapple und trabe ich über Stock und Stein, kreuz- und querfeldein, und bin des Teufels vor Lust bei allem schnellen Laufen.

Mein Magen — ist wohl eines Adlers Magen? Denn er liebt am liebsten Lammfleisch. Gewißlich aber ist er eines Vogels Magen.

Von unschuldigen Dingen genährt und von wenigem, bereit und ungeduldig zu fliegen, davonzufliegen — das ist nun meine Art: wie sollte nicht etwas daran von Vogel-Art sein!

Und zumal, daß ich dem Geist der Schwere feind bin, das ist Vogel-Art: und wahrlich, todfeind, erzfeind, urfeind! Oh, wohin flog und verflog sich nicht schon meine Feindschaft!

Davon könnte ich schon ein Lied singen — — und w i l l es singen: ob ich gleich allein in leerem Hause bin und es meinen eignen Ohren singen muß.

Andre Sänger gibt es freilich, denen macht das volle Haus erst ihre Kehle weich, ihre Hand gesprächig, ihr Auge ausdrücklich, ihr Herz wach: — denen gleiche ich nicht. —

2.

Wer die Menschen einst fliegen lehrt, der hat alle Grenzsteine verrückt; alle Grenzsteine selber werden ihm in die Luft fliegen, die Erde wird er neu taufen — als „die Leichte".

Der Vogel Strauß läuft schneller als das schnellste Pferd, aber auch er steckt noch den Kopf schwer in schwere Erde: also der Mensch, der noch nicht fliegen kann.

Schwer heißt ihm Erde und Leben; und so w i l l es der Geist der Schwere! Wer aber leicht werden will und ein Vogel, der muß sich selber lieben: — also lehre i c h.

Nicht freilich mit der Liebe der Siechen und Süchtigen: denn bei denen stinkt auch die Eigenliebe!

Man muß sich selber lieben lernen — also lehre ich — mit einer heilen und gesunden Liebe: daß man es bei sich selber aushalte und nicht umherschweife.

Solches Umherschweifen tauft sich „Nächstenliebe": mit diesem Worte ist bisher am besten gelogen und geheuchelt worden, und sonderlich von solchen, die aller Welt schwerfielen.

Und wahrlich, das ist kein Gebot für heute und morgen, sich lieben lernen. Vielmehr ist von allen Künsten diese die feinste, listigste, letzte und geduldsamste.

Für seinen Eigener ist nämlich alles Eigene gut versteckt; und von allen Schatzgruben wird die eigne am spätesten ausgegraben, — also schafft es der Geist der Schwere.

Fast in der Wiege gibt man uns schon schwere Worte und Werte mit: „gut" und „böse" — so heißt sich diese Mitgift. Um derentwillen vergibt man uns, daß wir leben.

Und dazu läßt man die Kindlein zu sich kommen, daß man ihnen beizeiten wehre, sich selber zu lieben: also schafft es der Geist der Schwere.

Und wir — wir schleppen treulich, was man uns mitgibt, auf harten Schultern und über rauhe Berge! Und schwitzen wir, so sagt man uns: „Ja, das Leben ist schwer zu tragen!"

Aber der Mensch nur ist sich schwer zu tragen! Das macht, er schleppt zu vieles Fremde auf seinen Schultern. Dem Kamele gleich kniet er nieder und läßt sich gut aufladen.

Sonderlich der starke, tragsame Mensch, dem Ehrfurcht innewohnt: zu viele fremde schwere Worte und Werte lädt er auf sich, — nun dünkt das Leben ihm eine Wüste!

Und wahrlich! Auch manches Eigene ist schwer zu tragen! Und viel Inwendiges am Menschen ist der Auster gleich, nämlich ekel und schlüpfrig und schwer erfaßlich —,

— also daß eine edle Schale mit edler Zierat fürbitten muß. Aber auch diese Kunst muß man lernen: Schale haben und schönen Schein und kluge Blindheit!

Abermals trügt über manches am Menschen, daß manche Schale gering und traurig und zu sehr Schale ist. Viel verborgene Güte und Kraft wird nie erraten; die köstlichsten Leckerbissen finden keine Schmecker!

Die Frauen wissen das, die köstlichsten: ein wenig fetter, ein wenig magerer — oh, wieviel Schicksal in so wenigem!

Der Mensch ist schwer zu entdecken und sich selber noch am schwersten; oft lügt der Geist über die Seele. Also schafft es der Geist der Schwere.

Der aber hat sich selber entdeckt, welcher spricht: das ist mein Gutes und Böses: damit hat er den Maulwurf und Zwerg stumm gemacht, welcher spricht: „Allen gut, allen bös."

Wahrlich, ich mag auch solche nicht, denen jegliches Ding

gut und diese Welt gar die beste heißt. Solche nenne ich die Allgenügsamen.

Allgenügsamkeit, die alles zu schmecken weiß: das ist nicht der beste Geschmack! Ich ehre die widerspenstigen wählerischen Zungen und Mägen, welche „Ich" und „Ja" und „Nein" sagen lernten.

Alles aber kauen und verdauen — das ist eine rechte Schweine-Art! Immer I-A sagen — das lernte allein der Esel und wer seines Geistes ist! —

Das tiefe Gelb und das heiße Rot: so will es mein Geschmack, — der mischt Blut zu allen Farben. Wer aber sein Haus weiß tüncht, der verrät mir eine weißgetünchte Seele.

In Mumien verliebt die einen, die andern in Gespenster; und beide gleich feind allem Fleisch und Blute — oh, wie gehen beide mir wider den Geschmack! Denn ich liebe Blut.

Und dort will ich nicht wohnen und weilen, wo jedermann spuckt und speit: das ist nun mein Geschmack, — lieber noch lebte ich unter Dieben und Meineidigen. Niemand trägt Gold im Munde.

Widriger aber sind mir noch alle Speichellecker; und das widrigste Tier von Mensch, das ich fand, das taufte ich Schmarotzer: das wollte nicht lieben und doch von Liebe leben.

Unselig heiße ich alle, die nur eine Wahl haben: böse Tiere zu werden oder böse Tierbändiger: bei solchen würde ich mir keine Hütten bauen.

Unselig heiße ich auch die, welche immer warten müssen, — die gehen mir wider den Geschmack: alle die Zöllner und Krämer und Könige und andren Länder- und Ladenhüter.

Wahrlich, ich lernte das Warten auch und von Grund aus, — aber nur das Warten auf mich. Und über allem lernte ich stehn und gehn und laufen und springen und klettern und tanzen.

Das ist aber meine Lehre: wer einst fliegen lernen will, der muß erst stehn und gehn und laufen und klettern und tanzen lernen: — man erfliegt das Fliegen nicht!

Mit Strickleitern lernte ich manches Fenster erklettern, mit hurtigsten Beinen klomm ich auf hohe Masten: auf hohen Masten der Erkenntnis sitzen dünkte mich keine geringe Seligkeit, —

— gleich kleinen Flammen flackern auf hohen Masten: ein kleines Licht zwar, aber doch ein großer Trost für verschlagene Schiffer und Schiffbrüchige! —

Auf vielerlei Weg und Weise kam ich zu meiner Wahrheit: nicht auf einer Leiter stieg ich zur Höhe, wo mein Auge in meine Ferne schweift.

Und ungern nur fragte ich stets nach Wegen, — das ging mir immer wider den Geschmack! Lieber fragte und versuchte ich die Wege selber.

Ein Versuchen und Fragen war all mein Gehen: — und wahrlich, auch antworten muß man lernen auf solches Fragen! Das aber — ist mein Geschmack:

— kein guter, kein schlechter, aber mein Geschmack, dessen ich weder Scham noch Hehl mehr habe.

„Das — ist nun mein Weg, — wo ist der eure?" so antwortete ich denen, welche mich „nach dem Wege" fragten. Den Weg nämlich — den gibt es nicht! —

Also sprach Zarathustra.

VON ALTEN UND NEUEN TAFELN

1.

Hier sitze ich und warte, alte zerbrochene Tafeln um mich und auch neue halbbeschriebene Tafeln. Wann kommt meine Stunde?

— die Stunde meines Niederganges, Unterganges: denn noch einmal will ich zu den Menschen gehn.

Des warte ich nun: denn erst müssen mir die Zeichen kommen, daß es meine Stunde sei, — nämlich der lachende Löwe mit dem Taubenschwarme.

Inzwischen rede ich als einer, der Zeit hat, zu mir selber. Niemand erzählt mir Neues: so erzähle ich mir mich selber. —

2.

Als ich zu den Menschen kam, da fand ich sie sitzen auf einem alten Dünkel: alle dünkten sich lange schon zu wissen, was dem Menschen gut und böse sei.

Eine alte müde Sache dünkte ihnen alles Reden von Tugend; und wer gut schlafen wollte, der sprach vor Schlafengehen noch von „Gut" und „Böse".

Diese Schläferei störte ich auf, als ich lehrte: was gut und böse ist, das weiß noch niemand: — es sei denn der Schaffende!

— Das aber ist der, welcher des Menschen Ziel schafft und der Erde ihren Sinn gibt und ihre Zukunft: dieser erst schafft es, daß etwas gut und böse ist.

Und ich hieß sie ihre alten Lehrstühle umwerfen, und wo nur jener alte Dünkel gesessen hatte; ich hieß sie lachen über ihre großen Tugendmeister und Heiligen und Dichter und Welterlöser.

Über ihre düsteren Weisen hieß ich sie lachen, und wer je als schwarze Vogelscheuche warnend auf dem Baume des Lebens gesessen hatte.

An ihre große Gräberstraße setzte ich mich und selber zu Aas und Geiern — und ich lachte über all ihr Einst und seine mürbe, verfallende Herrlichkeit.

Wahrlich, gleich Bußpredigern und Narrn schrie ich Zorn und Zeter über all ihr Großes und Kleines, — daß ihr Bestes so gar klein ist! Daß ihr Bösestes so gar klein ist! — also lachte ich.

Meine weise Sehnsucht schrie und lachte also aus mir, die auf Bergen geboren ist, eine wilde Weisheit wahrlich! — meine große flügelbrausende Sehnsucht.

Und oft riß sie mich fort und hinauf und hinweg, und mitten im Lachen: da flog ich wohl schaudernd, ein Pfeil, durch sonnentrunkenes Entzücken:

— hinaus in ferne Zukünfte, die kein Traum noch sah, in heißere Süden, als je sich Bildner träumten: dorthin, wo Götter tanzend sich aller Kleider schämen: —

— daß ich nämlich in Gleichnissen rede, und gleich Dichtern hinke und stammle: und wahrlich, ich schäme mich, daß ich noch Dichter sein muß! —

Wo alles Werden mich Götter-Tanz und Götter-Mutwillen dünkte, und die Welt los- und ausgelassen und zu sich selber zurückfliehend: —

— als ein ewiges Sich-Fliehn und -Wiedersuchen vieler Götter, als das selige Sich-Widersprechen, Sich-Wiederhören, Sich-wieder-Zugehören vieler Götter: —

Wo alle Zeit mich ein seliger Hohn auf Augenblicke dünkte, wo die Notwendigkeit die Freiheit selber war, die selig mit dem Stachel der Freiheit spielte: —

Wo ich auch meinen alten Teufel und Erzfeind wiederfand, den Geist der Schwere und alles, was er schuf: Zwang, Satzung, Not und Folge und Zweck und Wille und Gut und Böse: —

Denn muß nicht da sein, über das getanzt, hinweggetanzt werde? Müssen nicht um der Leichten, Leichtesten willen — Maulwürfe und schwere Zwerge da sein? — —

3.

Dort war's auch, wo ich das Wort „Übermensch" vom Wege auflas, und daß der Mensch etwas sei, das überwunden werden müsse,

— daß der Mensch eine Brücke sei und kein Zweck: sich selig preisend ob seines Mittags und Abends, als Weg zu neuen Morgenröten:

— das Zarathustra-Wort vom großen Mittage, und was sonst ich über den Menschen aufhängte, gleich purpurnen zweiten Abendröten.

Wahrlich, auch neue Sterne ließ ich sie sehn samt neuen Nächten; und über Wolken und Tag und Nacht spannte ich noch das Lachen aus wie ein buntes Gezelt.

Ich lehrte sie all mein Dichten und Trachten: in eins zu dichten und zusammenzutragen, was Bruchstück ist am Menschen und Rätsel und grauser Zufall, —

— als Dichter, Rätselrater und Erlöser des Zufalls lehrte ich sie an der Zukunft schaffen, und alles, das war —, schaffend zu erlösen.

Das Vergangne am Menschen zu erlösen und alles „Es war" umzuschaffen, bis der Wille spricht: „Aber so wollte ich es! So werde ich's wollen —"

— dies hieß ich ihnen Erlösung, dies allein lehrte ich sie Erlösung heißen. — —

Nun warte ich meiner Erlösung —, daß ich zum letzten Male zu ihnen gehe.

Denn noch einmal will ich zu den Menschen: unter ihnen will ich untergehen, sterbend will ich ihnen meine reichste Gabe geben!

Der Sonne lernte ich das ab, wenn sie hinabgeht, die überreiche: Gold schüttet sie da ins Meer aus unerschöpflichem Reichtume, —

— also, daß der ärmste Fischer noch mit goldenem

Ruder rudert! Dies nämlich sah ich einst und wurde der Tränen nicht satt im Zuschauen. — —

Der Sonne gleich will auch Zarathustra untergehn: nun sitzt er hier und wartet, alte zerbrochne Tafeln um sich und auch neue Tafeln, — halbbeschriebene.

4.

Siehe, hier ist eine neue Tafel: aber wo sind meine Brüder, die sie mit mir zu Tale und in fleischerne Herzen tragen? —

Also heischt es meine große Liebe zu den Fernsten: schone deinen Nächsten nicht! Der Mensch ist etwas, das überwunden werden muß.

Es gibt vielerlei Weg und Weise der Überwindung: da siehe du zu! Aber nur ein Possenreißer denkt: „der Mensch kann auch übersprungen werden."

Überwinde dich selber noch in deinem Nächsten: und ein Recht, das du dir rauben kannst, sollst du dir nicht geben lassen!

Was du tust, das kann dir keiner wieder tun. Siehe, es gibt keine Vergeltung.

Wer sich nicht befehlen kann, der soll gehorchen. Und mancher kann sich befehlen, aber da fehlt noch viel, daß er sich auch gehorche!

5.

Also will es die Art edler Seelen: sie wollen nichts umsonst haben, am wenigsten das Leben.

Wer vom Pöbel ist, der will umsonst leben; wir anderen aber, denen das Leben sich gab, — wir sinnen immer darüber, was wir am besten dagegen geben!

Und wahrlich, dies ist eine vornehme Rede, welche spricht: „Was uns das Leben verspricht, das wollen wir — dem Leben halten!"

Man soll nicht genießen wollen, wo man nicht zu genießen gibt. Und — man soll nicht genießen wollen!

Genuß und Unschuld nämlich sind die schamhaftesten Dinge: beide wollen nicht gesucht sein. Man soll sie haben —, aber man soll eher noch nach Schuld und Schmerzen suchen! —

6.

O meine Brüder, wer ein Erstling ist, der wird immer geopfert. Nun aber sind wir Erstlinge.

Wir bluten alle an geheimen Opfertischen, wir brennen und braten alle zu Ehren alter Götzenbilder.

Unser Bestes ist noch jung: das reizt alte Gaumen. Unser Fleisch ist zart, unser Fell ist nur ein Lammfell: — wie sollten wir nicht alte Götzenpriester reizen!

In uns selber wohnt er noch, der alte Götzenpriester, der unser Bestes sich zum Schmause brät. Ach, meine Brüder, wie sollten Erstlinge nicht Opfer sein!

Aber so will es unsre Art; und ich liebe die, welche sich nicht bewahren wollen. Die Untergehenden liebe ich mit meiner ganzen Liebe: denn sie gehn hinüber. —

7.

Wahr sein — das können wenige! Und wer es kann, der will es noch nicht! Am wenigsten aber können es die Guten.

O diese Guten! — Gute Menschen reden nie die Wahrheit; für den Geist ist solchermaßen gut sein eine Krankheit.

Sie geben nach, diese Guten, sie ergeben sich, ihr Herz spricht nach, ihr Grund gehorcht: wer aber gehorcht, der hört sich selber nicht!

Alles, was den Guten böse heißt, muß zusammenkommen, daß eine Wahrheit geboren werde: o meine Brüder, seid ihr auch böse genug zu dieser Wahrheit?

Das verwegene Wagen, das lange Mißtrauen, das grausame Nein, der Überdruß, das Schneiden ins Lebendige — wie selten kommt das zusammen! Aus solchem Samen aber wird — Wahrheit gezeugt!

Neben dem bösen Gewissen wuchs bisher alles Wissen! Zerbrecht, zerbrecht mir, ihr Erkennenden, die alten Tafeln!

8.

Wenn das Wasser Balken hat, wenn Stege und Geländer über den Fluß springen, wahrlich, da findet keiner Glauben, der da spricht: „Alles ist im Fluß.“

Sondern selber die Tölpel widersprechen ihm. „Wie?“

sagen die Tölpel, „alles wäre im Flusse? Balken und Geländer sind doch *über* dem Flusse!“

„*Über* dem Flusse ist alles fest, alle die Werte der Dinge, die Brücken, Begriffe, alles ‚Gut‘ und ‚Böse‘: das ist alles *fest*!“ —

Kommt gar der harte Winter, der Fluß-Tierbändiger: dann lernen auch die Witzigsten Mißtrauen; und, wahrlich, nicht nur die Tölpel sprechen dann: „Sollte nicht alles — *stillestehn*?“

„Im Grunde steht alles stille“ —, das ist eine rechte Winter-Lehre, ein gut Ding für unfruchtbare Zeit, ein guter Trost für Winterschläfer und Ofenhocker.

„Im Grund steht alles still“ —: *dagegen* aber predigt der Tauwind!

Der Tauwind, ein Stier, der kein pflügender Stier ist, — ein wütender Stier, ein Zerstörer, der mit zornigen Hörnern Eis bricht! Eis aber — — *bricht Stege*!

O meine Brüder, ist *jetzt* nicht alles *im Flusse*? Sind nicht alle Geländer und Stege ins Wasser gefallen? Wer *hielte* sich noch an „Gut“ und „Böse“?

„Wehe uns! Heil uns! Der Tauwind weht!“ — Also predigt mir, o meine Brüder, durch alle Gassen!

9.

Es gibt einen alten Wahn, der heißt Gut und Böse. Um Wahrsager und Sterndeuter drehte sich bisher das Rad dieses Wahns.

Einst *glaubte* man an Wahrsager und Sterndeuter: und *darum* glaubte man, „alles ist Schicksal: du sollst, denn du mußt“!

Dann wieder mißtraute man allen Wahrsagern und Sterndeutern: und *darum* glaubte man, „alles ist Freiheit: du kannst, denn du willst“!

O meine Brüder, über Sterne und Zukunft ist bisher nur gewähnt, nicht gewußt worden: und *darum* ist über Gut und Böse bisher nur gewähnt, nicht gewußt worden!

10.

„Du sollst nicht rauben! Du sollst nicht totschlagen!“ — solche Worte hieß man einst heilig; vor ihnen beugte man Knie und Köpfe und zog die Schuhe aus.

Aber ich frage euch: wo gab es je bessere Räuber und Totschläger in der Welt, als es solche heilige Worte waren?

Ist in allem Leben selber nicht — Rauben und Totschlagen? Und daß solche Worte heilig hießen, wurde damit die Wahrheit selber nicht — totgeschlagen?

Oder war es eine Predigt des Todes, daß heilig hieß, was allem Leben widersprach und widerriet?

— O meine Brüder, zerbrecht, zerbrecht mir die alten Tafeln!

11.

Dies ist mein Mitleid mit allem Vergangenen, daß ich sehe: es ist preisgegeben, —

— der Gnade, dem Geiste, dem Wahnsinne jedes Geschlechtes preisgegeben, das kommt und alles, was war, zu seiner Brücke umdeutet!

Ein großer Gewaltherr könnte kommen, ein gewitzter Unhold, der mit seiner Gnade und Ungnade alles Vergangene zwänge und zwängte: bis es ihm Brücke würde und Vorzeichen und Herold und Hahnenschrei.

Dies aber ist die andre Gefahr und mein andres Mitleiden: — wer vom Pöbel ist, dessen Gedenken geht zurück bis zum Großvater, — mit dem Großvater aber hört die Zeit auf.

Also ist alles Vergangene preisgegeben: denn es könnte einmal kommen, daß der Pöbel Herr würde, und in seichten Gewässern alle Zeit ertränke.

Darum, o meine Brüder, bedarf es eines neuen Adels, der allem Pöbel und allem Gewaltherrischen Widersacher ist und auf neue Tafeln neu das Wort schreibt „edel“.

Vieler Edlen nämlich bedarf es und vielerlei Edlen, daß es Adel gebe! Oder, wie ich einst im Gleichnis sprach: „Das eben ist Göttlichkeit, daß es Götter, aber keinen Gott gibt!“

12.

O meine Brüder, ich weihe und weise euch zu einem neuen Adel: ihr sollt mir Zeuger und Züchter werden und Sämänner der Zukunft, —

— wahrlich, nicht zu einem Adel, den ihr kaufen könntet gleich den Krämern und mit Krämer-Golde: denn wenig Wert hat alles, was seinen Preis hat.

Nicht, woher ihr kommt, mache euch fürderhin eure Ehre, sondern wohin ihr geht! Euer Wille und euer Fuß, der über euch selbst hinaus will, — das mache eure neue Ehre!

Wahrlich nicht, daß ihr einem Fürsten gedient habt — was liegt noch an Fürsten! — oder dem, was steht, zum Bollwerk wurdet, daß es fester stünde!

Nicht, daß euer Geschlecht an Höfen höfisch wurde, und ihr lerntet, bunt, einem Flamingo ähnlich, lange Stunden in flachen Teichen stehn:

— denn Stehen-Können ist ein Verdienst bei Höflingen; und alle Höflinge glauben, zur Seligkeit nach dem Tode gehöre — Sitzen-Dürfen! —

Nicht auch, daß ein Geist, den sie heilig nennen, eure Vorfahren in gelobte Länder führte, die ich nicht lobe: denn wo der schlimmste aller Bäume wuchs, das Kreuz — an dem Lande ist nichts zu loben! —

— und wahrlich, wohin dieser „heilige Geist" auch seine Ritter führte, immer liefen bei solchen Zügen — Ziegen und Gänse und Kreuz- und Querköpfe voran! —

O meine Brüder, nicht zurück soll euer Adel schauen, sondern hinaus! Vertriebene sollt ihr sein aus allen Vater- und Urväterländern!

Eurer Kinder Land sollt ihr lieben: diese Liebe sei euer neuer Adel, — das unentdeckte, im fernsten Meere! Nach ihm heiße ich eure Segel suchen und suchen!

An euren Kindern sollt ihr gutmachen, daß ihr eurer Väter Kinder seid: alles Vergangene sollt ihr so erlösen! Diese neue Tafel stelle ich über euch!

13.

„Wozu leben? Alles ist eitel! Leben — das ist Stroh dreschen; Leben — das ist sich verbrennen und doch nicht warm werden." —

Solch altertümliches Geschwätz gilt immer noch als „Weisheit"; daß es aber alt ist und dumpfig riecht, darum wird es besser geehrt. Auch der Moder adelt. —

Kinder durften so reden: die scheuen das Feuer, weil es sie brannte! Es ist viel Kinderei in den alten Büchern der Weisheit.

Und wer immer „Stroh drischt", wie sollte der auf das

Dreschen lästern dürfen! Solchem Narren müßte man doch das Maul verbinden!

Solche setzen sich zu Tisch und bringen nichts mit, selbst den guten Hunger nicht: — und nun lästern sie „alles ist eitel"!

Aber gut essen und trinken, o meine Brüder, ist wahrlich keine eitle Kunst! Zerbrecht, zerbrecht mir die Tafeln der Nimmer-Frohen!

14.

„Dem Reinen ist alles rein" — so spricht das Volk. Ich aber sage euch: den Schweinen wird alles Schwein!

Darum predigen die Schwärmer und Kopfhänger, denen auch das Herz niederhängt: „Die Welt selber ist ein kotiges Ungeheuer."

Denn diese alle sind unsäuberlichen Geistes; sonderlich aber jene, welche nicht Ruhe noch Rast haben, es sei denn, sie sehen die Welt von hinten, — die Hinterweltler!

Denen sage ich ins Gesicht, ob es gleich nicht lieblich klingt: die Welt gleicht darin dem Menschen, daß sie einen Hintern hat, — so viel ist wahr!

Es gibt in der Welt viel Kot: so viel ist wahr! Aber darum ist die Welt selber noch kein kotiges Ungeheuer!

Es ist Weisheit darin, daß vieles in der Welt übel riecht: der Ekel selber schafft Flügel und quellenahnende Kräfte!

An dem Besten ist noch etwas zum Ekeln; und der Beste ist noch etwas, das überwunden werden muß! —

O meine Brüder, es ist viel Weisheit darin, daß viel Kot in der Welt ist! —

15.

Solche Sprüche hörte ich fromme Hinterweltler zu ihrem Gewissen reden, und wahrlich, ohne Arg und Falsch, — ob es schon nichts Falscheres in der Welt gibt, noch Ärgeres.

„Laß doch die Welt die Welt sein! Hebe dawider auch nicht einen Finger auf!"

„Laß, wer da wolle, die Leute würgen und stechen und schinden und schaben: hebe dawider auch nicht einen Finger auf! Darob lernen sie noch der Welt absagen."

„Und deine eigne Vernunft — die sollst du selber görgeln

und würgen; denn es ist eine Vernunft von dieser Welt, — darob lernst du selber der Welt absagen." —

— Zerbrecht, zerbrecht mir, o meine Brüder, diese alten Tafeln der Frommen! Zersprecht mir die Sprüche der Welt-Verleumder!

16.

„Wer viel lernt, der verlernt alles heftige Begehren" — das flüstert man heute sich zu auf allen dunklen Gassen.

„Weisheit macht müde, es lohnt sich — nichts; du sollst nicht begehren!" — diese neue Tafel fand ich hängen selbst auf offnen Märkten.

Zerbrecht mir, o meine Brüder, zerbrecht mir auch diese neue Tafel! Die Welt-Müden hängten sie hin und die Prediger des Todes, und auch die Stockmeister: denn seht, es ist auch eine Predigt zur Knechtschaft! —

Daß sie schlecht lernten und das Beste nicht, und alles zu früh und alles zu geschwind: daß sie schlecht aßen, daher kam ihnen jener verdorbene Magen, —

— ein verdorbener Magen ist nämlich ihr Geist: der rät zum Tode! Denn wahrlich, meine Brüder, der Geist ist ein Magen!

Das Leben ist ein Born der Lust: aber aus wem der verdorbene Magen redet, der Vater der Trübsal, dem sind alle Quellen vergiftet.

Erkennen: das ist Lust dem Löwen-Willigen! Aber wer müde wurde, der wird selber nur „gewollt", mit dem spielen alle Wellen.

Und so ist es immer schwacher Menschen Art: sie verlieren sich auf ihren Wegen. Und zuletzt fragt noch ihre Müdigkeit: „Wozu gingen wir jemals Wege! Es ist alles gleich!"

Denen klingt es lieblich zu Ohren, daß gepredigt wird: „Es verlohnt sich nichts! Ihr sollt nicht wollen!" Dies aber ist eine Predigt zur Knechtschaft.

O meine Brüder, ein frischer Brause-Wind kommt Zarathustra allen Weg-Müden; viele Nasen wird er noch niesen machen!

Auch durch Mauern bläst mein freier Atem und hinein in Gefängnisse und eingefangne Geister!

Wollen befreit: denn Wollen ist Schaffen: so lehre ich. Und nur zum Schaffen sollt ihr lernen!

Und auch das Lernen sollt ihr erst von mir lernen, das Gut-Lernen! — Wer Ohren hat, der höre!

17.

Da steht der Nachen, — dort hinüber geht es vielleicht ins große Nichts. — Aber wer will in dies „Vielleicht" einsteigen?

Niemand von euch will in den Todes-Nachen einsteigen! Wieso wollt ihr dann Welt-Müde sein!

Weltmüde! Und noch nicht einmal Erd-Entrückte wurdet ihr! Lüstern fand ich euch immer noch nach Erde, verliebt noch in die eigne Erd-Müdigkeit!

Nicht umsonst hängt euch die Lippe herab: — ein kleiner Erden-Wunsch sitzt noch darauf! Und im Auge — schwimmt da nicht ein Wölkchen unvergessner Erden-Lust?

Es gibt auf Erden viel gute Erfindungen, die einen nützlich, die andern angenehm: derentwegen ist die Erde zu lieben.

Und mancherlei so gut Erfundenes gibt es da, daß es ist wie des Weibes Busen: nützlich zugleich und angenehm.

Ihr Welt-Müden aber! Ihr Erden-Faulen! Euch soll man mit Ruten streichen! Mit Rutenstreichen soll man euch wieder muntre Beine machen.

Denn: seid ihr nicht Kranke und verlebte Wichte, deren die Erde müde ist, so seid ihr schlaue Faultiere oder naschhafte, verkrochene Lust-Katzen. Und wollt ihr nicht wieder lustig laufen, so sollt ihr — dahinfahren!

An Unheilbaren soll man nicht Arzt sein wollen: also lehrt es Zarathustra: — so sollt ihr dahinfahren!

Aber es gehört mehr Mut dazu, ein Ende zu machen als einen neuen Vers: das wissen alle Ärzte und Dichter.

18.

O meine Brüder, es gibt Tafeln, welche die Ermüdung, und Tafeln, welche die Faulheit schuf, die faulige: ob sie schon gleich reden, so wollen sie doch ungleich gehört sein. —

Seht hier diesen Verschmachtenden! Nur eine Spanne weit ist er noch von seinem Ziele, aber vor Müdigkeit hat er sich trotzig hier in den Staub gelegt: dieser Tapfere!

Vor Müdigkeit gähnt er Weg und Erde und Ziel und sich

selber an: keinen Schritt will er noch weiter tun, — dieser Tapfere!

Nun glüht die Sonne auf ihn, und die Hunde lecken nach seinem Schweiße: aber er liegt da in seinem Trotze und will lieber verschmachten: —

— eine Spanne weit von seinem Ziele verschmachten! Wahrlich, ihr werdet ihn noch an den Haaren in seinen Himmel ziehen müssen, — diesen Helden!

Besser noch, ihr laßt ihn liegen, wohin er sich gelegt hat, daß der Schlaf ihm komme, der Tröster, mit kühlendem Rausche-Regen:

Laßt ihn liegen, bis er von selber wach wird, — bis er von selber alle Müdigkeit widerruft und was Müdigkeit aus ihm lehrte!

Nur, meine Brüder, daß ihr die Hunde von ihm scheucht, die faulen Schleicher, und all das schwärmende Geschmeiß: —

— all das schwärmende Geschmeiß der „Gebildeten", das sich am Schweiße jedes Helden — gütlich tut! —

19.

Ich schließe Kreise um mich und heilige Grenzen; immer wenigere steigen mit mir auf immer höhere Berge: ich baue ein Gebirge aus immer heiligeren Bergen. —

Wohin ihr aber auch mit mir steigen mögt, o meine Brüder: seht zu, daß nicht ein Schmarotzer mit euch steige!

Schmarotzer: das ist ein Gewürm, ein kriechendes, geschmiegtes, das fett werden will an euren kranken, wunden Winkeln.

Und das ist seine Kunst, daß er steigende Seelen errät, wo sie müde sind: in euren Gram und Unmut, in eure zarte Scham baut er sein ekles Nest.

Wo der Starke schwach, der Edle allzu mild ist, — dahinein baut er sein ekles Nest: der Schmarotzer wohnt, wo der Große kleine wunde Winkel hat.

Was ist die höchste Art alles Seienden und was die geringste? Der Schmarotzer ist die geringste Art; wer aber höchster Art ist, der ernährt die meisten Schmarotzer.

Die Seele nämlich, welche die längste Leiter hat und am tiefsten hinunter kann: wie sollten nicht an der die meisten Schmarotzer sitzen? —

— die umfänglichste Seele, welche am weitesten in sich laufen und irren und schweifen kann; die notwendigste, welche sich aus Lust in den Zufall stürzt: —

— die seiende Seele, welche ins Werden taucht; die habende, welche ins Wollen und Verlangen will: —

— die sich selber fliehende, die sich selber im weitesten Kreise einholt; die weiseste Seele, welcher die Narrheit am süßesten zuredet: —

— die sich selber liebendste, in der alle Dinge ihr Strömen und Widerströmen und Ebbe und Flut haben: — oh, wie sollte die höchste Seele nicht die schlimmsten Schmarotzer haben?

20.

O meine Brüder, bin ich denn grausam? Aber ich sage: was fällt, das soll man auch noch stoßen!

Das alles von heute — das fällt, das verfällt: wer wollte es halten! Aber ich — ich will es noch stoßen!

Kennt ihr die Wollust, die Steine in steile Tiefen rollt? — Diese Menschen von heute: seht sie doch, wie sie in meine Tiefen rollen!

Ein Vorspiel bin ich besserer Spieler, o meine Brüder! Ein Beispiel! Tut nach meinem Beispiele!

Und wen ihr nicht fliegen lehrt, den lehrt mir — schneller fallen! —

21.

Ich liebe die Tapferen: aber es ist nicht genug, Haudegen sein, — man muß auch wissen Hau-schau-Wen!

Und oft ist mehr Tapferkeit darin, daß einer an sich hält und vorübergeht: damit er sich dem würdigeren Feinde aufspare!

Ihr sollt nur Feinde haben, die zu hassen sind, aber nicht Feinde zum Verachten: ihr müßt stolz auf euren Feind sein: also lehrte ich schon einmal.

Dem würdigeren Feinde, o meine Freunde, sollt ihr euch aufsparen: darum müßt ihr an vielem vorübergehn, —

— sonderlich an vielem Gesindel, das euch in die Ohren lärmt von Volk und Völkern.

Haltet euer Auge rein von ihrem Für und Wider! Da gibt es viel Recht, viel Unrecht: wer da zusieht, wird zornig.

Dreinschaun, dreinhaun — das ist da eins: darum geht weg in die Wälder und legt euer Schwert schlafen!

Geht *eure* Wege! Und laßt Volk und Völker die ihren gehn! — dunkle Wege wahrlich, auf denen auch nicht eine Hoffnung mehr wetterleuchtet!

Mag da der Krämer herrschen, wo alles, was noch glänzt — Krämer-Gold ist! Es ist die Zeit der Könige nicht mehr: was sich heute Volk heißt, verdient keine Könige.

Seht doch, wie diese Völker jetzt selber den Krämern gleich tun: sie lesen sich die kleinsten Vorteile noch aus jedem Kehricht!

Sie lauern einander auf, sie lauern einander etwas ab, — das heißen sie „gute Nachbarschaft". O selige ferne Zeit, wo ein Volk sich sagte: „Ich will über Völker — *Herr* sein!

Denn, meine Brüder: das Beste soll herrschen, das Beste *will* auch herrschen! Und wo die Lehre anders lautet, da — *fehlt* es am Besten.

22.

Wenn *die* — Brot umsonst hätten, wehe! Wonach würden *die* schrein! Ihr Unterhalt — das ist ihre rechte Unterhaltung; und sie sollen es schwer haben!

Raubtiere sind es: in ihrem „Arbeiten" — da ist auch noch Rauben, in ihrem „Verdienen" — da ist auch noch Überlisten! Darum sollen sie es schwer haben!

Bessere Raubtiere sollen sie also werden, feinere, klügere, *menschen-ähnlichere*: der Mensch nämlich ist das beste Raubtier.

Allen Tieren hat der Mensch schon ihre Tugenden abgeraubt: das macht, von allen Tieren hat es der Mensch am schwersten gehabt.

Nur noch die Vögel sind über ihm. Und wenn der Mensch noch fliegen lernte, wehe! *wo hinauf* — würde seine Raublust fliegen!

23.

So will ich Mann und Weib: kriegstüchtig den einen, gebärtüchtig das andre, beide aber tanztüchtig mit Kopf und Beinen.

Und verloren sei uns der Tag, wo nicht einmal getanzt

wurde! Und falsch heiße uns jede Wahrheit, bei der es nicht ein Gelächter gab!

24.

Euer Eheschließen: seht zu, daß es nicht ein schlechtes Schließen sei! Ihr schlosset zu schnell: so folgt daraus — Ehebrechen!

Und besser noch Ehebrechen als Ehe-biegen, Ehe-lügen! — So sprach mir ein Weib: „Wohl brach ich die Ehe, aber zuerst brach die Ehe — mich!"

Schlimm-Gepaarte fand ich immer als die schlimmsten Rachsüchtigen: sie lassen es aller Welt entgelten, daß sie nicht mehr einzeln laufen.

Deswillen will ich, daß Redliche zueinander reden: „Wir lieben uns: laßt uns zusehn, daß wir uns lieb behalten! Oder soll unser Versprechen ein Versehen sein?"

— „Gebt uns eine Frist und kleine Ehe, daß wir zusehn, ob wir zur großen Ehe taugen! Es ist ein großes Ding, immer zu zwein sein!"

Also rate ich allen Redlichen; und was wäre denn meine Liebe zum Übermenschen und zu allem, was kommen soll, wenn ich anders riete und redete!

Nicht nur fort euch zu pflanzen, sondern hinauf — dazu, o meine Brüder, helfe euch der Garten der Ehe!

25.

Wer über alte Ursprünge weise wurde, siehe, der wird zuletzt nach Quellen der Zukunft suchen und nach neuen Ursprüngen. —

O meine Brüder, es ist nicht über lange, da werden neue Völker entspringen und neue Quellen hinab in neue Tiefen rauschen.

Das Erdbeben nämlich — das verschüttet viel Brunnen, das schafft viel Verschmachten: das hebt auch innre Kräfte und Heimlichkeiten ans Licht.

Das Erdbeben macht neue Quellen offenbar. Im Erdbeben alter Völker brechen neue Quellen aus.

Und wer da ruft: „Siehe hier, ein Brunnen für viele Durstige, ein Herz für viele Sehnsüchtige, ein Wille für viele

Werkzeuge": — um den sammelt sich ein Volk, das ist: viel Versuchende.

Wer befehlen kann, wer gehorchen muß — das wird da versucht! Ach, mit welch langem Suchen und Raten und Mißraten und Lernen und Neu-Versuchen!

Die Menschen-Gesellschaft: die ist ein Versuch, so lehre ich's, — ein langes Suchen: sie sucht aber den Befehlenden! —

— ein Versuch, o meine Brüder! Und kein „Vertrag"! Zerbrecht, zerbrecht mir solch Wort der Weich-Herzen und Halb-und-Halben!

26.

O meine Brüder! Bei welchen liegt doch die größte Gefahr aller Menschen-Zukunft? Ist es nicht bei den Guten und Gerechten? —

— als bei denen, die sprechen und im Herzen fühlen: „Wir wissen schon, was gut ist und gerecht, wir haben es auch; wehe denen, die hier noch suchen!"

Und was für Schaden auch die Bösen tun mögen: der Schaden der Guten ist der schädlichste Schaden!

Und was für Schaden auch die Welt-Verleumder tun mögen: der Schaden der Guten ist der schädlichste Schaden.

O meine Brüder, den Guten und Gerechten sah einer einmal ins Herz, der da sprach: „Es sind die Pharisäer." Aber man verstand ihn nicht.

Die Guten und Gerechten selber durften ihn nicht verstehen: ihr Geist ist eingefangen in ihr gutes Gewissen. Die Dummheit der Guten ist unergründlich klug.

Das aber ist die Wahrheit: die Guten müssen Pharisäer sein, — sie haben keine Wahl!

Die Guten müssen den kreuzigen, der sich seine eigne Tugend erfindet! Das ist die Wahrheit!

Der zweite aber, der ihr Land entdeckte, Land, Herz und Erdreich der Guten und Gerechten: das war, der da fragte: „Wen hassen sie am meisten?"

Den Schaffenden hassen sie am meisten: den, der Tafeln bricht und alte Werte, den Brecher, — den heißen sie Verbrecher.

Die Guten nämlich — die können nicht schaffen: die sind immer der Anfang vom Ende: —

— sie kreuzigen den, der neue Werte auf neue Tafeln schreibt, sie opfern *sich* die Zukunft, — sie kreuzigen alle Menschen-Zukunft!

Die Guten — die waren immer der Anfang vom Ende. —

27.

O meine Brüder, verstandet ihr auch dies Wort? Und was ich einst sagte vom „letzten Menschen“? — —

Bei welchen liegt die größte Gefahr aller Menschen-Zukunft? Ist es nicht bei den Guten und Gerechten?

Zerbrecht, zerbrecht mir die Guten und Gerechten! — O meine Brüder, verstandet ihr auch dies Wort?

28.

Ihr flieht von mir? Ihr seid erschreckt? Ihr zittert vor diesem Worte?

O meine Brüder, als ich euch die Guten zerbrechen hieß und die Tafeln der Guten: da erst schiffte ich den Menschen ein auf seine hohe See.

Und nun erst kommt ihm der große Schrecken, das große Um-sich-Sehn, die große Krankheit, der große Ekel, die große See-Krankheit.

Falsche Küsten und falsche Sicherheiten lehrten euch die Guten; in Lügen der Guten ward ihr geboren und geborgen. Alles ist in den Grund hinein verlogen und verbogen durch die Guten.

Aber wer das Land „Mensch“ entdeckte, entdeckte auch das Land „Menschen-Zukunft“. Nun sollt ihr mir Seefahrer sein, wackere, geduldsame!

Aufrecht geht mir beizeiten, o meine Brüder, lernt aufrecht gehn! Das Meer stürmt: viele wollen an euch sich wieder aufrichten.

Das Meer stürmt: alles ist im Meere. Wohlan! Wohlauf! Ihr alten Seemanns-Herzen!

Was Vaterland! *Dorthin* will unser Steuer, wo unser *Kinder-Land* ist! Dorthinaus, stürmischer als das Meer, stürmt unsre große Sehnsucht! —

29.

„Warum so hart?" — sprach zum Diamanten einst die Küchenkohle; „sind wir denn nicht Nah-Verwandte?" —

Warum so weich? O meine Brüder, also frage *ich* euch: seid ihr denn nicht — meine Brüder?

Warum so weich, so weichend und nachgebend? Warum ist so viel Leugnung, Verleugnung in eurem Herzen? So wenig Schicksal in eurem Blicke?

Und wollt ihr nicht Schicksale sein und Unerbittliche: wie könntet ihr mit mir — siegen?

Und wenn eure Härte nicht blitzen und scheiden und zerschneiden will: wie könntet ihr einst mit mir — schaffen?

Die Schaffenden nämlich sind hart. Und Seligkeit muß es euch dünken, eure Hand auf Jahrtausende zu drücken wie auf Wachs, —

— Seligkeit, auf dem Willen von Jahrtausenden zu schreiben wie auf Erz, — härter als Erz, edler als Erz. Ganz hart ist allein das Edelste.

Diese neue Tafel, o meine Brüder, stelle ich über euch: *werdet hart!* —

30.

O du mein Wille! Du Wende aller Not, du *meine* Notwendigkeit! Bewahre mich vor allen kleinen Siegen!

Du Schickung meiner Seele, die ich Schicksal heiße! Du In-mir! Über-mir! Bewahre und spare mich auf zu einem großen Schicksale!

Und deine letzte Größe, mein Wille, spare dir für dein Letztes auf, — daß du unerbittlich bist *in* deinem Siege! Ach, wer unterlag nicht seinem Siege!

Ach, wessen Auge dunkelte nicht in dieser trunkenen Dämmerung! Ach, wessen Fuß taumelte nicht und verlernte im Siege — stehen! —

— Daß ich einst bereit und reif sei im großen Mittage: bereit und reif gleich glühendem Erze, blitzschwangrer Wolke und schwellendem Milch-Euter: —

— bereit zu mir selber und zu meinem verborgensten Willen: ein Bogen brünstig nach seinem Pfeile, ein Pfeil brünstig nach seinem Sterne: —

— ein Stern, bereit und reif in seinem Mittage, glühend, durchbohrt, selig vor vernichtenden Sonnen-Pfeilen: —

— eine Sonne selber und ein unerbittlicher Sonnen-Wille, zum Vernichten bereit im Siegen!

O Wille, Wende aller Not, du m e i n e Notwendigkeit! Spare mich auf zu einem großen Siege! — —

Also sprach Zarathustra.

DER GENESENDE

1.

Eines Morgens, nicht lange nach seiner Rückkehr zur Höhle, sprang Zarathustra von seinem Lager auf wie ein Toller, schrie mit furchtbarer Stimme und gebärdete sich, als ob noch einer auf dem Lager läge, der nicht davon aufstehn wolle; und also tönte Zarathustras Stimme, daß seine Tiere erschreckt hinzukamen, und daß aus allen Höhlen und Schlupfwinkeln, die Zarathustras Höhle benachbart waren, alles Getier davonhuschte, — fliegend, flatternd, kriechend, springend, wie ihm nur die Art von Fuß und Flügel gegeben war. Zarathustra aber redete diese Worte:

Herauf, abgründlicher Gedanke, aus meiner Tiefe! Ich bin dein Hahn und Morgengrauen, verschlafner Wurm: auf! auf! Meine Stimme soll dich schon wach krähen!

Knüpfe die Fessel deiner Ohren los: horche! Denn ich will dich hören! Auf! Auf! Hier ist Donners genug, daß auch Gräber horchen lernen!

Und wische den Schlaf und alles Blöde, Blinde aus deinen Augen! Höre mich auch mit deinen Augen: meine Stimme ist ein Heilmittel noch für Blindgeborne.

Und bist du erst erwacht, sollst du mir ewig wach bleiben. Nicht ist das m e i n e Art, Urgroßmütter aus dem Schlafe wecken, daß ich sie heiße — weiterschlafen!

Du regst dich, dehnst dich, röchelst? Auf! Auf! Nicht röcheln — reden sollst du mir! Zarathustra ruft dich, der Gottlose!

Ich, Zarathustra, der Fürsprecher des Lebens, der Fürsprecher des Leidens, der Fürsprecher des Kreises — dich rufe ich, meinen abgründlichsten Gedanken!

Heil mir! Du kommst, — ich höre dich! Mein Abgrund r e d e t, meine letzte Tiefe habe ich ans Licht gestülpt!

Heil mir! Heran! Gib die Hand — — ha! laß! Haha — — Ekel, Ekel, Ekel — — — wehe mir!

2.

Kaum aber hatte Zarathustra diese Worte gesprochen, da stürzte er nieder gleich einem Toten und blieb lange wie ein Toter. Als er aber wieder zu sich kam, da war er bleich und zitterte und blieb liegen und wollte lange nicht essen noch trinken. Solches Wesen dauerte an ihm sieben Tage; seine Tiere verließen ihn aber nicht bei Tag und Nacht, es sei denn, daß der Adler ausflog, Speise zu holen. Und was er holte und zusammenraubte, das legte er auf Zarathustras Lager: also daß Zarathustra endlich unter gelben und roten Beeren, Trauben, Rosenäpfeln, wohlriechendem Krautwerke und Pinien-Zapfen lag. Zu seinen Füßen aber waren zwei Lämmer gebreitet, welche der Adler mit Mühe ihren Hirten abgeraubt hatte.

Endlich, nach sieben Tagen, richtete sich Zarathustra auf seinem Lager auf, nahm einen Rosenapfel in die Hand, roch daran und fand seinen Geruch lieblich. Da glaubten seine Tiere, die Zeit sei gekommen, mit ihm zu reden.

„O Zarathustra", sagten sie, „nun liegst du schon sieben Tage so, mit schweren Augen: willst du dich nicht endlich wieder auf deine Füße stellen?

Tritt hinaus aus deiner Höhle: die Welt wartet dein wie ein Garten. Der Wind spielt mit schweren Wohlgerüchen, die zu dir wollen; und alle Bäche möchten dir nachlaufen.

Alle Dinge sehnen sich nach dir, dieweil du sieben Tage allein bliebst, — tritt hinaus aus deiner Höhle! Alle Dinge wollen deine Ärzte sein!

Kam wohl eine neue Erkenntnis zu dir, eine saure, schwere? Gleich angesäuertem Teige lagst du, deine Seele ging auf und schwoll über alle ihre Ränder. —"

— O meine Tiere, antwortete Zarathustra, schwätzt also weiter und laßt mich zuhören! Es erquickt mich so, daß ihr schwätzt: wo geschwätzt wird, da liegt mir schon die Welt wie ein Garten.

Wie lieblich es ist, daß Worte und Töne da sind: sind nicht Worte und Töne Regenbögen und Schein-Brücken zwischen Ewig-Geschiedenem?

Zu jeder Seele gehört eine andre Welt; für jede Seele ist jede andre Seele eine Hinterwelt.

Zwischen dem Ähnlichsten gerade lügt der Schein am schönsten; denn die kleinste Kluft ist am schwersten zu überbrücken.

Für mich — wie gäbe es ein Außer-mir? Es gibt kein Außen! Aber das vergessen wir bei allen Tönen; wie lieblich ist es, daß wir vergessen!

Sind nicht den Dingen Namen und Töne geschenkt, daß der Mensch sich an den Dingen erquicke? Es ist eine schöne Narretei, das Sprechen: damit tanzt der Mensch über alle Dinge.

Wie lieblich ist alles Reden und alle Lüge der Töne! Mit Tönen tanzt unsre Liebe auf bunten Regenbögen. —

— „O Zarathustra", sagten darauf die Tiere, „solchen, die denken wie wir, tanzen alle Dinge selber: das kommt und reicht sich die Hand und lacht und flieht — und kommt zurück.

Alles geht, alles kommt zurück; ewig rollt das Rad des Seins. Alles stirbt, alles blüht wieder auf; ewig läuft das Jahr des Seins.

Alles bricht, alles wird neu gefügt; ewig baut sich das gleiche Haus des Seins. Alles scheidet, alles grüßt sich wieder; ewig bleibt sich treu der Ring des Seins.

In jedem Nu beginnt das Sein; um jedes Hier rollt sich die Kugel Dort. Die Mitte ist überall. Krumm ist der Pfad der Ewigkeit." —

— O ihr Schalks-Narren und Drehorgeln! antwortete Zarathustra und lächelte wieder, wie gut wißt ihr, was sich in sieben Tagen erfüllen mußte: —

— und wie jenes Untier mir in den Schlund kroch und mich würgte! Aber ich biß ihm den Kopf ab und spie ihn weg von mir.

Und ihr, — ihr machtet schon ein Leierlied daraus? Nun aber liege ich da, müde noch von diesem Beißen und Wegspein, krank noch von der eigenen Erlösung.

U n d i h r s c h a u t e t d e m a l l e n z u? O meine Tiere, seid auch ihr grausam? Habt ihr meinem großen Schmerze zuschaun wollen, wie Menschen tun? Der Mensch nämlich ist das grausamste Tier.

Bei Trauerspielen, Stierkämpfen und Kreuzigungen ist es ihm bisher am wohlsten geworden auf Erden; und als er sich die Hölle erfand, siehe, da war das sein Himmel auf Erden.

Wenn der große Mensch schreit —: flugs läuft der kleine hinzu; und die Zunge hängt ihm aus dem Halse vor Lüsternheit. Er aber heißt es sein „Mitleiden".

Der kleine Mensch, sonderlich der Dichter — wie eifrig klagt er das Leben in Worten an! Hört hin, aber überhört mir die Lust nicht, die in allem Anklagen ist!

Solche Ankläger des Lebens: die überwindet das Leben mit einem Augenblinzeln. „Du liebst mich?" sagt der Freche; „warte noch ein wenig, noch habe ich für dich nicht Zeit."

Der Mensch ist gegen sich selber das grausamste Tier; und bei allem, was sich „Sünder" und „Kreuzträger" und „Büßer" heißt, überhört mir die Wollust nicht, die in diesem Klagen und Anklagen ist!

Und ich selber — will ich damit des Menschen Ankläger sein? Ach, meine Tiere, das allein lernte ich bisher: daß dem Menschen sein Bösestes nötig ist zu seinem Besten, —

— daß alles Böseste seine beste Kraft ist und der härteste Stein dem höchsten Schaffenden; und daß der Mensch besser und böser werden muß: —

Nicht an dies Marterholz war ich geheftet, daß ich weiß: der Mensch ist böse, — sondern ich schrie, wie noch niemand geschrien hat:

„Ach, daß sein Bösestes so gar klein ist! Ach, daß sein Bestes so gar klein ist!"

Der große Überdruß am Menschen — der würgte mich und war mir in den Schlund gekrochen: und was der Wahrsager wahrsagte: „alles ist gleich, es lohnt sich nichts, Wissen würgt."

Eine lange Dämmerung hinkte vor mir her, eine todesmüde, todestrunkene Traurigkeit, welche mit gähnendem Munde redete.

„Ewig kehrt er wieder, der Mensch, des du müde bist, der kleine Mensch" — so gähnte meine Traurigkeit und schleppte den Fuß und konnte nicht einschlafen.

Zur Höhle wandelte sich mir die Menschenerde, ihre Brust sank hinein, alles Lebendige ward mir Menschenmoder und Knochen und morsche Vergangenheit.

Mein Seufzen saß auf allen Menschen-Gräbern und konnte

nicht mehr aufstehn; mein Seufzen und Fragen unkte und würgte und nagte und klagte bei Tag und Nacht:

— „Ach, der Mensch kehrt ewig wieder! Der kleine Mensch kehrt ewig wieder!" —

Nackt hatte ich einst beide gesehn, den größten Menschen und den kleinsten Menschen: allzuähnlich einander, — allzumenschlich auch den Größten noch!

Allzuklein der Größte! — das war mein Überdruß am Menschen! Und ewige Wiederkunft auch des Kleinsten! — das war mein Überdruß an allem Dasein!

Ach, Ekel! Ekel! Ekel! — — Also sprach Zarathustra und seufzte und schauderte; denn er erinnerte sich seiner Krankheit. Da ließen ihn aber seine Tiere nicht weiterreden.

„Sprich nicht weiter, du Genesender!" — so antworteten ihm seine Tiere, „sondern geh hinaus, wo die Welt auf dich wartet gleich einem Garten.

Geh hinaus zu den Rosen und Bienen und Taubenschwärmen! Sonderlich aber zu den Singe-Vögeln: daß du ihnen das *Singen* ablernst!

Singen nämlich ist für Genesende; der Gesunde mag reden. Und wenn auch der Gesunde Lieder will, will er andre Lieder doch als der Genesende."

— „O ihr Schalksnarren und Drehorgeln, so schweigt doch!" antwortete Zarathustra und lächelte über seine Tiere. „Wie gut ihr wißt, welchen Trost ich mir selber in sieben Tagen erfand!

Daß ich wieder singen müsse, — *den* Trost erfand ich mir und *diese* Genesung: wollt ihr auch daraus gleich wieder ein Leierlied machen?"

— „Sprich nicht weiter", antworteten ihm abermals seine Tiere; „lieber noch, du Genesender, mache dir erst eine Leier zurecht, eine neue Leier!

Denn siehe doch, o Zarathustra! Zu deinen neuen Liedern bedarf es neuer Leiern.

Singe und brause über, o Zarathustra, heile mit neuen Liedern deine Seele: daß du dein großes Schicksal tragest, das noch keines Menschen Schicksal war!

Denn deine Tiere wissen es wohl, o Zarathustra, wer du bist und werden mußt: siehe, *du bist der Lehrer der* e w i g e n   W i e d e r k u n f t —, das ist nun d e i n Schicksal!

Daß du als der Erste diese Lehre lehren mußt, — wie sollte dies große Schicksal nicht auch deine größte Gefahr und Krankheit sein!

Siehe, wir wissen, was du lehrst: daß alle Dinge ewig wiederkehren und wir selber mit, und daß wir schon ewige Male dagewesen sind, und alle Dinge mit uns.

Du lehrst, daß es ein großes Jahr des Werdens gibt, ein Ungeheuer von großem Jahre: das muß sich, einer Sanduhr gleich, immer wieder von neuem umdrehn, damit es von neuem ablaufe und auslaufe: —

— so daß alle diese Jahre sich selber gleich sind, im Größten und auch im Kleinsten, — so daß wir selber in jedem großen Jahre uns selber gleich sind, im Größten und auch im Kleinsten.

Und wenn du jetzt sterben wolltest, o Zarathustra: siehe, wir wissen auch, wie du da zu dir sprechen würdest: — aber deine Tiere bitten dich, daß du noch nicht sterbest!

Du würdest sprechen und ohne Zittern, vielmehr aufatmend vor Seligkeit: denn eine große Schwere und Schwüle wäre von dir genommen, du Geduldigster! —

Nun sterbe und schwinde ich, würdest du sprechen, und im Nu bin ich ein Nichts. Die Seelen sind so sterblich wie die Leiber.

Aber der Knoten von Ursachen kehrt wieder, in den ich verschlungen bin, — der wird mich wieder schaffen! Ich selber gehöre zu den Ursachen der ewigen Wiederkunft.

Ich komme wieder, mit dieser Sonne, mit dieser Erde, mit diesem Adler, mit dieser Schlange — n i c h t zu einem neuen Leben oder besseren Leben oder ähnlichen Leben:

— ich komme ewig wieder zu diesem gleichen und selbigen Leben, im Größten und auch im Kleinsten, daß ich wieder aller Dinge ewige Wiederkunft lehre, —

— daß ich wieder das Wort spreche vom großen Erden- und Menschen-Mittage, daß ich wieder den Menschen den Übermenschen künde.

Ich sprach mein Wort, ich zerbreche an meinem Wort: so will es mein ewiges Los —, als Verkündiger gehe ich zugrunde!

Die Stunde kam nun, daß der Untergehende sich selber segnet. Also — endet Zarathustras Untergang." —

Als die Tiere diese Worte gesprochen hatten, schwiegen sie und warteten, daß Zarathustra etwas zu ihnen sagen werde: aber Zarathustra hörte nicht, daß sie schwiegen. Vielmehr lag er still, mit geschlossenen Augen, einem Schlafenden ähnlich, ob er schon nicht schlief; denn er unterredete sich eben mit seiner Seele. Die Schlangen aber und der Adler, als sie ihn solchermaßen schweigsam fanden, ehrten die große Stille um ihn und machten sich behutsam davon.

VON DER GROSSEN SEHNSUCHT

O meine Seele, ich lehrte dich „Heute" sagen wie „Einst" und „Ehemals" und über alles Hier und Da und Dort deinen Reigen hinweg tanzen.

O meine Seele, ich erlöste dich von allen Winkeln, ich kehrte Staub, Spinnen und Zwielicht von dir ab.

O meine Seele, ich wusch die kleine Scham und die Winkel-Tugend von dir ab und überredete dich, nackt vor den Augen der Sonne zu stehn.

Mit dem Sturme, welcher „Geist" heißt, blies ich über deine wogende See; alle Wolken blies ich davon, ich erwürgte selbst die Würgerin, die „Sünde" heißt.

O meine Seele, ich gab dir das Recht, nein zu sagen wie der Sturm, und ja zu sagen, wie offner Himmel ja sagt: still wie Licht stehst du und gehst du nun durch verneinende Stürme.

O meine Seele, ich gab dir die Freiheit zurück über Erschaffnes und Unerschaffnes: und wer kennt, wie du sie kennst, die Wollust des Zukünftigen?

O meine Seele, ich lehrte dich das Verachten, das nicht wie ein Wurmfraß kommt, das große, das liebende Verachten, welches am meisten liebt, wo es am meisten verachtet.

O meine Seele, ich lehrte dich so überreden, daß du zu dir die Gründe selber überredest: der Sonne gleich, die das Meer noch zu ihrer Höhe überredet.

O meine Seele, ich nahm von dir alles Gehorchen, Kniebeugen und Herr-Sagen; ich gab dir selber den Namen „Wende der Not“ und „Schicksal“.

O meine Seele, ich gab dir neue Namen und bunte Spielwerke, ich hieß dich „Schicksal“ und „Umfang der Umfänge“ und „Nabelschnur der Zeit“ und „azurne Glocke“.

O meine Seele, deinem Erdreich gab ich alle Weisheit zu trinken, alle neuen Weine und auch alle unvordenklich alten, starken Weine der Weisheit.

O meine Seele, jede Sonne goß ich auf dich und jede Nacht und jedes Schweigen und jede Sehnsucht: — da wuchsest du mir auf wie ein Weinstock.

O meine Seele, überreich und schwer stehst du nun da, ein Weinstock mit schwellenden Eutern und gedrängten, braunen Gold-Weintrauben: —

— gedrängt und gedrückt von deinem Glücke, wartend vor Überflusse und schamhaft noch ob deines Wartens.

O meine Seele, es gibt nun nirgends eine Seele, die liebender wäre und umfangender und umfänglicher! Wo wäre Zukunft und Vergangnes näher beisammen als bei dir?

O meine Seele, ich gab dir alles, und alle meine Hände sind an dich leer geworden: — und nun! Nun sagst du mir lächelnd und voll Schwermut: „Wer von uns hat zu danken? —

— hat der Geber nicht zu danken, daß der Nehmende nahm? Ist Schenken nicht eine Notdurft? Ist Nehmen nicht — Erbarmen?“ —

O meine Seele, ich verstehe das Lächeln deiner Schwermut: dein Über-Reichtum selber streckt nun sehnende Hände aus! Deine Fülle blickt über brausende Meere hin und sucht und wartet; die Sehnsucht der Über-Fülle blickt aus deinem lächelnden Augen-Himmel!

Und wahrlich, o meine Seele! Wer sähe dein Lächeln und schmölze nicht vor Tränen? Die Engel selber schmelzen vor Tränen ob der Über-Güte deines Lächelns.

Deine Güte und Über-Güte ist es, die nicht klagen und weinen will: und doch sehnt sich, o meine Seele, dein Lächeln nach Tränen und dein zitternder Mund nach Schluchzen.

„Ist alles Weinen nicht ein Klagen?“ Also redest du zu dir selber, und darum willst du, o meine Seele, lieber lächeln, als dein Leid ausschütten.

— in stürzende Tränen ausschütten all dein Leid über

deine Fülle und über all die Drängnis des Weinstocks nach Winzer und Winzermesser!

Aber willst du nicht weinen, nicht ausweinen deine purpurne Schwermut, so wirst du singen müssen, o meine Seele! — Siehe, ich lächle selber, der ich dir solches vorhersage:

— singen, mit brausendem Gesange, bis alle Meere still werden, daß sie deiner Sehnsucht zuhorchen, —

— bis über stille, sehnsüchtige Meere der Nachen schwebt, das güldene Wunder, um dessen Gold alle guten, schlimmen, wunderlichen Dinge hüpfen: —

— auch vieles große und kleine Getier und alles, was leichte, wunderliche Füße hat, daß es auf veilchenblauen Pfaden laufen kann, —

— hin zu dem güldenen Wunder, dem freiwilligen Nachen und zu seinem Herrn: das aber ist der Winzer, der mit diamantenem Winzermesser wartet, —

— dein großer Löser, o meine Seele, der Namenlose — — dem zukünftige Gesänge erst Namen finden! Und wahrlich, schon duftet dein Atem nach zukünftigen Gesängen, —

— schon glühst du und träumst, schon trinkst du durstig an allen tiefen, klingenden Trost-Brunnen, schon ruht deine Schwermut in der Seligkeit zukünftiger Gesänge! — —

O meine Seele, nun gab ich dir alles und auch mein Letztes, und all meine Hände sind an dich leer geworden: — daß ich dich singen hieß, siehe, das war mein Letztes!

Daß ich dich singen hieß, sprich nun, sprich: wer von uns hat jetzt — zu danken? — Besser aber noch: singe mir, singe, o meine Seele! Und mich laß danken! —

Also sprach Zarathustra.

DAS ANDERE TANZLIED

1.

„In dein Auge schaute ich jüngst, o Leben: Gold sah ich in deinem Nacht-Auge blinken, — mein Herz stand still vor dieser Wollust:

— einen goldenen Kahn sah ich blinken auf nächtigen Gewässern, einen sinkenden, trinkenden, wieder winkenden goldenen Schaukel-Kahn!

Nach meinem Fuße, dem tanzwütigen, warfst du einen Blick, einen lachenden, fragenden, schmelzenden Schaukel-Blick:

Zweimal nur regtest du deine Klapper mit kleinen Händen — da schaukelte schon mein Fuß vor Tanzwut. —

Meine Fersen bäumten sich, meine Zehen horchten, dich zu verstehen: trägt doch der Tänzer sein Ohr — in seinen Zehen!

Zu dir hin sprang ich: da flohst du zurück vor meinem Sprunge; und gegen mich züngelte deines fliehenden, fliegenden Haars Zunge!

Von dir weg sprang ich und von deinen Schlangen: da standst du schon, halbgewandt, das Auge voll Verlangen.

Mit krummen Blicken — lehrst du mich krumme Bahnen; auf krummen Bahnen lernt mein Fuß — Tücken!

Ich fürchte dich, Nahe, ich liebe dich, Ferne; deine Flucht lockt mich, dein Suchen stockt mich: — ich leide, aber was litt ich um dich nicht gerne!

Deren Kälte zündet, deren Haß verführt, deren Flucht bindet, deren Spott — rührt:

— wer haßte dich nicht, dich, große Binderin, Umwinderin, Versucherin, Sucherin, Finderin! Wer liebte dich nicht, dich unschuldige, ungeduldige, windseilige, kindsäugige Sünderin!

Wohin ziehst du mich jetzt, du Ausbund und Unband? Und jetzt fliehst du mich wieder, du süßer Wildfang und Undank!

Ich tanze dir nach, ich folge dir auch auf geringer Spur. Wo bist du? Gib mir die Hand! Oder einen Finger nur!

Hier sind Höhlen und Dickichte: wir werden uns verirren! — Halt! Steh still! Siehst du nicht Eulen und Fledermäuse schwirren?

Du Eule! Du Fledermaus! Du willst mich äffen? Wo sind wir? Von den Hunden lerntest du dies Heulen und Kläffen.

Du fletschest mich lieblich an mit weißen Zähnlein, deine bösen Augen springen gegen mich aus lockichtem Mähnlein!

Das ist ein Tanz über Stock und Stein; ich bin der Jäger, — willst du mein Hund oder meine Gemse sein?

Jetzt neben mir! Und geschwind, du boshafte Springerin! Jetzt hinauf! Und hinüber! — Wehe! Da fiel ich selber im Springen hin!

O sieh mich liegen, du Übermut, und um Gnade flehn! Gerne möchte ich mit dir — lieblichere Pfade gehn!

— der Liebe Pfade durch stille, bunte Büsche! Oder dort den See entlang: da schwimmen und tanzen Goldfische!

Du bist jetzt müde? Da drüben sind Schafe und Abendröten: ist es nicht schön, zu schlafen, wenn Schäfer flöten?

Du bist so arg müde? Ich trage dich hin, laß nur die Arme sinken! Und hast du Durst, — ich hätte wohl etwas, aber dein Mund will es nicht trinken! —

— O diese verfluchte, flinke, gelenke Schlange und Schlupf-Hexe! Wo bist du hin? Aber im Gesicht fühle ich von deiner Hand zwei Tupfen und rote Klexe!

Ich bin es wahrlich müde, immer dein schafichter Schäfer zu sein! Du Hexe, habe ich dir bisher gesungen, nun sollst du mir — schrein!

Nach dem Takt meiner Peitsche sollst du mir tanzen und schrein! Ich vergaß doch die Peitsche nicht? — Nein!" —

2.

Da antwortete mir das Leben also und hielt sich dabei die zierlichen Ohren zu:

„O Zarathustra! Klatsche doch nicht so fürchterlich mit deiner Peitsche! Du weißt es ja: Lärm mordet Gedanken, — und eben kommen mir so zärtliche Gedanken.

Wir sind beide zwei rechte Tunichtgute und Tunichtböse. Jenseits von Gut und Böse fanden wir unser Eiland und unsre grüne Wiese — wir zwei allein! Darum müssen wir schon einander gut sein!

Und lieben wir uns auch nicht von Grund aus, muß man sich denn gram sein, wenn man sich nicht von Grund aus liebt?

Und daß ich dir gut bin und oft zu gut, das weißt du: und der Grund ist, daß ich auf deine Weisheit eifersüchtig bin. Ah, diese tolle alte Närrin von Weisheit!

Wenn dir deine Weisheit einmal davonliefe, ach! da liefe dir schnell auch meine Liebe noch davon." —

Darauf blickte das Leben nachdenklich hinter sich und um sich und sagte leise: „O Zarathustra, du bist mir nicht treu genug!

Du liebst mich lange nicht so sehr, wie du redest; ich weiß, du denkst daran, daß du mich bald verlassen willst.

Es gibt eine alte, schwere, schwere Brumm-Glocke: die brummt nachts bis zu deiner Höhle hinauf: —

— hörst du diese Glocke mitternachts die Stunde schlagen, so denkst du zwischen eins und zwölf daran —

— du denkst daran, o Zarathustra, ich weiß es, daß du mich bald verlassen willst!" —

„Ja", antwortete ich zögernd, „aber du weißt es auch —" Und ich sagte ihr etwas ins Ohr, mitten hinein zwischen ihre verwirrten, gelben, törichten Haarzotteln.

„Du weißt das, o Zarathustra? Das weiß niemand. — —"

Und wir sahen uns an und blickten auf die grüne Wiese, über welche eben der kühle Abend lief, und weinten miteinander. — Damals aber war mir das Leben lieber, als je alle meine Weisheit. —

Also sprach Zarathustra.

3.

Eins!
O Mensch! Gibt acht!
Zwei!
Was spricht die tiefe Mitternacht?
Drei!
„Ich schlief, ich schlief —,
Vier!
Aus tiefem Traum bin ich erwacht: —
Fünf!
Die Welt ist tief,
Sechs!
Und tiefer als der Tag gedacht.
Sieben!
Tief ist ihr Weh —,
Acht!
Lust — tiefer noch als Herzeleid:
Neun!
Weh spricht: vergeh!
Zehn!
Doch alle Lust will Ewigkeit —.
Elf!
— will tiefe, tiefe Ewigkeit!"
Zwölf!

DIE SIEBEN SIEGEL
(Oder: das Ja-und-Amen-Lied)

1.

Wenn ich ein Wahrsager bin und voll jenes wahrsagerischen Geistes, der auf hohem Joche zwischen zwei Meeren wandelt, —

zwischen Vergangenem und Zukünftigem als schwere Wolke wandelt, — schwülen Niederungen feind und allem, was müde ist und nicht sterben noch leben kann:

zum Blitze bereit im dunklen Busen und zum erlösenden Lichtstrahle, schwanger von Blitzen, die Ja! sagen, Ja! lachen, zu wahrsagerischen Blitzstrahlen: —

— selig aber ist der also Schwangere! Und wahrlich, lange muß als schweres Wetter am Berge hängen, wer einst das Licht der Zukunft zünden soll! —

o wie sollte ich nicht nach der Ewigkeit brünstig sein und nach dem hochzeitlichen Ring der Ringe, — dem Ring der Wiederkunft!

Nie noch fand ich das Weib, von dem ich Kinder mochte. es sei denn dieses Weib, das ich liebe: denn ich liebe dich, o Ewigkeit!

Denn ich liebe dich, o Ewigkeit!

2.

Wenn mein Zorn je Gräber brach, Grenzsteine rückte und alte Tafeln zerbrochen in steile Tiefen rollte:

wenn mein Hohn je vermoderte Worte zerblies, und ich wie ein Besen kam den Kreuzspinnen und als Fegewind alten, verdumpften Grabkammern:

wenn ich je frohlockend saß, wo alte Götter begraben liegen, weltsegnend, weltliebend neben den Denkmalen alter Weltverleumder: —

denn selbst Kirchen und Gottesgräber liebe ich, wenn der Himmel erst reinen Auges durch ihre zerbrochenen Decken blickt; gern sitze ich gleich Gras und rotem Mohne auf zerbrochnen Kirchen —

o wie sollte ich nicht nach der Ewigkeit brünstig sein und nach dem hochzeitlichen Ring der Ringe, — dem Ring der Wiederkunft?

Nie noch fand ich das Weib, von dem ich Kinder mochte, es sei denn dieses Weib, das ich liebe: denn ich liebe dich, o Ewigkeit!

Denn ich liebe dich, o Ewigkeit!

3.

Wenn je ein Hauch zu mir kam vom schöpferischen Hauche und von jener himmlischen Not, die noch Zufälle zwingt, Sternenreigen zu tanzen:

wenn ich je mit dem Lachen des schöpferischen Blitzes lachte, dem der lange Donner der Tat grollend, aber gehorsam nachfolgt:

wenn ich je am Göttertisch der Erde mit Göttern Würfel spielte, daß die Erde bebte und brach und Feuerflüsse heraufschnob: —

— denn ein Göttertisch ist die Erde, und zitternd von schöpferischen neuen Worten und Götterwürfen: —

o wie sollte ich nicht nach der Ewigkeit brünstig sein und nach dem hochzeitlichen Ring der Ringe, — dem Ring der Wiederkunft?

Nie noch fand ich das Weib, von dem ich Kinder mochte, es sei denn dieses Weib, das ich liebe: denn ich liebe dich, o Ewigkeit!

Denn ich liebe dich, o Ewigkeit!

4.

Wenn ich je vollen Zuges trank aus jenem schäumenden Würz- und Mischkruge, in dem alle Dinge gut gemischt sind:

wenn meine Hand je Fernstes zum Nächsten goß, und Feuer zu Geist und Lust zu Leid und Schlimmstes zum Gütigsten:

wenn ich selber ein Korn bin von jenem erlösenden Salze, welches macht, daß alle Dinge im Mischkruge gut sich mischen: —

— denn es gibt ein Salz, das Gutes mit Bösem bindet; und auch das Böseste ist zum Würzen würdig und zum letzten Überschäumen: —

o wie sollte ich nicht nach der Ewigkeit brünstig sein und nach dem hochzeitlichen Ring der Ringe, — dem Ring der Wiederkunft?

Nie noch fand ich das Weib, von dem ich Kinder mochte,

es sei denn dieses Weib, das ich liebe: denn ich liebe dich, o Ewigkeit!

Denn ich liebe dich, o Ewigkeit!

5.

Wenn ich dem Meere hold bin und allem, was Meeres-Art ist, und am holdesten noch, wenn es mir zornig widerspricht:

wenn jene suchende Lust in mir ist, die nach Unentdecktem die Segel treibt, wenn eine Seefahrer-Lust in meiner Lust ist:

wenn je mein Frohlocken rief: „die Küste schwand — nun fiel mir die letzte Kette ab —

— das Grenzenloseste braust um mich, weit hinaus glänzt mir Raum und Zeit, wohlan! wohlauf! altes Herz!" —

o wie sollte ich nicht nach der Ewigkeit brünstig sein und nach dem hochzeitlichen Ring der Ringe, — dem Ring der Wiederkunft?

Nie noch fand ich das Weib, von dem ich Kinder mochte, es sei denn dieses Weib, das ich liebe: denn ich liebe dich, o Ewigkeit!

Denn ich liebe dich, o Ewigkeit!

6.

Wenn meine Tugend eines Tänzers Tugend ist, und ich oft mit beiden Füßen in gold-smaragdenes Entzücken sprang:

wenn meine Bosheit eine lachende Bosheit ist, heimisch unter Rosenhängen und Lilienhecken:

— im Lachen nämlich ist alles Böse beieinander, aber heilig- und losgesprochen durch seine eigne Seligkeit: —

und wenn das mein A und O ist, daß alles Schwere leicht, aller Leib Tänzer, aller Geist Vogel werde: und wahrlich, das ist mein A und O! —

o wie sollte ich nicht nach der Ewigkeit brünstig sein und nach dem hochzeitlichen Ring der Ringe, — dem Ring der Wiederkunft?

Nie noch fand ich das Weib, von dem ich Kinder mochte, es sei denn dieses Weib, das ich liebe: denn ich liebe dich, o Ewigkeit!

Denn ich liebe dich, o Ewigkeit!

7.

Wenn ich je stille Himmel über mir ausspannte und mit eignen Flügeln in eigne Himmel flog:

wenn ich spielend in tiefen Licht-Fernen schwamm und meiner Freiheit Vogel-Weisheit kam: —

— so aber spricht Vogel-Weisheit: „Siehe, es gibt kein Oben, kein Unten! Wirf dich umher, hinaus, zurück, du Leichter! Singe! sprich nicht mehr!

— sind alle Worte nicht für die Schweren gemacht? Lügen dem Leichten nicht alle Worte? Singe! sprich nicht mehr!" —

o wie sollte ich nicht nach der Ewigkeit brünstig sein und nach dem hochzeitlichen Ring der Ringe, — dem Ring der Wiederkunft?

Nie noch fand ich das Weib, von dem ich Kinder mochte, es sei denn dieses Weib, das ich liebe: denn ich liebe dich, o Ewigkeit!

Denn ich liebe dich, o Ewigkeit!

ALSO SPRACH ZARATHUSTRA

VIERTER UND LETZTER TEIL

Ach, wo in der Welt geschahen größere Torheiten als bei den Mitleidigen? Und was in der Welt stiftet mehr Leid als die Torheiten der Mitleidigen?
Wehe allen Liebenden, die nicht noch eine Höhe haben, welche über ihrem Mitleiden ist!
Also sprach der Teufel einst zu mir: „Auch Gott hat seine Hölle; das ist seine Liebe zu den Menschen."
Und jüngst hörte ich ihn dies Wort sagen: „Gott ist tot; an seinem Mitleiden mit den Menschen ist Gott gestorben."

Also sprach Zarathustra

DAS HONIG-OPFER

— Und wieder liefen Monde und Jahre über Zarathustras Seele, und er achtete dessen nicht; sein Haar aber wurde weiß. Eines Tages, als er auf einem Steine vor seiner Höhle saß und still hinausschaute — man schaut aber dort auf das Meer hinaus, und hinweg über gewundene Abgründe —, da gingen seine Tiere nachdenklich um ihn herum und stellten sich endlich vor ihn hin.

„O Zarathustra", sagten sie, „schaust du wohl aus nach deinem Glücke?" — „Was liegt am Glücke!" antwortete er, „ich trachte lange nicht mehr nach Glücke, ich trachte nach meinem Werke." — „O Zarathustra", redeten die Tiere abermals, „das sagst du als einer, der des Guten übergenug hat. Liegst du nicht in einem himmelblauen See von Glück?" —„Ihr Schalks-Narren", antwortete Zarathustra und lächelte, „wie gut wähltet ihr das Gleichnis! Aber ihr wißt auch, daß mein Glück schwer ist, und nicht wie eine flüssige Wasserwelle: es drängt mich und will nicht von mir und tut gleich geschmolzenem Peche." —

Da gingen die Tiere wieder nachdenklich um ihn herum und stellten sich dann abermals vor ihn hin. „O Zarathustra", sagten sie, „d a h e r also kommt es, daß du selber immer gelber und dunkler wirst, obschon dein Haar weiß und flächsern aussehen will? Siehe doch, du sitzest in deinem Peche!" — „Was sagt ihr da, meine Tiere", sagte Zarathustra und lachte dazu, „wahrlich, ich lästerte, als ich von Peche sprach. Wie mir geschieht, so geht es allen Früchten, die reif werden. Es ist der H o n i g in meinen Adern, der mein Blut dicker und auch meine Seele stiller macht." — „So wird es sein, o Zarathustra", antworteten die Tiere und drängten sich an ihn; „willst du aber nicht heute auf einen hohen Berg steigen? Die Luft ist rein, und man sieht heute mehr von der Welt als jemals." — „Ja, meine Tiere", antwortete er, „ihr ratet trefflich und mir nach dem Herzen: ich will heute auf einen hohen Berg steigen! Aber sorgt, daß dort Honig mir zur Hand sei, gelber, weißer, guter, eisfrischer Waben-Goldhonig. Denn wisset, ich will droben das Honig-Opfer bringen.“

Als Zarathustra aber oben auf der Höhe war, sandte er die Tiere heim, die ihn geleitet hatten, und fand, daß er nunmehr allein sei: — da lachte er aus ganzem Herzen, sah sich um und sprach also:

Daß ich von Opfern sprach und Honig-Opfern, eine List war's nur meiner Rede und, wahrlich, eine nützliche Torheit! Hier oben darf ich schon freier reden als vor Einsiedler-Höhlen und Einsiedler-Haustieren.

Was opfern! Ich verschwende, was mir geschenkt wird, ich Verschwender mit tausend Händen: wie dürfte ich das noch — Opfern heißen!

Und als ich nach Honig begehrte, begehrte ich nur nach Köder und süßem Seime und Schleime, nach dem auch Brummbären und wunderliche mürrische böse Vögel die Zunge lecken:

— nach dem besten Köder, wie er Jägern und Fischfängern not tut. Denn wenn die Welt wie ein dunkler Tierwald ist und aller wilden Jäger Lustgarten, so dünkt sie mich noch mehr und lieber ein abgründliches, reiches Meer,

— ein Meer voll bunter Fische und Krebse, nach dem es auch Göttern gelüsten möchte, daß sie an ihm zu Fischern würden und zu Netz-Auswerfern: so reich ist die Welt an Wunderlichem, großem und kleinem!

Sonderlich die Menschen-Welt, das Menschen-Meer: — nach d e m werfe ich nun meine goldene Angelrute aus und spreche: tue dich auf, du Menschen-Abgrund!

Tue dich auf und wirf mir deine Fische und Glitzer-Krebse zu! Mit meinem besten Köder ködere ich mir heute die wunderlichsten Menschen-Fische!

— mein Glück selber werfe ich hinaus in alle Weiten und Fernen, zwischen Aufgang, Mittag und Niedergang, ob nicht an meinem Glücke viele Menschen-Fische zerrn und zappeln lernen,

bis sie, anbeißend an meine spitzen verborgenen Haken, hinauf müssen in m e i n e Höhe, die buntesten Abgrund-Gründlinge zu dem boshaftesten aller Menschen-Fischfänger.

Der nämlich bin ich von Grund und Anbeginn, ziehend, heranziehend, hinaufziehend, aufziehend, ein Zieher, Züchter und Zuchtmeister, der sich nicht umsonst einstmals zusprach: „Werde, der du bist!"

Also mögen nunmehr die Menschen zu mir hinauf kommen: denn noch warte ich der Zeichen, daß es Zeit sei zu meinem Niedergange; noch gehe ich selber nicht unter, wie ich muß, unter Menschen.

Dazu warte ich hier, listig und spöttisch auf hohen Bergen, kein Ungeduldiger, kein Geduldiger, vielmehr einer, der auch die Geduld verlernt hat, — weil er nicht mehr „duldet".

Mein Schicksal nämlich läßt mir Zeit: es vergaß mich wohl! Oder sitzt es hinter einem großen Steine im Schatten und fängt Fliegen?

Und wahrlich, ich bin ihm gut darob, meinem ewigen Schicksale, daß es mich nicht hetzt und drängt und mir Zeit zu Possen läßt und Bosheiten: also daß ich heute zu einem Fischfange auf diesen hohen Berg stieg.

Fing wohl je ein Mensch auf hohen Bergen Fische? Und wenn es auch eine Torheit ist, was ich hier oben will und treibe: besser noch dies, als daß ich da unten feierlich würde vor Warten und grün und gelb —

— ein gespreizter Zornschnauber vor Warten, ein heiliger Heule-Sturm aus Bergen, ein Ungeduldiger, der in die Täler hinabruft: „Hört, oder ich peitsche euch mit der Geißel Gottes!"

Nicht daß ich solchen Zürnern darob gram würde: zum Lachen sind sie mir gut genug! Ungeduldig müssen sie schon sein, diese großen Lärmtrommeln, welche heute oder niemals zu Worte kommen!

Ich aber und mein Schicksal — wir reden nicht zum Heute, wir reden auch nicht zum Niemals: wir haben zum Reden schon Geduld und Zeit und Überzeit. Denn einst muß er doch kommen und darf nicht vorübergehn.

Wer muß einst kommen und darf nicht vorübergehen? Unser großer Hazar, das ist unser großes fernes Menschen-Reich, das Zarathustra-Reich von tausend Jahren — —

Wie ferne mag solches „Ferne" sein? was geht's mich an! Aber darum steht es mir doch nicht minder fest —, mit beiden Füßen stehe ich sicher auf diesem Grunde,

— auf einem ewigen Grunde, auf hartem Urgesteine, auf

diesem höchsten, härtesten Urgebirge, zu dem alle Winde kommen als zur Wetterscheide, fragend nach Wo? und Woher? und Wohinaus?

Hier lache, lache, meine helle heile Bosheit! Von hohen Bergen wirf hinab dein glitzerndes Spott-Gelächter! Ködere mit deinem Glitzern mir die schönsten Menschen-Fische!

Und was in allen Meeren m i r zugehört, mein An-und-für-mich in allen Dingen — d a s fische mir heraus, d a s führe zu mir herauf: des warte ich, der boshaftigste aller Fischfänger.

Hinaus, hinaus, meine Angel! Hinein, hinab, Köder meines Glücks! Träufle deinen süßesten Tau, mein Herzens-Honig! Beiße, meine Angel, in den Bauch aller schwarzen Trübsal!

Hinaus, hinaus, mein Auge! Oh, welche vielen Meere rings um mich, welch dämmernde Menschen-Zukünfte! Und über mir — welch rosenrote Stille! Welch entwölktes Schweigen!

DER NOTSCHREI

Des nächsten Tages saß Zarathustra wieder auf seinem Steine vor der Höhle, während die Tiere draußen in der Welt herumschweiften, daß sie neue Nahrung heimbrächten, — auch neuen Honig: denn Zarathustra hatte den alten Honig bis auf das letzte Korn vertan und verschwendet. Als er aber dermaßen dasaß, mit einem Stecken in der Hand, und den Schatten seiner Gestalt auf der Erde abzeichnete, nachdenkend, und wahrlich! nicht über sich und seinen Schatten — da erschrak er mit einem Male und fuhr zusammen: denn er sah neben seinem Schatten noch einen andern Schatten. Und wie er schnell um sich blickte und aufstand, siehe, da stand der Wahrsager neben ihm, derselbe, den er einstmals an seinem Tische gespeist und getränkt hatte, der Verkündiger der großen Müdigkeit, welcher lehrte: „Alles ist gleich, es lohnt sich nichts, Welt ist ohne Sinn, Wissen würgt.“ Aber sein Antlitz hatte sich inzwischen verwandelt; und als ihm Zarathustra in die Augen blickte, wurde sein Herz abermals erschreckt: so viel schlimme Verkündigungen und aschgraue Blitze liefen über dies Gesicht.

Der Wahrsager, der es wahrgenommen, was sich in Zarathustras Seele zutrug, wischte mit der Hand über sein Antlitz hin, wie als ob er dasselbe wegwischen wollte; desgleichen tat auch Zarathustra. Und als beide dergestalt sich schweigend gefaßt und gekräftigt hatten, gaben sie sich die Hände, zum Zeichen, daß sie sich wiedererkennen wollten.

„Sei mir willkommen“, sagte Zarathustra, „du Wahrsager der großen Müdigkeit, du sollst nicht umsonst einstmals mein Tisch- und Gastfreund gewesen sein. Iß und trink auch heute bei mir und vergib es, daß ein vergnügter alter Mann mit dir zu Tische sitzt!“ — „Ein vergnügter alter Mann?“ antwortete der Wahrsager, den Kopf schüttelnd: „Wer du aber auch bist oder sein willst, o Zarathustra, du bist es zum längsten hier oben gewesen, — dein Nachen soll über kurzem nicht mehr im Trocknen sitzen!“ — „Sitze ich denn im Trocknen?“ fragte Zarathustra lachend. — „Die Wellen um deinen Berg“, antwortete der Wahrsager, „steigen und steigen, die Wellen großer Not und Trübsal: die werden bald auch deinen Nachen heben und dich davontragen.“ — Zarathustra schwieg hierauf und wunderte sich. — „Hörst du noch nichts?“ fuhr der Wahrsager fort: „rauscht und braust es nicht herauf aus der Tiefe?“ — Zarathustra schwieg abermals und horchte: da hörte er einen langen, langen Schrei, welchen die Abgründe sich zuwarfen und weitergaben, denn keiner wollte ihn behalten: so böse klang er.

„Du schlimmer Verkündiger“, sprach endlich Zarathustra, „das ist ein Notschrei und der Schrei eines Menschen, der mag wohl aus einem schwarzen Meere kommen. Aber was geht mich Menschennot an! Meine letzte Sünde, die mir aufgespart blieb, — weißt du wohl, wie sie heißt?“

— „M i t l e i d e n!“ antwortete der Wahrsager aus einem überströmenden Herzen und hob beide Hände empor — „o Zarathustra, ich komme, daß ich dich zu deiner letzten Sünde verführe!“ —

Und kaum waren diese Worte gesprochen, da erscholl der Schrei abermals, und länger und ängstlicher als vorher, auch schon viel näher. „Hörst du? Hörst du, o Zarathustra?“ rief der Wahrsager, „dir gilt der Schrei, dich ruft er: komm, komm, komm, es ist Zeit, es ist höchste Zeit!“ —

Zarathustra schwieg hierauf, verwirrt und erschüttert; endlich fragte er, wie einer, der bei sich selber zögert: „Und wer ist das, der dort mich ruft?“

„Aber du weißt es ja“, antwortete der Wahrsager heftig,

„was verbirgst du dich? Der höhere Mensch ist es, der nach dir schreit!“

„Der höhere Mensch?“ schrie Zarathustra von Grausen erfaßt: „was will der? Was will der? Der höhere Mensch! Was will der hier?“ — und seine Haut bedeckte sich mit Schweiß.

Der Wahrsager aber antwortete nicht auf die Angst Zarathustras, sondern horchte und horchte nach der Tiefe zu. Als es jedoch lange Zeit dort stille blieb, wandte er seinen Blick zurück und sah Zarathustra stehn und zittern.

„O Zarathustra“, hob er mit trauriger Stimme an, „du stehst nicht da wie einer, den sein Glück drehend macht: du wirst tanzen müssen, daß du mir nicht umfällst!

Aber wenn du auch vor mir tanzen wolltest und alle deine Seitensprünge springen: niemand soll mir doch sagen dürfen: ‚Siehe, hier tanzt der letzte frohe Mensch!‘

Umsonst käme einer auf diese Höhe, der den hier suchte: Höhlen fände er wohl und Hinterhöhlen, Verstecke für Versteckte, aber nicht Glücksschächte und Schatzkammern und neue Glücks-Goldadern.

Glück — wie fände man wohl das Glück bei solchen Vergrabenen und Einsiedlern! Muß ich das letzte Glück noch auf glückseligen Inseln suchen und ferne zwischen vergessenen Meeren?

Aber alles ist gleich, es lohnt sich nichts, es hilft kein Suchen, es gibt auch keine glückseligen Inseln mehr!“ — —

Also seufzte der Wahrsager; bei seinem letzten Seufzer aber wurde Zarathustra wieder hell und sicher, gleich einem, der aus einem tiefen Schlunde ans Licht kommt. „Nein! Nein! Dreimal Nein!“ rief er mit starker Stimme und strich sich den Bart — „das weiß ich besser! Es gibt noch glückselige Inseln! Stille davon, du seufzender Trauersack!

Höre davon auf zu plätschern, du Regenwolke am Vormittag! Stehe ich denn nicht schon da, naß von deiner Trübsal und begossen wie ein Hund?

Nun schüttle ich mich und laufe dir davon, daß ich wieder trocken werde: des darfst du nicht Wunder haben! Dünke ich dir unhöflich? Aber hier ist mein Hof.

Was aber deinen höheren Menschen angeht: wohlan! ich

suche ihn flugs in jenen Wäldern: daher kam sein Schrei. Vielleicht bedrängt ihn da ein böses Tier.

Er ist in meinem Bereiche: darin soll er mir nicht zu Schaden kommen! Und wahrlich, es gibt viele böse Tiere bei mir." —

Mit diesen Worten wandte sich Zarathustra zum Gehen. Da sprach der Wahrsager: „O Zarathustra, du bist ein Schelm!

Ich weiß es schon: du willst mich los sein! Lieber noch läufst du in die Wälder und stellst bösen Tieren nach!

Aber was hilft es dir? Des Abends wirst du doch mich wiederhaben; in deiner eignen Höhle werde ich dasitzen, geduldig und schwer wie ein Klotz — und auf dich warten!"

„So sei's!" rief Zarathustra zurück im Fortgehn: „und was mein ist in meiner Höhle, gehört auch dir, meinem Gastfreunde!

Solltest du aber drin noch Honig finden, wohlan! so lecke ihn nur auf, du Brummbär, und versüße deine Seele! Am Abende nämlich wollen wir beide guter Dinge sein,

— guter Dinge und froh darob, daß dieser Tag zu Ende ging! Und du selber sollst zu meinen Liedern als mein Tanzbär tanzen.

Du glaubst nicht daran? Du schüttelst den Kopf? Wohlan! Wohlauf! Alter Bär! Aber auch ich — bin ein Wahrsager." —

Also sprach Zarathustra.

GESPRÄCH MIT DEN KÖNIGEN

1.

Zarathustra war noch keine Stunde in seinen Bergen und Wäldern unterwegs, da sah er mit einem Male einen seltsamen Aufzug. Gerade auf dem Wege, den er hinab wollte, kamen zwei Könige gegangen, mit Kronen und Purpurgürteln geschmückt und bunt wie Flamingo-Vögel: die trieben einen beladenen Esel vor sich her. „Was wollen diese Könige in meinem Reiche?" sprach Zarathustra erstaunt zu seinem Herzen und versteckte sich geschwind hinter einem Busche. Als aber die Könige bis zu ihm herankamen, sagte er, halblaut, wie einer, der zu sich allein redet: „Seltsam! Seltsam! Wie reimt sich das zusammen? Zwei Könige sehe ich — und nur einen Esel!"

Da machten die beiden Könige halt, lächelten, sahen nach der Stelle hin, woher die Stimme kam, und sahen sich nachher selber ins Gesicht. „Solcherlei denkt man wohl auch unter uns“, sagte der König zur Rechten, „aber man spricht es nicht aus.“

Der König zur Linken aber zuckte mit den Achseln und antwortete: „Das mag wohl ein Ziegenhirt sein. Oder ein Einsiedler, der zu lange unter Felsen und Bäumen lebte. Gar keine Gesellschaft nämlich verdirbt auch die guten Sitten.“

„Die guten Sitten?“ entgegnete unwillig und bitter der andre König: „wem laufen wir denn aus dem Wege? Ist es nicht den ‚guten Sitten‘? Unsrer ‚guten Gesellschaft‘?

Lieber, wahrlich, unter Einsiedlern und Ziegenhirten als mit unserm vergoldeten, falschen, überschminkten Pöbel leben, — ob er sich schon ‚gute Gesellschaft‘ heißt,

— ob er sich schon ‚Adel‘ heißt. Aber da ist alles falsch und faul, voran das Blut, dank alten schlechten Krankheiten und schlechteren Heil-Künstlern.

Der beste und liebste ist mir heute noch ein gesunder Bauer, grob, listig, hartnäckig, langhaltig: das ist heute die vornehmste Art.

Der Bauer ist heute der beste; und Bauern-Art sollte Herr sein! Aber es ist das Reich des Pöbels, — ich lasse mir nichts mehr vormachen. Pöbel aber, das heißt: Mischmasch.

Pöbel-Mischmasch: darin ist alles in allem durcheinander, Heiliger und Halunke und Junker und Jude und jeglich Vieh aus der Arche Noäh.

Gute Sitten! Alles ist bei uns falsch und faul. Niemand weiß mehr zu verehren: d e m gerade laufen wir davon. Es sind süßliche, zudringliche Hunde, sie vergolden Palmenblätter.

Dieser Ekel würgt mich, daß wir Könige selber falsch wurden, überhängt und verkleidet durch alten vergilbten Großväter-Prunk, Schaumünzen für die Dümmsten und die Schlauesten, und wer heute alles mit der Macht Schacher treibt!

Wir s i n d nicht die Ersten — und müssen es doch b e d e u t e n: dieser Betrügerei sind wir endlich satt und ekel geworden.

Dem Gesindel gingen wir aus dem Wege, allen diesen Schreihälsen und Schreib-Schmeißfliegen, dem Krämer-

Gestank, dem Ehrgeiz-Gezappel, dem üblen Atem —: pfui, unter dem Gesindel leben,

— pfui, unter dem Gesindel die Ersten zu bedeuten! Ach, Ekel! Ekel! Ekel! Was liegt noch an uns Königen!" —

„Deine alte Krankheit fällt dich an", sagte hier der König zur Linken, „der Ekel fällt dich an, mein armer Bruder. Aber du weißt es doch, es hört uns einer zu."

Sofort erhob sich Zarathustra, der zu diesen Reden Ohren und Augen aufgesperrt hatte, aus seinem Schlupfwinkel, trat auf die Könige zu und begann:

„Der euch zuhört, der euch gerne zuhört, ihr Könige, der heißt Zarathustra.

Ich bin Zarathustra, der einst sprach: ‚Was liegt noch an Königen!' Vergebt mir, ich freute mich, als ihr zueinander sagtet: ‚Was liegt an uns Königen!'

Hier aber ist m e i n Reich und meine Herrschaft: was mögt ihr wohl in meinem Reiche suchen? Vielleicht aber f a n d e t ihr unterwegs, was i c h suche: nämlich den höheren Menschen."

Als dies die Könige hörten, schlugen sie sich an die Brust und sprachen mit e i n e m Munde: „Wir sind erkannt!

Mit dem Schwerte dieses Wortes zerhaust du unsres Herzens dickste Finsternis. Du entdecktest unsre Not, denn siehe! wir sind unterwegs, daß wir den höheren Menschen fänden —

— den Menschen, der höher ist als wir: ob wir gleich Könige sind. Ihm führen wir diesen Esel zu. Der höchste Mensch nämlich soll auf Erden auch der höchste Herr sein.

Es gibt kein härteres Unglück in allem Menschen-Schicksale, als wenn die Mächtigen der Erde nicht auch die ersten Menschen sind. Da wird alles falsch und schief und ungeheuer.

Und wenn sie gar die letzten sind und mehr Vieh als Mensch: da steigt und steigt der Pöbel im Preise, und endlich spricht gar die Pöbel-Tugend: ‚Siehe, ich allein bin Tugend!'" —

„Was hörte ich eben?" antwortete Zarathustra; „welche Weisheit bei Königen! Ich bin entzückt, und, wahrlich, schon gelüstet's mich, einen Reim darauf zu machen: —

— mag es auch ein Reim werden, der nicht für jedermanns Ohren taugt. Ich verlernte seit langem schon die Rücksicht auf lange Ohren. Wohlan! Wohlauf!

(Hier aber geschah es, daß auch der Esel zu Worte kam: er sagte aber deutlich und mit bösem Willen I-A.)

Einstmals — ich glaub, im Jahr des Heiles eins —
Sprach die Sibylle, trunken sonder Weins:
‚Weh, nun geht's schief!
Verfall! Verfall! Nie sank die Welt so tief!
Rom sank zur Hure und zur Huren-Bude,
Roms Cäsar sank zum Vieh, Gott selbst — ward Jude!'"

2.

An diesen Reimen Zarathustras weideten sich die Könige; der König zur Rechten aber sprach: „O Zarathustra, wie gut taten wir, daß wir auszogen, dich zu sehn!

Deine Feinde nämlich zeigten uns dein Bild in ihrem Spiegel: da blicktest du mit der Fratze eines Teufels und hohnlachend: also daß wir uns vor dir fürchteten.

Aber was half's! Immer wieder stachst du uns in Ohr und Herz mit deinen Sprüchen. Da sprachen wir endlich: was liegt daran, wie er aussieht!

Wir müssen ihn *hören*, ihn, der lehrt: ‚Ihr sollt den Frieden lieben als Mittel zu neuen Kriegen, und den kurzen Frieden mehr als den langen!'

Niemand sprach je so kriegerische Worte: ‚Was ist gut? Tapfer sein ist gut. Der gute Krieg ist's, der jede Sache heiligt.'

O Zarathustra, unsrer Väter Blut rührte sich bei solchen Worten in unserm Leibe: das war wie die Rede des Frühlings zu alten Weinfässern.

Wenn die Schwerter durcheinanderliefen gleich rot gefleckten Schlangen, da wurden unsre Väter dem Leben gut; alles Friedens Sonne dünkte sie flau und lau, der lange Frieden aber machte Scham.

Wie sie seufzten, unsre Väter, wenn sie an der Wand blitzblanke, ausgedorrte Schwerter sahen! Denn gleich dürsteten sie nach Krieg. Ein Schwert nämlich will Blut trinken und funkelt vor Begierde." — —

— Als die Könige dergestalt mit Eifer von dem Glück ihrer Väter redeten und schwätzten, überkam Zarathustra keine kleine Lust, ihres Eifers zu spotten: denn ersichtlich waren es sehr friedfertige Könige, welche er vor sich sah, solche mit alten und feinen Gesichtern. Aber er bezwang sich.

„Wohlan!“ sprach er, „dorthin führt der Weg, da liegt die Höhle Zarathustras; und dieser Tag soll einen langen Abend haben! Jetzt aber ruft mich eilig ein Notschrei fort von euch.

Es ehrt meine Höhle, wenn Könige in ihr sitzen und warten wollen: aber, freilich, ihr werdet lange warten müssen!

Je nun! Was tut's! Wo lernt man heute besser warten als an Höfen? Und der Könige ganze Tugend, die ihnen übrigblieb, — heißt sie heute nicht: Warten-können?“ —

Also sprach Zarathustra.

DER BLUTEGEL

Und Zarathustra ging nachdenklich weiter und tiefer, durch Wälder und vorbei an moorigen Gründen; wie es aber jedem ergeht, der über schwere Dinge nachdenkt, so trat er unversehens dabei auf einen Menschen. Und siehe, da spritzten ihm mit einem Male ein Weheschrei und zwei Flüche und zwanzig schlimme Schimpfworte ins Gesicht: also daß er in seinem Schrecken den Stock erhob und auch auf den Getretenen noch zuschlug. Gleich darauf aber kam ihm die Besinnung; und sein Herz lachte über die Torheit, die er eben getan hatte.

„Vergib“, sagte er zu dem Getretenen, der sich grimmig erhoben und gesetzt hatte, „vergib und vernimm vor allem erst ein Gleichnis.

Wie ein Wanderer, der von fernen Dingen träumt, unversehens auf einsamer Straße einen schlafenden Hund anstößt, einen Hund, der in der Sonne liegt:

— wie da beide auffahren, sich anfahren, Todfeinden gleich, diese zwei zu Tode Erschrockenen: also erging es uns.

Und doch! Und doch — wie wenig hat gefehlt, daß sie einander liebkosten, dieser Hund und dieser Einsame! Sind sie doch beide — Einsame!“

— „Wer du auch sein magst“, sagte immer noch grimmig der Getretene, „du trittst mir auch mit deinem Gleichnis zu nahe und nicht nur mit deinem Fuße!

Siehe doch, bin ich denn ein Hund?“ — und dabei erhob sich der Sitzende und zog seinen nackten Arm aus dem Sumpfe. Zuerst nämlich hatte er ausgestreckt am Boden gelegen, verborgen und unkenntlich gleich solchen, die einem Sumpfwilde auflauern.

„Aber was treibst du doch!“ rief Zarathustra erschreckt, denn er sah, daß über den nackten Arm weg viel Blut floß, — „was ist dir zugestoßen? Biß dich, du Unseliger, ein schlimmes Tier?“

Der Blutende lachte, immer noch erzürnt. „Was geht’s dich an!“ sagte er und wollte weitergehn. „Hier bin ich heim und in meinem Bereiche. Mag mich fragen, wer da will: einem Tölpel aber werde ich schwerlich antworten.“

„Du irrst“, sagte Zarathustra mitleidig und hielt ihn fest, „du irrst: hier bist du nicht bei dir, sondern in meinem Reiche, und darin soll mir keiner zu Schaden kommen.

Nenne mich aber immerhin, wie du willst — ich bin, der ich sein muß. Ich selber heiße mich Zarathustra.

Wohlan! Dort hinauf geht der Weg zu Zarathustras Höhle: die ist nicht fern, — willst du nicht bei mir deiner Wunden warten?

Es ging dir schlimm, du Unseliger, in diesem Leben: erst biß dich das Tier, und dann — trat dich der Mensch!“ — —

Als aber der Getretene den Namen Zarathustras hörte, verwandelte er sich. „Was geschieht mir doch!“ rief er aus, „wer kümmert mich denn noch in diesem Leben als dieser eine Mensch, nämlich Zarathustra, und jenes eine Tier, was vom Blute lebt, der Blutegel?

Des Blutegels halber lag ich hier an diesem Sumpfe wie ein Fischer, und schon war mein ausgehängter Arm zehnmal angebissen, da beißt noch ein schönerer Egel nach meinem Blute, Zarathustra selber!

O Glück! O Wunder! Gelobt sei dieser Tag, der mich in diesen Sumpf lockte! Gelobt sei der beste lebendigste Schröpfkopf, der heute lebt, gelobt sei der große Gewissens-Blutegel Zarathustra!“ —

Also sprach der Getretene; und Zarathustra freute sich über seine Worte und ihre feine ehrfürchtige Art. „Wer bist du?“ fragte er und reichte ihm die Hand, „zwischen uns bleibt viel aufzuklären und aufzuheitern: aber schon, dünkt mich, wird es reiner, heller Tag.“

„Ich bin der Gewissenhafte des Geistes“, antwortete der Gefragte, „und in Dingen des Geistes nimmt es nicht leicht einer strenger, enger und härter als ich, ausgenommen der, von dem ich’s lernte, Zarathustra selber.

Lieber nichts wissen, als vieles halb wissen! Lieber ein

Narr sein auf eigne Faust als ein Weiser nach fremdem Gutdünken! Ich — gehe auf den Grund.

— was liegt daran, ob er groß oder klein ist? Ob er Sumpf oder Himmel heißt? Eine Handbreit Grund ist mir genug: wenn er nur wirklich Grund und Boden ist!

— eine Handbreit Grund: darauf kann man stehn. In der rechten Wissen-Gewissenschaft gibt es nichts Großes und nichts Kleines."

„So bist du vielleicht der Erkenner des Blutegels?" fragte Zarathustra; „und du gehst dem Blutegel nach bis auf die letzten Gründe, du Gewissenhafter?"

„O Zarathustra", antwortete der Getretene, „das wäre ein Ungeheures, wie dürfte ich mich dessen unterfangen!

Wes ich aber Meister und Kenner bin, das ist des Blutegels H i r n: — das ist m e i n e Welt!

Und es ist auch eine Welt! Vergib aber, daß hier mein Stolz zu Worte kommt, denn ich habe hier nicht meinesgleichen. Darum sprach ich: ‚Hier bin ich heim.'

Wie lange gehe ich schon diesem einen nach. dem Hirn des Blutegels, daß die schlüpfrige Wahrheit mir hier nicht mehr entschlüpfe! Hier ist m e i n Reich!

— darob warf ich alles andere fort. darob wurde mir alles andre gleich; und dicht neben meinem Wissen lagert mein schwarzes Unwissen.

Mein Gewissen des Geistes will es so von mir, daß ich eins weiß und sonst alles nicht weiß: es ekelt mich aller Halben des Geistes, aller Dunstigen, Schwebenden, Schwärmerischen.

Wo meine Redlichkeit aufhört, bin ich blind und will auch blind sein. Wo ich aber wissen will. will ich auch redlich sein, nämlich hart, streng, eng, grausam, unerbittlich.

Daß d u einst sprachst, o Zarathustra: ‚Geist ist das Leben. das selber ins Leben schneidet', das führte und verführte mich zu deiner Lehre. Und, wahrlich, mit eignem Blute mehrte ich mir das eigne Wissen!"

— „Wie der Augenschein lehrt", fiel Zarathustra ein; denn immer noch floß das Blut an dem nackten Arme des Gewissenhaften herab. Es hatten nämlich zehn Blutegel sich in denselben eingebissen.

„O du wunderlicher Gesell, wieviel lehrt mich dieser Augenschein da, nämlich du selber! Und nicht alles dürfte ich vielleicht in deine strengen Ohren gießen!

Wohlan! So scheiden wir hier! Doch möchte ich gerne dich wiederfinden. Dort hinauf führt der Weg zu meiner Höhle: heute Nacht sollst du dort mein lieber Gast sein!

Gerne möchte ich's auch an deinem Leibe wieder gutmachen, daß Zarathustra dich mit Füßen trat: darüber denke ich nach. Jetzt aber ruft mich ein Notschrei eilig fort von dir." —

Also sprach Zarathustra.

DER ZAUBERER

1.

Als aber Zarathustra um einen Felsen herumbog, da sah er, nicht weit unter sich, auf dem gleichen Wege, einen Menschen, der die Glieder warf wie ein Tobsüchtiger und endlich bäuchlings zur Erde niederstürzte. „Halt!" sprach da Zarathustra zu seinem Herzen, „der dort muß wohl der höhere Mensch sein, von ihm kam jener schlimme Notschrei, — ich will sehn, ob da zu helfen ist." Als er aber hinzulief, an die Stelle, wo der Mensch auf dem Boden lag, fand er einen zitternden alten Mann mit stieren Augen; und wie sehr sich Zarathustra mühte, daß er ihn aufrichte und wieder auf seine Beine stelle, es war umsonst. Auch schien der Unglückliche nicht zu merken, daß jemand um ihn sei; vielmehr sah er sich immer mit rührenden Gebärden um, wie ein von aller Welt Verlassener und Vereinsamter. Zuletzt aber, nach vielem Zittern, Zucken und Sich-Zusammenkrümmen, begann er also zu jammern:

Wer wärmt mich, wer liebt mich noch?
Gebt heiße Hände!
Gebt Herzens-Kohlenbecken!
Hingestreckt, schaudernd,
Halbtotem gleich, dem man die Füße wärmt —
Geschüttelt, ach! von unbekannten Fiebern,
Zitternd vor spitzen, eisigen Frost-Pfeilen,
Von dir gejagt, Gedanke!
Unnennbarer! Verhüllter! Entsetzlicher!
Du Jäger hinter Wolken!
Darniedergeblitzt von dir,

Du höhnisch Auge, das mich aus Dunklem anblickt:
— so liege ich,
Biege mich, winde mich, gequält
Von allen ewigen Martern,
Getroffen
Von dir, grausamster Jäger,
Du unbekannter — Gott!

Triff tiefer!
Triff einmal noch!
Zerstich, zerbrich dies Herz!
Was soll dies Martern
Mit zähnestumpfen Pfeilen?
Was blickst du wieder,
Der Menschen-Qual nicht müde,
Mit schadenfrohen Götter-Blitz-Augen?
Nicht töten willst du,
Nur martern, martern?
Wozu m i c h martern,
Du schadenfroher, unbekannter Gott? —

Haha! Du schleichst heran?
Bei solcher Mitternacht
Was willst du? Sprich!
Du drängst mich, drückst mich —
Ha! schon viel zu nahe!
Weg! Weg!
Du hörst mich atmen,
Du behorchst mein Herz,
Du Eifersüchtiger —
Worauf doch eifersüchtig?
Weg! Weg! Wozu die Leiter?
Willst du h i n e i n,
Ins Herz,
Einsteigen, in meine heimlichsten
Gedanken einsteigen?
Schamloser! Unbekannter — Dieb!
Was willst du dir erstehlen?
Was willst du dir erhorchen?
Was willst du dir erfoltern,
Du Folterer!

Du — Henker-Gott!
Oder soll ich, dem Hunde gleich,
Vor dir mich wälzen?
Hingebend, begeistert-außer-mir,
Dir — Liebe zuwedeln?

Umsonst! Stich weiter,
Grausamster Stachel! Nein,
Kein Hund — dein Wild nur bin ich,
Grausamster Jäger!
Dein stolzester Gefangner,
Du Räuber hinter Wolken!
Sprich endlich!
Was willst du, Wegelagerer, von mir?
Du Blitz-Verhüllter! Unbekannter! Sprich,
Was willst du, unbekannter — Gott? — —

Wie? Lösegeld?
Was willst du Lösegelds?
Verlange viel — das rät mein Stolz!
Und rede kurz — das rät mein andrer Stolz!

Haha!
Mich — willst du? Mich?
Mich — ganz?...

Haha!
Und marterst mich, Narr, der du bist,
Zermarterst meinen Stolz?
Gib Liebe mir — wer wärmt mich noch?
Wer liebt mich noch? — gib heiße Hände,
Gib Herzens-Kohlenbecken,
Gib mir dem Einsamsten,
Den Eis, ach! siebenfaches Eis
Nach Feinden selber,
Nach Feinden schmachten lehrt,
Gib, ja ergib,
Grausamster Feind,
Mir — dich! — —

Davon!
Da floh er selber,
Mein letzter, einziger Genoß,
Mein großer Feind,
Mein Unbekannter,
Mein Henker-Gott! —

— Nein! Komm zurück,
Mit allen deinen Martern!
Zum Letzten aller Einsamen
O komm zurück!
All meine Tränen-Bäche laufen
Zu dir den Lauf!
Und meine letzte Herzens-Flamme —
Dir glüht sie auf!
O komm zurück,
Mein unbekannter Gott! Mein Schmerz!
Mein letztes — Glück!

2.

— Hier aber konnte sich Zarathustra nicht länger halten, nahm seinen Stock und schlug mit allen Kräften auf den Jammernden los. „Halt ein!" schrie er ihm zu mit ingrimmigem Lachen, „halt ein, du Schauspieler! Du Falschmünzer! Du Lügner aus dem Grunde! Ich erkenne dich wohl!

Ich will dir schon warme Beine machen, du schlimmer Zauberer, ich verstehe mich gut darauf, solchen wie du bist — einzuheizen!"

— „Laß ab", sagte der alte Mann und sprang vom Boden auf, „schlage nicht mehr, o Zarathustra! Ich trieb's also nur zum Spiele!

Solcherlei gehört zu meiner Kunst; dich selber wollte ich auf die Probe stellen, als ich dir diese Probe gab! Und, wahrlich, du hast mich gut durchschaut!

Aber auch du — gabst mir von dir keine kleine Probe: du bist *hart*, du weiser Zarathustra! Hart schlägst du zu mit deinen ‚Wahrheiten', dein Knüttel erzwingt von mir — *diese* Wahrheit!"

— „Schmeichle nicht", antwortete Zarathustra, immer noch erregt und finster blickend, du Schauspieler aus dem Grunde! Du bist falsch: was redest du — von Wahrheit!

Du Pfau der Pfauen, du Meer der Eitelkeit, w a s spieltest du vor mir, du schlimmer Zauberer, an w e n sollte ich glauben, als du in solcher Gestalt jammertest?"

„D e n B ü ß e r d e s G e i s t e s", sagte der alte Mann, „d e n — spielte ich: du selber erfandest einst dies Wort —

— den Dichter und Zauberer, der gegen sich selber endlich seinen Geist wendet, den Verwandelten, der an seinem bösen Wissen und Gewissen erfriert.

Und gesteh es nur ein: es währte lange, o Zarathustra, bis du hinter meine Kunst und Lüge kamst! Du g l a u b t e s t an meine Not, als du mir den Kopf mit beiden Händen hieltest —

— ich hörte dich jammern: ‚Man hat ihn zuwenig geliebt, zuwenig geliebt!' Daß ich dich soweit betrog, darüber frohlockte inwendig meine Bosheit."

„Du magst Feinere betrogen haben als mich", sagte Zarathustra hart. „Ich bin nicht auf der Hut vor Betrügern, ich m u ß ohne Vorsicht sein: so will es mein Los.

Du aber — m u ß t betrügen: soweit kenne ich dich! Du mußt immer zwei-, drei-, vier- und fünfdeutig sein! Auch was du jetzt bekanntest, war mir lange nicht wahr und nicht falsch genug!

Du schlimmer Falschmünzer, wie könntest du anders! Deine Krankheit würdest du noch schminken, wenn du dich deinem Arzte nackt zeigtest.

So schminktest du eben vor mir deine Lüge, als du sprachst: ‚Ich trieb's also n u r zum Spiele!' Es war auch E r n s t darin, du b i s t etwas von einem Büßer des Geistes!

Ich errate dich wohl: du wurdest der Bezauberer aller, aber gegen dich hast du keine Lüge und List mehr übrig, — du selber bist dir entzaubert!

Du erntetest den Ekel ein als deine e i n e Wahrheit. Kein Wort ist mehr an dir echt, aber dein Mund: nämlich der Ekel, der an deinem Munde klebt." — —

— „Wer bist du doch!" schrie hier der alte Zauberer mit einer trotzigen Stimme, „wer darf also zu m i r reden, dem Größten, der heute lebt?" — und ein grüner Blitz schoß aus seinem Auge nach Zarathustra. Aber gleich darauf verwandelte er sich und sagte traurig:

„O Zarathustra, ich bin's müde, es ekelt mich meiner

Künste, ich bin nicht g r o ß, was verstelle ich mich! Aber, du weißt es wohl — ich suchte nach Größe!

Einen großen Menschen wollte ich vorstellen und überredete viele: aber diese Lüge ging über meine Kraft. An ihr zerbreche ich.

O Zarathustra, alles ist Lüge an mir; aber daß ich zerbreche — dies mein Zerbrechen ist e c h t!" — —

„Es ehrt dich", sprach Zarathustra düster und zur Seite niederblickend, „es ehrt dich, daß du nach Größe suchtest, aber es verrät dich auch. Du bist nicht groß.

Du schlimmer alter Zauberer, d a s ist dein Bestes und Redlichstes, was ich an dir ehre, daß du deiner müde wurdest und es aussprachst: ‚Ich bin nicht groß.'

D a r i n ehre ich dich als einen Büßer des Geistes: und wenn auch nur für einen Hauch und Husch, diesen einen Augenblick warst du — echt.

Aber sprich, was suchst du hier in m e i n e n Wäldern und Felsen? Und wenn du m i r dich in den Weg legtest, welche Probe wolltest du von mir? —

— wes versuchtest du m i c h?" —

Also sprach Zarathustra, und seine Augen funkelten. Der alte Zauberer schwieg eine Weile, dann sagte er: „Versuchte ich dich? Ich — suche nur.

O Zarathustra, ich suche einen Echten, Rechten, Reinen, Einfachen, Eindeutigen, einen Menschen aller Redlichkeit, ein Gefäß der Weisheit, einen Heiligen der Erkenntnis, einen großen Menschen!

Weißt du es denn nicht, o Zarathustra? I c h s u c h e Z a r a t h u s t r a."

— Und hier entstand ein langes Stillschweigen zwischen beiden; Zarathustra aber versank tief hinein in sich selber, also daß er die Augen schloß. Dann aber, zu seinem Unterredner zurückkehrend, ergriff er die Hand des Zauberers und sprach voller Artigkeit und Arglist:

„Wohlan! Dort hinauf führt der Weg, da liegt die Höhle Zarathustras. In ihr darfst du suchen, wen du finden möchtest.

Und frage meine Tiere um Rat, meinen Adler und meine Schlange: die sollen dir suchen helfen. Meine Höhle aber ist groß.

Ich selber freilich — ich sah noch keinen großen Menschen.

Was groß ist, dafür ist das Auge der Feinsten heute grob. Es ist das Reich des Pöbels.

So manchen fand ich schon, der streckte und blähte sich, und das Volk schrie: ‚Seht da, einen großen Menschen!‘ Aber was helfen alle Blasebälge! Zuletzt fährt der Wind heraus.

Zuletzt platzt ein Frosch, der sich zu lange aufblies: da fährt der Wind heraus. Einem Geschwollnen in den Bauch stechen, das heiße ich eine brave Kurzweil. Hört das, ihr Knaben!

Dies Heute ist des Pöbels: wer w e i ß da noch, was groß, was klein ist! Wer suchte da mit Glück nach Größe! Ein Narr allein: den Narren glückt's.

Du suchst nach großen Menschen, du wunderlicher Narr? Wer l e h r t e 's dich? Ist heute dazu die Zeit? O du schlimmer Sucher, was — versuchst du mich?“ — —

Also sprach Zarathustra, getrösteten Herzens, und ging lachend seines Weges fürbaß.

AUSSER DIENST

Nicht lange aber, nachdem Zarathustra sich von dem Zauberer losgemacht hatte, sahe er wiederum jemanden am Wege sitzen, den er ging, nämlich einen schwarzen langen Mann mit einem hageren Bleichgesicht: d e r verdroß ihn gewaltig. „Wehe“, sprach er zu seinem Herzen, „da sitzt vermummte Trübsal, das dünkt mich von der Art der Priester: was wollen d i e in meinem Reiche?

Wie! Kaum bin ich jenem Zauberer entronnen: muß mir da wieder ein anderer Schwarzkünstler über den Weg laufen —

— irgendein Hexenmeister mit Handauflegen, ein dunkler Wundertäter von Gottes Gnaden, ein gesalbter Weltverleumder, den der Teufel holen möge!

Aber der Teufel ist nie am Platze, wo er am Platze wäre: immer kommt er zu spät, dieser vermaledeite Zwerg und Klumpfuß!“ —

Also fluchte Zarathustra ungeduldig in seinem Herzen und gedachte, wie er abgewandten Blicks an dem schwarzen Manne vorüberschlüpfe: aber siehe, es kam anders. Im gleichen

Augenblicke nämlich hatte ihn schon der Sitzende erblickt; und nicht unähnlich einem solchen, dem ein unvermutetes Glück zustößt, sprang er auf und ging auf Zarathustra los.

„Wer du auch bist, du Wandersmann", sprach er, „hilf einem Verirrten, einem Suchenden, einem alten Manne, der hier leicht zu Schaden kommt!

Diese Welt hier ist mir fremd und fern, auch hörte ich wilde Tiere heulen; und der, welcher mir hätte Schutz bieten können, der ist selber nicht mehr.

Ich suchte den letzten frommen Menschen, einen Heiligen und Einsiedler, der allein in seinem Walde noch nichts davon gehört hatte, was alle Welt heute weiß."

„W a s weiß heute alle Welt?" fragte Zarathustra. „Etwa dies, daß der alte Gott nicht mehr lebt, an den alle Welt einst geglaubt hat?"

„Du sagst es", antwortete der alte Mann betrübt. „Und ich diente diesem alten Gotte bis zu seiner letzten Stunde.

Nun aber bin ich außer Dienst, ohne Herrn, und doch nicht frei, auch keine Stunde mehr lustig, es sei denn in Erinnerungen.

Dazu stieg ich in diese Berge, daß ich endlich wieder ein Fest mir machte, wie es einem alten Papste und Kirchen-Vater zukommt: denn wisse, ich bin der letzte Papst! — ein Fest frommer Erinnerungen und Gottesdienste.

Nun aber ist er selber tot, der frömmste Mensch, jener Heilige im Walde, der seinen Gott beständig mit Singen und Brummen lobte.

Ihn selber fand ich nicht mehr, als ich seine Hütte fand, — wohl aber zwei Wölfe darin, welche um seinen Tod heulten — denn alle Tiere liebten ihn. Da lief ich davon.

Kam ich also umsonst in diese Wälder und Berge? Da entschloß sich mein Herz, daß ich einen anderen suchte, den Frömmsten aller derer, die nicht an Gott glauben —, daß ich Zarathustra suchte!"

Also sprach der Greis und blickte scharfen Auges den an, welcher vor ihm stand; Zarathustra aber ergriff die Hand des alten Papstes und betrachtete sie lange mit Bewunderung.

„Siehe da, du Ehrwürdiger", sagte er dann, „welche schöne und lange Hand! Das ist die Hand eines solchen, der immer Segen ausgeteilt hat. Nun aber hält sie den fest, welchen du suchst, mich, Zarathustra.

Ich bin's, der gottlose Zarathustra, der da spricht: wer ist gottloser als ich, daß ich mich seiner Unterweisung freue?" —

Also sprach Zarathustra und durchbohrte mit seinen Blicken die Gedanken und Hintergedanken des alten Papstes. Endlich begann dieser:

„Wer ihn am meisten liebte und besaß, der hat ihn nun am meisten auch verloren —:

— siehe, ich selber bin wohl von uns beiden jetzt der Gottlosere? Aber wer könnte daran sich freuen!" —

— „Du dientest ihm bis zuletzt", fragte Zarathustra nachdenklich nach einem tiefen Schweigen, „du weißt, *wie* er starb? Ist es wahr, was man spricht, daß ihn das Mitleiden erwürgte,

— daß er es sah, wie *der Mensch* am Kreuze hing, und es nicht ertrug, daß die Liebe zum Menschen seine Hölle und zuletzt sein Tod wurde?" — —

Der alte Papst aber antwortete nicht, sondern blickte scheu und mit einem schmerzlichen und düsteren Ausdrucke zur Seite.

„Laß ihn fahren", sagte Zarathustra nach einem langen Nachdenken, indem er immer noch dem alten Manne gerade ins Auge blickte.

„Laß ihn fahren, er ist dahin. Und ob es dich auch ehrt, daß du diesem Toten nur Gutes nachredest, so weißt du so gut als ich, *wer* er war; und daß er wunderliche Wege ging."

„Unter drei Augen gesprochen", sagte der alte Papst (denn er war auf einem Auge blind), „in Dingen Gottes bin ich aufgeklärter als Zarathustra selber — und darf es sein.

Meine Liebe diente ihm lange Jahre, mein Wille ging allem seinem Willen nach. Ein guter Diener aber weiß alles, und mancherlei auch, was sein Herr sich selbst verbirgt.

Es war ein verborgener Gott, voller Heimlichkeit. Wahrlich zu einem Sohne sogar kam er nicht anders als auf Schleichwegen. An der Tür seines Glaubens steht der Ehebruch.

Wer ihn als einen Gott der Liebe preist, denkt nicht hoch genug von der Liebe selber. Wollte dieser Gott nicht auch Richter sein? Aber der Liebende liebt jenseits von Lohn und Vergeltung.

Als er jung war, dieser Gott aus dem Morgenlande, da

war er hart und rachsüchtig und erbaute sich eine Hölle zum Ergötzen seiner Lieblinge.

Endlich aber wurde er alt und weich und mürbe und mitleidig, einem Großvater ähnlicher als einem Vater, am ähnlichsten aber einer wackeligen alten Großmutter.

Da saß er, welk, in seinem Ofenwinkel, härmte sich ob seiner schwachen Beine, weltmüde, willensmüde, und erstickte eines Tags an seinem allzu großen Mitleiden" — —

„Du alter Papst", sagte hier Zarathustra dazwischen, „hast du das mit Augen angesehn? Es könnte wohl so abgegangen sein: so, und auch anders. Wenn Götter sterben, sterben sie immer viele Arten Todes.

Aber wohlan! So oder so, so und so — er ist dahin! Er ging meinen Ohren und Augen wider den Geschmack, Schlimmeres möchte ich ihm nicht nachsagen.

Ich liebe alles, was hell blickt und redlich redet. Aber er — du weißt es ja, du alter Priester, es war etwas von deiner Art an ihm, von Priester-Art — er war vieldeutig.

Er war auch undeutlich. Was hat er uns darob gezürnt, dieser Zornschnauber, daß wir ihn schlecht verstünden! Aber warum sprach er nicht reinlicher?

Und lag es an unsern Ohren, warum gab er uns Ohren, die ihn schlecht hörten? War Schlamm in unsern Ohren, wohlan! wer legte ihn hinein?

Zu vieles mißriet ihm, diesem Töpfer, der nicht ausgelernt hatte! Daß er aber Rache an seinen Töpfen und Geschöpfen nahm, dafür daß sie ihm schlecht gerieten, — das war eine Sünde wider den guten Geschmack.

Es gibt auch in der Frömmigkeit guten Geschmack: der sprach endlich: ‚Fort mit einem solchen Gotte! Lieber keinen Gott, lieber auf eigne Faust Schicksal machen, lieber Narr sein, lieber selber Gott sein!'"

— „Was höre ich!" sprach hier der alte Papst mit gespitzten Ohren; „o Zarathustra, du bist frömmer, als du glaubst, mit einem solchen Unglauben! Irgendein Gott in dir bekehrte dich zu deiner Gottlosigkeit.

Ist es nicht deine Frömmigkeit selber, die dich nicht mehr an einen Gott glauben läßt? Und deine übergroße Redlichkeit wird dich auch noch jenseits von Gut und Böse wegführen!

Siehe doch, was blieb dir aufgespart? Du hast Augen und

Hand und Mund, die sind zum Segnen vorherbestimmt seit Ewigkeit. Man segnet nicht mit der Hand allein.

In deiner Nähe, ob du schon der Gottloseste sein willst, wittere ich einen heimlichen Weih- und Wohlgeruch von langen Segnungen: mir wird wohl und wehe dabei.

Laß mich deinen Gast sein, o Zarathustra, für eine einzige Nacht! Nirgends auf Erden wird es mir jetzt wohler als bei dir!" —

„Amen! So soll es sein!" sprach Zarathustra mit großer Verwunderung, „dort hinauf führt der Weg, da liegt die Höhle Zarathustras.

Gerne, fürwahr, würde ich dich selber dahin geleiten, du Ehrwürdiger, denn ich liebe alle frommen Menschen. Aber jetzt ruft mich eilig ein Notschrei weg von dir.

In meinem Bereiche soll mir niemand zu Schaden kommen; meine Höhle ist ein guter Hafen. Und am liebsten möchte ich jedweden Traurigen wieder auf festes Land und feste Beine stellen.

Wer aber nähme dir d e i n e Schwermut von der Schulter? Dazu bin ich zu schwach. Lange, wahrlich, möchten wir warten, bis dir einer deinen Gott wieder aufweckt.

Dieser alte Gott nämlich lebt nicht mehr: der ist gründlich tot." —

Also sprach Zarathustra.

DER HÄSSLICHSTE MENSCH

— Und wieder liefen Zarathustras Füße durch Berge und Wälder, und seine Augen suchten und suchten, aber nirgends war der zu sehen, welchen sie sehn wollten, der große Notleidende und Notschreiende. Auf dem ganzen Wege aber frohlockte er in seinem Herzen und war dankbar. „Welche guten Dinge", sprach er, „schenkte mir doch dieser Tag, zum Entgelt, daß er schlimm begann! Welche seltsame Unterredner fand ich!

An deren Worten will ich lange nun kauen gleich als an guten Körnern; klein soll mein Zahn sie mahlen und malmen, bis sie mir wie Milch in die Seele fließen!" —

Als aber der Weg wieder um einen Felsen bog, veränderte sich mit einem Male die Landschaft, und Zarathustra trat in ein Reich des Todes. Hier starrten schwarze und rote Klippen empor: kein Gras, kein Baum, keine Vogelstimme. Es war nämlich ein Tal, welches alle Tiere mieden, auch die Raubtiere; nur daß eine Art häßlicher, dicker, grüner Schlangen, wenn sie alt wurden, hierher kamen, um zu sterben. Darum nannten dies Tal die Hirten: Schlangen-Tod.

Zarathustra aber versank in eine schwarze Erinnerung, denn ihm war, als habe er schon einmal in diesem Tal gestanden. Und vieles Schwere legte sich ihm über den Sinn: also, daß er langsam ging und immer langsamer und endlich stillstand. Da aber sahe er, als er die Augen auftat, etwas, das am Wege saß, gestaltet wie ein Mensch und kaum wie ein Mensch, etwas Unaussprechliches. Und mit einem Schlage überfiel Zarathustra die große Scham darob, daß er so etwas mit den Augen angesehn habe: errötend bis hinauf an sein weißes Haar, wandte er den Blick ab und hob den Fuß, daß er diese schlimme Stelle verlasse. Da aber wurde die tote Öde laut: vom Boden auf nämlich quoll es gurgelnd und röchelnd, wie Wasser nachts durch verstopfte Wasserröhren gurgelt und röchelt; und zuletzt wurde daraus eine Menschenstimme und Menschenrede: — die lautete also.

„Zarathustra! Zarathustra! Rate mein Rätsel! Sprich, sprich! Was ist die Rache am Zeugen?

Ich locke dich zurück, hier ist glattes Eis! Sieh zu, sieh zu, ob dein Stolz sich hier nicht die Beine bricht!

Du dünkst dich weise, du stolzer Zarathustra! So rate doch das Rätsel, du harter Nüsseknacker, — das Rätsel, das ich bin! So sprich doch: wer bin ich!“

— Als aber Zarathustra diese Worte gehört hatte, — was glaubt ihr wohl, daß sich da mit seiner Seele zutrug? Das Mitleiden fiel ihn an; und er sank mit einem Male nieder, wie ein Eichbaum, der lange vielen Holzschlägern widerstanden hat, — schwer, plötzlich, zum Schrecken selber für die, welche ihn fällen wollten. Aber schon stand er wieder vom Boden auf, und sein Antlitz wurde hart.

„Ich erkenne dich wohl“, sprach er mit einer erzenen Stimme: „du bist der Mörder Gottes! Laß mich gehn.

Du ertrugst den nicht, der dich sah, — der dich immer und durch und durch sah, du häßlichster Mensch! Du nahmst Rache an diesem Zeugen!“

Also sprach Zarathustra und wollte davon; aber der Unaussprechliche faßte nach einem Zipfel seines Gewandes und begann von neuem zu gurgeln und nach Worten zu suchen. „Bleib!“ sagte er endlich —

— „bleib! Geh nicht vorüber! Ich erriet, welche Axt dich zu Boden schlug: Heil dir, o Zarathustra, daß du wieder stehst!

Du errietest, ich weiß es gut, wie dem zu Mute ist, der ihn tötete, — dem Mörder Gottes. Bleib! Setze dich her zu mir, es ist nicht umsonst.

Zu wem wollte ich, wenn nicht zu dir? Bleib, setze dich! Blicke mich aber nicht an! Ehre also — meine Häßlichkeit!

Sie verfolgen mich: nun bist du meine letzte Zuflucht. Nicht mit ihrem Hasse, nicht mit ihren Häschern: — oh, solcher Verfolgung würde ich spotten und stolz und froh sein!

War nicht aller Erfolg bisher bei den Gut-Verfolgten? Und wer gut verfolgt, lernt leicht folgen: — ist er doch einmal — hinterher! Aber ihr Mitleid ist's —

— ihr Mitleid ist's, vor dem ich flüchte und dir zuflüchte. O Zarathustra, schütze mich, du meine letzte Zuflucht, du einziger, der mich erriet:

— du errietest, wie dem zu Mute ist, welcher ihn tötete. Bleib! Und willst du gehn, du Ungeduldiger: geh nicht den Weg, den ich kam. Der Weg ist schlecht.

Zürnst du mir, daß ich zu lange schon rede-radebreche? Daß ich schon dir rate? Aber wisse, ich bin's, der häßlichste Mensch,

— der auch die größten, schwersten Füße hat. Wo ich ging, ist der Weg schlecht. Ich trete alle Wege tot und zuschanden.

Daß du aber an mir vorübergingst, schweigend; daß du errötetest, ich sah es wohl: daran erkannte ich dich als Zarathustra.

Jedweder andere hätte mir sein Almosen zugeworfen, sein Mitleiden, mit Blick und Rede. Aber dazu — bin ich nicht Bettler genug, das errietest du —

— dazu bin ich zu reich, reich an Großem, an Furchtbarem, am Häßlichsten, am Unaussprechlichsten! Deine Scham. o Zarathustra, ehrte mich!

Mit Not kam ich heraus aus dem Gedräng der Mitleidigen,

— daß ich den einzigen fände, der heute lehrt ‚Mitleiden ist zudringlich' — dich, o Zarathustra!

— sei es eines Gottes, sei es der Menschen Mitleiden: Mitleiden geht gegen die Scham. Und Nicht-helfen-Wollen kann vornehmer sein als jene Tugend, die zuspringt.

Das aber heißt heute Tugend selber bei allen kleinen Leuten, das Mitleiden: — die haben keine Ehrfurcht vor großem Unglück, vor großer Häßlichkeit, vor großem Mißraten.

Über diese alle blicke ich hinweg, wie ein Hund über die Rücken wimmelnder Schafherden wegblickt. Es sind kleine, wohlwollige, wohlwillige, graue Leute.

Wie ein Reiher verachtend über flache Teiche wegblickt, mit zurückgelegtem Kopfe: so blicke ich über das Gewimmel grauer kleiner Wellen und Willen und Seelen weg.

Zu lange hat man ihnen Recht gegeben, diesen kleinen Leuten: so gab man ihnen endlich auch die Macht — nun lehren sie: ‚Gut ist nur, was kleine Leute gutheißen.'

Und ‚Wahrheit' heißt heute, was der Prediger sprach, der selber aus ihnen herkam, jener wunderliche Heilige und Fürsprecher der kleinen Leute, welcher von sich zeugte: ‚Ich — bin die Wahrheit.'

Dieser Unbescheidne macht nun lange schon den kleinen Leuten den Kamm hoch schwellen — er, der keinen kleinen Irrtum lehrte, als er lehrte: ‚Ich — bin die Wahrheit.'

Ward einem Unbescheidnen jemals höflicher geantwortet? — Du aber, o Zarathustra, gingst an ihm vorüber und sprachst: ‚Nein! Nein! Dreimal Nein!'

Du warntest vor seinem Irrtum, du warntest als der erste vor dem Mitleiden — nicht alle, nicht keinen, sondern dich und deine Art.

Du schämst dich an der Scham des großen Leidenden; und wahrlich, wenn du sprichst: ‚Von dem Mitleiden her kommt eine große Wolke, habt acht, ihr Menschen!'

— wenn du lehrst: ‚Alle Schaffenden sind hart, alle große Liebe ist über ihrem Mitleiden': o Zarathustra, wie gut dünkst du mich eingelernt auf Wetter-Zeichen!

Du selber aber — warne dich selber auch vor deinem Mitleiden! Denn viele sind zu dir unterwegs, viele Leidende, Zweifelnde, Verzweifelnde, Ertrinkende, Frierende —

Ich warne dich auch vor mir. Du errietest mein bestes,

schlimmstes Rätsel, mich selber und was ich tat. Ich kenne die Axt, die dich fällt.

Aber er — mußte sterben: er sah mit Augen, welche alles sahn, — er sah des Menschen Tiefen und Gründe, alle seine verhehlte Schmach und Häßlichkeit.

Sein Mitleiden kannte keine Scham: er kroch in meine schmutzigsten Winkel. Dieser Neugierigste, Über-Zudringliche, Über-Mitleidige mußte sterben.

Er sah immer mich: an einem solchen Zeugen wollte ich Rache haben — oder selber nicht leben.

Der Gott, der alles sah, auch den Menschen: dieser Gott mußte sterben! Der Mensch erträgt es nicht, daß solch ein Zeuge lebt."

Also sprach der häßlichste Mensch. Zarathustra aber erhob sich und schickte sich an fortzugehn: denn ihn fröstelte bis in seine Eingeweide.

„Du Unaussprechlicher", sagte er, „du warntest mich vor deinem Wege. Zum Danke dafür lobe ich dir den meinen. Siehe, dort hinauf liegt die Höhle Zarathustras.

Meine Höhle ist groß und tief und hat viele Winkel; da findet der Versteckteste sein Versteck. Und dicht bei ihr sind hundert Schlüpfe und Schliche für kriechendes, flatterndes und springendes Getier.

Du Ausgestoßener, der du dich selber ausstießest, du willst nicht unter Menschen und Menschen-Mitleid wohnen? Wohlan, so tu's mir gleich! So lernst du auch von mir; nur der Täter lernt.

Und rede zuerst und -nächst mit meinen Tieren! Das stolzeste Tier und das klügste Tier — die möchten uns beiden wohl die rechten Ratgeber sein!" — —

Also sprach Zarathustra und ging seiner Wege, nachdenklicher und langsamer noch als zuvor: denn er fragte sich vieles und wußte sich nicht leicht zu antworten.

„Wie arm ist doch der Mensch!" dachte er in seinem Herzen, „wie häßlich, wie röchelnd, wie voll verborgener Scham!

Man sagt mir, daß der Mensch sich selber liebe: ach, wie groß muß diese Selber-Liebe sein! Wieviel Verachtung hat sie wider sich!

Auch dieser da liebte sich, wie er sich verachtete, — ein großer Liebender ist er mir und ein großer Verächter.

Keinen fand ich noch, der sich tiefer verachtet hätte: auch d a s ist Höhe. Wehe, war d e r vielleicht der höhere Mensch, dessen Schrei ich hörte?

Ich liebe die großen Verachtenden. Der Mensch aber ist etwas, das überwunden werden muß." — —

DER FREIWILLIGE BETTLER

Als Zarathustra den häßlichsten Menschen verlassen hatte, fror ihn, und er fühlte sich einsam: es ging ihm nämlich vieles Kalte und Einsame durch die Sinne, also, daß darob auch seine Glieder kälter wurden. Indem er aber weiter und weiter stieg. hinauf, hinab, bald an grünen Weiden vorbei, aber auch über wilde steinichte Lager, wo ehedem wohl ein ungeduldiger Bach sich zu Bett gelegt hatte: da wurde ihm mit einem Male wieder wärmer und herzlicher zu Sinne.

„Was geschah mir doch?" fragte er sich, „etwas Warmes und Lebendiges erquickt mich, das muß in meiner Nähe sein.

Schon bin ich weniger allein; unbewußte Gefährten und Brüder schweifen um mich, ihr warmer Atem rührt an meine Seele."

Als er aber um sich spähete und nach den Tröstern seiner Einsamkeit suchte: siehe, da waren es Kühe, welche auf einer Anhöhe beieinander standen; deren Nähe und Geruch hatten sein Herz erwärmt. Diese Kühe aber schienen mit Eifer einem Redenden zuzuhören und gaben nicht auf den acht, der herankam. Wie aber Zarathustra ganz in ihrer Nähe war, hörte er deutlich, daß eine Menschen-Stimme aus der Mitte der Kühe heraus redete; und ersichtlich hatten sie allesamt ihre Köpfe dem Redenden zugedreht.

Da sprang Zarathustra mit Eifer hinauf und drängte die Tiere auseinander, denn er fürchtete, daß hier jemandem ein Leids geschehen sei, welchem schwerlich das Mitleid von Kühen abhelfen mochte. Aber darin hatte er sich getäuscht; denn siehe, da saß ein Mensch auf der Erde und schien den Tieren zuzureden, daß sie keine Scheu vor ihm haben sollten, ein friedfertiger Mensch und Berg-Prediger, aus dessen Augen die Güte selber predigte. „Was suchst du hier?“ rief Zarathustra mit Befremden.

„Was ich hier suche?“ antwortete er: „dasselbe, was du suchst, du Störenfried! nämlich das Glück auf Erden.

Dazu aber möchte ich von diesen Kühen lernen. Denn, weißt du wohl, einen halben Morgen schon rede ich ihnen zu, und eben wollten sie mir Bescheid geben. Warum doch störst du sie?

So wir nicht umkehren und werden wie die Kühe, so kommen wir nicht in das Himmelreich. Wir sollten ihnen nämlich eins ablernen: das Wiederkäuen.

Und wahrlich, wenn der Mensch auch die ganze Welt gewönne und lernte das eine nicht, das Wiederkäuen: was hülfe es! Er würde nicht seine Trübsal los

— seine große Trübsal: die aber heißt heute E k e l. Wer hat heute von Ekel nicht Herz, Mund und Augen voll? Auch du! Auch du! Aber siehe doch diese Kühe an!“ —

Also sprach der Berg-Prediger und wandte dann seinen eignen Blick Zarathustra zu, — denn bisher hing er mit Liebe an den Kühen —: da aber verwandelte er sich. „Wer ist das, mit dem ich rede?“ rief er erschreckt und sprang vom Boden empor.

„Dies ist der Mensch ohne Ekel, dies ist Zarathustra selber, der Überwinder des großen Ekels, dies ist das Auge, dies ist der Mund, dies ist das Herz Zarathustras selber.“

Und indem er also sprach, küßte er dem, zu welchem er redete, die Hände, mit überströmenden Augen, und gebärdete sich ganz als einer, dem ein kostbares Geschenk und Kleinod unversehens vom Himmel fällt. Die Kühe aber schauten dem allen zu und wunderten sich.

„Sprich nicht von mir, du Wunderlicher! Lieblicher!“ sagte Zarathustra und wehrte seiner Zärtlichkeit, „sprich mir erst von dir! Bist du nicht der freiwillige Bettler, der einst einen großen Reichtum von sich warf, —

— der sich seines Reichtums schämte und der Reichen, und zu den Ärmsten floh, daß er ihnen seine Fülle und sein Herz schenke? Aber sie nahmen ihn nicht an.“

„Aber sie nahmen mich nicht an“, sagte der freiwillige Bettler, „du weißt es ja. So ging ich endlich zu den Tieren und zu diesen Kühen.“

„Da lerntest du“, unterbrach Zarathustra den Redenden,

„wie es schwerer ist, recht geben als recht nehmen, und daß gut schenken eine **K u n s t** ist und die letzte listigste Meister-Kunst der Güte."

„Sonderlich heutzutage", antwortete der freiwillige Bettler: „heute nämlich, wo alles Niedrige aufständisch ward und scheu und auf seine Art hoffärtig: nämlich auf Pöbel-Art.

Denn es kam die Stunde, du weißt es ja, für den großen, schlimmen, langen, langsamen Pöbel- und Sklaven-Aufstand: der wächst und wächst!

Nun empört die Niedrigen alles Wohltun und kleine Weggeben; und die Überreichen mögen auf der Hut sein!

Wer heute gleich bauchichten Flaschen tröpfelt aus allzu schmalen Hälsen: — solchen Flaschen bricht man heute gern den Hals.

Lüsterne Gier, gallichter Neid, vergrämte Rachsucht, Pöbel-Stolz: das sprang mir alles ins Gesicht. Es ist nicht mehr wahr, daß die Armen selig sind. Das Himmelreich aber ist bei den Kühen."

„Und warum ist es nicht bei den Reichen?" fragte Zarathustra versuchend, während er den Kühen wehrte, die den Friedfertigen zutraulich anschnauften.

„Was versuchst du mich?" antwortete dieser. „Du weißt es selber besser noch als ich. Was trieb mich doch zu den Ärmsten, o Zarathustra? War es nicht der Ekel vor unsern Reichsten?

— vor den Sträflingen des Reichtums, welche sich ihren Vorteil aus jedem Kehricht auflesen, mit kalten Augen, geilen Gedanken, vor diesem Gesindel, das gen Himmel stinkt,

— vor diesem vergüldeten verfälschten Pöbel, dessen Väter Langfinger oder Aasvögel oder Lumpensammler waren, mit Weibern willfährig, lüstern, vergeßlich — sie haben's nämlich alle nicht weit zur Hure —

Pöbel oben, Pöbel unten! Was ist heute noch ‚Arm' und ‚Reich'! Diesen Unterschied verlernte ich, — da floh ich davon, weiter, immer weiter, bis ich zu diesen Kühen kam."

Also sprach der Friedfertige und schnaufte selber und schwitzte bei seinen Worten: also daß die Kühe sich von neuem wunderten. Zarathustra aber sah ihm immer mit Lächeln ins Gesicht, als er so hart redete, und schüttelte dazu schweigend den Kopf.

„Du tust dir Gewalt an, du Berg-Prediger, wenn du solche

harte Worte brauchst. Für solche Härte wuchs dir nicht der Mund, nicht das Auge.

Auch, wie mich dünkt, dein Magen selber nicht: dem widersteht all solches Zürnen und Hassen und Überschäumen. Dein Magen will sanftere Dinge: du bist kein Fleischer.

Vielmehr dünkst du mich ein Pflanzer und Wurzelmann. Vielleicht malmst du Körner. Sicherlich aber bist du fleischlichen Freuden abhold und liebst den Honig."

„Du errietst mich gut", antwortete der freiwillige Bettler mit erleichtertem Herzen. „Ich liebe den Honig, ich malme auch Körner, denn ich suchte, was lieblich mundet und reinen Atem macht:

— auch was lange Zeit braucht, ein Tag- und Maul-Werk für sanfte Müßiggänger und Tagediebe.

Am weitesten freilich brachten es diese Kühe: die erfanden sich das Wiederkäuen und In-der-Sonne-Liegen. Auch enthalten sie sich aller schweren Gedanken, welche das Herz blähn."

— „Wohlan!" sagte Zarathustra: „du solltest auch meine Tiere sehn, meinen Adler und meine Schlange, — ihresgleichen gibt es heute nicht auf Erden.

Siehe, dorthin führt der Weg zu meiner Höhle: sei diese Nacht ihr Gast. Und rede mit meinen Tieren vom Glück der Tiere, —

— bis ich selber heimkomme. Denn jetzt ruft ein Notschrei mich eilig weg von dir. Auch findest du neuen Honig bei mir, eisfrischen Waben-Goldhonig: den iß!

Jetzt aber nimm flugs Abschied von deinen Kühen, du Wunderlicher! Lieblicher! ob es dir schon schwer werden mag. Denn es sind deine wärmsten Freunde und Lehrmeister!" —

„— Einen ausgenommen, den ich noch lieber habe", antwortete der freiwillige Bettler. „Du selber bist gut, und besser noch als eine Kuh, o Zarathustra!"

„Fort, fort mit dir! du arger Schmeichler!" schrie Zarathustra mit Bosheit, „was verdirbst du mich mit solchem Lob und Schmeichel-Honig?"

„Fort, fort von mir!" schrie er noch einmal und schwang seinen Stock nach dem zärtlichen Bettler: der aber lief hurtig davon.

DER SCHATTEN

Kaum aber war der freiwillige Bettler davongelaufen und Zarathustra wieder mit sich allein, da hörte er hinter sich eine neue Stimme, die rief: „Halt! Zarathustra! So warte doch! Ich bin's ja, o Zarathustra, ich, dein Schatten!" Aber Zarathustra wartete nicht, denn ein plötzlicher Verdruß überkam ihn ob des vielen Zudrangs und Gedrängs in seinen Bergen. „Wo ist meine Einsamkeit hin?" sprach er.

„Es wird mir wahrlich zu viel; dies Gebirge wimmelt, mein Reich ist nicht mehr von dieser Welt, ich brauche neue Berge.

Mein Schatten ruft mich? Was liegt an meinem Schatten! Mag er mir nachlaufen! ich — laufe ihm davon."

Also sprach Zarathustra zu seinem Herzen und lief davon. Aber der, welcher hinter ihm war, folgte ihm nach: so daß alsbald drei Laufende hinter einander her waren, nämlich voran der freiwillige Bettler, dann Zarathustra und zudritt und -hinterst sein Schatten. Nicht lange liefen sie so, da kam Zarathustra zur Besinnung über seine Torheit und schüttelte mit einem Rucke allen Verdruß und Überdruß von sich.

„Wie!" sprach er, „geschahen nicht von je die lächerlichsten Dinge bei uns alten Einsiedlern und Heiligen?

Wahrlich, meine Torheit wuchs hoch in den Bergen! Nun höre ich sechs alte Narren-Beine hintereinander herklappern!

Darf aber Zarathustra sich wohl vor einem Schatten fürchten? Auch dünkt mich zu guter Letzt, daß er längere Beine hat als ich."

Also sprach Zarathustra, lachend mit Augen und Eingeweiden, blieb stehen und drehte sich schnell herum — und siehe, fast warf er dabei seinen Nachfolger und Schatten zu Boden: so dicht schon folgte ihm derselbe auf den Fersen, und so schwach war er auch. Als er ihn nämlich mit Augen prüfte, erschrak er wie vor einem plötzlichen Gespenste: so dünn, schwärzlich, hohl und überlebt sah dieser Nachfolger aus.

„Wer bist du?" fragte Zarathustra heftig, „was treibst du hier? Und weshalb heißest du dich meinen Schatten? Du gefällst mir nicht."

„Vergib mir", antwortete der Schatten, „daß ich's bin;

und wenn ich dir nicht gefalle, wohlan, o Zarathustra! darin lobe ich dich und deinen guten Geschmack.

Ein Wanderer bin ich, der viel schon hinter deinen Fersen herging: immer unterwegs, aber ohne Ziel, auch ohne Heim: also daß mir wahrlich wenig zum ewigen Juden fehlt, es sei denn, daß ich nicht ewig und auch nicht Jude bin.

Wie? Muß ich immerdar unterwegs sein? Von jedem Winde gewirbelt, unstet, fortgetrieben? O Erde, du wardst mir zu rund!

Auf jeder Oberfläche saß ich schon, gleich müdem Staube schlief ich ein auf Spiegeln und Fensterscheiben: alles nimmt von mir, nichts gibt, ich werde dünn, — fast gleiche ich einem Schatten.

Dir aber, o Zarathustra, flog und zog ich am längsten nach, und, verbarg ich mich schon vor dir, so war ich doch dein bester Schatten: wo du nur gesessen hast, saß ich auch.

Mit dir bin ich in fernsten, kältesten Welten umgegangen, einem Gespenste gleich, das freiwillig über Winterdächer und Schnee läuft.

Mit dir strebte ich in jedes Verbotene, Schlimmste, Fernste: und wenn irgend etwas an mir Tugend ist, so ist es, daß ich vor keinem Verbote Furcht hatte.

Mit dir zerbrach ich, was je mein Herz verehrte, alle Grenzsteine und Bilder warf ich um, den gefährlichsten Wünschen lief ich nach, — wahrlich, über jedwedes Verbrechen lief ich einmal hinweg.

Mit dir verlernte ich den Glauben an Worte und Werte und große Namen. Wenn der Teufel sich häutet, fällt da nicht auch sein Name ab? Der ist nämlich auch Haut. Der Teufel selber ist vielleicht — Haut.

‚Nichts ist wahr, alles ist erlaubt': so sprach ich mir zu. In die kältesten Wasser stürzte ich mich, mit Kopf und Herzen. Ach, wie oft stand ich darob nackt als roter Krebs da!

Ach, wohin kam mir alles Gute und alle Scham und aller Glaube an die Guten! Ach, wohin ist jene verlogne Unschuld, die ich einst besaß, die Unschuld der Guten und ihrer edlen Lügen!

Zu oft, wahrlich, folgte ich der Wahrheit dicht auf dem Fuße: da trat sie mir vor den Kopf. Manchmal meinte ich zu lügen, und siehe! da erst traf ich — die Wahrheit.

Zu viel klärte sich mir auf: nun geht es mich nichts mehr

an. Nichts lebt mehr, das ich liebe, — wie sollte ich noch mich selber lieben?

‚Leben, wie ich Lust habe, oder gar nicht leben': so will ich's, so will's auch der Heiligste. Aber, wehe! wie habe ich noch — Lust?

Habe ich — noch ein Ziel? Einen Hafen, nach dem mein Segel läuft?

Einen guten Wind? Ach, nur wer weiß, wohin er fährt, weiß auch, welcher Wind gut und sein Fahrwind ist.

Was blieb mir noch zurück? Ein Herz, müde und frech; ein unsteter Wille; Flatter-Flügel; ein zerbrochnes Rückgrat.

Dies Suchen nach meinem Heim: o Zarathustra, weißt du wohl, dies Suchen war meine Heimsuchung, es frißt mich auf.

‚Wo ist — mein Heim?' Danach frage und suche und suchte ich, das fand ich nicht. O ewiges Überall, o ewiges Nirgendwo, o ewiges — Umsonst!"

Also sprach der Schatten, und Zarathustras Gesicht verlängerte sich bei seinen Worten. „Du bist mein Schatten!" sagte er endlich, mit Traurigkeit.

„Deine Gefahr ist keine kleine, du freier Geist und Wanderer! Du hast einen schlimmen Tag gehabt: sieh zu, daß dir nicht noch ein schlimmerer Abend kommt!

Solchen Unsteten, wie du, dünkt zuletzt auch ein Gefängnis selig. Sahst du je, wie eingefangne Verbrecher schlafen? Sie schlafen ruhig, sie genießen ihre neue Sicherheit.

Hüte dich, daß dich nicht am Ende noch ein enger Glaube einfängt, ein harter strenger Wahn! Dich nämlich verführt und versucht nunmehr jegliches, das eng und fest ist.

Du hast das Ziel verloren: wehe, wie wirst du diesen Verlust verscherzen und verschmerzen? Damit — hast du auch den Weg verloren!

Du armer Schweifender, Schwärmender, du müder Schmetterling! willst du diesen Abend eine Rast und Heimstätte haben? So gehe hinauf zu meiner Höhle!

Dorthin führt der Weg zu meiner Höhle. Und jetzo will ich schnell wieder von dir davonlaufen. Schon liegt es wie ein Schatten auf mir.

Ich will allein laufen, daß es wieder hell um mich werde.

Dazu muß ich noch lange lustig auf den Beinen sein. Des Abends aber wird bei mir — getanzt!" — —

Also sprach Zarathustra.

MITTAGS

— Und Zarathustra lief und lief und fand niemanden mehr und war allein und fand immer wieder sich und genoß und schlürfte seine Einsamkeit und dachte an gute Dinge, — stundenlang. Um die Stunde des Mittags aber, als die Sonne gerade über Zarathustras Haupte stand, kam er an einem alten, krummen und knorrichten Baume vorbei, der von der reichen Liebe eines Weinstocks rings umarmt und vor sich selber verborgen war: von dem hingen gelbe Trauben in Fülle dem Wandernden entgegen. Da gelüstete ihn, einen kleinen Durst zu löschen und sich eine Traube abzubrechen; als er aber schon den Arm dazu ausstreckte, da gelüstete ihn etwas anderes noch mehr: nämlich sich neben den Baum niederzulegen, um die Stunde des vollkommnen Mittags, und zu schlafen.

Dies tat Zarathustra; und sobald er auf dem Boden lag, in der Stille und Heimlichkeit des bunten Grases, hatte er auch schon seinen kleinen Durst vergessen und schlief ein. Denn, wie das Sprichwort Zarathustras sagt: eins ist notwendiger als das andre. Nur daß seine Augen offenblieben: — sie wurden nämlich nicht satt, den Baum und die Liebe des Weinstocks zu sehn und zu preisen. Im Einschlafen aber sprach Zarathustra also zu seinem Herzen:

„Still! Still! Ward die Welt nicht eben vollkommen? Was geschieht mir doch?

Wie ein zierlicher Wind, ungesehn, auf getäfeltem Meere tanzt, leicht, federleicht: so — tanzt der Schlaf auf mir.

Kein Auge drückt er mir zu, die Seele läßt er mir wach. Leicht ist er, wahrlich! federleicht.

Er überredet mich, ich weiß nicht wie, er betupft mich innewendig mit schmeichelnder Hand, er zwingt mich. Ja, er zwingt mich, daß meine Seele sich ausstreckt: —

— wie sie mir lang und müde wird, meine wunderliche Seele! Kam ihr eines siebenten Tages Abend gerade am

Mittage? Wandelte sie zu lange schon selig zwischen guten und reifen Dingen?

Sie streckt sich lang aus, lang, — länger! sie liegt stille, meine wunderliche Seele. Zu viel Gutes hat sie schon geschmeckt, diese goldene Traurigkeit drückt sie, sie verzieht den Mund.

— Wie ein Schiff, das in seine stillste Bucht einlief: — nun lehnt es sich an die Erde, der langen Reisen müde und der ungewissen Meere. Ist die Erde nicht treuer?

Wie solch ein Schiff sich dem Lande anlegt, anschmiegt: — da genügt's, daß eine Spinne vom Lande her zu ihm ihren Faden spinnt. Keiner stärkeren Taue bedarf es da.

Wie solch ein müdes Schiff in der stillsten Bucht: so ruhe auch ich nun der Erde nahe, treu, zutrauend, wartend, mit den leisesten Fäden ihr angebunden.

O Glück! O Glück! Willst du wohl singen, o meine Seele? Du liegst im Grase. Aber das ist die heimliche feierliche Stunde, wo kein Hirt seine Flöte bläst.

Scheue dich! Heißer Mittag schläft auf den Fluren. Singe nicht! Still! Die Welt ist vollkommen.

Singe nicht, du Gras-Geflügel, o meine Seele! Flüstere nicht einmal! Sieh doch — still! der alte Mittag schläft, er bewegt den Mund: trinkt er nicht eben einen Tropfen Glücks —

— einen alten braunen Tropfen goldenen Glücks, goldenen Weins? Es huscht über ihn hin, sein Glück lacht. So — lacht ein Gott. Still! —

— ‚Zum Glück, wie wenig genügt schon zum Glücke!' So sprach ich einst, und dünkte mich klug. Aber es war eine Lästerung: das lernte ich nun. Kluge Narrn reden besser.

Das Wenigste gerade, das Leiseste, Leichteste, einer Eidechse Rascheln, ein Hauch, ein Husch, ein Augen-Blick — wenig macht die Art des besten Glücks. Still!

— Was geschah mir: horch! Flog die Zeit wohl davon? Falle ich nicht? Fiel ich nicht — horch! in den Brunnen der Ewigkeit?

— Was geschieht mir? Still! Es sticht mich — wehe — ins Herz? Ins Herz! O zerbrich, zerbrich, Herz, nach solchem Glücke, nach solchem Stiche!

— Wie? Ward die Welt nicht eben vollkommen? Rund

und reif? O des goldenen runden Reifs — wohin fliegt er wohl? Laufe ich ihm nach! Husch!

Still — —" (und hier dehnte sich Zarathustra und fühlte, daß er schlafe).

„Auf!" sprach er zu sich selber, „du Schläfer! Du Mittagsschläfer! Wohlan, wohlauf, ihr alten Beine! Zeit ist's und Überzeit, manch gut Stück Wegs blieb euch noch zurück —

Nun schlieft ihr euch aus, wie lange doch? Eine halbe Ewigkeit! Wohlan, wohlauf nun, mein altes Herz! Wie lange erst darfst du nach solchem Schlaf — dich auswachen?"

(Aber da schlief er schon von neuem ein, und seine Seele sprach gegen ihn und wehrte sich und legte sich wieder hin) — „Laß mich doch! Still! Ward nicht die Welt eben vollkommen? O des goldnen runden Balls!" —

„Steh auf", sprach Zarathustra, „du kleine Diebin, du Tagediebin! Wie? Immer noch sich strecken, gähnen, seufzen, hinunterfallen in tiefe Brunnen?

Wer bist du doch! O meine Seele!" (und hier erschrak er, denn ein Sonnenstrahl fiel vom Himmel herunter auf sein Gesicht).

„O Himmel über mir", sprach er seufzend und setzte sich aufrecht, „du schaust mir zu? Du horchst meiner wunderlichen Seele zu?

Wann trinkst du diesen Tropfen Taus, der auf alle Erden-Dinge niederfiel, — wann trinkst du diese wunderliche Seele —

— wann, Brunnen der Ewigkeit! du heiterer, schauerlicher Mittags-Abgrund! wann trinkst du meine Seele in dich zurück?"

Also sprach Zarathustra und erhob sich von seinem Lager am Baume wie aus einer fremden Trunkenheit: und siehe, da stand die Sonne immer noch gerade über seinem Haupte. Es möchte aber einer daraus mit Recht abnehmen, daß Zarathustra damals nicht lange geschlafen habe.

DIE BEGRÜSSUNG

Am späten Nachmittage war es erst, daß Zarathustra, nach langem umsonstigen Suchen und Umherstreifen, wieder zu seiner Höhle heimkam. Als er aber derselben gegenüberstand, nicht zwanzig Schritt mehr von ihr ferne, da geschah das, was er jetzt am wenigsten erwartete: von neuem hörte er den großen Notschrei. Und, erstaunlich! diesmal kam derselbige aus seiner eignen Höhle. Es war aber ein langer, vielfältiger, seltsamer Schrei, und Zarathustra unterschied deutlich, daß er sich aus vielen Stimmen zusammensetze: mochte er schon, aus der Ferne gehört, gleich dem Schrei aus einem einzigen Munde klingen.

Da sprang Zarathustra auf seine Höhle zu, und siehe! welches Schauspiel erwartete ihn erst nach diesem Hörspiele! Denn da saßen sie allesamt beieinander, an denen er des Tags vorübergegangen war: der König zur Rechten und der König zur Linken, der alte Zauberer, der Papst, der freiwillige Bettler, der Schatten, der Gewissenhafte des Geistes, der traurige Wahrsager und der Esel; der häßlichste Mensch aber hatte sich eine Krone aufgesetzt und zwei Purpurgürtel umgeschlungen, — denn er liebte es, gleich allen Häßlichen, sich zu verkleiden und schön zu tun. Inmitten aber dieser betrübten Gesellschaft stand der Adler Zarathustras, gesträubt und unruhig, denn er sollte auf zu vieles antworten, wofür sein Stolz keine Antwort hatte; die kluge Schlange aber hing um seinen Hals.

Dies alles schaute Zarathustra mit großer Verwunderung; dann aber prüfte er jeden einzelnen seiner Gäste mit leutseliger Neugierde, las ihre Seelen ab und wunderte sich von neuem. Inzwischen hatten sich die Versammelten von ihren Sitzen erhoben und warteten mit Ehrfurcht, daß Zarathustra reden werde. Zarathustra aber sprach also:

„Ihr Verzweifelnden! Ihr Wunderlichen! Ich hörte also euren Notschrei? Und nun weiß ich auch, wo der zu suchen ist, den ich umsonst heute suchte: der höhere Mensch —:

— in meiner eignen Höhle sitzt er, der höhere Mensch! Aber was wundere ich mich! Habe ich ihn nicht selber zu mir gelockt, durch Honig-Opfer und listige Lockrufe meines Glücks?

Doch dünkt mich, ihr taugt euch schlecht zur Gesellschaft, ihr macht einander das Herz unwirsch, ihr Notschreienden, wenn ihr hier beisammensitzt? Es muß erst einer kommen,

— einer, der euch wieder lachen macht, ein guter, fröhlicher Hanswurst, ein Tänzer und Wind und Wildfang, irgendein alter Narr: — was dünket euch?

Vergebt mir doch, ihr Verzweifelnden, daß ich vor euch mit solch kleinen Worten rede, unwürdig, wahrlich, solcher Gäste! Aber ihr erratet nicht, was mein Herz mutwillig macht: —

— ihr selber tut es und euer Anblick, vergebt es mir! Jeder nämlich wird mutig, der einem Verzweifelnden zuschaut. Einem Verzweifelnden zuzusprechen — dazu dünkt sich jeder stark genug.

Mir selber gabt ihr diese Kraft, — eine gute Gabe, meine hohen Gäste! Ein rechtschaffnes Gastgeschenk! Wohlan, so zürnt nun nicht, daß ich euch auch vom Meinigen anbiete.

Dies hier ist mein Reich und meine Herrschaft: was aber mein ist, für diesen Abend und diese Nacht soll es euer sein. Meine Tiere sollen euch dienen: meine Höhle sei eure Ruhestatt!

Bei mir zu Heim und Hause soll keiner verzweifeln, in meinem Reviere schütze ich jeden vor seinen wilden Tieren. Und das ist das erste, was ich euch anbiete: Sicherheit!

Das zweite aber ist: mein kleiner Finger. Und habt ihr den erst, so nehmt nur noch die ganze Hand, wohlan! und das Herz dazu! Willkommen hier, willkommen, meine Gastfreunde!"

Also sprach Zarathustra und lachte vor Liebe und Bosheit. Nach dieser Begrüßung verneigten sich seine Gäste abermals und schwiegen ehrfürchtig; der König zur Rechten aber antwortete ihm in ihrem Namen.

„Daran, o Zarathustra, wie du uns Hand und Gruß botest, erkennen wir dich als Zarathustra. Du erniedrigst dich vor uns; fast tatest du unserer Ehrfurcht wehe —:

— wer aber vermöchte gleich dir sich mit solchem Stolze zu erniedrigen? Das richtet uns selber auf, ein Labsal ist es unsern Augen und Herzen.

Dies allein nur zu schaun, stiegen gern wir auf höhere Berge, als dieser Berg ist. Als Schaulustige nämlich kamen wir, wir wollten sehn, was trübe Augen hell macht.

Und siehe, schon ist es vorbei mit allem unsern Notschrein. Schon steht Sinn und Herz uns offen und ist entzückt. Wenig fehlt: und unser Mut wird mutwillig.

Nichts, o Zarathustra, wächst Erfreulicheres auf Erden als

ein hoher, starker Wille: der ist ihr schönstes Gewächs. Eine ganze Landschaft erquickt sich an einem solchen Baume.

Der Pinie vergleiche ich, wer gleich dir, o Zarathustra, aufwächst: lang, schweigend, hart, allein, besten biegsamsten Holzes, herrlich, —

— zuletzt aber hinausgreifend mit starken grünen Ästen nach s e i n e r Herrschaft, starke Fragen fragend vor Winden und Wettern und was immer auf Höhen heimisch ist,

— stärker antwortend, ein Befehlender, ein Siegreicher: o wer sollte nicht, solche Gewächse zu schaun, auf hohe Berge steigen?

Deines Baumes hier, o Zarathustra, erlabt sich auch der Düstere, der Mißratene, an deinem Anblicke wird auch der Unstete sicher und heilt sein Herz.

Und wahrlich, zu deinem Berge und Baume richten sich heute viele Augen; eine große Sehnsucht hat sich aufgemacht, und manche lernten fragen: wer ist Zarathustra?

Und wem du jemals dein Lied und deinen Honig ins Ohr geträufelt: alle die Versteckten, die Einsiedler, die Zweisiedler sprachen mit einem Male zu ihrem Herzen:

‚Lebt Zarathustra noch? Es lohnt sich nicht mehr zu leben, alles ist gleich, alles ist umsonst: oder — wir müssen mit Zarathustra leben!'

‚Warum kommt er nicht, der sich so lange ankündigte?' also fragen viele; ‚verschlang ihn die Einsamkeit? Oder sollen wir wohl zu ihm kommen?'

Nun geschieht's, daß die Einsamkeit selber mürbe wird und zerbricht, einem Grabe gleich, das zerbricht und seine Toten nicht mehr halten kann. Überall sieht man Auferstandene.

Nun steigen und steigen die Wellen um deinen Berg, o Zarathustra. Und wie hoch auch deine Höhe ist, viele müssen zu dir hinauf; dein Nachen soll nicht lange mehr im Trocknen sitzen.

Und daß wir Verzweifelnde jetzt in deine Höhle kamen und schon nicht mehr verzweifeln: ein Wahr- und Vorzeichen ist es nur, davon, daß Bessere zu dir unterwegs sind, —

— denn er selber ist zu dir unterwegs, der letzte Rest Gottes unter Menschen, das ist: alle die Menschen der großen Sehnsucht, des großen Ekels, des großen Überdrusses,

— alle, die nicht leben wollen, oder sie lernen wieder *hoffen* — oder sie lernen von dir, o Zarathustra, die *große* Hoffnung!"

Also sprach der König zur Rechten und ergriff die Hand Zarathustras, um sie zu küssen; aber Zarathustra wehrte seiner Verehrung und trat erschreckt zurück, schweigend und plötzlich wie in weite Fernen entfliehend. Nach einer kleinen Weile aber war er schon wieder bei seinen Gästen, blickte sie mit hellen prüfenden Augen an und sprach:

„Meine Gäste, ihr höheren Menschen, ich will deutsch und deutlich mit euch reden. Nicht auf *euch* wartete ich in diesen Bergen."

(„Deutsch und deutlich? Daß Gott erbarm!" sagte hier der König zur Linken, beiseite; „man merkt, er kennt die lieben Deutschen nicht, dieser Weise aus dem Morgenlande!

Aber er meint ‚deutsch und derb' — wohlan! Das ist heutzutage noch nicht der schlimmste Geschmack!")

„Ihr mögt wahrlich insgesamt höhere Menschen sein", fuhr Zarathustra fort: „aber für mich — seid ihr nicht hoch und stark genug.

Für mich, das heißt: für das Unerbittliche, das in mir schweigt, aber nicht immer schweigen wird. Und gehört ihr zu mir, so doch nicht als mein rechter Arm.

Wer nämlich selber auf kranken und zarten Beinen steht, gleich euch, der will vor allem, ob er's weiß oder sich verbirgt: daß er *geschont* werde.

Meine Arme und meine Beine aber schone ich nicht, *ich schone meine Krieger nicht:* wieso könntet ihr zu *meinem* Kriege taugen?

Mit euch verdürbe ich mir jeden Sieg noch. Und mancher von euch fiele schon um, wenn er nur den lauten Schall meiner Trommeln hörte.

Auch seid ihr mir nicht schön genug und wohlgeboren. Ich brauche reine glatte Spiegel für meine Lehren; auf eurer Oberfläche verzerrt sich noch mein eignes Bildnis.

Eure Schultern drückt manche Last, manche Erinnerung; manch schlimmer Zwerg hockt in euren Winkeln. Es gibt verborgenen Pöbel auch in euch.

Und seid ihr auch hoch und höherer Art: vieles an euch ist krumm und mißgestalt. Da ist kein Schmied in der Welt, der euch mir zurecht- und geradeschlüge.

Ihr seid nur Brücken: mögen Höhere auf euch hinüberschreiten! Ihr bedeutet Stufen: so zürnt dem nicht, der über euch hinweg in *seine* Höhe steigt!

Aus eurem Samen mag auch mir einst ein echter Sohn und vollkommener Erbe wachsen: aber das ist ferne. Ihr selber seid die nicht, welchen mein Erbgut und Name zugehört.

Nicht auf euch warte ich hier in diesen Bergen, nicht mit euch darf ich zum letzten Male niedersteigen. Als Vorzeichen kamt ihr mir nur, daß schon Höhere zu mir unterwegs sind, —

— *nicht* die Menschen der großen Sehnsucht. des großen Ekels, des großen Überdrusses und das, was ihr den Überrest Gottes nanntet,

— nein! Nein! Dreimal Nein! Auf *andere* warte ich hier in diesen Bergen und will meinen Fuß nicht ohne sie von dannen heben,

— auf Höhere, Stärkere, Sieghaftere, Wohlgemutere, solche, die rechtwinklig gebaut sind an Leib und Seele: *lachende Löwen* müssen kommen!

O meine Gastfreunde, ihr Wunderlichen, — hörtet ihr noch nichts von meinen Kindern? Und daß sie zu mir unterwegs sind?

Sprecht mir doch von meinen Gärten, von meinen glückseligen Inseln, von meiner neuen, schönen Art, — warum sprecht ihr mir nicht davon?

Dies Gastgeschenk erbitte ich mir von eurer Liebe, daß ihr mir von meinen Kindern sprecht. Hierzu bin ich reich, hierzu ward ich arm: was gab ich nicht hin,

— was gäbe ich nicht hin, daß ich eins hätte: *diese* Kinder, *diese* lebendige Pflanzung, *diese* Lebensbäume meines Willens und meiner höchsten Hoffnung!"

Also sprach Zarathustra und hielt plötzlich inne in seiner Rede: denn ihn überfiel seine Sehnsucht, und er schloß Augen und Mund vor der Bewegung seines Herzens. Und auch alle seine Gäste schwiegen und standen still und bestürzt: nur daß der alte Wahrsager mit Händen und Gebärden Zeichen gab.

DAS ABENDMAHL

An dieser Stelle nämlich unterbrach der Wahrsager die Begrüßung Zarathustras und seiner Gäste: er drängte sich vor, wie einer, der keine Zeit zu verlieren hat, faßte die Hand Zarathustras und rief: „Aber Zarathustra!

Eins ist notwendiger als das andre, so redest du selber: wohlan, eins ist mir jetzt notwendiger als das andere.

Ein Wort zur rechten Zeit: hast du mich nicht zum M a h l e eingeladen? Und hier sind viele, die lange Wege machten. Du willst uns doch nicht mit Reden abspeisen?

Auch gedachtet ihr alle mir schon zu viel des Erfrierens, Ertrinkens, Erstickens und andrer Leibes-Notstände: keiner aber gedachte m e i n e s Notstandes, nämlich des Verhungerns —

(Also sprach der Wahrsager; wie die Tiere Zarathustras aber diese Worte hörten, liefen sie vor Schrecken davon. Denn sie sahen, daß, was sie auch am Tage heimgebracht hatten, nicht genug sein werde, den einen Wahrsager zu stopfen.)

— eingerechnet das Verdursten", fuhr der Wahrsager fort. „Und ob ich schon Wasser hier plätschern höre, gleich Reden der Weisheit, nämlich reichlich und unermüdlich: ich — will W e i n!

Nicht jeder ist gleich Zarathustra ein geborner Wassertrinker. Wasser taugt auch nicht für Müde und Verwelkte: u n s gebührt Wein, — d e r erst gibt plötzliches Genesen und stegreife Gesundheit!"

Bei dieser Gelegenheit, da der Wahrsager nach Wein begehrte, geschah es, daß auch der König zur Linken, der Schweigsame, einmal zu Worte kam. „Für Wein", sprach er, „trugen w i r Sorge, ich samt meinem Bruder, dem Könige zur Rechten: wir haben Weins genug, — einen ganzen Esel voll. So fehlt nichts als Brot."

„Brot?" entgegnete Zarathustra und lachte dazu. „Nur gerade Brot haben Einsiedler nicht. Aber der Mensch lebt nicht vom Brot allein, sondern auch vom Fleische guter Lämmer, deren ich zwei habe:

— d i e soll man geschwinde schlachten und würzig, mit Salbei, zubereiten: so liebe ich's. Und auch an Wurzeln und Früchten fehlt es nicht, gut genug selbst für Lecker- und

Schmeckerlinge; noch an Nüssen und andern Rätseln zum Knacken.

Also wollen wir in Kürze eine gute Mahlzeit machen. Wer aber mitessen will, muß auch mit Hand anlegen, auch die Könige. Bei Zarathustra nämlich darf auch ein König Koch sein."

Mit diesem Vorschlage war allen nach dem Herzen geredet: nur daß der freiwillige Bettler sich gegen Fleisch und Wein und Würzen sträubte.

„Nun hört mir doch diesen Schlemmer Zarathustra!" sagte er scherzhaft: „geht man dazu in Höhlen und Hochgebirge, daß man solche Mahlzeiten macht?

Nun freilich verstehe ich, was er einst uns lehrte: ‚Gelobt sei die kleine Armut!' und warum er die Bettler abschaffen will."

„Sei guter Dinge", antwortete ihm Zarathustra, „wie ich es bin. Bleibe bei deiner Sitte, du Trefflicher, malme deine Körner, trink dein Wasser, lobe deine Küche: wenn sie dich nur fröhlich macht!

Ich bin ein Gesetz nur für die Meinen, ich bin kein Gesetz für alle. Wer aber zu mir gehört, der muß von starken Knochen sein, auch von leichten Füßen, —

— lustig zu Kriegen und Festen, kein Düsterling, kein Traum-Hans, bereit zum Schwersten wie zu seinem Feste, gesund und heil.

Das Beste gehört den Meinen und mir; und gibt man's uns nicht, so nehmen wir's: — die beste Nahrung, den reinsten Himmel, die stärksten Gedanken, die schönsten Fraun!" —

Also sprach Zarathustra; der König zur Rechten aber entgegnete: „Seltsam! Vernahm man je solche kluge Dinge aus dem Munde eines Weisen?

Und wahrlich, das ist das Seltsamste an einem Weisen, wenn er zu alledem auch noch klug und kein Esel ist."

Also sprach der König zur Rechten und wunderte sich; der Esel aber sagte zu seiner Rede mit bösem Willen I-A. Dies aber war der Anfang von jener langen Mahlzeit, welche „das Abendmahl" in den Historien-Büchern genannt wird. Bei derselben aber wurde von nichts anderem geredet als vom höheren Menschen.

VOM HÖHEREN MENSCHEN

1.

Als ich zum ersten Male zu den Menschen kam, da tat ich die Einsiedler-Torheit, die große Torheit: ich stellte mich auf den Markt.

Und als ich zu allen redete, redete ich zu keinem. Des Abends aber waren Seiltänzer meine Genossen, und Leichname; und ich selber fast ein Leichnam.

Mit dem neuen Morgen aber kam mir eine neue Wahrheit: da lernte ich sprechen „Was geht mich Markt und Pöbel und Pöbel-Lärm und lange Pöbel-Ohren an!"

Ihr höheren Menschen, dies lernt von mir: auf dem Markt glaubt niemand an höhere Menschen. Und wollt ihr dort reden, wohlan! Der Pöbel aber blinzelt: „wir sind alle gleich."

„Ihr höheren Menschen", — so blinzelt der Pöbel — „es gibt keine höheren Menschen, wir sind alle gleich, Mensch ist Mensch, vor Gott — sind wir alle gleich!"

Vor Gott! — Nun aber starb dieser Gott. Vor dem Pöbel aber wollen wir nicht gleich sein. Ihr höheren Menschen, geht weg vom Markt!

2.

Vor Gott! — Nun aber starb dieser Gott! Ihr höheren Menschen, dieser Gott war eure größte Gefahr.

Seit er im Grabe liegt, seid ihr erst wieder auferstanden. Nun erst kommt der große Mittag, nun erst wird der höhere Mensch — Herr!

Verstandet ihr dies Wort, o meine Brüder? Ihr seid erschreckt: wird euren Herzen schwindlig? Klafft euch hier der Abgrund? Kläfft euch hier der Höllenhund?

Wohlan! Wohlauf! Ihr höheren Menschen! Nun erst kreißt der Berg der Menschen-Zukunft. Gott starb: nun wollen *wir*, — daß der Übermensch lebe.

3.

Die Sorglichsten fragen heute: „wie bleibt der Mensch erhalten?" Zarathustra aber fragt als der Einzige und Erste: „wie wird der Mensch *überwunden*?"

Der Übermensch liegt mir am Herzen, *der* ist mein Erstes und Einziges — und *nicht* der Mensch: nicht der

Nächste, nicht der Ärmste, nicht der Leidendste, nicht der Beste. —

O meine Brüder, was ich lieben kann am Menschen, das ist, daß er ein Übergang ist und ein Untergang. Und auch an euch ist vieles, das mich lieben und hoffen macht.

Daß ihr verachtet, ihr höheren Menschen, das macht mich hoffen. Die großen Verachtenden nämlich sind die großen Verehrenden.

Daß ihr verzweifeltet, daran ist viel zu ehren. Denn ihr lerntet nicht, wie ihr euch ergäbet, ihr lerntet die kleinen Klugheiten nicht.

Heute nämlich wurden die kleinen Leute Herr: die predigen alle Ergebung und Bescheidung und Klugheit und Fleiß und Rücksicht und das lange Und-so-weiter der kleinen Tugenden.

Was von Weibsart ist, was von Knechtsart stammt und sonderlich der Pöbel-Mischmasch: das will nun Herr werden alles Menschen-Schicksals — o Ekel! Ekel! Ekel!

Das frägt und frägt und wird nicht müde: „Wie erhält sich der Mensch am besten, am längsten, am angenehmsten?" Damit — sind sie die Herrn von heute.

Diese Herrn von heute überwindet mir, o meine Brüder, — diese kleinen Leute: die sind des Übermenschen größte Gefahr!

Überwindet mir, ihr höheren Menschen, die kleinen Tugenden, die kleinen Klugheiten, die Sandkorn-Rücksichten, den Ameisen-Kribbelkram, das erbärmliche Behagen, das „Glück der meisten" —!

Und lieber verzweifelt, als daß ihr euch ergebt. Und, wahrlich, ich liebe euch dafür, daß ihr heute nicht zu leben wißt, ihr höheren Menschen! So nämlich lebt ihr — am besten!

4.

Habt ihr Mut, o meine Brüder? Seid ihr herzhaft? **Nicht** Mut vor Zeugen, sondern Einsiedler- und Adler-Mut, dem auch kein Gott mehr zusieht?

Kalte Seelen, Maultiere, Blinde, Trunkene heißen mir nicht herzhaft. Herz hat, wer Furcht kennt, aber Furcht **zwingt**; wer den Abgrund sieht, aber mit **Stolz**.

Wer den Abgrund sieht, aber mit Adlers-Augen, — wer mit Adlers-Krallen den Abgrund *faßt*: der hat Mut. — —

5.

„Der Mensch ist böse" — so sprachen mir zum Troste alle Weisesten. Ach, wenn es heute nur noch wahr ist! Denn das Böse ist des Menschen beste Kraft.

„Der Mensch muß besser und böser werden" — so lehre *ich*. Das Böseste ist nötig zu des Übermenschen Bestem.

Das mochte gut sein für jenen Prediger der kleinen Leute, daß er litt und trug an des Menschen Sünde. Ich aber erfreue mich der großen Sünde als meines großen *Trostes*. —

Solches ist aber nicht für lange Ohren gesagt. Jedwedes Wort gehört auch nicht in jedes Maul. Das sind feine ferne Dinge: nach denen sollen nicht Schafs-Klauen greifen!

6.

Ihr höheren Menschen, meint ihr, ich sei da, gutzumachen, was ihr schlecht machtet?

Oder ich wollte fürderhin euch Leidende bequemer betten? Oder euch Unsteten, Verirrten, Verkletterten neue leichtere Fußsteige zeigen?

Nein! Nein! Dreimal Nein! Immer mehr, immer bessere eurer Art sollen zugrunde gehn, — denn ihr sollt es immer schlimmer und härter haben. So allein —

— so allein wächst der Mensch in die Höhe, wo der Blitz ihn trifft und zerbricht: hoch genug für den Blitz!

Auf Weniges, auf Langes, auf Fernes geht mein Sinn und meine Sehnsucht: was ginge mich euer kleines, vieles, kurzes Elend an!

Ihr leidet mir noch nicht genug! Denn ihr leidet an euch, ihr littet noch nicht *am Menschen*. Ihr würdet lügen, wenn ihr's anders sagtet! Ihr leidet alle nicht, woran *ich* litt. — —

7.

Es ist mir nicht genug, daß der Blitz nicht mehr schadet. Nicht ableiten will ich ihn: er soll lernen, für *mich* — arbeiten. —

Meine Weisheit sammelt sich lange schon gleich einer Wolke, sie wird stiller und dunkler. So tut jede Weisheit, welche einst *Blitze* gebären soll. —

Diesen Menschen von heute will ich nicht Licht sein, nicht Licht heißen. Die — will ich blenden: Blitz meiner Weisheit! stich ihnen die Augen aus!

8.

Wollt nichts über euer Vermögen: es gibt eine schlimme Falschheit bei solchen, die über ihr Vermögen wollen.

Sonderlich, wenn sie große Dinge wollen! Denn sie wecken Mißtrauen gegen große Dinge, diese feinen Falschmünzer und Schauspieler: —

— bis sie endlich falsch vor sich selber sind, schieläugig, übertünchter Wurmfraß, bemäntelt durch starke Worte, durch Aushänge-Tugenden, durch glänzende, falsche Werke.

Habt da eine gute Vorsicht, ihr höheren Menschen! Nichts nämlich gilt mir heute kostbarer und seltner als Redlichkeit.

Ist dies Heute nicht des Pöbels? Pöbel aber weiß nicht, was groß, was klein, was gerade und redlich ist: der ist unschuldig krumm, der lügt immer.

9.

Habt heute ein gutes Mißtrauen, ihr höheren Menschen, ihr Beherzten! Ihr Offenherzigen! Und haltet eure Gründe geheim! Dies Heute nämlich ist des Pöbels.

Was der Pöbel ohne Gründe einst glauben lernte, wer könnte ihm durch Gründe das — umwerfen?

Und auf dem Markte überzeugte man mit Gebärden. Aber Gründe machen den Pöbel mißtrauisch.

Und wenn da einmal Wahrheit zum Siege kam, so fragt euch mit gutem Mißtrauen: „Welch starker Irrtum hat für sie gekämpft?"

Hütet euch auch vor den Gelehrten! Die hassen euch: denn sie sind unfruchtbar! Sie haben kalte, vertrocknete Augen, vor ihnen liegt jeder Vogel entfedert.

Solche brüsten sich damit, daß sie nicht lügen: aber Ohnmacht zur Lüge ist lange noch nicht Liebe zur Wahrheit. Hütet euch!

Freiheit von Fieber ist lange noch nicht Erkenntnis! Ausgekälteten Geistern glaube ich nicht. Wer nicht lügen kann, weiß nicht, was Wahrheit ist.

10.

Wollt ihr hoch hinaus, so braucht die eignen Beine! Laßt

euch nicht empor t r a g e n, setzt euch nicht auf fremde Rücken und Köpfe!

Du aber stiegst zu Pferde? Du reitest nun hurtig hinauf zu deinem Ziele? Wohlan, mein Freund! Aber dein lahmer Fuß sitzt auch mit zu Pferde!

Wenn du an deinem Ziele bist, wenn du von deinem Pferde springst: auf deiner H ö h e gerade, du höherer Mensch, — wirst du stolpern!

11.

Ihr Schaffenden, ihr höheren Menschen! Man ist nur für das eigne Kind schwanger.

Laßt euch nichts vorreden, einreden! Wer ist denn e u e r Nächster? Und handelt ihr auch „für den Nächsten", — ihr schafft doch nicht für ihn!

Verlernt mir doch dies „Für", ihr Schaffenden: eure Tugend gerade will es, daß ihr kein Ding mit „für" und „um" und „weil" tut. Gegen diese falschen kleinen Worte sollt ihr euer Ohr zukleben.

Das „für den Nächsten" ist die Tugend nur der kleinen Leute: da heißt es „gleich und gleich" und „Hand wäscht Hand": — sie haben nicht Recht noch Kraft zu e u r e m Eigennutz!

In eurem Eigennutz, ihr Schaffenden, ist der Schwangeren Vorsicht und Vorsehung! Was niemand noch mit Augen sah, die Frucht: sie schirmt und schont und nährt eure ganze Liebe.

Wo eure ganze Liebe ist, bei eurem Kinde, da ist auch eure ganze Tugend! Euer Werk, euer Wille ist e u e r „Nächster": laßt euch keine falschen Werte einreden!

12.

Ihr Schaffenden, ihr höheren Menschen! Wer gebären muß, der ist krank; wer aber geboren hat, ist unrein.

Fragt die Weiber: man gebiert nicht, weil es Vergnügen macht. Der Schmerz macht Hühner und Dichter gackern.

Ihr Schaffenden, an euch ist viel Unreines. Das macht, ihr mußtet Mütter sein.

Ein neues Kind: oh, wieviel neuer Schmutz kam auch zur Welt! Geht beiseite! Und wer geboren hat, soll seine Seele reinwaschen!

13.

Seid nicht tugendhaft über eure Kräfte! Und wollt nichts von euch wider die Wahrscheinlichkeit!

Geht nicht in den Fußtapfen, wo schon eurer Väter Tugend ging! Wie wolltet ihr hoch steigen, wenn nicht eurer Väter Wille mit euch steigt?

Wer aber Erstling sein will, sehe zu, daß er nicht auch Letztling werde! Und wo die Laster eurer Väter sind, darin sollt ihr nicht Heilige bedeuten wollen!

Wessen Väter es mit Weibern hielten und mit starken Weinen und Wildschweinen: was wäre es, wenn der von sich Keuschheit wollte?

Eine Narrheit wäre es! Viel, wahrlich, dünkt es mich für einen solchen, wenn er eines oder zweier oder dreier Weiber Mann ist.

Und stiftete er Klöster und schriebe über die Tür: „der Weg zum Heiligen", — ich spräche doch: wozu! es ist eine neue Narrheit!

Er stiftete sich selber ein Zucht- und Fluchthaus: wohl bekomm's! Aber ich glaube nicht daran.

In der Einsamkeit wächst, was einer in sie bringt, auch das innere Vieh. Solchergestalt widerrät sich vielen die Einsamkeit.

Gab es Schmutzigeres bisher auf Erden als Wüsten-Heilige? Um d i e herum war nicht nur der Teufel los, — sondern auch das Schwein.

14.

Scheu, beschämt, ungeschickt, einem Tiger gleich, dem der Sprung mißriet: also, ihr höheren Menschen, sah ich oft euch beiseiteschleichen. Ein W u r f mißriet euch.

Aber, ihr Würfelspieler, was liegt daran! Ihr lerntet nicht spielen und spotten, wie man spielen und spotten muß! Sitzen wir nicht immer an einem großen Spott- und Spieltische?

Und wenn euch Großes mißriet, seid ihr selber darum — mißraten? Und mißrietet ihr selber, mißriet darum — der Mensch? Mißriet aber der Mensch: wohlan! wohlauf!

15.

Je höher von Art, je seltener gerät ein Ding. Ihr höheren Menschen hier, seid ihr nicht alle — mißgeraten?

Seid guten Muts, was liegt daran! Wie vieles ist noch möglich! Lernt über euch selber lachen, wie man lachen muß!

Was Wunder auch, daß ihr mißrietet und halb gerietet, ihr Halb-Zerbrochenen! Drängt und stößt sich nicht in euch — des Menschen Z u k u n f t?

Des Menschen Fernstes, Tiefstes, Sternen-Höchstes, seine ungeheure Kraft: schäumt das nicht alles gegeneinander in eurem Topfe?

Was Wunder, daß mancher Topf zerbricht! Lernt über euch lachen, wie man lachen muß! Ihr höheren Menschen, o wie vieles ist noch möglich!

Und wahrlich, wieviel geriet schon! Wie reich ist diese Erde an kleinen guten, vollkommnen Dingen, an Wohlgeratenem!

Stellt kleine gute, vollkommene Dinge um euch, ihr höheren Menschen! Deren goldene Reife heilt das Herz. Vollkommnes lehrt hoffen.

16.

Welches war hier auf Erden bisher die größte Sünde? War es nicht das Wort dessen, der sprach: „Wehe denen, die hier lachen!“

Fand er zum Lachen auf der Erde selber keine Gründe? So suchte er nur schlecht. Ein Kind findet hier noch Gründe.

Der — liebte nicht genug: sonst hätte er auch uns geliebt, die Lachenden! Aber er haßte und höhnte uns, Heulen und Zähneklappern verhieß er uns.

Muß man denn gleich fluchen, wo man nicht liebt? Das — dünkt mich ein schlechter Geschmack. Aber so tat er, dieser Unbedingte. Er kam vom Pöbel.

Und er selber liebte nur nicht genug: sonst hätte er weniger gezürnt, daß man ihn nicht liebe. Alle große Liebe w i l l nicht Liebe: — die will mehr.

Geht aus dem Wege allen solchen Unbedingten! Das ist eine arme kranke Art, eine Pöbel-Art: sie sehn schlimm diesem Leben zu, sie haben den bösen Blick für diese Erde.

Geht aus dem Wege allen solchen Unbedingten! Sie haben schwere Füße und schwüle Herzen: — sie wissen nicht zu tanzen. Wie möchte solchen wohl die Erde leicht sein!

17.

Krumm kommen alle guten Dinge ihrem Ziele nahe. Gleich

Katzen machen sie Buckel, sie schnurren innewendig vor ihrem nahen Glücke, — alle guten Dinge lachen.

Der Schritt verrät, ob einer schon auf seiner Bahn schreitet: so seht mich gehn! Wer aber seinem Ziele nahekommt, der tanzt.

Und, wahrlich, zum Standbild ward ich nicht, noch stehe ich nicht da, starr, stumpf, steinern, eine Säule; ich liebe geschwindes Laufen.

Und wenn es auf Erden auch Moor und dicke Trübsal gibt: wer leichte Füße hat, läuft über Schlamm noch hinweg und tanzt wie auf gefegtem Eise.

Erhebt eure Herzen, meine Brüder, hoch! höher! Und vergeßt mir auch die Beine nicht! Erhebt auch eure Beine, ihr guten Tänzer, und besser noch: ihr steht auch auf dem Kopf!

18.

Diese Krone des Lachenden, diese Rosenkranz-Krone: ich selber setzte mir diese Krone auf, ich selber sprach heilig mein Gelächter. Keinen anderen fand ich heute stark genug dazu.

Zarathustra der Tänzer, Zarathustra der Leichte, der mit den Flügeln winkt, ein Flugbereiter, allen Vögeln zuwinkend, bereit und fertig, ein Selig-Leichtfertiger: —

Zarathustra der Wahrsager, Zarathustra der Wahrlacher, kein Ungeduldiger, kein Unbedingter, einer, der Sprünge und Seitensprünge liebt; ich selber setzte mir diese Krone auf!

19.

Erhebt eure Herzen, meine Brüder, hoch! höher! Und vergeßt mir auch die Beine nicht! Erhebt auch eure Beine, ihr guten Tänzer, und besser noch: ihr steht auch auf dem Kopf!

Es gibt auch im Glück schweres Getier, es gibt Plumpfüßler von Anbeginn. Wunderlich mühn sie sich ab, einem Elefanten gleich, der sich müht, auf dem Kopf zu stehn.

Besser aber noch närrisch sein vor Glücke als närrisch vor Unglücke, besser plump tanzen, als lahm gehn. So lernt mir doch meine Weisheit ab: auch das schlimmste Ding hat zwei gute Kehrseiten, —

— auch das schlimmste Ding hat gute Tanzbeine: so lernt mir doch euch selbst, ihr höheren Menschen, auf eure rechten Beine stellen!

So verlernt mir doch Trübsal-Blasen und alle Pöbel-

Traurigkeit! O wie traurig dünken mich heute des Pöbels Hanswürste noch! Dies Heute aber ist des Pöbels.

20.

Dem Winde tut mir gleich, wenn er aus seinen Berghöhlen stürzt: nach seiner eignen Pfeife will er tanzen, die Meere zittern und hüpfen unter seinen Fußtapfen.

Der den Eseln Flügel gibt, der Löwinnen melkt, gelobt sei dieser gute unbändige Geist, der allem Heute und allem Pöbel wie ein Sturmwind kommt, —

— der Distel- und Tiftelköpfen feind ist und allen welken Blättern und Unkräutern: gelobt sei dieser wilde, gute, freie Sturmgeist, welcher auf Mooren und Trübsalen wie auf Wiesen tanzt!

Der die Pöbel-Schwindhunde haßt und alles mißratene düstere Gezücht: gelobt sei dieser Geist aller freien Geister, der lachende Sturm, welcher allen Schwarzsichtigen, Schwärsüchtigen Staub in die Augen bläst!

Ihr höheren Menschen, euer Schlimmstes ist: ihr lerntet alle nicht tanzen, wie man tanzen muß, — über euch hinwegtanzen! Was liegt daran, daß ihr mißrietet!

Wie vieles ist noch möglich! So l e r n t doch über euch hinweglachen! Erhebt eure Herzen, ihr guten Tänzer, hoch! höher! Und vergeßt mir auch das gute Lachen nicht!

Diese Krone des Lachenden, diese Rosenkranz-Krone: euch, meinen Brüdern, werfe ich diese Krone zu! Das Lachen sprach ich heilig; ihr höheren Menschen, l e r n t mir — lachen!

DAS LIED DER SCHWERMUT

1.

Als Zarathustra diese Reden sprach, stand er nahe dem Eingange seiner Höhle; mit den letzten Worten aber entschlüpfte er seinen Gästen und floh für eine kurze Weile ins Freie.

„O reine Gerüche um mich“, rief er aus, „o selige Stille um mich! Aber wo sind meine Tiere? Heran, heran, mein Adler und meine Schlange!

Sagt mir doch, meine Tiere: diese höheren Menschen insgesamt — r i e c h e n sie vielleicht nicht gut? O reine Gerüche um mich! Jetzo weiß und fühle ich erst, wie ich euch, meine Tiere, liebe."

— Und Zarathustra sprach nochmals: „ich liebe euch, meine Tiere!" Der Adler aber und die Schlange drängten sich an ihn, als er diese Worte sprach, und sahen zu ihm hinauf. Solchergestalt waren sie zu drei still beisammen und schnüffelten und schlürften miteinander die gute Luft. Denn die Luft war hier draußen besser als bei den höheren Menschen.

2.

Kaum aber hatte Zarathustra seine Höhle verlassen, da erhob sich der alte Zauberer, sah listig umher und sprach: „Er ist hinaus!

Und schon, ihr höheren Menschen — daß ich euch mit diesem Lob- und Schmeichel-Namen kitzle, gleich ihm selber — schon fällt mich mein schlimmer Trug- und Zaubergeist an, mein schwermütiger Teufel,

— welcher diesem Zarathustra ein Widersacher ist aus dem Grunde: vergebt es ihm: Nun *will* er vor euch zaubern, er hat gerade *seine* Stunde; umsonst ringe ich mit diesem bösen Geiste.

Euch allen, welche Ehren ihr euch mit Worten geben mögt, ob ihr euch ‚die freien Geister' nennt oder ‚die Wahrhaftigen' oder ‚die Büßer des Geistes' oder ‚die Entfesselten' oder ‚die großen Sehnsüchtigen',

— euch allen, die ihr am *großen Ekel* leidet gleich mir, denen der alte Gott starb und noch kein neuer Gott in Wiegen und Windeln liegt, — euch allen ist mein böser Geist und Zauber-Teufel hold.

Ich kenne euch, ihr höheren Menschen, ich kenne ihn, — ich kenne auch diesen Unhold, den ich wider Willen liebe, diesen Zarathustra: er selber dünkt mich öfter gleich einer schönen Heiligen-Larve,

— gleich einem neuen wunderlichen Mummenschanze, in dem sich mein böser Geist, der schwermütige Teufel, gefällt: — ich liebe Zarathustra, so dünkt mich oft, um meines bösen Geistes willen. —

Aber schon fällt *der* mich an und zwingt mich, dieser Geist der Schwermut, dieser Abend-Dämmerungs-Teufel: und, wahrlich, ihr höheren Menschen, es gelüstet ihn —

— macht nur die Augen auf! — es gelüstet ihn, *nackt*

zu kommen, ob männlich, ob weiblich, noch weiß ich's nicht: aber er kommt, er zwingt mich, wehe! macht eure Sinne auf!

Der Tag klingt ab, allen Dingen kommt nun der Abend, auch den besten Dingen; hört nun und seht, ihr höheren Menschen, welcher Teufel, ob Mann, ob Weib, dieser Geist der Abend-Schwermut ist!"

Also sprach der alte Zauberer, sah listig umher und griff dann zu seiner Harfe.

3.

Bei abgehellter Luft,
Wenn schon des Taus Tröstung
Zur Erde niederquillt,
Unsichtbar, auch ungehört —
Denn zartes Schuhwerk trägt
Der Tröster Tau gleich allen Trost-Milden —:
Gedenkst du da, gedenkst du, heißes Herz,
Wie einst du durstetest,
Nach himmlischen Tränen und Tau-Geträufel
Versengt und müde durstetest,
Dieweil auf gelben Gras-Pfaden
Boshaft abendliche Sonnenblicke
Durch schwarze Bäume um dich liefen,
Blendende Sonnen-Glutblicke, schadenfrohe?

„Der Wahrheit Freier? Du? — so höhnten sie —
Nein! Nur ein Dichter!
Ein Tier, ein listiges, raubendes, schleichendes,
Das lügen muß,
Das wissentlich, willentlich lügen muß:
Nach Beute lüstern,
Bunt verlarvt,
Sich selber Larve,
Sich selbst zur Beute —
Das — der Wahrheit Freier?
Nein! Nur Narr! Nur Dichter!
Nur Buntes redend,
Aus Narren-Larven bunt herausschreiend,
Herumsteigend auf lügnerischen Wort-Brücken,
Auf bunten Regenbogen,
Zwischen falschen Himmeln

Und falschen Erden,
Herumschweifend, herumschwebend, —
N u r Narr! N u r Dichter!

D a s — der Wahrheit Freier?
Nicht still, starr, glatt, kalt,
Zum Bilde worden,
Zur Gottes-Säule,
Nicht aufgestellt vor Tempeln,
Eines Gottes Türwart:
Nein! Feindselig solchen Wahrheits-Standbildern,
In jeder Wildnis heimischer als vor Tempeln,
Voll Katzen-Mutwillens,
Durch jedes Fenster springend
Husch! in jeden Zufall,
Jedem Urwalde zuschnüffelnd,
Süchtig-sehnsüchtig zuschnüffelnd,
Daß du in Urwäldern
Unter buntgefleckten Raubtieren
Sündlich-gesund und bunt und schön liefest,
Mit lüsternen Lefzen,
Selig-höhnisch, selig-höllisch, selig-blutgierig,
Raubend, schleichend, lugend liefest: —

Oder dem Adler gleich, der lange,
Lange starr in Abgründe blickt,
In s e i n e Abgründe: — —
O wie sie sich hier hinab,
Hinunter, hinein,
In immer tiefere Tiefen ringeln! —
Dann,
Plötzlich, geraden Zugs,
Gezückten Flugs,
Auf Lämmer stoßen,
Jach hinab, heißhungrig,
Nach Lämmern lüstern,
Gram allen Lamms-Seelen,
Grimmig-gram allem, was blickt
Schafmäßig, lammäugig, krauswollig,
Grau, mit Lamms-Schafs-Wohlwollen!

Also
Adlerhaft, pantherhaft

Sind des Dichters Sehnsüchte,
Sind d e i n e Sehnsüchte unter tausend Larven,
Du Narr! Du Dichter!

Der du den Menschen schautest
So Gott als Schaf —:
Den Gott z e r r e i ß e n im Menschen
Wie das Schaf im Menschen,
  Und zerreißend l a c h e n —

D a s, d a s ist deine Seligkeit!
Eines Panthers und Adlers Seligkeit!
Eines Dichters und Narren Seligkeit!" — —

Bei abgehellter Luft,
Wenn schon des Monds Sichel
Grün zwischen Purpurröten
Und neidisch hinschleicht:
— dem Tage feind,
Mit jedem Schritte heimlich,
An Rosen-Hängematten
Hinsichelnd, bis sie sinken,
Nacht-abwärts blaß hinabsinken: —
So sank ich selber einstmals
Aus meinem Wahrheits-Wahnsinne,
Aus meinen Tages-Sehnsüchten,
Des Tages müde, krank vom Lichte,
— sank abwärts, abendwärts, schattenwärts:
Von e i n e r Wahrheit
Verbrannt und durstig:
— gedenkst du noch, gedenkst du, heißes Herz,
Wie da du durstetest? —
D a ß i c h v e r b a n n t s e i
V o n a l l e r W a h r h e i t,
N u r N a r r!
N u r D i c h t e r!

VON DER WISSENSCHAFT

Also sang der Zauberer; und alle, die beisammen waren, gingen gleich Vögeln unvermerkt in das Netʒ seiner listigen und schwermütigen Wollust. Nur der Gewissenhafte des

Geistes war nicht eingefangen: er nahm flugs dem Zauberer die Harfe weg und rief: „Luft! Laßt gute Luft herein! Laßt Zarathustra herein! Du machst diese Höhle schwül und giftig, du schlimmer alter Zauberer!

Du verführst, du Falscher, Feiner, zu unbekannten Begierden und Wildnissen. Und wehe, wenn solche wie du, von der Wahrheit Redens und Wesens machen!

Wehe allen freien Geistern, welche nicht vor solchen Zauberern auf der Hut sind! Dahin ist es mit ihrer Freiheit: du lehrst und lockst zurück in Gefängnisse, —

— du alter schwermütiger Teufel, aus deiner Klage klingt eine Lockpfeife, du gleichst solchen, welche mit ihrem Lobe der Keuschheit heimlich zu Wollüsten laden!“

Also sprach der Gewissenhafte; der alte Zauberer aber blickte um sich, genoß seines Sieges und verschluckte darüber den Verdruß, welchen ihm der Gewissenhafte machte. „Sei still!“ sagte er mit bescheidener Stimme, „gute Lieder wollen gut widerhallen; nach guten Liedern soll man lange schweigen.

So tun es diese alle, die höheren Menschen. Du aber hast wohl wenig von meinem Lied verstanden? In dir ist wenig von einem Zaubergeiste.“

„Du lobst mich“, entgegnete der Gewissenhafte, „indem du mich von dir abtrennst, wohlan! Aber ihr anderen, was sehe ich? Ihr sitzt noch mit lüsternen Augen da —:

Ihr freien Seelen, wohin ist eure Freiheit! Fast, dünkt mich's, gleicht ihr solchen, die lange schlimmen, tanzenden, nackten Mädchen zusahn: eure Seelen tanzen selber!

In euch, ihr höheren Menschen, muß mehr von dem sein, was der Zauberer seinen bösen Zauber- und Truggeist nennt: — wir müssen wohl verschieden sein.

Und wahrlich, wir sprachen und dachten genug mitsammen, ehe Zarathustra heimkam zu seiner Höhle, als daß ich nicht wüßte, wir sind verschieden.

Wir suchen Verschiednes auch hier oben, ihr und ich. Ich nämlich suche mehr Sicherheit, deshalb kam ich zu Zarathustra. Der nämlich ist noch der festeste Turm und Wille —

— heute, wo alles wackelt, wo alle Erde bebt. Ihr aber, wenn ich eure Augen sehe, die ihr macht, fast dünkt mich's, ihr sucht mehr Unsicherheit,

— mehr Schauder, mehr Gefahr, mehr Erdbeben. Euch

gelüstet, fast dünkt mich's so, vergebt meinem Dünkel, ihr höheren Menschen, —

— euch gelüstet nach dem schlimmsten, gefährlichsten Leben, das mir am meisten Furcht macht, nach dem Leben wilder Tiere, nach Wäldern, Höhlen, steilen Bergen und Irr-Schlünden.

Und nicht die Führer aus der Gefahr gefallen euch am besten, sondern die euch von allen Wegen abführen, die Verführer. Aber, wenn solch Gelüsten an euch wirklich ist, so dünkt es mich trotzdem unmöglich.

Furcht nämlich — das ist des Menschen Erb- und Grundgefühl; aus der Furcht erklärt sich jegliches, Erbsünde und Erbtugend. Aus der Furcht wuchs auch meine Tugend, die heißt: Wissenschaft.

Die Furcht nämlich vor wildem Getier — die wurde dem Menschen am längsten angezüchtet, einschließlich das Tier, das er in sich selber birgt und fürchtet: — Zarathustra heißt es ‚das innere Vieh'.

Solche lange alte Furcht, endlich fein geworden, geistlich, geistig — heute, dünkt mich, heißt sie: Wissenschaft." —

Also sprach der Gewissenhafte; aber Zarathustra, der eben in seine Höhle zurückkam und die letzte Rede gehört und erraten hatte, warf dem Gewissenhaften eine Hand voll Rosen zu und lachte ob seiner „Wahrheiten". „Wie!" rief er, „was hörte ich da eben? Wahrlich, mich dünkt, du bist ein Narr oder ich selber bin's: und deine ‚Wahrheit' stelle ich rucks und flugs auf den Kopf.

Furcht nämlich — ist unsre Ausnahme. Mut aber und Abenteuer und Lust am Ungewissen, am Ungewagten, — Mut dünkt mich des Menschen ganze Vorgeschichte.

Den wildesten, mutigsten Tieren hat er alle ihre Tugenden abgeneidet und abgeraubt: so erst wurde er — zum Menschen.

Dieser Mut, endlich fein geworden, geistlich, geistig, dieser Menschen-Mut mit Adler-Flügeln und Schlangen-Klugheit: der, dünkt mich, heißt heute —"

„Zarathustra!" schrien alle, die beisammensaßen, wie aus einem Munde und machten dazu ein großes Gelächter; es hob sich aber von ihnen wie eine schwere Wolke. Auch der Zaubrer lachte und sprach mit Klugheit: „Wohlan! Er ist davon, mein böser Geist!

Und habe ich euch nicht selber vor ihm gewarnt, als ich sagte, daß er ein Betrüger sei, ein Lug- und Truggeist?

Sonderlich nämlich, wenn er sich nackend zeigt. Aber was kann *ich* für seine Tücken! Habe *ich* ihn und die Welt geschaffen?

Wohlan! Seien wir wieder gut und guter Dinge! Und ob schon Zarathustra böse blickt — seht ihn doch; er ist mir gram —:

— bevor die Nacht kommt, lernt er wieder, mich lieben und loben, er kann nicht lange leben, ohne solche Torheiten zu tun.

Der — liebt seine Feinde: diese Kunst versteht er am besten von allen, die ich sah. Aber er nimmt Rache dafür — an seinen Freunden!“

Also sprach der alte Zauberer, und die höheren Menschen zollten ihm Beifall: so daß Zarathustra herumging und mit Bosheit und Liebe seinen Freunden die Hände schüttelte, — gleichsam als einer, der an allen etwas gutzumachen und abzubitten hat. Als er aber dabei an die Tür seiner Höhle kam, siehe, da gelüstete ihn schon wieder nach der guten Luft da draußen und nach seinen Tieren, — und er wollte hinausschlüpfen.

UNTER TÖCHTERN DER WÜSTE

1.

„Gehe nicht davon!“, sagte da der Wanderer, welcher sich den Schatten Zarathustras nannte, „bleibe bei uns, — es möchte uns sonst die alte dumpfe Trübsal wieder anfallen.

Schon gab uns jener alte Zauberer von seinem Schlimmsten zum Besten, und siehe doch, der gute fromme Papst da hat Tränen in den Augen und sich ganz wieder aufs Meer der Schwermut eingeschifft.

Diese Könige mögen wohl vor uns noch gute Miene machen: das lernten *die* nämlich von uns allen heute am besten! Hätten sie aber keine Zeugen, ich wette, auch bei ihnen finge das böse Spiel wieder an —

— das böse Spiel der ziehenden Wolken, der feuchten Schwermut, der verhängten Himmel, der gestohlenen Sonnen, der heulenden Herbst-Winde!

— das böse Spiel unsres Heulens und Notschreiens: bleibe bei uns, o Zarathustra! Hier ist viel verborgenes Elend, das reden will, viel Abend, viel Wolke, viel dumpfe Luft!

Du nährtest uns mit starker Mannskost und kräftigen Sprüchen: laß es nicht zu, daß uns zum Nachtisch die weichlichen weiblichen Geister wieder anfallen!

Du allein machst die Luft um dich herum stark und klar! Fand ich je auf Erden so gute Luft als bei dir in deiner Höhle?

Viele Länder sah ich doch, meine Nase lernte vielerlei Luft prüfen und abschätzen: aber bei dir schmecken meine Nüstern ihre größte Lust!

Es sei denn, — es sei denn —, o vergib eine alte Erinnerung! Vergib mir ein altes Nachtisch-Lied, das ich einst unter Töchtern der Wüstete dichtete: —

— bei denen nämlich gab es gleich gute, helle, morgenländische Luft; dort war ich am fernsten vom wolkigen, feuchten, schwermütigen Alt-Europa!

Damals liebte ich solcherlei Morgenland-Mädchen und andres blaues Himmelreich, über dem keine Wolken und keine Gedanken hängen.

Ihr glaubt es nicht, wie artig sie dasaßen, wenn sie nicht tanzten, tief, aber ohne Gedanken, wie kleine Geheimnisse, wie bebänderte Rätsel, wie Nachtisch-Nüsse —

bunt und fremd fürwahr! aber ohne Wolken: Rätsel, die sich raten lassen: solchen Mädchen zuliebe erdachte ich damals einen Nachtisch-Psalm."

Also sprach der Wanderer und Schatten; und ehe jemand ihm antwortete, hatte er schon di. Harfe des alten Zauberers ergriffen, die Beine gekreuzt und blickte gelassen und weise um sich: — mit den Nüstern aber zog er langsam und fragend die Luft ein, wie einer, der in neuen Ländern neue fremde Luft kostet. Darauf hob er mit einer Art Gebrüll zu singen an.

2.

Die Wüste wächst: weh dem, der Wüsten birgt!

— Ha! Feierlich!
In der Tat feierlich!
Ein würdiger Anfang!
Afrikanisch feierlich!

Eines Löwen würdig
Oder eines moralischen Brüllaffen —
— aber nichts für euch,
  Ihr allerliebsten Freundinnen,
Zu deren Füßen mir
Zum ersten Male,
Einem Europäer unter Palmen,
Zu sitzen vergönnt ist. Sela.

Wunderbar wahrlich!
Da sitze ich nun,
Der Wüste nahe, und bereits
So ferne wieder der Wüste,
Auch in Nichts noch verwüstet:
Nämlich hinabgeschluckt
Von dieser kleinsten Oasis —:
— sie sperrte gerade gähnend
Ihr liebliches Maul auf,
Das wohlriechendste aller Mäulchen.
Da fiel ich hinein,
Hinab, hindurch — unter euch,
Ihr allerliebsten Freundinnen! Sela.

Heil, Heil jenem Walfische,
Wenn er also es seinem Gaste
Wohl sein ließ! — ihr versteht
Meine gelehrte Anspielung?
Heil seinem Bauche,
Wenn er also
Ein so lieblicher Oasis-Bauch war
Gleich diesem: was ich aber in Zweifel ziehe,
— dafür komme ich aus Europa,
Das zweifelsüchtiger ist als alle
Ältlichen Eheweibchen.
Möge Gott es bessern!
Amen!

Da sitze ich nun,
In dieser kleinsten Oasis,
Einer Dattel gleich,
Braun, durchsüßt, goldschwürig, lüstern
Nach einem runden Mädchenmunde,

Mehr noch aber nach mädchenhaften,
Eiskalten, schneeweißen, schneidigen
Beißzähnen: nach denen nämlich
Lechzt das Herz allen heißen Datteln. Sela.

Den genannten Südfrüchten
Ähnlich, allzuähnlich
Liege ich hier, von kleinen
Flügelkäfern
Umschnüffelt und umspielt,
Insgleichen von noch kleineren,
Törichteren, sündhafteren
Wünschen und Einfällen, —
Umlagert von euch,
Ihr stummen, ihr ahnungsvollen
Mädchen-Katzen,
Dudu und Suleika,
— umsphinxt, daß ich in ein Wort
Viel Gefühle stopfe:
(Vergebe mir Gott
Diese Sprach-Sünde!)
— sitze hier, die beste Luft schnüffelnd,
Paradieses-Luft wahrlich,
Lichte leichte Luft, goldgestreifte,
So gute Luft nur je
Vom Monde herabfiel —
Sei es aus Zufall,
Oder geschah es aus Übermute,
Wie die alten Dichter erzählen.
Ich Zweifler aber ziehe es
In Zweifel, dafür aber komme ich
Aus Europa,
Das zweifelsüchtiger ist als alle
Ältlichen Eheweibchen.
Möge Gott es bessern!
Amen!

Diese schönste Luft trinkend,
Mit Nüstern geschwellt gleich Bechern,
Ohne Zukunft, ohne Erinnerungen,
So sitze ich hier, ihr

Allerliebsten Freundinnen,
Und sehe der Palme zu,
Wie sie, einer Tänzerin gleich,
Sich biegt und schmiegt und in der Hüfte wiegt,
— man tut es mit, sieht man lange zu!
Einer Tänzerin gleich, die, wie mir scheinen will,
Zu lange schon, gefährlich lange
Immer, immer nur auf einem Beine stand?
— da vergaß sie darob, wie mir scheinen will,
Das andre Bein?
Vergebens wenigstens
Suchte ich das vermißte
Zwillings-Kleinod
— nämlich das andre Bein —
In der heiligen Nähe
Ihres allerliebsten, allerzierlichsten
Fächer- und Flatter- und Flitterröckchens.
Ja, wenn ihr mir, ihr schönen Freundinnen,
Ganz glauben wollt:
Sie hat es verloren!
Es ist dahin!
Auf ewig dahin!
Das andre Bein!
O schade um das liebliche andere Bein!
Wo — mag es wohl weilen und verlassen trauern?
Das einsame Bein?
In Furcht vielleicht vor einem
Grimmen, blondgelockten
Löwen-Untiere? Oder gar schon
Abgenagt, abgeknabbert —
Erbärmlich, wehe! wehe! abgeknabbert! Sela.

O weint mir nicht,
Weiche Herzen!
Weint mir nicht, ihr
Dattel-Herzen! Milch-Busen!
Ihr Süßholz-Herz-
Beutelchen!
Weine nicht mehr,
Bleiche Dudu!
Sei ein Mann, Suleika! Mut! Mut!

— Oder sollte vielleicht
Etwas Stärkendes, Herz-Stärkendes
Hier am Platze sein?
Ein gesalbter Spruch?
Ein feierlicher Zuspruch? —

Ha! Herauf, Würde!
Tugend-Würde! Europäer-Würde!
Blase, blase wieder,
Blasebalg der Tugend!
Ha!
Noch einmal brüllen,
Moralisch brüllen!
Als moralischer Löwe
Vor den Töchtern der Wüste brüllen!
— Denn Tugend-Geheul,
Ihr allerliebsten Mädchen,
Ist mehr als alles
Europäer-Inbrunst, Europäer-Heißhunger!
Und da stehe ich schon,
Als Europäer,
Ich kann nicht anders, Gott helfe mir!
Amen!

Die Wüste wächst: weh dem, der Wüsten birgt!

DIE ERWECKUNG

1.

Nach dem Liede des Wanderers und Schattens wurde die Höhle mit einem Male voll Lärmens und Lachens; und da die versammelten Gäste alle zugleich redeten, und auch der Esel, bei einer solchen Ermutigung, nicht mehr still blieb, überkam Zarathustra ein kleiner Widerwille und Spott gegen seinen Besuch: ob er sich gleich ihrer Fröhlichkeit erfreute. Denn sie dünkte ihm ein Zeichen der Genesung. So schlüpfte er hinaus ins Freie und sprach zu seinen Tieren.

„Wo ist nun ihre Not hin?“ sprach er, und schon atmete er selber von seinem kleinen Überdrusse auf, — „bei mir verlernten sie, wie mich dünkt, das Notschrein!

— wenn auch, leider, noch nicht das Schrein.“ Und Zarathustra hielt sich die Ohren zu, denn eben mischte sich das I-A des Esels wunderlich mit dem Jubel-Lärm dieser höheren Menschen.

„Sie sind lustig“, begann er wieder, „und wer weiß? vielleicht auf ihres Wirtes Unkosten; und lernten sie von mir lachen, so ist es doch nicht m e i n Lachen, das sie lernten.

Aber was liegt daran! Es sind alte Leute: sie genesen auf ihre Art, sie lachen auf ihre Art; meine Ohren haben schon Schlimmeres erduldet und wurden nicht unwirsch. Dieser Tag ist ein Sieg: er weicht schon, er flieht, d e r G e i s t d e r S c h w e r e, mein alter Erzfeind! Wie gut will dieser Tag enden, der so schlimm und schwer begann!

Und enden w i l l er. Schon kommt der Abend: über das Meer her reitet er, der gute Reiter! Wie er sich wiegt, der Selige, Heimkehrende, in seinen purpurnen Sätteln!

Der Himmel blickt klar dazu, die Welt liegt tief: o all ihr Wunderlichen, die ihr zu mir kamt, es lohnt sich schon, bei mir zu leben!“

Also sprach Zarathustra. Und wieder kam da das Geschrei und Gelächter der höheren Menschen aus der Höhle: da begann er von neuem.

„Sie beißen an, mein Köder wirkt, es weicht auch ihnen ihr Feind, der Geist der Schwere. Schon lernen sie über sich selber lachen: höre ich recht?

Meine Manns-Kost wirkt, mein Saft- und Kraft-Spruch: und wahrlich, ich nährte sie nicht mit Bläh-Gemüsen! Sondern mit Krieger-Kost, mit Eroberer-Kost: neue Begierden weckte ich.

Neue Hoffnungen sind in ihren Armen und Beinen, ihr Herz streckt sich aus. Sie finden neue Worte, bald wird ihr Geist Mutwillen atmen.

Solche Kost mag freilich nicht für Kinder sein, noch auch für sehnsüchtige alte und junge Weibchen. Denen überredet man anders die Eingeweide; deren Arzt und Lehrer bin ich nicht.

Der E k e l weicht diesen höheren Menschen: wohlan! das ist mein Sieg. In meinem Reiche werden sie sicher, alle dumme Scham läuft davon, sie schütten sich aus.

Sie schütten ihr Herz aus, gute Stunden kehren ihnen zurück, sie feiern und käuen wieder, — sie werden d a n k b a r.

Das nehme ich als das beste Zeichen: sie werden dankbar. Nicht lange noch, und sie denken sich Feste aus und stellen Denksteine ihren alten Freuden auf.

Es sind Genesende!" Also sprach Zarathustra fröhlich zu seinem Herzen und schaute hinaus; seine Tiere aber drängten sich an ihn und ehrten sein Glück und sein Stillschweigen.

2.

Plötzlich aber erschrak das Ohr Zarathustras: die Höhle nämlich, welche bisher voller Lärmens und Gelächters war, wurde mit einem Male totenstill; — seine Nase aber roch einen wohlriechenden Qualm und Weihrauch, wie von brennenden Pinien-Zapfen.

„Was geschieht? Was treiben sie?" fragte er sich und schlich zum Eingange heran, daß er seinen Gästen, unvermerkt, zusehn könne. Aber, Wunder über Wunder! was mußte er da mit seinen eignen Augen sehn!

„Sie sind alle wieder fromm geworden, sie beten, sie sind toll!" — sprach er und verwunderte sich über die Maßen. Und, fürwahr! alle diese höheren Menschen, die zwei Könige, der Papst außer Dienst, der schlimme Zauberer, der freiwillige Bettler, der Wanderer und Schatten, der alte Wahrsager, der Gewissenhafte des Geistes und der häßlichste Mensch: sie lagen alle gleich Kindern und gläubigen alten Weibchen auf den Knien und beteten den Esel an. Und eben begann der häßlichste Mensch zu gurgeln und zu schnauben, wie als ob etwas Unaussprechliches aus ihm heraus wolle; als er es aber wirklich bis zu Worten gebracht hatte, siehe, da war es eine fromme seltsame Litanei zur Lobpreisung des angebeteten und angeräucherten Esels. Diese Litanei aber klang also:

Amen! Und Lob und Ehre und Weisheit und Dank und Preis und Stärke sei unserm Gott, von Ewigkeit zu Ewigkeit!

— Der Esel aber schrie dazu I-A.

Er trägt unsre Last, er nahm Knechtsgestalt an, er ist geduldsam von Herzen und redet niemals nein; und wer seinen Gott liebt, der züchtigt ihn.

— Der Esel aber schrie dazu I-A.

Er redet nicht: es sei denn, daß er zur Welt, die er schuf,

immer ja sagt: also preist er seine Welt. Seine Schlauheit ist es, die nicht redet: so bekömmt er selten unrecht.

— Der Esel aber schrie dazu I-A.

Unscheinbar geht er durch die Welt. Grau ist die Leib-Farbe, in welche er seine Tugend hüllt. Hat er Geist, so verbirgt er ihn; jedermann aber glaubt an seine langen Ohren.

— Der Esel aber schrie dazu I-A.

Welche verborgene Weisheit ist das, daß er lange Ohren trägt und allein ja und nimmer nein sagt! Hat er nicht die Welt erschaffen nach seinem Bilde, nämlich so dumm als möglich?

— Der Esel aber schrie dazu I-A.

Du gehst gerade und krumme Wege, es kümmert dich wenig, was uns Menschen gerade oder krumm dünkt. Jenseits von Gut und Böse ist dein Reich. Es ist deine Unschuld, nicht zu wissen, was Unschuld ist.

— Der Esel aber schrie dazu I-A.

Siehe doch, wie du niemanden von dir stößest, die Bettler nicht, noch die Könige. Die Kindlein lässest du zu dir kommen, und wenn dich die bösen Buben locken, so sprichst du einfältiglich I-A.

— Der Esel aber schrie dazu I-A.

Du liebst Eselinnen und frische Feigen, du bist kein Kostverächter. Eine Distel kitzelt dir das Herz, wenn du gerade Hunger hast. Darin liegt eines Gottes Weisheit.

— Der Esel aber schrie dazu I-A.

DAS ESELSFEST

1.

An dieser Stelle der Litanei aber konnte Zarathustra sich nicht länger bemeistern, schrie selber I-A, lauter noch als der Esel, und sprang mitten unter seine tollgewordenen Gäste. „Aber was treibt ihr da, ihr Menschenkinder?“ rief er, indem er die Betenden vom Boden emporriß. „Wehe, wenn euch jemand anderer zusähe als Zarathustra:

Jeder würde urteilen, ihr wäret mit eurem neuen Glauben die ärgsten Gotteslästerer oder die törichtsten aller alten Weiblein!

Und du selber, du alter Papst, wie stimmt das mit dir

selber zusammen, daß du solchergestalt einen Esel hier als Gott anbetest?" —

„O Zarathustra", antwortete der Papst, „vergib mir, aber in Dingen Gottes bin ich aufgeklärter noch als du. Und so ist's billig.

Lieber Gott also anbeten, in dieser Gestalt, als in gar keiner Gestalt! Denke über diesen Spruch nach, mein hoher Freund: du errätst geschwind, in solchem Spruch steckt Weisheit.

Der, welcher sprach: ‚Gott ist ein Geist' — der machte bisher auf Erden den größten Schritt und Sprung zum Unglauben: solch Wort ist auf Erden nicht leicht wieder gutzumachen!

Mein altes Herz springt und hüpft darob, daß es auf Erden noch etwas anzubeten gibt. Vergib das, o Zarathustra, einem alten frommen Papst-Herzen! —"

— „Und du", sagte Zarathustra zu dem Wanderer und Schatten, „du nennst und wähnst dich einen freien Geist? Und treibst hier solchen Götzen- und Pfaffendienst?

Schlimmer, wahrlich, treibst du's hier noch als bei deinen schlimmen braunen Mädchen, du schlimmer neuer Gläubiger!"

„Schlimm genug", antwortete der Wanderer und Schatten, „du hast recht: aber was kann ich dafür! Der alte Gott lebt wieder, o Zarathustra, du magst reden, was du willst.

Der häßlichste Mensch ist an allem schuld: der hat ihn wieder auferweckt. Und wenn er sagt, daß er ihn einst getötet habe: T o d ist bei Göttern immer nur ein Vorurteil."

— „Und du", sprach Zarathustra, „du schlimmer, alter Zauberer, was tatest du! Wer soll, in dieser freien Zeit, fürderhin an dich glauben, wenn d u an solche Götter-Eseleien glaubst?

Es war eine Dummheit, was du tatest; wie konntest du, du Kluger, eine solche Dummheit tun!"

„O Zarathustra", antwortete der kluge Zauberer, „du hast recht, es war eine Dummheit, — sie ist mir auch schwer genug geworden."

— „Und du gar", sagte Zarathustra zu dem Gewissenhaften des Geistes, „erwäge doch und lege den Finger an deine Nase! Geht hier denn nichts wider dein Gewissen? Ist dein Geist nicht zu reinlich für dies Beten und den Dunst dieser Betbrüder?"

„Es ist etwas daran", antwortete der Gewissenhafte und legte den Finger an die Nase, „es ist etwas an diesem Schauspiele, das meinem Gewissen sogar wohltut.

Vielleicht, daß ich an Gott nicht glauben darf: gewiß aber ist, daß Gott mir in dieser Gestalt noch am glaubwürdigsten dünkt.

Gott soll ewig sein, nach dem Zeugnisse der Frömmsten: wer soviel Zeit hat, läßt sich Zeit. So langsam und so dumm als möglich: damit kann ein solcher es doch sehr weit bringen.

Und wer des Geistes zuviel hat, der möchte sich wohl in die Dumm- und Narrheit selber vernarren. Denke über dich selber nach, o Zarathustra!

Du selber — wahrlich! auch du könntest wohl aus Überfluß und Weisheit zu einem Esel werden.

Geht nicht ein vollkommner Weiser gern auf den krümmsten Wegen? Der Augenschein lehrt es, o Zarathustra, — dein Augenschein!"

— „Und du selber zuletzt", sprach Zarathustra und wandte sich gegen den häßlichsten Menschen, der immer noch auf dem Boden lag, den Arm zu dem Esel emporhebend (er gab ihm nämlich Wein zu trinken). „Sprich, du Unaussprechlicher, was hast du da gemacht!

Du dünkst mich verwandelt, dein Auge glüht, der Mantel des Erhabenen liegt um deine Häßlichkeit: was tatest du?

Ist es denn wahr, was jene sagen, daß du ihn wieder auferwecktest? Und wozu? War er nicht mit Grund abgetötet und abgetan?

Du selber dünkst mich aufgeweckt: was tatest du? was kehrtest du um? Was bekehrtest du dich? Sprich, du Unaussprechlicher?"

„O Zarathustra", antwortet der häßlichste Mensch, „du bist ein Schelm!

Ob der noch lebt oder wieder lebt oder gründlich tot ist, — wer von uns beiden weiß das am besten? Ich frage dich.

Eins aber weiß ich, — von dir selber lernte ich's einst, o Zarathustra, wer am gründlichsten töten will, der lacht.

‚Nicht durch Zorn, sondern durch Lachen tötet man' — so sprachst du einst. O Zarathustra, du Verborgener, du Vernichter ohne Zorn, du gefährlicher Heiliger, — du bist ein Schelm!"

2.

Da aber geschah es, daß Zarathustra, verwundert über lauter solche Schelmen-Antworten, zur Tür seiner Höhle zurücksprang und, gegen alle seine Gäste gewendet, mit starker Stimme schrie:

„O ihr Schalks-Narren allesamt, ihr Possenreißer! Was verstellt und versteckt ihr euch vor mir!

Wie doch einem jeden von euch das Herz zappelte vor Lust und Bosheit, darob, daß ihr endlich einmal wieder wurdet wie die Kindlein, nämlich fromm, —

— daß ihr endlich wieder tatet, wie Kinder tun, nämlich betetet, hände-faltetet und ‚lieber Gott' sagtet!

Aber nun laßt mir *diese* Kinderstube, meine eigne Höhle, wo heute alle Kinderei zu Hause ist. Kühlt hier draußen euren heißen Kinder-Übermut und Herzenslärm ab!

Freilich: so ihr nicht werdet wie die Kindlein, so kommt ihr nicht in *das* Himmelreich. (Und Zarathustra zeigte mit den Händen nach oben.)

Aber wir wollen auch gar nicht ins Himmelreich: Männer sind wir worden, — *so wollen wir das Erdenreich*."

3.

Und noch einmal hob Zarathustra an zu reden. „O meine neuen Freunde", sprach er, — „ihr Wunderlichen, ihr höheren Menschen, wie gut gefallt ihr mir nun, —

— seit ihr wieder fröhlich wurdet! Ihr seid wahrlich alle aufgeblüht: mich dünkt, solchen Blumen, wie ihr seid, tun *neue* Feste not,

— ein kleiner tapferer Unsinn, irgendein Gottesdienst und Eselsfest, irgendein alter fröhlicher Zarathustra-Narr, ein Brausewind, der euch die Seelen hellbläst.

Vergeßt diese Nacht und dies Eselsfest nicht, ihr höheren Menschen! *Das* erfandet ihr bei mir, das nehme ich als gutes Wahrzeichen, — solcherlei erfinden nur Genesende!

Und feiert ihr es abermals, dieses Eselsfest, tut's euch zuliebe, tut's auch mir zuliebe! Und zu *meinem* Gedächtnis!"

Also sprach Zarathustra.

DAS TRUNKENE LIED

1.

Inzwischen aber war einer nach dem andern hinausgetreten, ins Freie und in die kühle nachdenkliche Nacht; Zarathustra selber aber führte den häßlichsten Menschen an der Hand, daß er ihm seine Nacht-Welt und den großen runden Mond und die silbernen Wasserstürze bei seiner Höhle zeige. Da standen sie endlich still beieinander, lauter alte Leute, aber mit einem getrösteten, tapferen Herzen und verwundert bei sich, daß es ihnen auf Erden so wohl war; die Heimlichkeit der Nacht aber kam ihnen näher und näher ans Herz. Und von neuem dachte Zarathustra bei sich: „o wie gut sie mir nun gefallen, diese höheren Menschen!" — aber er sprach es nicht aus, denn er ehrte ihr Glück und ihr Stillschweigen. —

Da aber geschah das, was an jenem erstaunlichen langen Tage das Erstaunlichste war: der häßlichste Mensch begann noch einmal und zum letztenmal zu gurgeln und zu schnauben, und als er es bis zu Worten gebracht hatte, siehe, da sprang eine Frage rund und reinlich aus seinem Munde, eine gute, tiefe, klare Frage, welche allen, die ihm zuhörten, das Herz im Leibe bewegte.

„Meine Freunde insgesamt", sprach der häßlichste Mensch, „was dünket euch? Um dieses Tags willen — ich bin's zum ersten Male zufrieden, daß ich das ganze Leben lebte.

Und daß ich soviel bezeuge, ist mir noch nicht genug. Es lohnt sich auf der Erde zu leben: Ein Tag, ein Fest mit Zarathustra lehrte mich die Erde lieben.

‚War das — das Leben?' will ich zum Tode sprechen. ‚Wohlan! Noch einmal!'

Meine Freunde, was dünket euch? Wollt ihr nicht gleich mir zum Tode sprechen: War das — das Leben? Um Zarathustras willen, wohlan! Noch einmal!" — —

Also sprach der häßlichste Mensch; es war aber nicht lange vor Mitternacht. Und was glaubt ihr wohl, daß damals sich zutrug? Sobald die höheren Menschen seine Frage hörten, wurden sie sich mit einem Male ihrer Verwandlung und Genesung bewußt, und wer ihnen dieselbe gegeben habe: da sprangen sie auf Zarathustra zu, dankend, verehrend, liebkosend, ihm die Hände küssend, so wie es der Art eines jeden eigen war: also daß einige lachten, einige weinten.

Der alte Wahrsager aber tanzte vor Vergnügen; und wenn er auch, wie manche Erzähler meinen, damals voll süßen Weines war, so war er gewißlich noch voller des süßen Lebens und hatte aller Müdigkeit abgesagt. Es gibt sogar solche, die erzählen, daß damals der Esel getanzt habe; nicht umsonst nämlich habe ihm der häßlichste Mensch vorher Wein zu trinken gegeben. Dies mag sich nun so verhalten oder auch anders: und wenn in Wahrheit an jenem Abende der Esel nicht getanzt hat, so geschahen doch damals größere und seltsamere Wunderdinge, als es das Tanzen eines Esels wäre. Kurz, wie das Sprichwort Zarathustras lautet: „was liegt daran!"

2.

Zarathustra aber, als sich dies mit dem häßlichsten Menschen zutrug, stand da wie ein Trunkener: sein Blick erlosch, seine Zunge lallte, seine Füße schwankten. Und wer möchte auch erraten, welche Gedanken dabei über Zarathustras Seele liefen? Ersichtlich aber wich sein Geist zurück und floh voraus und war in weiten Fernen und gleichsam „auf hohem Joche, wie geschrieben steht, zwischen zwei Meeren, — zwischen Vergangenem und Zukünftigem als schwere Wolke wandelnd". Allgemach aber, während ihn die höheren Menschen in den Armen hielten, kam er ein wenig zu sich selber zurück und wehrte mit den Händen dem Gedränge der Verehrenden und Besorgten; doch sprach er nicht. Mit einem Male aber wandte er schnell den Kopf, denn er schien etwas zu hören: da legte er den Finger an den Mund und sprach: „Kommt!"

Und alsbald wurde es rings still und heimlich; aus der Tiefe aber kam langsam der Klang einer Glocke herauf. Zarathustra horchte danach, gleich den höheren Menschen; dann aber legte er zum andern Male den Finger an den Mund und sprach wiederum: „Kommt! Kommt! Es geht gen Mitternacht!" — und seine Stimme hatte sich verwandelt. Aber immer noch rührte er sich nicht von der Stelle: da wurde es noch stiller und heimlicher, und alles horchte, auch der Esel, und Zarathustras Ehrentiere, der Adler und die Schlange, insgleichen die Höhle Zarathustras und der große kühle Mond und die Nacht selber. Zarathustra aber legte zum dritten Male die Hand an den Mund und sprach:

„Kommt! Kommt! Kommt! Laßt uns jetzo wandeln! Es ist die Stunde: laßt uns in die Nacht wandeln!“

3.

Ihr höheren Menschen, es geht gen Mitternacht: da will ich euch etwas in die Ohren sagen, wie jene alte Glocke es mir ins Ohr sagt, —

— so heimlich, so schrecklich, so herzlich, wie jene Mitternachts-Glocke zu mir es redet, die mehr erlebt hat als ein Mensch:

— welche schon eurer Väter Herzens-Schmerzens-Schläge abzählte — ach! ach! wie sie seufzt! wie sie im Traume lacht! die alte tiefe tiefe Mitternacht!

Still! Still! Da hört sich manches, das am Tage nicht laut werden darf; nun aber, bei kühler Luft, da auch aller Lärm eurer Herzen stille ward, —

— nun redet es, nun hört es sich, nun schleicht es sich in nächtliche überwache Seelen: ach! ach! wie sie seufzt! wie sie im Traume lacht!

— hörst du's nicht, wie sie heimlich, schrecklich, herzlich zu dir redet, die alte tiefe tiefe Mitternacht?

O Mensch, gib acht!

4.

Wehe mir! Wo ist die Zeit hin? Sank ich nicht in tiefe Brunnen? Die Welt schläft —

Ach! Ach! Der Hund heult, der Mond scheint. Lieber will ich sterben, sterben, als euch sagen, was mein Mitternachts-Herz eben denkt.

Nun starb ich schon. Es ist dahin. Spinne, was spinnst du um mich? Willst du Blut? Ach! Ach! Der Tau fällt, die Stunde kommt —

— die Stunde, wo mich fröstelt und friert, die fragt und fragt und fragt: „wer hat Herz genug dazu?

— wer soll der Erde Herr sein? Wer will sagen: so sollt ihr laufen, ihr großen und kleinen Ströme!“

— die Stunde naht: o Mensch, du höherer Mensch, gib acht! diese Rede ist für feine Ohren, für deine Ohren — was spricht die tiefe Mitternacht?

5.

Es trägt mich dahin, meine Seele tanzt. Tagewerk! Tagewerk! Wer soll der Erde Herr sein?

Der Mond ist kühl, der Wind schweigt. Ach! Ach! Flogt ihr schon hoch genug? Ihr tanztet: aber ein Bein ist doch kein Flügel.

Ihr guten Tänzer, nun ist alle Lust vorbei, Wein ward Hefe, jeder Becher ward mürbe, die Gräber stammeln.

Ihr flogt nicht hoch genug: nun stammeln die Gräber: „erlöst doch die Toten! Warum ist so lange Nacht? Macht uns nicht der Mond trunken?"

Ihr höheren Menschen, erlöst doch die Gräber, weckt die Leichname auf! Ach, was gräbt noch der Wurm? Es naht, es naht die Stunde, —

— es brummt die Glocke, es schnarrt noch das Herz, es gräbt noch der Holzwurm, der Herzenswurm. Ach! Ach! Dic Welt ist tief!

6.

Süße Leier! Süße Leier! Ich liebe deinen Ton, deinen trunkenen Unken-Ton! — wie lang her, wie fern her kommt mir dein Ton, weit her, von den Teichen der Liebe!

Du alte Glocke, du süße Leier! Jeder Schmerz riß dir ins Herz, Vaterschmerz, Väterschmerz, Urväterschmerz; deine Rede wurde reif, —

— reif gleich goldenem Herbste und Nachmittage, gleich meinem Einsiedlerherzen — nun redest du: die Welt selber ward reif, die Traube bräunt,

— nun will sie sterben, vor Glück sterben. Ihr höheren Menschen, riecht ihr's nicht? Es quillt heimlich ein Geruch herauf,

— ein Duft und Geruch der Ewigkeit, ein rosenseliger brauner Gold-Wein-Geruch von altem Glücke,

— von trunkenem Mitternachts-Sterbeglücke, welches singt: die Welt ist tief, und tiefer, als der Tag gedacht!

7.

Laß mich! Laß mich! Ich bin zu rein für dich. Rühre mich nicht an! Ward meine Welt nicht eben vollkommen?

Meine Haut ist zu rein für deine Hände. Laß mich, du

dummer, tölpischer, dumpfer Tag! Ist die Mitternacht nicht heller?

Die Reinsten sollen der Erde Herrn sein, die Unerkanntesten, Stärksten, die Mitternachts-Seelen, die heller und tiefer sind als jeder Tag.

O Tag, du tappst nach mir? Du tastest nach meinem Glücke? Ich bin dir reich, einsam, eine Schatzgrube, eine Goldkammer?

O Welt, du willst *mich*? Bin ich dir weltlich? Bin ich dir geistlich? Bin ich dir göttlich? Aber Tag und Welt, ihr seid zu plump, —

— habt klügere Hände, greift nach tieferem Glücke, nach tieferem Unglücke, greift nach irgendeinem Gotte, greift nicht nach mir:

— mein Unglück, mein Glück ist tief, du wunderlicher Tag, aber doch bin ich kein Gott, keine Gottes-Hölle: *tief ist ihr Weh.*

8.

Gottes Weh ist tiefer, du wunderliche Welt! Greife nach Gottes Weh, nicht nach mir! Was bin ich! Eine trunkene, süße Leier, —

— eine Mitternacht-Leier, eine Glocken-Unke, die niemand versteht, aber welche reden *muß*, vor Tauben, ihr höheren Menschen! Denn ihr versteht mich nicht!

Dahin! Dahin! O Jugend! O Mittag! O Nachmittag! Nun kam Abend und Nacht und Mitternacht, — der Hund heult, der Wind:

— ist der Wind nicht ein Hund? Er winselt, er kläfft, er heult. Ach! Ach! wie sie seufzt, wie sie lacht, wie sie röchelt und keucht, die Mitternacht!

Wie sie eben nüchtern spricht, diese trunkene Dichterin! sie übertrank wohl ihre Trunkenheit? sie wurde überwach? sie käut zurück?

— ihr Weh käut sie zurück, im Traume, die alte tiefe Mitternacht, und mehr noch ihre Lust. Lust nämlich, wenn schon Weh tief ist: *Lust ist tiefer noch als Herzeleid.*

9.

Du Weinstock! Was preisest du mich? Ich schnitt dich doch!

Ich bin grausam, du blutest —: was will dein Lob meiner trunkenen Grausamkeit?

„Was vollkommen ward, alles Reife — will sterben!" so redest du. Gesegnet, gesegnet sei das Winzermesser! Aber alles Unreife will leben: wehe!

Weh spricht: „Vergeh! Weg, du Wehe!" Aber alles, was leidet, will leben, daß es reif werde und lustig und sehnsüchtig,

— sehnsüchtig nach Fernerem, Höherem, Hellerem. „Ich will Erben", so spricht alles, was leidet, „ich will Kinder, ich will nicht m i c h", —

Lust aber will nicht Erben, nicht Kinder, — Lust will sich selber, will Ewigkeit, will Wiederkunft, will alles-sich-ewig-gleich.

Weh spricht: Brich, blute, Herz! Wandle, Bein! Flügel, flieg! Hinan! Hinauf! Schmerz!" Wohlan! Wohlauf! O mein altes Herz: W e h s p r i c h t: „v e r g e h!"

10.

Ihr höheren Menschen, was dünket euch? Bin ich ein Wahrsager? Ein Träumender? Trunkener? Ein Traumdeuter? Eine Mitternachts-Glocke?

Ein Tropfen Tau's? Ein Dunst und Duft der Ewigkeit? Hört ihr's nicht? Riecht ihr's nicht? Eben ward meine Welt vollkommen, Mitternacht ist auch Mittag, —

Schmerz ist auch eine Lust, Fluch ist auch ein Segen, Nacht ist auch eine Sonne, — geht davon oder ihr lernt: ein Weiser ist auch ein Narr.

Sagtet ihr jemals ja zu einer Lust? O meine Freunde, so sagtet ihr ja auch zu a l l e m Wehe. Alle Dinge sind verkettet, verfädelt, verliebt, —

— wolltet ihr jemals e i n mal zweimal, spracht ihr jemals: „du gefällst mir, Glück! Husch! Augenblick!" so wolltet ihr a l l e s zurück!

— Alles von neuem, alles ewig, alles verkettet, verfädelt, verliebt, o so l i e b t e t ihr die Welt, —

— ihr Ewigen, liebt sie ewig und allezeit: und auch zum Weh sprecht ihr: vergeh, aber komm zurück! D e n n a l l e L u s t w i l l — E w i g k e i t!

11.

Alle Lust will aller Dinge Ewigkeit, will Honig, will Hefe, will trunkene Mitternacht, will Gräber, will Gräber-Tränen-Trost, will vergüldetes Abendrot —

— was will nicht Lust! sie ist durstiger, herzlicher, hungriger, schrecklicher, heimlicher als alles Weh, sie will sich, sie beißt in sich, des Ringes Wille ringt in ihr, —

— sie will Liebe, sie will Haß, sie ist überreich, schenkt, wirft weg, bettelt, daß einer sie nimmt, dankt dem Nehmenden, sie möchte gern gehaßt sein, —

— so reich ist Lust, daß sie nach Wehe durstet, nach Hölle, nach Haß, nach Schmach, nach dem Krüppel, nach Welt, — denn diese Welt, o ihr kennt sie ja!

Ihr höheren Menschen, nach euch sehnt sie sich, die Lust, die unbändige, selige, — nach eurem Weh, ihr Mißratenen! Nach Mißratenen sehnt sich alle ewige Lust.

Denn alle Lust will sich selber, drum will sie auch Herzeleid! O Glück, o Schmerz! O brich, Herz! Ihr höheren Menschen, lernt es doch, Lust will Ewigkeit,

— Lust will aller Dinge Ewigkeit, will tiefe, tiefe Ewigkeit!

12.

Lerntet ihr nun mein Lied? Errietet ihr, was es will? Wohlan! Wohlauf! Ihr höheren Menschen, so singt mir nun meinen Rundgesang!

Singt mir nun selber das Lied, des Name ist „Noch einmal", des Sinn ist „in alle Ewigkeit!" — singt, ihr höheren Menschen, Zarathustras Rundgesang!

O Mensch! Gib acht!
Was spricht die tiefe Mitternacht?
„Ich schlief, ich schlief —,
Aus tiefem Traum bin ich erwacht: —
Die Welt ist tief.
Und tiefer als der Tag gedacht.
Tief ist ihr Weh —,
Lust — tiefer noch als Herzeleid:
Weh spricht: Vergeh!
Doch alle Lust will Ewigkeit —,
— will tiefe, tiefe Ewigkeit!"

DAS ZEICHEN

Des Morgens aber nach dieser Nacht sprang Zarathustra von seinem Lager auf, gürtete sich die Lenden und kam heraus aus seiner Höhle, glühend und stark, wie eine Morgensonne, die aus dunklen Bergen kommt.

„Du großes Gestirn", sprach er, wie er einstmals gesprochen hatte, „du tiefes Glücks-Auge, was wäre all dein Glück, wenn du nicht d i e hättest, welchen du leuchtest!

Und wenn sie in ihren Kammern blieben, während du schon wach bist und kommst und schenkst und austeilst: wie würde darob deine stolze Scham zürnen!

Wohlan! sie schlafen noch, diese höheren Menschen, während i c h wach bin: d a s sind nicht meine rechten Gefährten! Nicht auf sie warte ich hier in meinen Bergen.

Zu meinem Werke will ich, zu meinem Tage: aber sie verstehen nicht, was die Zeichen meines Morgens sind, mein Schritt — ist für sie kein Weckruf.

Sie schlafen noch in meiner Höhle, ihr Traum trinkt noch an meinen trunknen Liedern. Das Ohr doch, das nach m i r horcht, — das g e h o r c h e n d e Ohr fehlt in ihren Gliedern."

— Dies hatte Zarathustra zu seinem Herzen gesprochen, als die Sonne aufging: da blickte er fragend in die Höhe, denn er hörte über sich den scharfen Ruf seines Adlers. „Wohlan!" rief er hinauf, „so gefällt und gebührt es mir. Meine Tiere sind wach, denn ich bin wach.

Mein Adler ist wach und ehrt gleich mir die Sonne. Mit Adlers-Klauen greift er nach dem neuen Lichte. Ihr seid meine rechten Tiere; ich liebe euch.

Aber noch fehlen mir meine rechten Menschen!" —

Also sprach Zarathustra; da aber geschah es, daß er sich plötzlich wie von unzähligen Vögeln umschwärmt und umflattert hörte, — das Geschwirr so vieler Flügel aber und das Gedräng um sein Haupt war so groß, daß er die Augen schloß. Und wahrlich, einer Wolke gleich fiel es über ihn her, einer Wolke von Pfeilen gleich, welche sich über einen neuen Feind ausschüttet. Aber siehe, hier war es eine Wolke der Liebe, und über einen neuen Freund.

„Was geschieht mir?" dachte Zarathustra in seinem erstaunten Herzen und ließ sich langsam auf dem großen Steine nieder, der neben dem Ausgange seiner Höhle lag. Aber, indem er mit den Händen um sich und über sich und unter sich griff und den zärtlichen Vögeln wehrte, siehe, da geschah ihm etwas noch Seltsameres: er griff nämlich dabei unvermerkt in ein dichtes, warmes Haar-Gezottel hinein; zugleich aber erscholl vor ihm ein Gebrüll, — ein sanftes, langes Löwen-Brüllen.

„Das Zeichen kommt", sprach Zarathustra und sein Herz verwandelte sich. Und in Wahrheit, als es helle vor ihm wurde, da lag ihm ein gelbes, mächtiges Getier zu Füßen und schmiegte das Haupt an seine Knie und wollte nicht von ihm lassen vor Liebe und tat einem Hunde gleich, welcher seinen alten Herrn wiederfindet. Die Tauben aber waren mit ihrer Liebe nicht minder eifrig als der Löwe; und jedesmal, wenn eine Taube über die Nase des Löwen huschte, schüttelte der Löwe das Haupt und wunderte sich und lachte dazu.

Zu dem allen sprach Zarathustra nur ein Wort: „meine Kinder sind nahe, meine Kinder" —, dann wurde er ganz stumm. Sein Herz aber war gelöst, und aus seinen Augen tropften Tränen herab und fielen auf seine Hände. Und er achtete keines Dings mehr und saß da, unbeweglich und ohne daß er sich noch gegen die Tiere wehrte. Da flogen die Tauben ab und zu und setzten sich ihm auf die Schulter und liebkosten sein weißes Haar und wurden nicht müde mit Zärtlichkeit und Frohlocken. Der starke Löwe aber leckte immer die Tränen, welche auf die Hände Zarathustras herabfielen, und brüllte und brummte schüchtern dazu. Also trieben es die Tiere. —

Dies alles dauerte eine lange Zeit, oder eine kurze Zeit: denn, recht gesprochen, gibt es für dergleichen Dinge auf Erden keine Zeit —. Inzwischen aber waren die höheren Menschen in der Höhle Zarathustras wach geworden und ordneten sich miteinander zu einem Zuge an, daß sie Zarathustra entgegengingen und ihm den Morgengruß böten: denn sie hatten gefunden, als sie erwachten, daß er schon nicht mehr unter ihnen weilte. Als sie aber zur Tür der Höhle gelangten, und das Geräusch ihrer Schritte ihnen voranlief, da stutzte der Löwe gewaltig, kehrte sich mit einem Male von Zarathustra ab und sprang, wild brüllend, auf die Höhle los; die höheren Menschen aber, als sie ihn brüllen hörten, schrien alle auf, wie mit einem Munde, und flohen zurück und waren im Nu verschwunden.

Zarathustra selber aber, betäubt und fremd, erhob sich von seinem Sitze, sah um sich, stand staunend da, fragte sein Herz, besann sich und war allein. „Was hörte ich doch?“ sprach er endlich langsam, „was geschah mir eben?“

Und schon kam ihm die Erinnerung, und er begriff mit einem Blicke alles, was zwischen gestern und heute sich begeben hatte. „Hier ist ja der Stein“, sprach er und strich sich den Bart, „auf dem saß ich gestern am Morgen; und hier trat der Wahrsager zu mir, und hier hörte ich zuerst den Schrei, den ich eben hörte, den großen Notschrei.

O ihr höheren Menschen, von eurer Not war's ja, daß gestern am Morgen jener alte Wahrsager mir wahrsagte, —

— zu eurer Not wollte er mich verführen und versuchen: o Zarathustra, sprach er zu mir, ich komme, daß ich dich zu deiner letzten Sünde verführe.

Zu meiner letzten Sünde?“ rief Zarathustra und lachte zornig über sein eigenes Wort: „was blieb mir doch aufgespart als meine letzte Sünde?“

— Und noch einmal versank Zarathustra in sich und setzte sich wieder auf den großen Stein nieder und sann nach. Plötzlich sprang er empor, —

„Mitleiden! Das Mitleiden mit dem höheren Menschen!“ schrie er auf, und sein Antlitz verwandelte sich in Erz. „Wohlan! Das — hatte seine Zeit!

Mein Leid und mein Mitleiden — was liegt daran! Trachte ich denn nach Glücke? Ich trachte nach meinem Werke!

Wohlan! Der Löwe kam, meine Kinder sind nahe, Zarathustra ward reif, meine Stunde kam: —

Dies ist mein Morgen, mein Tag hebt an: herauf nun, herauf, du großer Mittag!“ — —

Also sprach Zarathustra und verließ seine Höhle, glühend und stark wie eine Morgensonne, die aus dunklen Bergen kommt.

DIE GEBURT DER TRAGÖDIE

oder

GRIECHENTUM UND PESSIMISMUS

(1870/71)

Mit dem Versuch einer Selbstkritik

(1886)

Ich habe diese Probleme vor den Mauern von Metz, in kalten September-Nächten, mitten im Dienste der Krankenpflege, durchgedacht; man könnte eher schon glauben, daß die Schrift fünfzig Jahre älter sei. Sie ist politisch indifferent — „undeutsch", wird man heute sagen —, sie riecht anstößig Hegelisch, sie ist nur in einigen Formeln mit dem Leichenbitter-Parfüm Schopenhauers behaftet. Eine „Idee" — der Gegensatz dionysisch und apollinisch — ins Metaphysische übersetzt; die Geschichte selbst als die Entwicklung dieser „Idee"; in der Tragödie der Gegensatz zur Einheit aufgehoben; unter dieser Optik Dinge, die noch nie einander ins Gesicht gesehen hatten, plötzlich gegenübergestellt, auseinanderbeleuchtet und b e g r i f f e n ... Die zwei entscheidenden N e u e r u n g e n des Buchs sind einmal das Verständnis des d i o n y s i s c h e n Phänomens bei den Griechen — es gibt dessen erste Psychologie, es sieht in ihm die eine Wurzel der ganzen griechischen Kunst —. Das andre ist das Verständnis des Sokratismus: Sokrates als Werkzeug der griechischen Auflösung, als typischer décadent zum ersten Male erkannt. „Vernünftigkeit" g e g e n Instinkt. Die „Vernünftigkeit" um jeden Preis als gefährliche, als leben-untergrabende Gewalt! — Tiefes feindseliges Schweigen über das Christentum im ganzen Buche. Es ist weder apollinisch noch dionysisch; es n e g i e r t alle ä s t h e t i s c h e n Werte — die einzigen Werte, die die „Geburt der Tragödie" anerkennt: es ist im tiefsten Sinne nihilistisch, während im dionysischen Symbol die äußerste Grenze der B e j a h u n g erreicht ist. Einmal wird auf die christlichen Priester wie auf eine „tückische Art von Zwergen", von „Unterirdischen" angespielt.

— Die Moral selbst als décadence-Symptom ist eine Neuerung, eine Einzigkeit ersten Rangs in der Geschichte der Erkenntnis. Wie hoch war ich mit beidem über das erbärmliche Flachkopf-Geschwätz von Optimismus contra Pessimismus hinweggesprungen! — Ich sah zuerst den eigentlichen Gegensatz: — den e n t a r t e n d e n Instinkt, der sich gegen das Leben mit unterirdischer Rachsucht wendet (— Christentum, die Philosophie Schopenhauers, in gewissem Sinne schon die Philosophie Platos, der ganze Idealismus als typische Formen) und eine aus der Fülle, der Überfülle geborene Formel der h ö c h s t e n B e j a h u n g, ein Jasagen ohne Vorbehalt, zum Leiden selbst, zur Schuld selbst, zu allem Fragwürdigen und Fremden des Daseins selbst ... Dieses letzte, freudigste, überschwänglich-übermütigste Ja zum Leben ist nicht nur die höchste Einsicht, es ist auch die t i e f s t e, die von Wahrheit und Wissen-

schaft am strengsten bestätigte und aufrechterhaltene. Es ist nichts, was ist, abzurechnen, es ist nichts entbehrlich — die von den Christen und andren Nihilisten abgelehnten Seiten des Daseins sind sogar von unendlich höherer Ordnung in der Rangordnung der Werte als das, was der décadence-Instinkt gutheißen, gut heißen durfte. Dies zu begreifen, dazu gehört Mut und, als dessen Bedingung, ein Überschuß von Kraft. Wer das Wort „dionysisch" nicht nur begreift, sondern sich in dem Wort „dionysisch" begreift, hat keine Widerlegung Platos oder des Christentums oder Schopenhauers nötig — er riecht die Verwesung...

In diesem Sinne habe ich das Recht, mich selber als den ersten tragischen Philosophen zu verstehn — das heißt den äußersten Gegensatz und Antipoden eines pessimistischen Philosophen. Vor mir gibt es diese Umsetzung des dionysischen in ein philosophisches Pathos nicht: es fehlt die tragische Weisheit, — ich habe vergebens nach Anzeichen davon selbst bei den großen Griechen der Philosophie, denen der zwei Jahrhunderte vor Sokrates, gesucht. Ein Zweifel blieb mir zurück bei Heraklit, in dessen Nähe überhaupt mir wärmer, mir wohler zumute wird als irgendwo sonst. Die Bejahung des Vergehens und Vernichtens, das Entscheidende in einer dionysischen Philosophie, das Jasagen zu Gegensatz und Krieg, das Werden, mit radikaler Ablehnung auch selbst des Begriffs „Sein" — darin muß ich unter allen Umständen das mir Verwandteste anerkennen, was bisher gedacht worden ist. Die Lehre von der „ewigen Wiederkunft", das heißt vom unbedingten und unendlich wiederholten Kreislauf aller Dinge — diese Lehre Zarathustras könnte zuletzt auch schon von Heraklit gelehrt worden sein. Zum mindesten hat die Stoa, die fast alle ihre grundsätzlichen Vorstellungen von Heraklit geerbt hat, Spuren davon. —

Aus dieser Schrift redet eine ungeheure Hoffnung. Werfen wir einen Blick ein Jahrhundert voraus, setzen wir den Fall, daß mein Attentat auf zwei Jahrtausende Widernatur und Menschenschändung gelingt. Jene neue Partei des Lebens, welche die größte aller Aufgaben, die Höherzüchtung der Menschheit in die Hände nimmt, eingerechnet die schonungslose Vernichtung alles Entartenden und Parasitischen, wird jenes Zuviel von Leben auf Erden wieder möglich machen, aus dem auch der dionysische Zustand wieder erwachsen muß. Ich verspreche ein tragisches Zeitalter: die höchste Kunst im Jasagen zum Leben, die Tragödie, wird wiedergeboren werden, wenn die Menschheit das Bewußtsein der härtesten, aber notwendigsten Kriege hinter sich hat, ohne daran zu leiden... Das Pathos der ersten Seiten ist welthistorisch; der Blick, von dem hier die Rede ist, ist der eigentliche Zarathustra-Blick; Wagner, Bayreuth, die ganze kleine deutsche

Erbärmlichkeit ist eine Wolke, in der eine unendliche Fata Morgana der Zukunft sich spiegelt. Alles an dieser Schrift ist vorherverkündend: die Nähe der Wiederkunft des griechischen Geistes, die Notwendigkeit von G e g e n - A l e x a n d e r n, welche den gordischen Knoten der griechischen Kultur wieder b i n d e n, nachdem er gelöst war ... Man höre den welthistorischen Akzent, mit dem auf Seite 615 der Begriff „tragische Gesinnung" eingeführt wird: es sind lauter welthistorische Akzente in dieser Schrift. Dies ist die fremdartigste „Objektivität", die es geben kann: die absolute Gewißheit darüber, was ich b i n, projizierte sich auf irgendeine zufällige Realität, — die Wahrheit über mich redete aus einer schauervollen Tiefe. Auf Seite 625 f wird der S t i l des Zarathustra mit einschneidender Sicherheit beschrieben und vorweggenommen.

ECCE HOMO

VERSUCH EINER SELBSTKRITIK

/1/ 1

Was auch diesem fragwürdigen Buche zugrunde liegen mag: es muß eine Frage ersten Ranges und Reizes gewesen sein, noch dazu eine tief persönliche Frage, — Zeugnis dafür ist die Zeit, in der es entstand, *trotz* der es entstand, die aufregende Zeit des deutsch-französischen Krieges 1870/71. Während die Donner der Schlacht von Wörth über Europa weggingen, saß der Grübler und Rätselfreund, dem die Vaterschaft dieses Buches zuteil ward, irgendwo in einem Winkel der Alpen, sehr vergrübelt und verrätselt, folglich sehr bekümmert und unbekümmert zugleich, und schrieb seine Gedanken über die *Griechen* nieder, — den Kern des wunderlichen und schlecht zugänglichen Buches, dem diese späte Vorrede (oder Nachrede) gewidmet sein soll. Einige Wochen darauf: und er befand sich selbst unter den Mauern von Metz, immer noch nicht losgekommen von den Fragezeichen, die er zur vorgeblichen „Heiterkeit" der Griechen und der griechischen Kunst gesetzt hatte; bis er endlich, in jenem Monat tiefster Spannung, als man in Versailles über den Frieden beriet, auch mit sich zum Frieden kam und, langsam von einer aus dem Felde heimgebrachten Krankheit genesend, die „Geburt der Tragödie aus dem Geiste der *Musik*" letztgültig bei sich feststellte. — Aus der Musik? Musik und Tragödie? Griechen und Tragödien-Musik? Griechen und das Kunstwerk des Pessimismus? Die wohlgeratenste, schönste, bestbeneidete, zum Leben verführendste Art der bisherigen Menschen, die Griechen — wie, gerade sie hatten die Tragödie *nötig*? Mehr noch — die Kunst? Wozu — griechische Kunst? . . .

Man errät, an welche Stelle hiermit das große Fragezeichen vom Werte des Daseins gesetzt war. Ist Pessimismus *notwendig* das Zeichen des Niedergangs, Verfalls, des Mißratenseins, der ermüdeten und geschwächten Instinkte —, wie er es bei den Indern war, wie er es, allem Anschein nach, bei uns, den „modernen“ Menschen und Europäern ist? Gibt es einen Pessimismus der Stärke? Eine intellektuelle Vorneigung für das Harte, Schauerliche, Böse, Problematische des Daseins aus Wohlsein, aus überströmender Gesundheit, aus Fülle des Daseins? Gibt es vielleicht ein Leiden an der Überfülle selbst? Eine versucherische Tapferkeit des schärfsten Blicks, die nach dem Furchtbaren verlangt, als nach dem Feinde, dem würdigen Feinde, an dem sie ihre Kraft erproben kann? An dem sie lernen will, was „das Fürchten“ ist? Was bedeutet, gerade bei den Griechen der besten, stärksten, tapfersten Zeit, der tragische Mythus? Und das ungeheure Phänomen des Dionysischen? Was, aus ihm geboren, die Tragödie? — Und wiederum: das, woran die Tragödie starb, der Sokratismus der Moral, die Dialektik, Genügsamkeit und Heiterkeit des theoretischen Menschen — wie, könnte nicht gerade dieser Sokratismus ein Zeichen des Niedergangs, der Ermüdung, Erkrankung, der anarchisch sich lösenden Instinkte sein? Und die „griechische Heiterkeit“ des späteren Griechentums nur eine Abendröte? Der epikurische Wille gegen den Pessimismus nur eine Vorsicht des Leidenden? Und die Wissenschaft selbst, unsere Wissenschaft — ja, was bedeutet überhaupt, als Symptom des Lebens angesehn, alle Wissenschaft? Wozu, schlimmer noch, woher — alle Wissenschaft? Wie? Ist Wissenschaftlichkeit vielleicht nur eine Furcht und Ausflucht vor dem Pessimismus? Eine feine Notwehr gegen — die Wahrheit? Und, moralisch geredet, etwas wie Feig- und Falschheit? Unmoralisch geredet, eine Schlauheit? Oh, Sokrates, Sokrates, war das vielleicht dein Geheimnis? Oh, geheimnisvoller Ironiker, war dies vielleicht deine — Ironie? — —

/2/ 2

Was ich damals zu fassen bekam, etwas Furchtbares und Gefährliches, ein Problem mit Hörnern, nicht notwendig gerade ein Stier, jedenfalls ein neues Problem: heute würde ich sagen, daß es das Problem der Wissenschaft selbst war — Wissenschaft zum ersten Male als problematisch, als fragwürdig gefaßt. Aber das Buch, in dem mein jugendlicher Mut und Argwohn sich damals ausließ — was für ein unmögliches Buch mußte aus einer so jugendwidrigen Aufgabe erwachsen! Aufgebaut aus lauter vorzeitigen übergrünen Selbsterlebnissen, welche alle hart an der Schwelle des Mitteilbaren lagen, hingestellt auf den Boden der *Kunst* — denn das Problem der Wissenschaft kann nicht auf dem Boden der Wissenschaft erkannt werden —, ein Buch vielleicht für Künstler mit dem Nebenhange analytischer und retrospektiver Fähigkeiten (das heißt für eine Ausnahme-Art von Künstlern, nach denen man suchen muß und nicht einmal suchen möchte...), voller psychologischer Neuerungen und Artisten-Heimlichkeiten, mit einer Artisten-Metaphysik im Hintergrunde, ein Jugendwerk voller Jugendmut und Jugend-Schwermut, unabhängig, trotzig-selbständig auch noch, wo es sich einer Autorität und eignen Verehrung zu beugen scheint, kurz ein Erstlingswerk auch in jedem schlimmen Sinne des Wortes, trotz seines greisenhaften Problems mit jedem Fehler der Jugend behaftet, vor allem mit ihrem „Viel zu lang", ihrem „Sturm und Drang": andererseits, in Hinsicht auf den Erfolg, den es hatte (insonderheit bei dem großen Künstler, an den es sich wie zu einem Zwiegespräch wendete, bei Richard Wagner) ein *bewiesenes* Buch, ich meine ein solches, das jedenfalls „den Besten seiner Zeit" genuggetan hat. Daraufhin sollte es schon mit einiger Rücksicht und Schweigsamkeit behandelt werden; trotzdem will ich nicht gänzlich unterdrücken, wie unangenehm es mir jetzt erscheint, wie fremd es jetzt nach sechzehn Jahren vor mir steht, — vor einem älteren, hundertmal verwöhnteren, aber keineswegs kälter gewordenen Auge, das auch jener Aufgabe selbst nicht fremder wurde, an welche sich jenes verwegene Buch zum ersten Male herangewagt hat, — *die Wissenschaft unter der Optik des Künstlers zu sehen, die Kunst aber unter der des Lebens...*

/3/ 3

Nochmals gesagt, heute ist es mir ein unmögliches Buch, — ich heiße es schlecht geschrieben, schwerfällig, peinlich, bilderwütig und bilderwirrig, gefühlsam, hier und da verzuckert bis zum Femininischen, ungleich im Tempo, ohne Willen zur logischen Sauberkeit, sehr überzeugt und deshalb des Beweisens sich überhebend, mißtrauisch selbst gegen die *Schicklichkeit* des Beweisens, als Buch für Eingeweihte, als „Musik" für solche, die auf Musik getauft, die auf gemeinsame und seltne Kunst-Erfahrung hin von Anfang der Dinge an verbunden sind, als Erkennungszeichen für Blutsverwandte in artibus, — ein hochmütiges und schwärmerisches Buch, das sich gegen das profanum vulgus der „Gebildeten" von vornherein noch mehr als gegen das „Volk" abschließt, welches aber, wie seine Wirkung bewies und beweist, sich gut genug auch darauf verstehen muß, sich seine Mitschwärmer zu suchen und sie auf neue Schleichwege und Tanzplätze zu locken. Hier redete jedenfalls — das gestand man sich mit Neugierde ebenso als mit Abneigung ein — eine fremde Stimme, der Jünger eines noch „unbekannten Gottes", der sich einstweilen unter die Kapuze des Gelehrten, unter die Schwere und dialektische Unlustigkeit des Deutschen, selbst unter die schlechten Manieren des Wagnerianers versteckt hat; hier war ein Geist mit fremden, noch namenlosen Bedürfnissen, ein Gedächtnis strotzend von Fragen, Erfahrungen, Verborgenheiten, welchen der Name Dionysos wie ein Fragezeichen mehr beigeschrieben war; hier sprach — so sagte man sich mit Argwohn — etwas wie eine mystische und beinahe mänadische Seele, die mit Mühsal und willkürlich, fast unschlüssig darüber, ob sie sich mitteilen oder verbergen wolle, gleichsam in einer fremden Zunge stammelt. Sie hätte singen sollen, diese „neue Seele" — und nicht reden! Wie schade, daß ich, was ich damals zu sagen hatte, es nicht als Dichter zu sagen wagte: ich hätte es vielleicht gekonnt! Oder mindestens als Philologe: — bleibt doch auch heute noch für den Philologen auf diesem Gebiete beinahe alles zu entdecken und auszugraben! Vor allem das Problem, daß hier ein Problem vorliegt, — und daß die Griechen, solange wir keine Antwort auf die Frage „Was ist dionysisch" haben, nach wie vor gänzlich unerkannt und unvorstellbar sind...

/4/ 4

Ja, was ist dionysisch? — In diesem Buche steht eine Antwort darauf, — ein „Wissender" redet da, der Eingeweihte und Jünger seines Gottes. Vielleicht würde ich jetzt vorsichtiger und weniger beredt von einer so schweren psychologischen Frage reden, wie sie der Ursprung der Tragödie bei den Griechen ist Eine Grundfrage ist das Verhältnis des Griechen zum Schmerz, sein Grad von Sensibilität — blieb dies Verhältnis sich gleich oder drehte es sich um —, jene Frage, ob wirklich sein immer stärkeres Verlangen nach Schönheit, nach Festen, Lustbarkeiten, neuen Kulten, aus Mangel, aus Entbehrung, aus Melancholie, aus Schmerz erwachsen ist? Gesetzt nämlich, gerade dies wäre wahr — und Perikles (oder Thukydides) gibt es uns in der großen Leichenrede zu verstehen —: woher müßte dann das entgegengesetzte Verlangen, das der Zeit nach früher hervortrat, stammen, das Verlangen nach dem Häßlichen, der gute strenge Wille des älteren Hellenen zum Pessimismus, zum tragischen Mythus, zum Bilde alles Furchtbaren, Bösen, Rätselhaften, Vernichtenden, Verhängnisvollen auf dem Grunde des Daseins, — woher müßte dann die Tragödie stammen? Vielleicht aus der Lust, aus der Kraft, aus überströmender Gesundheit, aus übergroßer Fülle? Und welche Bedeutung hat dann, physiologisch gefragt, jener Wahnsinn, aus dem die tragische wie die komische Kunst erwuchs, der dionysische Wahnsinn? Wie? Ist Wahnsinn vielleicht nicht notwendig das Symptom der Entartung, des Niedergangs, der überspäten Kultur? Gibt es vielleicht — eine Frage für Irrenärzte — Neurosen der Gesundheit, der Volks-Jugend und -Jugendlichkeit? Worauf weist jene Synthesis von Gott und Bock im Satyr? Aus welchem Selbsterlebnis, auf welchen Drang hin mußte sich der Grieche den dionysischen Schwärmer und Urmenschen als Satyr denken? Und was den Ursprung des tragischen Chors betrifft: gab es in jenen Jahrhunderten, wo der griechische Leib blühte, die griechische Seele von Leben überschäumte, vielleicht endemische Entzückungen? Visionen und Halluzinationen, welche sich ganzen Gemeinden, ganzen Kultversammlungen mitteilten? Wie? Wenn die Griechen, gerade im Reichtum ihrer Jugend, den Willen zum Tragischen hatten und Pessimisten waren? Wenn es gerade der Wahnsinn war, um ein Wort Platos zu gebrauchen, der die größten Segnungen über Hellas gebracht hat? Und wenn, andererseits und umgekehrt, die Griechen gerade in den Zeiten ihrer Auflösung und Schwäche immer optimistischer, oberflächlicher, schauspielerischer, auch nach Logik und Logisierung der Welt brünstiger, also zugleich „heiterer" und „wissenschaftlicher" wurden? Wie? Könnte vielleicht, allen „modernen Ideen" und Vorurteilen des demokratischen Geschmacks zum Trotz, der Sieg des Optimismus, die vorherrschend gewordene Vernünftigkeit, der praktische und theoretische

Utilitarismus, gleich der Demokratie selbst, mit der er gleichzeitig ist, — ein Symptom der absinkenden Kraft, des nahenden Alters, der physiologischen Ermüdung sein? Und gerade *nicht* — der Pessimismus? War Epikur ein Optimist — gerade als *Leidender*? — — Man sieht, es ist ein ganzes Bündel schwerer Fragen, mit dem sich dieses Buch belastet hat, — fügen wir seine schwerste Frage noch hinzu! Was bedeutet, unter der Optik des *Lebens* gesehn, — die Moral?...

/5/ 5

Bereits im Vorwort an Richard Wagner wird die Kunst — und *nicht* die Moral — als die eigentlich *metaphysische* Tätigkeit des Menschen hingestellt; im Buche selbst kehrt der anzügliche Satz mehrfach wieder, daß nur als ästhetisches Phänomen das Dasein der Welt *gerechtfertigt* ist. In der Tat, das ganze Buch kennt nur einen Künstler-Sinn und -Hintersinn hinter allem Geschehen, — einen „Gott“, wenn man will, aber gewiß nur einen gänzlich unbedenklichen und unmoralischen Künstler-Gott, der im Bauen wie im Zerstören, im Guten wie im Schlimmen, seiner gleichen Lust und Selbstherrlichkeit innewerden will, der sich, Welten schaffend, von der *Not* der Fülle und *Überfülle*, vom *Leiden* der in ihm gedrängten Gegensätze löst. Die Welt, in jedem Augenblicke die *erreichte* Erlösung Gottes, als die ewig wechselnde, ewig neue Vision des Leidendsten, Gegensätzlichsten, Widerspruchreichsten, der nur im *Scheine* sich zu erlösen weiß: diese ganze Artisten-Metaphysik mag man willkürlich, müßig, phantastisch nennen —, das Wesentliche daran ist, daß sie bereits einen Geist verrät, der sich einmal auf jede Gefahr hin gegen die *moralische* Ausdeutung und Bedeutsamkeit des Daseins zur Wehre setzen wird. Hier kündigt sich, vielleicht zum ersten Male, ein Pessimismus „jenseits von Gut und Böse“ an, hier kommt jene „Perversität der Gesinnung“ zu Wort und Formel, gegen welche Schopenhauer nicht müde geworden ist, im voraus seine zornigsten Flüche und Donnerkeile zu schleudern, — eine Philosophie, welche es wagt, die Moral selbst in die Welt der Erscheinung zu setzen, herabzusetzen und nicht nur unter die „Erscheinungen“ (im Sinne des idealistischen terminus technicus), sondern unter die „Täuschungen“, als Schein, Wahn, Irrtum, Ausdeutung, Zurechtmachung, Kunst. Vielleicht läßt sich die Tiefe dieses widermoralischen Hanges am besten aus dem behutsamen und feindseligen Schweigen ermessen, mit dem in dem ganzen Buche das Christentum behandelt ist, — das Christentum als die ausschweifendste Durchfigurierung des moralischen Themas, welche die Menschheit bisher anzuhören bekommen hat. In Wahrheit, es gibt zu der rein ästhetischen Weltauslegung und Welt-Rechtfertigung, wie sie in diesem Buche gelehrt wird, keinen größeren Gegensatz als die christliche Lehre, welche nur moralisch ist und sein will und mit ihren absoluten Maßen, zum Beispiel schon mit ihrer Wahrhaftigkeit Gottes, die Kunst, jede Kunst ins Reich der Lüge verweist, — das heißt verneint, verdammt, verurteilt. Hinter einer derartigen Denk- und Wertungsweise, welche kunstfeindlich sein muß, solange sie irgendwie echt ist, empfand ich von jeher auch das Lebensfeindliche, den ingrimmigen, rachsüchtigen Widerwillen gegen das Leben selbst: denn alles Leben ruht auf Schein, Kunst, Täuschung, Optik, Notwendigkeit des Perspektivischen und des Irrtums. Christentum war von Anfang an, wesentlich und gründlich, Ekel und Überdruß des Lebens am Leben, welcher sich unter dem Glauben an ein „anderes" oder „besseres" Leben nur verkleidete, nur versteckte, nur aufputzte. Der Haß auf die „Welt", der Fluch auf die Affekte, die Furcht vor der Schönheit und Sinnlichkeit, ein Jenseits, erfunden, um das Diesseits besser zu verleumden, im Grunde ein Verlangen ins Nichts, ans Ende, ins Ausruhen, hin zum „Sabbat der Sabbate" — dies alles dünkte mich, ebenso wie der unbedingte Wille des Christentums, nur moralische Werte gelten zu lassen, immer wie die gefährlichste und unheimlichste Form aller möglichen Formen eines „Willens zum Untergang", zum mindesten ein Zeichen tiefster Erkrankung, Müdigkeit, Mißmutigkeit, Erschöpfung, Verarmung an Leben, — denn vor der Moral (insonderheit christlichen, das heißt unbedingten Moral) muß das Leben beständig und unvermeidlich Unrecht bekommen, weil Leben etwas essentiell Unmoralisches ist, — muß endlich das Leben, erdrückt unter dem Gewichte der Verachtung und des ewigen Neins, als begehrens-unwürdig, als unwert an sich empfunden werden. Moral selbst — wie? Sollte Moral nicht ein „Wille zur Verneinung des Lebens", ein heimlicher Instinkt der Vernichtung, ein Verfalls-, Verkleinerungs-, Verleumdungsprinzip, ein Anfang vom Ende sein? Und, folglich, die Gefahr der Gefahren? ... *Gegen* die Moral also kehrte sich damals, mit diesem fragwürdigen Buche, mein Instinkt, als ein fürsprechender Instinkt des Lebens, und erfand sich eine grundsätzliche Gegenlehre und Gegenwertung des Lebens, eine rein artistische, eine *antichristliche*. Wie sie nennen? Als Philologe und Mensch der Worte taufte ich sie, nicht ohne einige Freiheit — denn wer wüßte den rechten Namen des Antichrist —, auf den Namen eines griechischen Gottes: ich hieß sie die *dionysische*. —

/6/ 6

Man versteht, an welche Aufgabe ich bereits mit diesem Buche zu rühren wagte? ... Wie sehr bedauere ich es jetzt, daß ich damals noch nicht den Mut (oder die Unbescheidenheit?) hatte, um mir in jedem Betrachte für so eigne Anschauungen und Wagnisse auch eine *eigne Sprache* zu erlauben, — daß ich mühselig mit Schopenhauerischen und Kantischen Formeln fremde und neue Wertschätzungen auszudrücken suchte, welche dem Geiste Kantens und Schopenhauers, ebenso wie ihrem Geschmacke, von Grund aus entgegengingen! — Aber es gibt etwas viel Schlimmeres an dem Buche, das ich jetzt noch mehr bedauere, als mit Schopenhauerischen Formeln dionysische Ahnungen verdunkelt und verdorben zu haben: daß ich mir nämlich überhaupt das grandiose *griechische Problem*, wie mir es aufgegangen war, durch Einmischung der modernsten Dinge *verdarb*! Daß ich Hoffnungen anknüpfte, wo nichts zu hoffen war, wo alles allzu deutlich auf ein Ende hinwies! Daß ich, auf Grund der deutschen letzten Musik, vom „deutschen Wesen" zu fabeln begann, wie als ob es eben im Begriff sei, sich selbst zu entdecken und wiederzufinden — und das zu einer Zeit, wo der deutsche Geist, der nicht vor langem noch den Willen zur Herrschaft über Europa, die Kraft zur Führung Europas gehabt hatte, eben letztwillig und endgültig *abdankte* und, unter dem pomphaften Vorwande einer Reichs-Begründung, seinen Übergang zur Vermittelmäßigung, zur Demokratie und den „modernen Ideen" machte! In der Tat, inzwischen lernte ich hoffnungslos und schonungslos genug von diesem „deutschen Wesen" denken, insgleichen von der jetzigen *deutschen Musik*, als welche Romantik durch und durch ist und die ungriechischeste aller möglichen Kunstformen: überdies aber eine Nervenverderberin ersten Ranges, doppelt gefährlich bei einem Volke, das den Trunk liebt und die Unklarheit als Tugend ehrt, nämlich in ihrer doppelten Eigenschaft als berauschendes und zugleich *benebelndes* Narkotikum. — Abseits freilich von allen übereilten Hoffnungen und fehlerhaften Nutzanwendungen auf Gegenwärtigstes, mit denen ich mir damals mein erstes Buch verdarb, bleibt das große dionysische Fragezeichen, wie es darin gesetzt ist, auch in betreff der Musik, fort und fort bestehn: wie müßte eine Musik beschaffen sein, welche nicht mehr romantischen Ursprungs wäre, gleich der deutschen, — sondern *dionysischen*?...

/7/ 7

Aber, mein Herr, was in aller Welt ist Romantik, wenn nicht *Ihr* Buch Romantik ist? Läßt sich der tiefe Haß gegen „Jetztzeit", „Wirklichkeit" und „moderne Ideen" weiter treiben, als in Ihrer Artisten-Metaphysik geschehen ist? Ist Ihr Pessimisten-Buch nicht selbst ein Stück Antigriechentum und Romantik, selbst etwas „ebenso Berauschendes als Benebelndes", ein Narkotikum jedenfalls, ein Stück Musik sogar, *deutscher* Musik? Aber man höre:

„Denken wir uns eine heranwachsende Generation mit dieser Unerschrockenheit des Blicks, mit diesem heroischen Zug ins Ungeheure, denken wir uns den kühnen Schritt dieser Drachentöter, die stolze Verwegenheit, mit der sie allen den Schwächlichkeitsdoktrinen des Optimismus den Rücken kehren, um im Ganzen und Vollen ‚resolut zu leben': *sollte es nicht nötig sein*, daß der tragische Mensch dieser Kultur, bei seiner Selbsterziehung zum Ernst und zum Schrecken, eine neue Kunst, *die Kunst des metaphysischen Trostes*, die Tragödie als die ihm zugehörige Helena begehren und mit Faust ausrufen muß:

Und sollt' ich nicht, sehnsüchtigster Gewalt,
Ins Leben ziehn die einzigste Gestalt?"

„Sollte es nicht *nötig* sein?"... Nein, dreimal nein! ihr jungen Romantiker: es sollte *nicht* nötig sein! Aber es ist sehr wahrscheinlich, daß es so *endet*, daß *ihr* so endet, nämlich „getröstet", wie geschrieben steht, trotz aller Selbsterziehung zum Ernst und zum Schrecken, „metaphysisch getröstet", kurz, wie Romantiker enden, *christlich*... Nein! Ihr solltet vorerst die Kunst des *diesseitigen* Trostes lernen, — ihr solltet *lachen* lernen, meine jungen Freunde, wenn anders ihr durchaus Pessimisten bleiben wollt; vielleicht daß ihr daraufhin, als Lachende, irgendwann einmal alle metaphysische Trösterei zum Teufel schickt — und die Metaphysik voran! Oder, um es in der Sprache jenes dionysischen Unholds zu sagen, der Zarathustra heißt:

„Erhebt eure Herzen, meine Brüder, hoch, höher! Und vergeßt mir auch die Beine nicht! Erhebt auch eure Beine, ihr guten Tänzer, und besser noch: ihr steht auch auf dem Kopf.

Diese Krone des Lachenden, diese Rosenkranz-Krone: ich selber setzte mir diese Krone auf, ich selber sprach heilig mein Gelächter. Keinen anderen fand ich heute stark genug dazu.

Zarathustra der Tänzer, Zarathustra der Leichte, der mit den Flügeln winkt, ein Flugbereiter, allen Vögeln zuwinkend, bereit und fertig, ein Selig-Leichtfertiger: —

Zarathustra der Wahrsager, Zarathustra der Wahrlacher, kein Ungeduldiger, kein Unbedingter, einer, der Sprünge und Seitensprünge liebt: ich selber setzte mir diese Krone auf!

Diese Krone des Lachenden, diese Rosenkranz-Krone: euch, meinen Brüdern, werfe ich diese Krone zu! Das Lachen sprach ich heilig: ihr höheren Menschen, lernt mir — lachen!"

„Also sprach Zarathustra", S. 428 und 430.

Sils-Maria, Oberengadin,
im August 1886

DIE GEBURT DER TRAGÖDIE

AUS DEM GEISTE DER MUSIK

/1/ 1

Die Fortentwicklung der Kunst ist an die Duplizität des Apollinischen und des Dionysischen gebunden / Apollo, als der Gott aller bildnerischen Kräfte — das Wesen des Dionysischen wird uns am nächsten noch durch die Analogie des Rausches

Wir werden viel für die ästhetische Wissenschaft gewonnen haben, wenn wir nicht nur zur logischen Einsicht, sondern zur unmittelbaren Sicherheit der Anschauung gekommen sind, daß die Fortentwickelung der Kunst an die Duplizität des Apollinischen und des Dionysischen gebunden ist: in ähnlicher Weise, wie die Generation von der Zweiheit der Geschlechter, bei fortwährendem Kampfe und nur periodisch eintretender Versöhnung, abhängt. Diese Namen entlehnen wir von den Griechen, welche die tiefsinnigen Geheimlehren ihrer Kunstanschauung zwar nicht in Begriffen, aber in den eindringlich deutlichen Gestalten ihrer Götterwelt dem Einsichtigen vernehmbar machen. An ihre beiden Kunstgottheiten, Apollo und Dionysus, knüpft sich unsere Erkenntnis, daß in der griechischen Welt ein ungeheurer Gegensatz, nach Ursprung und Zielen, zwischen der Kunst des Bildners, der apollinischen, und der unbildlichen Kunst der Musik, als der des Dionysus, besteht: beide so verschiedne Triebe gehen nebeneinander her, zumeist im offnen Zwiespalt miteinander und sich gegenseitig zu immer neuen kräftigeren Geburten reizend, um in ihnen den Kampf jenes Gegensatzes zu perpetuieren, den das gemeinsame Wort „Kunst" nur scheinbar überbrückt; bis sie endlich, durch einen metaphysischen Wunderakt des hellenischen „Willens", miteinander gepaart erscheinen und in dieser Paarung zuletzt das ebenso dionysische als apollinische Kunstwerk der attischen Tragödie erzeugen.

Um uns jene beiden Triebe näherzubringen, denken wir sie uns zunächst als die getrennten Kunstwelten des Traumes und des Rausches; zwischen welchen physiologischen Erscheinungen ein entsprechender Gegensatz wie zwischen dem Apollinischen und dem Dionysischen zu bemerken ist. Im Traume traten zuerst, nach der Vorstellung des Lukretius, die herrlichen Göttergestalten vor die Seelen der Menschen, im Traume sah der große Bildner den entzückenden Gliederbau übermenschlicher Wesen.

Der schöne Schein der Traumwelten, in deren Erzeugung jeder Mensch voller Künstler ist, ist die Voraussetzung aller bildenden Kunst, ja auch, wie wir sehen werden, einer wichtigen Hälfte der Poesie. Wir genießen im unmittelbaren Verständnisse der Gestalt, alle Formen sprechen zu uns, es gibt nichts Gleichgültiges und Unnötiges. Bei dem höchsten Leben dieser Traumwirklichkeit haben wir doch noch die durchschimmernde Empfindung ihres Scheins: wenigstens ist dies meine Erfahrung, für deren Häufigkeit, ja Normalität, ich manches Zeugnis und die Aussprüche der Dichter beizubringen hätte. Der philosophische Mensch hat sogar das Vorgefühl, daß auch unter dieser Wirklichkeit, in der wir leben und sind, eine zweite ganz andre verborgen liege, daß also auch sie ein Schein sei; und Schopenhauer bezeichnet geradezu die Gabe, daß einem zuzeiten die Menschen und alle Dinge als bloße Phantome oder Traumbilder vorkommen, als das Kennzeichen philosophischer Befähigung. Wie nun der Philosoph zur Wirklichkeit des Daseins, so verhält sich der künstlerisch erregbare Mensch zur Wirklichkeit des Traumes; er sieht genau und gern zu: denn aus diesen Bildern deutet er sich das Leben, an diesen Vorgängen übt er sich für das Leben. Nicht etwa nur die angenehmen und freundlichen Bilder sind es, die er mit jener Allverständlichkeit an sich erfährt: auch das Ernste, Trübe, Traurige, Finstere, die plötzlichen Hemmungen, die Neckereien des Zufalls, die bänglichen Erwartungen, kurz die ganze „göttliche Komödie" des Lebens, mit dem Inferno, zieht an ihm vorbei, nicht nur wie ein Schattenspiel — denn er lebt und leidet mit in diesen Szenen — und doch auch nicht ohne jene flüchtige Empfindung des Scheins; und vielleicht erinnert sich mancher, gleich mir, in den Gefährlichkeiten und Schrecken des Traumes sich mitunter ermutigend und mit Erfolg zugerufen zu haben: „Es ist ein Traum! Ich will ihn weiterträumen!" Wie man mir auch von Personen erzählt hat, die die Kausalität eines und desselben Traumes über drei und mehr aufeinanderfolgende Nächte hin fortzusetzen imstande waren: Tatsachen, welche deutlich Zeugnis dafür abgeben, daß unser innerstes Wesen, der gemeinsame Untergrund von uns allen, mit tiefer Lust und freudiger Notwendigkeit den Traum an sich erfährt.

Diese freudige Notwendigkeit der Traumerfahrung ist gleichfalls von den Griechen in ihrem Apollo ausgedrückt worden: Apollo, als der Gott aller bildnerischen Kräfte, ist zugleich der wahrsagende Gott. Er, der seiner Wurzel nach der „Scheinende", die Lichtgottheit ist, beherrscht auch den schönen Schein der inneren Phantasie-Welt. Die höhere Wahrheit, die Vollkommenheit dieser Zustände im Gegensatz zu der lückenhaft verständlichen Tageswirklichkeit, sodann das tiefe Bewußtsein von der in Schlaf und Traum heilenden und helfenden Natur ist zugleich das symbolische Analogon der wahrsagenden Fähigkeit und überhaupt der Künste, durch die das Leben möglich und lebenswert gemacht wird. Aber auch jene zarte Linie, die das Traumbild nicht überschreiten darf, um nicht pathologisch zu wirken, widrigenfalls der Schein als plumpe Wirklichkeit uns betrügen würde — darf nicht im Bilde des Apollo fehlen: jene maßvolle Begrenzung, jene Freiheit von den wilderen Regungen, jene weisheitsvolle Ruhe des Bildnergottes. Sein Auge muß „sonnenhaft", gemäß seinem Ursprunge, sein; auch wenn es zürnt und unmutig blickt, liegt die Weihe des schönen Scheines auf ihm.

Das Wesen des D i o n y s i s c h e n wird uns am nächsten noch durch die Analogie des R a u s c h e s gebracht. Entweder durch den Einfluß des narkotischen Getränkes, von dem alle ursprünglichen Menschen und Völker in Hymnen sprechen, oder bei dem gewaltigen, die ganze Natur lustvoll durchdringenden Nahen des Frühlings erwachen jene dionysischen Regungen, in deren Steigerung das Subjektive zu völliger Selbstvergessenheit hinschwindet. Auch im deutschen Mittelalter wälzten sich unter der gleichen dionysischen Gewalt immer wachsende Scharen, singend und tanzend, von Ort zu Ort: in diesen Sankt-Johann- und Sankt-Veit-Tänzern erkennen wir die bacchischen Chöre der Griechen wieder, mit ihrer Vorgeschichte in Kleinasien, bis hin zu Babylon und den orgiastischen Sakäen. Es gibt Menschen, die, aus Mangel an Erfahrung oder aus Stumpfsinn, sich von solchen Erscheinungen wie von „Volkskrankheiten“, spöttisch oder bedauernd im Gefühl der eigenen Gesundheit, abwenden: die Armen ahnen freilich nicht, wie leichenfarbig und gespenstisch eben diese ihre „Gesundheit“ sich ausnimmt, wenn an ihnen das glühende Leben dionysischer Schwärmer vorüberbraust.

Unter dem Zauber des Dionysischen schließt sich nicht nur der Bund zwischen Mensch und Mensch wieder zusammen: auch die entfremdete, feindliche oder unterjochte Natur feiert wieder ihr Versöhnungsfest mit ihrem verlorenen Sohne, dem Menschen. Freiwillig beut die Erde ihre Gaben, und friedfertig nahen die Raubtiere der Felsen und der Wüste. Mit Blumen und Kränzen ist der Wagen des Dionysus überschüttet: unter seinem Joche schreiten Panther und Tiger. Man verwandele das Beethovensche Jubellied der „Freude“ in ein Gemälde und bleibe mit seiner Einbildungskraft nicht zurück, wenn die Millionen schauervoll in den Staub sinken: so kann man sich dem Dionysischen nähern. Jetzt ist der Sklave freier Mann, jetzt zerbrechen alle die starren, feindseligen Abgrenzungen, die Not, Willkür oder „freche Mode“ zwischen den Menschen festgesetzt haben. Jetzt, bei dem Evangelium der Weltenharmonie, fühlt sich jeder mit seinem Nächsten nicht nur vereinigt, versöhnt, verschmolzen, sondern eins, als ob der Schleier der Maja zerrissen wäre und nur noch in Fetzen vor dem geheimnisvollen Ur-Einen herumflattere. Singend und tanzend äußert sich der Mensch als Mitglied einer höheren Gemeinsamkeit: er hat das Gehen und das Sprechen verlernt und ist auf dem Wege, tanzend in die Lüfte emporzufliegen. Aus seinen Gebärden spricht die Verzauberung. Wie jetzt die Tiere reden, und die Erde Milch und Honig gibt, so tönt auch aus ihm etwas Übernatürliches: als Gott fühlt er sich, er selbst wandelt jetzt so verzückt und erhoben, wie er die Götter im Traume wandeln sah. Der Mensch ist nicht mehr Künstler, er ist Kunstwerk geworden: die Kunstgewalt der ganzen Natur, zur höchsten Wonnebefriedigung des Ur-Einen, offenbart sich hier unter den Schauern des Rausches. Der edelste Ton, der kostbarste Marmor wird hier geknetet und behauen, der Mensch, und zu den Meißelschlägen des dionysischen Weltenkünstlers tönt der eleusinische Mysterienruf: „Ihr stürzt nieder, Millionen? Ahnest du den Schöpfer, Welt?“ —

/2/ 2

Die Versöhnung der apollinischen und dionysischen Macht ist der wichtigste Moment in der Geschichte der griechischen Kultur / Die Musik des Apollo war dorische Architektonik in Tönen / Im dionysischen Dithyrambus wird der Mensch zur höchsten Steigerung aller seiner symbolischen Fähigkeiten gereizt / Eine neue Welt der Symbole

Wir haben bis jetzt das Apollinische und seinen Gegensatz, das Dionysische, als künstlerische Mächte betrachtet, die aus der Natur selbst, ohne Vermittlung des menschlichen Künstlers, hervorbrechen, und in denen sich ihre Kunsttriebe zunächst und auf direktem Wege befriedigen: einmal als die Bilderwelt des Traumes, deren Vollkommenheit ohne jeden Zusammenhang mit der intellektuellen Höhe oder künstlerischen Bildung des einzelnen ist, andererseits als rauschvolle Wirklichkeit, die wiederum des einzelnen nicht achtet, sondern sogar das Individuum zu vernichten und durch eine mystische Einheitsempfindung zu erlösen sucht. Diesen unmittelbaren Kunstzuständen der Natur gegenüber ist jeder Künstler „Nachahmer", und zwar entweder apollinischer Traumkünstler oder dionysischer Rauschkünstler oder endlich — wie beispielsweise in der griechischen Tragödie — zugleich Rausch- und Traumkünstler: als welchen wir uns etwa zu denken haben, wie er, in der dionysischen Trunkenheit und mystischen Selbstentäußerung, einsam und abseits von den schwärmenden Chören niedersinkt und wie sich ihm nun, durch apollinische Traumeinwirkung, sein eigener Zustand, das heißt seine Einheit mit dem innersten Grunde der Welt in einem gleichnisartigen Traumgebilde offenbart.

Nach diesen allgemeinen Voraussetzungen und Gegenüberstellungen nahen wir uns jetzt den Griechen, um zu erkennen, in welchem Grade und bis zu welcher Höhe jene Kunsttriebe der Natur in ihnen entwickelt gewesen sind: wodurch wir in den Stand gesetzt werden, das Verhältnis des griechischen Künstlers zu seinen Urbildern, oder, nach dem aristotelischen Ausdrucke, „die Nachahmung der Natur" tiefer zu verstehn und zu würdigen. Von den Träumen der Griechen ist trotz aller Traumliteratur derselben und zahlreichen Traumanekdoten nur vermutungsweise, aber doch mit ziemlicher Sicherheit zu sprechen: bei der unglaublich bestimmten und sicheren plastischen Befähigung ihres Auges, samt ihrer hellen und aufrichtigen Farbenlust, wird man sich nicht entbrechen können, zur Beschämung aller Spätergeborenen, auch für ihre Träume eine logische Kausalität der Linien und Umrisse, Farben und Gruppen, eine ihren besten Reliefs ähnelnde Folge der Szenen vorauszusetzen, deren Vollkommenheit uns, wenn eine Vergleichung möglich wäre, gewiß berechtigen würde, die träumenden Griechen als Homere und Homer als einen träumenden Griechen zu bezeichnen: in einem tieferen Sinne, als wenn der moderne Mensch sich hinsichtlich seines Traumes mit Shakespeare zu vergleichen wagt.

Dagegen brauchen wir nicht nur vermutungsweise zu sprechen, wenn die ungeheure Kluft aufgedeckt werden soll, welche die dionysischen Griechen von den dionysischen Barbaren trennt. Aus allen Enden der alten Welt — um die neuere hier beiseite zu lassen —, von Rom bis Babylon können wir die Existenz dionysischer Feste nachweisen, deren Typus sich, bestenfalls, zu dem Typus der griechischen verhält wie der bärtige Satyr, dem der Bock Namen und Attribute verlieh, zu Dionysus selbst. Fast überall lag das Zentrum dieser Feste in einer überschwänglichen geschlechtlichen Zuchtlosigkeit, deren Wellen über jedes Familientum und dessen ehrwürdige Satzungen hinwegfluteten; gerade die wildesten Bestien der Natur wurden hier entfesselt, bis zu jener abscheulichen Mischung von Wollust und Grausamkeit, die mir immer als der eigentliche „Hexentrank" erschienen ist. Gegen die fieberhaften Regungen jener Feste, deren Kenntnis auf allen Land- und Seewegen zu den Griechen drang, waren sie, scheint es, eine Zeitlang völlig gesichert und geschützt durch die hier in seinem ganzen Stolz sich aufrichtende Gestalt des Apollo, der das Medusenhaupt keiner gefährlicheren Macht entgegenhalten konnte als dieser fratzenhaft ungeschlachten dionysischen. Es ist die dorische Kunst, in der sich jene majestätisch-ablehnende Haltung des Apollo verewigt hat. Bedenklicher und sogar unmöglich wurde dieser Widerstand, als endlich aus der tiefsten Wurzel des Hellenischen heraus sich ähnliche Triebe Bahn brachen: jetzt beschränkte sich das Wirken des delphischen Gottes darauf, dem gewaltigen Gegner durch eine zur rechten Zeit abgeschlossene Versöhnung die vernichtenden Waffen aus der Hand zu nehmen. Diese Versöhnung ist der wichtigste Moment in der Geschichte des griechischen Kultus: wohin man blickt, sind die Umwälzungen dieses Ereignisses sichtbar. Es war die Versöhnung zweier Gegner, mit scharfer Bestimmung ihrer von jetzt ab einzuhaltenden Grenzlinien und mit periodischer Übersendung von Ehrengeschenken; im Grunde war die Kluft nicht überbrückt. Sehen wir aber, wie sich unter dem Drucke jenes Friedensschlusses die dionysische Macht offenbarte, so erkennen wir jetzt, im Vergleiche mit jenen babylonischen Sakäen und ihrem Rückschritte des Menschen zum Tiger und Affen, in den dionysischen Orgien der Griechen die Bedeutung von Welterlösungsfesten und Verklärungstagen. Erst bei ihnen erreicht die Natur ihren künstlerischen Jubel, erst bei ihnen wird die Zerreißung des principii individuationis ein künstlerisches Phänomen. Jener scheußliche Hexentrank aus Wollust und Grausamkeit war hier ohne Kraft: nur die wundersame Mischung und Doppelheit in den Affekten der dionysischen Schwärmer erinnert an ihn — wie Heilmittel an tödliche Gifte erinnern —, jene Erscheinung, daß Schmerzen Lust erwecken, daß der Jubel der Brust qualvolle Töne entreißt. Aus der höchsten Freude tönt der Schrei des Entsetzens oder der sehnende Klagelaut über einen unersetzlichen Verlust. In jenen griechischen Festen bricht gleichsam ein sentimentalischer Zug der Natur hervor, als ob sie über ihre Zerstückelung in Individuen zu seufzen habe. Der Gesang und die Gebärdensprache solcher zwiefach gestimmter Schwärmer war für die homerisch-griechische Welt etwas Neues und Unerhörtes: und insbesondere erregte ihr die dionysische Musik Schrecken und Grausen. Wenn die Musik scheinbar bereits als eine apollinische Kunst bekannt war, so war sie dies doch nur, genau genommen, als Wellenschlag des Rhythmus, dessen bildnerische Kraft zur Darstellung apollinischer Zustände entwickelt wurde. Die Musik des Apollo war dorische Architektonik in Tönen, aber in nur angedeuteten Tönen, wie sie der Kithara zu eigen sind. Behutsam ist gerade das Element, als unapollinisch, ferngehalten, das den Charakter der dionysischen Musik und damit der Musik überhaupt ausmacht, die erschütternde Gewalt des Tones, der einheitliche Strom des Melos und die durchaus unvergleichliche Welt der Harmonie. Im dionysischen Dithyrambus wird der Mensch zur höchsten Steigerung aller seiner symbolischen Fähigkeiten gereizt; etwas Nieempfundenes drängt sich zur Äußerung, die Vernichtung des

Schleiers der Maja, das Einssein als Genius der Gattung, ja der Natur. Jetzt soll sich das Wesen der Natur symbolisch ausdrücken; eine neue Welt der Symbole ist nötig, einmal die ganze leibliche Symbolik, nicht nur die Symbolik des Mundes, des Gesichts, des Wortes, sondern die volle, alle Glieder rhythmisch bewegende Tanzgebärde. Sodann wachsen die andren symbolischen Kräfte, die der Musik, in Rhythmik, Dynamik und Harmonie plötzlich ungestüm. Um diese Gesamtentfesselung aller symbolischen Kräfte zu fassen, muß der Mensch bereits auf jener Höhe der Selbstentäußerung angelangt sein, die in jenen Kräften sich symbolisch aussprechen will: der dithyrambische Dionysusdiener wird somit nur von seinesgleichen verstanden! Mit welchem Erstaunen mußte der apollinische Grieche auf ihn blicken! Mit einem Erstaunen, das um so größer war, als sich ihm das Grausen beimischte, daß ihm jenes alles doch eigentlich so fremd nicht sei, ja daß sein apollinisches Bewußtsein nur wie ein Schleier diese dionysische Welt vor ihm verdecke.

/3/ 3

Der Grieche kannte und empfand die Schrecken und Entsetzlichkeiten des Daseins: um überhaupt leben zu können, mußte er vor sie hin die glänzende Traumgeburt der Olympischen stellen

Um dies zu begreifen, müssen wir jenes kunstvolle Gebäude der apollinischen Kultur gleichsam Stein um Stein abtragen, bis wir die Fundamente erblicken, auf die es begründet ist. Hier gewahren wir nun zuerst die herrlichen olympischen Göttergestalten, die auf den Giebeln dieses Gebäudes stehen, und deren Taten, in weithin leuchtenden Reliefs dargestellt, seine Friese zieren. Wenn unter ihnen auch Apollo steht, als eine einzelne Gottheit neben anderen und ohne den Anspruch einer ersten Stellung, so dürfen wir uns dadurch nicht beirren lassen. Derselbe Trieb, der sich in Apollo versinnlichte, hat überhaupt jene ganze olympische Welt geboren, und in diesem Sinne darf uns Apollo als Vater derselben gelten. Welches war das ungeheure Bedürfnis, aus dem eine so leuchtende Gesellschaft olympischer Wesen entsprang?

Wer, mit einer anderen Religion im Herzen, an diese Olympier herantritt und nun nach sittlicher Höhe, ja Heiligkeit, nach unleiblicher Vergeistigung, nach erbarmungsvollen Liebesblicken bei ihnen sucht, der wird unmutig und enttäuscht ihnen bald den Rücken kehren müssen. Hier erinnert nichts an Askese, Geistigkeit und Pflicht: hier redet nur ein üppiges, ja triumphierendes Dasein zu uns, in dem alles Vorhandene vergöttlicht ist, gleichviel ob es gut oder böse ist. Und so mag der Beschauer recht betroffen vor diesem phantastischen Überschwang des Lebens stehn, um sich zu fragen, mit welchem Zaubertrank im Leibe diese übermütigen Menschen das Leben genossen haben mögen, daß, wohin sie sehen, Helena, das „in süßer Sinnlichkeit schwebende" Idealbild ihrer eigenen Existenz, ihnen entgegenlacht. Diesem bereits rückwärts gewandten Beschauer müssen wir aber zurufen: „Geh nicht von dannen, sondern höre erst, was die griechische Volksweisheit von diesem selben Leben aussagt, das sich hier mit so unerklärlicher Heiterkeit vor dir ausbreitet. Es geht die alte Sage, daß König Midas lange Zeit nach dem weisen Silen, dem Begleiter des Dionysus, im Walde gejagt habe, ohne ihn zu fangen. Als er ihm endlich in die Hände gefallen ist, fragt der König, was für den Menschen das Allerbeste und Allervorzüglichste sei. Starr und unbeweglich schweigt der Dämon; bis er, durch den König gezwungen, endlich unter gellem Lachen in diese Worte ausbricht: „Elendes Eintagsgeschlecht, des Zufalls Kinder und der Mühsal, was zwingst du mich dir zu sagen, was nicht zu hören für dich das Ersprießlichste ist? Das Allerbeste ist für dich gänzlich unerreichbar: nicht geboren zu sein, nicht zu sein, nichts zu sein. Das Zweitbeste aber ist für dich — bald zu sterben."

Wie verhält sich zu dieser Volksweisheit die olympische Götterwelt? Wie die entzückungsreiche Vision des gefolterten Märtyrers zu seinen Peinigungen.

Jetzt öffnet sich uns gleichsam der olympische Zauberberg und zeigt uns seine Wurzeln. Der Grieche kannte und empfand die Schrecken und Entsetzlichkeiten des Daseins: um überhaupt leben zu können, mußte er vor sie hin die glänzende Traumgeburt der Olympischen stellen. Jenes ungeheure Mißtrauen gegen die titanischen Mächte der Natur, jene über allen Erkenntnissen erbarmungslos thronende Moira, jener Geier des großen Menschenfreundes Prometheus, jenes Schreckenslos des weisen Ödipus, jener Geschlechtsfluch der Atriden, der Orest zum Muttermorde zwingt, kurz jene ganze Philosophie des Waldgottes, samt ihren mythischen Exempeln, an der die schwermütigen Etrurier zugrunde gegangen sind — wurde von den Griechen durch jene künstlerische Mittelwelt der Olympier fortwährend von neuem überwunden, jedenfalls verhüllt und dem Anblick entzogen. Um leben zu können, mußten die Griechen diese Götter, aus tiefster Nötigung, schaffen: welchen Hergang wir uns wohl so vorzustellen haben, daß aus der ursprünglichen titanischen Götterordnung des Schreckens durch jenen apollinischen Schönheitstrieb in langsamen Übergängen die olympische Götterordnung der Freude entwickelt wurde: wie Rosen aus dornigem Gebüsch hervorbrechen. Wie anders hätte jenes so reizbar empfindende, so ungestüm begehrende, zum Leiden so einzig befähigte Volk das Dasein ertragen können, wenn ihm nicht dasselbe, von einer höheren Glorie umflossen, in seinen Göttern gezeigt worden wäre. Derselbe Trieb, der die Kunst ins Leben ruft, als die zum Weiterleben verführende Ergänzung und Vollendung des Daseins, ließ auch die olympische Welt entstehn, in der sich der hellenische „Wille" einen verklärenden Spiegel vorhielt. So rechtfertigen die Götter das Menschenleben, indem sie es selbst leben — die allein genügende Theodicee! Das Dasein unter dem hellen Sonnenscheine solcher Götter wird als das an sich Erstrebenswerte empfunden, und der eigentliche Schmerz der homerischen Menschen bezieht sich auf das Abscheiden aus ihm, vor allem auf das baldige Abscheiden: so daß man jetzt von ihnen, mit Umkehrung der silenischen Weisheit, sagen könnte, „das Allerschlimmste sei für sie, bald zu sterben, das Zweitschlimmste, überhaupt einmal zu sterben". Wenn die Klage einmal ertönt, so klingt sie wieder vom kurzlebenden Achilles, von dem blättergleichen Wechsel und Wandel des Menschengeschlechts, von dem Untergang der Heroenzeit. Es ist des größten Helden nicht unwürdig, sich nach dem Weiterleben zu sehnen, sei es selbst als Tagelöhner. So ungestüm verlangt, auf der apollinischen Stufe, der „Wille" nach diesem Dasein, so eins fühlt sich der homerische Mensch mit ihm, daß selbst die Klage zu seinem Preisliede wird.

(4) 4

Das Dionysische und das Apollinische beherrscht in immer neuen aufeinanderfolgenden Geburten das hellenische Wesen

Apollo, als ethische Gottheit, fordert von den Seinigen das Maß und, um es einhalten zu können, Selbsterkenntnis. Und so läuft neben der ästhetischen Notwendigkeit der Schönheit die Forderung des „Erkenne dich selbst" und des „Nicht zu viel!" her, während Selbstüberhebung und Übermaß als die eigentlich feindseligen Dämonen der nicht-apollinischen Sphäre, daher als Eigenschaften der vor-apollinischen Zeit, des Titanenzeitalters, und der außer-apollinischen Welt, d. h. der Barbarenwelt, erachtet wurden. Wegen seiner titanenhaften Liebe zu den Menschen mußte Prometheus von den Geiern zerrissen werden, seiner übermäßigen Weisheit halber, die das Rätsel der Sphinx löste, mußte Ödipus in einen verwirrenden Strudel von Untaten stürzen: so interpretierte der delphische Gott die griechische Vergangenheit.

„Titanenhaft" und „barbarisch" dünkte dem apollinischen Griechen auch die Wirkung, die das Dionysische erregte: ohne dabei sich verhehlen zu können, daß er selbst doch zugleich auch innerlich mit jenen gestürzten Titanen und Heroen verwandt sei. Ja, er mußte noch mehr empfinden: sein ganzes Dasein, mit aller Schönheit und Mäßigung, ruhte auf einem verhüllten Untergrunde des Leidens und der Erkenntnis, der ihm wieder durch jenes Dionysische aufgedeckt wurde. Und siehe! Apollo konnte nicht ohne Dionysus leben! Das „Titanische" und das „Barbarische" war zuletzt eine ebensolche Notwendigkeit wie das Apollinische! Und nun denken wir uns, wie in diese auf den Schein und die Mäßigung gebaute und künstlich gedämmte Welt der ekstatische Ton der Dionysusfeier in immer lockenderen Zauberweisen hineinklang, wie in diesen das ganze Übermaß der Natur in Lust, Leid und Erkenntnis, bis zum durchdringenden Schrei, laut wurde: denken wir uns, was diesem dämonischen Volksgesange gegenüber der psalmodierende Künstler des Apollo, mit dem gespensterhaften Harfenklange, bedeuten konnte! Die Musen der Künste des „Scheins" verblaßten vor einer Kunst, die in ihrem Rausche die Wahrheit sprach, die Weisheit des Silen rief Wehe! Wehe! aus gegen die heiteren Olympier. Das Individuum mit allen seinen Grenzen und Maßen ging hier in der Selbstvergessenheit der dionysischen

Zustände unter und vergaß die apollinischen Satzungen. Das Übermaß enthüllte sich als Wahrheit, der Widerspruch, die aus Schmerzen geborene Wonne sprach von sich aus dem Herzen der Natur heraus. Und so war, überall dort, wo das Dionysische durchdrang, das Apollinische aufgehoben und vernichtet. Aber ebenso gewiß ist, daß dort, wo der erste Ansturm ausgehalten wurde, das Ansehen und die Majestät des delphischen Gottes starrer und drohender als je sich äußerte. Ich vermag nämlich den dorischen Staat und die dorische Kunst mir nur als ein fortgesetztes Kriegslager des Apollinischen zu erklären: nur in einem unausgesetzten Widerstreben gegen das titanisch-barbarische Wesen des Dionysischen konnte eine so trotzig-spröde, mit Bollwerken umschlossene Kunst, eine so kriegsgemäße und herbe Erziehung, ein so grausames und rücksichtsloses Staatswesen von längerer Dauer sein.

Bis zu diesem Punkte ist des weiteren ausgeführt worden, was ich am Eingange dieser Abhandlung bemerkte: wie das Dionysische und das Apollinische, in immer neuen aufeinanderfolgenden Geburten und sich gegenseitig steigernd, das hellenische Wesen beherrscht haben: wie aus dem „erzenen" Zeitalter, mit seinen Titanenkämpfen und seiner herben Volksphilosophie, sich unter dem Walten des apollinischen Schönheitstriebes die homerische Welt entwickelt, wie diese „naive" Herrlichkeit wieder von dem einbrechenden Strome des Dionysischen verschlungen wird, und wie dieser neuen Macht gegenüber sich das Apollinische zur starren Majestät der dorischen Kunst und Weltbetrachtung erhebt. Wenn auf diese Weise die ältere hellenische Geschichte, im Kampf jener zwei feindseligen Prinzipien, in vier große Kunststufen zerfällt: so sind wir jetzt gedrängt, weiter nach dem letzten Plane dieses Werdens und Treibens zu fragen, falls uns nicht etwa die letzterreichte Periode, die der dorischen Kunst, als die Spitze und Absicht jener Kunsttriebe gelten sollte: und hier bietet sich unseren Blicken das erhabene und hochgepriesene Kunstwerk der attischen Tragödie und des dramatischen Dithyrambus, als das gemeinsame Ziel beider Triebe, deren geheimnisvolles Ehebündnis, nach langem vorhergehendem Kampfe, sich in einem solchen Kinde — das zugleich Antigone und Kassandra ist — verherrlicht hat.

/5/ 5

Seine Subjektivität hat der Künstler bereits in dem dionysischen Prozeß aufgegeben / Unser ganzes Kunstwissen ein völlig illusorisches — Nur soweit der Genius im Aktus der künstlerischen Zeugung mit einem Urkünstler der Welt verschmilzt, weiß er etwas über das ewige Wesen der Kunst

Über den Prozeß seines Dichtens hat uns Schiller durch eine ihm selbst unerklärliche, doch nicht bedenklich scheinende psychologische Beobachtung Licht gebracht; er gesteht nämlich als den vorbereitenden Zustand vor dem Aktus des Dichtens nicht etwa eine Reihe von Bildern, mit geordneter Kausalität der Gedanken, vor sich und in sich gehabt zu haben, sondern vielmehr eine musikalische Stimmung („Die Empfindung ist bei mir anfangs ohne bestimmten und klaren Gegenstand; dieser bildet sich erst später. Eine gewisse musikalische Gemütsstimmung geht vorher, und auf diese folgt bei mir erst die poetische Idee"). Nehmen mir jetzt das wichtigste Phänomen der ganzen antiken Lyrik hinzu, die überall als natürlich geltende Vereinigung, ja Identität des Lyrikers mit dem Musiker — der gegenüber unsre neuere Lyrik wie ein Götterbild ohne Kopf erscheint —, so können wir jetzt, auf Grund unsrer früher dargestellten ästhetischen Metaphysik, uns in folgender Weise den Lyriker erklären. Er ist zuerst, als dionysischer Künstler, gänzlich mit dem Ur-Einen, seinem Schmerz und Widerspruch, eins geworden und produziert das Abbild dieses Ur-Einen als Musik, wenn anders diese mit Recht eine Wiederholung der Welt und ein zweiter Abguß derselben genannt worden ist; jetzt aber wird diese Musik ihm wieder, wie in einem gleichnisartigen Traumbilde, unter der apollinischen Traumeinwirkung sichtbar. Jener bild- und begrifflose Widerschein des Urschmerzes in der Musik, mit seiner Erlösung im Scheine, erzeugt jetzt eine zweite Spiegelung, als einzelnes Gleichnis oder Exempel. Seine Subjektivität hat der Künstler bereits in dem dionysischen Prozeß aufgegeben: das Bild, das ihm jetzt seine Einheit mit dem Herzen der Welt zeigt, ist eine Traumszene, die jenen Urwiderspruch und Urschmerz, samt der Urlust des Scheines, versinnlicht. Das „Ich" des Lyrikers tönt also aus dem Abgrunde des Seins: seine „Subjektivität" im Sinne der neueren Ästhetiker ist eine Einbildung.

Der Plastiker und zugleich der ihm verwandte Epiker ist in das reine Anschauen der Bilder versunken. Der dionysische Musiker ist ohne jedes Bild völlig nur selbst Urschmerz und Urwiderklang desselben. Der lyrische Genius fühlt aus dem mystischen Selbstentäußerungs- und Einheitszustande eine Bilder- und Gleichniswelt hervorwachsen, die eine ganz andere Färbung, Kausalität und Schnelligkeit hat als jene Welt des Plastikers und Epikers. Während der letztgenannte in diesen Bildern und nur in ihnen mit freudigem Behagen lebt und nicht müde wird, sie bis auf die kleinsten Züge hin liebevoll anzuschauen, während selbst das Bild des zürnenden Achilles für ihn nur ein Bild ist, dessen zürnenden Ausdruck er mit jener Traumlust am Scheine genießt — so daß er, durch diesen Spiegel des Scheines, gegen das Einswerden und Zusammenschmelzen mit seinen Gestalten geschützt ist —, so sind dagegen die Bilder des Lyrikers nichts als er selbst und gleichsam nur verschiedene Objektivationen von ihm, weshalb er als bewegender Mittelpunkt jener Welt „ich" sagen darf: nur ist diese Ichheit nicht dieselbe, wie die des wachen, empirisch-realen Menschen, sondern die einzige überhaupt wahrhaft seiende und ewige, im Grunde der Dinge ruhende Ichheit, durch deren Abbilder der lyrische Genius bis auf den Grund der Dinge hindurchsieht. Nun denken wir uns einmal, wie er unter diesen Abbildern auch sich selbst als Nichtgenius erblickt, d. h. sein „Subjekt", das ganze Gewühl subjektiver, auf ein bestimmtes, ihm real dünkendes Ding gerichteter Leidenschaften und Willensregungen; wenn es jetzt scheint, als ob der lyrische Genius und der mit ihm verbundene Nichtgenius eins wäre und als ob der erstere von sich selbst jenes Wörtchen „ich" spräche, so wird uns jetzt dieser Schein nicht mehr verführen können, wie er allerdings diejenigen verführt hat, die den Lyriker als den subjektiven Dichter bezeichnet haben.

Dies muß uns vor allem, zu unsrer Erniedrigung und Erhöhung, deutlich sein, daß die ganze Kunstkomödie durchaus nicht für uns, etwa unsrer Besserung und Bildung wegen, aufgeführt wird, ja daß wir ebensowenig die eigentlichen Schöpfer jener Kunstwelt sind: wohl aber dürfen wir von uns selbst annehmen, daß wir für den wahren Schöpfer derselben schon Bilder und künstlerische Projektionen sind und in der Bedeutung von Kunstwerken unsre höchste Würde haben — denn nur als ästhetisches Phänomen ist das Dasein und die Welt ewig gerechtfertigt: — während freilich unser Bewußtsein über diese unsre Bedeutung kaum ein andres ist, als es die auf Leinwand gemalten Krieger von der auf ihr dargestellten Schlacht haben. Somit ist unser ganzes Kunstwissen im Grunde ein völlig illusorisches, weil wir als Wissende mit jenem Wesen nicht eins und identisch sind, das sich, als einziger Schöpfer und Zuschauer jener Kunstkomödie, einen ewigen Genuß bereitet. Nur soweit der Genius im Aktus der künstlerischen Zeugung mit jenem Urkünstler der Welt verschmilzt, weiß er etwas über das ewige Wesen der Kunst; denn in jenem Zustand ist er, wunderbarerweise, dem unheimlichen Bild des Märchens gleich, das die Augen drehn und sich selber anschaun kann; jetzt ist er zugleich Subjekt und Objekt, zugleich Dichter, Schauspieler und Zuschauer.

/6/ 6

Die Melodie ist das Erste und Allgemeine / Der Weltsymbolik der Musik ist mit der Sprache auf keine Weise beizukommen

Die Lyrik ist ebenso abhängig vom Geiste der Musik, als die Musik selbst, in ihrer völligen Unumschränktheit, das Bild und den Begriff nicht braucht, sondern ihn nur neben sich erträgt. Die Dichtung des Lyrikers kann nichts aussagen, was nicht in der ungeheuersten Allgemeinheit und Allgültigkeit bereits in der Musik lag, die ihn zur Bilderrede nötigte. Der Weltsymbolik der Musik ist eben deshalb mit der Sprache auf keine Weise erschöpfend beizukommen, weil sie sich auf den Urwiderspruch und Urschmerz im Herzen des Ur-Einen symbolisch bezieht, somit eine Sphäre symbolisiert, die über alle Erscheinung und vor aller Erscheinung ist. Ihr gegenüber ist vielmehr jede Erscheinung nur Gleichnis: daher kann die Sprache, als Organ und Symbol der Erscheinung, nie und nirgends das tiefste Innere der Musik nach außen kehren, sondern bleibt immer, sobald sie sich auf Nachahmung der Musik einläßt, nur in einer äußerlichen Berührung mit der Musik, während deren tiefster Sinn durch alle lyrische Beredsamkeit uns auch keinen Schritt nähergebracht werden kann.

/7/ 7

Der tragische Chor — das eigentliche Urdrama — der metaphysische Trost, daß das Leben im Grunde der Dinge unzerstörbar ist / Der dionysische Mensch hat Ähnlichkeit mit Hamlet — es ekelt sie zu handeln

Die Überlieferung sagt uns mit voller Entschiedenheit, daß die Tragödie aus dem tragischen Chor entstanden ist und ursprünglich nur Chor und nichts als Chor war: woher wir die Verpflichtung nehmen, diesem tragischen Chore als dem eigentlichen Urdrama ins Herz zu sehen, ohne uns an den geläufigen Kunstredensarten — daß er der idealische Zuschauer sei oder das Volk gegenüber der fürstlichen Region der Szene zu vertreten habe — irgendwie genügen zu lassen. Wir möchten es auch in Hinsicht auf die uns bekannte klassische Form des Chors bei Äschylus und Sophokles für Blasphemie erachten, hier von der Ahnung einer „konstitutionellen Volksvertretung" zu reden, vor welcher Blasphemie andere nicht zurückgeschrocken sind. Eine konstitutionelle Volksvertretung kennen die antiken Staatsverfassungen in praxi nicht und haben sie hoffentlich auch in ihrer Tragödie nicht einmal „geahnt".

Eine unendlich wertvolle Einsicht über die Bedeutung des Chors hatte bereits Schiller in der berühmten Vorrede zur Braut von Messina verraten, der den Chor als eine lebendige Mauer betrachtete, die die Tragödie um sich herum zieht, um sich von der wirklichen Welt rein abzuschließen und sich ihren idealen Boden und ihre poetische Freiheit zu bewahren.

Freilich ist es ein „idealer" Boden, auf dem, nach der richtigen Einsicht Schillers, der griechische Satyrchor, der Chor der ursprünglichen Tragödie, zu wandeln pflegt, ein Boden, hoch emporgehoben über die wirkliche Wandelbahn der Sterblichen. Der Grieche hat sich für diesen Chor die Schwebegerüste eines fingierten Naturzustandes gezimmert und auf sie hin fingierte Naturwesen gestellt. Die Tragödie ist auf diesem Fundamente emporgewachsen und freilich schon deshalb von Anbeginn an einem peinlichen Abkonterfeien der Wirklichkeit enthoben gewesen. Dabei ist es doch keine willkürlich zwischen Himmel und Erde hineinphantasierte Welt; vielmehr eine Welt von gleicher Realität und Glaubwürdigkeit, wie sie der Olymp samt seinen Insassen für den gläubigen Hellenen besaß. Der Satyr als der dionysische Choreut lebt in einer religiös zugestandenen Wirklichkeit unter der Sanktion des Mythus und des Kultus. Daß mit ihm die Tragödie beginnt, daß aus ihm die dionysische Weisheit der Tragödie spricht, ist ein hier uns ebenso befremdendes Phänomen, wie überhaupt die Entstehung der Tragödie aus dem Chore. Vielleicht gewinnen wir einen Ausgangspunkt der Betrachtung, wenn ich die Behauptung hinstelle, daß sich der Satyr, das fingierte Naturwesen, zu dem Kulturmenschen in gleicher Weise verhält, wie die dionysische Musik zur Zivilisation. Von letzterer sagt Richard Wagner, daß sie von der Musik aufgehoben werde wie der Lampenschein vom Tageslicht. In gleicher Weise, glaube ich, fühlte sich der griechische Kulturmensch im Angesicht des Satyrchors aufgehoben: und dies ist die nächste Wirkung der dionysischen Tragödie, daß der Staat und die Gesellschaft, überhaupt die Klüfte zwischen Mensch und Mensch einem übermächtigen Einheitsgefühle weichen, welches an das Herz der Natur zurückführt. Der metaphysische Trost — mit welchem, wie ich schon hier andeute, uns jede wahre Tragödie entläßt —, daß das Leben im Grunde der Dinge, trotz allem Wechsel der Erscheinungen unzerstörbar mächtig und lustvoll sei, dieser Trost erscheint in leibhafter Deutlichkeit als Satyrchor, als Chor von Naturwesen, die gleichsam hinter aller Zivilisation unvertilgbar leben und trotz allem Wechsel der Generationen und der Völkergeschichte ewig dieselben bleiben.

Mit diesem Chore tröstet sich der tiefsinnige und zum zartesten und schwersten Leiden einzig befähigte Hellene, der mit schneidigem Blicke mitten in das furchtbare Vernichtungstreiben der sogenannten Weltgeschichte, ebenso wie in die Grausamkeit der Natur geschaut hat und in Gefahr ist, sich nach einer buddhaistischen Verneinung des Willens zu sehnen. Ihn rettet die Kunst, und durch die Kunst rettet ihn sich — das Leben.

Die Verzückung des dionysischen Zustandes, mit seiner Vernichtung der gewöhnlichen Schranken und Grenzen des Daseins, enthält nämlich während seiner Dauer ein l e t h a r g i s c h e s Element, in das sich alles persönlich in der Vergangenheit Erlebte eintaucht. So scheiden sich durch diese Kluft der Vergessenheit die Welt der alltäglichen und der dionysischen Wirklichkeit voneinander ab. Sobald aber jene alltägliche Wirklichkeit wieder ins Bewußtsein tritt, wird sie mit Ekel als solche empfunden; eine asketische, willenverneinende Stimmung ist die Frucht jener Zustände. In diesem Sinne hat der dionysische Mensch Ähnlichkeit mit Hamlet: beide haben einmal einen wahren Blick in das Wesen der Dinge getan, sie haben erkannt, und es ekelt sie zu handeln; denn ihre Handlung kann nichts am ewigen Wesen der Dinge ändern, sie empfinden es als lächerlich oder schmachvoll, daß ihnen zugemutet wird, die Welt, die aus den Fugen ist, wieder einzurichten. Die Erkenntnis tötet das Handeln, zum Handeln gehört das Umschleiertsein durch die Illusion — das ist die Hamletlehre, nicht jene wohlfeile Weisheit von Hans dem Träumer, der aus zuviel Reflexion, gleichsam aus einem Überschuß von Möglichkeiten, nicht zum Handeln kommt; nicht das Reflektieren, nein! — die wahre Erkenntnis, der Einblick in die grauenhafte Wahrheit überwiegt jedes zum Handeln antreibende Motiv, bei Hamlet sowohl als bei dem dionysischen Menschen. Jetzt verfängt kein Trost mehr, die Sehnsucht geht über eine Welt nach dem Tode, über die Götter selbst hinaus, das Dasein wird, samt seiner gleißenden Widerspiegelung in den Göttern oder in einem unsterblichen Jenseits, verneint. In der Bewußtheit der einmal geschauten Wahrheit sieht jetzt der Mensch überall nur das Entsetzliche oder Absurde des Seins, jetzt versteht er das Symbolische im Schicksal der Ophelia, jetzt erkennt er die Weisheit des Waldgottes Silen: es ekelt ihn.

Hier, in dieser höchsten Gefahr des Willens, naht sich, als rettende, heilkundige Zauberin, die Kunst; sie allein vermag jene Ekelgedanken über das Entsetzliche oder Absurde des Daseins in Vorstellungen umzubiegen, mit denen sich leben läßt: diese sind das Erhabene als die künstlerische Bändigung des Entsetzlichen, und das Komische als die künstlerische Entladung vom Ekel des Absurden. Der Satyrchor des Dithyrambus ist die rettende Tat der griechischen Kunst; an der Mittelwelt dieser dionysischen Begleiter erschöpften sich jene vorhin beschriebenen Anwandlungen.

/8/ 8

Der Satyr — das Urbild des Menschen / Die Verzauberung ist die Voraussetzung aller dramatischen Kunst / Das Drama ist die apollinische Versinnlichung dionysischer Erkenntnisse und Wirkungen / Dionysos, sichtbar dargestellt, redet als epischer Held

Die Natur, an der noch keine Erkenntnis gearbeitet, in der die Riegel der Kultur noch unerbrochen sind — das sah der Grieche in seinem Satyr, der ihm deshalb noch nicht mit dem Affen zusammenfiel. Im Gegenteil: es war das Urbild des Menschen, der Ausdruck seiner höchsten und stärksten Regungen, als begeisterter Schwärmer, den die Nähe des Gottes entzückt, als mitleidender Genosse, in dem sich das Leiden des Gottes wiederholt, als Weisheitsverkünder aus der tiefsten Brust der Natur heraus, als Sinnbild der geschlechtlichen Allgewalt der Natur, die der Grieche gewöhnt ist, mit ehrfürchtigem Staunen zu betrachten. Der Satyr war etwas Erhabenes und Göttliches: so mußte er besonders dem schmerzlich gebrochnen Blick des dionysischen Menschen dünken. Vor ihm schrumpfte der Kulturmensch zur lügenhaften Karikatur zusammen. Auch für diese Anfänge der tragischen Kunst hat Schiller recht: der Chor ist eine lebendige Mauer gegen die anstürmende Wirklichkeit, weil er — der Satyrchor — das Dasein wahrhaftiger, wirklicher, vollständiger abbildet als der gemeinhin sich als einzige Realität achtende Kulturmensch. Die Sphäre der Poesie liegt nicht außerhalb der Welt, als eine phantastische Unmöglichkeit eines Dichterhirns: sie will das gerade Gegenteil sein, der ungeschminkte Ausdruck der Wahrheit, und muß eben deshalb den lügenhaften Aufputz jener vermeinten Wirklichkeit des Kulturmenschen von sich werfen. Der Kontrast dieser eigentlichen Naturwahrheit und der sich als einzige Realität gebärdenden Kulturlüge ist ein ähnlicher wie zwischen dem ewigen Kern der Dinge, dem Ding an sich, und der gesamten Erscheinungswelt: und wie die Tragödie mit ihrem metaphysischen Troste auf das ewige Leben jenes Daseinskernes, bei dem fortwährenden Untergange der Erscheinungen, hinweist, so spricht bereits die Symbolik des Satyrchors in einem Gleichnis jenes Urverhältnis zwischen Ding an sich und Erscheinung aus. Der dionysische Grieche will die Wahrheit und die Natur in ihrer höchsten Kraft — er sieht sich zum Satyr verzaubert.

Ein Publikum von Zuschauern, wie wir es kennen, war den

Griechen unbekannt: in ihren Theatern war es jedem, bei dem in konzentrischen Bogen sich erhebenden Terrassenbau des Zuschauerraumes, möglich, die gesamte Kulturwelt um sich herum ganz eigentlich zu übersehen und in gesättigtem Hinschauen selbst Choreut sich zu wähnen. Nach dieser Einsicht dürfen wir den Chor, auf seiner primitiven Stufe in der Urtragödie, eine Selbstspiegelung des dionysischen Menschen nennen: welches Phänomen am deutlichsten durch den Prozeß des Schauspielers zu machen ist, der, bei wahrhafter Begabung, sein von ihm darzustellendes Rollenbild zum Greifen wahrnehmbar vor seinen Augen schweben sieht. Der Satyrchor ist zu allererst eine Vision der dionysischen Masse, wie wiederum die Welt der Bühne eine Vision dieses Satyrchors ist: die Kraft dieser Vision ist stark genug, um gegen den Eindruck der „Realität", gegen die rings auf den Sitzreihen gelagerten Bildungsmenschen den Blick stumpf und unempfindlich zu machen. Die Form des griechischen Theaters erinnert an ein einsames Gebirgstal: die Architektur der Szene erscheint wie ein leuchtendes Wolkenbild, welches die im Gebirge herumschwärmenden Bacchen von der Höhe aus erblicken, als die herrliche Umrahmung, in deren Mitte ihnen das Bild des Dionysos offenbar wird.

Jene künstlerische Urerscheinung, die wir hier zur Erklärung des Tragödienchors zur Sprache bringen, ist, bei unserer gelehrtenhaften Anschauung über die elementaren künstlerischen Prozesse, fast anstößig; während nichts ausgemachter sein kann, als daß der Dichter nur dadurch Dichter ist, daß er von Gestalten sich umringt sieht, die vor ihm leben und handeln, und in deren innerstes Wesen er hineinblickt. Durch eine eigentümliche Schwäche der modernen Begabung sind wir geneigt, uns das ästhetische Urphänomen zu kompliziert und abstrakt vorzustellen. Die Metapher ist für den echten Dichter nicht eine rhetorische Figur, sondern ein stellvertretendes Bild, das ihm wirklich, an Stelle eines Begriffes, vorschwebt. Der Charakter ist für ihn nicht etwas aus zusammengesuchten Einzelzügen komponiertes Ganzes, sondern eine vor seinen Augen aufdringlich lebendige Person, die von der gleichen Vision des Malers sich nur durch das fortwährende Weiterleben und Weiterhandeln unterscheidet. Wodurch schildert Homer so viel anschaulicher als alle Dichter? Weil er um so viel mehr anschaut. Wir reden über Poesie so abstrakt, weil wir alle schlechte Dichter zu sein pflegen. Im Grunde ist das ästhetische Phänomen einfach; man habe nur die Fähigkeit, fortwährend ein lebendiges Spiel zu sehen und immerfort von Geisterscharen umringt zu leben, so ist man Dichter; man fühle nur den Trieb, sich selbst zu verwandeln und aus anderen Leibern und Seelen herauszureden, so ist man Dramatiker.

Die dionysische Erregung ist imstande, einer ganzen Masse diese künstlerische Begabung mitzuteilen, sich von einer solchen Geisterschar umringt zu sehen, mit der sie sich innerlich eins weiß. Dieser Prozeß des Tragödienchors ist das dramatische Urphänomen: sich selbst vor sich verwandelt zu sehen und jetzt zu handeln, als ob man wirklich in einen andern Leib, in einen andern Charakter eingegangen wäre. Dieser Prozeß steht an dem Anfang der Entwicklung des Dramas. Hier ist etwas anderes als der Rhapsode, der mit seinen Bildern nicht verschmilzt, sondern sie, dem Maler ähnlich, mit betrachtendem Auge außer sich sieht; hier ist bereits ein Aufgeben des Individuums durch Einkehr in eine fremde Natur.

Die Verzauberung ist die Voraussetzung aller dramatischen Kunst. In dieser Verzauberung sieht sich der dionysische Schwärmer als Satyr, und als Satyr wiederum schaut er den Gott, d. h. er sieht in seiner Verwandlung eine neue Vision außer sich, als apollinische Vollendung seines Zustandes. Mit dieser neuen Vision ist das Drama vollständig.

Nach dieser Erkenntnis haben wir die griechische Tragödie als den dionysischen Chor zu verstehen, der sich immer von neuem wieder in einer apollinischen Bilderwelt entladet. Jene Chorpartien, mit denen die Tragödie durchflochten ist, sind also gewissermaßen der Mutterschoß des ganzen sogenannten Dialogs, d. h. der gesamten Bühnenwelt, des eigentlichen Dramas. Somit ist das Drama die apollinische Versinnlichung dionysischer Erkenntnisse und Wirkungen und dadurch wie durch eine ungeheure Kluft vom Epos abgeschieden.

Der Chor der griechischen Tragödie, das Symbol der gesamten dionysisch erregten Masse, findet an dieser unserer Auffassung seine volle Erklärung. Während wir, mit der Gewöhnung an die Stellung eines Chors auf der modernen

Bühne, zumal eines Opernchors, gar nicht begreifen konnten, wie jener tragische Chor der Griechen älter, ursprünglicher, ja wichtiger sein sollte, als die eigentliche „Aktion“ — wie dies doch so deutlich überliefert war —, während wir wiederum mit jener überlieferten hohen Wichtigkeit und Ursprünglichkeit nicht reimen konnten, warum er doch nur aus niedrigen dienenden Wesen, ja zuerst nur aus bocksartigen Satyrn zusammengesetzt worden sei, während uns die Orchestra vor der Szene immer ein Rätsel blieb, sind wir jetzt zu der Einsicht gekommen, daß die Szene samt der Aktion im Grunde und ursprünglich nur als Vision gedacht wurde, daß die einzige „Realität“ eben der Chor ist, der die Vision aus sich erzeugt und von ihr mit der ganzen Symbolik des Tanzes, des Tones und des Wortes redet. Dieser Chor schaut in seiner Vision seinen Herrn und Meister Dionysus und ist darum ewig der dienende Chor: er sieht, wie dieser, der Gott, leidet und sich verherrlicht, und handelt deshalb selbst nicht. Bei dieser dem Gotte gegenüber durchaus dienenden Stellung ist er doch der höchste, nämlich dionysische Ausdruck der Natur und redet darum, wie diese, in der Begeisterung Orakel- und Weisheitssprüche: als der mitleidende ist er zugleich der weise, aus dem Herzen der Welt die Wahrheit verkündende. So entsteht denn jene phantastische und so anstößig scheinende Figur des weisen und begeisterten Satyrs, der zugleich „der tumbe Mensch“ im Gegensatz zum Gotte ist: Abbild der Natur und ihrer stärksten Triebe, ja Symbol derselben und zugleich Verkünder ihrer Weisheit und Kunst: Musiker, Dichter, Tänzer, Geisterseher in einer Person.

Dionysus, der eigentliche Bühnenheld und Mittelpunkt der Vision, ist gemäß dieser Erkenntnis und gemäß der Überlieferung, zuerst, in der allerältesten Periode der Tragödie, nicht wahrhaft vorhanden, sondern wird nur als vorhanden vorgestellt: d. h. ursprünglich ist die Tragödie nur „Chor“ und nicht „Drama“. Später wird nun der Versuch gemacht, den Gott als einen realen zu zeigen und die Visionsgestalt samt der verklärenden Umrahmung als jedem Auge sichtbar darzustellen: damit beginnt das „Drama“ im engeren Sinne. Jetzt bekommt der dithyrambische Chor die Aufgabe, die Stimmung der Zuhörer bis zu dem Grade dionysisch anzuregen, daß sie, wenn der tragische Held auf der Bühne erscheint, nicht etwa den unförmlich maskierten Menschen sehen, sondern eine gleichsam aus ihrer eignen Verzückung geborene Visionsgestalt. Unwillkürlich übertrug der dionysisch erregte Zuschauer das ganze magisch vor seiner Seele zitternde Bild des Gottes auf jene maskierte Gestalt und löste ihre Realität gleichsam in eine geisterhafte Unwirklichkeit auf. Dies ist der apollinische Traumeszustand, in dem die Welt des Tages sich verschleiert und eine neue Welt, deutlicher, verständlicher, ergreifender als jene und doch schattengleicher, in fortwährendem Wechsel sich unserem Auge neu gebiert. Demgemäß erkennen wir in der Tragödie einen durchgreifenden Stilgegensatz: Sprache, Farbe, Beweglichkeit, Dynamik der Rede treten in der dionysischen Lyrik des Chors und andrerseits in der apollinischen Traumwelt der Szene als völlig gesonderte Sphären des Ausdrucks auseinander. Die apollinischen Erscheinungen, in denen sich Dionysus objektiviert, sind nicht mehr „ein ewiges Meer, ein wechselnd Weben, ein glühend Leben“, wie es die Musik des Chors ist, nicht mehr jene nur empfundenen, nicht zum Bilde verdichteten Kräfte, in denen der begeisterte Dionysusdiener die Nähe des Gottes spürt: jetzt spricht, von der Szene aus, die Deutlichkeit und Festigkeit der epischen Gestaltung zu ihm, jetzt redet Dionysus nicht mehr durch Kräfte, sondern als epischer Held, fast mit der Sprache Homers.

/9/ **9**

Ödipus, das Siegeslied des Heiligen — Prometheus, Hymnus der Unfrömmigkeit / Gegen den semitischen Sündenfall die erhabene Ansicht von der aktiven Sünde als der eigentlich prometheischen Tugend / Das Unheil im Wesen der Dinge / Alles Vorhandene ist gerecht und ungerecht und in beidem gleichberechtigt

Alles, was im apollinischen Teile der griechischen Tragödie, im Dialoge, auf die Oberfläche kommt, sieht einfach, durchsichtig, schön aus. In diesem Sinne ist der Dialog ein Abbild des Hellenen, dessen Natur sich im Tanze offenbart, weil im Tanze die größte Kraft nur potenziell ist, aber sich in der Geschmeidigkeit und Üppigkeit der Bewegung verrät. So überrascht uns die Sprache der sophokleischen Helden durch ihre apollinische Bestimmtheit und Helligkeit, so daß wir sofort bis in den innersten Grund ihres Wesens zu blicken wähnen, mit einigem Erstaunen, daß der Weg bis zu diesem Grunde so kurz ist. Sehen wir aber einmal von dem auf die Oberfläche kommenden und sichtbar werdenden Charakter des Helden ab — der im Grunde nichts mehr ist als das auf eine dunkle Wand geworfene Lichtbild, d. h. Erscheinung durch und durch —, dringen wir vielmehr in den Mythus ein, der in diesen hellen Spiegelungen sich projiziert, so erleben wir plötzlich ein Phänomen, das ein umgekehrtes Verhältnis zu einem bekannten optischen hat. Wenn wir bei einem kräftigen Versuch, die Sonne ins Auge zu fassen, uns geblendet abwenden, so haben wir dunkle, farbige Flecken gleichsam als Heilmittel vor den Augen: umgekehrt sind jene Lichtbilderscheinungen des sophokleischen Helden, kurz das Apollinische der Maske, notwendige Erzeugungen eines Blickes ins Innere und Schreckliche der Natur, gleichsam leuchtende Flecken zur Heilung des von grausiger Nacht versehrten Blickes. Nur in diesem Sinne dürfen wir glauben, den ernsthaften und bedeutenden Begriff der „griechischen Heiterkeit" richtig zu fassen; während wir allerdings den falsch verstandenen Begriff dieser Heiterkeit im Zustande ungefährdeten Behagens auf allen Wegen und Stegen der Gegenwart antreffen.

Die leidvollste Gestalt der griechischen Bühne, der unglückselige Ödipus, ist von Sophokles als der edle Mensch verstanden worden, der zum Irrtum und zum Elend trotz seiner Weisheit bestimmt ist, der aber am Ende durch sein ungeheures Leiden eine magische segensreiche Kraft um sich ausübt, die noch über sein Verscheiden hinaus wirksam ist. Der edle Mensch sündigt nicht, will uns der tiefsinnige Dichter sagen: durch sein Handeln mag jedes Gesetz, jede natürliche Ordnung, ja die sittliche Welt zugrunde gehen, eben durch dieses Handeln wird ein höherer magischer Kreis von Wirkungen gezogen, die eine neue Welt auf den Ruinen der umgestürzten alten gründen. Das will uns der Dichter, insofern er zugleich religiöser Denker ist, sagen: als Dichter zeigt er uns zuerst einen wunderbar geschürzten Prozeßknoten, den der Richter langsam, Glied für Glied, zu seinem eigenen Verderben löst; die echt hellenische Freude an dieser dialektischen Lösung ist so groß, daß hierdurch ein Zug von überlegener Heiterkeit über das ganze Werk kommt, der den schauderhaften Voraussetzungen jenes Prozesses überall die

Spitze abbricht. Im „Ödipus auf Kolonos“ treffen wir diese selbe Heiterkeit, aber in eine unendliche Verklärung emporgehoben: dem vom Übermaße des Elends betroffenen Greise gegenüber, der allem, was ihn betrifft, rein als Leidender preisgegeben ist — steht die überirdische Heiterkeit. die aus göttlicher Sphäre herniederkommt und uns andeutet, daß der Held in seinem rein passiven Verhalten seine höchste Aktivität erlangt, die weit über sein Leben hinausgreift, während sein bewußtes Tichten und Trachten im früheren Leben ihn nur zur Passivität geführt hat. So wird der für das sterbliche Auge unauflöslich verschlungene Prozeßknoten der Ödipusfabel langsam entwirrt — und die tiefste menschliche Freude überkommt uns bei diesem göttlichen Gegenstück der Dialektik. Wenn wir mit dieser Erklärung dem Dichter gerecht geworden sind, so kann doch immer noch gefragt werden, ob damit der Inhalt des Mythus erschöpft ist: und hier zeigt sich, daß die ganze Auffassung des Dichters nichts ist als eben jenes Lichtbild, welches uns, nach einem Blick in den Abgrund, die heilende Natur vorhält. Ödipus, der Mörder seines Vaters, der Gatte seiner Mutter, Ödipus, der Rätsellöser der Sphinx! Was sagt uns die geheimnisvolle Dreiheit dieser Schicksalstaten? Es gibt einen uralten, besonders persischen Volksglauben, daß ein weiser Magier nur aus Inzest geboren werden könne: was wir uns, im Hinblick auf den rätsellösenden und seine Mutter freienden Ödipus, sofort so zu interpretieren haben, daß dort, wo durch weissagende und magische Kräfte der Bann von Gegenwart und Zukunft, das starre Gesetz der Individuation und überhaupt der eigentliche Zauber der Natur gebrochen ist, eine ungeheure Naturwidrigkeit — wie dort der Inzest — als Ursache vorausgegangen sein muß; denn wie könnte man die Natur zum Preisgeben ihrer Geheimnisse zwingen, wenn nicht dadurch, daß man ihr siegreich widerstrebt, d. h. durch das Unnatürliche? Diese Erkenntnis sehe ich in jener entsetzlichen Dreiheit der Ödipusschicksale ausgeprägt: derselbe, der das Rätsel der Natur — jener doppeltgearteten Sphinx — löst, muß auch als Mörder des Vaters und Gatte der Mutter die heiligsten Naturordnungen zerbrechen. Ja der Mythus scheint uns zuraunen zu wollen, daß die Weisheit und gerade die dionysische Weisheit ein naturwidriger Greuel sei, daß der, welcher durch sein Wissen die Natur in den Abgrund der Vernichtung stürzt, auch an sich selbst die Auflösung der Natur zu erfahren habe. „Die Spitze der Weisheit kehrt sich gegen den Weisen; Weisheit ist ein Verbrechen an der Natur": solche schreckliche Sätze ruft uns der Mythus zu: der hellenische Dichter aber berührt wie ein Sonnenstrahl die erhabene und furchtbare Memnonsäule des Mythus, so daß er plötzlich zu tönen beginnt — in sophokleischen Melodien!

Der Glorie der Passivität stelle ich jetzt die Glorie der Aktivität gegenüber, welche den Prometheus des Äschylus umleuchtet. Was uns hier der Denker Äschylus zu sagen hatte, was er aber als Dichter durch sein gleichnisartiges Bild uns nur ahnen läßt, das hat uns der jugendliche Goethe in den verwegenen Worten seines Prometheus zu enthüllen gewußt:

„Hier sitz ich, forme Menschen
Nach meinem Bilde,
Ein Geschlecht, das mir gleich sei,
Zu leiden, zu weinen,
Zu genießen und zu freuen sich,
Und dein nicht zu achten,
Wie ich!"

Der Mensch, ins Titanische sich steigernd, erkämpft sich selbst seine Kultur und zwingt die Götter, sich mit ihm zu verbinden, weil er in seiner selbsteignen Weisheit die Existenz und die Schranken derselben in seiner Hand hat. Das Wunderbarste an jenem Prometheusgedicht, das seinem Grundgedanken nach der eigentliche Hymnus der Unfrömmigkeit ist, ist aber der tiefe äschyleische Zug nach Gerechtigkeit: das unermeßliche Leid des kühnen „Einzelnen" auf der einen Seite, und die göttliche Not, ja Ahnung einer Götterdämmerung auf der andern, die zur Versöhnung, zum metaphysischen Einssein zwingende Macht jener beiden Leidenswelten — dies alles erinnert auf das stärkste an den Mittelpunkt und Hauptsatz der äschyleischen Weltbetrachtung, die über Göttern und Menschen die Moira als ewige Gerechtigkeit thronen sieht. Bei der erstaunlichen Kühnheit, mit der Äschylus die olympische Welt auf seine Gerechtigkeitswaagschalen stellt, müssen wir uns vergegenwärtigen, daß der tiefsinnige Grieche einen unverrückbar festen Untergrund des metaphysischen Denkens in seinen Mysterien hatte, und daß sich an den Olympiern alle seine skeptischen Anwandlungen entladen konnten. Der griechische Künstler insbesondere empfand im Hinblick auf diese Gottheiten ein dunkles Gefühl wechselseitiger Abhängigkeit: und gerade im Prometheus des Äschylus ist dieses Gefühl symbolisiert. Der titanische Künstler fand in sich den trotzigen Glauben, Menschen schaffen und olympische Götter wenigstens vernichten zu können: und dies durch seine höhere Weisheit, die er freilich durch ewiges Leiden zu büßen gezwungen war. Das herrliche „Können" des großen Genius, das selbst mit ewigem Leide zu gering bezahlt ist, der herbe Stolz des Künstlers — das ist Inhalt und Seele der äschyleischen Dichtung, während Sophokles in seinem Ödipus das Siegeslied des Heiligen präludierend anstimmt. Aber auch mit jener Deutung, die Äschylus dem Mythus gegeben hat, ist dessen erstaunliche Schreckenstiefe nicht ausgemessen: vielmehr ist die Werdelust des Künstlers, die jedem Unheil trotzende Heiterkeit des künstlerischen Schaffens nur ein lichtes Wolken- und Himmelsbild, das sich auf einem schwarzen See der Traurigkeit spiegelt. Die Prometheussage ist ein ursprüngliches Eigentum der gesamten arischen Völkergemeinde und ein Dokument für deren Begabung zum Tiefsinnig-Tragischen, ja es möchte nicht ohne Wahrscheinlichkeit sein, daß diesem Mythus für das arische Wesen ebendieselbe charakteristische Bedeutung innewohnt, die der Sündenfallmythus für das semitische hat, und daß zwischen beiden Mythen ein Verwandtschaftsgrad existiert wie zwischen Bruder und Schwester. Die Voraussetzung jenes Prometheusmythus ist der überschwengliche Wert, den eine naive Menschheit dem Feuer beilegt als dem wahren Palladium jeder aufsteigenden Kultur: daß aber der Mensch frei über das Feuer waltet und es nicht nur durch ein Geschenk vom Himmel, als zündenden Blitzstrahl oder wärmenden Sonnenbrand, empfängt, erschien jenen beschaulichen Urmenschen als ein Frevel, als ein Raub an der göttlichen Natur. Und so stellt gleich das erste philosophische Problem einen peinlichen unlösbaren Widerspruch zwischen Mensch und Gott hin und rückt ihn wie einen Felsblock an die Pforte jeder Kultur. Das Beste und Höchste, dessen die Menschheit teilhaftig werden kann, erringt sie durch einen Frevel und muß nun wieder seine Folgen dahinnehmen, nämlich die ganze Flut von Leiden und von Kümmernissen, mit denen die beleidigten Himmlischen das edel emporstrebende Menschengeschlecht heimsuchen — müssen: ein herber Gedanke, der durch die Würde, die er dem Frevel erteilt, seltsam gegen den semitischen Sündenfallmythus absticht, in welchem die Neugierde, die lügnerische Vorspiegelung, die Verführbarkeit, die Lüsternheit, kurz eine Reihe vornehmlich weiblicher Affektionen als der Ursprung des Übels angesehen wurde. Das, was die arische Vorstellung auszeichnet, ist die erhabene Ansicht von der aktiven Sünde als der eigentlich prometheischen Tugend: womit zugleich der ethische Untergrund der pessimistischen Tragödie gefunden ist, als die Rechtfertigung des menschlichen Übels, und zwar sowohl der menschlichen Schuld als des dadurch verwirkten Leidens. Das Unheil im Wesen der Dinge — das der beschauliche Arier nicht geneigt ist wegzudeuteln —, der Widerspruch im Herzen der Welt offenbart sich ihm als ein Durcheinander verschiedener Welten, zum Beispiel einer göttlichen und einer menschlichen, von denen jede als Individuum im Recht ist, aber als einzelne neben einer andern für ihre Individuation zu leiden hat. Bei dem heroischen Drange des einzelnen ins Allgemeine, bei dem Versuche, über den Bann der Individuation hinauszuschreiten und das eine Weltwesen selbst sein zu wollen, erleidet er an sich den in den Dingen verborgenen Urwiderspruch, das heißt er frevelt und leidet. So wird von den Ariern der Frevel als Mann, von den Semiten die Sünde als Weib verstanden, so wie auch der Urfrevel vom Manne, die Ursünde vom Weibe begangen wird. Übrigens sagt der Hexenchor:

„Wir nehmen das nicht so genau:
Mit tausend Schritten macht's die Frau;
Doch wie sie auch sich eilen kann,
Mit einem Sprunge macht's der Mann."

Wer jenen innersten Kern der Prometheussage versteht — nämlich die dem titanisch strebenden Individuum gebotene Notwendigkeit des Frevels —, der muß auch zugleich das Unapollinische dieser pessimistischen Vorstellung empfinden; denn Apollo will die Einzelwesen gerade dadurch zur Ruhe bringen, daß er Grenzlinien zwischen ihnen zieht und daß er immer wieder an diese als an die heiligsten Weltgesetze mit seinen Forderungen der Selbsterkenntnis und des Maßes erinnert. Damit aber bei dieser apollinischen Tendenz die

Form nicht zu ägyptischer Steifigkeit und Kälte erstarre, damit nicht unter dem Bemühen, der einzelnen Welle ihre Bahn und ihr Bereich vorzuschreiben, die Bewegung des ganzen Sees ersterbe, zerstörte von Zeit zu Zeit wieder die hohe Flut des Dionysischen alle jene kleinen Zirkel, in die der einseitig apollinische „Wille" das Hellenentum zu bannen suchte.

Der Äschyleische Prometheus ist in diesem Betracht eine dionysische Maske, während in jenem vorhin erwähnten tiefen Zuge nach Gerechtigkeit Äschylus seine väterliche Abstammung von Apollo, dem Gotte der Individuation und der Gerechtigkeitsgrenzen, dem Einsichtigen verrät. Und so möchte das Doppelwesen des Äschyleischen Prometheus, seine zugleich dionysische und apollinische Natur in begrifflicher Formel so ausgedrückt werden können: „Alles Vorhandene ist gerecht und ungerecht und in beidem gleichberechtigt."

Das ist deine Welt! Das heißt eine Welt! —

/10/ 10

Die Hoffnung der Epopten ging auf eine Wiedergeburt des Dionysos

Es ist eine unanfechtbare Überlieferung, daß die griechische Tragödie in ihrer ältesten Gestalt nur die Leiden des Dionysus zum Gegenstand hatte, und daß der längere Zeit hindurch einzig vorhandene Bühnenheld eben Dionysus war. Aber mit der gleichen Sicherheit darf behauptet werden, daß niemals bis auf Euripides Dionysus aufgehört hat, der tragische Held zu sein, sondern daß alle die berühmten Figuren der griechischen Bühne, Prometheus, Ödipus usw. nur Masken jenes ursprünglichen Helden Dionysus sind. Daß hinter allen diesen Masken eine Gottheit steckt, das ist der eine wesentliche Grund für die so oft angestaunte typische „Idealität" jener berühmten Figuren. Um uns der Terminologie Platos zu bedienen, so wäre von den tragischen Gestalten der hellenischen Bühne etwa so zu reden: der eine wahrhaft reale Dionysus erscheint in einer Vielheit der Gestalten, in der Maske eines kämpfenden Helden und gleichsam in das Netz des Einzelwillens verstrickt. So wie jetzt der erscheinende Gott redet und handelt, ähnelt er einem irrenden, strebenden, leidenden Individuum: und daß er überhaupt mit dieser epischen Bestimmtheit und Deutlichkeit erscheint, ist die Wirkung des Traumdeuters Apollo, der dem Chore seinen dionysischen Zustand durch jene gleichnisartige Erscheinung deutet. In Wahrheit aber ist jener Held der leidende Dionysus der Mysterien, jener die Leiden der Individuation an sich erfahrende Gott, von dem wundervolle Mythen erzählen, wie er als Knabe von den Titanen zerstückelt worden sei und nun in diesem Zustande als Zagreus verehrt werde: wobei angedeutet wird, daß diese Zerstückelung, das eigentlich dionysische Leiden, gleich einer Umwandlung in Luft, Wasser, Erde und Feuer sei, daß wir also den Zustand der Individuation als den Quell und Urgrund alles Leidens, als etwas an sich Verwerfliches, zu betrachten hätten. Aus dem Lächeln dieses Dionysus sind die olympischen Götter, aus seinen Tränen die Menschen entstanden. In jener Existenz als zerstückelter Gott hat Dionysus die Doppelnatur eines grausamen, verwilderten Dämons und eines milden, sanftmütigen Herrschers. Die Hoffnung der Epopten ging aber auf eine Wiedergeburt des Dionysus, die wir jetzt als das Ende der Individuation ahnungsvoll zu begreifen haben: diesem kommenden dritten Dionysus erscholl der brausende Jubelgesang der Epopten. Und nur in dieser Hoffnung gibt es einen Strahl von Freude auf dem Antlitze der zerrissenen, in Individuen zertrümmerten Welt: wie es der Mythus durch die in ewige Trauer versenkte Demeter verbildlicht, welche zum ersten Male wieder sich freut, als man ihr sagt, sie könne den Dionysus noch einmal gebären. In den angeführten Anschauungen haben wir bereits alle Bestandteile einer tiefsinnigen und pessimistischen Weltbetrachtung und zugleich damit die Mysterienlehre der Tragödie zusammen: die Grunderkenntnis von der Einheit alles Vorhandenen, die Betrachtung der Individuation als des Urgrundes des Übels, die Kunst als die freudige Hoffnung, daß der Bann der Individuation zu zerbrechen sei, als die Ahnung einer wiederhergestellten Einheit. —

Der trotzige Titan Prometheus hat es seinem olympischen Peiniger angekündigt, daß einst seiner Herrschaft die höchste Gefahr drohe, falls er nicht zur rechten Zeit sich mit ihm verbinden werde. In Äschylus erkennen wir das Bündnis des erschreckten, vor seinem Ende bangenden Zeus mit dem Titanen. So wird das frühere Titanenzeitalter nachträglich wieder aus dem Tartarus ins Licht geholt. Die Philosophie der wilden und nackten Natur schaut die vorübertanzenden Mythen der homerischen Welt mit der unverhüllten Miene der Wahrheit an: sie erbleichen, sie zittern vor dem blitzartigen Auge dieser Göttin — bis sie die mächtige Faust des dionysischen Künstlers in den Dienst der neuen Gottheit zwingt.

Es ist das Los jedes Mythus, allmählich in die Enge einer angeblich historischen Wirklichkeit hineinzukriechen und von irgendeiner späteren Zeit als einmaliges Faktum mit historischen Ansprüchen behandelt zu werden: und die Griechen waren bereits völlig auf dem Wege, ihren ganzen mythischen Jugendtraum mit Scharfsinn und Willkür in eine historisch-pragmatische J u g e n d g e s c h i c h t e umzustempeln. Denn dies ist die Art, wie Religionen abzusterben pflegen: wenn nämlich die mythischen Voraussetzungen einer Religion unter den strengen, verstandesmäßigen Augen eines rechtgläubigen Dogmatismus als eine fertige Summe von historischen Ereignissen systematisiert werden und man anfängt, ängstlich die Glaubwürdigkeit der Mythen zu verteidigen, aber gegen jedes natürliche Weiterleben und Weiterwuchern derselben sich zu sträuben, wenn also das Gefühl für den Mythus abstirbt und an seine Stelle der Anspruch der Religion auf historische Grundlagen tritt. Diesen absterbenden Mythus ergriff jetzt der neugeborne Genius der dionysischen Musik: und in seiner Hand blühte er noch einmal, mit Farben, wie er sie noch nie gezeigt, mit einem Duft, der eine sehnsüchtige Ahnung einer metaphysischen Welt erregte. Nach diesem letzten Aufglänzen fällt er zusammen, seine Blätter werden welk, und bald haschen die spöttischen Luziane des Altertums nach den von allen Winden fortgetragnen, entfärbten und verwüsteten Blumen. Durch die Tragödie kommt der Mythus zu seinem tiefsten Inhalt, seiner ausdrucksvollsten Form; noch einmal erhebt er sich, wie ein verwundeter Held, und der ganze Überschuß von Kraft, samt der weisheitsvollen Ruhe des Sterbenden, brennt in seinem Auge mit letztem, mächtigem Leuchten.

/11/ 11

Den Todeskampf der Tragödie kämpfte Euripides / Euripides fühlte sich als Dichter wohl über die Masse, nicht aber über zwei seiner Zuschauer erhaben — über Euripides als Denker

Die griechische Tragödie ist anders zugrunde gegangen als sämtliche ältere schwesterliche Kunstgattungen: sie starb durch Selbstmord, infolge eines unlösbaren Konfliktes, also tragisch, während jene alle in hohem Alter des schönsten und ruhigsten Todes verblichen sind. Wenn es nämlich einem glücklichen Naturzustande gemäß ist, mit schöner Nachkommenschaft und ohne Krampf vom Leben zu scheiden, so zeigt uns das Ende jener älteren Kunstgattungen einen solchen glücklichen Naturzustand: sie tauchen langsam unter, und vor ihren ersterbenden Blicken steht schon ihr schönerer Nachwuchs und reckt mit mutiger Gebärde ungeduldig das Haupt. Mit dem Tode der griechischen Tragödie dagegen entstand eine ungeheure, überall tief empfundene Leere; wie einmal griechische Schiffer zu Zeiten des Tiberius an einem einsamen Eiland den erschütternden Schrei hörten „Der große Pan ist tot“: so klang es jetzt wie ein schmerzlicher Klageton durch die hellenische Welt: „Die Tragödie ist tot! Die Poesie selbst ist mit ihr verlorengegangen! Fort, fort mit euch verkümmerten, abgemagerten Epigonen! Fort in den Hades, damit ihr euch dort an den Brosamen der vormaligen Meister einmal satt essen könnt!“

Als aber nun doch noch eine neue Kunstgattung aufblühte, die in der Tragödie ihre Vorgängerin und Meisterin verehrte, da war mit Schrecken wahrzunehmen, daß sie allerdings die Züge ihrer Mutter trage, aber dieselben, die jene in ihrem langen Todeskampfe gezeigt hatte. Diesen Todeskampf der Tragödie kämpfte Euripides; jene spätere Kunstgattung ist als neuere attische Komödie bekannt. In ihr lebte die entartete Gestalt der Tragödie fort, zum Denkmale ihres überaus mühseligen und gewaltsamen Hinscheidens.

Wer erkannt hat, aus welchem Stoffe die prometheischen Tragiker vor Euripides ihre Helden formten und wie ferne ihnen die Absicht lag, die treue Maske der Wirklichkeit auf die Bühne zu bringen, der wird auch über die gänzlich abweichende Tendenz des Euripides im klaren sein. Der Mensch des alltäglichen Lebens drang durch ihn aus den Zuschauerräumen auf die Szene, der Spiegel, in dem früher nur die großen und kühnen Züge zum Ausdruck kamen, zeigte jetzt jene peinliche Treue, die auch die mißlungenen Linien der Natur gewissenhaft wiedergibt. Odysseus, der typische Hellene der älteren Kunst, sank jetzt unter den Händen der neueren Dichter zur Figur des Graeculus herab, der von jetzt ab als gutmütig-verschmitzter Haussklave im Mittelpunkte des dramatischen Interesses steht. Im wesentlichen sah und hörte jetzt der Zuschauer seinen Doppelgänger auf der euripideischen Bühne und freute sich, daß jener so gut zu reden verstehe. Bei dieser Freude blieb es aber nicht: man lernte selbst wie Euripides sprechen. Die bürgerliche Mittelmäßigkeit, auf die Euripides alle seine politischen Hoffnungen aufbaute, kam jetzt zu Wort, nachdem bis dahin in der Tragödie der Halbgott, in der Komödie der betrunkene Satyr oder der Halbmensch den Sprachcharakter bestimmt hatten. Und so hebt der aristophanische Euripides zu seinem Preise hervor, wie er das allgemeine, allbekannte, alltägliche Leben und Treiben dargestellt habe, über das ein jeder zu urteilen befähigt sei. Wenn jetzt die ganze Masse philosophiere, mit unerhörter Klugheit Land und Gut verwalte und ihre Prozesse führe, so sei dies sein Verdienst und der Erfolg der von ihm dem Volke eingeimpften Weisheit.

An eine derartig zubereitete und aufgeklärte Masse durfte sich jetzt die neuere Komödie wenden, für die Euripides gewissermaßen der Chorlehrer geworden ist; nur daß diesmal der Chor der Zuschauer eingeübt werden mußte. Sobald dieser in der euripideischen Tonart zu singen geübt war, erhob sich jene schachspielartige Gattung des Schauspiels, die neuere Komödie, mit ihrem fortwährenden Triumphe der Schlauheit und Verschlagenheit. Euripides aber — der Chorlehrer — wurde unaufhörlich gepriesen: ja man würde sich getötet haben, um noch mehr von ihm zu lernen, wenn man nicht gewußt hätte, daß die tragischen Dichter ebenso tot seien wie die Tragödie. Mit ihr aber hatte der Hellene den Glauben an seine Unsterblichkeit aufgegeben, nicht nur den Glauben an eine ideale Vergangenheit, sondern auch den Glauben an eine ideale Zukunft. Das Wort aus der bekannten Grabschrift, „als Greis leichtsinnig und grillig", gilt auch vom greisen Hellenentume. Der Augenblick, der Witz, der Leichtsinn, die Laune sind seine höchsten Gottheiten; der fünfte Stand, der des Sklaven, kommt, wenigstens der Gesinnung nach, jetzt zur Herrschaft: und wenn jetzt überhaupt noch von „griechischer Heiterkeit“ die Rede sein darf, so ist es die Heiterkeit des Sklaven, der nichts Schweres zu verantworten, nichts Großes zu erstreben, nichts Vergangenes oder Zukünftiges höher zu schätzen weiß als das Gegenwärtige. Dieser Schein der „griechischen Heiterkeit“ war es, der die tiefsinnigen und furchtbaren Naturen der vier ersten Jahrhunderte des Christentums so empörte: ihnen erschien diese weibische Flucht vor dem Ernst und dem Schrecken, dieses feige Sichgenügenlassen am bequemen Genuß nicht nur verächtlich, sondern als die eigentlich antichristliche Gesinnung. Und ihrem Einfluß ist es zuzuschreiben, daß die durch Jahrhunderte fortlebende Anschauung des griechischen Altertums mit fast unüberwindlicher Zähigkeit jene blaßrote Heiterkeitsfarbe festhielt — als ob es nie ein sechstes Jahrhundert mit seiner Geburt der Tragödie, seinen Mysterien, seinen Pythagoras und Heraklit gegeben hätte, ja als ob die Kunstwerke der großen Zeit gar nicht vorhanden wären, die doch — jedes für sich — aus dem Boden einer solchen greisenhaften und sklavenmäßigen Daseinslust und Heiterkeit gar nicht zu erklären sind und auf eine völlig andere Weltbetrachtung als ihren Existenzgrund hinweisen.

Was trieb den reichbegabten und unablässig zum Schaffen gedrängten Künstler so gewaltsam von dem Wege ab, über dem die Sonne der größten Dichternamen und der unbewölkte Himmel der Volksgunst leuchteten? Welche sonderbare Rücksicht auf den Zuschauer führte ihn dem Zuschauer entgegen?

Euripides fühlte sich als Dichter wohl über die Masse, nicht aber über zwei seiner Zuschauer erhaben: die Masse brachte er auf die Bühne, jene beiden Zuschauer verehrte er als die allein urteilsfähigen Richter und Meister aller seiner Kunst. Von diesen beiden Zuschauern ist der eine — Euripides selbst, Euripides *als Denker*, nicht als Dichter. Von ihm könnte man sagen, daß die außerordentliche Fülle seines kritischen Talentes, ähnlich wie bei Lessing, einen produktiv künstlerischen Nebentrieb wenn nicht erzeugt, so doch fortwährend befruchtet habe. Mit dieser Begabung, mit aller Helligkeit und Behendigkeit seines kritischen Denkens hatte Euripides im Theater gesessen und sich angestrengt, an den Meisterwerken seiner großen Vorgänger wie an dunkelgewordenen Gemälden Zug um Zug, Linie um Linie wiederzuerkennen. Und hier nun war ihm begegnet, was dem in die tieferen Geheimnisse der äschyleischen Tragödie Eingeweihten nicht unerwartet sein darf: er gewahrte etwas Inkommensurables in jedem Zug und in jeder Linie, eine gewisse täuschende Bestimmtheit und zugleich eine rätselhafte Tiefe, ja Unendlichkeit des Hintergrundes. Die klarste Figur hatte immer noch einen Kometenschweif an sich, der ins Ungewisse, Unaufhellbare zu deuten schien. Dasselbe Zwielicht lag über dem Bau des Dramas, zumal über der Bedeutung des Chors. Und wie zweifelhaft blieb ihm die Lösung der ethischen Probleme! Wie fragwürdig die Behandlung der Mythen! Wie ungleichmäßig die Verteilung von Glück und Unglück! Selbst in der Sprache der älteren Tragödie war ihm vieles anstößig, mindestens rätselhaft; besonders fand er zuviel Pomp für einfache Verhältnisse, zuviel Tropen und Ungeheuerlichkeiten für die Schlichtheit der Charaktere. So saß er, unruhig grübelnd, im Theater, und er, der Zuschauer, gestand sich, daß er seine großen Vorgänger nicht verstehe. Galt ihm aber der Verstand als die eigentliche Wurzel alles Genießens und Schaffens, so mußte er fragen und um sich schauen, ob denn niemand so denke wie er und sich gleichfalls jene Inkommensurabilität eingestehe. Aber die vielen und mit ihnen die besten einzelnen hatten nur ein mißtrauisches Lächeln für ihn; erklären aber konnte ihm keiner, warum seine Bedenken und Einwendungen gegenüber den großen Meistern doch im Rechte seien. Und in diesem qualvollen Zustande fand er den anderen Zuschauer, der die Tragödie nicht begriff und deshalb nicht achtete. Mit diesem im Bunde durfte er es wagen, aus seiner Vereinsamung heraus, den ungeheuren Kampf gegen die Kunstwerke des Äschylus und Sophokles zu beginnen — nicht mit Streitschriften, sondern als dramatischer Dichter, der seine Vorstellung von der Tragödie der überlieferten entgegenstellt. —

/12/ 12

... und Sokrates — ein ganz neugeborner Dämon / Mit ihm im Bunde wagte Euripides der Herold eines neuen Kunstschaffens zu sein / Der ästhetische Sokratismus das mörderische Prinzip, an dem die ältere Tragödie zugrundeging

Das ursprüngliche und allmächtige dionysische Element aus der Tragödie auszuscheiden und sie rein und neu auf undionysischer Kunst, Sitte und Weltbetrachtung aufzubauen — dies ist die jetzt in heller Beleuchtung sich uns enthüllende Tendenz des Euripides.

Dionysus war bereits von der tragischen Bühne verscheucht, und zwar durch eine aus Euripides redende dämonische Macht. Auch Euripides war in gewissem Sinne nur Maske: die Gottheit, die aus ihm redete, war nicht Dionysus, auch nicht Apollo, sondern ein ganz neugeborner Dämon, genannt Sokrates. Dies ist der neue Gegensatz: das Dionysische und das Sokratische, und das Kunstwerk der griechischen Tragödie ging an ihm zugrunde. Mag nun auch Euripides uns durch seinen Widerruf zu trösten suchen, es gelingt ihm nicht: der herrlichste Tempel liegt in Trümmern; was nützt uns die Wehklage des Zerstörers und sein Geständnis, daß es der schönste aller Tempel gewesen sei? Und selbst, daß Euripides zur Strafe von den Kunstrichtern aller Zeiten in einen Drachen verwandelt worden ist — wen möchte diese erbärmliche Kompensation befriedigen?

Nähern wir uns jetzt jener sokratischen Tendenz, mit der Euripides die äschyleische Tragödie bekämpfte und besiegte.

Welches Ziel — so müssen wir uns jetzt fragen — konnte die euripideische Absicht, das Drama allein auf das Undionysische zu gründen, in der höchsten Idealität ihrer Durchführung überhaupt haben? Welche Form des Dramas blieb noch übrig, wenn es nicht aus dem Geburtsschoße der Musik, in jenem geheimnisvollen Zwielicht des Dionysischen geboren werden sollte? Allein das dramatisierte Epos: in welchem apollinischen Kunstgebiet nun freilich die tragische Wirkung unerreichbar ist. Der Dichter des dramatisierten Epos kann ebensowenig wie der epische Rhapsode mit seinen Bildern völlig verschmelzen: er ist immer noch ruhig unbewegte, aus weiten Augen blickende Anschauung, die die Bilder vor sich sieht. Der Schauspieler in seinem dramatisierten Epos bleibt im tiefsten Grunde immer noch Rhapsode; die Weihe des inneren Träumens liegt auf allen seinen Aktionen, so daß er niemals ganz Schauspieler ist.

Euripides ist der Schauspieler mit dem klopfenden Herzen, mit den zu Berge stehenden Haaren; als sokratischer Denker entwirft er den Plan, als leidenschaftlicher Schauspieler führt er ihn aus. Reiner Künstler ist er weder im Entwerfen noch im Ausführen. So ist das euripideische Drama ein zugleich kühles und feuriges Ding, zum Erstarren und zum Verbrennen gleich befähigt; es ist ihm unmöglich, die apollinische Wirkung des Epos zu erreichen, während es andererseits sich von den dionysischen Elementen möglichst gelöst hat und jetzt, um überhaupt zu wirken, neue Erregungsmittel braucht, die nun nicht mehr innerhalb der beiden einzigen Kunsttriebe, des apollinischen und des dionysischen, liegen können. Diese Erregungsmittel sind kühle, paradoxe Gedanken — an Stelle der apollinischen Anschauungen — und feurige Affekte — an Stelle der dionysischen Entzückungen — und zwar höchst realistisch nachgemachte, keineswegs in den Äther der Kunst getauchte Gedanken und Affekte.

Haben wir demnach soviel erkannt, daß es Euripides überhaupt nicht gelungen ist, das Drama allein auf das Apollinische zu gründen, daß sich vielmehr seine undionysische Tendenz in eine naturalistische und unkünstlerische verirrt hat, so werden wir jetzt dem Wesen des ästhetischen Sokratismus schon nähertreten dürfen, dessen oberstes Gesetz ungefähr so lautet: „Alles muß verständig sein, um schön zu sein"; als Parallelsatz zu dem sokratischen „Nur der Wissende ist tugendhaft". Mit diesem Kanon in der Hand maß Euripides alles einzelne und rektifizierte es gemäß diesem Prinzip: die Sprache, die Charaktere, den dramaturgischen Aufbau, die Chormusik.

Die äschyleisch-sophokleische Tragödie verwandte die geistreichsten Kunstmittel, um dem Zuschauer in den ersten Szenen gewissermaßen zufällig alle jene zum Verständnis notwendigen Fäden in die Hand zu geben: ein Zug, in dem sich jene edle Künstlerschaft bewährt, die das notwendige Formelle gleichsam maskiert und als Zufälliges erscheinen läßt. Immerhin aber glaubte Euripides zu bemerken, daß während jener ersten Szenen der Zuschauer in eigentümlicher Unruhe sei, um das Rechenexempel der Vorgeschichte auszurechnen, so daß die dichterischen Schönheiten und das Pathos der Exposition für ihn verlorenginge. Deshalb stellte er den Prolog noch vor die Exposition und legte ihn einer Person in den Mund, der man Vertrauen schenken durfte: eine Gottheit mußte häufig den Verlauf der Tragödie dem Publikum gewissermaßen garantieren und jeden Zweifel an der Realität des Mythus nehmen: in ähnlicher Weise, wie Descartes die Realität der empirischen Welt nur durch die Apellation an die Wahrhaftigkeit Gottes und seine Unfähigkeit zur Lüge zu beweisen vermochte. Dieselbe göttliche Wahrhaftigkeit braucht Euripides noch einmal am Schlusse seines Dramas, um die Zukunft seiner Helden dem Publikum sicherzustellen: dies ist die Aufgabe des berüchtigten deus ex machina. Zwischen der epischen Vorschau und Hinausschau liegt die dramatisch-lyrische Gegenwart, das eigentliche „Drama“.

So ist Euripides vor allem als Dichter der Widerhall seiner bewußten Erkenntnisse; und gerade dies verleiht ihm eine so denkwürdige Stellung in der Geschichte der griechischen Kunst. Ihm muß im Hinblick auf sein kritisch-produktives Schaffen oft zumute gewesen sein, als sollte er den Anfang der Schrift des Anaxagoras für das Drama lebendig machen, deren erste Worte lauten: „Im Anfang war alles beisammen; da kam der Verstand und schuf Ordnung.“ Und wenn Anaxagoras mit seinem „νοῦς“ unter den Philosophen wie der erste Nüchterne unter lauter Trunkenen erschien, so mag auch Euripides sein Verhältnis zu den anderen Dichtern der Tragödie unter einem ähnlichen Bilde begriffen haben. Solange der einzige Ordner und Walter des Alls, der νοῦς, noch vom künstlerischen Schaffen ausgeschlossen war, war noch alles in einem chaotischen Urbrei beisammen; so mußte Euripides urteilen, so mußte er die „trunkenen“ Dichter als der erste „Nüchterne“ verurteilen. Euripides unternahm es, wie es auch Plato unternommen hat, das Gegenstück des „unverständigen“ Dichters der Welt zu zeigen; sein ästhetischer Grundsatz, „Alles muß bewußt sein, um schön zu sein“, ist, wie ich sagte, der Parallelsatz zu dem sokratischen „Alles muß bewußt sein, um gut zu sein“. Demgemäß darf uns Euripides als der Dichter des ästhetischen Sokratismus gelten. Sokrates aber war jener zweite Zuschauer, der die ältere Tragödie nicht begriff und deshalb nicht achtete; mit ihm im Bunde wagte Euripides, der Herold eines neuen Kunstschaffens zu sein. Wenn an diesem die ältere Tragödie zugrundeging, so ist also der ästhetische Sokratismus das mörderische Prinzip: insofern aber der Kampf gegen das Dionysische der älteren Kunst gerichtet war, erkennen wir in Sokrates den Gegner des Dionysus, den neuen Orpheus, der sich gegen Dionysus erhebt und, obschon bestimmt, von den Mänaden des athenischen Gerichtshofes zerrissen zu werden, doch den übermächtigen Gott selbst zur Flucht nötigt: welcher, wie damals, als er vor dem Edonerkönig Lykurg floh, sich in die Tiefen des Meeres rettete, nämlich in die mystischen Fluten eines die ganze Welt allmählich überziehenden Geheimkultus.

/13/ 13

Sokrates sieht den Mangel der Einsicht und die Macht des Wahns, er glaubt, das Dasein korrigieren zu müssen / Der Instinkt wird zum Kritiker, das Bewußtsein zum Schöpfer / Der sterbende Sokrates wurde das neue Ideal der edlen griechischen Jugend

Daß Sokrates eine enge Beziehung der Tendenz zu Euripides habe, entging dem gleichzeitigen Altertume nicht; und der beredteste Ausdruck für diesen glücklichen Spürsinn ist jene in Athen umlaufende Sage, Sokrates pflege dem Euripides im Dichten zu helfen. Beide Namen wurden von den Anhängern der „guten alten Zeit" in einem Atem genannt, wenn es galt, die Volksverführer der Gegenwart aufzuzählen: von deren Einflusse es herrühre, daß die alte marathonische vierschrötige Tüchtigkeit an Leib und Seele immer mehr einer zweifelhaften Aufklärung, bei fortschreitender Verkümmerung der leiblichen und seelischen Kräfte, zum Opfer falle.

Sokrates als Gegner der tragischen Kunst enthielt sich des Besuchs der Tragödie, und nur, wenn ein neues Stück des Euripides aufgeführt wurde, stellte er sich unter den Zuschauern ein. Am berühmtesten ist aber die nahe Zusammenstellung beider Namen in dem delphischen Orakelspruche, welcher Sokrates als den Weisesten unter den Menschen bezeichnete, zugleich aber das Urteil abgab, daß dem Euripides der zweite Preis im Wettkampfe der Weisheit gebühre.

Als der dritte in dieser Stufenleiter war Sophokles genannt; er, der sich gegen Äschylus rühmen durfte, er tue das Rechte und zwar, weil er w i s s e, was das Rechte sei. Offenbar ist gerade der Grad der Helligkeit dieses W i s s e n s dasjenige, was jene drei Männer gemeinsam als die drei „Wissenden" ihrer Zeit auszeichnet.

Das schärfste Wort aber für jene neue und unerhörte

Hochschätzung des Wissens und der Einsicht sprach Sokrates, als er sich als den einzigen vorfand, der sich eingestehe, nichts zu wissen; während er, auf seiner kritischen Wanderung durch Athen, bei den größten Staatsmännern, Rednern, Dichtern und Künstlern vorsprechend, überall die Einbildung des Wissens antraf. Mit Staunen erkannte er, daß alle jene Berühmtheiten selbst über ihren Beruf ohne richtige und sichere Einsicht seien und denselben nur aus Instinkt trieben. „Nur aus Instinkt": mit diesem Ausdruck berühren wir Herz und Mittelpunkt der sokratischen Tendenz. Mit ihm verurteilt der Sokratismus ebenso die bestehende Kunst wie die bestehende Ethik: wohin er seine prüfenden Blicke richtet, sieht er den Mangel der Einsicht und die Macht des Wahns und schließt aus diesem Mangel auf die innerliche Verkehrtheit und Verwerflichkeit des Vorhandenen. Von diesem einen Punkte aus glaubte Sokrates das Dasein korrigieren zu müssen: er, der einzelne, tritt mit der Miene der Nichtachtung und der Überlegenheit, als der Vorläufer einer ganz anders gearteten Kultur, Kunst und Moral, in eine Welt hinein, deren Zipfel mit Ehrfurcht zu erhaschen wir uns zum größten Glücke rechnen würden.

Dies ist die ungeheure Bedenklichkeit, die uns jedesmal, angesichts des Sokrates, ergreift und die uns immer und immer wieder anreizt, Sinn und Absicht dieser fragwürdigsten Erscheinung des Altertums zu erkennen. Wer ist das, der es wagen darf, als ein einzelner das griechische Wesen zu verneinen, das als Homer, Pindar und Äschylus, als Phidias, als Perikles, als Pythia und Dionysus, als der tiefste Abgrund und die höchste Höhe unserer staunenden Anbetung gewiß ist? Welche dämonische Kraft ist es, die diesen Zaubertrank in den Staub zu schütten sich erkühnen darf? Welcher Halbgott ist es, dem der Geisterchor der Edelsten der Menschheit zurufen muß: „Weh! Weh! Du hast sie zerstört, die schöne Welt, mit mächtiger Faust; sie stürzt, sie zerfällt!"

Einen Schlüssel zu dem Wesen des Sokrates bietet uns jene wunderbare Erscheinung, die als „Dämonion des Sokrates" bezeichnet wird. In besonderen Lagen, in denen sein ungeheurer Verstand ins Schwanken geriet, gewann er einen festen Anhalt durch eine in solchen Momenten sich äußernde göttliche Stimme. Diese Stimme mahnt, wenn sie kommt, immer ab. Die instinktive Weisheit zeigt sich bei dieser gänzlich abnormen Natur nur, um dem bewußten Erkennen hier und da h i n d e r n d entgegenzutreten. Während doch bei allen produktiven Menschen der Instinkt gerade die schöpferisch-affirmative Kraft ist, und das Bewußtsein kritisch und abmahnend sich gebärdet: wird bei Sokrates der Instinkt zum Kritiker, das Bewußtsein zum Schöpfer — eine wahre Monstrosität per defectum! Und zwar nehmen wir hier einen monstrosen defectus jeder mystischen Anlage wahr, so daß Sokrates als der spezifische N i c h t - M y s t i k e r zu bezeichnen wäre, in dem die logische Natur durch eine Superfötation ebenso exzessiv entwickelt ist wie im Mystiker jene instinktive Weisheit. Andrerseits war es jenem in Sokrates erscheinenden logischen Triebe völlig versagt, sich gegen sich selbst zu kehren; in diesem fessellosen Dahinströmen zeigt er eine Naturgewalt, wie wir sie nur bei den allergrößten instinktiven Kräften zu unsrer schaudervollen Überraschung antreffen. Wer nur einen Hauch von jener göttlichen Naivität und Sicherheit der sokratischen Lebensrichtung aus den Platonischen Schriften gespürt hat, der fühlt auch, wie das ungeheure Triebrad des logischen Sokratismus gleichsam h i n t e r Sokrates in Bewegung ist, und wie dies durch einen Schatten hindurch angeschaut werden muß. Daß er aber selbst von diesem Verhältnis eine Ahnung hatte, das drückt sich in dem würdevollen Ernste aus, mit dem er seine göttliche Berufung überall und noch vor seinen Richtern geltend machte. Ihn darin zu widerlegen war im Grunde ebenso unmöglich, als seinen die Instinkte auflösenden Einfluß gutzuheißen. Bei diesem unlösbaren Konflikte war, als er einmal vor das Forum des griechischen Staates gezogen war, nur eine einzige Form der Verurteilung geboten, die Verbannung; als etwas durchaus Rätselhaftes, Unrubrizierbares, Unaufklärbares hätte man ihn über die Grenze weisen dürfen, ohne daß irgendeine Nachwelt im Recht gewesen wäre, die Athener einer schmählichen Tat zu zeihen. Daß aber der Tod und nicht nur die Verbannung über ihn ausgesprochen wurde, das scheint Sokrates selbst, mit völliger Klarheit und ohne den natürlichen Schauder vor dem Tode, durchgesetzt zu haben: er ging in den Tod mit jener Ruhe, mit der er nach Platos Schilderung als der letzte der Zecher im frühen Tagesgrauen das Symposion verläßt, um einen neuen Tag zu beginnen; indes hinter ihm, auf den Bänken und auf der

Erde, die verschlafenen Tischgenossen zurückbleiben, um von Sokrates, dem wahrhaften Erotiker, zu träumen. Der sterbende Sokrates wurde das neue, noch nie sonst geschaute Ideal der edlen griechischen Jugend: vor allen hat sich der typische hellenische Jüngling, Plato, mit aller inbrünstigen Hingebung seiner Schwärmerseele vor diesem Bilde niedergeworfen.

/14/ 14

Im Platonischen Dialog überwächst der philosophische Gedanke die Kunst / Die optimistische Dialektik zerstört das Wesen der Tragödie / Sokrates, treibe Musik!

Denken wir uns jetzt das eine große Zyklopenauge des Sokrates auf die Tragödie gewandt, jenes Auge, in dem nie der holde Wahnsinn künstlerischer Begeisterung geglüht hat — denken wir uns, wie es jenem Auge versagt war, in die dionysischen Abgründe mit Wohlgefallen zu schauen — was eigentlich mußte es in der „erhabenen und hochgepriesenen" tragischen Kunst, wie sie Plato nennt, erblicken? Etwas recht Unvernünftiges, mit Ursachen, die ohne Wirkungen, und mit Wirkungen, die ohne Ursachen zu sein schienen; dazu das Ganze so bunt und mannigfaltig, daß es einer besonnenen Gemütsart widerstreben müsse, für reizbare und empfindliche Seelen aber ein gefährlicher Zunder sei.

Nun aber schien Sokrates die tragische Kunst nicht einmal „die Wahrheit zu sagen": abgesehen davon, daß sie sich an den wendet, der „nicht viel Verstand besitzt", also nicht an den Philosophen: ein zweifacher Grund, von ihr fern zu bleiben. Wie Plato, rechnete er sie zu den schmeichlerischen Künsten, die nur das Angenehme, nicht das Nützliche darstellen, und verlangte deshalb bei seinen Jüngern Enthaltsamkeit und strenge Absonderung von solchen unphilosophischen Reizungen; mit solchem Erfolge, daß der jugendliche Tragödiendichter Plato zuallererst seine Dichtungen verbrannte, um Schüler des Sokrates werden zu können.

Plato, der in der Verurteilung der Tragödie und der Kunst überhaupt gewiß nicht hinter dem naiven Zynismus seines Meisters zurückgeblieben ist, hat doch aus voller künstlerischer Notwendigkeit eine Kunstform schaffen müssen, die gerade mit den vorhandenen und von ihm abgewiesenen Kunstformen innerlich verwandt ist. Der Hauptvorwurf, den Plato der älteren Kunst zu machen hatte — daß sie Nachahmung eines Scheinbildes sei, also noch einer niedrigeren Sphäre, als die empirische Welt ist, angehöre —, durfte vor allem nicht gegen das neue Kunstwerk gerichtet werden: und so sehen wir denn Plato bestrebt, über die Wirklichkeit hinaus zu gehn und die jener Pseudo-Wirklichkeit zugrunde liegende Idee darzustellen. Damit aber war der Denker Plato auf einem Umwege ebendahin gelangt, wo er als Dichter stets heimisch gewesen war, und von wo aus Sophokles und die ganze ältere Kunst feierlich gegen jenen Vorwurf protestierten. Wenn die Tragödie alle früheren Kunstgattungen in sich aufgesaugt hatte, so darf dasselbe wiederum in einem exzentrischen Sinne vom platonischen Dialoge gelten, der, durch Mischung aller vorhandenen Stile und Formen erzeugt, zwischen Erzählung, Lyrik, Drama, zwischen Prosa und Poesie in der Mitte schwebt und damit auch das strenge ältere Gesetz der einheitlichen sprachlichen Form durchbrochen hat. Der Platonische Dialog war gleichsam der Kahn, auf dem sich die schiffbrüchige ältere Poesie samt allen ihren Kindern rettete: auf einen engen Raum zusammengedrängt und dem einen Steuermann Sokrates ängstlich untertänig, fuhren sie jetzt in eine neue Welt hinein, die an dem phantastischen Bilde dieses Aufzugs sich nie satt sehen konnte. Wirklich hat für die ganze Nachwelt Plato das Vorbild einer neuen Kunstform gegeben, das Vorbild des Romans: der als die unendlich gesteigerte äsopische Fabel zu bezeichnen ist, in der die Poesie in einer ähnlichen Rangordnung zur dialektischen Philosophie lebt, wie viele Jahrhunderte hindurch dieselbe Philosophie zur Theologie: nämlich als ancilla. Dies war die neue Stellung der Poesie, in die sie Plato unter dem Drucke des dämonischen Sokrates drängte.

Hier überwächst der philosophische Gedanke die Kunst und zwingt sie zu einem engen Sich-Anklammern an den Stamm der Dialektik. In dem logischen Schematismus hat sich die apollinische Tendenz verpuppt.

Sokrates, der dialektische Held im platonischen Drama, erinnert uns an die verwandte Natur des euripideischen Helden, der durch Grund und Gegengrund seine Handlungen verteidigen muß und dadurch so oft in Gefahr gerät, unser tragisches Mitleiden einzubüßen: denn wer vermöchte das optimistische Element im Wesen der Dialektik zu verkennen, das in jedem Schlusse sein Jubelfest feiert und allein in kühler Helle und Bewußtheit atmen kann: das optimistische Element, das, einmal in die Tragödie eingedrungen, ihre dionysischen Regionen allmählich überwuchern und sie notwendig zur Selbstvernichtung treiben muß — bis zum Todessprunge ins bürgerliche Schauspiel. Man vergegenwärtige sich nur die Konsequenzen der Sokratischen Sätze: „Tugend ist Wissen; es wird nur gesündigt aus Unwissenheit; der Tugendhafte ist der Glückliche“: in diesen drei Grundformen des Optimismus liegt der Tod der Tragödie. Denn jetzt muß der tugendhafte Held Dialektiker sein, muß zwischen Tugend und Wissen, Glaube und Moral ein notwendiger, sichtbarer Verband sein, jetzt ist die transzendentale Gerechtigkeitslösung des Äschylus zu dem flachen und frechen Prinzip der „poetischen Gerechtigkeit“ mit seinem üblichen deus ex machina erniedrigt.

Wie erscheint dieser neuen sokratisch-optimistischen Bühnenwelt gegenüber jetzt der Chor und überhaupt der ganze musikalisch-dionysische Untergrund der Tragödie? Als etwas Zufälliges, als eine auch wohl zu missende Reminiszenz an den Ursprung der Tragödie; während wir doch eingesehen haben, daß der Chor nur als Ursache der Tragödie und des Tragischen überhaupt verstanden werden kann. Schon bei Sophokles zeigt sich jene Verlegenheit in betreff des Chors — ein wichtiges Zeichen, daß schon bei ihm der dionysische Boden der Tragödie zu zerbröckeln beginnt. Er wagt es nicht mehr, dem Chor den Hauptanteil der Wirkung anzuvertrauen, sondern schränkt sein Bereich dermaßen ein, daß er jetzt fast den Schauspielern koordiniert erscheint, gleich als ob er aus der Orchestra in die Szene hineingehoben würde: womit freilich sein Wesen völlig zerstört ist, mag auch Aristoteles gerade dieser Auffassung des Chors seine Beistimmung geben. Jene Verrückung der Chorposition, welche Sophokles jedenfalls durch seine Praxis und, der Überlieferung nach, sogar durch eine Schrift anempfohlen hat, ist der erste Schritt zur Vernichtung des Chors, deren Phasen in Euripides, Agathon und der neueren Komödie mit erschreckender Schnelligkeit aufeinanderfolgen. Die optimistische Dialektik treibt mit der Geißel ihrer Syllogismen die

Musik aus der Tragödie: das heißt sie zerstört das Wesen der Tragödie, welches sich einzig als eine Manifestation und Verbildlichung dionysischer Zustände, als sichtbare Symbolisierung der Musik, als die Traumwelt eines dionysischen Rausches interpretieren läßt.

So gewiß die allernächste Wirkung des sokratischen Triebes auf eine Zersetzung der dionysischen Tragödie ausging, so zwingt uns eine tiefsinnige Lebenserfahrung des Sokrates selbst zu der Frage, ob denn zwischen dem Sokratismus und der Kunst notwendig nur ein antipodisches Verhältnis bestehe und ob die Geburt eines „künstlerischen Sokrates" überhaupt etwas in sich Widerspruchsvolles sei.

Jener despotische Logiker hatte nämlich hier und da der Kunst gegenüber das Gefühl einer Lücke, einer Leere, eines halben Vorwurfs, einer vielleicht versäumten Pflicht. Öfters kam ihm, wie er im Gefängnis seinen Freunden erzählt, ein und dieselbe Traumerscheinung, die immer dasselbe sagte: „Sokrates, treibe Musik!" Er beruhigt sich bis zu seinen letzten Tagen mit der Meinung, sein Philosophieren sei die höchste Musenkunst, und glaubt nicht recht, daß eine Gottheit ihn an jene „gemeine, populäre Musik" erinnern werde. Endlich im Gefängnis versteht er sich, um sein Gewissen gänzlich zu entlasten, auch dazu, jene von ihm gering geachtete Musik zu treiben. Und in dieser Gesinnung dichtet er ein Proömium auf Apollo und bringt einige äsopische Fabeln in Verse. Das war etwas der dämonischen warnenden Stimme Ähnliches, was ihn zu diesen Übungen drängte. es war seine apollinische Einsicht, daß er wie ein Barbarenkönig ein edles Götterbild nicht verstehe und in der Gefahr sei, sich an seiner Gottheit zu versündigen — durch sein Nichtverstehn. Jenes Wort der sokratischen Traumerscheinung ist das einzige Zeichen einer Bedenklichkeit über die Grenzen der logischen Natur: vielleicht — so mußte er sich fragen — ist das mir Nichtverständliche doch nicht auch sofort das Unverständige? Vielleicht gibt es ein Reich der Weisheit, aus dem der Logiker verbannt ist? Vielleicht ist die Kunst sogar ein notwendiges Korrelativum und Supplement der Wissenschaft?

/15/ 15

Der erhabene metaphysische Wahn, daß das Denken das Sein nicht nur zu erkennen, sondern sogar zu korrigieren imstande sei / Sokrates, ein Wendepunkt in der sogenannten Weltgeschichte — das Urbild des theoretischen Optimisten

Im Sinne dieser letzten ahnungsvollen Fragen muß nun ausgesprochen werden, wie der Einfluß des Sokrates, bis auf diesen Moment hin, ja in alle Zukunft hinaus, sich, gleich einem in der Abendsonne immer größer werdenden Schatten, über die Nachwelt hin ausgebreitet hat, wie derselbe zur Neuschaffung der Kunst — und zwar der Kunst im bereits metaphysischen, weitesten und tiefsten Sinne — immer wieder nötigt und, bei seiner eignen Unendlichkeit, auch deren Unendlichkeit verbürgt.

Um die Würde einer solchen Führerstellung für Sokrates zu erweisen, genügt es, in ihm den Typus einer vor ihm unerhörten Daseinsform zu erkennen, den Typus des theoretischen Menschen, über dessen Bedeutung und Ziel zur Einsicht zu kommen, unsere nächste Aufgabe ist. Auch der theoretische Mensch hat ein unendliches Vergnügen am Vorhandenen, wie der Künstler, und ist wie jener vor der praktischen Ethik des Pessimismus und vor seinen nur im Finsteren leuchtenden Lynkeusaugen durch jenes Genügen geschützt. Wenn nämlich der Künstler bei jeder Enthüllung der Wahrheit immer nur mit verzückten Blicken an dem hängen bleibt, was auch jetzt, nach der Enthüllung, noch Hülle bleibt, genießt und befriedigt sich der theoretische Mensch an der abgeworfenen Hülle und hat sein höchstes Lustziel in dem Prozeß einer immer glücklichen, durch eigene Kraft gelingenden Enthüllung.

Lessing, der ehrlichste theoretische Mensch, hat es auszusprechen gewagt, daß ihm mehr am Suchen der Wahrheit als an ihr selbst gelegen sei: womit das Grundgeheimnis der Wissenschaft, zum Erstaunen, ja Ärger der Wissenschaftlichen, aufgedeckt worden ist. Nun steht freilich neben dieser vereinzelten Erkenntnis, als einem Exzeß der Ehrlichkeit, wenn nicht des Übermutes, eine tiefsinnige Wahnvorstellung, welche zuerst in der Person des Sokrates zur Welt kam, — jener unerschütterliche Glaube, daß das Denken, an dem Leitfaden der Kausalität, bis in die tiefsten Abgründe des Seins reiche, und daß das Denken das Sein nicht nur zu erkennen, sondern sogar zu korrigieren imstande sei. Dieser erhabene metaphysische Wahn ist als Instinkt der Wissenschaft beigegeben und führt sie immer und immer wieder zu ihren Grenzen, an denen sie in Kunst umschlagen muß: auf welche es eigentlich, bei diesem Mechanismus, abgesehn ist.

Wer sich einmal anschaulich macht, wie nach Sokrates, dem Mystagogen der Wissenschaft, eine Philosophenschule nach der anderen wie Welle auf Welle sich ablöst, wie eine nie geahnte Universalität der Wissensgier in dem weitesten Bereich der gebildeten Welt und als eigentliche Aufgabe für jeden höher Befähigten die Wissenschaft auf die hohe See führte, von der sie niemals seitdem wieder völlig vertrieben werden konnte, wie durch diese Universalität erst ein gemeinsames Netz des Gedankens über den gesamten Erdball, ja mit Ausblicken auf die Gesetzlichkeit eines ganzen Sonnensystems, gespannt wurde; wer dies alles, samt der erstaunlich hohen Wissenspyramide der Gegenwart, sich vergegenwärtigt, der kann sich nicht entbrechen, in Sokrates den einen Wendepunkt und Wirbel der sogenannten Weltgeschichte zu sehen. Denn dächte man sich einmal diese ganze unbezifferbare Summe von Kraft, die für jene Welttendenz verbraucht worden ist, nicht im Dienste des Erkennens, sondern auf die praktischen, das heißt egoistischen Ziele der Individuen und Völker verwendet, so wäre wahrscheinlich in allgemeinen Vernichtungskämpfen und fortdauernden Völkerwanderungen die instinktive Lust zum Leben so abgeschwächt, daß, bei der Gewohnheit des Selbstmordes, der einzelne vielleicht den letzten Rest von Pflichtgefühl empfinden müßte, wenn er, wie der Bewohner der Fidschi-Inseln, als Sohn seine Eltern, als Freund seinen Freund erdrosselt: ein praktischer Pessimismus, der selbst eine grausenhafte Ethik des Völkermordes aus Mitleid erzeugen könnte — der übrigens überall in der Welt vorhanden ist und vorhanden war, wo nicht die Kunst in irgendwelchen Formen, besonders als Religion und Wissenschaft, zum Heilmittel und zur Abwehr jenes Pesthauchs erschienen ist.

Angesichts dieses praktischen Pessimismus ist Sokrates das Urbild des theoretischen Optimisten, der in dem bezeichneten Glauben an die Ergründlichkeit der Natur der Dinge dem Wissen und der Erkenntnis die Kraft einer Universalmedizin beilegt und im Irrtum das Übel an sich begreift. In jene Gründe einzudringen und die wahre Erkenntnis vom Schein und vom Irrtum zu sondern, dünkte dem sokratischen Menschen der edelste, selbst der einzige wahrhaft menschliche Beruf zu sein: so wie jener Mechanismus der Begriffe, Urteile und Schlüsse von Sokrates ab als höchste Betätigung und bewunderungswürdigste Gabe der Natur über alle anderen Fähigkeiten geschätzt wurde. Selbst die erhabensten sittlichen Taten, die Regungen des Mitleids, der Aufopferung, des Heroismus und jene schwer zu erringende Meeresstille der Seele, die der apollinische Grieche Sophrosyne nannte, wurden von Sokrates und seinen gleichgesinnten Nachfolgern bis auf die Gegenwart hin aus der Dialektik des Wissens abgeleitet und demgemäß als lehrbar bezeichnet. Wer die Lust einer sokratischen Erkenntnis an sich erfahren hat und spürt, wie diese, in immer weiteren Ringen, die ganze Welt der Erscheinungen zu umfassen sucht, der wird von da an keinen Stachel, der zum Dasein drängen könnte, heftiger empfinden als die Begierde, jene Eroberung zu vollenden und das Netz undurchdringbar fest zu spinnen. Einem so Gestimmten erscheint dann der platonische Sokrates als der Lehrer einer ganz neuen Form der „griechischen Heiterkeit" und Daseinsseligkeit, welche sich in Handlungen zu entladen sucht und diese Entladung zumeist in mäeutischen und erziehenden Einwirkungen auf edle Jünglinge, zum Zweck der endlichen Erzeugung des Genius, finden wird.

Nun aber eilt die Wissenschaft, von ihrem kräftigen Wahne angespornt, unaufhaltsam bis zu ihren Grenzen, an denen ihr im Wesen der Logik verborgener Optimismus scheitert. Denn die Peripherie des Kreises der Wissenschaft hat unendlich viele Punkte, und während noch gar nicht abzusehen ist, wie jemals der Kreis völlig ausgemessen werden könnte, so trifft doch der edle und begabte Mensch, noch vor der Mitte seines Daseins und unvermeidlich, auf solche Grenzpunkte der Peripherie, wo er in das Unaufhellbare starrt. Wenn er hier zu seinem Schrecken sieht, wie die Logik sich an diesen Grenzen um sich selbst ringelt und endlich sich in den Schwanz beißt — da bricht die neue Form der Erkenntnis durch, d i e t r a g i s c h e E r k e n n t n i s, die, um nur ertragen zu werden, als Schutz und Heilmittel die Kunst braucht.

Schauen wir, mit gestärkten und an den Griechen erlabten Augen, auf die höchsten Sphären derjenigen Welt, die uns umflutet, so gewahren wir die in Sokrates vorbildlich erscheinende Gier der unersättlichen optimistischen Erkenntnis in tragische Resignation und Kunstbedürftigkeit umgeschlagen: während allerdings dieselbe Gier, auf ihren niederen Stufen, sich kunstfeindlich äußern und vornehmlich die dionysisch-tragische Kunst innerlich verabscheuen muß, wie dies an der Bekämpfung der äschyleischen Tragödie durch den Sokratismus beispielsweise dargestellt wurde.

Hier nun klopfen wir, bewegten Gemütes, an die Pforten der Gegenwart und Zukunft: wird jenes „Umschlagen" zu immer neuen Konfigurationen des Genius und gerade des musiktreibenden Sokrates führen? Wird das über das Dasein gebreitete Netz der Kunst, sei es auch unter dem Namen der Religion oder der Wissenschaft, immer fester und zarter geflochten werden, oder ist ihm bestimmt, unter dem ruhelos barbarischen Treiben und Wirbeln, das sich jetzt „die Gegenwart" nennt, in Fetzen zu reißen? — Besorgt, doch nicht trostlos stehen wir eine kleine Weile beiseite, als die Beschaulichen, denen es erlaubt ist, Zeugen jener ungeheuren Kämpfe und Übergänge zu sein. Ach! Es ist der Zauber dieser Kämpfe, daß, wer sie schaut, sie auch kämpfen muß!

/16/ 16

Das Tragische nur aus dem Geist der Musik heraus zu verstehen

Zweierlei Wirkungen pflegt die dionysische Kunst auf das apollinische Kunstvermögen auszuüben: die Musik reizt zum gleichnisartigen Anschauen der dionysischen Allgemeinheit, die Musik läßt sodann das gleichnisartige Bild in höchster Bedeutsamkeit hervortreten. Aus diesen an sich verständlichen und keiner tieferen Beobachtung unzugänglichen Tatsachen erschließe ich die Befähigung der Musik, den Mythus, das heißt das bedeutsamste Exempel zu gebären und gerade den tragischen Mythus: den Mythus, der von der dionysischen Erkenntnis in Gleichnissen redet. An dem Phänomen des Lyrikers habe ich dargestellt, wie die Musik im Lyriker danach ringt, in apollinischen

Bildern über ihr Wesen sich kundzugeben: denken wir uns jetzt, daß die Musik in ihrer höchsten Steigerung auch zu einer höchsten Verbildlichung zu kommen suchen muß, so müssen wir für möglich halten, daß sie auch den symbolischen Ausdruck für ihre eigentliche dionysische Weisheit zu finden wisse; und wo anders werden wir diesen Ausdruck zu suchen haben, wenn nicht in der Tragödie und überhaupt im Begriff des T r a g i s c h e n?

Aus dem Wesen der Kunst, wie sie gemeinhin nach der einzigen Kategorie des Scheines und der Schönheit begriffen wird, ist das Tragische in ehrlicher Weise gar nicht abzuleiten; erst aus dem Geiste der Musik heraus verstehen wir eine Freude an der Vernichtung des Individuums.

Die metaphysische Freude am Tragischen ist eine Übersetzung der instinktiv unbewußten dionysischen Weisheit in die Sprache des Bildes: der Held, die höchste Willenserscheinung, wird zu unserer Lust verneint, weil er doch nur Erscheinung ist, und das ewige Leben des Willens durch seine Vernichtung nicht berührt wird. „Wir glauben an das ewige Leben", so ruft die Tragödie; während die Musik die unmittelbare Idee dieses Lebens ist.

/17/ 17

Erst nachdem der Geist der Wissenschaft bis an seine Grenze geführt ist, dürfte auf eine Wiedergeburt der Tragödie zu hoffen sein / Die Heiterkeit des theoretischen Menschen glaubt an eine Korrektur der Welt durch das Wissen, an ein durch Wissenschaft geleitetes Leben

Auch die dionysische Kunst will uns von der ewigen Lust des Daseins überzeugen: nur sollen wir diese Lust nicht in den Erscheinungen, sondern hinter den Erscheinungen suchen. Wir sollen erkennen, wie alles, was entsteht, zum leidvollen Untergange bereit sein muß, wir werden gezwungen, in die Schrecken der Individualexistenz hineinzublicken — und sollen doch nicht erstarren: ein metaphysischer Trost reißt uns momentan aus dem Getriebe der Wandelgestalten heraus. Wir sind wirklich in kurzen Augenblicken das Urwesen selbst und fühlen dessen unbändige Daseinsgier und Daseinslust; der Kampf, die Qual, die Vernichtung der Erscheinungen dünkt uns jetzt wie notwendig, bei dem Übermaß von unzähligen, sich ins Leben drängenden und stoßenden Daseinsformen, bei der überschwenglichen Fruchtbarkeit des Weltwillens; wir werden von dem wütenden Stachel dieser Qualen in demselben Augenblicke durchbohrt, wo wir gleichsam mit der unermeßlichen Urlust am Dasein eins geworden sind und wo wir die Unzerstörbarkeit und Ewigkeit dieser Lust in dionysischer Entzückung ahnen. Trotz Furcht und Mitleid sind wir die Glücklich-Lebendigen, nicht als Individuen, sondern als das e i n e Lebendige, mit dessen Zeugungslust wir verschmolzen sind.

Die Entstehungsgeschichte der griechischen Tragödie sagt uns jetzt mit lichtvoller Bestimmtheit, wie das tragische Kunstwerk der Griechen wirklich aus dem Geiste der Musik heraus geboren ist: durch welchen Gedanken wir zum ersten Male dem ursprünglichen und so erstaunlichen Sinne des Chors gerecht geworden zu sein glauben. Zugleich aber müssen wir zugeben, daß die vorhin aufgestellte Bedeutung des tragischen Mythus den griechischen Dichtern, geschweige den griechischen Philosophen, niemals in begrifflicher Deutlichkeit durchsichtig geworden ist; ihre Helden sprechen gewissermaßen oberflächlicher, als sie handeln; der Mythus findet in dem gesprochnen Wort durchaus nicht seine adäquate Objektivation. Das Gefüge der Szenen und die anschaulichen Bilder offenbaren eine tiefere Weisheit, als der Dichter selbst in Worte und Begriffe fassen kann.

Wir müssen uns die Übermacht der musikalischen Wirkung fast auf gelehrtem Wege rekonstruieren, um etwas von jenem unvergleichlichen Troste zu empfangen, der der wahren Tragödie zu eigen sein muß. Selbst diese musikalische Übermacht aber würden wir nur, wenn wir Griechen wären, als solche empfunden haben.

Die Griechen sind, wie die ägyptischen Priester sagen, die ewigen Kinder, und auch in der tragischen Kunst nur die Kinder, welche nicht wissen, welches erhabene Spielzeug unter ihren Händen entstanden ist und — zertrümmert wird.

Jenes Ringen des Geistes der Musik nach bildlicher und mythischer Offenbarung, welches von den Anfängen der Lyrik bis zur attischen Tragödie sich steigert, bricht plötzlich, nach eben erst errungener üppiger Entfaltung, ab und verschwindet gleichsam von der Oberfläche der hellenischen Kunst: während die aus diesem Ringen geborne dionysische Weltbetrachtung in den Mysterien weiterlebt und in den wunderbarsten Metamorphosen und Entartungen nicht aufhört, ernstere Naturen an sich zu ziehen. Ob sie nicht aus ihrer mystischen Tiefe einst wieder als Kunst emporsteigen wird?

Hier beschäftigt uns die Frage, ob die Macht, an deren Entgegenwirken die Tragödie sich brach, für alle Zeit genug Stärke hat, um das künstlerische Wiedererwachen der Tragödie und der tragischen Weltbetrachtung zu verhindern. Wenn die alte Tragödie durch den dialektischen Trieb zum Wissen und zum Optimismus der Wissenschaft aus ihrem Gleise gedrängt wurde, so wäre aus dieser Tatsache auf einen ewigen Kampf zwischen der theoretischen und der tragischen Weltbetrachtung zu schließen; und erst nachdem der Geist der Wissenschaft bis an seine Grenze geführt ist, und sein Anspruch auf universale Gültigkeit durch den Nachweis jener Grenzen vernichtet ist, dürfte auf eine Wiedergeburt der Tragödie zu hoffen sein: für welche Kulturform wir das Symbol des musiktreibenden Sokrates, in dem früher erörterten Sinne, hinzustellen hätten.

Haben wir mit Recht der Musik die Kraft zugesprochen, den Mythus wieder aus sich gebären zu können, so werden wir den Geist der Wissenschaft auch auf der Bahn zu suchen haben, wo er dieser mythenschaffenden Kraft der Musik feindlich entgegentritt. Dies geschieht in der Entfaltung des neueren attischen Dithyrambus, dessen Musik nicht mehr das innere Wesen, den Willen selbst aussprach, sondern nur die Erscheinung ungenügend, in einer durch Begriffe vermittelten Nachahmung wiedergab: von welcher innerlich entarteten Musik sich die wahrhaft musikalischen Naturen mit demselben Widerwillen abwandten, den sie vor der kunstmörderischen Tendenz des Sokrates hatten. Der sicher zugreifende Instinkt des Aristophanes hat gewiß das Rechte erfaßt, wenn er Sokrates selbst, die Tragödie des Euripides und die Musik der neueren Dithyrambiker in dem gleichen Gefühle des Hasses zusammenfaßte und in allen drei Phänomenen die Merkmale einer degenerierten Kultur witterte.

Der Mythus will als ein einziges Exempel einer ins Unendliche hineinstarrenden Allgemeinheit und Wahrheit anschaulich empfunden werden. Die wahrhaft dionysische Musik tritt uns als ein solcher allgemeiner Spiegel des Weltwillens gegenüber: jenes anschauliche Ereignis, das sich in diesem Spiegel bricht, erweitert sich sofort für unser Gefühl zum Abbilde einer ewigen Wahrheit. Umgekehrt wird ein solches anschauliches Ereignis durch die Tonmalerei des neueren Dithyrambus sofort jedes mythischen Charakters entkleidet.

Die Tonmalerei ist also in jeder Beziehung das Gegenstück zu der mythenschaffenden Kraft der wahren Musik: durch sie wird die Erscheinung noch ärmer, als sie ist, während durch die dionysische Musik die einzelne Erscheinung sich zum Weltbilde bereichert und erweitert. Es war ein mächtiger Sieg des undionysischen Geistes, als er, in der Entfaltung des neueren Dithyrambus, die Musik sich selbst entfremdet und sie zur Sklavin der Erscheinung herabgedrückt hatte. Euripides, der in einem höheren Sinne eine durchaus unmusikalische Natur genannt werden muß, ist aus eben diesem Grunde leidenschaftlicher Anhänger der neueren dithyrambischen Musik und verwendet mit der Freigebigkeit eines Räubers alle ihre Effektstücke und Manieren.

Nach einer anderen Seite sehen wir die Kraft dieses undionysischen, gegen den Mythus gerichteten Geistes in Tätigkeit, wenn wir unsere Blicke auf das Überhandnehmen der Charakterdarstellung und des psychologischen Raffinements in der Tragödie von Sophokles ab richten. Der Charakter soll sich nicht mehr zum ewigen Typus erweitern lassen, sondern im Gegenteil so durch künstliche Nebenzüge und Schattierungen, durch feinste Bestimmtheit aller Linien individuell wirken, daß der Zuschauer überhaupt nicht mehr den Mythus, sondern die mächtige Naturwahrheit und die Imitationskraft des Künstlers empfindet. Auch hier gewahren wir den Sieg der Erscheinung über das Allgemeine und die Lust an dem einzelnen, gleichsam anatomischen Präparat, wir atmen bereits die Luft einer theoretischen Welt, welcher die wissenschaftliche Erkenntnis höher gilt als die künstlerische Widerspiegelung einer Weltregel. Die Bewegung auf der Linie des Charakteristischen geht schnell weiter: während noch Sophokles ganze Charaktere malt und zu ihrer raffinierten Entfaltung den Mythus ins Joch spannt, malt Euripides bereits nur noch große einzelne Charakterzüge, die sich in heftigen Leidenschaften zu äußern wissen; in der neuern attischen Komödie gibt es nur noch Masken mit einem

Ausdruck, leichtsinnige Alte, geprellte Kuppler, verschmitzte Sklaven in unermüdlicher Wiederholung.

Am allerdeutlichsten aber offenbart sich der neue undionysische Geist in den Schlüssen der neueren Dramen. In der alten Tragödie war der metaphysische Trost am Ende zu spüren gewesen, ohne den die Lust an der Tragödie überhaupt nicht zu erklären ist; am reinsten tönt vielleicht im Ödipus auf Kolonos der versöhnende Klang aus einer anderen Welt. Jetzt, als der Genius der Musik aus der Tragödie entflohen war, ist, im strengen Sinne, die Tragödie tot: denn woher sollte man jetzt jenen metaphysischen Trost schöpfen können? Man suchte daher nach einer irdischen Lösung der tragischen Dissonanz; der Held, nachdem er durch das Schicksal hinreichend gemartert war, erntete in einer stattlichen Heirat, in göttlichen Ehrenbezeigungen einen wohlverdienten Lohn. Der Held war zum Gladiator geworden, dem man, nachdem er tüchtig geschunden und mit Wunden überdeckt war, gelegentlich die Freiheit schenkte. Der deus ex machina ist an Stelle des metaphysischen Trostes getreten. Ich will nicht sagen, daß die tragische Weltbetrachtung überall und völlig durch den andrängenden Geist des Undionysischen zerstört wurde: wir wissen nur, daß sie sich aus der Kunst gleichsam in die Unterwelt, in einer Entartung zum Geheimkult, flüchten mußte. Aber auf dem weitesten Gebiete der Oberfläche des hellenischen Wesens wütete der verzehrende Hauch jenes Geistes, welcher sich in jener Form der „griechischen Heiterkeit" kundgibt, von der bereits früher, als von einer greisenhaft unproduktiven Daseinslust, die Rede war; diese Heiterkeit ist ein Gegenstück zu der herrlichen „Naivität" der älteren Griechen, wie sie, nach der gegebenen Charakteristik, zu fassen ist als die aus einem düsteren Abgrunde hervorwachsende Blüte der apollinischen Kultur, als der Sieg, den der hellenische Wille durch seine Schönheitsspiegelung über das Leiden und die Weisheit des Leidens davonträgt. Die edelste Form jener anderen Form der „griechischen Heiterkeit", der alexandrinischen, ist die Heiterkeit des theoretischen Menschen: sie zeigt dieselben charakteristischen Merkmale, die ich soeben aus dem Geiste des Undionysischen ableitete, — daß sie die dionysische Weisheit und Kunst bekämpft, daß sie den Mythus aufzulösen trachtet, daß sie an Stelle eines metaphysischen Trostes eine irdische Konsonanz, ja einen eigenen deus ex machina setzt, nämlich den Gott der Maschinen und Schmelztiegel, das heißt die im Dienste des höheren Egoismus erkannten und verwendeten Kräfte der Naturgeister, daß sie an eine Korrektur der Welt durch das Wissen, an ein durch die Wissenschaft geleitetes Leben glaubt und auch wirklich imstande ist, den einzelnen Menschen in einen allerengsten Kreis von lösbaren Aufgaben zu bannen, innerhalb dessen er heiter zum Leben sagt: „Ich will dich: du bist wert, erkannt zu werden."

/18/ 18

Unsere ganze moderne Welt ist in dem Netz der alexandrinischen Kultur befangen / Der moderne Mensch beginnt die Grenzen der sokratischen Erkenntnislust zu ahnen / Die alexandrinische Kultur geht allmählich einer grauenvollen Vernichtung entgegen / Der theoretische Mensch erschrickt vor seinen Konsequenzen

Es ist ein ewiges Phänomen: immer findet der gierige Wille ein Mittel, durch eine über die Dinge gebreitete Illusion seine Geschöpfe im Leben festzuhalten und zum Weiterleben zu zwingen. Diesen fesselt die sokratische Lust des Erkennens und der Wahn, durch dasselbe die ewige Wunde des Daseins heilen zu können, jenen umstrickt der vor seinen Augen wehende verführerische Schönheitsschleier der Kunst, jenen wiederum der metaphysische Trost, daß unter dem Wirbel der Erscheinungen das ewige Leben unzerstörbar weiterfließt: um von den gemeineren und fast noch kräftigeren Illusionen, die der Wille in jedem Augenblick bereithält, zu schweigen. Jene drei Illusionsstufen sind überhaupt nur für die edler ausgestatteten Naturen, von denen die Last und Schwere des Daseins überhaupt mit tieferer Unlust empfunden wird, und die durch ausgesuchte Reizmittel über diese Unlust hinwegzutäuschen sind. Aus diesen Reizmitteln besteht alles, was wir Kultur nennen: je nach der Proportion der Mischungen haben wir eine vorzugsweise sokratische oder künstlerische oder tragische Kultur; oder wenn man historische Exemplifikationen erlauben will: es gibt entweder eine alexandrinische oder eine hellenische oder eine indische (brahmanische) Kultur.

Unsere ganze moderne Welt ist in dem Netz der alexandrinischen Kultur befangen und kennt als Ideal den mit höchsten Erkenntniskräften ausgerüsteten, im Dienste der Wissenschaft arbeitenden theoretischen Menschen, dessen Urbild und Stammvater Sokrates ist. Alle unsere Erziehungsmittel haben ursprünglich dieses Ideal im Auge: jede andere Existenz hat sich mühsam nebenbei emporzuringen, als erlaubte, nicht als beabsichtigte Existenz. In einem fast erschreckenden Sinne ist hier eine lange Zeit der Gebildete allein in der Form des Gelehrten gefunden worden; selbst unsere dichterischen Künste haben sich aus gelehrten Imitationen entwickeln müssen, und in dem Haupteffekt des Reimes erkennen wir noch die Entstehung unserer poetischen Form aus künstlichen Experimenten mit einer nicht heimischen, recht eigentlich gelehrten Sprache. Wie unverständlich müßte einem echten Griechen der an sich verständliche moderne Kulturmensch Faust erscheinen, der durch alle Fakultäten unbefriedigt stürmende, aus Wissenstrieb der Magie und dem Teufel ergebene Faust, den wir nur zur Vergleichung neben Sokrates zu stellen haben, um zu erkennen, daß der moderne Mensch die Grenzen jener sokratischen Erkenntnislust zu ahnen beginnt und aus dem weiten wüsten Wissensmeere nach einer Küste verlangt. Wenn Goethe einmal zu Eckermann, mit Bezug auf Napoleon, äußert: „Ja, mein Guter, es gibt auch eine Produktivität der Taten", so hat er, in anmutig naiver Weise, daran erinnert, daß der nichttheoretische Mensch für den modernen Menschen etwas Unglaubwürdiges und Staunenerregendes ist, so daß es wieder der Weisheit eines Goethe bedarf, um auch eine so befremdende Existenzform begreiflich, ja verzeihlich zu finden.

Und nun soll man sich nicht verbergen, was im Schoße dieser sokratischen Kultur verborgen liegt! Der unumschränkt sich wähnende Optimismus! Nun soll man nicht erschrecken, wenn die Früchte dieses Optimismus reifen, wenn die von einer derartigen Kultur bis in die niedrigsten Schichten hinein durchsäuerte Gesellschaft allmählich unter üppigen Wallungen und Begehrungen erzittert, wenn der Glaube an das Erdenglück aller, wenn der Glaube an die Möglichkeit einer solchen allgemeinen Wissenskultur allmählich in die drohende Forderung eines solchen alexandrinischen Erdenglückes, in die Beschwörung eines euripideischen deus ex machina umschlägt! Man soll es merken: die alexandrinische Kultur braucht einen Sklavenstand, um auf die Dauer existieren zu können: aber sie leugnet, in ihrer optimistischen Betrachtung des Daseins, die Notwendigkeit eines solchen Standes und geht deshalb, wenn der Effekt ihrer schönen Verführungs- und Beruhigungsworte von der „Würde des Menschen" und der „Würde der Arbeit" verbraucht ist, allmählich einer grauenvollen Vernichtung entgegen. Es gibt nichts Furchtbareres als einen barbarischen Sklavenstand, der seine Existenz als ein Unrecht zu betrachten gelernt hat und sich anschickt, nicht nur für sich, sondern für alle Generationen Rache zu nehmen. Wer wagt es, solchen drohenden Stürmen entgegen, sicheren Mutes an unsere blassen und ermüdeten Religionen zu appellieren, die selbst in ihren Fundamenten zu Gelehrtenreligionen entartet sind: so daß der Mythus, die notwendige Voraussetzung jeder Religion, bereits überall gelähmt ist, und selbst auf diesem Bereich jener optimistische Geist zur Herrschaft gekommen ist, den wir als den Vernichtungskeim unserer Gesellschaft eben bezeichnet haben.

Wichtigstes Merkmal einer tragischen Kultur ist, daß an die Stelle der Wissenschaft als höchstes Ziel einer tragischen Kultur die Weisheit gerückt wird, die sich, ungetäuscht durch die verführerischen Ablenkungen der Wissenschaften, mit unbewegtem Blicke dem Gesamtbilde der Welt zuwendet und in diesem das ewige Leiden mit sympathischer Liebesempfindung als das eigne Leiden zu ergreifen sucht. Denken wir uns eine heranwachsende Generation mit dieser Unerschrockenheit des Blicks, mit diesem heroischen Zug ins Ungeheure, denken wir uns den kühnen Schritt dieser Drachentöter, die stolze Verwegenheit, mit der sie allen den Schwächlichkeitsdoktrinen jenes Optimismus den Rücken kehren, um im Ganzen und Vollen „resolut zu leben": sollte es nicht nötig sein, daß der tragische Mensch dieser Kultur, bei seiner Selbsterziehung zum Ernst und zum Schrecken, eine neue Kunst, die Kunst des metaphysischen Trostes, die Tragödie als die ihm zugehörige Helena begehren und mit Faust ausrufen muß:

> Und sollt ich nicht, sehnsüchtigster Gewalt,
> Ins Leben ziehn die einzigste Gestalt?

Nachdem aber die sokratische Kultur von zwei Seiten aus erschüttert ist und das Szepter ihrer Unfehlbarkeit nur noch mit zitternden Händen zu halten vermag, einmal aus Furcht vor ihren eigenen Konsequenzen, die sie nachgerade zu ahnen beginnt, sodann weil sie selbst von der ewigen Gültigkeit ihres Fundamentes nicht mehr mit dem früheren naiven Zutrauen überzeugt ist: so ist es ein trauriges Schauspiel, wie sich der Tanz ihres Denkens sehnsüchtig immer auf neue Gestalten stürzt, um sie zu umarmen, und sie dann plötzlich wieder, wie Mephistopheles die verführerischen Lamien, schaudernd fahren läßt. Das ist ja das Merkmal jenes „Bruches", von dem jedermann als von dem Urleiden der modernen Kultur zu reden pflegt, daß der theoretische Mensch vor seinen Konsequenzen erschrickt und unbefriedigt es nicht mehr wagt, sich dem furchtbaren Eisstrome des Daseins anzuvertrauen: ängstlich läuft er am Ufer auf und ab. Er will nichts mehr ganz haben, ganz auch mit aller der natürlichen Grausamkeit der Dinge. Soweit hat ihn das optimistische Betrachten verzärtelt. Dazu fühlt er, wie eine Kultur, die auf dem Prinzip der Wissenschaft aufgebaut ist, zugrundegehen muß, wenn sie anfängt, u n l o g i s c h zu werden, das heißt vor ihren Konsequenzen zurückzufliehen. Unsere Kunst offenbart diese allgemeine Not: umsonst, daß man sich an alle großen produktiven Perioden und Naturen imitatorisch anlehnt, umsonst, daß man die ganze „Weltliteratur" zum Troste des modernen Menschen um ihn versammelt und ihn mitten unter die Kunststile und Künstler aller Zeiten hinstellt, damit er ihnen, wie Adam den Tieren, einen Namen gebe: er bleibt doch der ewig Hungernde, der „Kritiker" ohne Lust und Kraft, der alexandrinische Mensch, der im Grunde Bibliothekar und Korrektor ist und an Bücherstaub und Druckfehlern elend erblindet.

/19, 20/

19

Alles, was wir jetzt Kultur, Bildung, Zivilisation nennen, wird einmal vor dem untrüglichen Richter Dionysus erscheinen müssen.

Wie verändert sich plötzlich jene so düstere Wildnis unserer ermüdeten Kultur, wenn sie der dionysische Zauber berührt! Ein Sturmwind packt alles Abgelebte, Morsche, Zerbrochne, Verkümmerte, hüllt es wirbelnd in eine rote Staubwolke und trägt es wie ein Geier in die Lüfte. Verwirrt suchen unsere Blicke nach dem Entschwundenen: denn was sie sehen, ist wie aus einer Versenkung ans goldene Licht gestiegen, so voll und grün, so üppig lebendig, so sehnsuchtsvoll unermeßlich. Die Tragödie sitzt inmitten dieses Überflusses an Leben, Leid und Lust, in erhabener Entzückung, sie horcht einem fernen, schwermütigen Gesange — er erzählt von den Müttern des Seins, deren Namen lauten: Wahn, Wille, Wehe. — Ja, meine Freunde, glaubt mit mir an das dionysische Leben und an die Wiedergeburt der Tragödie. Die Zeit des sokratischen Menschen ist vorüber: kränzt euch mit Epheu, nehmt den Thyrsusstab zur Hand und wundert euch nicht, wenn Tiger und Panther sich schmeichelnd zu euren Knien niederlegen. Jetzt wagt es nur, tragische Menschen zu sein: denn ihr sollt erlöst werden. Ihr sollt den dionysischen Festzug von Indien nach Griechenland geleiten! Rüstet euch zu hartem Streite, aber glaubt an die Wunder eures Gottes!